U0513584

中国古代名著全本译注丛书

庄子译注

方勇 刘涛 译注

图书在版编目(CIP)数据

庄子译注 /(战国)庄周著;方勇,刘涛译注. —
上海:上海古籍出版社,2019.4(2024.9重印)
(中国古代名著全本译注丛书)
ISBN 978-7-5325-9150-3

Ⅰ. ①庄… Ⅱ. ①庄… ②方… ③刘… Ⅲ. ①道家②《庄子》—译文③《庄子》—注释 Ⅳ. ①B223.5

中国版本图书馆CIP数据核字(2019)第047355号

中国古代名著全本译注丛书

庄子译注

方 勇 刘 涛 译注

上海古籍出版社出版、发行

(上海市闵行区号景路159弄1-5号A座5F 邮政编码201101)

(1)网址:www.guji.com.cn

(2)E-mail:guji1@guji.com.cn

(3)易文网网址:www.ewen.co

江阴市机关印刷服务有限公司印刷

开本890×1240 1/32 印张19.125 插页5 字数685,000

2019年4月第1版 2024年9月第4次印刷

印数:9,301-10,400

ISBN 978-7-5325-9150-3

B·1097 定价:68.00元

如有质量问题,请与承印公司联系

前　言

一、庄子其人

庄子姓庄名周，字子休，亦称南华真人，宋国蒙人。活动于战国中期，约与孟子同时。据《史记》记载，庄子曾做过漆园吏。然而，他基本是个隐士，生前名气不大，死后也长期少有问津，因此，其家世渊源、师承关系、生卒年月均不甚明了。在战国时期的人之中，除了荀子在《解蔽》中有“庄子蔽于天而不知人”的批评之言外，几乎没有其他的评论流传下来，甚至同时期的孟子对他也只字未提。后世了解庄子，主要是通过《史记·老子韩非列传》及《庄子》一书。《史记·老子韩非列传》对庄子仅有二百多字的记载，但目前看来，这是历史书中对庄子所作的最早的较详细记录，可将其作为了解庄子其人的基本线索；而关于庄子的详细情况，则大部分要来源于《庄子》一书。

庄子所处的年代，一方面社会经历着剧烈的动荡，战争频发，生灵涂炭；另一方面正值百家争鸣的黄金时代，文化成为一种强烈的需要，“士”这一阶层的人大量出现。这种社会与文化状况对庄子思想的形成起着重大作用，彼时孟子正游说各国，墨家门徒遍及天下，齐国稷下之学也正当鼎盛，而庄子却主动地选择了“无用”和贫困。据《庄子》中的描述，他身住陋巷，以织草鞋为生，饿得形容枯槁，面孔黄瘦，受人讥嘲，有时甚至还得向人借米；见魏王时，他也只是穿着打补丁的粗布衣服，踏着用麻绳绑着的破布鞋。但《秋水》《列御寇》中都曾描述他断然拒聘的故事，《史记·老子韩非列传》中也曾记载楚威王欲聘庄子为相，庄子却表示“宁游戏污渎之中自快，无为有国者所羁，终身不仕，以快吾志焉”。虽然这些故事有可能是庄子门徒为抬高庄子地位而杜撰的，但也可以从中窥见庄子超然世外、“独与天地精神往来”的风度，以及视富贵荣华如敝屣的生活态度。

庄子向来“以天下为沉浊，不可与庄语”（《天下》），因此与之来往的朋友极少，即使有门徒，可能也数量不多，正如朱熹所说：“庄子当时也无人宗之，他只在僻处自说。”（《朱子语类》卷一百二十五）惠施可谓是庄子平生唯一的契友，《徐无鬼》中讲“庄子送葬，过惠子之墓”，不禁感伤，以“匠石运斤”的故事表达自惠子死后，自己“无以为质”“无与言之”的寂寞心情。妻子去世也要鼓盆而歌的庄子，却对惠子的死感到如此遗憾，足见二人情谊之深。但是庄子与惠施不仅在现实生活上存在距离，在学术观点上也相互对立，他们的友谊是建立在多次针锋相对的辩论上，这些辩论主要集中于三个方面：“大而无用”（《逍遥游》）、“人故无情”（《德充符》）、濠梁“鱼之乐”（《秋水》）。这些辩论对于理解庄子的思想有着极其重要的意义，从中可以看到他们在认识的态度上的显著不同：庄子偏于美学上的观赏，因此更富有艺术家的风貌，而惠子则偏于知识论的判断，因此带有更多逻辑家的个性。

庄子大体上继承了老子的学说，“其学无所不窥，然其要本归于老子之言。故其著书十馀万言，大抵率寓言也。作《渔父》《盗跖》《胠箧》，以诋訾孔子之徒，以明老子之术”（《史记·老子韩非列传》）。但他并非仅仅是对老子思想进行发挥，而是有其独自见解，并形成了其个性鲜明的哲学、艺术特色。

二、《庄子》其书

《庄子》应该成书于先秦时期，但并非我们今天看到的版本。今本《庄子》有三十三篇，内篇七、外篇十五、杂篇十一，是由西晋郭象删订而成，然后流传下来的。而汉代《庄子》则有五十二篇，十馀万字。经过郭象删订的《庄子》，无论从篇章还是字句方面，都更为精纯。由于他吸收和借鉴了向秀及当时各家之注，并在此基础上进行了颇富改造性的独特诠释，故为历代所推崇，逐渐成为定本，流传至今，其他版本则被其取代而逐渐散佚。在郭象之前，就已有内、外篇或内、外、杂篇之分，且篇目构成上与郭象本不尽相同。但各家对内篇的意见比较统一，无论注者如何“以意去取”，“其内篇众家并同”（《经典释文·序录》），这不止表现在数量上，也表现在具体篇目上，其原因可能与内篇在标题、风格、内容上都比较一致有关。一般认为，内篇乃庄子亲撰，外、杂篇可能部分出自庄子之手，部分为庄子后学所作。这也引起了后世读者对《庄子》篇目真伪问题的争论。

宋苏轼在《庄子祠堂记》中明确提出《盗跖》《渔父》《让王》《说剑》四篇为伪作，他一方面认为庄子“盖助孔子者”，故而以是否“真诋孔子者”为真伪标准；另一方面以文风及思想深度为标准。之后的许多学者进一步考察《庄子》的其他篇目，怀疑之说日多，主要集中于外、杂篇，外、杂篇多伪作几乎成为人们的共识。近代以来不少学者更将怀疑的眼光扩大至内篇，提出了许多新的看法和证据。其实早在郭象将五十二篇本删订为三十三篇本时，就已有去伪存真的目的，从而删去那些“一曲之才，妄窜奇说”（《经典释文·序录》）不足为信的部分。陆德明也赞成此说，认为《庄子》经“后人增足，渐失其真”（同上）。但是郭象与陆德明以是否为庄子亲作来分辨真伪，显然是不合理的。先秦诸子著作如《论语》《孟子》《墨子》等，多为弟子记录先生言行或由师徒共著，后学续笔发挥也是常有的事，因此《庄子》在庄子亲作之外，还包括了其弟子或后学的部分著作，这也是正常的。并且由于庄子学派逍遥无拘、汪洋恣肆的思想与文学特点，庄子后学极可能对《庄子》内容不加拘束地自由发挥，由于时代及社会状况的限制，其中有些或许比较贴近庄子原意，有些则可能偏离较多，这也很好理解。因此，在辨别《庄子》篇目真伪之时，必须首先将其作为整体的庄子学派思想的汇集，而不应过分着眼于单个篇目的真伪校定。

三、庄子的思想

1. 宇宙观

庄子说：“有实而无乎处者，宇也；有长而无本剽者，宙也。”

(《庚桑楚》) 郭象解释说:“宇者，有四方上下，而四方上下未有穷处；宙者，有古今之长，而古今之长无极。”可以看出，庄子认为“宇宙”的概念是无始无终、无边无垠的。那么“宇宙”的根源又是什么呢？庄子将其归结为“道”。庄子是这样给“道”下定义的：

> 夫道，有情有信，无为无形；可传而不可受，可得而不可见；自本自根，未有天地，自古以固存；神鬼神帝，生天生地；在太极之先而不为高，在六极之下而不为深，先天地生而不为久，长于上古而不为老。(《大宗师》)

从这个定义中可以看出道的各种特征。既然“道”具有这样一些特征，那么当“道”创造了天地万物之后，又以何种方式存在呢？庄子在《知北游》篇中作了回答：

> 东郭子问于庄子曰:“所谓道，恶乎在？”庄子曰:“无所不在。”东郭子曰:“期而后可？”庄子曰:“在蝼蚁。”曰:“何其下邪？”曰:“在稊稗。”曰:“何其愈下邪？”曰:“在瓦甓。”曰:“何其愈甚邪？”曰:“在屎溺。”东郭子不应。

庄子肯定道是先于天地而存在的，但也肯定当天地万物生成之后，道便存在于天地万物之中。因此，当东郭子向他询问道存在于何处时，他便说在于“蝼蚁”“稊稗”“瓦甓”“屎溺”之中，并告诉东郭子，道的本质并不是存在于某一个特定的事物之中，而是普遍存在于万事万物之中的，因此越是取喻于卑下的事物，就越是能说明大道无处不在的道理。

正由于“道”是生养天地万物的根源，且无处不在，故人与天地万物从根本上同根同源且地位平等，因此庄子说:“天地与我并生，而万物与我为一。”(《齐物论》) 肯定天地万物与人是统一体，密不可分的，这种“天人合一”的思想成为中国古代哲学的基本精神。这种精神从对自然的思索出发，重视人与自然的和谐统一，与以社会伦理规范为出发点、致力于道德修养实践的儒家精神一起，构成了中国古代哲学完整而稳定的结构。

2. 认识论

在认识论方面，庄子很清楚地意识到了人类认识领域内的一些矛盾，这些矛盾来源于人类认识的种种局限，因此人们一直在寻找超越这种相对性的绝对“真知”。可是在庄子看来，由于认识有局限而被认识的对象无限，人类获得“真知”显然是一件十分困难的事情：

> 吾生也有涯，而知也无涯，以有涯随无涯，殆已！已而为知者，殆而已矣。(《养生主》)

可见，庄子认为人的认识能力极其有限，而人的认识对象却是无穷无尽的，以有限的能力去探求无限的知识，必将劳而无功。那么在这种普遍意义上的知识之外，是否还有更高层次的“真知”呢？庄子的回答是肯定的，但并非人人皆有，“知天”“知人”还只是“知之盛”，仍有所待，只有为“真人”所掌握的时候才能变为一种“真知”而上达于“道”。很显然，庄子认为“真人”之所以能掌握“真知”，最主要的一个原因在于他突破了人的感官局限，具有了超乎常人的思维能力，因而能认识到“知之所不知”这种超越人们感官体验的事物。

庄子不仅肯定了“真知”的存在，而且肯定了“真知”是可以“闻”，可以“体”，可以“守”的，他经常提到的“闻道”“体道”“守道”，就是获得“真知”的几种形式。而如何“闻道”“体道”“守道”，庄子则提出了“以明”“见独”“坐忘”的方法。《齐物论》篇中说：“道恶乎隐而有真伪？言恶乎隐而有是非？道恶乎往而不存？言恶乎存而不可？道隐于小成，言隐于荣华。”认为儒、墨的是非之争，实际上是被外物蒙蔽所致，而要去除蒙蔽，消除是非之争，“则莫若以明”，来“是其所非，非其所是”，从而泯灭是非之间的界限。所谓“以明”实际上就是消除是非偏见，也就是庄子所说的“照之于天”，以空明若镜的心灵来观照万物。“见独”与“坐忘”的方式则比较接近，《大宗师》篇中南伯子葵向女偊请教“学道”之法，女偊说:“吾犹守而告之，参日而后能外天下；已外天下矣，吾又守之，七日而后能外物；已外物矣，吾又守之，九日而后能外生；已外生矣，而后能朝彻；朝彻，而后能见独；见独，而后能无古今；无古今，而后能入于不死不生。”可见，“见独”就是经过一定的修养之后，能遗忘天下万物，进而遗忘自身，从而大彻大悟，获得绝对的“真知”，超脱时间与死生的束缚。《大宗师》中还提到颜回由“忘仁义”而“忘礼乐”，由“忘礼乐”而至于“坐忘”，所谓“坐忘”就是“堕肢体，黜聪明，离形去知，同于大通”。可以看出，“见独”与“坐忘”类似，都是一种精神修养方式，由这种方式达到内心的虚静忘我，最终进入精神上一片混沌的无待状态。在这个过程中，人以一种神秘的直觉大彻大悟，并获得感官经验所不能提供的“真知”。

3. 人生观

庄子的人生观首先立足于解决人的人生困境，与其他先秦诸子将眼光着落于短暂而有限的现实社会不同，庄子一开始就企图为人类寻找一个不仅摆脱现实社会困境，而且摆脱最终生命困境的途径。因此，庄子一方面要求鄙弃人间的世俗道德、功名利禄，以达到远祸全身、逍遥自适的境界；另一方面要求齐同死生，不悦生亦不恶死，从而超越死生，获得真正的自由和解脱。

庄子认为，要实现最大的精神自由，首先要认识到人同自然界其他事物一样，都须经历由生至死的过程，《大宗师》篇中说:“死生，命也，其有夜旦之常，天也。”庄子意识到人之生死犹如昼夜交替，是人力无法改变的，因此悦生恶死都是不必要的。《齐物论》篇中说:“其形化，其心与之然，可不谓大哀乎！”人生最大的悲哀不在于形体的枯败，而在于精神也随着形体一同衰弱。既然“死生命也”，那么面对生死最好的态度就是“安之若命”，因为“大块载我以形，劳我以生，佚我以老，息我以死”(《大宗师》)，自然赋予人形体，就是要让人生时勤劳，老时安逸，死时休息，这是一个自然而必然的过程，所以应当“善吾生”亦“善吾死”，将生死都看成一件美事。如果连生死都可“安之若命”，那么世俗的情感则更可以一种平静的态度去面对。

庄子人生观的最高境界体现在那些具有理想人格的至人、真人、神人、圣人身上，这些理想形象的最大特点就是能超然世外，无往而不逍遥。他们一方面能超脱死生，“不知悦生，不知恶死”（《大宗师》），“死生无变于己”（《齐物论》）；另一方面能超脱世俗道德与情感，“不从事于务，不就利，不违害，不喜求，不缘道”（同上）；同时还具有一套养生之法，“其寝不梦，其觉无忧，其食不甘，其息深深”（《大宗师》）。这些使他们能够超乎常人，具有一些令人惊讶的能力，如“不食五谷，吸风饮露，乘云气，御飞龙，而游乎四海之外”（《逍遥游》），或是“大泽焚而不能热，河汉沍而不能寒，疾雷破山、飘风振海而不能惊”（《齐物论》）。这是庄子眼中处世的最高境界，但也只能是一种理想的追求与向往，人总是要生活在某个特定的历史与社会之中的，因此更现实的问题还在于如何避免外物对于本性的摧残，而达到“自救”的目的，庄子由此提出了“避世”和“游世”的办法。

庄子认为“无用”是自我保全的途径之一，栎社树、商丘之木因“不材”而得以长寿，牛之白颡者、豚之亢鼻者、人有痔病者因不可祭神而得以全身，支离疏以形残痼疾而得以“终其天年”，因此庄子感叹“山木自寇，膏火自煎”（《人间世》），有用还不如无用的好。但是，“不材”“无用”也并非就一定能得以全身，《山木》开篇有一则寓言，说庄子行于山中，见有一棵大树枝叶茂盛，由于其“不材”，木匠没有将其伐去，从而得以“终其天年”。但是等到庄子出了山，住在故人家中，故人杀鹅招待，把一只不能鸣的鹅杀了，留下了能鸣的。不能鸣的鹅可谓“不材”，但最后还是招致灾祸，因此庄子意识到，材、不材，或者材与不材之间，都无法真正免祸，但“乘道德而浮游”就不同了。“乘道德而浮游”是指顺应自然而游于至虚之境，这样便能“无誉无訾”“与时俱化”，“以和为量，浮游乎万物之祖，物物而不物于物”，这其中就包含了“游世”的想法。除此之外，还必须学会顺应现实和躲避矛盾，与外界达成形式上的妥协，以做到“不失己”，从而在夹缝中生存。这种“游世”的态度与《逍遥游》中的“游”并不相同，它更直接地指向了现实矛盾，并提出了更现实的解决办法，与《逍遥游》篇中指向内心的精神的“无所待”之游有着层次上的差别。

4. 政治观

庄子的政治观直接来源于对所处时代的体验。他所生活的战国中晚期，是一个战乱频繁、势力纷争的年代，政治上表现出前所未有的动荡与不安，正如刘向在《战国策书录》中所写，“兵革不休，诈伪并起”。战争给人民的生活带来了痛苦，权术也将人们的精神推向了险恶境地，《庄子》中多次写到的战争、暴君、权臣等，都是这种社会状况的直接体现。而讲到其根源，庄子则指向了整个等级制度、处于等级制度最上层的统治者，以及统治者用以统治百姓的仁义道德。他认为当时所存在的政治制度、道德法度不过是愚者的固陋之见，仁义不过是诸侯用来窃国的工具，“经式义度”也不过是统治者的“欺德”。如果硬要以道德法度来约束、欺骗百姓，则必然造成严重的后果，因为天地万物的发展都应循其自然之道，人与社会也应如此，所以庄子提出了废弃君臣之分、复归原始的无君返朴思想，并为人们勾画了一个无等级君臣的理想社会：

> 至德之世，不尚贤，不使能，上如标枝，民如野鹿，端正而不知以为义，相爱而不知以为仁，实而不知以为忠，当而不知以为信，蠢动而相使，不以为赐。是故行而无迹，事而无传。(《天地》)

庄子眼中的理想社会有其鲜明的特点，一方面要求返回原始的素朴状态，使人与自然万物和谐共处；另一方面要求去除等级制度，废除仁义道德，消除欲望机心，使人与人之间和谐共处。庄子的理想社会有其进步之处，但他简单地认为返回与禽兽同居的原始社会就能解决一切社会矛盾，也是天真而不切实际的。

同时，在《庄子》外、杂篇中，出现了一些与上述不同的政治观点，可能是庄子后学为适应社会形势的改变而对庄子思想所作出的调整。例如《天地》篇就明确承认了君臣等级之分，并认为只要能“无为”而顺应自然，就可以达到“有为”而天下大治，这“有为”的结果，表现在政治上就是“天下之君正”“君臣之义明”“天下之官治”，表现在经济上就是“财用有馀”“饮食取足”。他们并不反对“有为”，也并不避讳“王天下”，只是强调如何“以无为而无不为”，如何“不以王天下为己处显”。但是，从现实的眼光来看，若事无大小，都以“无为”处之，显然是不可行的，因此庄子后学们在无为的君主和有为的臣僚之间进行了严格的角色划分，提出了君道无为而臣道有为的理论。可以说，他们对于君臣万物的关注程度绝不亚于儒家，不同之处仅在于儒家以“仁义”统率一切，而他们却认为应以无为无欲的“道”来统率一切，其想要达到的结果与儒家殊途同归。

5. 美学观与文艺观

庄子的美学观直接来源于他的哲学观，因此他眼中的美并不是纯粹的自然美或艺术美，而是与“道”合一的境界美。人一旦做到“天地与我并生，而万物与我为一”(《齐物论》)、“独与天地精神往来”(《天下》)，就能从天地万物中体验到一种人与自然合一的愉悦感，这在庄子看来才是美的极致。因此，庄子的美学观从一开始就有两个指向，一个指向外部形体的自然之美，另一个指向内部的无为素朴之美。庄子是肯定外部形体之美的，并且认为这种美来自“天地”之间，而“天地有大美”的原因在于它能顺应大道，自然无为。所以，在庄子看来，美的本质就在于自然无为，能够顺应自然，保持自身天然本性的事物就是美的，庄子笔下的至人、真人、神人，往往具有极美的外形，其前提也是能顺应大道，无为虚静。庄子也将这种最自然素朴、不加雕琢虚饰的美称为“真”：

> 真者，精诚之至也。不精不诚，不能动人。……礼者，世俗之所为也；真者，所以受于天也，自然不可易也。故圣人法

天贵真，不拘于俗。(《渔父》)

这种“法天贵真”的美学观点不仅表现在反对人工雕琢，追求事物天然本真，而且表现在推崇纯真率性、自由不羁的人格上。

但是，庄子并不认为对美的领略是一种主动的行为，如果有目的地去“判天地之美，析万物之理，察古人之全”(《天下》)，是很少能得到美的感受的，审美的过程应该与“美”本身的特征相同，是在自然无为、与道合一的过程中体验美的愉悦。庄子不但认为只有这种虚静恬淡、素朴无为的精神状态才能体验到美，同时也认为这种虚静恬淡、素朴无为的精神本身就具有一种美，这种美甚至还远远超越于形体的美之上。

庄子的美学观又极大地影响了他的文艺观。由于认为“美”在于“真”，在于自然无为，因此文艺创作应当以还原本真为目的，在自然无为的态度下进行，这就要求摒弃一切功利目的，使得文艺创作成为一种自然而然、合乎本性的行为。只有忘掉利害得失，超越功利欲望，才能全神贯注、闲暇自得地运用技艺。同时，由于庄子认为最高层次的美是超越形体之外的精神的美，所以表现美的文艺创作也应该基于一种内在的精神体验，只有忘却外物，与天地精神往来，做到与“道”相通时才能创作出好的艺术作品。列御寇射箭的技艺虽高，一旦“登高山，履危石，临百仞之渊”，便发挥不出来了，就是由于还未达到物我两忘的境界(《田子方》)。这里，庄子将艺术的产生归结为一种神秘的直觉领悟在起作用，也即是前面所讲的“心斋”“坐忘”，这是一种靠直觉和灵感获得创作源泉的方式。但是庄子并非认为艺术创作的源泉是凭空而来的，或是一种虚无的存在，相反，他认为艺术创作只可能建立在大量现实经验的基础之上，如庖丁解牛也经过了最初的“所见无非全牛”，“三年之后，未尝见全牛也”，最后游刃有馀，“以神遇而不以目视，官知止而神欲行”，甚至将技巧忘却。

但是，庄子并不主张进行人为的艺术创造，因为在他看来，艺术创造是内在精神体验的外在表现，而内在精神所依据的“道”本身却是“不当名”的，因为“道不可闻，闻而非也；道不可见，见而非也；道不可言，言而非也”(《知北游》)。“道”作为一个抽象的概念，本来就无法具体描摹，一旦描摹出来，它也就不再是原本意义上的“道”了。由此，庄子认为，语言、形式所能表达的只是事物粗糙的外表，用语言文字所写的书籍，也不过是一堆糟粕。

四、《庄子》的艺术特色

1. 寓言、重言、卮言

寓言、重言、卮言的运用是《庄子》一书最重要的艺术特色。庄子在《寓言》篇中曾自叙其著述特点为:“寓言十九，重言十七，卮言日出，和以天倪。”在《天下》篇中又总结说:“以天下为沉浊，不可与庄语，以卮言为曼衍，以重言为真，以寓言为广。独与天地精神往来，而不敖倪于万物，不谴是非，以与世俗处。其书虽瑰玮而连犿无伤也，其辞虽参差而諔诡可观。”

郭象《庄子注》对“寓言”“重言”“卮言”有很好的解释:“寄之他人，则十言而九见信。世之所重，则十言而七见信。夫卮，满则倾，空则仰，非持故也；况之于言，因物随变，唯彼之从，故曰‘日出’。日出，谓日新也，日新则尽其自然之分，自然之分尽则和也。”可见，所谓寓言就是假借形象思维，寓理于事，表达己意；所谓重言，就是借重古人之言以申明作者自己的观点；所谓卮言，就是依文随势而出现的一些零星之言。其实，不管寓言、重言、卮言，作用都无非如陆德明在《经典释文》中所说:“以人不信己，故托之他人，十言而九见信也。”是一种不标示自己成见的叙述方式，而只将自己体验所得的道理，或寄托在一个虚设的情境之中，或假借众人所信服的先知先哲的嘴巴说出来，或依循物理之本然而立说，至于道理的究竟，便留待读者去自由体悟。

“寓言”恐怕是《庄子》一书中最重要的表现手法了。《史记·老子韩非列传》说:“其著书十余万言，大抵率寓言也。”《庄子》中的寓言又非常与众不同。先秦其他诸子如孟子、韩非子等人亦可谓善用寓言，但孟子多采用民间传说故事来加强自己的论辩，韩非多利用历史传说与典故以佐证自己的说理，而《庄子》的寓言却大多“皆空语无事实”（司马迁语），而且庄子对于这些“无事实”之语，还往往辅以细致生动的描写，使之不仅有情节，还有语言，有形象，有情感。正是这些天马行空、看似虚妄的想象、虚构与描写，使《庄子》一书在哲学的成分以外，带上了奇幻斑斓的文学色彩。

在《庄子》一书中，“寓言”“重言”“卮言”其实是“三位一体”，浑不可分的，它们互相辅助，互相映衬，构成了《庄子》“洸洋自恣”的艺术特色。庄子正是以其杰出的天才、超人的想象、浪漫的感情，借助这“三言”打破言与意的隔膜，创造出极具浪漫主义感染力的优美文字，成为中国古代文学中的高峰。

2.《庄子》散文的艺术特色

《庄子》是先秦诸子散文中最具特色的。鲁迅曾高度赞扬《庄子》的文字“汪洋辟阖，仪态万方”（《汉文学史纲要》），闻一多也称赞“南华的文辞是千真万真的文学”（《古典新义·庄子》）。《庄子》散文的独到之处，便是它跳出了先秦语录体散文与论辩体散文的束缚，不仅以说理为目的，还创造了一种优美飘逸、恢恑憰怪的文学风格，使其散文的文学性甚至超越了哲理性。

其文学性首先表现在他创造了一大批鲜明的形象，这些形象的创造并不限于人物，而且还借助寓言为载体，超越了常人的认知与想象，延伸至自然界一切有形无形的事物，甚至只能存在于人们观念中的精神事物。这些形象或美或丑，或真或假，或庄或谐，或逍遥或狭隘，令人目不暇接。在人物方面，庄子创造了一批极有特色的至丑之人，《德充符》篇中，这些人不是缺胳膊少腿，便是形貌丑陋变形，甚至长着碗大的瘤，可谓丑之极致，但庄子却对他们赞叹不已，不仅让孔子在他们面前恭敬有加，还让他们与老聃谈道论法。但庄子也并非专门制造一些丑陋的形象来哗众取宠，《逍遥游》篇中描写的藐姑射山神人，“肌肤若冰雪，绰约若处子”，就完全是形德之美的极致。除了这些或美或丑的虚构形象，庄子笔下还有着像孔子、颜回这样的儒家人物，文惠君、卫灵公、惠施这样的执政者，匠石、轮扁、庖丁、梓庆这样的普通职业者。不仅人物，自然界的万事万物都可以为庄子所用，成为其寓言中的主人公。栎树可以托梦给匠石，讲述无用以全身的道理（见《人间世》），髑髅可以与庄子同寝，讨论死生之间的际遇（见《至乐》）。

可见，在庄子眼中，已无物我之分，人物之间，物物之间，天地万物与精神世界的交流毫无限制，任何事物都有思想、有灵性，可以将抽象的哲理表达得生动有趣。这种漫无涯际的想象与广阔无垠的视野又使得庄子散文能够超越时空的局限，呈现出宏大雄奇的气魄与汪洋恣肆的浪漫主义色彩。在庄子笔下，北冥的巨鲲有几千里之大，一朝化而为鹏，其翼便如垂天之云，能够水击三千里，抟扶摇而上九万里（见《逍遥游》）！任公子垂钓，要大钩巨缁，以五十头牛为饵，蹲于会稽山上，投竿东海，一年过去，大鱼吞饵，顿时白浪如山，海水震荡，声如鬼神，震惊千里，鱼之大，可令浙江以东、苍梧以北之人均得饱食（见《外物》）。《齐物论》中的至人更是能够“大泽焚而不能热，河汉冱而不能寒，疾雷破山、飘风振海而不能惊……乘云气，骑日月，而游于四海之外”。这些是多么宏伟壮观、变幻莫测的景象啊！

但是仅有丰富奇特的形象和宏伟壮阔的气势，还不足以构成庄子散文的独特魅力，庄子散文的形象和气势还要通过生动贴切的比喻和细致传神的描写才能达到形神俱现的效果。例如《养生主》篇中说：“指穷于为薪，火传也，不知其尽也。”以薪喻形，以火喻神，薪有尽而火无穷，正如形体总有枯槁之时，但精神只要加以保养便能不穷不尽，强调了养生者当在于养神而非养形。又如《在宥》篇说：“女慎无撄人心，人心排下而进上，上下囚杀，淖约柔乎刚强，廉刿雕琢，其热焦火，其寒凝冰，其疾俯仰之间而再抚四海之外，其居也渊而静，其动也县而天。”以“焦火”喻其躁，“凝冰”喻其坚，“俯仰四海”喻其速，“渊静县天”喻其动静各殊，皆用来比喻人心之不可撄。庄子在运用比喻时，还往往善于使用连类比喻，造成如层峰起伏般的奇妙效果，如《天运》篇“孔子西游于卫”一段，接连使用“古今非水陆”“周鲁非舟车”“桔槔俯仰”“柤梨橘柚可口”“猨狙衣周公之服”“西施病心而矉其里”六个比喻，作六层转换，生动地说明“礼义法度”必须“应时而变”的道理。

细致传神的描写也是庄子散文艺术魅力的来源之一，它使得庄子散文不仅有故事，而且故事生动有趣，不仅有人物，而且人物栩栩如生，不仅有情节，还有语言，有动作，有神态，有心理活动。《盗跖》篇是一个典型代表，其中“孔子见盗跖”几乎就是一篇完整的小说，而且情节跌宕起伏，引人入胜：被人称为“圣之和者也”的柳下惠与“杀人放火”的盗跖成了亲兄弟，相隔百年的孔子与柳下惠居然也成了好友，孔子一意孤行，不听劝阻，欲说服盗跖改邪归正，不料却遭盗跖痛斥，落荒而逃，路遇柳下惠，发出“无病而自灸”“几不免虎口哉”的感叹。整个故事大起大落，变幻莫测，生动地刻画了英雄神勇的盗跖这一极富传奇色彩的形象，也夸张地讽刺了所谓至圣的孔子实不过是一名巨盗。其中的多处描写可谓声情并茂，如孔子两次拜见盗跖，将盗跖勃然大怒的神态与其叛逆豪放的言语描绘得有声有色，也从侧面描写了孔子欺世盗名的面目。及至孔子失败遭斥，狼狈而逃时，则是：“孔子再拜趋走，出门上车，执辔三失，目芒然无见，色若死灰，据轼低头，不能出气。”短短几句神态与动作描写，孔子失魂落魄、狼狈而逃的模样便跃然纸上，与盗跖雄健粗犷、无畏无惧的形象形成鲜明的对比。

《庄子》散文的文学成就，还表现在其语言特色上。明人陆西星形容《庄子》的文章有“草蛇纩线”（《南华真经副墨》）之妙，清人方东树也说“大约太白诗与庄子文同妙，意接而词不接，发想无端，如天上白云，卷舒灭现，无有定形”（《昭昧詹言》卷十二）。庄子的语言往往如行云流水，飘逸优美，宛转跌宕，同时又节奏鲜明，音调和谐，具有散文诗般的艺术效果。如《齐物论》篇中对风的描写，极写风之情态，从各种各样的孔穴，写到各种各样的风声，从小风到大风，再到众窍俱寂，树影摇曳，正如宣颖所说：“初读之，拉杂崩腾，如万马奔趋，洪涛汹涌；既读之，希微杳冥，如秋空夜静，四顾悄然。”(《南华经解》) 既有赋的铺陈，又有诗的节奏，读来仿佛令人身临其境，领略了一番自然的变幻莫测。

在行文构思上，《庄子》的文字散而有结，开阖无端，首尾不落俗套，转接无露痕迹，令读者忽如置身群峰之间，忽如脚踏平原之上，忽如登临万仞之巅，一览无遗，忽如误入十里迷津，惝恍迷离。如《逍遥游》一文，起手写大鹏凭风南飞，以寓万物皆“有所待”之旨。但唯恐他人不信，又引《齐谐》为证，并借野马、尘埃、大舟喻大鹏，借水与生物之息喻大风，并通过蜩、学鸠、朝菌、蟪蛄、冥灵、大椿、彭祖、众人与汤之问棘来反复申述此意。接着以“此小大之辩也”一句稍作收束，暗示凡此种种，虽有大小之别，寿夭之殊，然其“有所待”则皆无例外。但文复生文，喻复生喻，波兴云委，莫测涯涘，行文至此并未点明正意。接着，笔锋由小智小才者转向“举世誉之而不加劝，举世非之而不加沮”的宋荣子与“御风而行”的列子，表明前者不过是自适其志的学鸠、斥鷃之辈，而后者与“乘天地之正，而御六气之辩，以游无穷”，无所待而获得真正逍遥的至人、神人、圣人相比，也至多不过是“犹有所待”的大鹏而已，实在不值得称道。全篇宗旨，至此才轩豁呈露。笔势蜿蜒，层层跌落，又层层推进，似断而非断，似续而非续，结束之处亦令人回味无穷。正如刘熙载所说：“文之神妙，莫过于能飞。庄子之言鹏曰‘怒而飞’，今观其文，无端而来，无端而去，殆得‘飞’之机者。”(《艺概·文概》)

以上这些特点使得庄子散文大大有别于先秦各家诸子散文，达到哲理性与文学性的完美结合。应该说，与先秦其他诸子散文一样，《庄子》还是以说理为目的的散文，只是庄子以其令人惊叹的天才，不自觉地在文学性上超越了哲理性。正如闻一多所说：“庄子是一位哲学家，然而侵入了文学的圣域。”“读《庄子》，本分不出那是思想的美，那是文字的美。”(《古典新义·庄子》)

五、庄子的地位与影响

《庄子》在文学上的影响很大，自贾谊、司马迁以来，历代大作家几乎无一不受到它的熏陶。在思想上，或取其愤世嫉俗、旷达不羁，或随其悲观消极、颓废厌世；在艺术上，或赞叹不已，或汲取仿效，并加以发挥，从而创造了中国古代文学中众多绚丽多姿的艺术作品。郭沫若认为，秦汉以来的中国文学史差不多大半是在《庄子》的影响下发展的（见《鲁迅与庄子》）。闻一多也说："中国人的文化上永远留着庄子的烙印。"（《古典新义·庄子》）这些话绝不夸张，从寓言到小说，从诗歌到散文，从形式到内容，从文学到哲学，无一不留有庄子的影子，甚至中国的艺术史也多少带有庄子的印记。

首先，在先秦诸子中，庄子可谓是最善于将寓言作为一种文学形式加以自觉运用的。在他的笔下，寓言不仅仅是说理的辅助工具，也具有了几近独立的地位。在中国文学的发展过程中，它直接影响了文人的寓言创作，如唐代韩愈的《马说》《龙说》《送穷文》，柳宗元的《三戒》《种树郭橐驼传》，明代刘基的《郁离子》等，使寓言逐步脱离了论说文、史传文而独立成体。更为重要的是，先秦寓言起着上继神话，下启小说的作用。《庄子》中关于浑沌、黄帝、广成子等的刻画，都采用了神话的题材，其变幻莫测的想象与夸张也与古代神话的风格相似。但它又发展了神话的简单形式，其寓言有故事情节，有时甚至是复杂的故事情节，有人物形象，有对话，有细节，直接启发了后代小说的产生。《庄子》中许多寓言记述或者虚构的鬼怪异事，是魏晋以后志怪小说的鼻祖之一。至于后代诗、词、曲、赋中熔铸其寓言为题材的，更是俯拾皆是，数不胜数。

其次，庄子"独与天地精神往来"（《天下》）的浪漫主义风格也给中国文学带来了深刻的影响，其极端热情的文字，漫无涯际的想象，缤纷瑰丽的辞藻，天马行空的文思，使其成为中国浪漫主义文学的源头，影响到包括咏怀诗、玄言诗、游仙文学、山水文学、田园文学、志怪文学等在内的一大批文学形式。唐代李白深受庄子"开浩荡之奇言"的浪漫主义风格影响，其诗歌、散文感情炽烈，想象丰富，气势磅礴，旷放不羁，成为庄子之后中国浪漫主义文学的又一个高峰。宋代苏轼也深得庄子浪漫主义的真谛，他说："吾昔有见于中，口未能言。今见《庄子》，得吾心矣。"（苏辙《亡兄子瞻端明墓志铭》）看来，其自然旷达、卓尔不群的人格与庄子不无关系；其《赤壁赋》及清风阁、凌虚台、墨宝堂、超然台诸记，思想语言亦无不出于《庄子》，而其文章所谓"如行云流水""如万斛泉源，不择地而出"的风格，亦与《庄子》相近。

第三，庄子散文中的美学思想对中国文学、艺术都产生了深远的影响。庄子认为"天地有大美而不言"（《知北游》），"美"存在于"天地"之间，为自然所有，只有自然无为方才可以体会到天地之大美。这一思想可谓直接孕育了中国山水诗、田园诗、游记等文学的萌芽，并促其发展。中国的绘画、书法也无一不受其影响，山水画以其得天地之美而成为中国画的最主要类型，书法则受其"大美"的美学情调和浪漫主义风格的影响，产生了行云流水、挥斥八极的草书，典型的如张旭、怀素等人的书法。庄子还独开"以丑为美"的美学先河，他追求形体的完美，但更追求精神的完美，在他看来，丑陋的形体之下反而更能包含超越形体之外的精神之美，即他所称的"全德"。这种以形体的丑陋来突出精神之美的美学取向，也成了文学家和艺术家们的又一处灵感源泉，文学家以"丑石""病梅"等有缺憾的事物来表达自己的精神追求，画家们则以形象怪异丑陋的人物来表达内心不屈不挠的精神力量。此外，庄子主张得意忘言、言约旨远、意在言外的创作准则，直接影响了刘勰"情在词外"、钟嵘"文有尽而意有馀"、司空图"象外之象，景外之景"、王国维境界说等文艺理论，也极深地影响到中国的文学与艺术，使其形成了重神而不重形这种显著区别于西方文艺的风格。

第四，庄子蔑视权势利禄、追求独立自由人格和逍遥自适生命境界的精神，使中国文人在儒家的"修身、齐家、治国、平天下"之外，有了另一种生命追求。阮籍、嵇康不拘礼教、任性不羁、愤世嫉俗的人格表现，陶渊明"不为五斗米折腰"而宁愿"采菊东篱下"的人生态度，甚至欧阳修流连山水时"醉翁之意不在酒，在乎山水之间也”的理想，无一不留有庄子的影子。李白、苏轼面对人生的大起大落，能够不惊不乱，依然旷达自适，都可看出受庄子濡染之深。总之，庄子对中国文人精神的影响难以一语道尽，大到人格取向，小到细枝末节，都与庄子有着或多或少、或深或浅的联系，要真正体会中国文人的精神，不读懂庄子是不行的。

本书《庄子》三十三篇原文，以中华书局1986年5月重印《诸子集成》中郭庆藩《庄子集释》为底本。

目　录

杂 篇

内　篇

逍遥游

【题解】

逍遥游，古作“消摇游”，意谓“闲放不拘，怡适自得”（陆德明《经典释文》），本篇中“彷徨乎无为其侧，逍遥乎寝卧其下”就近乎此种境界。庄子认为，要达到此种境界，须泯灭物、我之见，做到无己、无功、无名，与自然化而为一，然后才可以乘天地之正，御六气之辩，“无所待”而游于无穷，在精神上获得彻底解脱。文章以寓言兴起，体现了庄子散文善用寓言的特色，大鹏图南，气势恢宏，是中国文学史上的名篇，影响深远。但大鹏仍有所待，并非逍遥的代表，只有至人、神人、圣人才是真正达到逍遥游境界的人。揭示旨意后，庄子又以三则故事详细阐发之，然后戛然住笔。全文笔势一路汪洋恣肆，有如天马往来空中，不可遏止。这就是庄子散文的基本特色。

北冥有鱼〔1〕，其名为鲲〔2〕。鲲之大，不知其几千里也。化而为鸟，其名为鹏〔3〕。鹏之背，不知其几千里也。怒而飞〔4〕，其翼若垂天之云〔5〕。是鸟也，海运则将徙于南冥〔6〕。南冥者，天池也〔7〕。

《齐谐》者〔8〕，志怪者也〔9〕。《谐》之言曰：“鹏之徙于南冥也，水击三千里〔10〕，抟扶摇而上者九万里〔11〕，去以六月息者也〔12〕。”野马也〔13〕，尘埃也，生物之以息相吹也〔14〕。天之苍苍〔15〕，其正色邪〔16〕，其远而无所至极邪〔17〕？其视下也〔18〕，亦若是则已矣〔19〕。且夫水之积也不厚[20]，则其负大舟也无力[21]；覆杯水于坳堂之上[22]，则芥为之舟[23]；置杯焉则胶[24]，水浅而舟大也。风之积也不厚，则其负大翼也无力[25]。故九万里则风斯在下矣[26]，而后乃今培风[27]；背负青天而莫之夭阏者[28]，而后乃今将图南[29]。蜩与学鸠笑之曰[30]："我决起而飞[31]，抢榆枋[32]，时则不至[33]，而控于地而已矣[34]，奚以之九万里而南为[35]？"适莽苍者[36]，三飡而反[37]，腹犹果然[38]；适百里者，宿舂粮[39]；适千里者，三月聚粮。之二虫[40]，又何知！小知不及大知，小年不及大年[41]。奚以知其然也？朝菌不知晦朔[42]，蟪蛄不知春秋[43]，此小年也。楚之南有冥灵者[44]，以五百岁为春，五百岁为秋；上古有大椿者[45]，以八千岁为春，八千岁为秋。而彭祖乃今以久特闻[46]，众人匹之[47]，不亦悲乎？

汤之问棘也是已[48]："穷发之北[49]，有冥海者，天池也。有鱼焉，其广数千里[50]，未有知其修者[51]，其名为鲲。有鸟焉，其名为鹏，背若太山[52]，翼若垂天之云，抟扶摇羊角而上者九万里[53]，绝云气[54]，负青天[55]，然后图南，且适南冥也[56]。斥鴳笑之曰[57]：'彼且奚适也？我腾跃而上，不过数仞而下，翱翔蓬蒿之间，此亦飞之至也[58]，而彼且奚适也？'"此小大之辩也[59]。

故夫知效一官[60]，行比一乡[61]，德合一君而征一国者[62]，其自视也[63]，亦若此矣[64]。而宋荣子犹然笑之[65]。且举世而誉之而不加劝[66]，举世非之而不加沮[67]，定乎内外之分，辩乎荣辱之境，斯已矣。彼其于世，未数数然也[68]。虽然，犹有未树也。夫列子御风而行[69]，泠然善也[70]，旬有五日而后反[71]；彼于致福者[72]，未数数然也。此虽免乎行，犹有所待者也[73]。若夫乘天地之正[74]，而御六气之辩[75]，以游无穷者[76]，彼且恶乎待哉！故曰：至人无己[77]，神人无功[78]，圣人无名[79]。

【注释】

〔1〕北冥：北海。冥，通“溟”，指海。下文“南冥”同。

〔2〕鲲：小鱼。这里借作大鱼名，体现了《庄子》“谬悠”“荒唐”的特点。

〔3〕鹏：即古“凤”字，大鸟名。

〔4〕怒：通“努”，奋力。

〔5〕垂天之云：谓鹏翼之大，有如天边之云。垂，通“陲”，边疆。

〔6〕海运：海动，即海水翻腾。

〔7〕天池：天然形成的大池。

〔8〕齐谐：书名，盖出于齐国，故名《齐谐》。

〔9〕志怪：记载怪异的事物。

〔10〕水击：击水，拍水。这是写鹏翼拍水而飞。

〔11〕抟：兼有拍、旋二义。　扶摇：盘旋而上的暴风。扶摇即“飙”之切音，《月令》郑注曰：“回风为飙。”

〔12〕去以六月息：谓大鹏凭借六月的海风而飞。去，离开。息，气息，谓风。

〔13〕野马：指浮游的水气。

〔14〕息：气息。

〔15〕苍苍：深蓝色。

〔16〕邪：同“耶”，疑问语气词。

〔17〕其：抑或，还是。

〔18〕其：指大鹏。

〔19〕是：指人视天。　则已矣：而已矣。

〔20〕厚：谓深。

〔21〕负：载。

〔22〕坳（ào）堂：室内低洼处。

〔23〕芥：小草。
〔24〕胶：粘着，犹言搁浅。
〔25〕大翼：指大鹏。
〔26〕斯：就。
〔27〕而后乃今：即“乃今而后”之倒文。 培风：凭借风力。培，通“凭”。
〔28〕莫之夭阏：没有阻碍。夭，折。阏（è），止。
〔29〕图南：图谋南飞。
〔30〕蜩（tiáo）：蝉。 学鸠：小斑鸠。学，通“鸴”。
〔31〕决（xuè）起：急起的样子。
〔32〕抢：冲。 榆：榆树。 枋（fāng）：檀树。
〔33〕则：或。
〔34〕控：投（司马彪说），落。
〔35〕奚以……为：哪里用得着……呢！ 之：往，到。 南：作动词，向南飞。
〔36〕莽苍：指郊野。
〔37〕三飡：此以三餐表示一天。飡，通“餐”。 反：通“返”。
〔38〕果然：吃饱的样子。
〔39〕宿舂粮：指要携带过一宿的粮食。
〔40〕之二虫：指蜩与学鸠。之，这。
〔41〕年：年寿。
〔42〕朝菌：一种朝生暮死的虫。 晦朔：每月的第一天为朔，最末一天为晦。这里指平明与黑夜。
〔43〕蟪蛄：寒蝉，春生夏死，夏生秋死。
〔44〕冥灵：木名。
〔45〕椿：椿树，传说是神树。
〔46〕彭祖：传说为颛顼之玄孙，善养生，是得道者。 特闻：独闻于世。
〔47〕匹：比。
〔48〕棘：即夏革，商汤时贤大夫。棘，通“革”。
〔49〕穷发：指北极地带草木不生的地方。
〔50〕广：指鱼背的宽度。
〔51〕修：长。
〔52〕太山：即泰山。太，通“泰”。
〔53〕羊角：羊角风，即旋风。

〔54〕绝：超越。
〔55〕负：倚靠。
〔56〕且：将，将要。
〔57〕斥鴳（yàn）：生活在小泽中的雀鸟。斥，小泽。
〔58〕仞：八尺。一说为七尺。　蓬蒿：均为低矮的植物。　至：极，指最理想境界。
〔59〕辩：通“辨”，分，区别。
〔60〕效：胜任。
〔61〕比：适合，投合。
〔62〕征：信。
〔63〕其：指上述三种人。
〔64〕此：指蜩、鸠、斥鴳。
〔65〕宋荣子：战国中期的思想家。　犹然：嗤笑的样子。
〔66〕劝：努力，励勉。
〔67〕沮：沮丧，消极。
〔68〕斯已矣：犹言如此而已。　数数然：营求急促的样子。
〔69〕列子：即列御寇。　御风：乘风。
〔70〕泠然：轻妙的样子。
〔71〕有：通“又”。
〔72〕致：求。
〔73〕有所待：有所依赖。这里是说列子仍需依赖风而不能逍遥游。
〔74〕乘：顺。　正：法则，规律。
〔75〕御：顺从。　六气：指阴、阳、风、雨、晦、明。
〔76〕无穷：无始无终之境，即大道。
〔77〕无己：即忘掉自己，与万物化而为一。
〔78〕无功：谓无意求功于世间。
〔79〕无名：指无心汲汲于名位。至人、神人、圣人即是庄子理想中修养最高的人物。

【译文】

北海有一条鱼，它的名字叫作鲲。鲲的巨大，不知道有几千里。变化成鸟，它的名字叫作鹏。大鹏的背，不知道有几千里；奋起而飞时，它的翅膀就像天边的云。这只鸟在海水翻腾激荡的时候，就借势迁徙到南海。南海是一个天然形成的大池。

《齐谐》是一部记载怪异事情的书。这部书中说:“鹏向南海迁徙时，击水行至三千里远，而后环绕着旋风上升到九万里的高空，乘着六月的大风而飞去。”野马般的游气，飞扬的尘埃，都是被生物鼻孔里呼出的气吹拂而飘动着。天色看上去苍苍茫茫，究竟是它真正的颜色呢？还是由于它无限高远没有边际的缘故呢？大鹏朝下看，也不过是这样的罢。水如果积聚得不深厚，那就没有力量负载起大船。倒一杯水在堂前洼地上，那么放入小草就可当船，放上一只杯子就粘住不动了，这是水浅而“船”大的缘故。风的强度如果不大，那就无力负载起这巨大的翅膀。所以，鹏能飞上九万里高空，依靠的是身下积聚得很厚的风啊，然后才开始凭借大风飞行；背靠青天而没有什么东西可以阻碍它，然后才开始图谋飞往南海。蜩和学鸠讥笑大鹏说:“我们急速起飞，向榆树和枋树冲去，有时飞不到树上，那么落到地面上就是了，何必飞到九万里的高空再向南海去呢？”如果到郊野去，只要带三顿的粮食就可以，回来时肚子还饱饱的；到百里远的地方去的，就要准备带一宿的粮食；到千里远的地方去的，就要预备三个月的粮食。这两只小鸟又怎么知道呢？小智不能了解大智，寿命短的不能了解寿命长的。怎么知道是这样的呢？朝菌不知昼夜交替，蟪蛄不知春秋季节的变化，这些都是短寿。楚国南方有一棵叫冥灵的树，把五百年当作一个春季，五百年当作一个秋季；上古时代有一棵叫大椿的树，把八千年当作一个春季，八千年当作一个秋季。然而只活了八百岁的彭祖，现在却以特别长寿出名，众人还都希望与他齐寿，不是太可悲了吗？

汤问棘的话也是这样的:“在草木不长的北方有一个大海，是天然形成的大池。那里有一条鱼，它的宽度有几千里，没有人知道它有多长，它的名字叫鲲。那里有只鸟，它的名字叫鹏，鹏的背像泰山，翅膀像天边的云，它环绕着强烈的旋风上升到九万里高空，穿越云层，背靠青天，然后计划朝南飞，到南海去。斥鴳讥笑大鹏说:‘它将飞到哪儿去呢？我腾跃起飞，不过飞到几丈高就落下来了，在蓬蒿之间飞来飞去，这样也就达到了飞翔中最得意的境界。而它还想飞到哪儿去呢？’”这就是小和大的区别。

有些人才智可以胜任一官半职，品行可以使一乡的人都与他亲近，德性可以投合一个国君的心意而能获得一国人的信任，他们自鸣得意就好像斥鴳一样，而宋荣子则不禁嗤笑他们。像宋荣子这样的人，即便全社会都夸赞他，他也不会受到激励；全社会都非议他，他也不会沮丧。他能认定自我和外物的区别，辨别光荣和耻辱的界限，但他也仅能做到这样罢了。尽管他对于世俗的虚名并没有汲汲去追求，但他还是有东西没有树立起来。列子乘风而行，飘飘然轻妙极了，遨游了十五天后回来。他对于求福的事，并没有汲汲去追求。不过，他这样虽可免去步行的麻烦，但毕竟还是有所凭借的。如果能顺从万物的本性，把握六气的变化，遨游于无穷的境界，他还有什么依待呢？所以说："至人无己，神人无功，圣人无名。"

尧让天下于许由，曰："日月出矣，而爝火不息〔1〕，其于光也，不亦难乎！时雨降矣，而犹浸灌〔2〕，其于泽也〔3〕，不亦劳乎！夫子立而天下治〔4〕，而我犹尸之〔5〕，吾自视缺然〔6〕，请致天下〔7〕。"

许由曰："子治天下，天下既已治也，而我犹代子，吾将为名乎？名者，实之宾也〔8〕。吾将为宾乎？鹪鹩巢于深林〔9〕，不过一枝；偃鼠饮河〔10〕，不过满腹。归休乎君！予无所用天下为。庖人虽不治庖〔11〕，尸祝不越樽俎而代之矣〔12〕！"

【注释】

〔1〕尧：传说为上古帝王，号陶唐氏，名放勋，史称唐尧，是儒家理想中的圣明天子。　许由：传为古代高士，字武仲，颍川阳城人。　爝(jué)火：小火把。　息：通"熄"。

〔2〕浸灌：浇灌。

〔3〕泽：润泽。

〔4〕夫子：指许由。

〔5〕尸：本指庙中神像，后引申为徒居名位而无其实之意，这里谓主其事。

〔6〕缺然：自愧的样子。

〔7〕致：与，交给。

〔8〕宾：从属、派生的东西。

〔9〕鷦鹩（jiāo liáo）：小鸟名，善于筑巢。

〔10〕偃鼠：即鼹鼠，好饮河水。

〔11〕归休乎君：即“君归休乎”之倒装。　庖人：厨师。　治庖：烹饪。

〔12〕尸祝：祭祀中执祭版对神主祷祝的人。　樽：盛酒器具。　俎：盛肉器具。二者皆庖人所掌管。

【译文】

尧要把天下让给许由，说：“日月都出来了，而火把还不熄灭，它要和日月比光，不是很难吗！时雨已经降落，而还在用人力浇灌，这对于润泽禾苗，不是徒劳吗！你如果立为天子，天下就可太平，而我还占着这个位子，自己觉得很惭愧，请让我把天下交给你。”

许由说：“你治理天下，天下已经太平了，而我还来代替你，我是为了名吗？名是实的附属品，难道我是为了这区区附属品吗？鷦鹩在深林里筑巢，只不过一根树枝就够了；偃鼠到河里喝水，只不过喝饱肚皮就行了。你请回吧！天下对我来说毫无用处。厨师虽然不尽职，尸祝也不必越位而代替他去烹调。”

肩吾问于连叔曰〔1〕：“吾闻言于接舆〔2〕，大而无当，往而不返。吾惊怖其言，犹河汉而无极也〔3〕；大有迳庭〔4〕，不近人情焉。”

连叔曰：“其言谓何哉〔5〕？”曰：“‘藐姑射之山有神人居焉〔6〕，肌肤若冰雪，绰约若处子〔7〕；不食五谷，吸风饮露；乘云气，御飞龙，而游乎四海之外；其神凝，使物不疵疠而年谷熟〔8〕。’吾以是狂而不信也〔9〕。”

连叔曰：“然。瞽者无以与乎文章之观〔10〕，聋者无以与乎钟鼓之声。岂唯形骸有聋盲哉！夫知亦有之[11]。是其言也，犹时女也[12]。之人也[13]，之德也，将旁礴万物以为一[14]，世蕲乎乱[15]，孰弊弊焉以天下为事[16]！之人也，物莫之伤，大浸稽天而不溺[17]，大旱金石流、土山焦而不热。是其尘垢粃糠[18]，将犹陶铸尧、舜者也[19]，孰肯以物为事！宋人资章甫而适诸越[20]，越人断发文身，无所用之。尧治天下之民，平海内之政，往见四子藐姑射之山、汾水之阳[21]，窅然丧其天下焉[22]。"

【注释】

〔1〕肩吾、连叔：皆为作者虚构的人物。

〔2〕接舆：楚国的狂士，隐居不仕。皇甫谧《高士传》谓其姓陆名通。《论语》记载他曾见过孔子。

〔3〕大而无当：夸大而不着边际。　往而不返：谓接舆只管直陈，却不考虑前言后语是否经得起相互印证。　河汉：指天上的银河。

〔4〕迳庭：差别很大的意思。迳，指门前路。庭，指堂外地。

〔5〕其：指接舆。

〔6〕藐姑射（yè）：神山名。

〔7〕绰约：姿态柔美。　处子：处女。

〔8〕疵疠（cī lì）：恶病，引申为灾害。

〔9〕以：认为。　是：指接舆的那番话。

〔10〕瞽者：盲人。　文章：花纹。

〔11〕知：通"智"，智力。

〔12〕时：通"是"，此。　女：通"汝"，指肩吾。

〔13〕之人：神人。之，此。

〔14〕旁礴：混同。

〔15〕蕲（qí）：通"期"，期望。　乱：治，太平。

〔16〕弊弊：辛苦经营的样子。

〔17〕大浸：大水。　稽：至。

〔18〕粃糠：比喻道之粗者。糠，通"糠"。

〔19〕陶铸：造就。

〔20〕宋：建都于今河南商丘南。宋人是殷人后代，所以戴这种礼帽。资：贩卖。　章甫：殷代的一种礼帽。　诸越：即於越，建都会稽（今浙江绍兴）。

〔21〕四子：指王倪、啮缺、被衣、许由。　汾水：在今山西省境内，为黄河支流。

〔22〕窅（yǎo）然：怅然的样子。　丧：遗忘。

【译文】

肩吾问连叔说："我听接舆说话，夸大而不着边际，只顾侃侃而谈而不去相互印证。我惊骇他的言论像银河那样无边无际；他的话与常人之言相去甚远，荒唐到了不近人情的地步。"

连叔问："他说的是什么呀？"肩吾说："他说：'藐姑射山上有位神人住在那里，肌肤洁白得像冰雪一样，身姿柔美得像处女；不吃五谷杂粮，吸清风饮露水；乘着云气，驾着飞龙，遨游于四海之外；他的神情凝聚专一，能使万物不受灾害而五谷丰登。'我认为他的话是虚妄夸大而不能相信的。"

连叔说："是这样的。瞎子无法使他看到花纹的美丽，聋子无法使他听到钟鼓的乐声。难道只有形体上才有聋有瞎吗，在智力上也是有这样的缺陷的。这些话，指的就是你。那位神人，他的德性，将要混同万物为一体，世人期望他来治理天下，但他哪里愿意来庸庸碌碌地管这种俗事呢！这样的人，没有什么事物能伤害他，洪水滔天也不会溺死他，大旱使金石熔化、土山枯焦，却不能使他感到炽热。他身上的尘垢糟粕，仍能陶铸成尧、舜的功业，他哪里肯以料理天下作为事业呢！宋国人到越国去贩卖礼帽，越国人剪发文身，用不着它。尧治理天下的人民，安定海内的政事，到藐姑射山上、汾水的北面去拜见四位有道之士，茫然自失，忘掉了天下。"

惠子谓庄子曰〔1〕："魏王贻我大瓠之种〔2〕，我树之，成〔3〕，而实五石〔4〕；以盛水浆，其坚不能自举也〔5〕；剖之以为瓢，则瓠落无所容〔6〕。非不呺然大也〔7〕，吾为其无用而掊之〔8〕。"庄子曰："夫子固拙于用大矣。宋人有善为不龟手之药者〔9〕，世世以洴澼絖为事〔10〕。客闻之，请买其方百金〔11〕。聚族而谋曰：‘我世世为洴澼絖，不过数金；今一朝而鬻技百金〔12〕，请与之。’客得之，以说吴王。越有难〔13〕，吴王使之将〔14〕；冬，与越人水战，大败越人，裂地而封之〔15〕。能不龟手一也，或以封，或不免于洴澼絖，则所用之异也。今子有五石之瓠，何不虑以为大樽而浮乎江湖〔16〕，而忧其瓠落无所容？则夫子犹有蓬之心也夫〔17〕！”

惠子谓庄子曰：“吾有大树，人谓之樗〔18〕，其大本拥肿而不中绳墨〔19〕，其小枝卷曲而不中规矩，立之途，匠者不顾。今子之言，大而无用，众所同去也〔20〕。”庄子曰：“子独不见狸狌乎〔21〕？卑身而伏，以候敖者〔22〕；东西跳梁〔23〕，不辟高下〔24〕，中于机辟〔25〕，死于罔罟〔26〕。今夫斄牛〔27〕，其大若垂天之云。此能为大矣，而不能执鼠。今子有大树，患其无用，何不树之于无何有之乡，广莫之野，彷徨乎无为其侧〔28〕，逍遥乎寝卧其下；不夭斤斧，物无害者，无所可用，安所困苦哉〔29〕！”

【注释】

〔1〕惠子：姓惠名施，宋人，战国名家学派的代表人物，曾为梁惠王相，是庄子的好友。

〔2〕魏王：魏惠王，名罃，又称梁惠王。　贻（yí）：赠送。　瓠（hù）：葫芦。

〔3〕树：种植。　成：成熟。

〔4〕实：容量。　石：重量单位，十斗为一石。

〔5〕坚：硬度。

〔6〕瓠（huò）落：即廓落，空廓的样子。

〔7〕呺（xiāo）然：空虚巨大的样子。

〔8〕为：因为。　掊（pǒu）：击碎。

〔9〕龟（jūn）：通“皲”，皮肤冻裂。

〔10〕洴澼絖（píng pì kuàng）：漂洗丝絮。成玄英云：“洴：浮。澼：漂也。”絖，古纩字，絮也。（刘文典说）

〔11〕方：指不龟手的药方。　金：古代的货币单位。

〔12〕鬻（yù）：出售。

〔13〕越：越国。　难：难事，指军事行动。

〔14〕将（jiàng）：带兵。

〔15〕裂地：割出一块地方。

〔16〕虑：结掇（司马彪说），即系缚之意。　樽：腰舟。

〔17〕有蓬之心：指惠子心为茅塞，不通道理。

〔18〕樗（chū）：臭椿，一种劣质的乔木。

〔19〕大本：主干。　拥肿：即臃肿，指树干疙瘩盘结。　中（zhòng）：符合。

〔20〕去：抛弃。

〔21〕狸（lí）：野猫。　狌（shēng）：黄鼠狼。

〔22〕敖（áo）者：指嬉游的小动物。

〔23〕跳梁：即跳踉，腾跃跳动的意思。

〔24〕辟：通“避”，避开。

〔25〕机辟：泛指捕兽工具。

〔26〕罔：通“网”。　罟（gǔ）：网的统称。

〔27〕斄（lí）牛：即牦牛，体大不灵活。

〔28〕无何有之乡，广莫之野：指寂绝无为之地（陆德明说）。　彷徨：指翱翔、悠游之义。

〔29〕不夭斤斧：不为刀斧所砍伐。夭，夭折，早死。

【译文】

惠子对庄子说：“魏王送我大葫芦的种子，我把它种植成熟，果实容量有五石大；用它盛水，它的坚固程度经不起提举；剖开来做瓢，它又太大没有可放的东西。这葫芦并不是不大，我因为它没有用处就把它打碎了。”庄子说：“你实在是不善于使用大的东西啊。有个宋国人善于制造不龟裂手的药物，他家世世代代都以漂洗丝絮为业。有一个客人听说此事，愿意出百金收买他的药方。宋人召集全家族人来商量说：‘我家世世代代漂洗丝絮，收入不过数金；现在一旦卖出这个药方就可获得百金，就卖了吧。’这个客人得到药方，便去游说吴王。越国起兵入侵，吴王派他率领军队。冬天和越人水战，大败越人，吴王割地封赏了他。能够使手不冻裂的药方是一样的，有人因此得到封赏，有人却只是用来漂洗丝絮，这是因为使用方法的不同。现在你有五石容量的葫芦，为什么不系着当作腰舟而浮游于江湖之上，反而愁它太大没有东西可装呢？可见你的心还是茅塞不通啊！”

惠子对庄子说：“我有一棵大树，人们把它叫作樗。它的树干疙瘩盘结而不符合绳墨的要求，它的小枝弯弯曲曲而不合规矩，生长在路旁，木匠都不屑一顾。现在你的话夸大而不实用，大家都不愿再听了。”庄子说：“你难道没有看到野猫和黄鼠狼吗？它们低下身伏在地上，伺机猎取出来活动的小动物；东蹿西跳，不避高低，往往触到机关，死于网罗之中。再看那牦牛，庞大的身子好像天边的云。它该算是大的了，却不能捉老鼠。现在你有这么一棵大树，还愁它无用，为什么不把它种在虚寂的土地上、广漠的旷野里，随心所欲地悠游于树旁，怡然自得地睡卧在树下；不会遭到刀斧的砍伐，没有东西来伤害它，因为它没有什么用处，哪里还会有什么困苦呢？”

【评析】

我们现在看到的先秦典籍，都是经过后人之手编辑过的，小至文字异同，大至篇章结构，都经过精心校对和安排。最有深意的是篇章先后次序，尤其是首尾两篇，往往关乎整部书的主旨。例如《论语》以《学而》始，以《尧曰》终，前者是人生态度，后者是政治理想，两者在儒家思想中均有重要地位。《庄子》首尾两篇亦值得注意。《逍遥游》作为三十三篇之首，历来为注解者重视，不少注解者认为它是《庄子》全书主旨，是庄子想要达到的最终境界。它鄙弃一切尘障语，音似天籁，势同险峰，给予众生近乎窒息的极限感受，睁开眼却是难以置信的澄净与通脱。其旨之所在，各家自有不同说法，或因时局，或凭己意，化生千姿百态，镜花水月之象。其中以郭象“适性逍遥”说与支遁“逍遥至足”说最具代表性。

郭象在《庄子注》中为《逍遥游》作了如下题解：“夫小大虽殊，而放于自得之场，则物任其性，事称其能，各当其分，逍遥一也，岂容胜负于其间哉！”在郭象看来，世间万物无论在各个方面有着如何的不同，只要满足自己性分的要求，都同样无往而非逍遥。譬如文中抟扶摇而上九万里的大鹏和在榆枋间雀跃唧喳的小学鸠，虽然“鸟各有志”，但都是顺其自然，率性而为，就其“适性逍遥”而言并无差别。他进而认为文中“帝尧、许由，各静其所遇，此乃天下之至实也”，尧的“弊弊焉以天下为事”和许由的“无所用天下为”也只是殊途而同归，“其于逍遥一也”。郭象把超越高远的逍遥境界等同于芸芸众生在世俗生活中对一己之欲的满足，将其降低到了安身立命、自适其乐的现实层面，使庄子那“非梧桐不止，非练实不食，非醴泉不饮”的冷傲清高的生命理想沦为经纶世务者茶馀饭后的精神调剂品。但郭象更主要的还是表现出了褒扬唐尧而贬斥许由的思想。如他说：“夫自任者对物，而顺物者与物无对。故尧无对于天下，而许由与稷、契为匹矣。何以言其然邪？夫与物冥者，故群物之所不能离也。是以无心玄应，唯感之从，泛乎若不系之舟，东西之非己也。故无行而不与百姓共者，亦无往而不为天下之君矣。以此为君，若天之自高，实君之德也。若独亢然立乎高山之顶，非夫人有情于自守，守一家之偏尚，何得专此？此故俗中之一物，而为尧之外臣耳。”所谓“对物”，是说与他物相对立；“与物无对”，是说不与他物相对立。郭象指出，许由自以为是，把自己与现实社会对立起来，而唐尧却顺从他物，不把自己与百姓对立起来，而且他的这种“与物无对”，又是属于“无心玄应，唯感之从”，连自己都是觉察不到的，所以唐尧是可以为君的圣人，许由只不过是俗中之一物，即稷、契之辈而已。显然，郭象的这一解释是完全违背庄子本意的。

在支遁看来，郭象的“适性逍遥”只是一种低级的形躯上的欲望满足，远非“逍遥至足”的境界。他援引佛教般若性空之学来解释逍遥旨意，认为“至人乘天正而高兴，游无穷于放浪”（《世说新语》刘孝标注引），这正是庄子原文中所谓“乘天地之正，而御六气之辩，以游无穷”的“无所待”的逍遥游。支遁指出，要达到这种“无所待”的逍遥，必须做到“物物而不物于物”，不为一切外物所负累，无悲、无喜、无挂碍，才可能进入上下天光、一碧万顷的冲虚明净心态，亦即庄子所谓“至人无己，神人无功，圣人无名”的超拔境界。大鹏的绝云气、负青天，小学鸠的枪榆枋、跃蓬蒿，宋荣子的宠辱不惊，列御寇的泠然御风，虽然各自有高下之分，却都不是真正的“逍遥游”。甚至就连“神人无功，圣人无名”，也只是“至人无己”这一彻底逍遥境界的前提与陪衬而已。大音希声，由来久矣，天下读庄者本为郭象注所蔽，懵然随流，溺而不返，然经由支遁“以佛解庄”的阐释发挥，《逍遥游》终究得以复归本相。

庄子的《逍遥游》，是人与世界的两两相忘，是“闲放不拘，怡适自得”（陆德明《经典释文》），他用海天云气之间，鹏飞鱼跃，照亮了我们曾被世事蒙蔽的纯净天性。从此再看待世界，看待每一种真实的存在，看待自己，我们会发现，自由仍然是梦想的荆棘路上最强大、最内在、最持久的前行动力。庄子说:“小知不及大知，小年不及大年。”终此一生，或许每个人都会有无法逾越的命限，也都会有永远无法弥补的缺憾，然而生命却仍然为我们保留了一片梦想的天地。在这幻情异彩的“无何有之乡”，我们可以突破人世间的任何阻隔，也可以放下心底的所有困苦忧伤，然后，与庄子笔下那些至人、神人、圣人一同拥抱苍茫的天宇，怒号的海涛，一同领会滔天洪水、炎炎烈火之中凝聚不散的静穆与轻灵，一同凌虚蹈空，放浪形骸，磅礴万物，在有限的人生之外“永结无情游，相期邈云汉”(李白《月下独酌》)。

齐物论

【题解】

本篇也是《庄子》中的名篇，但向来以深奥难解著称。其篇题“齐物论”就有两种解法，即“齐物之论”与“齐平物论”。但《庄子》全书，并无以“论”命题的，为何此篇例外？庄周极端鄙视言辩论说，自己又怎肯再添一论，而与诸子百家相并列？因此，所谓齐物论，即齐平物论，也就是要消除各派对天下万物所作的不同评论。

此篇行文，先以“丧我”发端，暗示物论纷纭不齐，皆由执“我”之见所致，所以要齐而同之，非先忘“我”不可。接着紧承“丧我”而忽以“三籁”致问，但却又随即撇开“人籁”“天籁”，而独将“地籁”铺叙描写一番，为下文穷尽种种人情世态作出铺垫。然后迂回推进，由种种不齐的人情，逐步导出“是非”二字。于是再深一层，进一步追究产生是非的根源——“成心”。至此，行文似乎已断。但文章却以“言非吹也”一句，遥接“吹万”云云，则断处即续。于是又由言有彼此而论述诸子百家的是非丛生，由是非丛生而论述道之所以亏，由道之所以亏而论述物论之所以不齐，逐步推出全文的论点：“天地与我并生，而万物与我为一。”随后即连设三喻，重发此旨。最后，借罔两之问，引出庄周之梦，关锁全篇，并照应开头“丧我”之意。

南郭子綦隐机而坐〔1〕，仰天而嘘〔2〕，荅焉似丧其耦〔3〕。颜成子游立侍乎前〔4〕，曰：“何居乎〔5〕？形固可使如槁木〔6〕，而心固可使如死灰乎？今之隐机者，非昔之隐机者也。”子綦曰：“偃，不亦善乎，而问之也[7]！今者吾丧我[8]，汝知之乎！女闻人籁而未闻地籁[9]，女闻地籁而未闻天籁夫[10]！”

子游曰：“敢问其方[11]。”子綦曰：“夫大块噫气[12]，其名为风。是唯无作，作则万窍怒呺[13]。而独不闻之翏翏乎[14]？山林之畏隹[15]，大木百围之窍穴[16]，似鼻，似口，似耳，似枅[17]，似圈[18]，似臼[19]，似洼者[20]，似污者[21]；激者[22]，謞者[23]，叱者，吸者，叫者，譹者[24]，宎者[25]，咬者[26]。前者唱于[27]，而随者唱喁[28]。泠风则小和[29]，飘风则大和[30]，厉风济则众窍为虚[31]。而独不见之调调[32]、之刁刁乎[33]？”子游曰：“地籁则众窍是已，人籁则比竹是已[34]。敢问天籁。”子綦曰：“夫吹万不同[35]，而使其自已也[36]，咸其自取，怒者其谁邪？”

【注释】

〔1〕南郭子綦（qí）：楚昭王的庶弟，字子綦，居住城南，故取号南郭。　隐：依凭。　机：通“几”，古人席地而坐时供倚靠的一种器具。

〔2〕嘘：慢慢地吐出暖气。

〔3〕荅（tà）焉：遗弃形体的样子。　耦：身，形体。

〔4〕颜成子游：子綦弟子，姓颜成，名偃，字子游。《徐无鬼》篇作“颜成子”。

〔5〕何居乎：是怎么回事呢？居，语气助词，无实义。

〔6〕固：固然。

〔7〕而：通“尔”，你。

〔8〕丧：遗忘。

〔9〕女：通“汝”，你。　人籁：人吹箫管所发出的声音。　地籁：风吹众窍所发出的声音。

〔10〕天籁：指天地间万物的自鸣之声。

〔11〕方：指其中的道理。

〔12〕大块：大地。　噫气：饱后出气。引申为风灌众窍，满则逆出作声。

〔13〕呺（háo）：通“号”，呼啸，吼叫。

〔14〕而：通“尔”，你。　翏翏（liù）：长风之声。又作“飂飂”。

〔15〕山林：当作“山陵”。　畏佳：通“嵔崔”，山势高峻参差的样子。

〔16〕窍穴：指树孔。细曰窍，大曰穴。

〔17〕枅（jī）：柱上横木，此指横木上的方孔。

〔18〕圈：杯圈。

〔19〕臼：舂捣器具。

〔20〕洼：深池。

〔21〕污：污池。

〔22〕激者：激水声。

〔23〕謞（xiào）者：响箭声。

〔24〕譹者：嚎哭声。譹，通“嚎”。

〔25〕宎（yǎo）者：狗吠声。

〔26〕咬者：悲哀声。

〔27〕于：舒缓之声。

〔28〕喁（yú）：相应之声。

〔29〕泠（líng）风：小风。　和（hè）：应和。

〔30〕飘风：大风。

〔31〕厉风：烈风。　济：过。

〔32〕而：通“尔”，你。　之：此。　调调：树枝摇动的样子。

〔33〕刁刁：树枝微动的样子。

〔34〕比竹：以众竹管并列而成的乐器，如排箫、笙之类。

〔35〕吹：谓天籁作声。　万不同：谓音响万变。

〔36〕自已：自行停息。已，止。

【译文】

南郭子綦靠着几静坐，仰面朝天慢慢地吐出暖气，好像是忘掉了他的形体一样。颜成子游站立在跟前侍奉，说：“是怎么一回事呢？人的形体本来可以使它像枯木一般毫无生机，人的心灵本来可以使它像死灰一般不起一念吗？您今日靠着几的情形，就不同于往日了。”子綦说：“偃，你问此事，不是问得很好吗？今天我遗弃了形体之我，你知道这一点吗？你只听到人吹箫管所发出的声音，而没有听到风吹众窍所发出的声音，你只听到风吹众窍所发出的声音，而没有听到天地间万物的自鸣之声！”

子游说：“请问其中的道理。”子綦说：“大地好像饱食后发出来的气，就叫作风。此风不刮起则已，一刮起就会千万个孔都怒吼起来。你没有听到那长风呼啸的声音吗？高峻参差的山陵，百围大木上大大小小的孔穴，形状有两孔并列如鼻的，有扁孔横生如口的，有旋孔斜穿如耳的，有的像横木上的方孔，有的像杯圈，有的像舂臼，有的像深广的水池，有的像浅平的污池；发出的声音有的像激水声，有的像响箭声，有的像叱牛声，有的像吸气声，有的像高叫声，有的像嚎哭声，有的像狗吠声，有的像悲哀声。前头的风唱着‘于’的声音，后面的风就和之以‘喁’的声音。如果是轻风，相和的声音就轻；如果是大风，相和的声音就大，猛风过去后，众窍就寂然无声了。你难道没有看见风刮起时树木摇曳晃动的样子吗？”子游说：“地籁是风吹众窍所发出的声音，人籁是人吹并列的竹管所发出的声音。请问天籁又是什么？”子綦说：“天籁的音响万变，而又能使其自行停息，这完全都是出于自然，有什么东西主使着它呢？”

大知闲闲〔1〕，小知间间〔2〕；大言炎炎〔3〕，小言詹詹〔4〕。其寐也魂交〔5〕，其觉也形开〔6〕。与接为构〔7〕，日以心斗。缦者〔8〕，窖者〔9〕，密者〔10〕。小恐惴惴〔11〕，大恐缦缦〔12〕。其发若机栝〔13〕，其司是非之谓也〔14〕；其留如诅盟〔15〕，其守胜之谓也；其杀若秋冬〔16〕，以言其日消也；其溺之所为之〔17〕，不可使复之也〔18〕；其厌也如缄〔19〕，以言其老洫也〔20〕；近死之心，莫使复阳也〔21〕。喜怒哀乐，虑叹变慹〔22〕，姚佚启态〔23〕。乐出虚，蒸成菌。日夜相代乎前，而莫知其所萌。已乎，已乎！旦暮得此，其所由以生乎！

【注释】

〔1〕知：通“智”。　闲闲：广博的样子。

〔2〕间间：琐细分别的样子。

〔3〕炎炎：盛气凌人的样子。

〔4〕詹詹：小辩不休的样子。

〔5〕寐：睡觉。　魂交：精神交错。

〔6〕觉：醒来。　形开：形体不宁。

〔7〕拘：交接，交战。

〔8〕缦：心计柔奸。

〔9〕窖：谓善设陷阱。

〔10〕密：谓潜机不露。

〔11〕惴惴（zhuì）：忧惧不宁的样子。

〔12〕缦缦：惊恐失神的样子。

〔13〕机：弩牙，即弩弓上用以发射的扳机。　栝（guā）：箭末扣弦处。

〔14〕司：同“伺”，伺机。

〔15〕诅（zǔ）盟：誓约。

〔16〕杀：衰。

〔17〕所为：指所为辩论而言。

〔18〕复之：恢复自然本性。

〔19〕厌：闭塞。　缄：束箧的绳子，引申为束缚。

〔20〕老洫（xù）：谓至晚年时，更加不可救拔。

〔21〕复阳：恢复生气。

〔22〕虑：多思。　叹：多悲。　变：多反复。　慹（zhé）：多忧惧。

〔23〕姚：同“佻”，浮躁。　佚：纵逸。　启：狂放。　态：装模作样。

【译文】

大智者看上去显得非常广博，小智者却十分琐细；高论者盛气凌人，争论者小辩不休。辩士睡时，精神与梦境交错在一起，醒后疲于与外物接触、纠缠。每天与外物相接，其心有如经历了一场又一场的战斗一样疲惫。有的心计柔奸，有的善设陷阱，有的潜机不露。小的惧怕表现为忧惧不安，大的惧怕表现为惊恐失神。辩者出言骤然犹如机栝疾发，意在乘机挑起是非；或者留言不发如同有誓盟一般，意在静待时宜以战胜对方；神情衰沮犹如秋冬之时，说明他们真性日渐损耗；沉溺于言辩，无法恢复自然本性；心灵闭塞不通如同被缄绳捆住一般，说明他们至晚年时更加不可救拔；临近死亡的天真心灵，无法恢复生气。存在着高兴、愤怒、悲哀、快乐、多思、多悲、反复、忧惧、浮躁、纵逸、狂放、装模作样等不同的情态。音乐出于虚空的乐器，朝菌由地气蒸发而成。这种种心态、情态每日每夜都在更替出现，但自己都不知道究竟是从哪儿萌动而来的。算了吧，算了吧！若能自知这种种心态、情态是从哪儿发生出来的话，那么就可以进而明白它们之所以会产生的根由了！

非彼无我〔1〕，非我无所取。是亦近矣〔2〕，而不知其所为使。若有真宰〔3〕，而特不得其眹〔4〕。可行已信〔5〕，而不见其形，有情而无形〔6〕。

百骸〔7〕、九窍〔8〕、六藏〔9〕，赅而存焉〔10〕，吾谁与为亲？汝皆说之乎〔11〕？其有私焉〔12〕？如是皆有为臣妾乎？其臣妾不足以相治乎？其递相为君臣乎〔13〕？其有真君存焉〔14〕？如求得其情与不得，无益损乎其真。

一受其成形，不忘以待尽〔15〕。与物相刃相靡〔16〕，其行尽如驰〔17〕，而莫之能止，不亦悲乎！终身役役而不见其成功，苶然疲役而不知其所归〔18〕，可不哀邪！人谓之不死，奚益？其形化〔19〕，其心与之然，可不谓大哀乎！人之生也，固若是芒乎〔20〕？其我独芒，而人亦有不芒者乎？〔21〕

【注释】

〔1〕彼：指以上的种种情态。

〔2〕是：此。指这种相互依存的关系。

〔3〕若：似，仿佛。　真宰：天真本性，即身心的主宰者。

〔4〕特：独。　眹（zhèn）：通“朕”，征兆，迹象。

〔5〕己：当为“已”字之形误。

〔6〕情：实。

〔7〕骸：骨节。

〔8〕九窍：指口、双目、双耳、双鼻孔、前阴、后阴。

〔9〕六藏：心、肝、脾、肺、肾称为五脏。肾有二，故又合称六脏。藏，通“脏”。

〔10〕赅：完备。

〔11〕说：通“悦”。 之：指百骸、九窍、六藏。

〔12〕其：抑或，还是。 私：偏爱。

〔13〕递相：轮流。

〔14〕真君：即上文所说的“真宰”。

〔15〕忘：当为“亡”字之误。

〔16〕靡：通“礳”，摩擦。

〔17〕行尽：走向死亡。

〔18〕役役：驰逐奔忙的样子。 苶（nié）然：疲倦的样子。“苶”原误作“薾”，今改正。

〔19〕化：衰败。

〔20〕芒：昏惑，糊涂。

〔21〕其：抑或，还是。

【译文】

没有上述种种心态、情态，就没有我自己；没有我，它们就无从显现。这种相互依存的关系似乎浅近易明，但不知主使它的又是谁。仿佛别有所谓“真宰”主使着这种关系似的，但却又看不到它的迹象。真宰真实可行已被得道之人所验证，但又至虚无为而看不见它的形体，它是存在而没有形迹的。

百骸、九窍、六藏，都完备地存在于我的身体之中，我与哪部分最亲近呢？你都同样喜欢它们呢？还是对其中的某一部分有所偏爱呢？如果都喜欢它们，那么都把它们当成奴婢吗？既然都是奴婢，那么谁也不能统治谁吗？还是让他们轮流着作君臣呢？还是另有一个真正的主宰存在呢？不管我们是否能找到“真君”的真实情况，对于它的本来面目来说都是无损也无益的。

世人受形以来不知保住真君，虽然一时不死，却不过是坐等着死期的到来罢了。与外物相顶撞相摩擦，一天天走向死地，而不可返回，这不是很可悲吗！一辈子驰逐奔忙而看不见他的成功，疲倦困顿而不知道他的归宿，这不是很可哀吗！这样的人就算不死，又有什么益处呢？他的形体逐渐衰败枯萎，他的精神也随之消失不见，这能不是最大的悲哀吗！人生在世，本来就如此糊涂吗？还是只有我糊涂，而别人也有不糊涂的呢？

夫随其成心而师之〔1〕，谁独且无师乎？奚必知代而心自取者有之〔2〕？愚者与有焉。未成乎心而有是非〔3〕，是今日适越而昔至也〔4〕。是以无有为有。无有为有，虽有神禹且不能知〔5〕，吾独且奈何哉！

【注释】

〔1〕夫：句首发语词，无义。　成心：主观偏见。　师：作动词，取法。

〔2〕知代：了解事物的更替变化。　心自取：谓心有见识。

〔3〕未成乎心：即未有成见存于心中。

〔4〕今日适越而昔至：此为惠施历物之说。昔，昨天。

〔5〕神禹：谓禹是能知未来的神人。

【译文】

世人如果都以自己的成见作为判别是非的标准，那么谁没有一个标准呢？何必是懂得事物更替变化之理的聪明人才有这是非标准呢？即使是愚蠢的人也是有的。如果说在成见产生前即有一个是非标准存在，这就跟“今日适越而昔至”的说法一样是不好理解的。这种说法是把不可能有的事看成是实际存在的事。把不可能的事看成是实际存在，即使是神明的大禹也不能明白，我又有什么办法呢？

夫言非吹也〔1〕。言者有言，其所言者特未定也。果有言邪，其未尝有言邪〔2〕？其以为异于鷇音〔3〕，亦有辩乎[4]，其无辩乎？

道恶乎隐而有真伪[5]？言恶乎隐而有是非[6]？道恶乎往而不存？言恶乎存而不可？道隐于小成[7]，言隐于荣华[8]。故有儒、墨之是非，以是其所非而非其所是。欲是其所非而非其所是，则莫若以明[9]。

物无非彼，物无非是[10]。自彼则不见，自知则知之。故曰彼出于是，是亦因彼。彼是方生之说也[11]。虽然，方生方死，方死方生；方可方不可，方不可方可；因是因非，因非因是。是以圣人不由而照之于天[12]，亦因是也[13]。是亦彼也，彼亦是也。彼亦一是非，此亦一是非。果且有彼是乎哉[14]，果且无彼是乎哉？彼是莫得其偶[15]，谓之道枢[16]。枢始得其环中[17]，以应无穷。是亦一无穷，非亦一无穷也。故曰莫若以明。

【注释】

〔1〕吹：指无心而吹的“天籁”。

〔2〕其：抑或，还是。

〔3〕鷇（kòu）音：谓鸟欲出卵中而鸣叫之音，有声无辩，不知是非。鷇，即将破壳而出的幼鸟。

〔4〕辩：通“辨”，区别。

〔5〕恶乎：哪里。　隐：遮蔽。

〔6〕言：谓至言。

〔7〕小成：指一孔之见。

〔8〕荣华：指浮夸不实之辞。

〔9〕明：谓空明的心灵。

〔10〕是：此。

〔11〕彼是：即“彼此”。　方生：指惠施“方生方死”的言论。

〔12〕不由：不取。　天：即自然。

〔13〕因是：谓因其所是者而是之。

〔14〕彼是：即是非。
〔15〕偶：对立。
〔16〕枢：枢要。
〔17〕环：谓门上下两横槛之洞，圆空如环，能承受枢之旋转。

【译文】

言论出于机心，与无心而吹的“天籁”是不同的。发言者知持一端，他们的话并不能作为衡量是非的真正标准。如此说来，他们到底是说了话，还是没有呢？他们自以为自己的发言辩论异于有声无辩的小鸟叫，但到底是有异，还是无异呢？

大道因蔽于何物才有了真伪之分呢？至言因蔽于何物才有了是非之分呢？大道由于什么原因才使它失而不存呢？至言由于什么原因才使它不能作为标准呢？大道被小智者的一孔之见所隐蔽，至言被浮华不实之辞所隐蔽。所以儒、墨二家互相非难，各自以对方所否定的为“是”，而以对方所肯定的为“非”。想要以对方所否定的为“是”，而以对方所肯定的为“非”，就不如用空明若镜的心灵来观照万物。

以我观物，则万物都是“彼”；以物自观，则万物皆为“此”。用彼方的观点来观察此方，则丝毫不见此方的是处；用此方的观点来自视，则只知自己尽是是处。所以说彼方是由于和此方相对待而产生的，此方也是由于和彼方相对待而产生的。所谓“彼此”者，也不过是惠施的“方生方死”的说法罢了。虽然如此，一个生命刚刚诞生出来，同时也就开始走向死亡了；一个生命刚刚走向灭亡，同时也就意味着另一个新生命开始诞生了；当某一事物被认为是“是”的时候，它的“非”也就开始了；当被认为是“非”的时候，它的“是”也就包含在“非”的里面了。是非相因而生，永远没有穷尽。因此圣人不走分辨是非的道路，一切让自然天道来普遍照耀，也就只是因凭是非的自然发展了。从事物对立的双方互相转化的观点来看，此就是彼，彼就是此。从事物双方构成对立面的观点来看，彼有彼的是非，此有此的是非。如果把是非都合并于大道中，果真还有是非吗？果真没有是非吗？超出是非对立之上，这就叫作掌握了道的枢要。掌握了道的枢要就好像进入了环的中心，从而可以应付无穷的是非。如果按照是非的标准来论辩是非，那么这样的是非论辩是永远没有穷尽的。所以说不如用空明若镜的心灵来观照万物。

以指喻指之非指，不若以非指喻指之非指也；以马喻马之非马，不若以非马喻马之非马也。天地一指也，万物一马也〔1〕。

可乎可，不可乎不可。道行之而成〔2〕，物谓之而然。恶乎然？然于然。恶乎不然？不然于不然〔3〕。物固有所然〔4〕，物固有所可。无物不然，无物不可。故为是举莛与楹〔5〕，厉与西施〔6〕，恢恑憰怪〔7〕，道通为一。

其分也，成也；其成也，毁也。凡物无成与毁，复通为一。唯达者知通为一〔8〕，为是不用〔9〕，而寓诸庸〔10〕。庸也者，用也；用也者，通也；通也者，得也〔11〕；适得而几矣〔12〕。因是已。已而不知其然，谓之道。劳神明为一〔13〕，而不知其同也，谓之“朝三”。何谓“朝三”？狙公赋芧〔14〕，曰："朝三而暮四。"众狙皆怒。曰："然则朝四而暮三。"众狙皆悦。名实未亏〔15〕，而喜怒为用，亦因是也。是以圣人和之以是非〔16〕，而休乎天钧〔17〕，是之谓两行。

【注释】

〔1〕“以指喻指”六句：公孙龙有《白马》《指物》二论，旨在分离万物之同，认为虽是同一匹马，也有是非之分，正如同一手指，也有彼我之分一样。而庄周意在混同彼此，泯灭是非，认为即使是天地与手指、万物与马匹也是没有区别的，何况是手指与手指、马匹与马匹呢！可见，庄周虽取喻于手指、马匹，而用意却与公孙龙相反，旨在破公孙龙之说。

〔2〕道：道路。

〔3〕“不然”句：据王先谦等治庄者言，此句下似应有“恶乎可？可乎可。恶乎不可？不可乎不可”数句。

〔4〕固：本来。

〔5〕莛（tíng）：草茎。　楹（yíng）：屋柱。

〔6〕厉：通“疠”，病癞。此指丑陋的女人。

〔7〕恢：宏大。　恑（guǐ）：通“诡”，诡秘。　憰（jué）：通“谲”，多变。　怪：奇异。

〔8〕达者：通达大道的人。

〔9〕为是：因此。　不用：不执己见。

〔10〕寓：寄。　诸：之于。　庸：众。

〔11〕得：无往而不自得。

〔12〕适：至。　几：近，谓尽得大道。

〔13〕神明：心智，心神。

〔14〕狙（jū）公：养猕猴的老翁。　赋：分给。　芧（xù）：即山栗，又名橡子。

〔15〕未亏：未损。

〔16〕和：合，混同。

〔17〕休：息，止。　天钧：天然的陶钧。

【译文】

用自己的手指来说明人家的手指不是手指，不如不用自己的手指来说明人家的手指不是手指为好；用马来说明白马不是马，不如不用马来说明白马不是马为好。从道通为一的观点看，天地与一指，万物与一马，都是没有区别的。

人家认为可，我也跟着认为可；人家认为不可，我也跟着认为不可。道路是人们走出来的，事物的名称是人们叫出来的。为何认为这样，人家认为这样，我就认为这样。为何认为不是这样，人家认为不是这样，我就认为不是这样。因为一切事物本来就有它这样的地方，本来就有它不这样的地方。由此看来，天下没有什么事物是不然的，没有什么事物是不可的。所以像草茎与屋柱、丑妇与美女、万物的恢恑憰怪之异态，从大道的观点来看都是一样的。

一事物的分割，就意味着另一事物的组成；一事物的组成，就意味着另一事物的毁灭。其实所有的事物并无形成与毁灭的区别，都是浑然一体的。只有通达大道的人才能知晓相通为一的道理，因此他们就不会运用自己的智巧聪明，去分别万物的完成与毁坏，而只是因任众人的意见罢了。所谓庸，就是因任众人的好恶；因任众人的好恶而不固执己见，就能通达于大道；通达于大道，就能无往而不自得；达到无往而不自得的地步，就是尽得大道了。这不过是因任众人的意见罢了。因任众人的意见而不知道为什么要这样，这就叫作“道”。辩者费尽精神以求一致，而不知道万物本来就是同一的，这就叫作“朝三”。什么叫作“朝三”呢？养猕猴的老翁给猴子分山栗时说：“早上给三升，晚上给四升。”猴子们都发怒了。老翁又说：“那么就早上给四升，晚上给三升吧。”猴子们都高兴了。三、四之名和它们的总和都没有改变，但猕猴却因迷惑于颠之倒之的现象而妄用喜怒，养猕猴的老翁也顺着猴子们的意思。因此圣人混同是非，而一任自然以成事，犹如泥坯纯因陶钧的运转以成器一样，这就是纯任是非，类似于陶钧向左向右运转而皆无不可。

古之人〔1〕，其知有所至矣〔2〕。恶乎至〔3〕？有以为未始有物者，至矣，尽矣，不可以加矣。其次以为有物矣，而未始有封也〔4〕。其次以为有封焉，而未始有是非也。是非之彰也，道之所以亏也。道之所以亏，爱之所以成〔5〕。果且有成与亏乎哉，果且无成与亏乎哉？有成与亏，故昭氏之鼓琴也〔6〕；无成与亏，故昭氏之不鼓琴也。昭文之鼓琴也，师旷之枝策也〔7〕，惠子之据梧也〔8〕，三子之知几乎，皆其盛者也，故载之末年〔9〕。唯其好之也，以异于彼；其好之也，欲以明之彼。非所明而明之，故以坚白之昧终〔10〕。而其子又以文之纶终〔11〕，终身无成。若是而可谓成乎？虽我亦成也〔12〕。若是而不可谓成乎？物与我无成也。是故滑疑之耀〔13〕，圣人之所图也〔14〕。为是不用而寓诸庸，此之谓以明。

【注释】

〔1〕古之人：指古时的悟道者。

〔2〕至：至极，即最高的境界。

〔3〕恶：何。

〔4〕封：域，即彼此界限。

〔5〕爱：谓偏好。

〔6〕故：即，就是。　昭氏：指下文的“昭文”，姓昭，名文，善鼓琴。

〔7〕师旷：晋平公乐师，妙解音律。　枝策：谓持策以击乐器。枝，即持而击。策，谓击乐器之物。

〔8〕据梧：倚靠着梧树。

〔9〕几：尽。　载：从事。　末年：晚年。

〔10〕坚白：即“坚白同异”之说，是先秦名家代表人物公孙龙的重要命题。公孙龙主张“离坚白”，即分离万物之同。他说，一块白石头的白色和坚硬性是完全可以互相分离而独立存在的，因为“视不得其所坚而得其所白”“拊不得其所白而得其所坚”。　昧：昏暗不明。

〔11〕纶：琴瑟之弦，代指鼓琴。

〔12〕我：泛指。

〔13〕滑：滑乱人心。　疑：使人心疑惑。

〔14〕图：图谋。可引申为图谋摒弃。

【译文】

古时的悟道者，他们的智慧已经达到了最高的境界。怎样才能达到最高的境界呢？他们认为宇宙开始时，不曾有任何东西存在，可谓认识得极其深刻，极其透彻，无以复加了。次一等的人虽然认识到已有物的存在，但仍不曾去分别彼此人我的界域。再次一等的人虽然认识到彼此人我的界域，但却不曾去分辨是非。是非的观念出现了，大道也就因此而亏损了。大道亏损了，偏好也就形成了。果真有形成与亏损吗？还是没有形成与亏损呢？有成也有亏，这就像昭文鼓琴一样；无成也无亏，这就像昭文不鼓琴一样。昭文鼓琴，师旷持策以击乐器，惠施倚靠着梧树而辩论，这三人的技智，都算得上最精熟和高超的了，所以他们都以从事于所偏好的事业而终身。他们自以为所偏好的事业，有超出别人的地方，又想拿自己高超的技智，去明示于他人。这并非别人所能明白而强要人家弄明白，因此自己终身让“坚白同异”的问题给弄糊涂了。昭文之子又以学习鼓琴之技而终身，最终连昭文的鼓琴水平都达不到。如果像这些都算是有成就的话，那么像我也可算是有成就的人；如果这些不算是有成就的话，那么像我就没有什么成就可言了。所以对于像这三人这样以滑乱可疑的言行炫耀于世的做法，圣人是坚决采取摒弃态度的。因此圣人不会去分辨是非，而只是因任众人的意见罢了，这就是用空明若镜的心灵来观照万物。

今且有言于此〔1〕，不知其与是类乎〔2〕，其与是不类乎？类与不类，相与为类，则与彼无以异矣。虽然，请尝言之〔3〕。有始也者〔4〕，有未始有始也者〔5〕，有未始有夫未始有始也者。有有也者，有无也者，有未始有无也者，有未始有夫未始有无也者。俄而有无矣，而未知有无之果孰有孰无也。今我则已有谓矣〔6〕，而未知吾所谓之其果有谓乎，其果无谓乎？

天下莫大于秋豪之末〔7〕，而太山为小〔8〕；莫寿于殇子，而彭祖为夭〔9〕。天地与我并生，而万物与我为一。既已为一矣，且得有言乎？既已谓之一矣，且得无言乎？一与言为二〔10〕，二与一为三。自此以往，巧历不能得〔11〕，而况其凡乎〔12〕！故自无适有，以至于三，而况自有适有乎！无适焉，因是已。

夫道未始有封〔13〕，言未始有常，为是而有畛也〔14〕。请言其畛：有左有右〔15〕，有伦有义〔16〕，有分有辩〔17〕，有竞有争，此之谓八德。六合之外，圣人存而不论；六合之内，圣人论而不议。《春秋》经世先王之志〔18〕，圣人议而不辩。故分也者，有不分也；辩也者，有不辩也。曰：何也？圣人怀之，众人辩之以相示也。故曰：辩也者，有不见也。

夫大道不称，大辩不言，大仁不仁，大廉不嗛〔19〕，大勇不忮〔20〕。道昭而不道，言辩而不及，仁常而不成〔21〕，廉清而不信〔22〕，勇忮而不成。五者园而几向方矣〔23〕。故知止其所不知，至矣。孰知不言之辩，不道之道？若有能知，此之谓天府〔24〕。注焉而不满，酌焉而不竭，而不知其所由来，此之谓葆光〔25〕。

【注释】

〔1〕言：谓“有始”以下之言。

〔2〕是：与下文“彼”义同，皆指其他辩者的话。

〔3〕尝：尝试。

〔4〕始：谓天地之始。

〔5〕未始：未尝。

〔6〕俄而：忽然。　谓：说。

〔7〕秋豪：即“秋毫”，秋天鸟兽新生的毫毛，其末甚微。

〔8〕太山：即泰山。太，通“泰”。

〔9〕殇子：死于襁褓中的婴儿。　彭祖：见《逍遥游》篇注。　夭：夭折，早死。

〔10〕一：即上文“万物与我为一”中的“一”。　言：指作者说明“一”的话。

〔11〕巧历：善于计算。这里指善于计数的人。

〔12〕凡：指凡夫，平庸的人。

〔13〕封：界域。

〔14〕畛（zhěn）：田间小道。引申为界限。

〔15〕左：指卑或下言。　右：指尊或上言。

〔16〕伦：亲疏之礼。　义：通“仪”，仪则。

〔17〕分：剖析万物。　辩：通“辨”，谓分别彼此。
〔18〕经：治理。　志：记载。
〔19〕嗛（qiān）：崖岸，比喻锋芒。
〔20〕忮（zhì）：狠。
〔21〕常：固定的爱，即偏爱。　成：当为“周”字之误。周，周遍。
〔22〕信：真实。
〔23〕园：通“圆”，圆通。　几：近。
〔24〕天府：自然的府藏。这里指涵容大道的心胸。
〔25〕葆光：藏光不露。葆，包藏。

【译文】

现在我想在这里说几句话，不知道这些话和其他辩论者的话是同类呢，还是不同类呢？无论是同一类，或不是同一类，但既然要开口说话，也就和他们所说的为同一类而没有什么区别了。虽然如此，但还是让我试说一下吧。已有宇宙之象可以看见的时候，宇宙之象未曾显现的时候，以及在“未始有始”之前极端寂虚的状态。有万物初生的形体，万物的形体是从无中产生出来的，万物产生之前一无所有，以及在“未始有无”之前极端空洞寂虚的状态。世界忽然进入了“有”与“无”的阶段，但却不知道这个“有”是否可认为是真有，这个“无”是否可认为是真无。我已经有所说了，但不知我所说的果真是有所说呢，还是没有呢？

天下没有比秋毫之末更大的东西，而泰山却是小的；没有人比夭亡的幼子更长寿，而活了八百岁的彭祖才是短寿的。天地与我同时存在，万物与我浑然一体。既然是合为一体了，还能再说什么呢？既然说出了“合为一体”的话，还能说没有说话吗？万物一体加上我所说的话，便是两个；两个加上一个，便是三个。这样往下推，善于计算的人也不能计其数，何况是凡夫之辈呢！所以我现在为了说明大道的大致情形，已经从无言到有言，而达到了“三”的地步，何况是百家辩士从有言到有言呢！我不必再往下说，唯因任自然便是了。

大道未尝有彼与此的分界，至言未尝有是与非的定说，只是为了争得一个“是”字才划出了许多界限。请让我说说这些界限：有上下、尊卑之序，有亲疏之理、贵贱之仪，有剖析万物、分别彼此，有角逐胜负、对辩是非，这就是儒、墨等派所执持争辩的八种界限。人世以外的事，圣人把它搁下而不加谈论；人世以内的事，圣人只是泛泛论说而不加细细评议。一切古史都是先王治理世事的记载，圣人对古史所记载的内容，只是略加议论而不进行辩难。所以天下事理能分别的，其中必定有不能分别的存在；能辩论的，其中必定有不能辩论的存在。这是为什么呢？圣人以不辩为怀，而众人却以喋喋不休来争辩夸示于世。所以说，辩论的发生，是因为没有见到道的广大。

大道是无可名称的，大辩是不用言说的，大仁是不有意为仁的，大廉是不自露锋芒的，大勇是不自逞血气之勇的。道一经说明就不是真道，言语过于辩察就不能达到真理，仁者滞于一偏之爱就不能周遍，过分表示廉洁就会不够真实，自逞血气之勇就会不成其为大勇。不称、不言、不仁、不嗛、不忮这五个方面，本来是圆通混成的；如果涉及昭、辩、常、清、忮等形迹，就变成四方之物了。所以一个人知道止于性分之内，就是知的极点了。谁知道不用言语的辩论、无可称说的大道呢？如果谁能知道，那他就有涵容大道的心胸。任其注入也不满，任其酌取都不会枯竭，而且又不知道它由来何处，这就叫作包藏光亮而不露。

故昔者尧问于舜曰："我欲伐宗、脍、胥敖〔1〕，南面而不释然〔2〕，其故何也？"

舜曰："夫三子者〔3〕，犹存乎蓬艾之间〔4〕。若不释然〔5〕，何哉？昔者十日并出〔6〕，万物皆照，而况德之进乎日者乎〔7〕？"

【注释】

〔1〕宗、脍、胥敖：三个小国之名，为庄子所虚构。《人间世》篇作"丛、枝、胥敖"。

〔2〕南面：君位，此指临朝听政。　释然：怡悦的样子。释，通"怿"。

〔3〕三子：指三个小国的国君。

〔4〕蓬艾：比喻其蕃国卑小。

〔5〕若：你。

〔6〕十日并出：神话传说。《淮南子·本经训》云，尧之时，十日并

出，焦禾稼，杀草木，而民无所食，尧乃使羿上射十日。此处庄子不用“十日”为灾害之意，而是说十日普照万物，无所偏私。

〔7〕进：胜过，超过。

【译文】

从前尧问舜说：“我想要去讨伐宗、脍、胥敖这三个小国，可是每当临朝听政时就感到心情不怡悦，这是为什么呢？”

舜说：“那三个小国的国君，就好像还生活在偏小卑微的地方。你感到心情不怡悦，这是为什么呢？过去十个太阳同时出来，万物都被照耀着，何况你的道德超过太阳普照万物的光辉呢！”

齧缺问乎王倪曰〔1〕：“子知物之所同是乎〔2〕？”曰：“吾恶乎知之！”“子知子之所不知邪？”曰：“吾恶乎知之！”

“然则物无知邪？”曰：“吾恶乎知之！虽然，尝试言之。庸讵知吾所谓知之非不知邪〔3〕？庸讵知吾所谓不知之非知邪？且吾尝试问乎女〔4〕：民湿寝则腰疾偏死〔5〕，鳅然乎哉？木处则惴栗恂惧〔6〕，猨猴然乎哉？三者孰知正处？民食刍豢〔7〕，麋鹿食荐〔8〕，蝍蛆甘带〔9〕，鸱鸦耆鼠〔10〕，四者孰知正味？猨猵狙以为雌〔11〕，麋与鹿交，鳅与鱼游〔12〕。毛嫱、丽姬〔13〕，人之所美也；鱼见之深入，鸟见之高飞，麋鹿见之决骤〔14〕。四者孰知天下之正色哉？自我观之，仁义之端〔15〕，是非之途，樊然殽乱〔16〕，吾恶能知其辩〔17〕！”

齧缺曰：“子不知利害，则至人固不知利害乎？”王倪曰：“至人神矣！大泽焚而不能热〔18〕，河汉冱而不能寒〔19〕，疾雷破山、风振海而不能惊。若然者，乘云气，骑日月，而游乎四海之外，死生无变于己，而况利害之端乎！”

【注释】

〔1〕齧（niè）缺、王倪：皆为虚构的人物。《天地》篇云：“许由之师曰齧缺，齧缺之师曰王倪。”

〔2〕是：认可。

〔3〕庸讵（jù）：怎么。

〔4〕女：通“汝”，你。

〔5〕湿寝：睡在潮湿处。　偏死：半身枯死，即半身不遂。

〔6〕木处：指人在树上居住。　惴栗恂惧：惊恐战栗的样子。

〔7〕刍豢（chú huàn）：指家畜。食草者谓刍，食谷者谓豢。

〔8〕荐：美草。

〔9〕蝍蛆（jí jū）：蜈蚣。　甘：以……为甘、可口。　带：蛇。

〔10〕鸱（chī）：猫头鹰一类的鸟。　耆：通“嗜”，喜好。

〔11〕猵（piàn）狙：多毛而头似狗的猿类，其雄性喜与雌猿交配。

〔12〕游：交合。

〔13〕毛嫱（qiáng）、丽姬：皆为古代美人。

〔14〕决骤：疾驰，引申为急速逃跑。

〔15〕端：条理。

〔16〕樊然殽乱：错综杂乱的样子。

〔17〕辩：通“辨”，分别。

〔18〕泽：聚水的洼地。泽中灌木丛生，故能焚烧。

〔19〕河汉：泛指江河。河，黄河。汉，汉水。　沍（hù）：冻。

【译文】

齧缺问王倪说：“你知道天下万物有共同的认可标准吗？”王倪说：“我怎么会知道呢！”齧缺说：“你知道自己何以不知的根由吗？”王倪说：“我怎么会知道呢！”

齧缺说：“那么对于天下的一切事理，不就都无法了解吗？”王倪说：“我怎么会知道呢！虽然如此，让我试着说说。怎么能知道我所谓的‘知’未必不是他人所谓的‘不知’呢？怎么能知道我所谓的

‘不知’未必不是他人所谓的‘知’呢？我且试着问你：人们睡在潮湿处，腰部就会患病或造成半身不遂，泥鳅也会这样吗？人在树上居住就会惊恐战栗，猿猴也会这样吗？人、泥鳅、猿猴这三者，究竟谁知道哪里是标准的居处呢？人吃家畜的肉，麋鹿吃美草，蜈蚣以食蛇脑为美味，猫头鹰和乌鸦喜欢吃老鼠，这四者究竟谁知道什么是可口的味道呢？雄性猵狙喜欢与雌猿交配，麋喜欢与鹿交配，泥鳅喜欢与鱼交合。毛嫱和丽姬，人们都认为她们美丽；但是游鱼见到她们就避入水底，鸟儿见到她们就飞上高空，麋鹿见到她们就急速逃跑。这四者究竟谁知道天下真正的美色呢？依我看来，仁义的头绪，是非的途径，错综杂乱，我怎么能知道它们之间的区别呢！”

啮缺说：“你不知道事物的利与害，那么至人原来也不知道利与害吗？”王倪说：“至人太神妙了！泽中灌木焚烧不能使他感到炎热，江河冰冻不能使他感到寒冷，炸雷击破山岳、狂风掀起海浪都不能使他惊恐。像这样的至人，乘着云气，骑着日月，遨游于四海之外，生死对于他都没有什么影响，何况是利与害这样的小事呢！”

瞿鹊子问乎长梧子曰〔1〕：“吾闻诸夫子〔2〕：‘圣人不从事于务〔3〕，不就利，不违害〔4〕，不喜求〔5〕，不缘道，无谓有谓〔6〕，有谓无谓，而游乎尘垢之外。’夫子以为孟浪之言〔7〕，而我以为妙道之行也。吾子以为奚若〔8〕？”

长梧子曰：“是皇帝之所听荧也〔9〕，而丘也何足以知之！且女亦大早计〔10〕，见卵而求时夜〔11〕，见弹而求鸮炙〔12〕。予尝为女妄言之〔13〕，女以妄听之〔14〕。奚旁日月〔15〕，挟宇宙〔16〕，为其吻合，置其滑涽〔17〕，以隶相尊？众人役役，圣人愚芚〔18〕，参万岁而一成纯〔19〕。万物尽然，而以是相蕴。予恶乎知说生之非惑邪〔20〕！予恶乎知恶死之非弱丧而不知归者邪〔21〕！丽之姬，艾封人之子也〔22〕。晋国之始得之也，涕泣沾襟；及其至于王所[23]，与王同筐床[24]，食刍豢，而后悔其泣也。予恶乎知夫死者不悔其始之蕲生乎[25]！梦饮酒者，旦而哭泣；梦哭泣者，旦而田猎。方其梦也[26]，不知其梦也。梦之中又占其梦焉，觉而后知其梦也。且有大觉而后知此其大梦也[27]。而愚者自以为觉，窃窃然知之[28]。君乎，牧乎，固哉！丘也与女，皆梦也；予谓女梦，亦梦也。是其言也，其名为吊诡[29]。万世之后而一遇大圣，知其解者，是旦暮遇之也。”

【注释】

〔1〕瞿鹊子、长梧子：皆为虚构的人物。

〔2〕夫子：指孔子。

〔3〕务：事务，指俗事而言。

〔4〕就：求。　违：避。

〔5〕求：妄求。

〔6〕谓：说话。

〔7〕孟浪：谓不切实际。

〔8〕吾子：先生，您，敬称。　奚若：怎么样。

〔9〕皇帝：又作“黄帝”。　荧（yíng）：疑惑不明的样子。

〔10〕女：通“汝”。下同。　大早计：谓操之过急。大，又作“太”。

〔11〕时夜：司夜之鸡。时，通“司”。

〔12〕鸮（xiāo）炙：鸮鸟的烤肉。

〔13〕妄言：随便说。

〔14〕妄听：姑且听听。

〔15〕奚：何不。　旁：依傍。

〔16〕挟：怀抱。

〔17〕滑：乱。　涽（hūn）：暗。

〔18〕役役：驰逐劳役的样子。　芚芚（chūn）：浑然无知的样子。

〔19〕参：糅杂，调和。　万岁：指千万年来的一切事物。　一成纯：犹言“混沌一团”。

〔20〕说：通“悦”。

〔21〕弱丧：幼弱的孩儿迷失在他乡。

〔22〕丽之姬：即骊姬，晋献公夫人。之，语气助词。 艾封人：艾地驻守封疆之人。

〔23〕王：指晋献公。

〔24〕筐床：安适之床。

〔25〕蕲：通“祈”，求。

〔26〕方：正当。

〔27〕大觉：最清醒的人，指圣人。

〔28〕窃窃然：明察的样子。

〔29〕吊诡：奇怪非常之谈。

【译文】

瞿鹊子问长梧子说：“我听孔夫子说过：‘圣人不愿营谋治理天下的俗事，不知贪图利益，不知躲避祸害，不热衷于妄求，无心攀援大道，没有说话却好像说了话，说了话却好像没有说话，遨游于世俗之外。’孔夫子认为这些都是不着边际的无稽之谈，而我却认为这正是大道的表现。先生认为怎么样？”

长梧子说：“这些话连黄帝听了都会感到疑惑不明，孔丘又怎么能够理解呢！而且你也太操之过急，就好像是见到鸡蛋就想得到报晓的公鸡，见到弹丸就想得到鸮鸟的烤肉。我试着给你随便说说，你也就随便听听吧。为什么不依傍着日月，怀抱着宇宙，与万物混为一体，任其樊然殽乱而不顾，把卑贱与尊贵看作一样呢？凡人驰逐是非之境而劳役不息，圣人安于浑然无知，糅杂古今万事万物以为混沌一团。万物都是如此，互相蕴积包裹而不分是非、可否、死生、利害。我怎么知道世人喜欢活着就不是一种迷惑呢！我怎么知道世人害怕死亡，就不是像幼孩迷失在外而不知回归其故乡呢！骊姬，是骊戎国艾地守封疆人的女儿。晋国刚得到她的时候，她哭得泪水湿透了衣襟；等到进了晋献公的王宫里，与君主同睡在一个安适的床上，吃着美味的肉食，这才后悔当初不该哭泣。我怎么知道死去的人不会后悔当初的祈求生存呢！夜里梦见饮酒作乐的人，早晨起来或许就会遇到伤心事而哭泣；夜里梦见哭泣的人，早晨起来或许就会高兴地打猎。正当人在做梦的时候，不知道自己是在做梦。梦中又梦见在占卜梦的吉凶，醒来以后才知道自己是在做梦。只有非常清醒的圣人，才明白人的一生好像是一场大梦。而愚昧的人却自以为清醒，好像对是非知道得很清楚。他们喊着君呀、臣呀的，实在顽迷固陋极了。孔丘与你，都是在做梦；我说你在做梦，我也是在梦中。我谈的这番道理，可以称为吊诡。万世之后能遇到一位能悟解这番道理的大圣人，就已经好像是在旦暮之间了。”

“既使我与若辩矣[1]，若胜我，我不若胜，若果是也，我果非也邪？我胜若，若不吾胜，我果是也，而果非也邪[2]？其或是也[3]，其或非也邪[4]？其俱是也，其俱非也邪？我与若不能相知也，则人固受其黮闇[5]，吾谁使正之？使同乎若者正之，既与若同矣，恶能正之？使同乎我者正之，既同乎我矣，恶能正之？使异乎我与若者正之，既异乎我与若矣，恶能正之？使同乎我与若者正之，既同乎我与若矣，恶能正之？然则我与若与人俱不能相知也，而待彼也邪[6]？何谓和之以天倪[7]？曰：是不是，然不然。是若果是也，则是之异乎不是也，亦无辩[8]；然若果然也，则然之异乎不然也，亦无辩。化声之相待[9]，若其不相待，和之以天倪，因之以曼衍[10]，所以穷年也[11]。忘年忘义，振于无竟[12]，故寓诸无竟。”

【注释】

〔1〕若：你。

〔2〕而：通“尔”，你。

〔3〕或是：有一人对。

〔4〕或非：有一人不对。

〔5〕人：他人。　黮闇（dàn àn）：暗昧不明的样子。

〔6〕彼：指下文的“天倪”。

〔7〕和：调和。　天倪：自然的分际。
〔8〕无辩：用不着争辩。
〔9〕化声：与是非纠缠在一起的话。　相待：相对待。
〔10〕曼衍：游衍自得。
〔11〕穷年：谓享尽天年。
〔12〕忘年忘义：忘掉岁月与义理。　振：振动鼓舞，这里有“逍遥”之意。　竟：又作“境”，亦通“境”，境界。

【译文】

“假使我与你辩论，你胜了我，我没有胜你，你就果真对，我就果真错吗？我胜了你，你没有胜我，我就果真对，你就果真错吗？是有一个人对，有一个人错呢？还是双方都对，双方都错呢？我与你都不知道，那么别人就更闹糊涂而昧于所从了，我又能让谁作出正确的评定呢？如果让观点和你相同的人来评定，既然与你的观点相同，又怎么能评定呢？如果让观点和我相同的人来评定，既然与我的观点相同，又怎么能评定呢？如果让观点和你我都不同的人来评定，既然与你我的观点都不同，又怎么能评定呢？如果让观点和你我都相同的人来评定，既然与你我的观点都相同，又怎么能评定呢？既然如此，那么你我与他人都不能相互了解，是在等待天倪吗？什么叫作以天倪来调和一切是非呢？即：是便是不是，然便是不然。‘是’假使果真是‘是’，那么‘是’与‘不是’就是不同的，这也用不着争辩；‘然’假使果真是‘然’，那么‘然’与‘不然’就是不同的，这也用不着争辩。化声是相敌对而成的，若要使它们不相敌对，就应该用天倪来加以调和，任其游衍变化，这样就可以享尽自己的天年。忘掉岁月与义理，就能逍遥于无物无是非的境界，因此也就能终身寄寓于这一境界了。”

罔两问景曰〔1〕：“曩子行〔2〕，今子止；曩子坐，今子起；何其无特操与〔3〕？”

景曰：“吾有待而然者邪？吾所待又有待而然者邪〔4〕？吾待蛇蚹蜩翼邪〔5〕？恶识所以然？恶识所以不然？”

【注释】

〔1〕罔两：影外之阴，或谓影外之影。　景：通“影”，影子。

〔2〕曩：从前。

〔3〕特：独立。　与：通“欤”，疑问语气词。

〔4〕所待：即所待者，指形体。

〔5〕蚹（fù）：蛇鳞。

【译文】

罔两问影子说：“刚才你在行走，现在又停下来；刚才你坐着，现在又站了起来；你为什么没有独立的志操呢？”

影子说：“我因为有所依赖才这样的吧？我所依赖的东西又有所依赖才这样的吧？我依赖形体而动，犹如蛇依赖腹下鳞皮而行、蝉依赖翅膀而飞吧？我怎么知道所以这样的原因呢？又怎么知道所以不这样的原因呢？”

昔者庄周梦为胡蝶〔1〕，栩栩然胡蝶也〔2〕。自喻适志与〔3〕，不知周也。俄然觉〔4〕，则蘧蘧然周也〔5〕。不知周之梦为胡蝶与，胡蝶之梦为周与？周与胡蝶，则必有分矣。此之谓物化〔6〕。

【注释】

〔1〕昔者：夜间。昔，通“夕”。

〔2〕栩栩然：形容蝴蝶飞舞得轻快自如。　胡：同“蝴”。

〔3〕自喻：自乐。　适志：快意。

〔4〕俄然：突然。

〔5〕蘧蘧（qú）然：忽然觉醒的样子。

〔6〕物化：指一种泯灭事物差别，彼我浑然同化的和谐境界。

【译文】

夜间庄周梦见自己化为了蝴蝶，飞舞得轻快自如。自己觉得快乐极了，竟然完全忘记自己是庄周。突然醒来，就惊觉自己原来是庄周。不知道是庄周做梦化为了蝴蝶，还是蝴蝶做梦化为了庄周呢？庄周与蝴蝶，在世人的眼光中看必定是有分别了。这就叫作物化。

【评析】

春秋战国时期，百家争竞，物论腾涌，然而天下却日趋混乱，战争频繁，硝烟弥漫，以致生灵涂炭，百姓不知何所归往，可见诸子之高论并没能使天下回归有序的状态。正如《荀子》所说，他们都是持之有故、言之成理，但也都是蔽于一曲、暗于大理。《庄子·天下》则说得更加明白："天下大乱，贤圣不明，道德不一，天下多得一察焉以自好。譬如耳目鼻口，皆有所明，不能相通。犹百家众技也，皆有所长，时有所用。虽然，不该不遍，一曲之士也。判天地之美，析万物之理，察古人之全，寡能备于天地之美，称神明之容。是故内圣外王之道，闇而不明，郁而不发，天下之人各为其所欲焉以自为方。悲夫，百家往而不反，必不合矣！后世之学者，不幸不见天地之纯，古人之大体，道术将为天下裂。"在古人的全备的大道视野下，诸子各家之论，尤其是他们之间的彼此是非也就不足为道了。所谓道通为一，大道至大无外，无所不包，百家物论自不能例外，这是一层；另一层是各家虽然不赅不备，却也都"各得一察"，与道相通。所以说"物固有所然，物固有所可"，万事万物皆有自己存在的价值，庄子并没有因为它们蔽于一曲就将其彻底否定。这与当今社会提倡的多元价值有相通之处。章太炎《齐物论释》云："原夫《齐物》之用，将以内存寂照，外利有情，世情不齐，文野异尚，亦各安其贯利，无所慕往。飨海鸟以大牢，乐斥鷃以钟鼓，适令颠连取毙，斯亦众情之所恒知。然志存兼并者，外辞蚕食之名，而方寄言高义，若云使彼野人，获与文化，斯则文野不齐之见，为桀、跖之嚆矢明矣。"虽然文明与野蛮存在差异，或者说文明高于野蛮，但是并不能因此就以文明的标准来衡量和要求野蛮者，更不能执文明之名而行劫夺之实。就像本篇所说，宗、脍、胥敖虽然犹存乎蓬艾之间，是未开化的小国家，尧是中土文明的圣明天子，他要攻伐这三个国家，却不能释然。

庄子虽然承认各家言论均有价值，却并不止于此，他还有更高的追求，即"天地与我并生，而万物与我为一"的浑同境界。要达到这一境界，就必须先忘"我"。本文开篇就借南郭子綦之口提出"吾丧我"，表现在外，是"形同槁木"；表现在内，是"心如死灰"。"丧我"，并不是要丧失自我，而是要去掉纷繁芜杂的"诸我"，复归生命本源的虚静灵台。那便是一个澄明净澈的本我，亦即文中所谓的"吾"。在言论观念方面，即是要去除成心，在他看来，是非之争，皆起于成心。去除了横亘胸中的成心，才能释放生命本然的天籁之音。

养生主

【题解】

本篇在内七篇中最为短小简单，但篇题亦有二解。旧时多以“生主”二字连读，解为“真君”“真宰”“真性”等，然与庄子原意似不合。所谓“养生主”，当解为“养生之宗旨”。依庄子之说，循乎天理，依乎自然，处于至虚，游于无有，消融主客，哀乐不伤，以尽天年，此乃养生之宗旨。

全篇以“缘督以为经”为纲，又以三则寓言故事来阐明此宗旨。首先，以庖丁解牛的寓言，从正面阐明依乎天理、因其固然的宗旨。接着以右师不善养生与泽雉不蕲樊中的寓言，从正反两面阐明保全天性为养生之宗旨。嗣后，用老聃安时处顺、哀乐不入的寓言故事，进一步发明安时处顺、至于悬解之旨。最后又以“薪尽火传”之喻总结前文，戛然锁住全篇。

吾生也有涯，而知也无涯〔1〕。以有涯随无涯〔2〕，殆已〔3〕！已而为知者〔4〕，殆而已矣！为善无近名，为恶无近刑。缘督以为经〔5〕，可以保身〔6〕，可以全生〔7〕，可以养亲〔8〕，可以尽年〔9〕。

【注释】

〔1〕涯：岸，边。　知：思虑，情识。

〔2〕随：追逐。

〔3〕殆：危险。　已：通“矣”，了。

〔4〕已：即上文“殆已”一词的省略。　为：追逐。

〔5〕缘：循，顺应。　督：人的脊脉，是骨节空虚处。　经：常。
〔6〕保身：谓不使形躯遭受刑戮。
〔7〕全生：谓保全自然本性。　生：通“性”，自然本性。
〔8〕养亲：谓不残生伤性，以辱双亲。
〔9〕尽年：享尽天年。

【译文】

人的生命是有限的，而情识是无穷的。以有限的生命去追逐无穷的情识，那就很危险了！业已危险而仍汲汲追逐情识，那就更加危险了！做了好事不贪图名誉，做了坏事不遭受刑戮。把顺应自然的中虚之道作为养生的常法，便可以不使形躯遭受刑戮，可以保全自然本性，可以不残生伤性，以辱双亲，可以享尽天年。

庖丁为文惠君解牛〔1〕，手之所触，肩之所倚〔2〕，足之所履〔3〕，膝之所踦〔4〕，砉然向然〔5〕，奏刀騞然〔6〕，莫不中音〔7〕，合于《桑林》之舞〔8〕，乃中《经首》之会〔9〕。

文惠君曰：“譆〔10〕，善哉！技盖至此乎〔11〕？”

庖丁释刀对曰〔12〕：“臣之所好者道也，进乎技矣〔13〕。始臣之解牛之时，所见无非牛者；三年之后，未尝见全牛也。方今之时，臣以神遇而不以目视〔14〕，官知止而神欲行。依乎天理〔15〕，批大郤〔16〕，导大窾〔17〕，因其固然〔18〕，技经肯綮之未尝〔19〕，而况大軱乎〔20〕！良庖岁更刀〔21〕，割也；族庖月更刀〔22〕，折也。今臣之刀十九年矣，所解数千牛矣，而刀刃若新发于硎〔23〕。彼节者有间〔24〕，而刀刃者无厚〔25〕，以无厚入有间，恢恢乎其于游刃必有馀地矣〔26〕。是以十九年而刀刃若新发于硎。虽然，每至于族〔27〕，吾见其难为，怵然为戒〔28〕，视为止〔29〕，行为迟，动刀甚微〔30〕。謋然已解〔31〕，如土委地〔32〕。提刀而立，为之四顾，为之踌躇满志〔33〕，善刀而藏之〔34〕。”

文惠君曰：“善哉！吾闻庖丁之言，得养生焉〔35〕。”

【注释】

〔1〕庖丁：名叫丁的厨师。庖，厨师。　文惠君：即梁惠王。

〔2〕倚：靠近。

〔3〕履：踩。

〔4〕踦（yǐ）：一足，引申为屈一足之膝抵住牛。

〔5〕砉（huā）然：皮骨相离的声音。　向然：指皮骨相离之声随刀而响应。向，通“响”。

〔6〕奏刀：进刀。　騞（huō）：谓进刀解物的声音。

〔7〕中（zhòng）音：合乎音乐节奏。

〔8〕桑林：殷汤乐名。

〔9〕经首：尧乐《咸池》中乐章名。　会：节奏。

〔10〕譆：通“嘻”，惊叹声。

〔11〕盖：通“盍”，何故。

〔12〕释：放下。

〔13〕进：超过。

〔14〕遇：接触。

〔15〕天理：天然的纹理。

〔16〕批：击。　郤（xì）：通“隙”，指筋骨连接处的空隙。

〔17〕导：引刀深入。　窾（kuǎn）：骨节间的空穴。

〔18〕因：顺着。　固然：本来的样子。

〔19〕技经肯綮（qìng）：技，当作“枝”，谓枝脉。经，经脉。肯，粘着骨头的肉。綮，筋肉相结处。

〔20〕軱（gū）：坚硬的大骨。

〔21〕岁：一年。　更：换。

〔22〕族庖：指技术一般的庖人。

〔23〕发：起。　硎（xíng）：磨刀石。

〔24〕节：骨节。　间：间隙，空隙。

〔25〕无厚：没有厚度。

〔26〕恢恢：宽绰的样子。

〔27〕族：筋骨交错盘结之处。

〔28〕怵（chù）然：警惕的样子。

〔29〕止：集中，专注。
〔30〕微：轻。
〔31〕謋（huò）然：筋骨解散的样子。
〔32〕委：堆积。
〔33〕踌躇满志：闲豫安适，从容自得的样子。
〔34〕善刀：拭刀。
〔35〕养生：指养生之道。

【译文】

庖丁为文惠君宰牛，手触肩顶、足踩膝抵等各种动作，牛的骨肉分离所发出的砉砉响声，还有进刀解牛时哗啦啦的声音，无不符合音乐的节奏，与《桑林》舞的节拍、《经首》曲的韵律相和谐。

文惠君说："啊，好极了！你的技术怎么会达到这样高超的地步呢？"

庖丁放下牛刀回答说："我所爱好的是道，已经超越技术层面了。开始我解牛时，见到的都是整体的牛；三年之后，就再也看不见整头的牛了。现在，我宰牛时全凭心领神会，而不需要用眼睛看，感觉器官的作用停止了，而专凭精神活动来行事。顺着牛身上天然的纹理，劈开筋肉的间隙，在骨节的空隙处引刀而入，顺着牛的自然结构去用刀，即便是经络相连、筋骨交错的地方都没有碰到，何况那大骨头呢！好的厨师一年换一把刀，因为他们是用刀割筋肉；普通的厨师一个月换一把刀，因为他们是用刀砍骨头。我的刀用到如今已经十九年，宰过的牛也有几千头了，而刀口还是像刚从磨刀石上磨出来的一样锋利。牛的骨节间有缝隙，而刀刃却薄得没有厚度，用没有厚度的刀刃切入有缝隙的骨节，宽宽绰绰，刀刃的游动运转肯定有足够的馀地。所以这把刀用了十九年还是像新磨的一样。虽然这样，每碰到筋骨盘结的地方，我知道不容易下手，依然小心谨慎，眼神专注，手脚缓慢，刀子微微一动，牛就哗啦解体了，如同泥土溃散落在地上一般。我提刀站立，环顾四周，悠然自得，心满意足，然后把刀擦干净收藏起来。"

文惠君说："好啊，我听了庖丁的这番话，懂得养生的道理了。"

公文轩见右师而惊曰[1]："是何人也？恶乎介也[2]？天与，其人与[3]？"曰："天也，非人也。天之生是使独也[4]，人之貌有与也[5]。以是知其天也，非人也。"

泽雉十步一啄[6]，百步一饮，不蕲畜乎樊中[7]。神虽王[8]，不善也。

【注释】

〔1〕公文轩：姓公文，名轩，宋人。　右师：官名。这里指做此官的人。

〔2〕恶乎：为何。　介：独足。

〔3〕与：通"欤"，疑问语气词。　其：抑或。

〔4〕是：此，指足。　独：独足。

〔5〕与：给予。

〔6〕泽雉：水泽中的野鸡。雉，野鸡。　十步一啄：谓饮食很难获得。

〔7〕蕲：求。　畜：养。　樊：鸟笼。

〔8〕王：通"旺"，旺盛。

【译文】

公文轩看到右师便惊讶地说："这是什么人呢？为什么只有一只脚呢？先天就是这样的呢，还是由于人为而造成的呢？"公文轩自答说："这是天意使然，不是人为的。是天命使他只有一只脚，人的形貌是天赋予的。因此知道这是先天的，不是人为的。"

水泽中的野鸡走十步才能啄到一口食，走百步才能饮得一口水，但它却不希望被养在笼子里。在笼中，即使精神旺盛，也并不感到自在。

老聃死[1]，秦失吊之[2]，三号而出[3]。弟子曰："非夫子之友邪[4]？"曰："然。""然则吊焉若此可乎？"曰："然。始也吾以为其人也[5]，而今非也。向吾入而吊焉[6]，有老者哭之如哭其子，少者哭之如哭其母。彼其所以会之[7]，必有不蕲言而言[8]，不蕲哭而哭者。是遁天倍情[9]，忘其所受[10]，古者谓之遁天之刑。适来[11]，夫子时也；适去，夫子顺也。安时而处顺，哀乐不能入也，古者谓是帝之县解[12]。”

【注释】

〔1〕老聃：即老子，姓李，名耳，字聃，楚国苦县厉乡曲仁里人。曾任周守藏室之史官。

〔2〕秦失（yì）：又作“秦佚”，庄子虚构的人物。　吊：吊唁。

〔3〕号（háo）：哀哭。

〔4〕弟子：指秦失的门人。　夫子：指秦失。

〔5〕其：指老子。　人：世俗之人。

〔6〕向：刚才。

〔7〕彼：指吊唁的众人。　会：聚集。

〔8〕蕲：期望。

〔9〕遁：逃避。　倍：通“背”，背弃。

〔10〕所受：谓禀受于自然的天伦关系。

〔11〕适：正当。

〔12〕是：这。　帝：天帝。　县：通“悬”，倒悬，即捆缚。

【译文】

老聃死了，秦失前去吊唁，仅仅哭了三声就出来了。秦失的弟子问：“他不是先生的朋友吗？”秦失说：“是我的朋友。”弟子又问：“那么这样吊唁可以吗？”秦失说：“可以。起初我以为老聃是世俗之人，而现在看来，他不是这种人。刚才我进去吊唁时，看到有年长的人哭他就像哭自己的孩子，有年轻人哭他就像哭自己的母亲。吊唁的众人所以会合到此哭老聃，一定会边称美边痛哭，这并不是老聃当时所期望的。这就是逃遁天理，背弃情实，忘掉了禀受于自然的天伦关系，古人称这种做法是逃避自然天理所得到的刑罚。当来时，老聃应时而生；当去时，老聃顺理而死。老聃能够安时顺理，死生两忘，不让悲哀喜乐之情侵入胸中，远古圣人把这称为天帝解人于倒悬。”

指穷于为薪[1]，火传也，不知其尽也。

【注释】

〔1〕指：通“脂”，脂膏。 穷：尽。

【译文】

脂膏作为烛薪燃烧是有烧完之时的，但火却可以传向别的烛薪，以至延续不已。

【评析】

养生，是古今中外的人们生活中的一个主题，中国的道家和道教则特别重视养生，因而形成了独特的养生文化。在一般人和后世道教观念中，养生主要以保养肉身、延长生命甚至长生不老、得道成仙为目的，而以饮食、医药、锻炼、娱心等为手段，但在庄子看来，这无异于误入歧途。

本篇劈头一句“吾生也有涯”，道尽生命的真相。生命不仅是有限的，而且仅有一次，金钱、名誉、地位、娱乐等等一切追求都建立在生命之上，这使得这一次有限的生命显得无限宝贵。越是如此，人们就越是疯狂地追求金钱、名誉、地位、娱乐等，以满足自己的欲望，然而正如庄子接下来所说“而知也无涯”，欲望是无穷无尽的，在有限的生命里去尽力满足无限的欲望，只能是殆而又殆！尤其现代进入消费社会，资本主义正以各种方式不断刺激人们的消费欲望，使整个社会陷入消费主义的泥淖中，个人更是深陷其中无法自拔，得不到满足则悲痛自失，得到满足则萌生更大的欲望，这不利于颐养生命。

庄子认为，养生的宗旨在于保养自然本性，使之远离世俗的污染，焕发澄明的真境。自然本性是人之所以为人、人之性灵的根本，它由天赋予，因而也与天相接。在庄子的思想中，天与人是一对互相对立的概念，本篇首次提到天人关系，公文轩见到右师只剩一条腿，便问他这是先天的还是人为造成的，此处天与人已经截然二分，却并未明确强调二者间的对立。但在庖丁解牛的寓言中，庖丁言解牛须依乎天理，因其固然，其刀方能十九年而若新发于硎，而良庖岁更刀、族庖月更刀，则是由于割、折，显示了人为的痕迹。庖丁与良庖、族庖的对比，就代表了天与人的对比，孰高孰下，不言自明。泽雉的寓言更展现了人为对天性所造成的禁锢，在笼子里虽然饮食无忧，但天性受到束缚，不得自由，“神虽王，不善也”，庄子认为这并非一个好的状态；将它放归山林，虽然饮食难以获得保障，但其自然本性得到释放，无疑是泽雉最合宜的生命状态。最后回到人身上来，老子能够认识到生死不过像白天和黑夜一样平常，并做到安时处顺，该来的就让它来，该去的就随它去，凡俗庸众则不明生死真相，牵于亲疏，伤于哀乐，违背天性，庄子称之为遁天之刑。这则寓言亦是天人之辩。庄子时时提示，自然天性既然是来自天，就要保养它，就要顺从它，使之游于俗世之虚无缝隙，免受尘垢的玷污。庄子最后以薪尽火传作结，传达养生真谛，他以薪比喻人的肉身，而以火比喻本真天性，暗示养生在于保养后者，只有循乎天理，依乎自然，处于至虚，游于无有，才能使肉体享尽天年，自然本性永葆不变。

人间世

【题解】

人间世，即人间社会。如何能做到“涉乱世以自全”（王夫之语），这就是本篇所论述的主要问题。一般认为，庄子消极避世，从本文即可发现庄子采取这种态度的原因。战国中后期，诸侯野心勃勃，残忍横暴，阴险狡诈，动辄互相争夺，互相残杀，使整个社会成了一个血淋淋的角斗场。庄子认为，生活在这样的人世间，不仅不可能做到用之则行，想要做到舍之则藏都很难。要远害全身，就非得使用非常手段，泯灭矜才用己、求功求名之心，做到虚己顺物，以不材为大材，以无用为大用不可。因此，就撰出“颜回请行”等六则寓言故事，从不同的角度，具体而生动地阐明了这一处世哲学。最后借接舆一歌，复又自续一曲，以深寄胸中无限辛酸之慨，并结住全文。

颜回见仲尼[1]，请行[2]。曰：“奚之[3]？”曰：“将之卫[4]。”曰：“奚为焉？”曰：“回闻卫君，其年壮，其行独，轻用其国[5]，而不见其过。轻用民死，死者以国量乎泽若蕉[6]，民其无如矣[7]！回尝闻之夫子曰[8]：‘治国去之[9]，乱国就之[10]，医门多疾。’愿以所闻思其则[11]，庶几其国有瘳乎[12]！”

仲尼曰：“嘻，若殆往而刑耳[13]！夫道不欲杂，杂则多[14]，多则扰，扰则忧，忧而不救[15]。古之至人，先存诸己，而后存诸人。所存于己者未定，何暇至于暴人之所行[16]！且若亦知夫德之所荡而知之所为出乎哉[17]？德荡乎名，知出乎争。名也者，相札也[18]；知也者，争之器也[19]。二者凶器，非所以尽行也。且德厚信矼[20]，未达人气[21]；名闻不争，未达人心[22]。而强以仁义绳墨之言术暴人之前者[23]，是以人恶有其美也[24]，命之曰菑人[25]。菑人者，人必反菑之。若殆为人菑夫[26]！且苟为悦贤而恶不肖，恶用而求有以异[27]？若唯无诏[28]，王公必将乘人而斗其捷[29]。而目将荧之[30]，而色将平之[31]，口将营之[32]，容将形之[33]，心且成之。是以火救火，以水救水，名之曰益多。顺始无穷，若殆以不信厚言[34]，必死于暴人之前矣！且昔者桀杀关龙逢[35]，纣杀王子比干[36]，是皆修其身，以下伛拊人之民[37]，以下拂其上者也[38]，故其君因其修以挤之[39]。是好名者也。昔者尧攻丛、枝、胥敖[40]，禹攻有扈[41]，国为虚厉，身为刑戮[42]。其用兵不止，其求实无已[43]，是皆求名实者也，而独不闻之乎[44]？名实者，圣人之所不能胜也，而况若乎[45]？虽然，若必有以也[46]，尝以语我来[47]！”

颜回曰："端而虚[48]，勉而一[49]，则可乎？"曰："恶[50]！恶可？夫以阳为充孔扬[51]，采色不定[52]，常人之所不违[53]，因案人之所感[54]，以求容与其心[55]，名之曰日渐之德不成[56]，而况大德乎？将执而不化[57]，外合而内不訾[58]，其庸讵可乎[59]？"

"然则我内直而外曲[60]，成而上比。内直者，与天为徒。与天为徒者，知天子之与己[61]，皆天之所子[62]，而独以己言蕲乎而人善之[63]，蕲乎而人不善之邪？若然者[64]，人谓之童子[65]，是之谓与天为徒。外曲者，与人之为徒也。擎跽曲拳[66]，人臣之礼也，人皆为之，吾敢不为邪？为人之所为者，人亦无疵焉[67]，是之谓与人为徒。成而上比者，与古为徒[68]。其言虽教，謫之实也[69]，古之有也，非吾有也。若然者，虽直而不病[70]，是之谓与古为徒。若是则可乎？”仲尼曰："恶！恶可？大多政法而不谍[71]，虽固亦无罪，虽然，止是耳矣，夫胡可以及化[72]！犹师心者也[73]。”

颜回曰："吾无以进矣，敢问其方[74]。”仲尼曰："斋，吾将语若[75]。有而为之，其易邪[76]？易之者，皞天不宜[77]。”

颜回曰："回之家贫，唯不饮酒不茹荤者数月矣[78]。如此，则可以为斋乎？”曰："是祭祀之斋，非心斋也[79]。”

回曰："敢问心斋。”仲尼曰："若一志[80]！无听之以耳而听之以心，无听之以心而听之以气[81]。听止于耳[82]，心止于符[83]。气也者，虚而待物者也。唯道集虚，虚者心斋也。”

颜回曰："回之未始得使[84]，实自回也；得使之也，未始有回也，可谓虚乎？”夫子曰："尽矣！吾语若：若能入游其樊而无感其名[85]，入则鸣[86]，不入则止。无门无毒[87]，一宅而寓于不得已，则几矣[88]。绝迹易，无行地难。为人使易以伪，为天使难以伪。闻以有翼飞者矣，未闻以无翼飞者也；闻以有知知者矣，未闻以无知知者也。瞻彼阕者[89]，虚室生白[90]，吉祥止止[91]。

夫且不止，是之谓坐驰[92]。夫徇耳目内通而外于心知[93]，鬼神将来舍[94]，而况人乎？是万物之化也，禹、舜之所纽也[95]，伏戏、几蘧之所行终[96]，而况散焉者乎[97]？”

【注释】

〔1〕颜回：姓颜名回，字子渊，鲁国人，孔子最得意的弟子。　仲尼：孔子的字。

〔2〕请行：谓向他辞行。

〔3〕奚之：何往。奚，何。之，往。

〔4〕卫：春秋时的诸侯国，在今河南省境内。

〔5〕独：专断自用。　轻用其国：轻率地处理国事。

〔6〕量：填满。　乎：于。　蕉：草芥。

〔7〕无如：无处可归。

〔8〕夫子：指孔子。

〔9〕去：离开，离去。

〔10〕就：趋从。

〔11〕则：法则，办法。

〔12〕庶几：大概，或许。　瘳（chōu）：病愈。

〔13〕譆：同“嘻”，表示悲痛。　若：你。　殆：恐怕。

〔14〕多：多事。

〔15〕不救：不可挽救。

〔16〕暴人：暴君，指卫君。

〔17〕荡：流荡，丧失。　知：通“智”，智慧。　出：显露。

〔18〕札：通“轧”，倾轧。

〔19〕器：工具。

〔20〕德厚：道德纯厚。　信矼（qiāng）：谓诚意着实。矼，悫实。

〔21〕未达：不了解。

〔22〕人心：指卫君的心意。

〔23〕绳墨：法度，规范。　术：同“述”，陈述。　暴人：指卫君。

〔24〕恶（wù）：厌恶。　有：卖弄。

〔25〕命：命名，称作。　菑（zāi）：通“灾”，害。

〔26〕为：被。

〔27〕恶（wū）：何。　而：通“尔”，你。

〔28〕若：你。　唯：只有。　诏：进谏。

〔29〕王公必将乘人而斗其捷：此句前省略了“诏则”二字。　王公：指卫君。　斗其捷：施展他的捷辩。

〔30〕而：通“尔”，你。　荧：眩惑。

〔31〕色：面色。　平：和顺。

〔32〕营：营救。

〔33〕容：脸色，此处指卑恭投降之色。　形：显现。

〔34〕若：你。　厚言：忠诚之言。

〔35〕昔者：从前。　桀：夏朝最后一个国君，以暴虐著称于世。　关龙逢：姓关，字龙逢，桀时贤臣，因竭诚忠谏而被斩首。

〔36〕纣：商朝亡国之君，亦以暴虐著称。　王子比干：纣王庶叔，因忠谏而被剖心。

〔37〕修：修饰。　伛（yǔ）拊：曲身抚爱。

〔38〕拂：触逆。

〔39〕挤：陷害。

〔40〕丛、枝、胥敖：皆为虚构的小国之名。见《齐物论》篇“宗、脍、胥敖”注。

〔41〕有扈：小国名，在今陕西户县。

〔42〕虚：同“墟”，废墟。　厉：厉鬼。　刑戮：受刑、被杀。

〔43〕实：实利，指土地和财物。

〔44〕而：通“尔”，你。

〔45〕若：你。

〔46〕以：用来谏劝卫君的办法。

〔47〕尝：试。　语：告诉。　来：语气助词。

〔48〕端：端正。　虚：谦虚。

〔49〕勉：勤勉。　一：专一。

〔50〕恶（wū）：驳斥声，犹“唉”。　恶可：怎么可以呢。

〔51〕阳：刚猛之性。　充：充满。　孔：甚。　扬：显扬。

〔52〕采色：神采气色。

〔53〕违：违逆。

〔54〕案：压抑。

〔55〕容与：自快。

〔56〕日渐之德：指小德。渐，渐渐，一点儿。

〔57〕执：固执。

〔58〕訾（zī）：资取。

〔59〕庸讵：怎么。

〔60〕曲：委曲求全，即恭敬。

〔61〕天子：人君。

〔62〕子：动词，生。

〔63〕而：表转折。　蕲：求。　而人：别人。　善：称善。

〔64〕若然：像这样。

〔65〕童子：天真纯一、未失自然本性的人。

〔66〕擎：执笏。　跽：跪拜。　曲拳：鞠躬。

〔67〕疵：毛病，用作动词，认为……是毛病。

〔68〕古：古人。

〔69〕教：教导，教诲。　讁（zhé）：指责。

〔70〕病：指灾祸。

〔71〕大：也作“太”，可通。　政法：正人之法。政，匡正。　谍：妥当。

〔72〕化：感化。

〔73〕师心：师从有为之心。

〔74〕敢：谦词。　方：方法。

〔75〕斋：即斋心。　语若：告诉你。

〔76〕其：岂。

〔77〕皞（hào）天：自然。　不宜：不合。

〔78〕茹荤：吃肉食。茹：吃。

〔79〕心斋：一种内心斋戒，即心地平静专一而无杂念。

〔80〕若一志：专一你的心志。若，你。

〔81〕气：气息。

〔82〕听止于耳：当作“耳止于听”。

〔83〕符：合。

〔84〕得使：得到教诲。

〔85〕若：你。　樊：藩篱，指卫国境内。

〔86〕入：接纳。　鸣：指劝谏。

〔87〕毒：药味。

〔88〕一宅：安心于一，了无二念。　几：近。

〔89〕瞻：观看。　彼：眼前万物。　阕：空。

〔90〕室：指人心。

〔91〕止止：集于虚明之心。前面“止”是动词，有“处、集”之意。后面“止”是名词，指空明虚静的心境。

〔92〕坐驰：谓形坐而心驰。
〔93〕徇：同“循”，顺。
〔94〕舍：冥附。
〔95〕纽：枢纽，关键。
〔96〕伏戏：即伏羲。　几蘧（qú）：传说中的古代圣君。
〔97〕散焉者：指平庸的人。

【译文】

颜回去拜见孔子，向他辞行。孔子问：“到哪里去呢？”颜回说：“我将要到卫国去。”孔子问：“去做什么事情？”颜回说：“我听说卫国的国君，年壮气盛，行事专断自用，轻率地处理国事，却看不见自己的过错。好残民命，国中死者相枕藉，好像蕉草填满了大泽一般，人民无处可归了！我曾听先生说过：‘国家安定就可以离去，国家危乱就应前往救扶，好像医生门前有很多病人等待着就治。’我想根据先生所说的去想想救治卫国的办法，或许这个国家的百姓还可以免于疾苦吧！”

孔子说：“唉！你去了恐怕要遭受卫君的刑戮啊！学道应当专心壹志，而不可使心志杂乱，心杂就会多事，多事就会自扰，自扰就有忧患，有忧患就会不可救药。古代的至人，先以道德充实自己，而后才去帮助别人。现在你自己的道德尚未充实，哪有闲工夫去纠正暴君的行为！况且你知道道德丧失和智慧显露的原因吗？道德的丧失是由于好名，智慧的外露是由于好争。名，只能成为人们互相倾轧的祸根；智，只能成为人们互相争斗的工具。这二者都是凶恶的器具，不可以作为处世的正道。而且道德纯厚、诚意着实，但并不了解卫君其人的意气；不与世人争夺美名令闻，而并不知晓卫君的心意。如果你勉强用仁义法度的言论陈述于卫君的面前，这是用别人的丑恶来显示自己的美德，认为你是在害他。害别人的，别人必定要反过来害你。你恐怕要被人家害了！况且假如卫君喜欢贤臣而憎恶坏人，那么朝中贤人正多，又何用你去显异于人呢？除非你不进言，否则卫君必将乘机抓住你的漏洞而施展他的巧辩。到那时，你会目眩眼花，面色和顺，口舌自救不暇，卑恭之色现于脸面，内心就会迁就卫君的主张了。这就好像是用火来救火，用水来救水，只会增益其多。如果按照开始时的样子不断地谏诤下去，你恐怕虽有忠诚之言却不被信用，那就必定要死在卫君的面前了！从前夏桀杀关龙逢，殷纣杀王子比干，这都是因为他们修饰其身，以臣下的地位爱抚君主的民众，违反君主的意志，所以君主才借他们的饰身好名而乘机杀害了他们。这就是追逐虚名的祸害。从前尧攻打丛、枝、胥敖，禹攻打有扈，使这些国家变成废墟，百姓成为厉鬼，国君都被杀死。他们不断用兵，贪图实利不止，这都是追求虚名和实利的结果，你没有听说过这些事吗？追求虚名实利的人，虽有圣人都不能感化他们，更何况你呢？虽然如此，你此去必有规劝暴君的办法，且试着说给我听听！”

颜回说：“外形端正而内心谦虚，行事勉力而心志专一，这样可以吗？”孔子说：“唉！怎么可以呢？卫君刚猛之性充张于内而彰扬于外，神采气色毫无定准，世人不敢违逆他，他却压抑了别人对自己的忠谏，来求得自己内心的快适，这种人每天用小德渐渐感化他尚且不成，何况一时用大德来改变他呢？他必定固执己见而不被感化，即使表面附和，内心却拒不纳谏，你的方法怎么可以呢？”

颜回说：“那么我就内心真诚而外表恭敬，援引成说而上比于古人。内心真诚就是与自然为同类。与自然为同类，知道人君和自己，都是天生的，这样，我哪里会去祈求人家称赞我的话为善，又哪里会管人家的话为不善呢？像这样，世人就会称我为天真纯一、未失自然本性的人，这就叫作与自然为同类。外表恭敬就是与世人为同类。执笏跪拜和鞠躬，这是做人臣的礼节，世人都这样做，我敢不这样做吗？做一般人所做的事，世人就不会指责我了，这就叫作与世人为同类。援引成说而上比于古人，就是与古人为同类。所说的虽然是古人的教诲之言，其实是在讽责当今人君的过失，这些教诲之言出于古人，并不是我虚造的。像这样，虽然直言讽责，却不会招致祸害，这就叫作与古人为同类。这样做可以吗？”孔子说：“唉！怎么可以呢？你要纠正人家的方法太多，而又不妥当，这几种方法固然不一定会得罪卫君，但至多也只能免罪而已，怎么能够感化他呢？这是因为你的方法都是出于有为之心的缘故。”

颜回说：“我没有更好的办法了，请问先生有什么好的办法？”孔子说：“你先须斋心，我再告诉你。有心去感化卫君，哪里有这么容易的呢？如果认为这样做容易，便与自然之理相违背。”

颜回说:“我的家境贫寒，不饮酒、不吃肉食已经有好几个月了。像这样，可以称作斋戒吗？”孔子说:“这仅够得上祭祀之斋的要求，并不是‘心斋’。”

颜回说:“请问什么是‘心斋’？”孔子说:“专一你的心志，不要用耳朵去听，而要用心灵去体会，不要用心灵去体会，而要用气去感应。耳朵的作用仅限于听闻声响而已，心的思虑仅能与外物相合而已。至于气，乃是以虚空容纳万物的。真道唯聚于空明虚静的心境，这就是心斋的妙义。”

颜回说:“我未受教诲之时，自以为有自己的存在；听了‘心斋’之教以后，就完全忘掉了自己的存在。这样可算是达到了空明虚静的心境吗？”孔子说:“达到了！我可以告诉你了：你入游卫国，不可为虚名所动心，卫君能接纳你的话就说，不能接纳你的话就不说。不开一门，不发一药，处心于至一之道，必等到不得不说时再发话，这样就差不多了。不走路是很容易的，走路要不留痕迹就难了。为人欲所驱使就容易作伪，唯任自然天理就难以作伪。只知道有翅膀而飞，却不知道没有翅膀而飞的；只知道用心智而能知，却不知道不用心智而能知的。如把眼前万物都看作空虚，就能使自己心境空明而发出纯白的自然之光，吉祥就会集于虚明之心。如果心境不能空明虚静，这就叫作形坐而心驰。使耳目等器官内通于心而排除心智在外，鬼神也会来冥附，何况是人呢？这样万物都可以被感化，这是禹、舜处世应物的关键，也是伏戏、几蘧始终不忘的御世原则，更何况平庸之辈呢？”

叶公子高将使于齐〔1〕，问于仲尼曰 :“王使诸梁也甚重〔2〕，齐之待使者，盖将甚敬而不急〔3〕。匹夫犹未可动〔4〕，而况诸侯乎！吾甚栗之〔5〕。子常语诸梁也曰〔6〕：‘凡事若小若大，寡不道以懽成〔7〕。事若不成，则必有人道之患；事若成，则必有阴阳之患〔8〕。若成若不成而后无患者，唯有德者能之。’吾食也执粗而不臧，爨无欲清之人〔9〕。今吾朝受命而夕饮冰，我其内热与！吾未至乎事之情[10]，而既有阴阳之患矣。事若不成，必有人道之患。是两也[11]，为人臣者不足以任之，子其有以语我来[12]！”

仲尼曰：“天下有大戒二[13]：其一，命也[14]；其一，义也[15]。子之爱亲，命也，不可解于心；臣之事君，义也，无适而非君也[16]，无所逃于天地之间[17]。是之谓大戒。是以夫事其亲者，不择地而安之，孝之至也；夫事其君者，不择事而安之，忠之盛也；自事其心者，哀乐不易施乎前[18]，知其不可奈何而安之若命，德之至也。为人臣子者，固有所不得已，行事之情而忘其身，何暇至于悦生而恶死？夫子其行可矣！丘请复以所闻[19]：凡交[20]，近则必相靡以信[21]，远则必忠之以言，言必或传之[22]。夫传两喜两怒之言，天下之难者也。夫两喜必多溢美之言[23]，两怒必多溢恶之言[24]。凡溢之类妄[25]，妄则其信之也莫[26]，莫则传言者殃。故法言曰[27]：‘传其常情[28]，无传其溢言，则几乎全[29]。’且以巧斗力者，始乎阳[30]，常卒乎阴[31]，大至则多奇巧[32]；以礼饮酒者，始乎治[33]，常卒乎乱[34]，大至则多奇乐[35]。凡事亦然，始乎谅[36]，常卒乎鄙[37]；其作始也简，其将毕也必巨[38]。夫言者，风波也；行者，实丧也[39]。风波易以动，实丧易以危。故忿设无由[40]，巧言偏辞。兽死不择音，气息茀然[41]，于是并生心厉[42]。剋核大至[43]，则必有不肖之心应之[44]，而不知其然也。苟为不知其然也，孰知其所终！故法言曰：‘无迁令，无劝成[45]。’过度，益也[46]。‘迁令’‘劝成’，殆事[47]。

美成在久，恶成不及改，可不慎与[48]！且夫乘物以游心，托不得已以养中[49]，至矣。何作为报也？莫若为致命[50]，此其难者。”

【注释】

〔1〕叶公子高：楚庄王玄孙，姓沈，名诸梁，字子高，被封于叶，僭号称公。　使：出使。

〔2〕王：楚王。　重：重要的使命。

〔3〕敬：恭敬。　不急：指迟迟不肯依允别人的请求。

〔4〕动：感化。

〔5〕栗：害怕。

〔6〕子：你，指孔子。　语：告诉。

〔7〕若小若大：不管大小。　寡：少。　懽成：欢然成功。

〔8〕人道之患：指君主的惩罚。　阴阳之患：指喜惧交战于胸中导致疾病。

〔9〕臧：善，指美食厚味。　爨（cuàn）：司火之人。　清：清凉。

〔10〕情：实，指出使之事成行。

〔11〕是两也：谓忧虑结于心，刑罚遭于外。

〔12〕任：承担，承受。　子：你。　来：语气助词，犹“咧”。

〔13〕大戒：不可逾越的大法。

〔14〕命：指受之于自然之天的性分。

〔15〕义：指人所应尽的社会职责。

〔16〕适：往。

〔17〕无所逃：无可逃避。

〔18〕施：移动，改易。

〔19〕复：再。

〔20〕交：国与国之间的交往。

〔21〕近：邻近的国家。　靡：顺。　信：信用。

〔22〕或：有人。

〔23〕溢美：夸奖过分。溢，满溢。

〔24〕溢恶：指责过分。

〔25〕类：近似。　妄：不真实。

〔26〕莫：疑惑。

〔27〕法言：格言。
〔28〕常情：真实无妄之言。
〔29〕几：近。　全：谓免祸全身。
〔30〕阳：谓喜。
〔31〕卒：结束。　阴：谓怒。
〔32〕大至：过甚，甚至。大，通“太”。下同。　奇巧：诡诈。
〔33〕治：谓依循规矩。
〔34〕乱：谓迷醉大乱。
〔35〕奇乐：狂乐狎侮。
〔36〕谅：诚信。
〔37〕鄙：欺诈。
〔38〕毕：结束。
〔39〕行：谓传达语言。　实丧：得失。
〔40〕忿：愤怒。　设：发作。
〔41〕茀（bó）：勃然。
〔42〕心厉：伤人的恶念。
〔43〕剋核：苛求。　大至：太过分。大，通“太”。
〔44〕不肖之心：即伤人的恶念。
〔45〕迁：改变。　劝：劝勉。
〔46〕益：增益。
〔47〕殆：危险，用作动词，使事情变危险变糟糕。
〔48〕慎：慎重、谨慎。　与：通“欤”，表疑问语气词。
〔49〕中：指心性。
〔50〕致命：据实传命。

【译文】

叶公子高将要出使齐国，问孔子说：“楚王交给我极为重要的使命，齐国对待外国的使臣，表面上总是很恭敬，实际上却迟迟不肯依允别人的请求。一般人尚且不易被感化，何况是诸侯呢！我感到很害怕。你曾经跟我说过：‘凡事无论大小，很少有不依于大道而能欢然成功的。事情如果办不成功，就必定有君主的惩罚；事情如果成功，就必定有喜惧交战胸中而致疾病。无论是成功或不成功都不会遭到祸患的人，只有得道之人才能做到。’我平日的饮食极为粗淡而不求精美，所以厨工都不会因热而思求清凉。现在我早晨接受使命而晚上就要喝冰水，我大概是内心焦灼了吧！我出使之事还未实际进行，就已经喜惧交战胸中而致疾病了。事情如果再办不成功，必定有君主的惩罚。这双重祸患，做人臣的不能够承受，请先生教我避免祸患的方法吧！”

孔子说：“天下有两个不可逾越的大法：一个是受于自然之天的性分，一个是人所应尽的社会职责。子女爱敬双亲，这就是自然的性分，系结于心而不可解除；人臣侍奉君主，这就是应尽的社会职责，无论到什么地方都不能没有国君，在天地之间是无法逃避的。这就是所谓的不可逾越的大法。所以子女侍养双亲，无论环境如何都要让他们安适，这就是孝心的最高体现；人臣侍奉君主，无论去做何事都要顺从他的心意，这就是忠心的最高表现；自我调养心性，哀乐之境都不能影响到自己的情绪，知道事情无可奈何而能安心去做，这就是道德修养的最高境界。为人臣子的，本来就有不得已的事情，但只要尽力按照事情的实际去做而不顾自身，哪里会产生贪生怕死的念头呢？你这样去做就可以了！我再告诉你我所听到的话：大凡国与国之间的交往，邻近的国家就一定用信用去求顺，远道的国家就一定用忠信去结信，语言必须有人传达。传达两国君主喜怒的言辞，实在是天下最难的事。两国君主喜悦，其言辞就一定会夸奖过分，两国君主愤怒，其言辞就一定会指责过分。凡是过分的话就会接近于不真实，不真实的话使人迟疑不信，疑惑则传话的使臣就会遭殃了。所以格言说：‘传达真实之言，不要传达过分的言辞，那就差不多能够免祸全身了。’譬如以技巧角力的，起初以喜相邀，最后以怒相斗，甚至各出诡计而击杀对方；以礼节饮酒的，起初依循规矩，最后迷醉大乱，甚至会狂乐荒淫。什么事情都是这样，起初时彼此诚信，最后就互相欺诈；许多事情开始时只露出微兆，到最后就酿成了大祸。言语凭虚相生，有如风波的忽起忽灭，不可捉摸；所以传达言语时，就会有得有失。风波容易波动，得失之间容易产生危险。所以愤怒的发作没有其他的原因，只是因为巧言偏辞的相欺。逼兽于死地，它就会发出怪叫之声，其怒气勃然发作，于是便产生了伤人的恶念。一个人做事太苛刻，别人就会起恶念来报复他，而他自己还不知道为什么会这样。如果自己都不知道怎么回事，那谁能知道将会产生什么样的结果呢！所以格言说：‘不要改变所传达的命令，不要勉强使事情成功。’超过常度，就是私自增益。‘改变命令’‘强求成功’，就足以把事情搞糟。成就美事需要很长的时间，做成坏事等到觉悟已悔改不及，可以不慎重吗？顺着万物的自然之理而悠游我心，寄托于不得已而蓄养心性，这就达到理想的境界了。何必迁令劝成地去传命呢？只需据实无伪就是了，这样做已经是很不容易了。”

颜阖将傅卫灵公太子〔1〕，而问于蘧伯玉曰〔2〕：“有人于此〔3〕，其德天杀〔4〕。与之为无方，则危吾国〔5〕；与之为有方，则危吾身。其知适足以知人之过〔6〕，而不知其所以过。若然者，吾奈之何？”

蘧伯玉曰：“善哉问乎！戒之，慎之〔7〕，正女身也哉〔8〕！形莫若就〔9〕，心莫若和〔10〕。虽然，之二者有患〔11〕。就不欲入〔12〕，和不欲出〔13〕。形就而入，且为颠为灭，为崩为蹶〔14〕；心和而出，且为声为名，为妖为孽〔15〕。彼且为婴儿〔16〕，亦与之为婴儿；彼且为无町畦〔17〕，亦与之为无町畦；彼且为无崖〔18〕，亦与之为无崖。达之，入于无疵〔19〕。汝不知夫螳蜋乎？怒其臂以当车辙〔20〕，不知其不胜任也，是其才之美者也〔21〕。戒之，慎之！积伐而美者以犯之〔22〕，几矣〔23〕！汝不知夫养虎者乎？不敢以生物与之〔24〕，为其杀之之怒也；不敢以全物与之〔25〕，为其决之之怒也〔26〕；时其饥饱〔27〕，达其怒心〔28〕。虎之与人异类，而媚养己者，顺也。故其杀者〔29〕，逆也。夫爱马者，以筐盛矢〔30〕，以蜃盛溺〔31〕。适有蚊虻仆缘〔32〕，而拊之不时〔33〕，则缺衔毁首碎胸〔34〕。意有所至，而爱有所亡〔35〕，可不慎邪！”

【注释】

〔1〕颜阖：姓颜，名阖，鲁国贤人。　傅：做师傅。　卫灵公太子：指蒯聩。

〔2〕蘧伯玉：姓蘧，名瑗，字伯玉，卫国贤大夫。

〔3〕人：指太子蒯聩。

〔4〕天杀：天性刻薄。

〔5〕方：规矩，法度。　危：危及。

〔6〕其知：他的智慧。知，通“智”。　适：恰。　过：过失。

〔7〕戒：警戒。　慎：谨慎。

〔8〕女：通“汝”，你。

〔9〕就：随顺。

〔10〕和：调和。

〔11〕之：此。　二者：指“就”与“和”。

〔12〕入：谓苟同。

〔13〕出：谓显己之长。

〔14〕颠：颠覆，失败。　灭：毁灭。　崩：败坏。　蹶：绊倒。

〔15〕妖孽：谓祸患。

〔16〕且：将。　婴儿：比喻无知。

〔17〕町畦（tǐng qí）：田界，可引申为检束。

〔18〕无崖：无崖岸，可引申为放荡不拘。

〔19〕达：畅达，谓顺其心意。　疵：小病，可引申为过失。

〔20〕怒：通“努”，奋举。　当：抵挡。　辙：车轮碾过的痕迹，此处引申为车轮。

〔21〕是：自是，自负。

〔22〕积：经常。　伐：夸耀。　而：通“尔”，你。　犯：触犯。

〔23〕几：危殆。

〔24〕生物：活的动物。　与之：给它吃。

〔25〕全物：整个动物。

〔26〕决：撕裂。

〔27〕时：通“伺”，伺候。

〔28〕达：顺导。

〔29〕杀：谓搏噬人。

〔30〕盛（chéng）：装。　矢：通“屎”，马粪。

〔31〕蜃（shèn）：一种以贝壳作装饰的器皿。　溺：马尿。

〔32〕适：恰。　仆缘：附缘于马体。仆，附。

〔33〕拊：拍打。　不时：时机不对。
〔34〕缺衔：决裂衔勒。　毁首碎胸：谓人遭蹄踢，毁首碎胸。
〔35〕亡：忘，忘掉。

【译文】

颜阖将要去做卫灵公太子蒯聩的师傅，他问蘧伯玉说："现在有一个人，其天性刻薄。若依随他而不依法度规矩，就必定要危及我国；若以法度绳墨之言规谏他，就必定首先危及我身。他的智力足以看到别人的过失，而不能看到自己的过失。像这样的情形，我怎么办呢？"

蘧伯玉说："你问得很好！要警戒，要谨慎，先端正你自己！外表应现出恭敬随顺之态，内心应存有调和诱导之意。虽然如此，这二者仍避免不了祸患。外表虽然随顺他而不能与他苟同，内心虽然调和诱导他而不能故显己美。外表随顺太过分，将会与之同流合污而使自己覆败毁灭，崩坏蹶倒；内心调和诱导太显露，他以为你在争声名，所以必将招致祸患。他如果像婴儿那样无知，你也和他一样像婴儿那样无知；他如果没有界限的约束，你也和他一样没有界限的约束；他如果放荡不拘，你也和他一样放荡不拘。顺着他的心意，渐渐地把他引导到没有过失的境界。你不知道那螳螂吗？奋力举起臂膀去抵挡车轮的前进，它不知道自己不能胜任，这是因为把自己的本领看得太大的缘故。要警戒，要谨慎！常常称赞你自己的美才去触犯暴君的颜面，那就危险了！你不知道养虎的人吗？他不敢把活的生物给虎吃，因为怕它在搏杀活物时引发凶残的天性；不敢把整个动物给虎吃，因为怕它在撕裂动物时引发凶残的天性；知道它的饥饱而伺候，顺着它的喜怒之情去疏导。虎和人不同类，而它对养己者产生媚爱之意，是由于顺其情性的缘故；所以它要伤害人，是因为违逆了它的情性。那爱马的人，用竹筐接马粪，用大蛤壳接马尿。偶尔有蚊虻叮在马身上，而拍打得出其不意，马就会咬断衔勒，使人遭蹄踢而毁首碎胸。爱马之意有所至极，马反而会忘掉你的爱意，这可以不谨慎吗？"

匠石之齐〔1〕，至于曲辕〔2〕，见栎社树〔3〕。其大蔽数

千牛[4]，絜之百围[5]；其高临山，十仞而后有枝[6]；其可以为舟者，旁十数[7]。观者如市，匠伯不顾[8]，遂行不辍[9]。弟子厌观之[10]，走及匠石[11]，曰："自吾执斧斤以随夫子，未尝见材如此其美也。先生不肯视，行不辍，何邪？"曰："已矣[12]，勿言之矣！散木也[13]，以为舟则沉，以为棺椁则速腐[14]，以为器则速毁，以为门户则液樠[15]，以为柱则蠹[16]，是不材之木也。无所可用，故能若是之寿。"

匠石归，栎社见梦曰[17]："女将恶乎比予哉[18]？若将比予于文木邪[19]？夫柤梨橘柚果蓏之属[20]，实熟则剥[21]，剥则辱[22]；大枝折，小枝泄[23]。此以其能苦其生者也，故不终其天年而中道夭[24]，自掊击于世俗者也[25]。物莫不若是。且予求无所可用久矣，几死[26]，乃今得之，为予大用。使予也而有用，且得有此大也邪？且也若与予也皆物也，奈何哉其相物也[27]？而几死之散人[28]，又恶知散木！"

匠石觉而诊其梦[29]。弟子曰："趣取无用[30]，则为社何邪？"曰："密！若无言[31]！彼亦直寄焉[32]，以为不知己者诟厉也[33]。不为社者，且几有翦乎[34]！且也彼其所保与众异[35]，而以义誉之[36]，不亦远乎！"

【注释】

〔1〕匠石：一个名叫石的木匠。　之：往。

〔2〕曲辕：地名。

〔3〕栎（lì）社树：社中的栎树。社，祭祀土地神的地方。

〔4〕蔽：遮蔽。

〔5〕絜（xié）：张开两臂度量树身。　围：两臂合抱为一围。

〔6〕临山：高出山头。临，俯瞰。　仞：七尺为仞，一说八尺。

〔7〕旁：旁枝。

〔8〕匠伯：指匠石。因匠石为众匠之长，故可称为“匠伯”。

〔9〕辍：止。

〔10〕厌观：饱看。

〔11〕走：跑。　及：赶上。

〔12〕已矣：算了。已，止。

〔13〕散木：无用之木。

〔14〕棺：棺材。　椁：外棺。

〔15〕液樠（mán）：脂液外渗。

〔16〕蠹：虫蛀。

〔17〕见梦：托梦。

〔18〕女：汝，你。　恶乎：什么。

〔19〕若：你。　文木：纹理细密的有用之木。

〔20〕柤（zhā）：即山楂。　果蓏（luǒ）：在树上生长的叫果，在地上生长的叫蓏。

〔21〕剥：遭受敲打。

〔22〕辱：被扭折。

〔23〕泄：被牵扭。

〔24〕中道夭：中途夭折。

〔25〕掊：打击。

〔26〕几：将近。

〔27〕相物：以散木视我。相，视。

〔28〕而：通“尔”，你。　散人：无用之人。

〔29〕诊：告。

〔30〕趣：通“趋”，趋向。

〔31〕密：犹言“别作声”。　若：你。

〔32〕彼：指栎树。　直：特。

〔33〕为：被。　诟厉：讥议。

〔34〕几：近乎，差一点。　翦：砍伐。

〔35〕保：谓保全生命之道。

〔36〕而：通“尔”，你。　誉：称誉。

【译文】

有个名叫石的木匠到齐国去，到了曲辕，看见了一棵长在社中的栎树。这棵树大到可以遮蔽数千头牛，张开两臂量树身有一百围粗；树干高到耸出山顶八丈以上才有分枝；可用来刳成独木舟的旁枝，数以十计。观看的人像赶集的一样多，然而匠伯不看一眼，脚步不停地往前走。弟子把这树饱看了一番，跑着赶上匠石，说："自从我拿着斧头跟随先生以来，从没有见过像这样好的木材。先生不肯看一眼，走个不停，这是为什么呢？"匠石说："算了，不要说它了！那是没有用的散木，用来造船就会沉没，用来做棺材很快就会腐烂，用来做器具很快就会毁坏，用来做门户就会脂液外渗，用来做柱子就会虫蛀，这是不能用作材料的树木。正是因为它没有什么用处，所以能够像这样长寿。"

匠石回来后，社中的栎树托梦说："你要用什么和我相比呢？你要把我和有用的树木相比吗？那山楂树、梨树、橘树、柚子树以及瓜果之类，果实成熟了就会遭受敲打，敲打就会被扭折；大枝被折断，小枝被牵扭。这就是因为它们有用才害苦了自己的一生，所以不能享尽天年而中途夭折，这都是自己招来世俗者的打击。世上的事物没有不是这样的。何况我寻求无用的境地已经很久了，几乎被庸人砍死，到现在仍能保全自己，正是以不材为我大用的缘故。假如我真的有用，我还能够长得这么高大吗？况且你和我都是天地间的一物，为什么你要视我为散木呢？你是将要死亡的无用之人，又怎么能知道无用之木呢！"

匠石醒后把梦告诉给了他的弟子。弟子说："它既然意在求取无用，又何必要长在社中呢？"匠石说："别作声！你不要说了！栎树不过是特意寄迹于社中，以便招致众人的无用之讥而保全自己罢了。假如使它不生在社中，早就被人砍为薪木烧了！况且栎树用来保全生命之道的方法与众不同，用常理来称誉它，不就相差太远了吗！"

南伯子綦游乎商之丘[1]，见大木焉，有异[2]，结驷千乘，隐将芘其所藾[3]。子綦曰："此何木也哉？此必有异材夫[4]！”仰而视其细枝，则拳曲而不可以为栋梁[5]；俯而见其大根[6]，则轴解而不可以为棺椁[7]；咶其叶[8]，则口烂而为伤；嗅之，则使人狂酲三日而不已[9]。子綦曰：“此果不材之木也，以至于此其大也。嗟乎神人，以此不材！”

宋有荆氏者[10]，宜楸、柏、桑[11]。其拱把而上者[12]，求狙猴之杙者斩之[13]；三围四围，求高名之丽者斩之[14]；七围八围，贵人富商之家求椫傍者斩之[15]。故未终其天年而中道之夭于斧斤，此材之患也。故解之以牛之白颡者[16]，与豚之亢鼻者[17]，与人有痔病者，不可以适河[18]。此皆巫祝以知之矣[19]，所以为不祥也。此乃神人之所为大祥也。

【注释】

〔1〕南伯子綦：即南郭子綦。见《齐物论》篇注。　商之丘：即商丘，宋国都城，在今河南商丘市。

〔2〕有异：谓其高大异乎寻常。

〔3〕结驷千乘：千乘车马连接在一起。　芘：通“庇”，遮蔽。　藾（lài）：荫。

〔4〕有：为，是。　夫：叹词。

〔5〕拳曲：即卷曲。

〔6〕见：当为“视”之误。　大根：指主干的下部。

〔7〕轴解：谓木纹旋散。

〔8〕咶（shì）：舔。

〔9〕狂酲（chéng）：大醉如狂。　不已：不止。

〔10〕荆氏：地名。

〔11〕宜：适宜（种植）。　楸（qiū）：落叶乔木，材质细密。

〔12〕拱把：两手合握曰拱，一手所握曰把。

〔13〕狙猴：猕猴。　杙（yì）：小木桩。

〔14〕高名：高大。　丽：通“欐”，栋梁。
〔15〕椫（shàn）傍：每边以整块板制成的棺材。
〔16〕解：祭祀之名。　颡（sǎng）：额。
〔17〕豚：小猪。　亢鼻：鼻孔上翻。亢，仰。
〔18〕适河：投入河中祭神。
〔19〕巫祝：巫师。　以：通“已”，已经。

【译文】

南伯子綦到商丘游玩，看见了一棵大树，它的高大异乎寻常，即使连接千乘车马，也将为枝叶之荫所隐庇。子綦说：“这是什么树呢？这一定是异乎寻常之材啊！”仰头望它的细枝，却是弯弯曲曲而不能做栋梁；低头看主干的下部，却是木纹旋散而不能做棺椁；舔舔它的叶子，嘴巴就会溃烂而被伤害；闻闻它，就会使人大醉如狂，三天都醒不过来。子綦说：“这一定是不成材的树木，所以才能长得这么高大。神人之所以神凝而常存，正是因为其不成材的缘故呀！”

宋国有荆氏那么一个地方，适宜于种植楸、柏、桑之类的文木。长到一两把粗以上的，就被寻求拴猴子的小木桩的人砍伐；三围四围粗的，就被寻求做高大栋梁的人砍伐；七围八围粗的，就被为富贵人家寻求整块板制成棺材的人砍伐。所以不能享尽天年而中途被斧头砍伐了，这就是有用之材招来的祸患。所以在解罪求福的祭祀中，白额头的牛，鼻孔上翻的猪，以及有痔病的人，都不能投入河中祭神。这都是巫师已经知道的了，认为那是不吉祥的。但神人以不材能够保身为最大的吉祥。

支离疏者〔1〕，颐隐于脐〔2〕，肩高于顶〔3〕，会撮指天〔4〕，五管在上〔5〕，两髀为胁〔6〕。挫针治繲〔7〕，足以糊口；鼓筴播精〔8〕，足以食十人〔9〕。上征武士，则支离攘臂而游于其间〔10〕；上有大役，则支离以有常疾不受功〔11〕；上与病者粟〔12〕，则受三钟与十束薪〔13〕。夫支离其形者，犹足以养其身，终其天年，又况支离其德者乎！

【注释】

〔1〕支离疏：作者虚构的人物。支离，指形体支离；疏，指智力不全。比喻其忘形去智。

〔2〕颐：面颊。 隐：隐藏，此处谓支离疏由于弯腰驼背而脸与肚脐齐平。 脐：肚脐。

〔3〕顶：头顶。

〔4〕会撮：发髻。 指天：朝天。因其佝偻低头故发髻朝天。

〔5〕五管在上：五脏的穴位朝上。正常情况应该朝后。

〔6〕两髀为胁：谓大腿与胁靠到一起。髀（bì），大腿。

〔7〕挫针：缝衣服。挫，持。 治繲（jiè）：洗衣服。繲，脏旧衣服。

〔8〕鼓：簸，扬米去糠。 筴（cè）：小簸箕。 播精：播去粗糠而得精米。

〔9〕食：赡养。

〔10〕征：征召。 攘臂：谓遨游自在的样子。

〔11〕役：徭役。 不受功：谓无须接受劳役之苦。

〔12〕与：给。

〔13〕钟：六斛四斗为一钟。 束：捆。 薪：柴草。

【译文】

支离疏这个人，面颊与肚脐齐平，肩膀高过头顶，脑后的发髻朝天，五脏的穴位随背而向上，胁与大腿靠到一起。他替人家缝洗衣服，能够糊口；扬糠播米，足够赡养十个人。国家征兵时，他捋袖挥臂而游于其间；国家有大的徭役时，他因为残疾而无须接受劳役之苦；国家给贫病的人发放救济的时候，他可以领到三钟粮食和十捆柴草。形体残缺不全的人，尚且能够养活自身，享尽天年，更何况忘其德行的人呢！

孔子适楚〔1〕，楚狂接舆游其门曰〔2〕：“凤兮凤兮，何如德之衰也〔3〕！来世不可待〔4〕，往世不可追也〔5〕。天下有道，圣人成焉〔6〕；天下无道，圣人生焉〔7〕；方今之时，仅免刑焉〔8〕。福轻乎羽，莫之知载〔9〕；祸重乎地，莫之知避。已乎已乎[10]，临人以德！殆乎殆乎，画地而趋[11]！迷阳迷阳[12]，无伤吾行！吾行却曲[13]，无伤吾足！”

山木自寇也[14]，膏火自煎也[15]。桂可食[16]，故伐之；漆可用，故割之。人皆知有用之用，而莫知无用之用也。

【注释】

〔1〕适：往，到。

〔2〕接舆：楚国的隐士，姓陆，名通，字接舆。

〔3〕凤兮凤兮：这里用凤鸟来嘲讽和比喻孔子。　何如：如何，多么。　衰：衰落。

〔4〕待：期待。

〔5〕追：追回。

〔6〕成：成就功业。

〔7〕生：苟全性命。

〔8〕方：当。　仅：很少。

〔9〕载：承受。

〔10〕已：停止。

〔11〕画地：比喻愚者自拘。

〔12〕迷阳：一种多刺的草，常生路旁。

〔13〕却：退却。　曲：拐弯而行。

〔14〕自寇：自招砍伐。

〔15〕膏：油脂。　煎：煎熬，燃烧。

〔16〕桂：肉桂，其皮辛香，可供调味。

【译文】

孔子到楚国去，楚国的狂士接舆来到孔子的馆舍，唱道：“凤啊，凤啊，为什么怀着盛德到这衰败的国家来呢！未来的社会是不可期待的，过去的社会是无法追回的。天下太平时，圣人就能成就自己的功业；天下混乱时，圣人只能苟全性命；当今这个时代，很少有人能够免于刑戮。幸福比羽毛还要轻，却不知道受用；祸患比大地还要厚重，却不知道回避。算了吧！算了吧！不要在他人面前炫耀自己的德行。危险啊！危险啊！不要画地为牢而拘守一隅。迷阳草啊！不要妨碍我行路。我走路时小心地退却拐弯啊！不要伤害我的脚。”

山上的树木自己招来砍伐之祸，油脂燃的火熬干了自己。桂树可供调味食用，所以砍伐它；漆树可以用，所以割取它。人们都知道有用的用处，却不知道无用的作用。

【评析】

儒家整体来说还是积极入世的。石门隐者评价孔子就是个知其不可而为之的人。大概在孔子之时，就有许多人认为天下不可为，因而隐居避世了。石门隐者是一位，本文的接舆也是一位。《论语》中对接舆歌而过孔子曾有记载，与本文略微不同：“楚狂接舆歌而过孔子曰：‘凤兮！凤兮！何德之衰！往者不可谏，来者犹可追。已而，已而！今之从政者殆而！’孔子下，欲与之言。趋而辟之，不得与之言。”庄子将接舆之歌大幅扩充，将一句简单的感叹变成了一首末世悲歌，他唱道：“方今之时，仅免刑焉！”此时的天下比无道还要糟糕，能保全自己免遭杀戮之祸都是困难的，因此他提出了一个特殊的看似荒谬的避世全身的方法：无用。

开篇借孔颜对话，引出心斋，指出要虚己以游世。颜回开始是典型的儒家性格，乱国就之，跃跃欲试。孔子却告诉他此去如羊入虎口，殆往而刑。后世一些解庄者认为庄子是孔门颜回一脉，因为二人性格、思想倾向比较接近，在《庄子》中，连孔子有时都是被嘲笑讥讽的对象，而颜回却都是正面形象，且庄子最重要的心法“心斋”和“坐忘”都跟颜回有关。其实我们不妨将本段的颜回看作庄子，将颜回的思想转变看成庄子的思想历程。没有人天生就是隐士，孔子也感叹“道不行乘桴浮于海”“用之则行，舍之则藏”，行与藏的选择根据的还是时局的好坏。孔子与接舆、石门隐者、长沮、桀溺等人之间的差别也没那么大，他们并不是一意孤行者。孔子时已是如此，到了战国中期庄子生活的年代，更是每况愈下。我们且看顾炎武对春秋战国差别的描述：“春秋时，犹尊礼重信，而七国则绝不言礼与信矣；春秋时，犹宗周王，而七国则绝不言王矣；春秋时，犹严祭祀，重聘享，而七国则无其事矣；春秋时，犹论宗姓氏族，而七国则无一言及之矣；春秋时，犹宴会赋诗，而七国则不闻矣；春秋时，犹有赴告策书，而七国则无有矣。”（《日知录·周末风俗》）此时是真正的礼崩乐坏，天下大乱。

因此，庄子决意要隐居避世。楚王来聘庄子为相，庄子断然不肯。他以庙堂牺牛作比，牺牛因为有用，虽然得到荣华，却也牺牲了自己。在本篇中，则有山木、社树的例子。庄子也不是一味地无用，他仍然做了漆园吏，和栎社树一样，“彼亦直寄焉”，在有用、无用之间。

本篇末段云:“山木自寇也，膏火自煎也。桂可食，故伐之；漆可用，故割之。”庄子固然是撕开了生命残酷的真相。但在一个正常的社会里，人们互惠互利，提供自己的价值，与其他人交换，从而使社会健康发展、欣欣向荣，本是平常不过的事，也是大家乐意去做的事。以此为基点反观庄子思想，可知都是沉痛的乱世之言，不可当作大常大法。

德充符

【题解】

道德充实于内，万物应验于外，内外玄合无间，有如符契一般，这就叫作德充符。在这里，人的形体外貌是没有位置的。庄子认为，只要德行完美，一切形体上的残缺不全并不足以为累；如果德行败坏，即使体周形全，容貌姣好，也绝不会给人以美的感受，而适足以为德之累。本文专门描写了一些体残形畸而德行超众的人，大加赞美，并与形全德亏之人作了一番对比。

文章前四段为一组镜头，借王骀、申徒嘉、叔山无趾、哀骀它四位刑馀丑厉之人，反复论证德充自有外物前来应验的道理。第五段，以闉跂支离无脤结住前文残缺者粉墨登场的镜头，以形有所增的瓮盎大瘿导出下文的“益生”之辩，然后作者自发议论，总契首尾，点出全篇宗旨——“德有所长，而形有所忘”。末段借惠子“益生”而丧其德为例，反证修德关键在于忘身忘情。

鲁有兀者王骀，从之游者与仲尼相若〔1〕。常季问于仲尼曰〔2〕：“王骀，兀者也，从之游者与夫子中分鲁〔3〕。立不教，坐不议〔4〕，虚而往，实而归。固有不言之教，无形而心成者邪〔5〕？是何人也？”仲尼曰：“夫子，圣人也，丘也直后而未往耳〔6〕。丘将以为师，而况不若丘者乎！奚假鲁国〔7〕，丘将引天下而与从之。”

常季曰：“彼兀者也，而王先生〔8〕，其与庸亦远矣〔9〕。若然者，其用心也独若之何〔10〕？”仲尼曰：“死生亦大矣，而不得与之变[11]，虽天地覆坠，亦将不与之遗[12]。审乎无假而不与物迁[13]，命物之化而守其宗也[14]。”常季曰：“何谓也？”仲尼曰：“自其异者视之，肝胆楚越也；自其同者视之，万物皆一也。夫若然者，且不知耳目之所宜[15]，而游心乎德之和[16]。物视其所一而不见其所丧，视丧其足犹遗土也。”

常季曰：“彼为己[17]，以其知得其心[18]，以其心得其常心[19]，物何为最之哉[20]？”仲尼曰：“人莫鉴于流水而鉴于止水[21]，唯止能止众止。受命于地，唯松柏独也，在冬夏青青；受命于天，唯尧、舜独也正[22]。幸能正生[23]，以正众生[24]。夫保始之征[25]，不惧之实[26]。勇士一人，雄入于九军[27]。将求名而能自要者[28]，而犹若是，而况官天地[29]，府万物[30]，直寓六骸[31]，象耳目[32]，一知之所知，而心未尝死者乎[33]！彼且择日而登假[34]，人则从是也[35]。彼且何肯以物为事乎[36]！”

【注释】

〔1〕兀：断去一足。　王骀（tái）：虚构的人物。　从：跟从。　游：游学，跟随老师学习。　相若：相等。

〔2〕常季：虚构的人物。

〔3〕中分鲁：谓平分鲁国的学生。

〔4〕立不教、坐不议：为平日对他的学生既不加教导，也不发议论。是一种互文的说法。

〔5〕无形：不见形迹。

〔6〕直：特，只。　后：落后。

〔7〕奚假：岂止。

〔8〕彼：他，指王骀。　王（wàng）：超过。　先生：指孔子。

〔9〕庸：常人。

〔10〕用心：运用心智。

〔11〕之：指生死。

〔12〕覆：翻转。　坠：陷落。　之：指天地。　遗：坠落。

〔13〕审：确实，果然。　无假：当为“无瑕”之误。　迁：变迁。

〔14〕命：主宰。　化：变化。　宗：即大道的宗本。

〔15〕宜：适宜。

〔16〕德：指道德。　和：谓和谐玄同的境界。

〔17〕彼：指王骀。　为己：修养自己。

〔18〕知：通“智”。

〔19〕常心：恒常不变之心，即死生不变、天地覆坠不遗之心。

〔20〕物：指人，即“从之游者”。　最：尊崇。

〔21〕鉴：镜子，这里用作动词，照。　止水：静止的水。

〔22〕尧舜：原本只作“舜”，今据陈碧虚《庄子阙误》所引张君房本补。

〔23〕正生：自正心性。

〔24〕正众生：引导众人自正心性。

〔25〕夫：句首发语词，无义。　保始：谓善保宗本。　征：征验。

〔26〕实：盛气，气概。

〔27〕雄入：勇敢地冲进。　九军：谓千军万马。

〔28〕将：将士。　自要：犹言“自好”，这里指求取功名。

〔29〕官：主宰。

〔30〕府：包藏。

〔31〕直：特，只。　寓：寄。　六骸：指头、身、四肢。代指整个身躯。

〔32〕象：迹象，用作动词，以耳目为迹象。

〔33〕心：指本真之心。　死：丧失。

〔34〕择日：指日。　登假：登升，指乘云气而升天。

〔35〕是：之，他。

〔36〕彼：指王骀。　肎：也作“肯”。

【译文】

鲁国有一个被砍去一只脚的人名叫王骀，跟他学习的人同孔子的弟子人数相等。常季问孔子说：“王骀是一个被砍去一只脚的人，跟他学习的人和先生的弟子各占鲁国的一半。他对学生站着不加教诲，坐着不发议论，跟他学习的人求见时脑袋空空，却能充实而归。难道真的有人不用言语进行教育，只是用诚心感化人而不借助于形迹的吗？这是什么样的人呢？”孔子说：“王骀是个圣人，我只是落在后面而没来得及去求见。我将要拜他为师，何况不如我的人呢！岂止鲁国人，我将引导全天下的人去跟他学习。”

常季说：“他是一个被砍去一只脚的人，而能超过先生，那他比平常人一定高出很多了。像他这样的人，是如何运用心智的呢？”孔子说：“生死虽是大事，却不会影响到自己的心境，即使天塌地陷，也不会与天地一起坠落。审视自己没有瑕疵而不与外物一同迁移覆灭，主宰万物的化育而守住大道的宗本不变。”常季说：“这是什么意思？”孔子说：“从事物的相异方面去观察，肝和胆就好像楚国和越国那样相距遥远；从事物的相同方面去观察，万事万物都是一样的。像他这种人，无意弄清耳目声色的适宜享受，而能使自己的心神悠游于道德的和谐境界中。只看到万物是相同的，所以好像没有察觉到自己的形体上欠缺什么，他把失去一条腿，看成是像随手扔掉一块泥巴一样。”

常季说：“王骀只是重视修养自己，运用他的智力去修治他的心灵，然后再进一步去求得他的常心，人们为什么这样尊崇他呢？”孔子说：“人们不能在流水中照到自己，而只能从静止的水中照到自己，只有静止的水才能留住求照者。树木受命于地而生，只有松柏禀受自然之正气，保持四季常青；人们受命于天，只有尧、舜能独得天之正气。尧、舜幸而能自正心性，所以能够引导众人自正心性。善保宗本的人一定有特征，就像是勇敢的人具有无所畏惧的气概一样。勇敢的武士单枪匹马，也敢冲进千军万马之中。将士决心求取功名的，尚且能这样忘掉生死的念头，何况是主宰天地，包藏万物，只是以六骸为自己的寄托之具，把耳目等器官看作迹象，视万物为一致，而且没有丧失本真之心的人呢！王骀将指日登升而与玄道冥合为一，人们都乐意归依他。他哪里肯把引导弟子当一回事呢！”

申徒嘉〔1〕，兀者也，而与郑子产同师于伯昏无人〔2〕。子产谓申徒嘉曰：“我先出则子止〔3〕，子先出则我止。”

其明日，又与合堂同席而坐[4]。子产谓申徒嘉曰："我先出则子止，子先出则我止。今我将出，子可以止乎，其未邪[5]？且子见执政而不违[6]，子齐执政乎[7]？"申徒嘉曰："先生之门，固有执政焉如此哉[8]？子而说子之执政而后人者也[9]？闻之曰：'鉴明则尘垢不止[10]，止则不明也。久与贤人处，则无过。'今子之所取大者[11]，先生也，而犹出言若是，不亦过乎[12]！"

子产曰："子既若是矣，犹与尧争善[13]。计子之德，不足以自反邪[14]？"申徒嘉曰："自状其过[15]，以不当亡者众[16]；不状其过，以不当存者寡。知不可奈何而安之若命，唯有德者能之。游于羿之彀中[17]，中央者，中地也[18]，然而不中者，命也。人以其全足笑吾不全足者多矣，我怫然而怒[19]；而适先生之所[20]，则废然而反[21]。不知先生之洗我以善邪[22]？吾与夫子游十九年矣，而未尝知吾兀者也。今子与我游于形骸之内[23]，而子索我于形骸之外[24]，不亦过乎！"子产蹴然改容更貌曰[25]："子无乃称[26]！"

【注释】

〔1〕申徒嘉：姓申徒，名嘉，郑国贤人。

〔2〕子产：姓公孙，名侨，字子产，郑国贤相。　师：师从。　伯昏无人：虚构的人物。

〔3〕子：你。　止：留步。

〔4〕合堂：同室。

〔5〕其：抑或。

〔6〕执政：犹言"贵官"。这是子产的自称。　违：回避。

〔7〕齐：等同，平起平坐。

〔8〕先生：指伯昏无人。　门：门下。　固：通"胡"，为何。

〔9〕说：通“悦”。　后：看不起人。
〔10〕鉴：镜子。　不止：不存。
〔11〕取大：谓求取于人以自广其德。
〔12〕过：错误。
〔13〕若是：指其形残而言。　尧：子产自比。
〔14〕计：估计，打量。　自反：自我反省。
〔15〕状：申辩。
〔16〕以：认为。　亡：指遭受刖足之刑等。
〔17〕羿：尧时的射箭能手。　彀（gòu）中：箭矢所能达到的范围。比喻刑网。
〔18〕中（zhòng）地：箭锋所及之地。比喻触及刑罚的禁区。
〔19〕怫（bó）然：脸上变色的样子。怫，通“勃”。
〔20〕适：来到。　所：处所。
〔21〕废然：怒气消失的样子。　反：通“返”，返于常性。
〔22〕洗：洗涤，即教育。　善：善道。
〔23〕形骸之内：指德。
〔24〕索：取，求。　形骸之外：指形貌。
〔25〕蹴（cù）然：站立不安的样子。　改容更貌：谓变了脸色。
〔26〕无：不要。　乃：如此。　称：称说。

【译文】

申徒嘉是一个被砍去一只脚的人，和郑国的子产一起拜伯昏无人为师。子产对申徒嘉说：“我若先出去你就留下，你若先出去我就留下。”到了第二天，申徒嘉又与子产同室同席坐在一起。子产对申徒嘉说：“我若先出去你就留下，你若先出去我就留下。现在我将要出去，你可以留下呢，还是不能留下呢？况且你看见我这个执政的国相而不回避，你想跟我平起平坐吗？”申徒嘉说：“先生的门下，难道还有这般自恃官位的人吗？你是得意你的官位而看不起别人吗？我听过这样的话：‘镜子要明亮就不让灰尘留在上面，落上灰尘就不会明亮了。常和贤人在一起，就不会有过错了。’现在你求取的是伯昏先生的大道，却还说出这样的话，不是错误的吗？”

子产说：“你已经是形残断足的人了，还要与尧争高低。估量一下你的德行，还不足以使你自我反省吗？”申徒嘉说：“在犯法之后为自己的过错申辩，以为不应当遭受残形之刑的人很多；不为自己的过错申辩，认为应当受到残形之刑的人却很少。知道事情的无可奈何而能安下心来接受命运的安排，只有有道德的人才能做到这点。走进后羿的箭矢所能射中的范围内，正当中的地方，是箭锋能射中之地，然而也有侥幸不被射中的，那是天命。依仗两脚完全而讥笑我一只脚的人很多，我听了后勃然大怒；当我来到先生这里，就怒气全消并恢复了自然的常性。这不是先生在用善道来洗涤我的心中之累吗？我跟随先生学习了十九年，并不曾感觉我是个被砍去一只脚的人。现在你和我以德相交，而你却要以形貌要求我，不是十分错误的吗？”子产惭愧不安地改变了态度，说：“你不要这样说了！”

鲁有兀者叔山无趾〔1〕，踵见仲尼〔2〕。仲尼曰：“子不谨，前既犯患若是矣〔3〕。虽今来，何及矣！”无趾曰：“吾唯不知务而轻用吾身〔4〕，吾是以亡足。今吾来也，犹有尊足者存〔5〕，吾是以务全之也〔6〕。夫天无不覆，地无不载，吾以夫子为天地，安知夫子之犹若是也〔7〕！”孔子曰：“丘则陋矣〔8〕。夫子胡不入乎？请讲以所闻。”

无趾出〔9〕。孔子曰：“弟子勉之〔10〕！夫无趾，兀者也，犹务学以复补前行之恶，而况全德之人乎〔11〕！”

无趾语老聃曰：“孔丘之于至人，其未邪？彼何宾宾以学子为〔12〕？彼且蕲以諔诡幻怪之名闻〔13〕，不知至人之以是为己桎梏邪〔14〕？”老聃曰：“胡不直使彼以死生为一条〔15〕，以可不可为一贯者〔16〕，解其桎梏，其可乎？”无趾曰：“天刑之〔17〕，安可解！”

【注释】

〔1〕叔山无趾：虚构的人物。

〔2〕踵见：用脚跟行走去求见。踵，脚后跟。

〔3〕谨：小心谨慎。　犯患：犯法遭祸。

〔4〕唯：只是。　务：时务。

〔5〕尊足者：即“尊于足者”，比足还要贵重的东西，指自然德性。

〔6〕务：致力。　之：指自然德性。

〔7〕安：怎么。　若是：谓拘于形骸之见。

〔8〕陋：见识浅陋。

〔9〕出：从室内走出。

〔10〕勉之：努力。

〔11〕全德之人：谓形体完全的人。

〔12〕彼：指孔子。　宾宾：频频。　子：指老聃。

〔13〕蕲（qí）：求。　諔（chù）诡幻怪：奇异怪诞。

〔14〕是：指“名闻”。　桎梏（gù）：镣铐。在脚上的叫桎，在手上的叫梏。

〔15〕一条：指齐一，与“一贯”同义。

〔16〕可不可：谓是非。

〔17〕刑：处罚。

【译文】

鲁国有一个被砍去脚趾的人叫作叔山无趾，他用脚后跟行走去见孔子。孔子说：“你不谨慎，以前曾犯法而遭受像这样的刑罚。现在虽来求救，怎么来得及挽救呢？”无趾说：“我只是因不识时务而轻率地对待自身，所以才失去了脚趾。现在我来这里，还有比脚更贵重的东西存在，因此我想竭力保全它。天是没有什么不覆盖的，地是没有什么不载托的，我把先生看成是天地，哪里知道先生仍然拘于形骸之见呢！”孔子说：“我实在是见识浅陋。先生为什么不进来呢？请用你所听闻的来指教我。”

无趾同孔子谈话后，从室内出来。孔子说：“弟子们，要努力啊！无趾是一个被砍去脚趾的人，还要努力学习以弥补以前所犯的过错，何况是形体完全的人呢！”

无趾对老子说：“孔子对于至人的境界，大概还没有达到吧？他为什么常常来请求您指教呢？他还在追求用奇异怪诞的声名传闻天下，却不知道至人把这些看成是束缚自己的镣铐呢！”老子说："为什么不使他齐一生死，混同是非，解除他的桎梏，这样也可以吧？"无趾说："孔子天生根器如此，哪里可以解除呢！"

鲁哀公问于仲尼曰："卫有恶人焉[1]，曰哀骀它[2]。丈夫与之处者[3]，思而不能去也；妇人见之，请于父母曰'与为人妻，宁为夫子妾'者[4]，十数而未止也。未尝有闻其唱者也，常和人而已矣[5]。无君人之位以济乎人之死[6]，无聚禄以望人之腹[7]。又以恶骇天下[8]，和而不唱，知不出乎四域[9]，且而雌雄合乎前[10]，是必有异乎人者也。寡人召而观之，果以恶骇天下。与寡人处，不至以月数，而寡人有意乎其为人也；不至乎期年[11]，而寡人信之。国无宰[12]，寡人传国焉[13]。闷然而后应[14]，氾而若辞[15]。寡人丑乎，卒授之国[16]。无几何也[17]，去寡人而行[18]。寡人卹焉若有亡也[19]，若无与乐是国也[20]。是何人者也[21]？"

仲尼曰："丘也尝使于楚矣，适见㹠子食于其死母者[22]，少焉眴若[23]，皆弃之而走。不见己焉尔[24]，不得类焉尔[25]。所爱其母者，非爱其形也，爱使其形者也。战而死者，其人之葬也不以翣资[26]；刖者之屦[27]，无为爱之，皆无其本矣[28]。为天子之诸御[29]，不爪翦[30]，不穿耳[31]；取妻者止于外[32]，不得复使[33]。形全犹足以为尔[34]，而况全德之人乎[35]！今哀骀它，未言而信[36]，无功而亲[37]，使人授己国，唯恐其不受也，是必才全而德不形者也[38]。"

哀公曰："何谓才全？"仲尼曰："死生、存亡、穷达、贫富、贤与不肖、毁誉、饥渴、寒暑，是事之变[39]，命之行也[40]，日夜相代乎前[41]，而知不能规乎其始者也[42]。故不足以滑和[43]，不可入于灵府[44]。使之和、豫、通而不失于兑[45]，使日夜无郤而与物为春[46]，是接而生时于心者也[47]。是之谓才全。”

“何谓德不形？”曰：“平者，水停之盛也[48]。其可以为法也，内保之而外不荡也[49]。德者，成和之修也[50]。德不形者，物不能离也。”

哀公异日以告闵子曰[51]：“始也吾以南面而君天下，执民之纪而忧其死[52]，吾自以为至通矣[53]。今吾闻至人之言，恐吾无其实[54]，轻用吾身而亡其国。吾与孔丘，非君臣也，德友而已矣[55]。”

【注释】

〔1〕恶人：指形貌丑陋的人。

〔2〕哀骀它：虚构的人物。

〔3〕丈夫：指男人。　处（chǔ）：相处。

〔4〕请：请求。　与：与其。　宁：宁愿。　夫子：指哀骀它。

〔5〕唱：诱引倡导。　和人：随和他人。

〔6〕济：拯救。

〔7〕聚：积蓄。　禄：俸禄。　望：犹“月望”之“望”，引申为饱满。

〔8〕骇：惊吓。

〔9〕四域：四方，或谓天下。

〔10〕雌雄：指妇人、男人。　合：会和，聚集。

〔11〕期年：周年。

〔12〕宰：冢宰。

〔13〕传国：委以国政。

〔14〕闷然：没有知觉的样子。

〔15〕汜：通“泛”，无所系念的样子。 若辞：好像有所推辞。

〔16〕丑：愧。 卒：最终。 授：授予。

〔17〕无几何：没有多久。

〔18〕去：离开。 行：远去。

〔19〕卹（xù）焉：忧虑的样子。 亡：失。

〔20〕是国：此国，指鲁国。

〔21〕是：此，指哀骀它。

〔22〕使：出使。 适：恰。 㹠（tún）子：小猪。 食：吸奶。死母：已经死了的母亲。

〔23〕少焉：不多久。 眴（shùn）若：惊视的样子。

〔24〕焉尔：才如此。

〔25〕不得类：谓其母不像往昔。类，像。

〔26〕葬：埋葬。 翣（shà）：棺材饰物。 资：给，送。

〔27〕刖（yuè）：古代把脚砍掉的酷刑。 屦（jù）：鞋。

〔28〕本：指棺与足。

〔29〕诸御：宫妃。

〔30〕爪翦：剪指甲。翦，通“剪”。

〔31〕穿耳：穿耳眼。

〔32〕取：通“娶”。

〔33〕复使：再次役使。

〔34〕为尔：感人如此。

〔35〕全德之人：德性完备的人。

〔36〕未言而信：未曾倡言，却得到信任。

〔37〕无功而亲：没有立功，却得到鲁侯的亲近。

〔38〕才全：才性完备。 德不形：内德不外露。

〔39〕事：事物。

〔40〕命：天命。

〔41〕相代：循环轮转。

〔42〕知：通“智”。 规：测度。

〔43〕滑和：扰乱和顺的本性。

〔44〕灵府：精神的府库，即心。

〔45〕和：和顺。 豫：愉悦。 通：流通。 兑：愉悦。

〔46〕郤：同“隙”，空隙，引申为间断。 与物为春：谓与万物同游于春和之中。

〔47〕接：指与物境接触。

〔48〕盛：极，至。
〔49〕保：保有。　荡：动荡。
〔50〕成：保全。　修：修养。
〔51〕异日：他日。　闵子：孔子弟子，姓闵名损，字子骞。
〔52〕执民之纪：谓执掌行政纲纪。
〔53〕通：明于治道。
〔54〕至人：指孔丘。　实：实德。
〔55〕德友：以德相交的朋友。

【译文】

鲁哀公问孔子说："卫国有个形貌丑陋的人，名叫哀骀它。男人和他相处，思恋他而不愿离去；妇女见到他，就请求父母说'与其做别人的妻子，宁愿做哀骀它的妾'，这样的妇女已超过十人。从没有听说他倡导什么，只是常常随和他人罢了。他没有统治者的权位却能拯救别人的危亡，没有积蓄俸禄却能使别人肚子饱满。又因为他丑陋的形貌，使天下人见了都感到惊骇，只是附和他人而不倡导，见识没有高出世间常人，然而男人、妇人都来亲近，这样的人一定有与一般人不同的地方。我召他来看，果然是形貌丑陋足以使天下的人都惊骇。他和我相处，不到一个月，我就觉得他有高出别人的地方；不到一年，我就信任他了。国家正缺少冢宰，我就要把国事委托给他。他漠然无睹，漫不经心而好像有所推辞。我自愧不如，终于把政权国事托付给他。没有多久，他就离开我走了。我感到很忧虑，好像失掉了什么，好像在鲁国再没有一个人可以与我一起快乐了。他到底是什么样的人呢？"

孔子说："我曾经出使楚国，恰巧看见一群小猪在吸吮着死去母猪的乳汁，不一会就表现出惊视的样子，都抛弃母猪逃走了。这是因为母猪看不到自己，不像活着的时候了。可见小猪爱自己的母亲，并不是爱它的形骸，而是爱主宰其形骸的德性。战死在疆场上的人，在给他们行葬时不用棺材饰物；断脚的人的鞋子，就不值得爱了；这都是因为不存在棺材和脚那样的根基了。做天子的宫妃，不剪指甲，不穿耳眼；普通的人娶了妻子，就不会被外界干扰，可以不再服役。保全形体的人尚且能够让人感动，更何况是德性完备的人！现在哀骀它未曾说话却得到了人们的信任，没有功劳而得到了鲁侯的亲近，让别人把国事委任给他，还唯恐他不接受，那一定是才性完备而内德不外露的人。”

哀公说：“什么叫才性完备呢？”孔子说：“死生、存亡、穷达、贫富、贤与不肖、毁誉、饥渴、寒暑，这些都是事物的变化，天命的运行，它们日夜循环更替在人们的眼前，而人的智力并不能测度其由来。所以这些变化不能扰乱和顺的本性，不能侵入纯真的心灵。这就能够使心灵安适顺畅，而不失去愉悦之情，使这种心情能够保持日夜不间断，而与万物同游于春和之中，这就使在与物境接触时，只是客观地反映它而不带任何成心。这就叫作才性完备。”

“什么叫内德不外露呢？”孔子说：“平，是水极端静止的状态。它可以作为取法的标准，内部保持静止而表面也不荡漾。所谓道德的修养，就是保全中和之气。所谓内德不外荡，就是万物自来亲附而不离去。”

后有一天哀公告诉闵子说：“先前我以君主的地位去治理天下，执掌行政纲纪而忧虑百姓的死伤，我自以为是明于治道了。现在我听到了孔子的言论，就担心我并没有实德，只是轻率地花费自己的精力而使国家危亡。我和孔子，并不是君臣关系，而是以德相交的朋友了。”

闉跂支离无脤说卫灵公〔1〕，灵公说之〔2〕；而视全人，其脰肩肩〔3〕。瓮盎大瘿说齐桓公〔4〕，桓公说之；而视全人，其脰肩肩。

故德有所长，而形有所忘。人不忘其所忘，而忘其所不忘，此谓诚忘〔5〕。故圣人有所游，而知为孽〔6〕，约为胶〔7〕，德为接〔8〕，工为商〔9〕。圣人不谋，恶用知〔10〕？不斫〔11〕，恶用胶？无丧〔12〕，恶用德？不货〔13〕，恶用商？四者，天鬻也〔14〕。天鬻者，天食也。既受食于天，又恶用人！有人之形，无人之情。有人之形，故群于人〔15〕；无人之情，故是非不得于身。眇乎小哉，所以属于人也！謷乎大哉[16]，独成其天！

【注释】

〔1〕闉（yīn）跂支离无脤（chún）：虚构的人物。闉跂，曲体而跂行。支离，肢体不全。脤，同“唇”。 说（shuì）：游说。

〔2〕说（yuè）：同“悦”，喜欢。

〔3〕全人：形貌正常、完全的人。 脰（dòu）：颈。 肩肩：细长的样子。

〔4〕瓮盎大瘿（yǐng）：虚构的人物。瓮、盎，都是瓦器。瘿，颈上的瘤子。

〔5〕诚：真，确实。

〔6〕知：同“智”，智慧。 孽：妖孽，祸患。

〔7〕约：约束。这里指约束的礼义。

〔8〕德：施德于人。 接：应接于人。

〔9〕工：技巧。

〔10〕恶用：哪里用得着。

〔11〕不斫：不求雕斫。

〔12〕无丧：没有丧失。

〔13〕不货：不求货利。

〔14〕鬻（yù）：养育。

〔15〕群于人：能与常人共处。

〔16〕眇：渺小。 謷（áo）：高大的样子。

【译文】

有一个跛脚、驼背、缺唇的人去游说卫灵公，卫灵公很喜欢他；而看到形体完整的人，就觉得脖颈太细长了。有一个颈上长着像瓮盎大的瘤子的人去游说齐桓公，齐桓公很喜欢他；而看到形体完整的人，就觉得脖颈太细长了。

所以德性充实过人，形体上的丑陋就会被人遗忘。人们不遗忘他们所应当遗忘的形体，反而遗忘他们所不应当遗忘的德性，这才是真正的遗忘。因此圣人游心于虚，把智慧看作是产生妖孽的根源，把礼义的约束看作是对人心的禁锢，把布施德惠看作是收买人心的手段，把工巧看作是商贾的行径。圣人不搞权谋，哪里用得着智慧？不求雕琢，哪里用得着禁锢？没有丧失，哪里用得着施德？不求货利，哪里用得着通商？这四种天德，是大自然养育成的。大自然的养育，就是天给予食物。既然是天给予食物，又哪里还用得着智、胶、德、商等人为的东西呢！圣人虽然具有常人的形貌，却没有世人那种偏好的情感。具有常人形貌，所以能与常人共处；没有世人那种偏好的情感，所以是非不会扰乱他的身心。圣人渺小，是因为寄形貌于常人之中！圣人伟大，是因为能与天道同体！

惠子谓庄子曰："人故无情乎〔1〕？"庄子曰："然。"

惠子曰："人而无情，何以谓之人？"庄子曰："道与之貌〔2〕，天与之形，恶得不谓之人？"

惠子曰："既谓之人，恶得无情？"庄子曰："是非吾所谓情也。吾所谓无情者，言人之不以好恶内伤其身，常因自然而不益生也〔3〕。"

惠子曰："不益生，何以有其身？"庄子曰："道与之貌，天与之形，无以好恶内伤其身。今子外乎子之神，劳乎子之精，倚树而吟〔4〕，据槁梧而瞑〔5〕。天选子之形〔6〕，子以坚白鸣〔7〕。"

【注释】

〔1〕故：原来，原本。

〔2〕与：赋予。

〔3〕因：因任。 自然：指道、天所赋予的自然形貌和德性。 益：增益。 生：通"性"，德行。

〔4〕外：驰骛于外。 劳：劳损。 吟：谓惠子争辩失败后的叹息之状。

〔5〕据：倚靠。 槁梧：干枯的梧桐树。 瞑：睡眠。

〔6〕选：授予。

〔7〕坚白：即坚白论，是战国时名家的著名论题。详见《齐物论》篇注。 鸣：争辩。

【译文】

惠子对庄子说："人原本就没有情感吗？" 庄子说："是这样。"

惠子说："人如果没有情感，怎么能称作人呢？" 庄子说："虚通之道给了人容貌，天然之理给了人形质，怎么不能称作人呢？"

惠子说："既然称作人，怎么会没有人的情感呢？" 庄子说："这不是我所说的情感。我所说的没有情感，乃是说人不要让好恶损害自己的身心，应该经常顺任自然而不人为去增益形貌和德性。"

惠子说："不去人为增益自然形貌和德性，怎么能够保全自身呢？" 庄子说："虚通之道给了人容貌，天然之理给了人形质，不要让好恶之情损害自己的身心。现在你使自己的精神驰骛在外，使自己的精力劳困，倚着树干而疲惫叹息，靠着干枯的梧桐树而疲怠睡眠。大自然授予你形体，你却以坚白论争辩不休。"

【评析】

《德充符》宗旨即庄子所说的"德有所长，而形有所忘"。庄子的心目中始终存在着一种理想人格，寄寓于实体上，便有了各式的至人、神人、圣人，这一点在《逍遥游》一篇中已得到阐述。但只停留于"肌肤若冰雪，绰约若处子，不食五谷，吸风饮露"，可能会使后人误入缘饰外表的歧途，或者仅仅将内心的修养沦为外在的求食服药。于是在《德充符》一篇中，庄子特意描绘出几位形残德全之士，以表达他对心灵完善、道德完美的极度重视。刘凤苞点出了庄子如此为文的效果："凭空撰出几个形体不全之人，如傀儡登场，怪状错落，几于以文为戏，却都说得高不可攀，见解全超乎形骸之外。……通体照顾'德'字，却处处借形体有亏之人着笔，追进一层，为全形者加倍策励。"（《南华雪心编》）

庄子文中常通过问答体来展开叙述，此篇亦然。从常季与仲尼对话中我们得以知晓一位"游心乎德之和"的至人王骀，他对于自身形体的残损，对于死生，都不以为意，无心为师而弟子满门。道德修行到了一定的程度，自然就不再束缚于外物，甚至不再束缚于自己的形体，此所谓以不变应万变。

另一位兀者申徒嘉的心路历程则是我们更易理解与接受的，尤其是他对子产的一番言论可称作"醒世恒言"："自状其过，以不当亡者众；不状其过，以不当存者寡。知不可奈何而安之若命，唯有德者能之。"世间纷纭的争辩宣言在这样的“至德”面前亦会黯然失色。回首过往历程，谁不是把所有的错视作“不得已而为之”，或是环境使然；同时，又把承受的苦难目为命运不公，哀叹“天若有情天亦老”。

圣人孔子在本篇中不再成为楷模人物，他忽略了叔山无趾的自然德性，拘于形骸之见，被认为是“天刑”之人。无趾满怀希望而来，却败兴而归:“夫天无不覆，地无不载，吾以夫子为天地，安知夫子之犹若是也！”儒家历来重视个人修养，同时也限定了每个人在社会历史上的地位、阶层，他们不能像道家一般立在天地无私、众生平等的高度看待世界，也许终究要为虚名所累。从来，忘利不难，忘名何艰!

《德充符》内最具个人魅力的应该属“哀骀它”了，其丑之甚，当可与《巴黎圣母院》中的卡西莫多齐名，同为“惊世骇俗”之象。庄子甚至明言哀骀它“知不出乎四域”，可他却赢得君臣百姓、几乎举国的青睐，不免使读者平添追根溯源之心。至此，庄子才引出全篇正意，借孔子之口诠释“才全而德不形”的含义。闉跂支离无脤也好，瓮盎大瘿也好，叫什么名字，外貌如何奇特，这已不是庄子关注之处，他们只展现着相同的道德。尽管庄子这一贵在德行的审美观是建立在“忘形”“无情”基础之上的，但它在美学史上无疑是一大贡献，对后来的影响也是深远而且多方面的。郭沫若说，由于庄子“绝对的精神超越乎相对的形体”这一幻想，“以后的神仙中人，便差不多都是奇形怪状的宝贝。民间的传说，绘画上的形象，两千多年来成为极陈腐的俗套，然而这发明权原来是属于庄子的”(《十批判书》)。闻一多也认为:“如达摩是画中有诗，文中也常有一种‘清丑入图画，视之如古铜古玉’的人物，都代表中国艺术中极高古、极纯粹的境界。而文学中这种境界的开创者，则推庄子。”(《古典新义·庄子》)

大宗师

【题解】

本篇为庄子论道之作，大宗师，即指道，要以道为宗为师。庄子认为，大道有情有信，无为无形，是产生宇宙的绝对本原，是天地之间的最高主宰，万物万众都必须绝对地以它为宗，以它为师。在《庄子》中，得道者被称为真人，所以，本篇开头四论真人，然后辅之以女偊、子舆、孟子反等人物形象，以前者为全面效法大道的理想化身，以后者为小范围内体认大道的榜样，设作几个生动的寓言故事，连证“大宗师”的旨意。

知天之所为，知人之所为者，至矣[1]。知天之所为者，天而生也；知人之所为者，以其知之所知[2]，以养其知之所不知，终其天年而不中道夭者，是知之盛也[3]。虽然，有患[4]。夫知有所待而后当[5]，其所待者特未定也[6]。庸讵知吾所谓天之非人乎[7]？所谓人之非天乎？

且有真人而后有真知[8]。何谓真人？古之真人，不逆寡[9]，不雄成[10]，不谟士[11]。若然者，过而弗悔[12]，当而不自得也[13]；若然者，登高不栗[14]，入水不濡[15]，入火不热。是知之能登假于道者也若此[16]。

古之真人，其寝不梦，其觉无忧，其食不甘，其息深深[17]。真人之息以踵，众人之息以喉。屈服者，其嗌言若哇[18]。其耆欲深者[19]，其天机浅[20]。

古之真人，不知说生，不知恶死[21]；其出不䜣[22]，其入不距[23]；翛然而往[24]，翛然而来而已矣。不忘其所始[25]，不求其所终[26]；受而喜之，忘而复之[27]。是之谓不以心捐道[28]，不以人助天。是之谓真人。若然者，其心志[29]，其容寂[30]，其颡頯[31]；凄然似秋[32]，煖然似春[33]，喜怒通四时，与物有宜而莫知其极[34]。故圣人之用兵也，亡国而不失人心[35]；利泽施乎万世，不为爱人。故乐通物[36]，非圣人也；有亲[37]，非仁也；天时，非贤也；利害不通，非君子也；行名失己，非士也；亡身不真，非役人也[38]。若狐不偕[39]、务光[40]、伯夷、叔齐[41]、箕子[42]、胥馀[43]、纪他[44]、申徒狄[45]，是役人之役，适人之适，而不自适其适者也。

古之真人，其状義而不朋[46]，若不足而不承[47]；与乎其觚而不坚也[48]，张乎其虚而不华也[49]；邴邴乎其似喜乎[50]！崔乎其不得已乎[51]！滀乎进我色也[52]，与乎止我德也；厉乎其似世乎[53]，謷乎其未可制也[54]；连乎其似好闭也[55]，悗乎忘其言也[56]。以刑为体[57]，以礼为翼[58]，以知为时，以德为循。以刑为体者，绰乎其杀也[59]；以礼为翼者，所以行于世也；以知为时者，不得已于事也；以德为循者，言其与有足者至于丘也[60]，而人真以为勤行者也。故其好之也一，其弗好之也一；其一也一，其不一也一。其一与天为徒，其不一与人为徒。天与人不相胜也[61]，是之谓真人。

【注释】

〔1〕天：指天道。　至：极致。

〔2〕知：智力。　所知：所知道的（养生道理）。

〔3〕知：通“智”，智慧。　盛：至，极。

〔4〕患：患累，问题。

〔5〕有所待：有所依赖。　当（dàng）：得当、恰当。

〔6〕特：独。

〔7〕庸讵：怎么。

〔8〕真人：全真之人。

〔9〕逆：拒绝。　寡：少。

〔10〕雄：夸耀。　成：成功。

〔11〕谟（mó）：谋。　士：同“事”，事情。

〔12〕过：过失。

〔13〕当：得当。

〔14〕栗：害怕。

〔15〕濡：沾湿。

〔16〕知：见识。　登假：升到。

〔17〕息：气息，指呼吸。　深深：幽深沉静的样子。

〔18〕嗌（ài）言：窒塞在咽喉间的话。　哇：吐。

〔19〕耆：通“嗜”，嗜好。

〔20〕天机：天然的灵性。　浅：低下，迟钝。

〔21〕说：通“悦”。　恶（wù）：厌恶。

〔22〕出：谓生。　䜣（xīn）：欣喜。

〔23〕入：谓死。　距：通“拒”，抗拒。

〔24〕翛（xiāo）：往来自然而无拘束的样子。

〔25〕始：谓生命之源。

〔26〕终：谓生命之终结。

〔27〕受：指接受大道所赋予的生命。　复：复归，指死亡。

〔28〕捐：当为“损”字之误。

〔29〕志：专一。

〔30〕容：面容、神色。　寂：凝寂安闲。

〔31〕颡（sǎng）：额。　頯（kuí）：广大宽平。

〔32〕凄然：严冷的样子。

〔33〕煖然：和熙的样子。

〔34〕与物有宜：谓与万物浑同为一。　极：痕迹。

〔35〕亡国：亡人之国。

〔36〕乐：乐意于。

〔37〕有亲：有意亲爱。

〔38〕役人：役使世人。

〔39〕狐不偕：姓狐，字不偕，古时贤人。因不肯接受尧的禅让，遂投河而死。

〔40〕务光：夏末隐士，汤让天下而不受，遂负石投庐水而死。

〔41〕伯夷、叔齐：孤竹君二子，武王伐纣，二人叩马而谏，武王不从，遂隐于首阳山，不食周粟而死。

〔42〕箕子：纣王庶叔，因忠谏不从而佯狂，但终不免于杀戮。

〔43〕胥馀：不详。或谓箕子，或谓比干，或谓伍子胥。

〔44〕纪他：姓纪名他，殷时逸人，恐汤让位于己，遂携弟子俱隐于窾水旁。

〔45〕申徒狄：殷时人，因慕纪他高名，遂负石自沉于河。

〔46〕状：形象样貌。　義：通“峨”，高大的样子。　朋：通“崩”，崩坏。

〔47〕承：承受。

〔48〕与：容与。　觚（gū）：谓特立不群。　坚：固执。

〔49〕张：广大的样子。　华：浮华。

〔50〕邴邴（bǐng）：畅然和适的样子。

〔51〕崔：动的样子。按：当作“崔崔”。

〔52〕滀（chù）：水蓄聚的样子。　进我色：谓使我神色充盈。

〔53〕厉（厲）：当为“广（廣）”字之误。　世：通“大”。

〔54〕謷：通“傲”，高放傲视。　制：控制、制服。

〔55〕连：绵邈相连，不绝如缕。此指缄默不语而莫测高深。　闭：闭口缄默。

〔56〕悗（mèn）：无心的样子。

〔57〕刑：刑罚。　体：本。

〔58〕翼：辅助。

〔59〕绰：宽大。

〔60〕丘：山丘。

〔61〕胜：克，抵触。

【译文】

知道天道自然运化之理，也知道人为的刑法礼义之迹，这就算是达到了认识的最高境界了。知道天道自然运化之理，就能顺应自然；知道人为的刑法礼义之迹，就能用他的智力所知道的养生道理，去保养他的智力所不知道的自然寿命，以此来享尽自己的天然寿命而不致中途夭折，这就算聪明的极致了。话虽然如此说，但其中仍存在着问题。人们获得知识必须依赖于一定的条件，但这条件本身却是变化不定的。怎么知道我所说的天不就是人呢？我所说的人不就是天呢？

一定要有了真人然后才能有真知。什么叫作真人呢？古代的真人，不因为少而拒绝，不夸耀成功，不谋虑世事。像这样的人，事有差失而不懊悔，事情合宜而不自得；像这样的人，登高不害怕，下水不觉沾湿，入火不感到炽热。这是他的认识达到了大道的境界才能这样忘怀生死安危。

古代的真人，睡时不做梦，醒时不忧虑，饮食不求甘美，呼吸深沉舒缓。真人的呼吸直达脚跟，普通人的呼吸仅达到咽喉间。爱争辩的人理屈词穷时，说话就像想要呕吐一般吞吞吐吐。那嗜好欲望深重的人，他的天然的灵性就迟钝。

古代的真人，不知道对生存感到欣喜，不知道厌恶死亡；他降临人世并不欢欣，面临死亡并不抗拒；他只是自然而去，自然而来罢了。不忘记生命之源而谨守不失，不寻求归宿而一任自然；自有生命之后就常自得，欣然复归自然而忘记是死。这就叫作不用嗜欲之心去损害自然天道，不用人为的方法去添助自己的天然寿命。这就是真人了。像这样的人，他的思想专一于道，容貌凝寂安闲，额头广大宽平；表情严冷有如秋天，温和有如春天，喜怒的变化如同四时的运转一样自然，时时与万物混同为一而又找不到冥合的迹象。所以圣人出于无心的用兵，攻破敌国却不会招来怨恨；利益和恩泽施及万世，原来并非有意爱人。所以有意与物相通，就不是圣人；有意亲爱，就不是仁人；有意求合于天时，就不是贤人；不能等同利害，就不是君子；矫行求名而失去了自己的天然本性，就不是修道之士；丧失真性的，就不能成为役使世人的人。像狐不偕、务光、伯夷、叔齐、箕子、胥馀、纪他、申徒狄这些人，都是被别人所役使，使别人快活，而不能自求快活的人了。

古代的真人，他的形象高大而不崩坏，好像有所不足却不愿受之于外；容与自得、超群脱俗而并不固执，心胸宽闲虚空而并不显得浮华；情貌畅然好像很高兴！有所动是出于不得已！他的容色如同水的蓄聚日见充盈，但心德却日见精粹；心胸恢宏无崖，但又高放傲视而不可制驭；好像喜欢闭口缄默，但却是出于无心而忘言。把刑律作为主体，把礼仪作为辅助，凭借智慧审时度世，以道德为遵循的原则。把刑律作为主体，就是要任刑杀伐；把礼仪作为辅助，就是以它为治世的辅助条规；凭借智慧审时度世，就是出于不得已而应付事物；把道德作为行动的原则，处世就好像与有足者一起登上小丘山那样容易，人们也真的会把他视为勤于行走的人了。所以真人具有某种喜好，其实又并不如此；相同的是一样的，不相同的也是一样的；处于混同心境时，则与自然为同类，处于差别境界时，就与世人为同类。把天和人看作是不抵触的，这就叫作真人。

死生，命也〔1〕。其有夜旦之常〔2〕，天也。人之有所不得与〔3〕，皆物之情也〔4〕。彼特以天为父〔5〕，而身犹爱之〔6〕，而况其卓乎〔7〕！人特以有君为愈乎己〔8〕，而身犹死之，而况其真乎〔9〕！

泉涸〔10〕，鱼相与处于陆，相呴以湿，相濡以沫〔11〕，不如相忘于江湖。与其誉尧而非桀也，不如两忘而化其道〔12〕。

夫大块载我以形〔13〕，劳我以生，佚我以老〔14〕，息我以死〔15〕。故善吾生者，乃所以善吾死也。夫藏舟于壑〔16〕，藏山于泽，谓之固矣〔17〕。然而夜半有力者负之而走〔18〕，昧者不知也〔19〕。藏小大有宜〔20〕，犹有所遁〔21〕。若夫藏天下于天下而不得所遁，是恒物之大情也〔22〕。特犯人之形〔23〕，而犹喜之。若人之形者，万化而未始有极也，其为乐可胜计邪〔24〕？故圣人将游于物之所不得遁而皆存。善妖善老〔25〕，善始善终〔26〕，人犹效之〔27〕，又况万物之所系而一化之所待乎〔28〕！

【注释】

〔1〕命：天地自然之理。与下文“天”字义同。

〔2〕其：指死生。　有：通“犹”。　夜旦：昼夜。　常：运行不止。

〔3〕与：通“预”，干预。

〔4〕情：实理。

〔5〕彼：指人。　特：只。

〔6〕之：指天。

〔7〕卓：指卓然超绝的大道。

〔8〕君：君王。　愈：胜过。

〔9〕真：指纯真无伪的大道。

〔10〕涸：干涸。

〔11〕呴（xǔ）：吐口水。　濡：沾湿。

〔12〕誉：赞美。　非：贬低。　化其道：与大道化而为一。

〔13〕夫：句首发语词，无义。　大块：指大地，也可指造物或自然之道。　载：承载。

〔14〕佚：安逸。

〔15〕息：安息。

〔16〕壑：山谷。

〔17〕固：牢固，可靠。

〔18〕负：背。

〔19〕昧者：愚昧的人。

〔20〕小：指舟与山而言。　大：指壑与泽而言。

〔21〕遁：逃，亡失。

〔22〕恒：常，平常的、普遍的。　大情：至理。

〔23〕特：一旦。　犯：通“范”，铸造。

〔24〕未始：不曾。　极：穷尽。　胜计：数得清。

〔25〕善：认为……是好的。　妖：通“夭”，少。

〔26〕始、终：指生、死。

〔27〕效：效法。

〔28〕系：归属。　待：依赖。

【译文】

人的生与死，是不可避免的生命活动。它就好像昼夜的不停运行一样，是天地自然的规律。人对于自然规律是无法干预的，这都是事物变化之实理。人把天当作自己的生命之父，就终身爱戴它，何况是那派生天地的大道呢！世人认为君王的身份高出自己，就愿意为他尽忠舍身，何况是纯真无伪的大道呢！

泉水干枯了，鱼就共同困处在陆地上，用湿气相互滋润，用唾沫相互沾湿，就不如在江湖里彼此相忘而自在。与其称誉尧而非难桀，就不如善恶两忘而与大道化而为一。

大自然赋予我形体，是要让我生时勤劳，老时安逸，死后休息。所以把我的生看成美事的，也必须把我的死同样看成美事。把船隐藏在山谷中，把山隐藏在深泽中，可以说是很可靠的了。然而夜半三更造化的大力士背着它们迁移走了，愚昧的人却还不知道。把小物体隐藏于大物体中是很得当的，然而还有亡失。假若任物自然存在于天下是不会亡失的，这是天地万物永恒的至理。一旦被大自然铸成了人形，就欣喜若狂。人的形体，是千变万化而没有穷尽的，那么像这样成人形而可欣喜的事以后还计算得清楚吗？所以圣人游心于无所亡失的境域而与大道共存。乐观地看待生命的长短和生死的人，人们尚且效法他，又何况是万物所归属与一切变化所依赖的大道呢！

夫道，有情有信〔1〕，无为无形〔2〕；可传而不可受，可得而不可见；自本自根〔3〕，未有天地，自古以固存〔4〕；神鬼神帝〔5〕，生天生地；在太极之先而不为高〔6〕，在六极之下而不为深〔7〕，先天地生而不为久，长于上古而不为老。狶韦氏得之，以挈天地〔8〕；伏戏氏得之，以袭气母〔9〕；维斗得之〔10〕，终古不忒〔11〕；日月得之，终古不息〔12〕；堪坏得之〔13〕，以袭昆仑〔14〕；冯夷得之〔15〕，以游大川〔16〕；肩吾得之〔17〕，以处大山〔18〕；黄帝得之，以登云天；颛顼得之〔19〕，以处玄宫〔20〕；禺强得之〔21〕，立乎北极[22]；西王母得之[23]，坐乎少广[24]，莫知其始，莫知其终；彭祖得之[25]，上及有虞[26]，下及五伯[27]；傅说得之[28]，以相武丁，奄有天下[29]，乘东维[30]，骑箕尾[31]，而比于列星[32]。

【注释】

〔1〕夫：句首发语词，无义。　情、信：实在。

〔2〕无为：恬淡寂寞。　无形：没有形态，视之不见。

〔3〕自本自根：谓道自生自长，不以其它任何事物为产生的基础。

〔4〕固存：本来就存在着。

〔5〕神鬼神帝：谓鬼与上帝凭借大道才变得神灵起来。

〔6〕太极：指天地未判之前的清虚混沌之气。　先：上。

〔7〕六极：指天、地与四方。

〔8〕狶（shǐ）韦氏：传说中的远古帝王。　之：指大道。　挈（qiè）：提携，协助。

〔9〕伏戏氏：即伏羲氏。　袭：合。　气母：元气的生育者。

〔10〕维斗：即北斗星。

〔11〕终古：时间终点，即永远。　忒（tè）：差误。

〔12〕不息：运行不停。

〔13〕堪坏：昆仑山之神。

〔14〕袭：入。　昆仑：神话中的山名。

〔15〕冯夷：黄河之神，姓冯名夷，又名冰夷、无夷。

〔16〕大川：指黄河。

〔17〕肩吾：泰山之神。

〔18〕大山：即泰山。大，通“泰”。

〔19〕颛顼（zhuān xū）：黄帝之孙，号高阳氏，得道为北方之帝。

〔20〕玄宫：北方之宫。因玄为北方之色，故称。

〔21〕禺（yú）强：传说为黄帝之孙，水神。

〔22〕乎：于。　北极：北海。

〔23〕西王母：传说中的神人。

〔24〕少广：西极山名。

〔25〕彭祖：见《逍遥游》篇注。这里与《逍遥游》《齐物论》《刻意》诸篇中的彭祖形象不同。

〔26〕有虞：即舜，姓姚，有虞氏，名重华。

〔27〕五伯：即五霸，指夏朝的昆吾，殷朝的大彭、豕韦，周朝的齐桓公、晋文公。

〔28〕傅说：殷商时代的名士。

〔29〕相（xiàng）：做丞相。　奄有：包有。

〔30〕东维：星名。

〔31〕箕尾：星名。

〔32〕比：并。

【译文】

道是真实的存在，恬淡寂寞且没有形态；可以精神领悟而不可以双手授受，可以心神体认而不可以耳目闻见；它自生自长，没有天地之前，就一直存在着；它使鬼与上帝变得神灵起来，产生了天和地；它在太极之上不算高，在六极之下不算深，生于天地之前不算久远，长于上古也不算古老。狶韦氏得到了道，用来整顿天地；伏羲氏得到了道，用来调和元气；北斗星得到了道，就永远不会出差错；日月得到了道，就可永远运行不息；堪坏得到了道，就入主了昆仑山而为神；冯夷得到了道，就游大川而为黄河之神；肩吾得到了道，就处东岳而为泰山之神；黄帝得到了道，就能登天成仙；颛顼得到了道，就处玄宫而为北方之帝；禺强得到了道，就立于北海而为神；西王母得到了道，就常坐在西极的少广山上，不知道有生死的变化；彭祖得到了道，就从上古虞舜时代活到五伯时代；傅说得到了道，就做了殷高宗武丁的国相，统治天下，死后乘骑在东维、箕尾两星之间，与亢角等星并列在一起。

南伯子葵问乎女偊曰〔1〕：“子之年长矣，而色若孺子〔2〕，何也？”曰：“吾闻道矣〔3〕。”

南伯子葵曰：“道可得学邪？”曰：“恶！恶可！子非其人也。夫卜梁倚有圣人之才而无圣人之道〔4〕，我有圣人之道而无圣人之才。吾欲以教之，庶几其果为圣人乎〔5〕？不然，以圣人之道告圣人之才，亦易矣。吾犹守而告之，参日而后能外天下〔6〕；已外天下矣，吾又守之，七日而后能外物〔7〕；已外物矣，吾又守之，九日而后能外生〔8〕；已外生矣，而后能朝彻〔9〕；朝彻，而后能见独〔10〕；见独，而后能无古今〔11〕；无古今，而后能入于不死不生〔12〕。杀生者不死，生生者不生〔13〕。其为物〔14〕，无不将也〔15〕，无不迎也，无不毁也，无不成也，其名为撄宁〔16〕。撄宁也者，撄而后成者也。”

南伯子葵曰：“子独恶乎闻之？”曰：“闻诸副墨之子〔17〕，副墨之子闻诸洛诵之孙〔18〕，洛诵之孙闻之瞻明〔19〕，瞻明闻之聂许〔20〕，聂许闻之需役〔21〕，需役闻之於讴〔22〕，於讴闻之玄冥〔23〕，玄冥闻之参寥〔24〕，参寥闻之疑始〔25〕。”

【注释】

〔1〕南伯子葵：即南郭子綦。见《齐物论》篇注。　女偊（yǔ）：古时怀道者。一说是妇人。

〔2〕子：您。　年长：年已老。　孺子：孩童。

〔3〕闻道：谓得道。

〔4〕夫：句首发语词，无义。　卜梁倚：姓卜梁，名倚。　才：指聪明智慧之能。　道：指虚淡凝寂之性。

〔5〕庶几：或许，差不多。　果：果真。

〔6〕守：守候、守护。　参：同“三”。　外天下：把天下遗忘掉。

〔7〕外物：遗忘人事。

〔8〕外生：忘我。

〔9〕朝彻：犹“彻悟”。

〔10〕见独：谓窥见到卓然独立的至道。

〔11〕无古今：谓破除古今的观念。

〔12〕不死不生：谓无死生。

〔13〕杀生者、生生者：均指大道，它能毁灭和创造生命。

〔14〕其：指道。

〔15〕将：送。

〔16〕撄宁：谓外界的一切纷纭烦乱，都不能扰乱我心境的安宁。撄，扰乱。宁，宁静。

〔17〕诸：之于。　副墨之子：指文字。因为文字是用墨书写，它仅为道理的副贰，所以叫作副墨；而且后来的文字都是由古文字所生，故名为副墨之子。

〔18〕洛诵之孙：谓诵读者。对前辈诵读者而言，后世的诵读者即为其孙。洛诵，反复诵读。洛，通“络”，绵络，连络，即反复之意。

〔19〕瞻明：见解洞彻。

〔20〕聂许：谓耳闻小语，心即许之。聂，附耳小语。

〔21〕需役：谓待时行使以成实际。需，通“须”，等待。役，行使。

〔22〕於讴：吟咏嗟叹之意。於，嗟叹。

〔23〕玄冥：幽渺深远的样子。玄，深远。冥，幽寂。

〔24〕参寥：参悟寥廓。参，参悟。寥，空虚。

〔25〕疑始：谓大道自本自根，不能推测它的起始。

【译文】

南伯子葵问女偊说：“你的年岁很高了，而面色却像孩童一样，为什么呢？”女偊说：“我得道了。”

南伯子葵说：“道可以学得吗？”女偊说：“不！不可以！你不属于那种能够学道的人。卜梁倚有圣人外用的才能却没有圣人内凝的道，我虽有圣人内凝的道却没有圣人外用的才能。我想用圣人之道教导他，或许他可以成为圣人吧？即使不能，但以圣人之道指导有圣人之才的人，领悟起来也应该是很容易的了。我仍然坚持诱导而不离去，三日之后就能把天下遗忘掉；已经遗忘了天下，我又坚持诱导，七天之后就能把人事遗忘掉；已经遗忘了人事，我再坚持诱导，九天之后就能把自身遗忘掉；已经遗忘了自我，然后才能彻底领悟；彻底领悟了，然后才能窥见卓然独立的至道；能窥见卓然独立的至道，然后才能破除古今的观念；破除了古今的观念，然后才能破除死生的观念。道能使万物死灭而自己却不死，能使万物生息而自己却不生。道对于天下万物，无所不送，无所不迎，无所不毁，无所不成，这就叫作撄宁。撄宁的意思，就是在纷纭烦乱中保持心境的安宁。”

南伯子葵说:“你从哪里学到了道呢?”女偊说:“我是从文字那里得来的,文字是从诵读者那里得来的,诵读者是从见解洞彻那里得来的,见解洞彻是从耳闻心许那里得来的,耳闻心许是从待时行使那里得来的,待时行使是从吟咏嗟叹那里得来的,吟咏嗟叹是从幽渺深远那里得来的,幽渺深远是从参悟寥廓那里得来的,参悟寥廓是从不能推测大道的起始那里得来的。”

子祀、子舆、子犁、子来四人相与语曰[1]:“孰能以无为首,以生为脊,以死为尻[2],孰知死生存亡之一体者,吾与之友矣[3]。”四人相视而笑,莫逆于心[4],遂相与为友。

俄而子舆有病,子祀往问之[5]。曰:“伟哉!夫造物者,将以予为此拘拘也[6]!”曲偻发背[7],上有五管[8],颐隐于齐[9],肩高于顶[10],句赘指天[11]。阴阳之气有沴[12],其心闲而无事,跰䠊而鉴于井[13],曰:“嗟乎!夫造物者,又将以予为此拘拘也!”子祀曰:“汝恶之乎?”曰:“亡[14]。予何恶!浸假而化予之左臂以为鸡[15],予因以求时夜[16];浸假而化予之右臂以为弹[17],予因以求鸮炙[18];浸假而化予之尻以为轮[19],以神为马[20],予因以乘之,岂更驾哉[21]!且夫得者时也[22],失者顺也[23],安时而处顺,哀乐不能入也,此古之所谓县解也[24];而不能自解者,物有结之。且夫物不胜天久矣[25],吾又何恶焉!”

俄而子来有病,喘喘然将死[26],其妻子环而泣之[27]。子犁往问之,曰:“叱!避[28]!无怛化[29]!”倚其户与之语[30]，曰："伟哉造化！又将奚以汝为？将奚以汝适[31]？以汝为鼠肝乎？以汝为虫臂乎？"子来曰："父母于子[32]，东西南北，唯命之从[33]。阴阳于人，不翅于父母[34]。彼近吾死而我不听，我则悍矣[35]，彼何罪焉？夫大块载我以形，劳我以生，佚我以老，息我以死。故善吾生者，乃所以善吾死也。今之大冶铸金[36]，金踊跃曰[37]：'我且必为镆铘[38]！'大冶必以为不祥之金。今一犯人之形[39]，而曰'人耳人耳'，夫造化者必以为不祥之人。今一以天地为大炉，以造化为大冶，恶乎往而不可哉！"成然寐[40]，蘧然觉[41]。

【注释】

〔1〕子祀、子舆、子犁、子来：皆为虚构的人物。

〔2〕首：头。　脊：脊背。　尻：脊骨的末端。

〔3〕与之：与他。

〔4〕逆：违背。

〔5〕俄而：不久。　问：存问，问候。

〔6〕拘拘：曲背的样子。

〔7〕曲偻：伛偻曲腰。　发背：背骨发露，即背弯。

〔8〕五管：五脏的穴位。此句与《人间世》篇"五管在上"意同。

〔9〕颐：面颊。　隐：隐藏，谓脸与肚脐齐平。　齐：通"脐"，肚脐。

〔10〕顶：头顶。

〔11〕句赘：发髻。

〔12〕沴（lì）：凌乱。

〔13〕闲：安闲。　跰𨇤（pián xiān）：行步艰难的样子。　鉴：照。

〔14〕亡（wú）：犹"否"。

〔15〕浸：渐渐地。　假：使。　化：使……变化，改变。

〔16〕时夜：通"司夜"，报晓。

〔17〕弹：弹弓。

〔18〕鸮（xiāo）炙：鸱鸮的烤肉。
〔19〕轮：车轮。
〔20〕神：精神。
〔21〕更驾：另找车驾。
〔22〕得：生。
〔23〕失：死。
〔24〕县解：犹言“解人于倒悬”，即超乎死生。县，通“悬”。
〔25〕物：指人力。　天：指天命。
〔26〕喘喘然：气息急促的样子。
〔27〕妻子：指妻子和儿女。　环：围。
〔28〕叱：呵斥声。　避：令哭者退避到一边。
〔29〕无怛（dá）化：不要惊动正在变化的人。怛，惊。
〔30〕户：门。　之：指子来。
〔31〕奚：何。　汝：你。　适：往，到。
〔32〕父母于子：是“子于父母”的倒装句。下文“阴阳于人”句用法与此同。
〔33〕唯命之从：都要听从他。
〔34〕不翅：不啻。
〔35〕彼：指造化。　近：迫。　听：听从。　悍：违逆。
〔36〕大冶：冶金工匠。
〔37〕踊跃：跳跃。
〔38〕且：将。　镆铘：古代的良剑名。
〔39〕犯：通“范”，铸成。
〔40〕成然：安然。
〔41〕蘧然：忽然。

【译文】

子祀、子舆、子犁、子来四个人共同谈论，说：“谁能把无当作头，把生当作脊梁，把死当作尾骨，谁能认识到死生存亡是一体的，我们就和他交朋友。”四个人相互望着一笑，彼此心意相通，于是就共同结为朋友。

不久，子舆生病了，子祀去问候他。子舆说：“伟大啊！造物者要把我变成这样一个曲背的人啊！”腰曲背弯，五脏的穴位随背而向上，面颊与肚脐齐平，肩膀高过头顶，脑后的发髻朝天。阴阳二气乖戾不调，子舆仍闲逸自适而不以病重为累，行步艰难地走到井边照着自身影子说："哎呀！造物者又要把我变成这样一个曲背的人啊！"子祀说："你厌恶这种变化吗？"子舆说："不，我哪里厌恶呢！造物者使我的左臂渐渐地变成公鸡，我就用它来报晓；使我的右臂渐渐地变成弹弓，我就用它来打下鸮鸟烤肉吃；使我的尾骨渐渐地变成车轮，使我的精神变成骏马，我就坐上它，哪里还会另找车驾呢！况且我生下来，是应时而生，我死去，是顺时而去，安于时遇而顺应自然，悲哀和欢乐的情绪就不能侵入内心，这就是古人所说的解脱了一切的牵累；而不能自我解脱的人，那是有外物束缚着他。况且人力不能胜过天命由来已久了，我又为什么要厌恶呢！"

不久，子来生病了，呼吸急促地将要死去，他的妻子和儿女围着他哭。子犁前往问候他，对子来的亲属说："去！走开！不要惊动正在变化的人！"他靠着门户对子来说："造物者真伟大啊！又要把你变成什么东西呢？把你送到哪儿去呢？要把你变成鼠肝吗？要把你变成虫臂吗？"子来说："子女对于父母，无论东西南北，都要听从父母之命。人对于阴阳造化，与对父母没有区别。造化令我死亡而我不服从，那我就算忤逆不顺了，造化有什么罪过呢？大自然赋予我形体，是要让我生时勤劳，老时安逸，死后休息。所以把我的生看成美事的，也必须把我的死同样看成美事。现在冶金工匠铸造金属器物，那金属跳跃起来说：'我一定要成为镆铘宝剑！'冶金工匠必定认为这是块不吉祥的金属。现在造化一旦把人铸成人的形体，人便喊叫说：'成人了！成人了！'造物者一定认为这是个不吉祥的人。现在一旦把天地当作冶炼的大熔炉，把造化当作大铸工，往哪里去不可以呢！"子来说完后就安然睡去，又忽然醒来。

子桑户、孟子反、子琴张三人相与友〔1〕，曰："孰能相与于无相与，相为于无相为〔2〕？孰能登天游雾，挠挑无极〔3〕，相忘以生，无所终穷？"三人相视而笑，莫逆于心，遂相与为友，莫然〔4〕。

有间而子桑户死〔5〕，未葬。孔子闻之，使子贡往侍事焉[6]。或编曲[7]，或鼓琴，相和而歌曰："嗟来桑户乎[8]！嗟来桑户乎！而已反其真，而我犹为人猗[9]！"子贡趋而进曰："敢问临尸而歌，礼乎？"二人相视而笑曰："是恶知礼意[10]！"

子贡反，以告孔子，曰："彼何人者耶？修行无有[11]，而外其形骸，临尸而歌，颜色不变，无以命之[12]。彼何人者邪？"孔子曰："彼游方之外者也[13]，而丘游方之内者也。外内不相及，而丘使女往吊之[14]，丘则陋矣！彼方且与造物者为人，而游乎天地之一气[15]。彼以生为附赘县疣[16]，以死为决疣溃痈[17]。夫若然者，又恶知死生先后之所在！假于异物，托于同体[18]；忘其肝胆，遗其耳目；反覆终始，不知端倪；芒然彷徨乎尘垢之外，逍遥乎无为之业[19]。彼又恶能愦愦然为世俗之礼[20]，以观众人之耳目哉[21]！"子贡曰："然则夫子何方之依？"孔子曰："丘，天之戮民也[22]。虽然，吾与汝共之。"子贡曰："敢问其方[23]。"孔子曰："鱼相造乎水[24]，人相造乎道。相造乎水者，穿池而养给[25]；相造乎道者，无事而生定[26]。故曰，鱼相忘乎江湖，人相忘乎道术[27]。"子贡曰："敢问畸人[28]。"曰："畸人者，畸于人而侔于天[29]。故曰，天之小人，人之君子；人之君子，天之小人也。"

【注释】

〔1〕子桑户、孟子反、子琴张：皆为虚构人物。

〔2〕相与：相交。　相为：相助。

〔3〕挠挑：宛转。　无极：谓太虚。

〔4〕莫然：淡漠无心的样子。

〔5〕有间：过了段时间。

〔6〕侍事：助办丧事。

〔7〕编曲：编制曲薄。曲：曲薄、苇薄，类似席子的东西。

〔8〕来：语气助词。

〔9〕而：通“尔”，你。　反：通“返”，返归。　猗（yī）：叹词，犹“啊”。

〔10〕是：指子贡。　恶：怎么。　礼意：礼的真意。

〔11〕修行无有：即“无有修行”，指不按礼仪修养德行。

〔12〕命：名，称。

〔13〕方：礼法。

〔14〕女：通“汝”。　吊：吊唁。

〔15〕方且：正要。　为人：谓为偶，为友。　天地之一气：谓万物之初的浑茫境界。

〔16〕附：附生、附寄。　赘：多生的肉块。　县：通“悬”。　疣（yóu）：瘤结。

〔17〕决：破裂。　疝（huàn）：皮肤上的小肿块。　溃：溃烂。　痈：多生于颈、背部的脓疮。

〔18〕假于异物，托于同体：谓假借不同的外物，与之混同为一体。

〔19〕芒然：无所系累的样子。　彷徨：与“逍遥”同义，即自得逸乐。　业：事业。

〔20〕愦愦（kuì）然：烦乱的样子。

〔21〕观：示，给人看。

〔22〕戮民：因受礼仪束缚，无异于受天之刑，故称。

〔23〕方：方法。

〔24〕造：至，到。

〔25〕穿池：谓掘地成池。　给（jǐ）：补给。

〔26〕无事：无为。　生定：心性安静。

〔27〕道术：即大道。

〔28〕畸：异。

〔29〕侔（móu）：合。

【译文】

子桑户、孟子反、子琴张三个人共同结交，说：“谁能相交出于无心，相助出于无为呢？谁能超然万物之外，游于太虚，忘记生死，与大道同游于无穷之境呢？”三个人相互望着一笑，彼此心意相通，于是就淡漠相交，共同结为朋友。

不久，子桑户死了，还没有下葬。孔子听到后，就让子贡前往助办丧事。孟子反和子琴张，一个在编次歌曲，一个在弹琴，他们相互唱和道：“唉呀桑户啊！哎呀桑户啊！你已经返归大道了，而我们尚且在人间啊！”子贡快步走到他们跟前说：“请问面对着尸体歌唱，合乎礼仪吗？”二人相互望望笑着说：“你这种人哪里会知道礼的真正含意呢！”

子贡回来，把这件事告诉给孔子，说：“他们是什么样的人呢？不按礼仪修养德行，而把形骸置之度外，面对着尸体歌唱，脸上全无哀戚的容色，真不知该称他们为何等人物。他们究竟是什么样的人呢？”孔子说：“他们是逍遥于尘世之外的人，而我是处在礼节虚文的尘世之中。尘世内外是彼此不相干的，而我竟然让你前往吊丧，我实在是太固陋了！他们正要与大道为友，而游于万物之初的混茫境界。他们把生命看作是附生在身上的赘瘤，把死亡看作是脓疮的溃破。像他们这样的人，又怎么会知道死与生的先后次序呢！假借不同的外物，而与之混同为一体；忘记了内部的肝胆，遗忘了外面的耳目；生死往复循环，而不去追究它们的头绪；无所系累地自得于尘世之外，自由自在地遨游于无为之中。他们又怎能烦乱自扰地拘守世俗的礼仪，以此让众人听闻和观看呢！”子贡说：“那么先生遵循什么道术呢？”孔子说：“我是受天刑罚的人。虽然如此，我将与你共游于方外。”子贡说：“请问有什么方法。”孔子说：“鱼同游于水里，人同游于道中。游于水中的鱼，挖个池子来供养补给；游于道中的人，彷徨无为而心性安静。所以说，鱼游于江湖之中就会忘掉一切，人游于大道之中就会忘掉一切。”子贡说：“请问游于方外而与世俗相异的人是怎样的呢？”孔子说：“他们就是不同于世人却与大自然相合。所以说，天道把拘于礼仪者当作小人，世俗却把他们尊为君子；世俗把拘于礼仪者尊为君子，天道便把他们当作小人。”

颜回问仲尼曰：“孟孙才[1]，其母死，哭泣无涕[2]，中心不戚[3]，居丧不哀[4]。无是三者，以善处丧盖鲁国[5]，固有无其实而得其名者乎[6]？回壹怪之[7]。”

仲尼曰：“夫孟孙氏尽之矣，进于知矣[8]，唯简之而不得[9]，夫已有所简矣。孟孙氏不知所以生，不知所以死，不知就先，不知就后，若化为物[10]，以待其所不知之化已乎[11]！且方将化，恶知不化哉？方将不化，恶知已化哉？吾特与汝，其梦未始觉者邪[12]？且彼有骇形而无损心[13]，有旦宅而无情死[14]。孟孙氏特觉[15]，人哭亦哭，是自其所以乃[16]。且也相与吾之耳矣[17]，庸讵知吾所谓吾之乎[18]？且汝梦为鸟而厉乎天，梦为鱼而没于渊[19]。不识今之言者[20]，其觉者乎，其梦者乎？造适不及笑[21]，献笑不及排[22]，安排而去化，乃入于寥天一[23]。”

【注释】

〔1〕孟孙才：姓孟孙，名才，鲁国人。

〔2〕涕：泪水。

〔3〕中心：心中。　戚：忧伤。

〔4〕居丧：服丧，守丧期间。

〔5〕是：这，此。　盖：覆盖，即闻名。

〔6〕固有：岂有。固，通“胡”，何。

〔7〕壹：语气助词，表强调。

〔8〕尽之：尽处丧之道。　进：超过。

〔9〕简：简化、简省。

〔10〕就：求。　若：顺。

〔11〕已乎：如此而已。

〔12〕其：恐怕。

〔13〕彼：指孟孙才。　骇：惊。

〔14〕旦宅：通“怛侘”，惊恐。　情：精神。

〔15〕特：独自。

〔16〕乃：如此。
〔17〕吾之：这是我。
〔18〕庸讵：怎么。
〔19〕厉：通“戾”，到达。 没（mò）：沉没。
〔20〕不识：不知道。
〔21〕造：至。 适：舒适。
〔22〕献笑：突然发笑。 排：安排。
〔23〕寥天：虚空寂寥的天道。

【译文】

颜回问孔子说：“孟孙才这个人，他的母亲死了，哭泣没有眼泪，心中不忧伤，守丧不哀痛。没有这三种表示，但却被看成是善于处丧的人而闻名鲁国，难道有不具其实而能博得虚名的吗？我觉得很奇怪。”

孔子说：“孟孙氏已尽到了处丧之道，超过了所谓知道丧礼的人，虽然想简化繁复的服丧之礼很难，但他实际上已有所简化了。孟孙氏不知道什么是生，不知道什么是死，不知道求先生，不知道寻后死，顺从地被大道化为他物，对待今后所不能预知的变化也不过这样罢了！况且正要变化，怎能知道不变化呢？正要不变化，又怎能知道已经变化了呢？可我和你，恐怕在梦境中还没有觉醒啊！孟孙氏看到母尸，虽为之一惊而不曾为之伤心，虽然惊恐而并不因此丧神。孟孙氏独自清醒，别人哭泣他也哭泣，这就是他因世情不能不哭而装出那样子罢了。世人看到自己暂时有身形，就互相称说‘这是我’，怎么知道暂时有形的‘我’是属于‘我’呢？再说你梦为鸟而飞到高空，梦为鱼而潜入水中。不知道现在说话的我，是醒着呢，还是在做梦呢？心情忽然达到舒适的时候是来不及笑的，笑声忽然从内心发出是来不及事先安排的，安于大道的安排，去掉那因死亡的变化而产生的悲哀，这样就可以进入空虚寂寥的天道之中，并与之混为一体了。”

意而子见许由〔1〕，许由曰：“尧何以资汝〔2〕？”意而子曰：“尧谓我：‘汝必躬服仁义而明言是非〔3〕。’”

许由曰："而奚来为轵[4]？夫尧既已黥汝以仁义[5]，而劓汝以是非矣[6]，汝将何以游夫遥荡恣睢转徙之涂乎[7]？"意而子曰："虽然，吾愿游于其藩[8]。"

许由曰："不然。夫盲者无以与乎眉目颜色之好[9]，瞽者无以与乎青黄黼黻之观[10]。"意而子曰："夫无庄之失其美[11]，据梁之失其力[12]，黄帝之亡其知，皆在炉捶之间耳[13]，庸讵知夫造物者之不息我黥而补我劓，使我乘成以随先生邪[14]？"

许由曰："噫！未可知也。我为汝言其大略[15]：吾师乎[16]！吾师乎！齑万物而不为义[17]，泽及万世而不为仁[18]，长于上古而不为老[19]，覆载天地、刻雕众形而不为巧。此所游已。"

【注释】

〔1〕意而子：虚构的人物。

〔2〕资：教。

〔3〕躬服：亲自实行。　明言：辨清。

〔4〕而：通"尔"，你。　轵（zhǐ）：通"只"，语助词。

〔5〕黥（qíng）：用刀在犯人面额上刻刺，然后涂上墨的一种刑罚，亦称墨刑。

〔6〕劓（yì）：割去鼻子的刑罚。

〔7〕遥荡：逍遥放荡。　恣睢：从容自适。　转徙：变化。　涂：通"途"。

〔8〕藩：边缘地带。

〔9〕与：参与欣赏。

〔10〕瞽（gǔ）者：盲人。　黼黻（fǔ fú）：古时礼服上所绣的斧形花纹。　观：华美。

〔11〕无庄：虚构的美人。　失：忘记。

〔12〕据梁：虚构的大力士。

〔13〕知：通"智"，智慧。　捶：通"锤"，锤炼。

〔14〕息：生。　乘：载。　成：完整的身躯。
〔15〕大略：大概。
〔16〕师：指大道。
〔17〕整（jī）：通“齑”。碎粉，引申为调和。　不为：不自以为。
〔18〕泽：恩泽。
〔19〕长（zhǎng）：年长。

【译文】

意而子去见许由，许由说：“尧用什么来教诲你呢？”意而子说：“尧教导我：‘你一定要亲自实行仁义并且明辨是非。’”

许由说：“你为什么还到这儿来呢？尧既然用仁义在你面额刺字，又用是非割去了你的鼻子，你将怎样遨游于逍遥自适的变化境界呢？”意而子说：“虽然如此，我还是希望能游于大道的边缘地带。”

许由说：“不是这样的。盲人无法欣赏眉目姣好的面容，瞎子无法欣赏礼服上青黄的颜色和斧形的花纹。”意而子说：“无庄忘记了自己的美貌，据梁忘记了自己的力气，黄帝忘记了自己的智慧，这都是造物者锤炼的结果，怎么知道造物者不会长好我被刺破的皮肉、补回我被割掉的鼻子，使我有着完整着的身躯来追随先生呢？”

许由说：“唉！不知道造物者是否能满足你的愿望。我给你说说它的大概吧：我的宗师大道啊！我的宗师大道啊！它调和万物而不认为是行义，恩泽及于万世而不认为是行仁，先于上古而不认为是老，包容天地、雕刻万物的形状而不认为是技巧。这就是我所游的地方。”

颜回曰：“回益矣[1]。”仲尼曰：“何谓也？”曰：“回忘仁义矣。”曰：“可矣，犹未也。”

他日复见[2]，曰：“回益矣。”曰：“何谓也？”曰：“回忘礼乐矣。”曰：“可矣，犹未也。”

他日复见，曰：“回益矣。”曰：“何谓也？”曰：“回坐忘矣[3]。”仲尼蹴然曰[4]:“何谓坐忘?”颜回曰:“堕肢体，黜聪明[5]，离形去知，同于大通[6]，此谓坐忘。”仲尼曰:“同则无好也[7]，化则无常也[8]。而果其贤乎[9]！丘也请从而后也[10]。”

【注释】

〔1〕益：谓以损为益。

〔2〕复：又，再。

〔3〕坐忘：端坐而忘一切。

〔4〕蹴（cù）然：惊而改容的样子。

〔5〕堕（huī）肢体：谓忘其身。堕，通“隳”，毁坏。 黜（chù）聪明：谓忘其智。黜，废除。

〔6〕大通：大道。

〔7〕无好：没有好恶之情。

〔8〕常：谓滞执不变。

〔9〕而：通“尔”，你。

〔10〕从而后：跟在你的后面。

【译文】

颜回说:“我进步了。”孔子说:“你说的是什么呢？”颜回说:“我已忘掉仁义了。”孔子说:“好的，但还没有进入大道境界。”

过了几天，颜回又见到孔子，说:“我进步了。”孔子说:“你说的是什么呢？”颜回说:“我已忘掉礼乐了。”孔子说:“好的，但还没有进入大道境界。”

过了些天，颜回又见到孔子，说:“我进步了。”孔子说:“你说的是什么呢？”颜回说:“我‘坐忘’了。”孔子惊奇地说:“什么叫‘坐忘’？”颜回说:“毁坏形体，泯灭聪明，形智皆弃，与大道混同为一，这就叫‘坐忘’。”孔子说:“与道混同为一就没有好恶之情，与变化同游就不会滞执守常了。你果真成了贤人啊！我愿意跟在你的后面学习了。”

子舆与子桑友[1]，而霖雨十日[2]，子舆曰："子桑殆病矣[3]！"裹饭而往食之[4]。至子桑之门，则若歌若哭，鼓琴曰："父邪？母邪？天乎？人乎？"有不任其声而趋举其诗焉[5]。

子舆入，曰："子之歌诗，何故若是？"曰："吾思夫使我至此极者而弗得也[6]。父母岂欲吾贫哉？天无私覆[7]，地无私载，天地岂私贫我哉？求其为之者而不得也。然而至此极者，命也夫？"

【注释】

〔1〕子桑：即子桑户。

〔2〕霖雨：连绵细雨。

〔3〕殆：大概。　病：谓因饥而病。

〔4〕食（sì）：拿食物给……吃。

〔5〕不任其声：谓其气力不足，而歌声微弱。　趋举其诗：谓其歌唱诗句急促，不成调子。

〔6〕夫：彼，那。　极：绝境。

〔7〕私：偏私。

【译文】

子舆和子桑户是朋友，一连下了十天的连绵细雨，子舆说："子桑大概饿坏了吧！"于是就带着饭送给子桑吃。到了子桑的家门口，就听到里面像是唱歌，又像是在哭泣，弹着琴唱道："使我贫困者是父亲呢？还是母亲呢？是天呢？还是人呢？"他的歌声微弱而诗句急促。

子舆进去，说："你歌唱的诗句，为什么如此不成调子？"子桑说："我在思索使我陷于这等穷困绝境的原因而得不到答案。父母难道愿意我贫困吗？天广庇万物，地普载万物，天地难道会偏私不公使我贫困吗？探求造成这种情况的原因而得不到答案。那么使我达到这么穷困的绝境的，是天命吧！"

【评析】

老子《道德经》曰:“道之为物，惟恍惟惚。惚兮恍兮，其中有象。恍兮惚兮，其中有物。窈兮冥兮，其中有精。其精甚真，其中有信。自古及今，其名不去。”大道是这样玄虚，同为道家思想宗师的庄周继承了老子的道论，在《大宗师》篇中也对“道”进行了深辟的阐述，他说:“夫道，有情有信，无为无形；可传而不可受，可得而不可见；自本自根，未有天地，自古以固存；神鬼神帝，生天生地；在太极之先而不为高，在六极之下而不为深；先天地生而不为久，长于上古而不为老。”老子描摹了道的状貌和内容，庄子则着重于道的几个特性，如道自为根本，具有终极性，道对天地鬼神的效用，道的永恒性等等。但庄子在整篇文章中并不特别强调道论，而是重在得道之后对生死的看破，后文数段基本都在谈这个问题。

子祀、子舆、子犁、子来四人相与为友一段，文眼即在于“安时而处顺，哀乐不能入也，此古之所谓悬解也”，与《养生主》篇“老聃死”一段基本相同。人看透生死，不管造化给他什么样的安排，他都能欣然接受，在此，庄子表现了他真正的达观，假使命运将其左手变成一只鸡，他就让它报晓司晨，假使命运将其左手变成弹弓，他就要用它去打鸟烤来吃，这简直是乐观了！更不用说只是让他生点病了！生而为人，并不比其他生命或者事物更高贵更值得高兴，当造化将要塑造你时，如果你一心想要做人，以为人最高贵，那么造化一定以你为不祥之物！因此，我们只能听从造化的安排。

庄子认为生死就像白天和黑夜一样，交替循环，万古如常，死亡没什么可怕，活着也并不值得称赞。一旦获得了人的形体，就要辛劳一生，到老方能享受安逸，而死亡才是真正的休息。与此不同的是儒家，孔子教导他的徒子徒孙说:“未知生，焉知死。”他是尽心关注人间的人，到了生与死的边界便驻步不前，只教人“知天命”，亦即知人之所限。承认不可知的死亡存在，再来把热血灌注于我们有力量改造的现实人生，提倡仁义。这是儒家入世的原则，也是儒家虽万难而不易其心的精神支柱。但我们也可以说，儒者的一生都是被仁义礼乐所包裹着的。子桑户死、孟孙才处丧、意而子见许由、颜回坐忘几段都在讨论礼乐问题，体现了庄子不同于儒家的看法。如上所述，他认为死生夜旦，死亡并不是丧事，而丧礼则是依附在丧事上的皮毛，丧事都不存在，所谓丧礼更没有任何意义。因此他借颜回之口说要忘仁义、忘礼乐，这样才能达到他所谓的坐忘境界，也就是得道。

应帝王

【题解】

此篇是针对帝王而言，因此谓之《应帝王》。不过此处之“应”不是“应当”，而是“应对”，庄子认为，“帝王之功，圣人之馀事”(《让王》)，圣人不会“弊弊焉以天下为事”(《逍遥游》)，因此，作为帝王应当学习圣人，效法大道，“游心于淡，合气于漠，顺物自然而无容私”，这样天下方能大治。如果像儵与忽那样，想有所作为，去替浑沌开凿孔窍，就会把浑沌凿死，就会贻害天下。郭象云“为者败之”，是一篇宗旨。文章在揭示出主旨之后，又连设数喻，层层推进，最后终止于万象俱寂的浑沌境界，再次暗寓无为任化的绝妙意趣。而篇末以“南海”“北海”作结，又与《逍遥游》开篇“北冥”“南冥”遥相呼应，说明内篇结构严谨，文意连贯，不愧为庄子的精心设制之作。

啮缺问于王倪〔1〕，四问而四不知。啮缺因跃而大喜，行以告蒲衣子〔2〕。蒲衣子曰：“而乃今知之乎〔3〕？有虞氏不及泰氏〔4〕。有虞氏其犹藏仁以要人〔5〕，亦得人矣，而未始出于非人〔6〕。泰氏其卧徐徐〔7〕，其觉于于〔8〕；一以己为马，一以己为牛〔9〕；其知情信〔10〕，其德甚真，而未始入于非人。”

【注释】

〔1〕啮（niè）缺、王倪：皆为虚构的人物。详见《齐物论》篇注。

〔2〕跃而：犹跃然、跃尔，高兴得跳起来的样子。而，通“尔”，表

示某种状态。　蒲衣子：虚构的人物。

〔3〕而：通“尔”，你。

〔4〕有虞氏：指舜。姓姚，有虞氏，字重华。　泰氏：传说中的上古帝王。

〔5〕藏仁：怀仁于心。　要人：要结人心。

〔6〕未始：未曾。　出于：高出、超出。　非人：欺伪之人。

〔7〕徐徐：安稳的样子。

〔8〕于于：自得的样子。

〔9〕一以己为马，一以己为牛：谓任人呼自己为马为牛，皆无不可。即未尝有我，与物俱化之意。

〔10〕情：实。　信：信实。

【译文】

啮缺向王倪请教，问了四次而四次都回答说不知道。啮缺因此高兴地跳起来，去把这件事告诉了蒲衣子。蒲衣子说：“你现在知道了吗？有虞氏不如泰氏。有虞氏尚且怀仁爱来要结人心，虽然也能使人心归顺，但未能高出欺诈虚伪之人。泰氏睡觉时安稳平静，醒来时自得逍遥；任人呼自己为马，任人呼自己为牛；他的思想真实无伪，他的品德纯真高尚，从来没有陷入欺诈虚伪的人之中。”

肩吾见狂接舆〔1〕，狂接舆曰：“日中始何以语女〔2〕？”肩吾曰：“告我：君人者以己出经式义度〔3〕，人孰敢不听而化诸〔4〕！”狂接舆曰：“是欺德也〔5〕。其于治天下也，犹涉海凿河，而使蚊负山也〔6〕。夫圣人之治也，治外乎〔7〕？正而后行〔8〕，确乎能其事者而已矣。且鸟高飞以避矰弋之害〔9〕，鼷鼠深穴乎神丘之下以避熏凿之患〔10〕，而曾二虫之无知〔11〕！”

【注释】

〔1〕肩吾、接舆：见《逍遥游》篇注。

〔2〕日中始：虚构的人物。　语：告诉。　女：通“汝”，你。

〔3〕君人者：国君。　经、式、义、度：均指法度。

〔4〕孰：谁。　听：听从。　化：改变。　诸：语助词。

〔5〕欺德：欺诳不实之德。

〔6〕涉海凿河、使蚊负山：比喻不可能完成的事情。

〔7〕治外：以经式义度绳之于外。

〔8〕正：谓顺从万物性命之正，即不损害万物的自然真性。

〔9〕矰（zēng）：鸟网。　弋（yì）：系丝之箭。

〔10〕鼷（xī）鼠：小家鼠。　穴：用作动词，挖穴打洞。　神丘：社坛。　熏凿：烟熏和挖凿。

〔11〕而：通“尔”，你。　知：知道。

【译文】

肩吾见到狂士接舆，狂士接舆说：“日中始跟你说了些什么呢？”肩吾说：“他告诉我：做国君的凭自己的意志制定法度，人民谁敢不听从而归化呢？”狂士接舆说：“这是欺诳不实之德。他这样治理天下，就好像要在海里挖凿河道，让蚊子背负大山一样不可能办到。圣人治理天下，哪里只是用法度绳之于外呢？他顺从万物的自然真性而后治世，确实是遵循这样的自然之理罢了。况且鸟儿高飞来躲避罗网和弓箭的伤害，小家鼠在社坛底下挖洞来避开烟熏和挖掘的祸患，你竟不知道这两种小东西尚且能避害全身吗？”

天根游于殷阳〔1〕，至蓼水之上〔2〕，适遭无名人而问焉〔3〕，曰：“请问为天下〔4〕。”无名人曰：“去！汝鄙人也〔5〕，何问之不豫也〔6〕！予方将与造物者为人〔7〕，厌，则又乘夫莽眇之鸟〔8〕，以出六极之外〔9〕，而游无何有之乡，以处圹埌之野〔10〕。汝又何帠以治天下感予之心为〔11〕？”

又复问。无名人曰：“汝游心于淡〔12〕，合气于漠〔13〕，顺物自然而无容私焉〔14〕，而天下治矣。”

【注释】

〔1〕天根：虚构的人物。　殷阳：殷山的南面。

〔2〕蓼（liǎo）水：水名，在赵国境内。

〔3〕适遭：恰逢。　无名人：虚构的人物。

〔4〕为：治理。

〔5〕鄙人：指鄙陋的人。

〔6〕不豫：使人不快。

〔7〕为人：为友。

〔8〕莽眇之鸟：指清虚之气。

〔9〕六极：指上下和四方。

〔10〕圹埌（kuàng làng）之野：旷荡无垠的虚寂境界。

〔11〕何帠（yì）：何故。　感：触动。

〔12〕淡：指恬淡之境。

〔13〕合气于漠：谓气息恬适不迫，与自然冲漠之气合为一体。

〔14〕无容私：不容掺杂一毫私意。

【译文】

天根在殷山的南面游玩，走到了蓼水的河岸上，恰好碰到无名人而向他请教，说："请问治理天下的方法。"无名人说："走开吧！你这个鄙陋的人，为什么问这样使我不愉快的问题呢！我正要同造物者交为朋友，厌烦了，就乘坐像鸟一样的清虚之气，超脱于六极之外，遨游于虚寂无有的地方，居住在旷荡无垠的世界。你又为何用治理天下来触动我的心呢？"

天根再一次请教。无名人说："你要游心于恬淡之境，使气息与自然冲漠之气合为一体，顺应事物本性而不掺杂私念，天下就可以大治了。"

阳子居见老聃〔1〕，曰："有人于此，向疾强梁〔2〕，物彻疏明〔3〕，学道不倦〔4〕。如是者，可比明王乎〔5〕？"老聃曰："是于圣人也，胥易技系〔6〕，劳形怵心者也〔7〕。且曰虎豹之文来田〔8〕，猨狙之便〔9〕、执斄之狗来藉〔10〕。如是者，可比明王乎？"

阳子居蹴然曰[11]："敢问明王之治。"老聃曰："明王之治：功盖天下而似不自己[12]，化贷万物而民弗恃[13]；有莫举名[14]，使物自喜；立乎不测，而游于无有者也[15]。"

【注释】

〔1〕阳子居：即杨朱，战国时魏国人。阳，同杨。子居，或说是杨朱之字，或说是朱之反切。其学说与墨家"兼爱"相背异，主张"贵生""重己"，故孟子谓其"拔一毛而利天下不为"。

〔2〕向疾：如声响之疾，比喻其敏捷。向，通"响"。　强梁：强悍。

〔3〕物彻：洞彻万物。　疏明：疏通明达。

〔4〕道：此处指儒家之"道"。

〔5〕明：圣明。

〔6〕是：此，这。　胥易：像官府中供役使的小吏那样轮番任事。胥，小吏。易：更换职事。　技系：像有技艺的工匠那样为工巧所系累。

〔7〕劳形：形体劳苦。　怵心：心神不宁。

〔8〕文：花纹。　来：招来，导致。　田：通"畋"，田猎。

〔9〕猨狙：猕猴。　便：便捷。

〔10〕斄（lí）：狐狸。　藉：拘系。

〔11〕蹴（cù）然：面色骤变的样子。

〔12〕不自己：不归于自己。

〔13〕贷：施。　恃：依赖。

〔14〕莫：无。　举：显。

〔15〕无有：谓至虚的境界。

【译文】

阳子居见到老聃，说："假如有这样一个人，他思维敏捷、身体强悍，观察事物洞彻明白、疏通明达，学道精勤、从不懈怠。像这样的人，可以与圣明之王相比吗？"老聃说："这样的人在道家的圣人看来，只不过像更换职事的小吏和为工巧所系累的工匠那样，总是形体劳苦而心神不宁。况且虎豹因有美丽的花纹招来田猎，猕猴因跳跃便捷，猎狗因会捉狐狸才招来拘系之患。像这样，可以与圣明之王相比吗？"

阳子居惭愧地说："请问圣明之王的治天下之道。"老聃说："明王治理天下，功绩布于四方却好像不归功于自己，化育之德普施万物而百姓却不觉得有所依赖；有功德却无意于显露自己的名声，使万物欣然自得于其所固有；立身于不可测识之地，遨游于至虚的境界。"

郑有神巫曰季咸[1]，知人之死生存亡、祸福寿夭，期以岁月旬日，若神[2]。郑人见之，皆弃而走[3]。列子见之而心醉，归，以告壶子[4]，曰："始吾以夫子之道为至矣，则又有至焉者矣。"壶子曰："吾与汝既其文[5]，未既其实[6]，而固得道与[7]？众雌而无雄，而又奚卵焉[8]！而以道与世亢，必信[9]，夫故使人得而相女[10]。尝试与来，以予示之。"

明日，列子与之见壶子。出而谓列子曰："嘻！子之先生死矣！弗活矣！不以旬数矣[11]！吾见怪焉，见湿灰焉[12]。"列子入，泣涕沾襟，以告壶子。壶子曰："乡吾示之以地文[13]，萌乎不震不正[14]，是殆见吾杜德机也[15]。尝又与来。"

明日，又与之见壶子。出而谓列子曰："幸矣，子之先生遇我也！有瘳矣[16]，全然有生矣！吾见其杜权矣[17]。"列子入，以告壶子。壶子曰："乡吾示之以天壤[18]，名实不入，而机发于踵，是殆见吾善者机也[19]。尝又与来。"

明日，又与之见壶子。出而谓列子曰："子之先生不齐[20]，吾无得而相焉[21]。试齐，且复相之。"列子入，以告壶子。壶子曰："吾乡示之以太冲莫胜[22]，是殆见吾衡气机也〔23〕。鲵桓之审为渊〔24〕，止水之审为渊，流水之审为渊。渊有九名，此处三焉〔25〕。尝又与来。”

明日，又与之见壶子。立未定，自失而走〔26〕。壶子曰：“追之！”列子追之不及。反〔27〕，以报壶子曰：“已灭矣〔28〕，已失矣，吾弗及已。”壶子曰：“乡吾示之以未始出吾宗〔29〕。吾与之虚而委蛇〔30〕，不知其谁何，因以为弟靡〔31〕，因以为波流，故逃也。”

然后列子自以为未始学而归，三年不出，为其妻爨〔32〕，食豕如食人，于事无与亲〔33〕，雕琢复朴，块然独以其形立〔34〕。纷而封哉，一以是终〔35〕。

【注释】

〔1〕神巫：占卜甚为灵验的巫者。

〔2〕期：预言。　岁月旬日：预定的某岁、某月、某旬、某日。　若神：像神灵一样，指预言准确。

〔3〕走：逃跑。

〔4〕列子：列御寇，郑国人。　心醉：谓其心醉服。　壶子：名林，号壶子，郑国人，为列子的老师。

〔5〕与：授。　既：尽。　文：外表。

〔6〕实：实质。

〔7〕而：通“尔”，你。　固：岂，难道。

〔8〕众雌而无雄，而又奚卵焉：有雌无雄不能产卵。比喻自己不表露心迹，神巫也无法窥测。

〔9〕而：通“尔”，你。　道：指列子所学的表面之道。　亢：通“抗”，较量。　信：通“伸”。

〔10〕相：观察人的形貌，以占测吉凶祸福。　女：通“汝”，你。

〔11〕不以旬数：不能用旬来计算，谓不能活过一旬。

〔12〕怪：怪异的症状。　湿灰：如湿灰不能复燃，指死亡之症，绝无生机可望。

〔13〕乡：通“向”，刚才。　示：展示、展现。　地文：比喻寂静的

心境。

〔14〕萌乎：芒然。　震：动。　正：当为“止”字之误。

〔15〕殆：大概。　杜：闭塞。　德机：谓生命力、活力。

〔16〕瘳（chōu）：疾病痊愈。

〔17〕杜权：谓闭塞之中已显出一点活力。权，权变。

〔18〕天壤：天地间变化生长的气象。

〔19〕踵：脚后跟。　善者机：谓生意萌动的机兆。机，机兆。

〔20〕不齐：谓精神、气色变化不定。

〔21〕无得：没法。

〔22〕太冲莫胜：谓冲漠之气无偏胜，即其气半动半静，各得其平。

〔23〕衡气机：谓心平气稳的机兆。衡，平。

〔24〕鲵（ní）：指鲸鲵。　桓：盘旋。　审：通“潘”，回旋的深水。

〔25〕三：即三渊，比喻杜德机、善者机、衡气机。

〔26〕自失：惊惶失措。　走：逃跑。

〔27〕反：通“返”，返回。

〔28〕灭：谓不见踪影。

〔29〕出：显露。　宗：道之根宗。

〔30〕委蛇（yí）：随顺的样子。

〔31〕弟靡：当作“茅靡”，谓如茅草随风而伏。

〔32〕爨（cuàn）：烧火做饭。

〔33〕食豕：喂猪。　于事无与亲：谓无心亲近世事。

〔34〕块然：无情无知的样子。

〔35〕纷：纷乱、纷繁。　封：守。　一以是终：谓专守纯一之道，以终其身。

【译文】

郑国有一个神巫叫作季咸，能够测知人的生死存亡、祸福寿夭，他预言的吉凶在指定的日期发生，应验如神灵。郑国人见到他，都逃之夭夭。列子见了却心醉折服，回来把情况告诉了壶子，说：“原来我认为先生的道术是最高深的，现在才知又有更高深的了。”壶子说：“我教授给你的仅仅是道的外表，还没有教授给你道的实质，你难道以为得道了吗？只有很多雌性而无雄性，又怎么能产卵呢！你用表面之道与世人较量，必伸其能，所以才让巫者窥测到心迹而给你占卜吉凶祸福。试着请和他同来，把我介绍给他相面。"

第二天，列子随同季咸来见壶子。季咸出来后对列子说："唉！你的先生要死了！不能活了！不会超过十天了！我看见了怪异的症状，就像湿灰一样毫无生机。"列子进去，眼泪汪汪湿透了衣襟，把季咸的话告诉给壶子。壶子说："刚才我把寂静的心境显示给他看，茫然无知，不动不止，这大概是他看见我闭塞了生机了。试着再随同他来看看。"

第二天，列子又随同季咸来见壶子。季咸出来后对列子说："幸运呀！你的先生遇上了我。可以痊愈了，完全有活的希望了！我看见他闭塞之中显出了活力。"列子进去，把季咸的话告诉给壶子。壶子说："刚才我把天地间变化生长的气象显示给他看，不存名利之心，生机自下而上地发动，这大概是他看见我生意萌动的机兆了。试着再随同他来看看。"

第二天，列子又随同季咸来见壶子。季咸出来后对列子说："你的先生神色变化不定，我没法给他相面。等他安定之后，再来给他相面。"列子进去，把季咸的话告诉给壶子。壶子说："刚才我把没有偏胜的冲漠之气显示给他看，这大概是他看见我心气平稳的机兆了。鲸鲵盘旋的深水成为渊，不流动的深水成为渊，流动的深水成为渊。渊有九种，我给他看的只有三种。试着再随同他来看看。"

第二天，列子又随同季咸来见壶子。季咸还没站稳，便惊惶失措而逃走。壶子说："追上他！"列子没追上，返回来，报告壶子说："季咸已经无影无踪，不知去向了，我追不上他。"壶子说："刚才我没有展露我的宗本给他看，我只是显示出心地虚寂而随物顺化的样子，他摸不清我所使用的是何术，只看见我如草随风而倒，如水逐波而流之状，所以就逃走了。"

这以后列子自认为未尝学到大道，便回到故里自学，三年不出家门，代替妻子烧火煮饭，把喂猪当作请人吃饭，对于事物不关心，除掉修饰而返归质朴，像槁木死灰一样无知无情，在纷繁的世事中能封闭心窍而不被干扰，终身专守着纯一之道。

无为名尸[1]，无为谋府[2]，无为事任[3]，无为知主[4]。体尽无穷，而游无朕[5]。尽其所受乎天，而无见得〔6〕，亦虚而已。至人之用心若镜，不将不迎〔7〕，应而不藏〔8〕，故能胜物而不伤。

【注释】

〔1〕尸：主，承受者。

〔2〕谋府：聚藏智谋的地方。

〔3〕事任：承担事情。

〔4〕知主：智慧的汇集者。知，通“智”。

〔5〕体：体悟。　朕：迹象。

〔6〕无见得：谓无意于性分之外的追求。

〔7〕将：送。

〔8〕应：应对。

【译文】

不要作名誉的承受者，不要作聚藏智谋的地方，不要承担任何事情，不要作智慧的汇集者。体悟着无穷的大道，游心于大道而不现形迹。只是尽其所禀受的自然本性，无意于性分之外的追求，这也是虚寂无为的心境。至人用心犹如明镜，物来不迎，物去不送，物来则自照，物去则纤芥不藏，所以能够超脱物外而不为外物劳神伤身。

南海之帝为儵〔1〕，北海之帝为忽〔2〕，中央之帝为浑沌〔3〕。儵与忽时相与遇于浑沌之地，浑沌待之甚善〔4〕。儵与忽谋报浑沌之德〔5〕，曰：“人皆有七窍以视听食息〔6〕，此独无有，尝试凿之。”日凿一窍，七日而浑沌死。

【注释】

〔1〕儵（shū）：虚构的帝王。其名取疾速之意。

〔2〕忽：虚构的帝王。其名亦取疾速之意。

〔3〕浑沌：虚构的帝王。比喻大道浑全未亏。

〔4〕待：款待。
〔5〕谋报：商量报答。
〔6〕七窍：指耳、目、口、鼻七孔。 息：呼吸。

【译文】

南海的帝王名叫儵，北海的帝王名叫忽，中央的帝王名叫浑沌。儵和忽时常在浑沌的住地相遇，浑沌款待他们特别周到丰盛。儵和忽共同商量报答浑沌的盛情厚意，说："人都有七窍用来看、听、吃饭、呼吸，唯独浑沌没有，我们试着给他凿开。"他们就每天凿一窍，凿到第七天浑沌就死了。

【评析】

谈过玄虚的大道，庄子又来谈帝王之道。他本是看不上人间的帝王的，如果说儒家所追求的是内圣外王之道，则庄子追求的只是内圣，他对外王并没什么兴趣，他说："帝王之功，圣人之馀事。"然而，生活在人间世之中，帝王是无所逃于天地之间的，因此有讨论的必要。在《养生主》篇庄子即提出要顺应天理，去除人为，保持本真之性，其实这不仅是庄子的养生之道，亦是一切的总法门。在谈及如何做帝王时，庄子即以"无为""无私"作为衡量的标准，主张突破一切界限，不怀任何功利性的目的，认为身为帝王者不能"藏仁以要人"，而应像"泰氏"一般混沌蒙昧，纯朴自然。否则就会像文末寓言所揭示的，儵、忽自作聪明，任其私智，结果七窍开而浑沌死，大道不复存在，天下的和谐也被打破。

细细说来，庄子以为帝王自己有了成心，便会强行定出规矩法度，使人们言行受到约束限制，这是不可取的。有了自己的仁义标准，别人的意见一旦相左，便会产生矛盾；而此刻手中掌握绝对权威的帝王就可能滥用个人的强制力，企图使他人遵从自己的标准。这就又回到了《齐物论》篇中所讨论的，万事万物并没有一个统一的标准，因此要想让他们顺利地生长发展，只能让其按照自己的标准、顺着自己的本性去选择自己需要的方式。庄子在本篇里，说天上的鸟儿和社坛里的家鼠尚且懂得远祸避害，也是这个道理，聪明的老百姓又怎么会甘心在帝王的法则下完全地循规蹈矩？所以为帝王者不可不慎。

老子也谈帝王之道，却说"无为无不为"。所以钱穆先生以为"老子实于人类社会抱有很大野心"。他的"无为"终究还是想"无不为"，甚至可以说这也只是用以愚民的一种口号。老子从帝王角度出发，懂得民众力量之强大，其一朝觉醒，无法预计后果。庄子则不然，他讲的“无为”，亦即取消明君与昏君之别，而游心淡漠，顺物无私，纯然一片天机。庄子崇尚“真”，崇尚天性。但人之为人，各有不同，无论天赋与经历都造就了丰富的人性。世界的可爱与可厌，都源自这份繁复。为了满足一部分人的利益就可能会伤害到另一部分人的利益；同样为了适应一部分人的天性，就必须牺牲另一部分人的天性。没有谁的天性更高一筹，在人间如此，当人与自然相对时亦是如此。所以在一种无序状态下，我们不禁要怀疑，若是没有一个理性机制，世界是否会一片黑暗混乱？于是，儒家大力提倡仁义礼智信，这是多么温厚的心怀才孕育出的规则。但儒家的理论被运用于王权中，却渐渐变了味，反而成了“封建枷锁”“吃人的礼教”。庄子并没有在“理性机制”上停留，而是向更广大虚无的“道”出发，认为万事万物间存在着使其终归于和谐的自然法则。就好像“食物链”，分裂而言，可能我们会觉得其中某一个环节弱肉强食，非常残忍，但它的背后蕴涵着整个生态系统大的平衡，刻意去改变只会导致失控无序。庄子的“无为”并非什么也不做，而是提倡为帝王者不应强逆天性而治世——无论于人、于己。

外　篇

骈　拇

【题解】

此篇宗旨在痛斥仁义之弊，而归重于道德（即率真任性的自然之道）之途。战国时期，儒家标举仁义，号为显学，然而礼崩乐坏，势不可挡，仁义之说不仅于事无补，且徒增桎梏。有鉴于此，作者以骈拇、枝指并非正常人所当有，揭示了仁义非人之本性，而是儒家强行贴附在人身上的，人的自然本性因此被掩盖。且众人以此为高，仁义遂成虚假的符号，引来大批殉仁义之名者。这造成极大的弊端。本篇先以骈拇、枝指等物为喻，后以伯夷、盗跖等人为例，反复痛驳仁义，全力引进道德，以便使人类的自然本性得到复归。文章写得痛快淋漓，具有极大的批判力量。

骈拇、枝指出乎性哉〔1〕，而侈于德〔2〕；附赘县疣出乎形哉〔3〕，而侈于性；多方乎仁义而用之者〔4〕，列于五藏哉〔5〕，而非道德之正也〔6〕。是故骈于足者，连无用之肉也；枝于手者，树无用之指也；多方骈枝于五藏之情者，淫僻于仁义之行〔7〕，而多方于聪明之用也。

是故骈于明者〔8〕，乱五色，淫文章〔9〕，青黄黼黻之煌煌非乎〔10〕？而离朱是已〔11〕。多于聪者，乱五声，淫六律〔12〕，金石、丝竹、黄钟、大吕之声非乎？而师旷是已〔13〕。枝于仁者，擢德塞性以收名声〔14〕，使天下簧鼓以奉不及之法非乎〔15〕？而曾、史是已〔16〕。骈于辩者累瓦结绳，窜句[17]，游心于坚白、同异之间[18]，而敝跬誉无用之言非乎[19]？而杨、墨是已[20]。故此皆多骈旁枝之道，非天下之至正也[21]。

【注释】

〔1〕骈（pián）拇：谓脚的大拇指与第二指连生。骈，合、并。　枝指：谓手的大拇指旁边生出的一指，成为第六指。　性：指与生俱来的东西。

〔2〕侈：过，多馀。　德：指容德，容貌。

〔3〕附：附带的。　赘：横生出来的肉块。　县：通“悬”。　疣（yóu）：瘤结。　形：形体。

〔4〕多方：多端，多方面。

〔5〕五藏：指心、肝、脾、肺、肾。藏，通“脏”。

〔6〕正：本然。

〔7〕淫僻：过分邪僻。淫，过分、泛滥。

〔8〕骈：过分。　明：眼力、视力。

〔9〕文章：青与赤交错谓之文，赤与白交错谓之章。

〔10〕黼黻（fǔ fú）：泛指一般的花纹。黼，黑白相次。黻，黑青相次。　煌煌：炫目的样子。

〔11〕而：如，比如。　离朱：黄帝时人，以目力超人著称，能于百步之外见秋毫之末。　已：犹“也”。

〔12〕聪：听力。　五声：宫、商、角、徵、羽五声。　六律：指黄钟、大吕、姑洗、蕤宾、无射、夹钟六个谐音。

〔13〕师旷：字子野，晋平公乐师，善审音律。已见《齐物论》篇注。

〔14〕擢（zhuó）德：拔擢伪德。擢，拔。　塞性：蔽塞真性。

〔15〕簧鼓：犹言“吹笙鼓簧”，即喧嚷之意。　法：礼法。

〔16〕曾：曾参，字子舆，孔子弟子。　史：史鳅，字子鱼，卫灵公臣，与曾参并以仁孝著称。

〔17〕累瓦：谓叠聚无用之词。　结绳：谓连贯荒诞之言。　窜句：穿凿古人的文句。

〔18〕游心：驰骛心思。　坚白、同异：是战国名家的两个重要论题，详见《齐物论》篇。

〔19〕敝跬（kuǐ）：跛而用力之貌，谓竭尽心力。　誉：称誉。

〔20〕杨：杨朱，字子居，宋人。　墨：墨翟，宋大夫。
〔21〕至正：最纯真的道德。

【译文】

连生着的脚趾和旁生的手指是与生俱来的，然而对体貌来说却是属于多馀的东西；附生在身上的赘瘤是形体上长出来的，然而对于本性来说却是多馀的东西；旁生枝节般地造作仁义而加以应用，把它与五脏相配合，然而这却不是道德的本然。所以连生的脚趾，只是连接着无用的肉；旁生的手指，只是多长出一个无用的指头；节外生枝地把仁义与五脏相配合，只是行仁义的邪僻之实，而多馀地滥用了聪明。

所以视觉过于明察，会搅乱五色之分，造成文采的淫滥，这难道不正像色彩华美的花纹要搅乱人们的视觉吗？比如离朱就是这样的人。听觉过于灵敏，会搅乱五音的声调，造成六律的淫滥，这难道不正像动听的乐声要搅乱人们的听觉吗？比如师旷就是这样的人。对仁义造作的人，会拔擢伪德而蔽塞真性来博取好名声，这难道不正是使天下人喧闹着去奉守那不可企及的法式吗？比如曾参和史鳅就是这样的人。致力于诡辩的人，会像累瓦结绳一样叠聚无用之词、连贯荒诞之言，穿凿古人的文句，致力于坚白同异论题的争辩上，这难道不正是竭尽心力称誉自己的无用之言吗？比如杨朱和墨翟就是这样的人。因此这些都是多馀无用之道，并不是天下最纯真的道德。

彼正正者〔1〕，不失其性命之情〔2〕。故合者不为骈，而枝者不为跂〔3〕；长者不为有馀，短者不为不足。是故凫胫虽短〔4〕，续之则忧；鹤胫虽长，断之则悲。故性长非所断，性短非所续，无所去忧也。意仁义其非人情乎〔5〕，彼仁人何其多忧也？

且夫骈于拇者，决之则泣〔6〕；枝于手者，龁之则啼〔7〕。二者或有馀于数，或不足于数，其于忧一也。今世之仁人，蒿目而忧世之患[8]；不仁之人，决性命之情而饕贵富[9]。故意仁义其非人情乎？自三代以下者，天下何其嚣嚣也[10]？

且夫待钩绳规矩而正者[11]，是削其性者也[12]；待绳约胶漆而固者[13]，是侵其德者也；屈折礼乐，呴俞仁义[14]，以慰天下之心者，此失其常然也[15]。天下有常数。常然者，曲者不以钩，直者不以绳，圆者不以规，方者不以矩，附离不以胶漆[16]，约束不以纆索[17]。故天下诱然皆生而不知其所以生[18]，同焉皆得而不知其所以得。故古今不二，不可亏也[19]。则仁义又奚连连如胶漆纆索而游乎道德之间为哉[20]，使天下惑也！

夫小惑易方[21]，大惑易性[22]。何以知其然邪？自虞氏招仁义以挠天下也[23]，天下莫不奔命于仁义，是非以仁义易其性与？故尝试论之，自三代以下者，天下莫不以物易其性矣。小人则以身殉利[24]，士则以身殉名，大夫则以身殉家，圣人则以身殉天下。故此数子者，事业不同，名声异号，其于伤性以身为殉，一也。臧与穀[25]，二人相与牧羊而俱亡其羊[26]。问臧奚事[27]，则挟筴读书[28]；问穀奚事，则博塞以游[29]。二人者，事业不同，其于亡羊均也。伯夷死名于首阳之下，盗跖死利于东陵之上[30]。二人者，所死不同，其于残生伤性均也。奚必伯夷之是而盗跖之非乎！天下尽殉也，彼其所殉仁义也，则俗谓之君子；其所殉货财也，则俗谓之小人。其殉一也，则有君子焉，有小人焉。若其残生损性，则盗跖亦伯夷已，又恶取君子小人于其间哉[31]！

【注释】

〔1〕正正：当为“至正”之误。

〔2〕情：实。

〔3〕跂：当为“歧”字之误。歧，分歧，多馀。

〔4〕凫（fú）胫：野鸭的小腿。

〔5〕意：料想。　情：真情。

〔6〕夫：那，彼。　决：剔开。

〔7〕龁（hé）：咬掉。

〔8〕蒿（hāo）目：目昏乱不明的样子。

〔9〕决：溃乱。　饕（tāo）：贪求。

〔10〕嚣嚣：喧嚣竞逐。

〔11〕钩：木工划曲线的工具。

〔12〕削：戕害。

〔13〕约：指绳索。

〔14〕屈折：屈身折体。　呴（xǔ）俞：和悦的样子。

〔15〕常然：真常自然之性。

〔16〕离：通“丽”，依附、相接在一起。

〔17〕纆（mò）：黑色的绳子。

〔18〕诱然：犹“油然”。

〔19〕古今不二，不可亏也：谓古今的真常之理是相同的，也是不能侵削的。

〔20〕连连：相续的样子。

〔21〕夫：句首发语词，无义。　易方：谓迷失东西南北。易，改变。

〔22〕易性：谓丧失真常之性。

〔23〕虞氏：有虞氏，即舜，姓姚，名重华。　招：举。　挠：扰乱。

〔24〕小人：泛指农民、工匠、商人等靠职业收益谋生的人。　殉：为某种目的而牺牲生命。

〔25〕臧：奴隶。　縠：指童子。

〔26〕俱：都、皆。　亡：走失。

〔27〕奚事：干什么事去了。奚，何。

〔28〕筴：通“策”，驱羊鞭。

〔29〕博塞：通“簙簺”，是下棋一类的游戏。

〔30〕伯夷：殷末孤竹君长子，与其弟叔齐义不食周食而隐居首阳山，最终双双饿死。　首阳：即首阳山，在今山西永济县南。　盗跖：传说为古时的大盗。　东陵：山名。一说陵名。

〔31〕恶（wū）：何。 取：分，分别。

【译文】

那天下最纯真的道德，就是不失去其本性之实。所以脚的大拇指与第二指连生的不算连并，手的大拇指旁边生出一指的不算多馀；长的不算有馀，短的不算不足。故而野鸭的小腿虽然短，但给它接上一段就会造成痛苦；鹤的腿虽然长，但给它截去一段就会带来悲哀。所以本性该长的，就不去截短它，本性该短的，就不去续长它，这样任其长短则没有可忧虑的了。料想仁义不合乎人的本性吧！那些所谓的仁义之士为什么有那么多忧患呢？

脚趾连生在一起的，剔开就要悲泣；手上旁生第六指的，咬断就会啼哭。这两种情况，有的是超过正常的手指数，有的少于正常的脚趾数，然而它们感到的忧苦是一样的。当今世上的仁人，痛苦地忧虑世上的祸患；不仁的人，却溃乱真实的本性去贪求富贵。料想仁义不合乎人的本性吧！不然自从夏、商、周三代以来，天下人为何会喧嚣竞逐呢？

再说，依靠钩绳规矩来使物归于正，这就损害了事物的本性；依靠绳索胶膝使物牢固，这也是戕害了事物的本性；屈身折体以行礼乐，装出和颜悦色来假扮仁义的样子，用来慰藉天下人心的，这就失去了真常自然之性。天下之物各有其自然本性。所谓自然本性，就是曲的不用曲尺，直的不用绳墨，圆的不用圆规，方的不用矩器，依附着的不用胶漆，捆绑着的不用绳索。所以天下之物都是自然而生而不知道因何而生，都获得各自本性而又不知怎么得到的。因此，古今真常之理是相同的，不可以使其侵削。那么仁义又何以要接连不断，如同胶漆绳索一样缠绕在道德之间，致使天下的人感到迷惑呢！

小的迷惑会使人迷失东西南北，大的迷惑会使人丧失真常之性。凭什么知道是这样的呢？自从虞舜标举仁义来扰乱天下，天下人没有不为仁义奔走效命的，这不是用仁义丧失了人的真常之性吗？因此我试作论述，从夏、商、周三代以后，天下人没有不因为外物而丧失本性的。小人为求私利而舍弃生命，士人为求名誉而舍弃生命，大夫为求保持和扩展领地而舍弃生命，圣人为求治理天下而舍弃生命。所以这几种人，他们的事业不同，名声称谓各异，但是在伤害本性、为所求而舍弃生命这一点上，却是一样的。奴隶和童子二人同去放羊，却都把羊丢失了。问奴隶干什么去了，回答说拿着羊鞭在读书；问童子干什么去了，回答说在游戏下棋。这两个人所做的事不同，但在丢失羊这一点上是相同的。伯夷为了求名死于首阳山下，盗跖为了求利死于东陵山上。这二人死的原因不同，但在丧失生命、伤害本性这一点上却是相同的。何必一定要肯定伯夷而否定盗跖呢！天下人都是在为所求舍弃生命，那些为求仁义而死的，世俗之人就称他们为君子；为求货财而死的，世俗之人就称他们是小人。他们为所求而死是一样的，却有的成了君子，有的成了小人。假如就丧失生命、伤害本性来看，那么盗跖也就是伯夷了，又怎么从他们之间区分君子和小人呢！

且夫属其性乎仁义者〔1〕，虽通如曾、史〔2〕，非吾所谓臧也〔3〕；属其性于五味，虽通如俞儿〔4〕，非吾所谓臧也；属其性乎五声，虽通如师旷，非吾所谓聪也；属其性乎五色，虽通如离朱，非吾所谓明也。吾所谓臧者，非仁义之谓也，臧于其德而已矣〔5〕；吾所谓臧者，非所谓仁义之谓也，任其性命之情而已矣〔6〕；吾所谓聪者，非谓其闻彼也，自闻而已矣；吾所谓明者，非谓其见彼也，自见而已矣〔7〕。夫不自见而见彼，不自得而得彼者，是得人之得而不自得其得者也，适人之适而不自适其适者也〔8〕。夫适人之适而不自适其适，虽盗跖与伯夷，是同为淫僻也。余愧乎道德，是以上不敢为仁义之操〔9〕，而下不敢为淫僻之行也。

【注释】

〔1〕属：系，从属。

〔2〕通：通达。
〔3〕臧：善。
〔4〕俞儿：齐桓公时善识味者。
〔5〕德：指自然本性。
〔6〕性命之情：自然本性之实。
〔7〕自闻、自见：谓收视反听。
〔8〕第一、三个“适”：使……安适。第二、四个“适”：安适。
〔9〕愧：感到惭愧。　操：操行、操守。

【译文】

况且使本性从属于仁义的人，即使像曾参、史鳅那样通达，也不是我所说的完善；使本性从属于识别五味上面，即使像俞儿那样精通，也不是我所说的完善；使本性从属于辨析五声上面，即使像师旷那样精通，也不是我所说的听觉敏锐；使本性从属于分辨五色上面，即使像离朱那样精通，也不是我所说的视力明察。我所说的完善，不是指仁义，而是说自然本性完善罢了；我所说的完善，不是指所谓的仁义，而是任其自然本性之实罢了；我所说的听觉敏锐，不是说听到什么，而是任耳之自性去听罢了；我所说的视力明察，不是说看到什么，而是任眼之自性去看罢了。不是任其自性去看而要超出本性地多看，不是按自性应得去得而是妄得，这就是超出本性的妄得而不自得，使别人安适而不自求安适了。使别人安适而不自求安适，无论是盗跖还是伯夷，都同是邪僻的行径。我对于自然之道深感惭愧，所以上不敢奉行仁义的节操，下不敢去干邪僻的勾当。

【评析】

与《庄子》内七篇不同的是，外、杂篇一般被认为非庄子本人所作，但历来注家却也认为外、杂篇能“羽翼内篇而尽其未尽之蕴者”（陆西星《南华真经副墨》）。根据实际的阅读经验，我们可以体会出内篇与外、杂篇之间的差异。从某种意义上，内七篇形成了一个独立而不可撼动的整体，是庄子本人超拔世俗的思想与诗意飞扬的文笔的综合体现，是圆融静定而又光华四射的千载不朽的心灵世界的外在展示。而外、杂篇则有更多纷繁面貌，时而如一激愤之士，慷慨陈词，时而如一纵横之家，说剑游谈；隐逸与观世之语，杂处其间，养生与安死之命，变幻莫测。

虽然此篇的文字也常为人称道，是后世学习的范本，比如明陈治安云："此篇文势快利明爽，起伏变换，如飘风飞雨，忽然过去，忽然复来，络绎连旋，略无断截。每于上下转换之间，必埋伏一字一句，相为联挽，或用之上句以起下句，或用于后语而挽前语，但见气势络绎，其开阖变换，无迹可寻，想下笔时淋漓飘洒，亦自喜于为文之佳，而非偶然者也。"（《南华真经本义》）但是与内篇的恢恑憰怪、妙想天开相比，本篇就如一个一本正经的理性之人的辩论。

庄子内篇题目都是以义为题，外、杂篇则是撷取文章头两三字为题。《骈拇》这一标题即出自文章首句，但也是一个比较切合主旨的题目，此篇谈的正是道德上的"骈拇枝指"和"附赘县疣"。这些都是在所谓正常范围之外的东西。这样的描述自然让我们联想起《人间世》《德充符》中的诸多怪人，尽管他们形体上丑陋至极，却仍然使人们肃然起敬，钦佩他们的品行而忘却他们的外表。本篇与之完全相反。其实，区别在于：《人间世》和《德充符》宣扬人的内在精神修养要高于外表，而《骈拇》强调这些东西的多馀，只是以此作比方来引出文章的批判中心，亦即"仁义"。在讲求"克己复礼"的儒家眼中，"仁义"是一种极高的、并非人人都能真正达到的道德境界，甚至连孔子自己也说"若圣与仁，则吾岂敢"（《论语·述而》）。但对于超越世俗之礼、"游乎尘垢之外"的庄子而言，人的最高精神追求，就是从"仁义"等观念中摆脱出来，心境返归于无是非、善恶、哀乐的本然状态。因此，对于儒家视为求仁得仁的伯夷，庄子却痛斥他是殉名者，将之与残暴贪利的盗跖并置。司马迁在《伯夷列传》中也表达了对儒家仁义之说的质疑，伯夷既然是仁人，结果却饿死于首阳山！那么，这仁义的意义何在呢？

马　蹄

【题解】

此篇与《骈拇》篇同旨，在着意宣讲恢复人的自然本性。所不同者，《骈拇》篇重在揭示仁义非人之本性，此篇则主要抨击仁义对人之本性的戕害。此篇主要以马设喻，谓马属性自然，但由于伯乐施之各种约束，违背其性，以致马死过半。而面对羁绊，马也学会“诡衔窃辔”等盗智，此皆伯乐之罪。由马及人，远推所谓“至德之世”(原始社会)，人与禽兽为伍，与万物并生，无知无欲，居不知所为，行不知所之，没有君子小人之别，处于“常然”“是谓素朴”世界。逮至儒家圣人，提倡仁义礼乐，以匡正天下，使民自矜好诈，争归于利，真是罪大恶极！行文一气呵成，酣畅淋漓，与《骈拇》篇相类。

马，蹄可以践霜雪，毛可以御风寒[1]，龁草饮水，翘足而陆[2]，此马之真性也。虽有义台、路寝[3]，无所用之。及至伯乐[4]，曰：“我善治马。”烧之，剔之[5]，刻之，雒之[6]，连之以羁馽[7]，编之以皁栈[8]，马之死者十二三矣；饥之，渴之，驰之，骤之，整之，齐之，前有橛饰之患[9]，而后有鞭筴之威[10]，而马之死者已过半矣。陶者曰：“我善治埴，圆者中规[11]，方者中矩。”匠人曰：“我善治木，曲者中钩，直者应绳[12]。”夫埴木之性，岂欲中规矩钩绳哉！然且世世称之曰：“伯乐善治马，而陶匠善治埴木。”此亦治天下者之过也。

吾意善治天下者不然[13]。彼民有常性，织而衣，耕而食，是谓同德[14]；一而不党[15]，命曰天放[16]。故至德之世，其行填填，其视颠颠[17]。当是时也，山无蹊隧[18]，泽无舟梁；万物群生，连属其乡[19]；禽兽成群，草木遂长[20]。是故禽兽可系羁而游，鸟鹊之巢可攀援而闚[21]。夫至德之世，同与禽兽居[22]，族与万物并[23]，恶乎知君子小人哉！同乎无知[24]，其德不离[25]；同乎无欲，是谓素朴；素朴而民性得矣；及至圣人[26]，蹩躠为仁[27]，踶跂为义[28]，而天下始疑矣；澶漫为乐[29]，摘僻为礼[30]，而天下始分矣。故纯朴不残[31]，孰为牺尊[32]？白玉不毁，孰为珪璋[33]？道德不废，安取仁义？性情不离，安用礼乐？五色不乱，孰为文采？五声不乱，孰应六律？夫残朴以为器，工匠之罪也；毁道德以为仁义，圣人之过也。

夫马，陆居则食草饮水，喜则交颈相靡[34]，怒则分背相踶[35]。马知已此矣[36]。夫加之以衡扼，齐之以月题[37]，而马知介倪[38]、闉扼[39]、鸷曼[40]、诡衔[41]、窃辔[42]。故马之知而态至盗者[43]，伯乐之罪也。夫赫胥氏之时[44]，民居不知所为，行不知所之，含哺而熙[45]，鼓腹而游，民能以此矣[46]。及至圣人，屈折礼乐以匡天下之形，县跂仁义以慰天下之心[47]，而民乃始踶跂好知[48]，争归于利，不可止也。此亦圣人之过也。

【注释】

〔1〕践：践踏，踩踏。　御：抵御。

〔2〕龁（hé）：啃，咬。　翘：扬起。　陆：跳跃。

〔3〕义台：即仪台，天子、诸侯行礼之台。　路寝：即正寝，正室。

〔4〕伯乐：姓孙，名阳，字伯乐，相传为秦穆公时善相马者。一说，伯乐为天星名，主典文马，以秦孙阳善驭，故以为名。

〔5〕烧之：烧灼马毛。　剔之：剪剔马毛。

〔6〕刻之：凿削马蹄。　雒（luò）之：用红铁烙火印，作为标识。

〔7〕羁：马络头。　馽（zhí）：牵绊马足的绳子。

〔8〕皁（zào）：马槽，饲马饮食的地方。　栈：以木排成的地板，马居其上，可以避湿，俗名“马床”。

〔9〕橛（jué）：马口中所衔的横木。　饰：马络头上的装饰物。

〔10〕鞭、筴：都是打马的工具。筴，通“策”。

〔11〕陶者：制作陶器的工匠。　埴（zhí）：黏土，可烧制陶器。中（zhòng）：符合。

〔12〕钩：木工划曲线的工具。　应（yìng）：符合。

〔13〕意：以为。

〔14〕同德：共同的天然的本能。

〔15〕党：偏私。

〔16〕命：叫作。　天放：放任自乐。

〔17〕至德之世：上古淳朴之世，相当于今日所谓原始社会。　填填：脚步迟重的样子。　颠颠：愚朴直视的样子。

〔18〕蹊（xī）：小路。　隧：孔道。此句说明陆路不通。

〔19〕乡：住所。

〔20〕遂长：繁茂地生长。

〔21〕闚（kuī）：通“窥”，从孔隙中窥望。

〔22〕同：混杂。

〔23〕族：聚在一起。　并：并列。

〔24〕同：通“侗”，无知的样子。下“同乎无欲”，“同”亦通“侗”。

〔25〕德：指人的自然本性。　离：离散，丧失。

〔26〕圣人：这里指儒家所说的“圣人”。

〔27〕蹩躠（bié xiè）：行走困难的样子。引申为勉强用心力的意思。

〔28〕踶跂（zhì qǐ）：踮起脚尖。意同“蹩躠”。

〔29〕澶（dàn）漫：放纵逸乐。

〔30〕摘僻：烦屑拘泥的样子。

〔31〕纯朴：原始的木材。　残：雕斫。

〔32〕牺尊：刻有牛形花纹的酒器。尊，通“樽”，盛酒器。

〔33〕珪璋：玉器。上锐下方者为珪，形似半珪者为璋。

〔34〕相靡：互相摩擦，表示亲顺。

〔35〕相踶：用后脚相踢。踶，通“踢”。

〔36〕知：通“智”，智慧。　已：止。

〔37〕夫：句首发语词，无义。　衡：辕前横木。　扼：通“轭”，叉马颈之木。　月题：马额上的装饰物。

〔38〕介倪：损折车輗。

〔39〕闉（yīn）扼：曲颈企图从轭下逃脱。闉，弯曲。

〔40〕鸷曼：指马狂突不羁，试图挣脱。鸷，猛。曼，突。

〔41〕诡衔：狡猾地吐出衔子。

〔42〕窃辔：偷偷地啃咬辔头。

〔43〕态（態）：通“能”，能够。

〔44〕赫胥氏：传说中的上古帝王。

〔45〕哺：口中所含食物。　熙：通“嬉”，嬉戏。

〔46〕以：通“已”，止。

〔47〕曲折：弯曲身体。　匡：匡正。　县跂：高高悬起，使人企而望之。县，通“悬”。跂，企望。

〔48〕踶跂（zhì qí）：勉强企求的样子。

【译文】

马，蹄子可以用来践踏霜雪，毛可以用来抵御风寒，吃草饮水，翘足跳跃，这就是马的真性。即使有高台大殿，对它也没有用处。等到伯乐出现，他说：“我会调教马。”于是他就烧灼马毛，剪剔马毛，凿削马蹄，火烙马毛以作标记，同时给马络上笼头，套上足绊，又用绳索把马群纠集起来，编入马槽，这样，马便死去十分之二三了；然后使马忍受饥渴，快速奔驰，步伐整齐，前面有口衔饰物的灾患，后面有皮鞭竹策的威胁，这样，马就死掉大半了。陶工说：“我会烧制陶器，使圆的合乎圆规的标准，方的合乎矩器的规格。”木匠说：“我会削木，使曲的合乎曲尺的弯度，直的合乎墨线的直度。”那陶土、树木的本性，难道要合乎圆规、矩器、曲尺、墨线的要求吗？然而世世代代都称赞说：“伯乐会调教马，而陶工木匠会制作陶土木材。”这也是那些治理天下的人的过错啊！

我以为会治理天下的人不是这样。人民有自然的本性，他们织出布来穿，种出粮食来吃，这就是共同的本能；浑然纯一，而无所偏私，这就是放任自乐。所以至德的时代，人民的行为迟重，朴拙无心。在那个时候，山中没有路径通道，水上没有船只桥梁。万物都生长在一起，居住的地方互相毗连；飞禽走兽成群结队，花草树木繁茂生长。因而禽兽可任人牵着到各处游玩，鸟鹊的窠巢可以攀援上去窥望。在至德的时代，人与禽兽混杂而居，和万物生活在一起，哪里有君子小人的区别呢？人们都不用智巧，本性就不会离失；人们没有贪欲，所以都纯真朴实；纯真朴实便能保持人民的本性了。等到圣人出现，勉强用力，挖空心思地推行仁义，天下的人们才开始疑惑；放纵逸乐，烦屑拘泥地追求礼乐，天下的人们才开始变坏。所以原始的木材不被雕斫，怎么会有酒器？洁白的璞玉不被毁坏，怎么会有珪璋？道德不被废弛，哪会有仁义？真性不被离弃，哪会用礼乐？五色不被搅乱，怎会有文采？五声不被错乱，怎会合六律？损坏原木来做器具，那是工匠的罪过；毁坏道德来推行仁义，这是圣人的过错。

马，在陆地上生活，吃草饮水，高兴时脖颈相靠互相摩擦，发怒时背面相对用后脚相踢。马的智力仅限于此而已。等到给它加上了车衡颈扼，装饰了额前佩物，于是马就懂得了损折车輗、曲颈脱轭、狂突不羁、吐避衔子、偷咬辔头。所以说马的智力竟能达到违人意而做坏事的程度，那是伯乐的罪过。在赫胥氏的时代，人民安居而不知道干什么，悠游而不知道去哪里，口中含着食物而嬉戏，腆着肚子去游玩，人民所能做的就只是这样了。等到圣人出现，便用屈曲折旋的行礼来匡正天下人的形体，用标榜的仁义来安慰天下人的心灵，于是人民才开始竭力去追求巧智，竞逐私利，而不能制止。这也是圣人的过错啊！

【评析】

明末大儒王夫之在《庄子解》中说："外篇则但为《老子》作训诂，而不能探化理于玄微。"此言很有道理。《骈拇》《马蹄》两篇主旨相近，皆在剽剥儒学，抨击仁义，这大概都是从老子《道德经》十八章"大道废，有仁义"及三十八章"故失道而后德，失德而后仁，失仁而后义，失义而后礼。夫礼者，忠信之薄，而乱之首"而来，并加以引申发挥而成。老子但言儒家的仁义礼乐为大道之末，不仅不足以为治，而且适足以为乱。《庄子》

这两篇则继承此旨，而从自然本性角度来加以论证，这大概也是受到战国中后期人性论思潮的影响。

《马蹄》开篇即言马之本性：食草饮水，奔腾欢悦，活得悠然自得，颇具风骨。伯乐一来，从此汩没性灵。后世的韩愈因为感士不遇，觉天下真知马者寡，叹曰："世有伯乐，然后有千里马，千里马常有，而伯乐不常有。故虽有名马，只辱于奴隶人之手，骈死于槽枥之间，不以千里称也。"那么所谓的伯乐又是怎样对待这些马儿的呢？庄子用一连串惊心动魄的动词为我们刻画了一幅幅真实到近乎残酷的画面："烧之，剔之，刻之，雒之，连之以羁馽，编之以皁栈，马之死者十二三矣；饥之，渴之，驰之，骤之，整之，齐之，前有橛饰之患，而后有鞭筴之威，而马之死者已过半矣。"马儿满身伤痕，死者过半，受尽苦难与折磨的幸存者也只能在鞭子下和车套中苟延残喘，度过丧失尊严的馀生。而这一切，仅仅源自伯乐的一句"我善治马"！以自我为中心的人类，何曾考虑过马儿的喜怒哀乐，更何曾考虑过其馀生物与我们共存一隅所被迫承受的境遇有多么不堪？在旷野上狂奔的马比起在车前温顺乖巧的马来，原本是更自由更快乐。即使没有丰盛的水草，即使可能遭受虎狼的追逐，但没有一匹马的天性里会心甘情愿地写着"驯服"，它们都是野地里随意往来的灵魂，绝不会堕落到丢弃性命之实而去换取仁义之名的虚伪之境。庄子不是说情愿做污水塘里自在游戏的乌龟，也不愿登上庙堂受到膜拜吗？其实这又与《养生主》篇的宗旨相通了，只不过《养生主》是以个人为主体，依乎天理，终其天年，而此篇是以天下万民为主体，顺民之欲，尽民之性罢了，其间的原理都是要顺应其自然本性，而不是去侵害它。但后世帝王却不如此，其所谓治，恰恰是不顾百姓本性的自作聪明、任意妄为，这正是有损其本性的，因而实际上对百姓造成了重大的伤害。所以老庄对仁义的批判实是痛心于当世，并非无端之辞，空穴来风。

胠　箧

【题解】

本篇亦可谓“为《老子》作训诂”，《老子》十九章云：“绝圣弃知。”本篇即发挥此旨。作者认为圣、智之法，不足以防患止乱，而适足以成为大盗的凭借，危害天下。文章从理论与历史事实两个方面进行论证，富于雄辩。另一方面，作者重提其所向往的“小国寡民”的原始社会，这亦是来自《老子》。文章以箧、囊、匮喻天下、国家，以缄、縢、扃、鐍喻圣、智之法，又以盗贼负匮、揭箧、担囊而趋，喻田成子一类窃国并与其圣、智之法，雄辩滔滔，一气直下，兴尽而后已，真有长江大河一泻千里之势。文中“窃钩者诛，窃国者为诸侯”的论断成为千古传诵的醒世名言。

将为胠箧〔1〕、探囊、发匮之盗而为守备〔2〕，则必摄缄縢〔3〕，固扃鐍，此世俗之所谓知也〔4〕。然而巨盗至，则负匮、揭箧、担囊而趋〔5〕，唯恐缄縢、扃鐍之不固也。然则乡之所谓知者〔6〕，不乃为大盗积者也〔7〕？

【注释】

〔1〕胠（qū）：从旁打开。　箧（qiè）：小箱子。

〔2〕探囊：掏摸袋子。　发匮：开柜。匮，通“柜”。　守备：防守戒备。

〔3〕摄：结，扎紧。　缄（jiān）、縢（téng）：皆为绳索。

〔4〕扃（jiōng）：关钮。　鐍（jué）：箱子上加锁的绞钮。　知：通“智”，明智。下“所谓知”同。

〔5〕负：背。　揭：举。　趋：跑。
〔6〕乡：通“向”，前面。
〔7〕不乃：不正是。　积：做准备。

【译文】

为了对付撬箱子、掏袋子、开柜子的盗贼而防备，就一定要捆紧绳索，关紧锁钮，这就是世俗人常说的聪明。但是大盗一来，便背起柜子、举起箱子、挑起袋子而迅速逃走，还唯恐绳子锁钥不够结实。这样看来，以前所谓的聪明，不正是在替大盗做准备吗？

故尝试论之，世俗之所谓知者，有不为大盗积者乎？所谓圣者，有不为大盗守者乎？何以知其然邪？昔者齐国〔1〕，邻邑相望，鸡狗之音相闻，罔罟之所布，耒耨之所刺〔2〕，方二千馀里。阖四竟之内〔3〕，所以立宗庙社稷，治邑屋州闾乡曲者〔4〕，曷尝不法圣人哉？然而田成子一旦杀齐君而盗其国〔5〕。所盗者，岂独其国邪？并与其圣知之法而盗之〔6〕。故田成子有乎盗贼之名，而身处尧、舜之安，小国不敢非，大国不敢诛〔7〕，十二世有齐国。则是不乃窃齐国并与其圣知之法，以守其盗贼之身乎？

尝试论之，世俗之所谓至知者，有不为大盗积者乎？所谓至圣者，有不为大盗守者乎？何以知其然邪？昔者龙逢斩，比干剖〔8〕，苌弘胣，子胥靡〔9〕，故四子之贤，而身不免乎戮。故跖之徒问于跖曰〔10〕：“盗亦有道乎？”跖曰：“何适而无有道邪〔11〕？夫妄意室中之藏〔12〕，圣也；入先，勇也；出后，义也；知可否，知也；分均，仁也。五者不备，而能成大盗者，天下未之有也。”

由是观之，善人不得圣人之道不立，跖不得圣人之道不行；天下之善人少而不善人多，则圣人之利天下也少而害天下也多。

故曰：唇竭则齿寒，鲁酒薄而邯郸围[13]，圣人生而大盗起。掊击圣人，纵舍盗贼[14]，而天下始治矣！夫川竭而谷虚，丘夷而渊实[15]；圣人已死，则大盗不起，天下平而无故矣[16]！圣人不死，大盗不止。虽重圣人而治天下[17]，则是重利盗跖也[18]。为之斗斛以量之[19]，则并与斗斛而窃之；为之权衡以称之[20]，则并与权衡而窃之；为之符玺以信之[21]，则并与符玺而窃之；为之仁义以矫之[22]，则并与仁义而窃之。何以知其然邪？彼窃钩者诛[23]，窃国者为诸侯，诸侯之门而仁义存焉。则是非窃仁义圣知邪？故逐于大盗，揭诸侯[24]，窃仁义并斗斛权衡符玺之利者，虽有轩冕之赏弗能劝[25]，斧钺之威弗能禁[26]。此重利盗跖而使不可禁者，是乃圣人之过也。

故曰："鱼不可脱于渊，国之利器不可以示人[27]。"彼圣人者，天下之利器也，非所以明天下也。故绝圣弃知，大盗乃止；擿玉毁珠[28]，小盗不起；焚符破玺，而民朴鄙[29]；掊斗折衡，而民不争；殚残天下之圣法[30]，而民始可与论议；擢乱六律[31]，铄绝竽瑟[32]，塞瞽旷之耳[33]，而天下始人含其聪矣[34]；灭文章[35]，散五采，胶离朱之目[36]，而天下始人含其明矣；毁绝钩绳，而弃规矩，攦工倕之指[37]，而天下始人有其巧矣。故曰："大巧若拙。"削曾、史之行[38]，钳杨、墨之口[39]，攘弃仁义[40]，而天下之德始玄同矣[41]。彼人含其明，则天下不铄矣[42]；人含其聪，则天下不累矣[43]；人含其知，则天下不惑矣；人含其德，则天下不僻矣[44]。彼曾、史、杨、墨、师旷、工倕、离朱，皆外立其德，而以爚乱天下者也[45]，法之所无用也。

【注释】

〔1〕齐国：齐本为姜尚之后。公元前481年，齐大夫田常杀国君简公，立简公弟为平公，而自专国政。由平公历宣公至康公，田常的曾孙田和终于逐君而自立为诸侯，国号仍为齐。此处指姜氏之齐。

〔2〕罔：通“网”，渔网。　罟（gǔ）：网的总称。　布：分布。指渔猎。　耨（nòu）：锄草农具。　刺：扎入，指耕耘。

〔3〕阖（hé）：全。　四竟：四境。竟，通“境”，边境。

〔4〕宗庙：古代天子、诸侯祭祀祖先之处。　社稷：祭祀土神、谷神之处。　邑屋州闾乡：都是古时划分城乡区域的名称。　曲：指乡间偏僻一隅之地。

〔5〕田成子：即田常，又称陈恒。

〔6〕知：通“智”，明智。

〔7〕非：非议。　诛：诛伐。

〔8〕昔：从前。　龙逢：即关龙逢，桀王贤臣，以直谏而被斩首。　比干：纣王庶叔，以忠谏而被剖心。二人亦均见《人间世》《外物》二篇。

〔9〕苌弘：周灵王贤臣，因遭谗被放逐。归蜀后，自恨怀忠召祸，自刳而死。又见《外物》篇。　胣（chǐ）：刳肠。　子胥：即伍子胥，名员，字子胥。楚国大夫伍奢次子。楚平王七年，伍奢被诛，伍子胥逃至吴国。后谏吴王夫差，不从，遂赐剑以死，并以皮囊裹其尸而投于江中。又见《至乐》《外物》二篇。　靡：通“縻”，縻烂。

〔10〕跖：指盗跖。

〔11〕适：至，到。

〔12〕妄意：凭空猜测。

〔13〕竭：通“揭”，掀起。　鲁酒薄而邯郸围：有两种说法。其一，楚国会诸侯，鲁国和赵国都给楚王献酒，鲁国的酒淡薄而赵国的酒浓郁。楚国主酒吏向赵国讨酒，赵不给，于是他用鲁酒调换了赵酒，楚王因赵酒淡薄而围攻其都城邯郸。其二，楚宣王会诸侯，鲁恭公后到，而且献的酒也淡薄。楚宣王不高兴，想侮辱他，鲁恭公据理反驳，不辞而别。楚宣王

很生气，于是就出兵鲁国。以前，梁惠王一直想攻打赵国，但唯恐楚国援救而不敢出兵，现在适逢楚鲁相争，于是就趁机围攻邯郸。此事说明事物之间的因果关系。

〔14〕掊（pǒu）击：打倒。　纵舍（shě）：放走。

〔15〕竭：尽，指干涸。　夷：平。

〔16〕故：意外的事故。

〔17〕重：尊重。

〔18〕重：增益。

〔19〕斗斛（hú）：量器，古时以十斗为一斛，后世又以五斗为一斛。

〔20〕权衡：指秤。权，秤锤。衡，秤杆。

〔21〕符：古代朝廷传达命令或征调兵将所用的凭证。　玺（xǐ）：本为印的统称，秦以后专指皇帝的印。

〔22〕矫：匡正。

〔23〕钩：腰带钩。

〔24〕逐于大盗：相率而趋于大盗。　揭诸侯：谓夺取诸侯之位。

〔25〕轩冕：指官禄爵位。　劝：劝止。

〔26〕斧钺：指刑戮。古刑具，小称斧，大称钺。

〔27〕国之利器：指圣人所制定的治理天下的法则。语出《老子》。

〔28〕擿（zhì）：投掷。

〔29〕朴鄙：返朴还淳，而归鄙野。

〔30〕殚残：全部毁弃。殚，尽。

〔31〕擢乱：搅乱。

〔32〕铄绝：烧断。　竽、瑟：皆为乐器。竽，古簧管乐器。瑟，拨弦乐器。

〔33〕瞽旷：即师旷，春秋时晋国乐师，极精音律，因其目盲，故称瞽旷。

〔34〕含：有，怀养。　聪：指高度灵敏的听觉。

〔35〕文章：泛指文采。青和赤相配合叫作“文”，赤和白相配合叫作“章”。

〔36〕离朱：传为黄帝时人，百步能见毫末，千里能见针尖，视力极佳。

〔37〕钩：木工划曲线的工具。　攦（lì）：折断。　工倕（chuí）：传为尧时的巧匠。

〔38〕曾：曾参，字子舆，孔子弟子，至孝。　史：史鳅，字子鱼，卫灵公大臣，以忠直著称。

〔39〕钳：封闭。　杨墨：杨朱、墨翟，二人均善辩论。
〔40〕攘：排除。
〔41〕玄同：混同为一。
〔42〕铄：通“烁”，烁乱炫目。
〔43〕累：忧患。
〔44〕僻：邪恶。
〔45〕爚（yuè）：火乱飞的样子。

【译文】

所以我曾试图作申论，世俗人常说的聪明，能有不替大盗做准备的吗？常说的圣人，能有不替大盗守备的吗？怎么知道是这样的呢？从前的齐国，相邻的村庄能互相看得见，鸡鸣狗叫的声音能互相听得到，渔网所撒到的地方，犁锄所耕作的地方，方圆有二千多里。整个国境之内，凡是建立宗庙社稷，以及治理大小不同的行政区域，何尝不是效法圣人的呢？但是田成子一旦杀了齐国君主就盗取了齐国。他所盗取的岂止是那个国家吗？连同齐国圣智的法规制度也一起盗取了。所以田成子虽然有盗贼的名称，却身居君位像尧、舜治国时一样的安稳，小国不敢非议他，大国不敢诛伐他，在齐国经历了十二世。这岂不正是窃取了齐国，连同那圣智的法规制度也窃取了，借以保护他的盗贼之身吗？

我曾试图作申论，世俗人常说的最聪明的，能有不替大盗做准备的吗？常说的至圣，能有不替大盗守备的吗？怎么知道是这样的呢？从前，关龙逢被斩首，比干被剖心，苌弘自刎而死，伍子胥尸体糜烂江中，像这四个人的贤能都不能免于杀身之祸。因此盗跖的徒众问盗跖说：“做盗贼也有道吗？”盗跖说：“到哪里能没有道呢？能猜测到屋里藏着什么财物，就是圣明；能带头进入屋子，就是勇敢；能最后出来，就是义气；能预知计划是否可行，就是智慧；能分赃平均，就是仁德。这五样不具备而能成为大盗，这是天下从来没有的事。”由此看来，善人如果不懂得圣人之道就不能立身，盗跖如果不懂得圣人之道就不能行窃；天下的善人少而不善的人多，那么圣人使天下受利的地方少而使天下受害的地方多。

所以说：嘴唇没有了，牙齿便觉得寒冷，鲁国进献的酒味薄，便导致赵国的邯郸被围，圣人出现，大盗便兴起了。打倒圣人，放走盗贼，天下才能太平。川中流水干了，山谷就会空寂，山丘削了，深渊才可填平；圣人死了，大盗就不会兴起，天下便太平无事了。如果圣人不死，大盗便不会停止。虽然尊重圣人的言行来治理天下，却使盗跖得到更多的利益。圣人制造了斗斛来量谷物，大盗却连斗斛一起给偷走；制成了秤来称东西，却连秤一起偷走；刻造印章来取得诚信，却连印章也一起偷走；提倡仁义来矫正世俗，却连仁义也一起偷走。怎么知道是这样的呢？那些偷窃衣钩微物的人便遭刑杀，而盗窃国家的人反倒成为诸侯，诸侯的门里就有仁义了。这岂不是盗窃了仁义圣智了吗？因此，那些追随大盗，夺取诸侯高位，窃取仁义及斗斛、秤、印章获取利益的人，即使用高官厚禄的封赏也不能劝阻他们，用杀戮的威严也不能禁止他们。这样使盗跖得到更多的利益而不能被禁止的，都是圣人的过错。

所以说:“鱼不能离开深渊，治理国家的法则不能向人公开显示。”那些圣人的主张，就是治理天下的法则，不可以明示于天下。所以抛弃聪明智巧，大盗才能停止；毁弃珠玉，小盗就没有了；烧毁印章，人民就可复归纯朴；击破斗秤，人民就不会相争了；全部毁弃天下的圣人之法，人民才可以参与议论；搅乱六律音调，销毁管弦乐器，塞住师旷的耳朵，天下的人才能保全灵敏的听觉；毁灭文饰，拆散五采，粘住离朱的眼睛，天下的人才能保全清楚的视觉；毁断画曲线和直线的钩绳，抛弃画圆形和方形的规矩，折断工倕的手指，天下的人才能保全高超的技巧。所以说:“最大的智巧好像很笨拙一样。”除掉曾参、史鱼的行为，封住杨朱、墨翟的口舌，排除仁义，天下人的德性才能达到混同为一的境地。人人能保全清楚的视觉，那么天下就不会迷乱了；人人能保持灵敏的听觉，那么天下就没有忧患了；人人能保全高超的智巧，那么天下就不会眩惑了；人人能保全天赋的德行，那么天下就不会出现邪恶了。像曾参、史鱼、杨朱、墨翟、师旷、工倕、离朱等人，都是向外炫耀他们的德行，用来扰乱天下，这些都是大道所不足取的。

子独不知至德之世乎？昔者容成氏、大庭氏、伯皇氏、中央氏、栗陆氏、骊畜氏、轩辕氏、赫胥氏、尊卢氏、祝融氏、伏牺氏、神农氏[1]，当是时也，民结绳而用之，甘其食，美其服，乐其俗，安其居，邻国相望，鸡狗之音相闻，民至老死而不相往来。若此之时，则至治已。今遂至使民延颈举踵[2]，曰“某所有贤者”[3]，赢粮而趣之[4]，则内弃其亲而外去其主之事，足迹接乎诸侯之境，车轨结乎千里之外，则是上好知之过也[5]。

上诚好知而无道，则天下大乱矣。何以知其然邪？夫弓弩[6]、毕弋[7]、机变之知多[8]，则鸟乱于上矣；钩饵、罔罟、罾笱之知多[9]，则鱼乱于水矣；削格[10]、罗落[11]、罝罘之知多[12]，则兽乱于泽矣；知诈渐毒[13]、颉滑坚白[14]、解垢同异之变多[15]，则俗惑于辩矣。故天下每每大乱[16]，罪在于好知。故天下皆知求其所不知，而莫知求其所已知者；皆知非其所不善，而莫知非其所已善者，是以大乱。故上悖日月之明[17]，下烁山川之精[18]，中堕四时之施[19]；惴耎之虫[20]，肖翘之物[21]，莫不失其性。甚矣，夫好知之乱天下也！自三代以下者是已。舍夫种种之民而悦夫役役之佞[22]，释夫恬淡无为而悦夫啍啍之意[23]，啍啍已乱天下矣。

【注释】

〔1〕子：你。　“容成氏”至“神农氏”：此十二氏皆为古代传说中的帝王。

〔2〕遂：竟。　延颈举踵：伸长脖子，抬起脚跟。形容盼望甚切。

〔3〕某所：某地方。

〔4〕赢：担。　趣：通“趋”，奔赴。

〔5〕上：诸侯之君。　知：通“智”，智巧。

〔6〕弩：用机栝发箭的弓。

〔7〕毕：带柄的网。　弋（yì）：系绳的箭。

〔8〕机：弩上钩弓弦的机栝。　知：通“智”，智巧。

〔9〕罾（zēng）：用竿做支架的渔网。　笱（gǒu）：捕鱼的竹器，鱼能入而不能出。

〔10〕削格：用以张罗网的东西。削，竹竿。格，木柄。

〔11〕罗落：即罗网。落，通“络”。

〔12〕罝罘（jū fú）：是两种捕兽的网。

〔13〕知：通“智”，智巧。　渐毒：欺诈。

〔14〕颉滑：奸黠。　坚白：指战国时期名家的诡辩论题“坚白论”。

〔15〕解垢：诡曲之辞。　同异：即“合同异”，是战国名家的又一诡辩论题。

〔16〕每每：昏昏，糊涂。

〔17〕悖：亏蚀。

〔18〕烁：销毁。

〔19〕堕：毁坏。　四时之施：指四季的炎凉风雨。

〔20〕惴耎（chuǎn ruǎn）：蠕动的样子。

〔21〕肖翘之物：指飞翔的小虫。肖，小。翘，轻，飞物。

〔22〕种种：淳朴的样子。　役役：奸猾的样子。　佞：指巧言谄媚之人。

〔23〕释：丢弃。　哼哼（zhūn）：多言的样子。

【译文】

你不知道至德的时代吗？从前容成氏、大庭氏、伯皇氏、中央氏、栗陆氏、骊畜氏、轩辕氏、赫胥氏、尊卢氏、祝融氏、伏牺氏、神农氏，在那个时代，人民结绳来记事，吃得很香甜，穿得很美观，生活得很顺意，休息得很安适，相邻的国家能互相看得见，鸡鸣狗叫的声音能互相听得着，人民之间直到老死也不互相往来。像这样的时代，就是高度的太平了。现在竟然致使人民伸长脖子、抬起脚跟地盼望，说“某地方有贤人”，于是担着粮食而奔向贤人，他们抛弃了自己的双亲，离开了自己的君主，足迹频繁地出入于各诸侯的国境，车辙往来交错于千里之外，这是国君喜好智巧的过错。

高居上位的人喜好智巧而摒弃大道，天下就会大乱。怎么知道是这样的呢？那使用弓弩、鸟网、机变的智巧多了，鸟儿就会在空中不安地乱飞；使用鱼钩、钓饵、渔网、鱼笼的智巧多了，鱼儿就会在水中乱游；使用木栅、罗网、兽网的智巧多了，野兽就会在草泽中乱蹿；运用诳骗欺诈、坚白之论、同异之辩的权变多了，世俗之人就会被诡辩所迷惑。所以天下昏昏大乱，罪过便在于喜好智巧。天下的人只知道追求他们所不知道的知识，而并不知道探求他们分内已经认识的事物；只知道谴责他们认为暴君大盗的不好行为，而并不知道批判曾经认为圣君仁义的伪善，因此天下才会大乱。所以上则亏蚀了日月的光辉，下则销毁了山川的精气，中则毁坏了四季的运行；无足的爬虫，飞翔的小虫，没有不丧失本性的。那些喜好智巧的人扰乱天下到达这般地步啊！自从夏、商、周三代以后都是这样的。舍弃淳朴的百姓而喜好奸猾的佞民，丢弃恬淡无为而喜好烦琐的说教，烦琐的说教已经扰乱天下了。

【评析】

本文写作风格虽然与《骈拇》《马蹄》二篇整体上一致，都是以比喻引起全文，并作为线索贯穿全文，但上两篇的比喻却是四平八稳，相比之下，本文的比喻极具震撼。将箱柜锁好防备小偷，是现实生活中的一个常识，当我们按此常识做好防备，以为万无一失，洋洋得意时，殊不知一旦真正的大盗到来，他就连箱柜一起搬走，反而唯恐它们没有锁好，我们的常识恰恰是帮助了大盗，害了自己。真有振聋发聩之感！常识是多么不可靠，当条件稍微有了改变，人们原以为是正确的信条就立即变成极大的错误，被奉为正确的常识一击即碎。可见，常识终究是小知，他只能保证我们在通常情况下做出正确的判断，遇到棘手问题时它就立即失效，小知不及大知，在大知看来，小知不仅是小，有时甚至就是无知、愚蠢。这个道理真是让人惊心动魄！

比喻打破常识，正论就更是对常识的突破。一般人也都同意儒家的看法，圣王明主以圣智之法治理天下，当然能够取得成效。然而在作者看来，所谓圣智之法也不过是常识，当遇见大盗时，它反倒会成为大盗的助手。历史上田氏代齐就是一个极好的例子，所谓窃钩者诛，窃国者侯，面对窃国大盗，竟也无人胆敢非议，更没有谁前去讨伐。而田氏不仅将国家占为己有，更连治国的圣智之法也一起为己所用，宣称自己以仁义治天下，化身正义，占据了道德制高点，于是就更加没有讨伐他的理由了。至此，儒家所奉为正确的圣智之法的弊端已经暴露无遗。然而作者仍不放过，又以戏谑之法将圣勇义智仁化为盗跖之道，将儒家与大盗等同，可谓刻薄。

因此，要真正使天下大治，必须绝圣弃智。这就是作者开出的药方。“故绝圣弃知，大盗乃止。”庄子一语热辣直截，釜底抽薪。乍一看来，叫人不可接受，怎么能为了杜绝坏的便把善的好的一同与之玉碎？这样做的代价高过成效，岂非大不合算？古人也有同感，但是他们指出“须知意在矫枉，自不嫌于过正耳”（陆树芝语）。又有人说：“矫偏而论，正而若反，读者须大其胸襟，空其我相，不得以习见参之。”（马其昶语）联系下文，我们也许能了解庄子为何如此极端。在庄子眼中，“好知”求进都是人为机巧，无用且有害。人间的理想状态是原始蒙昧社会，人们无知无识，返朴归真，从道德到技术都处于极低的水平。如果“上诚好知而无道，则天下大乱矣”。可见，仁义圣智在我们心中原是有价值的东西，而在庄子那里却根本是不值得追求的，所以摒弃仁义圣智不仅因为要遏制大盗，也在于其本身的害处。

在宥

【题解】

“在宥”，即宽然自存之意。作者认为，百姓固有其自然本性，按其自然本性生活，人类社会自然会和谐有序。一旦其自然本性被破坏，则整个社会都将陷入混乱。无论圣明如尧抑或暴虐如桀，其对百姓的自然本性的破坏都是一致的，文中所谓其于“撄人之心”则一，不过一使其乐，一使其苦罢了。因此，若不得已而君临天下，亦必采取在之宥之的无为态度，以便使人类的自然本性得到自由自在的发展，此即老子所谓的“无为而无不为”。文章先以总论“在宥”精神发端，接着连设崔瞿、黄帝、云将三段以为印证。最后复以两段议论总结全文。

闻在宥天下，不闻治天下也[1]。在之也者，恐天下之淫其性也[2]；宥之也者，恐天下之迁其德也[3]。天下不淫其性，不迁其德，有治天下者哉[4]？昔尧之治天下也，使天下欣欣焉人乐其性，是不恬也[5]；桀之治天下也，使天下瘁瘁焉人苦其性[6]，是不愉也。夫不恬不愉，非德也。非德也而可长久者，天下无之。

人大喜邪毗于阳[7]，大怒邪毗于阴。阴阳并毗，四时不至，寒暑之和不成，其反伤人之形乎！使人喜怒失位[8]，居处无常，思虑不自得，中道不成章[9]，于是乎天下始乔诘卓鸷[10]，而后有盗跖、曾、史之行[11]。故举天下以赏其善者不足，举天下以罚其恶者不给[12]；故天下之大不足以赏罚。自三代以下者，匈匈焉[13]，终以赏罚为事，彼何暇安其性命之情哉[14]！

而且说明邪[15]，是淫于色也[16]；说聪邪，是淫于声也；说仁邪，是乱于德也；说义邪，是悖于理也；说礼邪，是相于技也[17]；说乐邪，是相于淫也[18]；说圣邪，是相于艺也[19]；说知邪，是相于疵也[20]。天下将安其性命之情，之八者[21]，存可也，亡可也。天下将不安其性命之情，之八者，乃始脔卷獊囊而乱天下也[22]。而天下乃始尊之惜之[23]，甚矣天下之惑也！岂直过也而去之邪[24]！乃齐戒以言之[25]，跪坐以进之，鼓歌以儛之[26]，吾若是何哉！

故君子不得已而临莅天下[27]，莫若无为。无为也，而后安其性命之情。故贵以身于为天下，则可以托天下；爱以身于为天下，则可以寄天下。故君子苟能无解其五藏[28]，无擢其聪明[29]，尸居而龙见[30]，渊默而雷声[31]，神动而天随[32]，从容无为，而万物炊累焉[33]。吾又何暇治天下哉！

【注释】

〔1〕闻：听闻，听说。　在宥：谓任天下自由发展，不加人为的治理。在，谓优游自在。宥，谓宽容自得。　治：谓以礼乐、刑政进行人为的统治。

〔2〕淫：扰乱。

〔3〕迁：改变。

〔4〕有：哪里用得着。

〔5〕恬：心神宁静。

〔6〕瘁瘁（cuì）焉：忧虑的样子。

〔7〕邪：中医指一切致病的因素。　毗（pí）：伤。

〔8〕失位：失常，失调。

〔9〕中道：中和之道。　成章：有条理。

〔10〕乔：谓好高而过当。　诘：谓议论相诘责。　卓：谓特异，孤立。　鸷：谓猛厉。

〔11〕曾、史：即曾参、史鰌。二人并以仁孝闻名于世。

〔12〕给（jǐ）：足。

〔13〕暇：空闲。　匈匈：扰攘不安的样子。

〔14〕情：实。

〔15〕说：通“悦”，喜欢。

〔16〕淫：惑乱。

〔17〕相（xiàng）：助长。　技：指机巧。

〔18〕淫：淫乱之声。

〔19〕艺：谓多才多能。

〔20〕知：通“智”，智巧、计谋。　疵：指是非之类弊病。

〔21〕之：此。　八者：指上述所说的明、聪、仁、义、礼、乐、圣、智。

〔22〕脔（luán）卷：屈曲不舒的样子。　獊（cāng）囊：专横暴戾的样子。

〔23〕之：指上述八者。　惜之：犹言“爱之”。

〔24〕直：只，特。　过：过了一些时日以后。　去之：丢弃上述八者。

〔25〕齐：通“斋”。

〔26〕儛（wǔ）：通“舞”。

〔27〕临莅：来到、来临，指君王治国理政。

〔28〕解：离散。　藏：通“脏”。

〔29〕擢：拔。引申为滥用。

〔30〕尸居：像死尸一样不动。谓其居处宁静。　龙见：像龙一样腾现。谓其精神活跃。

〔31〕渊默：像死水一样静默。谓其沉默不言。　雷声：有雷鸣一般的声响。谓其有不言之言。

〔32〕神动而天随：谓精神活动，无不合于自然之理。

〔33〕万物炊累：谓万物如空中游尘，运行自在。炊，吹。累，谓微细而累多。

【译文】

只听说任天下自由发展，而没有听说对天下加以人为的治理。所谓优游自在，是怕天下的人扰乱自然本性；所谓宽容自得，是怕天下的人改变自然德性。天下的人不扰乱自然本性，不改变自然德性，又哪里用得着人为的治理呢？从前尧治理天下的时候，使天下人都高高兴兴，各乐其本性，这是心神不恬静；桀治理天下的时候，使天下人都感到忧虑，各苦其本性，这是心神不愉悦。不恬静或不愉悦，都不是自然无为的德性。不是自然无为的德性而可以长治久安的，天下没有这样的事。

人过度高兴就会伤害阳气，过度愤怒就会伤害阴气。阴气阳气都被伤害，四时就不能按序而至，寒暑不能调和以成，岂不是反而伤害了人的身体吗！使人喜怒失常，生活没有常规，思虑不能自得其性，中和之道不成条理，那么天下人就会开始有自高、责人、特异、猛厉的表现，而后有盗跖、曾参、史鳅那种行为。所以尽天下之力用于奖赏也不足以劝善，尽天下之力用于惩罚也不足以止恶；因此尽天下之大还是不够赏罚的。自夏、商、周三代以来，人们扰攘不安，始终以受赏免罚为能事，哪里还有空闲安定自己的本性呢！

而且喜欢目明吗？这是会迷乱于色彩的；喜欢耳聪吗？这是会迷乱于音声的；喜欢仁吗？这是会扰乱德性的；喜欢义吗？这是会违背常理的；喜欢礼吗？这是会助长机巧的；喜欢乐吗？这是会助长淫乱之声的；喜欢圣者吗？这是会助长多才多能的；喜欢智计吗？这是会助长指是论非的弊病的。如果天下的人要想安于自然本性，这八个方面，就有也可以，没有也可以；如果天下的人要不想安于自然本性，这八个方面，就会使人局束、专横而扰乱天下。可是天下的人反而开始尊崇、爱惜它们，天下人的迷惑达到这般地步了啊！岂止是过了一些时日就愿意把它们抛弃掉的啊！竟然还要斋戒来称说它，恭恭敬敬地传授它，载歌载舞地赞颂它，我对这种情况又能怎么样呢！

所以君子要是不得已而去治理天下，最好是无为而治。无为然后才能安定本性。因此看重自己的自然生命甚于看重天下的人，是可以把天下托付给他的；爱惜自己的自然生命甚于爱惜天下的人，是可以把天下寄托给他的。所以君子如果能不离散五藏之性，不滥用聪明，居处宁静而精神活跃，沉默不言而又有不言之言，精神活动无不合于自然之理，从容无为，而万物都像空中游尘那样运行自在，那么我又哪里需要去治理天下呢！

崔瞿问于老聃曰[1]："不治天下，安藏人心[2]？"

老聃曰："女慎无撄人心[3]。人心排下而进上，上下囚杀[4]，淖约柔乎刚强，廉刿雕琢[5]，其热焦火，其寒凝冰[6]，其疾俯仰之间而再抚四海之外[7]。其居也渊而静，其动也县而天[8]。偾骄而不可系者[9]，其唯人心乎！昔者黄帝始以仁义撄人之心，尧、舜于是乎股无胈[10]，胫无毛，以养天下之形，愁其五藏以为仁义，矜其血气以规法度[11]。然犹有不胜也[12]，尧于是放讙兜于崇山[13]，投三苗于三峗[14]，流共工于幽都[15]，此不胜天下也。夫施及三王而天下大骇矣[16]。下有桀、跖，上有曾、史，而儒、墨毕起。于是乎喜怒相疑，愚知相欺，善否相非[17]，诞信相讥[18]，而天下衰矣；大德不同[19]，而性命烂漫矣[20]；天下好知，而百姓求竭矣[21]。于是乎釿锯制焉[22]，绳墨杀焉[23]，椎凿决焉[24]。天下脊脊大乱[25]，罪在撄人心。故贤者伏处大山嵁岩之下[26]，而万乘之君忧栗乎庙堂之上。今世殊死者相枕也[27]，桁杨者相推也[28]，刑戮者相望也，而儒、墨乃始离跂攘臂乎桎梏之间[29]。意[30]，甚矣哉！其无愧而不知耻也甚矣！吾未知圣知之不为桁杨接槢也[31]，仁义之不为桎梏凿枘也[32]，焉知曾、史之不为桀、跖嚆矢也[33]！故曰：绝圣弃知，而天下大治。"

【注释】

〔1〕崔瞿：虚构的人物。

〔2〕安：如何，怎么。　藏：当为“臧”字之误。臧，善。

〔3〕女：通“汝”。　慎：小心，谨慎。　撄：触犯，扰乱。

〔4〕排：排挤，压抑。　进：推崇，器重。　囚杀：谓憔悴。

〔5〕淖（chuò）约：柔媚的样子。　廉刿（guì）：刚强坚贞。廉，棱角。刿，锋利。

〔6〕焦火：焦灼之火。　凝冰：凝结之冰。

〔7〕疾：速度之快。　再：两次，再次。　抚：摸到，达到。

〔8〕渊：渊深、深沉。　县：通“悬”。

〔9〕偾（fèn）骄：谓亢奋骄矜，不可禁制。

〔10〕撄：扰乱。　股：大腿。　胈（bá）：大腿上的肉。

〔11〕藏：通“脏”，脏器。　矜：钳束。　规：建立。

〔12〕不胜：不能制服天下。

〔13〕放：流放。　讙（huān）兜：也作“驩兜”，尧的臣子。或传为黄帝之子，又名浑敦。　崇山：传说即今湖南大庸之崇山。

〔14〕投：抛，犹流放。　三苗：尧时诸侯，封三苗之国。　三峗：也作“三危”，在甘肃敦煌境内。

〔15〕共工：尧时水官，名穷奇。　幽都：传说即今北京密云境内。

〔16〕施（yì）：延续。　三王：谓夏、商、周三代的君主。　骇：震动。

〔17〕否（pǐ）：坏，恶。此指行恶之人。

〔18〕诞：荒诞不信实。此指夸诞之人。　讥：讥刺。

〔19〕大德：人类的根本德性。

〔20〕性命：指性命中的真实之情。　烂漫：散乱，丧失。

〔21〕求竭：汲汲于智慧，而丧尽了自然本性。

〔22〕釿（jīn）：通“斤”，斧子。　制：制裁。

〔23〕绳墨：能正木之曲直，借以比喻礼法。

〔24〕椎凿：肉刑之具。　决：判决。

〔25〕脊脊：通“藉藉”，谓互相践踏。

〔26〕伏处：隐遁。　嵁（kān）岩：山岩高深的样子。

〔27〕殊死：即斩首之刑。　相枕：极言死者之多。

〔28〕桁（háng）杨：加在囚犯脚上或颈上的刑具。　相推：谓接连不断。

〔29〕离跂：脚底半离地。此处引申为企盼止乱救人。　攘臂：谓捋

袖伸臂，高谈阔论。 桎梏：镣铐，在足曰桎，在手曰梏。此处泛指一切刑具。

〔30〕意：通“噫”，感叹词。

〔31〕接槢（xí）：接合桎梏两孔的大梁。

〔32〕凿：用来固定桎梏的卯眼。 枘（ruì）：榫头。

〔33〕嚆（hāo）矢：响箭。

【译文】

崔瞿问老聃说：“不治理天下，如何使人心向善呢？”

老聃说：“你要谨慎不可扰乱了人心。人们遭到排挤、压抑时情绪就低落，受到推崇、器重时情绪就高涨，人心因外界力量而一上一下就会憔悴不堪，人们在遭到排斥时往往表现出柔媚之态以求刚强之人的怜悯，这种人平日的所谓刚贞气节至此已全部刻削完了，此时内心焦急若火，又战惕如寒冰，这种变化疾速如同片刻之间再临四海之外。人心动静不同，其静如渊一般沉默，其动如天一般飞扬。亢奋骄矜而不可禁制，这就是人心啊！从前黄帝开始用仁义来扰乱人心，于是尧、舜大腿瘦得没有肉，小腿磨得没有毛，如此奔波劳苦来供养天下人的形体，他们愁苦心志来推行仁义，约束情感活动来建立法度。然而仍然不能制服天下，尧于是把讙兜放逐到崇山，把三苗流放到三峗，将共工流配到幽都，这就是不能制服天下。延续到夏、商、周三代，天下人受到了更大的惊扰。下有夏桀和盗跖一类的暴君大盗，上有曾参和史鳅一类的仁者，而且儒家和墨家也都兴起了。于是快乐之人与愤怒之人互相猜疑，愚钝的人与聪明的人互相欺骗，行善之人与行恶之人互相非议，荒诞之人与信实之人互相讥讽，而天下便日益衰落了；人们的根本德性各不相同，那性命中的自然之情便丧失了；天下人都喜欢智巧，百姓也便汲汲于智慧而丧尽自然本性了。于是用斤锯一类的刑具制裁百姓，用礼法伤害百姓，用肉刑之具判决百姓。天下因人们互相践踏而大乱，其罪过就在于扰乱了人心。所以贤明之人隐居在大山深岩之下，而万乘之君忧愁恐惧于朝廷之上。当今世上被砍头的人尸体相堆积，戴上枷锁的人接连不断，受刑戮的人满目皆是，而儒、墨之徒却企盼止乱、高谈阔论于枷锁之间。唉，太过分了！他们不觉惭愧又不知羞耻到极点了！我尚且不知道圣智是否为枷锁上的横木，仁义是否为镣铐上的卯眼榫头，又怎么能知道曾参、史鳅是否为夏桀、盗跖出现的先声呢！所以说：抛弃聪明智巧，天下才能大治。”

黄帝立为天子十九年，令行天下，闻广成子在于空同之上[1]，故往见之，曰："我闻吾子达于至道，敢问至道之精[2]。吾欲取天地之精，以佐五谷[3]，以养民人；吾又欲官阴阳[4]，以遂群生[5]，为之奈何？"广成子曰："而所欲问者[6]，物之质也[7]；而所欲官者，物之残也[8]。自而治天下，云气不待族而雨[9]，草木不待黄而落，日月之光益以荒矣，而佞人之心翦翦者[10]，又奚足以语至道！"

黄帝退，捐天下，筑特室，席白茅[11]，闲居三月，复往邀之。广成子南首而卧[12]，黄帝顺下风膝行而进[13]，再拜稽首而问曰[14]："闻吾子达于至道，敢问治身奈何而可以长久[15]？"广成子蹶然而起[16]，曰："善哉问乎！来！吾语女至道[17]。至道之精，窈窈冥冥；至道之极[18]，昏昏默默。无视无听，抱神以静，形将自正。必静必清，无劳女形，无摇女精[19]，乃可以长生。目无所见，耳无所闻，心无所知，女神将守形，形乃长生。慎女内，闭女外[20]，多知为败。我为女遂于大明之上矣[21]，至彼至阳之原也；为女入于窈冥之门矣，至彼至阴之原也。天地有官，阴阳有藏[22]，慎守女身，物将自壮。我守其一以处其和[23]，故我修身千二百岁矣，吾形未常衰[24]。"黄帝再拜稽首曰："广成子之谓天矣[25]！"广成子曰："来！余语女。彼其物无穷[26]，而人皆以为有终；彼其物无测，而人皆以为有极[27]。得吾道者，上为皇而下为王[28]；失吾道者，上见光而下为土[29]。今夫百昌皆生于土而反于土[30]，故余将去女，入无穷之门，以游无极之野。吾与日月参光[31]，吾与天地为常。当我，缗乎[32]！远我，昏乎！人其尽死，而我独存乎！”

【注释】

〔1〕广成子：庄子所虚构的全面体认大道的人物。　空同：虚构的山名。

〔2〕精：精髓，精微。

〔3〕精：精气。　佐：佐助。

〔4〕官：掌管，主宰。

〔5〕遂：成就。　群生：天下万物。

〔6〕而：通“尔”，你。

〔7〕物之质：道的精髓。

〔8〕物之残：指阴阳二气。

〔9〕而：通“尔”，你。　不待：未待。　族：聚。

〔10〕益：更加。　荒：昏暗。　翦翦：心地褊狭的样子。

〔11〕捐：抛弃。　筑：建造。　特室：远避喧嚣之声的斋室。　席白茅：以白茅铺地为席。白茅，白色茅草，表示洁净。

〔12〕南首：头朝南。

〔13〕顺：从。　下风：下方。　膝行：跪着用膝盖行走。

〔14〕再拜：拜两拜。　稽（qǐ）首：古时一种跪拜礼，叩首至地，是九拜中最恭敬者。

〔15〕长久：谓长寿。

〔16〕蹶然：惊起的样子。

〔17〕语：告诉。　女：通“汝”，你。下数“女”同。

〔18〕极：极致，即精微。

〔19〕摇：扰乱。

〔20〕内：指精神。　外：指耳目。

〔21〕遂：到达。　大明之上：指至道。

〔22〕天地有官，阴阳有藏：谓天地各有职司，自会管理自己；阴阳各有藏所，自会藏住自己。

〔23〕一：指至道。　和：阴阳调和。

〔24〕常：通“尝”。

〔25〕天：天公，是黄帝对广成子的尊称。

〔26〕彼其物：指道。

〔27〕无测：变化莫测。　有极：有形迹可寻。

〔28〕上为皇而下为王：谓天地上下都会尊奉归附他。

〔29〕上见光而下为土：生时仅见天光，死后便为腐土。谓其与物无异。

〔30〕百昌：即百物。

〔31〕参：通“叁”。

〔32〕缗：通“冥”，昏暗。

【译文】

黄帝在位为天子十九年，政令通行于天下，他听说广成子在空同山上，就前往拜见，说：“我听说先生通达至道，请问至道的精髓是什么。我想取用天地的精气，来促使五谷生长，来养育人民；我还想掌管天地阴阳的变化，来顺应天下万物，应当如何做呢？”广成子说：“你想要问的，乃是道的精髓；你想要掌握的，乃是阴阳二气。自从你治理天下以来，风雨不调，万物凋零，日月的光辉一天比一天昏暗无光，你这个谄佞之人心地褊狭，怎么配得上谈‘至道’呢！”

黄帝回去以后，便抛弃了天下，修建了一间远避喧嚣之声的斋室，用白茅铺地而坐，清闲地住了三个月，又前往请教广成子。广成子头朝南躺着，黄帝从下方跪着用膝盖走过去，再拜叩头而问道：“听说先生通达至道，请问如何修身才可以长寿呢？”广成子惊异地起来，说：“你问得好啊！来吧！我告诉你至道。至道的精髓，幽远昏暗；至道的极致，昏暗玄静。不外视，不外听，持守心志专一静默，形体自然能够健康长寿。一定要心静，一定要神清，不要劳累你的身体，不要扰乱你的精神，就可以长生。眼睛不看望，耳朵不听闻，心里不思虑，你的精神才能守住形体，形体才可以长生。禁止精神活动，弃绝视听，智计多了就会败亡。我已把你领到光明的地方，到达那至阳的境界了；我已把你领到深远的领域，到达那至阴的境界了。天地各有职司，阴阳各有藏所，谨慎地持守自身，万物也自然会健壮成长。我执守至道来调和阴阳二气，所以我修身一千二百年了，我的形体未曾衰老。”黄帝再拜叩头说：“广成子可以称为天公了！”广成子说：“来吧！我告诉你。至道是无穷的，而人们都认为它有终结；至道是变化莫测的，而人们都认为它有形迹可寻。得到我这个‘至道’的人，天地上下都会尊奉归附他；丧失我这个‘至道’的人，生时仅见天光而死后便为腐土。现在万物都是生于土而又复归于土，所以我将要离开你，进入那无穷的领域，遨游于至道之中。我和日月并而为三，我与天地一样长存。向我来的，我不知其来；离我去的，我不知其去。人都会死去，而我却可以独存！”

云将东游〔1〕，过扶摇之枝而适遭鸿蒙〔2〕，鸿蒙方将拊脾雀跃而游〔3〕。云将见之，倘然止，贽然立〔4〕，曰：“叟何人邪〔5〕？叟何为此？”鸿蒙拊脾雀跃不辍〔6〕，对云将曰：“游！”云将曰：“朕愿有问也〔7〕。”鸿蒙仰而视云将曰：“吁〔8〕！”云将曰：“天气不和，地气郁结，六气不调〔9〕，四时不节。今我愿合六气之精以育群生，为之奈何？”鸿蒙拊脾雀跃掉头曰〔10〕：“吾弗知！吾弗知！”云将不得问。

又三年，东游，过有宋〔11〕之野而适遭鸿蒙。云将大喜，行趋而进曰：“天忘朕邪〔12〕？天忘朕邪？”再拜稽首，愿闻于鸿蒙。鸿蒙曰：“浮游〔13〕，不知所求；猖狂〔14〕，不知所往。游者鞅掌，以观无妄〔15〕。朕又何知！”云将曰：“朕也自以为猖狂，而民随予所往；朕也不得已于民，今则民之放也〔16〕。愿闻一言。”鸿蒙曰：“乱天之经，逆物之情，玄天弗成〔17〕；解兽之群[18]，而鸟皆夜鸣；灾及草木，祸及止虫[19]。意，治人之过也[20]！”云将曰：“然则吾奈何？”鸿蒙曰：“意，毒哉[21]！仙仙乎归矣[22]！”云将曰：“吾遇天难，愿闻一言。”鸿蒙曰：“意，心养[23]！汝徒处无为[24]，而物自化。堕尔形体，吐尔聪明[25]，伦与物忘，大同乎涬溟[26]；解心释神，莫然无魂。万物云云[27]，各复其根[28]，各复其根而不知；浑浑沌沌，终身不离[29]；若彼知之[30]，乃是离之。无问其名，无闚其情[31]，物固自生。”云将曰：“天降朕以德[32]，示朕以默[33]；躬身求之，乃今也得。”再拜稽首，起辞而行。

【注释】

〔1〕云将：虚构的名字。

〔2〕扶摇：生于东海的神木。　适：恰巧。　遭：遇见。　鸿蒙：虚构的名字。有混然无象之义。

〔3〕拊：拍打。　脾：通“髀”，大腿。

〔4〕倘然：惊疑的样子。　贽然：拱立的样子。

〔5〕叟：对老人的尊称。

〔6〕不辍（chuò）：不止。

〔7〕朕：我。

〔8〕吁（xū）：叹声，表示不以为然。

〔9〕六气：指自然变化的六种现象，即阴、阳、风、雨、晦、明。

〔10〕掉头：转过头来。

〔11〕有宋：宋国。有，词头，古时常加在朝代前，无义。

〔12〕天：对鸿蒙的尊称。

〔13〕浮游：游荡。

〔14〕猖狂：佚荡无拘束。

〔15〕游者：鸿蒙自指。　鞅掌：纷纭众多的样子。　无妄：指万物的真实面目。

〔16〕放：通“仿”，效仿。

〔17〕经：常道。 逆：违背。 情：真性。 玄天：玄远之天。
〔18〕解：解散。
〔19〕止虫：即“豸虫”。
〔20〕意：通“噫”，犹“唉”。 过：过错，过失。
〔21〕毒哉：叹其治物为祸太深。
〔22〕仙仙（xiān）：轻举的样子。
〔23〕心养：即劝其好好养心。
〔24〕徒：空，只。
〔25〕堕：通“隳（huī）”，毁弃，谓忘掉形体。 吐：抛弃。
〔26〕伦：理。 涬（xìng）溟：自然之气。
〔27〕莫然无魂：谓无知无识，如同没有灵魂。 云云：通“芸芸”，众多繁盛的样子。
〔28〕根：即道。
〔29〕不离：不离开大道。
〔30〕知之：指意识到自己返归大道。
〔31〕闚：通“窥”，窥见。 情：情实。
〔32〕天：指鸿蒙。 降：赐。 德：天德，天道。
〔33〕默：谓静默之行。

【译文】

云将到东方游玩，经过东海神木的枝头时，恰好遇到了鸿蒙，鸿蒙正在拍着大腿欢跳地游玩。云将看见了，惊疑地停下来，恭敬地站着，说：“老人家是谁呀？老人家为什么来这儿呢？”鸿蒙还是拍着大腿跳个不停，对云将说：“游玩！”云将说：“我想请教你一些问题。”鸿蒙抬头望着云将说：“啊！”云将说：“天气不均和，地气不通畅，六气不调和，四时变化不合时序。现在我想调和六气的精华来养育万物，要怎么做呢？”鸿蒙拍着大腿跳跃着，转过头说：“我不知道！我不知道！”云将没有得到问题的答案。

又过了三年，云将去东方游玩，经过宋国的田野时，恰好又遇到了鸿蒙。云将十分高兴，快步走上前说：“您忘记我了吗？您忘记我了吗？”云将再拜叩头，希望能得到鸿蒙的指教。鸿蒙说：“我只是随心游荡，不知贪求什么；佚荡无拘束，不知要到哪里去。我游心于纷纭的世间，来观看万物的真相。我又知道什么呢！”云将说:“我也想要随心佚荡，但人民总是要跟随着我；我无法谢绝民众，现在又被他们所效仿。希望听到您的指教。”鸿蒙说:“扰乱了自然的常道，违逆了万物的真性，冥冥中的老天爷是不会成就你的；兽群会离散，鸟类也惊鸣不安；灾祸殃及了草木，伤害了昆虫。唉，这些都是治理人民的过错呀！”云将说:“那么我该怎么办呢？”鸿蒙说:“唉，祸患太深啊！你还是回去吧！”云将说:“我遇见您很难得，希望听到您的指教。”鸿蒙说:“唉，那就好好养心吧！你只要自然无为，那么万物就会自生自化。忘掉你的形体，抛弃你的智慧，忘理忘物，与混混茫茫的自然元气浑同为一体；解除有知觉之心，抛弃有思虑之神，无知无识就好像没有灵魂。万物纷纭众多，各自回复到本真无妄的道中，各自回复道中而自己意识不到；浑然无知，终身不离开大道；如果它意识到自己返归大道，那就离开大道了。不要去询问它的名称，不要去窥视它的实情，万物本来就是自化自生的。”云将说:“鸿蒙赐给我天道，晓示我静默的行为；我亲身在追求道，现在才算得到了。”再拜叩头，起身辞别鸿蒙而去。

世俗之人，皆喜人之同乎己而恶人之异于己也。同于己而欲之〔1〕，异于己而不欲者，以出乎众为心也〔2〕。夫以出乎众为心者，曷常出乎众哉〔3〕！因众以宁所闻，不如众技众矣〔4〕。而欲为人之国者，此揽乎三王之利而不见其患者也〔5〕。此以人之国侥倖也〔6〕，几何侥倖而不丧人之国乎！其存人之国也，无万分之一；而丧人之国也，一不成而万有馀丧矣。悲夫，有土者之不知也〔7〕！

夫有土者，有大物也〔8〕。有大物者，不可以物物〔9〕，而不物故能物物。明乎物物者之非物也，岂独治天下百姓而已哉！出入六合〔10〕，游乎九州，独往独来，是谓独有〔11〕。独有之人，是谓至贵〔12〕。

大人之教〔13〕，若形之于影，声之于响，有问而应之，尽其所怀，为天下配[14]。处乎无响，行乎无方[15]。挈汝适复之挠挠，以游无端[16]；出入无旁，与日无始[17]；颂论形躯[18]，合乎大同，大同而无己。无己，恶乎得有有[19]！睹有者[20]，昔之君子；睹无者，天地之友。

【注释】

〔1〕欲：喜爱。

〔2〕以出乎众为心：谓其用意在超乎众人之上。

〔3〕曷常：即何尝。

〔4〕因众以宁所闻，不如众技众矣：谓依据大众的认同来坚信自己所听闻的道理，则其才智比大众的才智差太多了。宁，安，坚信。

〔5〕揽：通“览”，看到。　患：害。

〔6〕侥倖：指不停地追求私利的样子。

〔7〕有土者：犹言“有国者”。

〔8〕大物：指天下。

〔9〕物物：谓主宰天下。

〔10〕六合：谓天、地与四方。

〔11〕独有：谓独能与大道往来。

〔12〕至贵：至高无上的尊贵。

〔13〕大人：即独有之人。

〔14〕配：响应者。

〔15〕无响：寂静无声。　无方：不固定方位。

〔16〕挈：提。　汝：指举世之人。　挠挠：谓群动不已的样子。　端：端涯。

〔17〕无旁：无所依傍。旁，通“傍”。　与日无始：谓与太阳一样往来无穷极。

〔18〕颂论：容貌。

〔19〕有有：谓有物。

〔20〕睹：看。

【译文】

世俗的人，都喜欢别人赞同自己而厌恶别人不赞同自己。赞同自己就喜欢，不赞同自己就不喜欢，其用意在于超乎众人之上。那些想超过众人的人，何尝能出众呢！依据大众的认同来坚信自己的见闻，那么不如大众的才智太多了。而想要用喜同恶异之心治理天下的人，就是只看到三代帝王统治天下的利益而没有看到它的祸害。这是把国家作为谋求私利的凭借，可是能有多少谋求私利而不丧失其统治地位的呢！这样能保持统治地位的，没有万分之一；可是丧失统治地位的，成功的未曾有一次，而失败的却不止上万次了。可悲啊，那统治天下的人不明白这一点呀！

统治天下的人，就是拥有天下。为天下所累的人，就不足以主宰万物，而无心治理天下才可以主宰万物。明白主宰万物的不是常物，哪里只能治理天下百姓而已呢！他能够出入于天地四方，遨游于九州，独往独来，这就是独能与大道往来。这样的人，就是至高无上的尊贵了。

独有之人的教导，就好像是形体对于影子，声音对于回响，有问必有所答，把心里想到的和盘托出，来做天下人的响应者。处身于寂静无声之中，行动没有固定的方位。引导纷乱的人群，一同游于无端无始的大道之中；出入没有依傍，与太阳一样往来无穷极；容貌形体，与常人相同，与常人相同而能做到忘我。忘掉自我，哪里还会看到有万物呢！从“有”的观点看待万物的人，在三代帝王时期被称为君子；只有以“无”的观点看待万物的人，才可以称为天地的朋友。

贱而不可不任者〔1〕，物也；卑而不可不因者〔2〕，民也；匿而不可不为者〔3〕，事也；粗而不可不陈者〔4〕，法也；远而不可不居者〔5〕，义也；亲而不可不广者〔6〕，仁也；节而不可不积者〔7〕，礼也；中而不可不高者〔8〕，德也；一而不可不易者〔9〕，道也；神而不可不为者〔10〕，天也。故圣人观于天而不助〔11〕，成于德而不累〔12〕，出于道而不谋，会于仁而不恃〔13〕，薄于义而不积〔14〕，应于礼而不讳〔15〕，接于事而不辞〔16〕，齐于法而不乱〔17〕，恃于民而不轻[18]，因于物而不去[19]。物者，莫足为也，而不可不为。不明于天者，不纯于德，不通于道者，无自而可；不明于道者，悲夫！何谓道？有天道，有人道。无为而尊者，天道也；有为而累者[20]，人道也。主者[21]，天道也；臣者，人道也。天道之与人道也，相去远矣，不可不察也。

【注释】

〔1〕任：依凭。
〔2〕因：随顺。
〔3〕匿：模糊不明。
〔4〕粗：粗疏、粗略。　陈：施行。
〔5〕远：指距离大道甚远。　居：遵守。
〔6〕亲：有偏爱。　广：推广。
〔7〕节：虚文礼节。　积：会通。
〔8〕中：平庸。　高：发扬。
〔9〕一：谓与自然为一体。　易：变易，更改。
〔10〕神：神妙莫测。　为：有所作为。
〔11〕不助：谓顺其自然而已。
〔12〕不累：不受其束缚。
〔13〕会：符合。　恃：依靠，依赖。
〔14〕薄：接近。　积：积累。
〔15〕应：符合、依照。　讳：拘束。
〔16〕辞：推辞。
〔17〕乱：搅乱。
〔18〕轻：轻视。
〔19〕去：抛弃。
〔20〕累：受牵累。
〔21〕主：君主。

【译文】

低贱而不可不依凭的，那是物；卑下而不可不随顺的，那是民；模糊不明而不可不去做的，那是事；粗略而不可不施行的，那是法；距离大道甚远而不可不遵守的，那是义；有偏爱而不可不推广的，那是仁；是虚文礼节而不可不会通的，那是礼；平庸而不可不发扬的，那是德；与自然为一体而不可不变易的，那是道；神妙莫测而不可不有所作为的，那是天。所以圣人识察天道而顺其自然，形成了美德而不受其束缚，出入于大道之中而无心求合于大道，言行符合仁的原则而并不依赖于仁，接近于义而不有心积累，应合于礼而不受其拘束，应接于事而不推辞，按照法令加以整齐划一而不搅乱，依赖人民而不轻视，随顺万物而不抛弃。对于物，不可强为，又不可不为。不明白自然之理的，德就不纯；不通晓大道的，就没有一事可以行得通；不明白大道的人，真是可悲啊！什么叫作道？有天道，有人道。无为而尊居在上的，就是天道；有为而受牵累的，就是人道。君主所遵从的，应是天道；臣子所遵从的，应是人道。天道和人道相距太远了，是不可不明察的。

【评析】

上古三代，天下安定祥和，百姓嘿嘿熙熙，到了春秋战国时期，天下脊脊大乱，民不聊生。这是儒道两家都看到和承认的。然而两家对于天下大乱的原因及如何恢复的办法的看法却大相径庭。儒家认为上古社会由于有明王圣法为治，所以百姓能够安居乐业，社会能够稳定有序。春秋战国时期，明王不再，圣法被弃，诸侯均不满足于本有的土地、资源，群雄并起，争霸天下，于是天下大乱。因此，要使天下恢复到上古三代时的状态，内则须以仁义正人心，外则须以礼法拯天下。对此，道家不能认同。道家认为，天道无为，人道有为。老子云："人法地，地法天，天法道，道法自然。"归根到底，人亦当效法自然。人若法自然，贵天真，则能使自己身心得到保养，若人人如此，则整个社会也能够天机混沌，一片安详。关于天下大乱的原因，道家则指责正是由于儒家提倡仁义礼智，使人人都去追求仁义礼智，从而破坏了人的自然本性，因此，利用仁义礼智来整治天下，无疑是雪上加霜。

在崔瞿问老聃、黄帝问于广成子、云将问于鸿蒙三个寓言中，老聃、广成子、鸿蒙均代表得道之人，与《庄子》中一贯的看法一样，他们都认为天下本不须人为地去治理，而且真正得道的人也都是以治天下为馀事，以养身养心最为重要。黄帝、云将所要达到的目的不是养生养心，而是控制阴阳，使其顺从人意，不但破坏了万物的本性，也破坏了人的本性，完全是舍本而逐末。故而广成子说:“(自黄帝治天下以来,) 云气不待族而雨，草木不待黄而落，日月之光益以荒矣，而佞人之心翦翦者，又奚足以语至道!”庄子认为这种欲以有为治天下的心理是十分狭隘的，因为人虽为万物之长，但其智力毕竟有限，而世上的事物却是无限的，以有限治无限，岂不如同痴人说梦？所以尧、舜即使劳心劳力，以至于“股无胈，胫无毛”，也未能把天下治理好；虽然以仁义来教化人们，自己却又反而要用武力才能征服三苗，流放讙兜。可见，仁义本不足以治天下，无为方能无不为。不治，则天下自在宽松，人心万物和谐质朴；人治，则人受其害，物受其残，天下熙熙攘攘，不得安宁。

既然天下本无须治，人心本不能治，人力本不足以治，那么“圣人”“儒”“墨”殚精竭虑，创造出仁义道德来匡正人心、治理天下，愿望虽好，但结果不但不能达到目的，反而扰乱了人心，破坏了人性，还不如“在宥”天下，虚静无为，使万物自化。

天 地

【题解】

本篇的主旨，在于阐发“无为而治”的思想。作者指出，玄古的国君，虽在君位却无心于治世，只是效法天道“无为”而已，因此百姓都能自治自化，天下也就始终太平无事。但本篇思想并不纯粹，有的地方也承认儒家的仁、义等观念，显示出庄子后学对其他学派的吸收与融合。此篇章法，先总后分，先正面论述无为之道，再以几个寓言故事为证，并穿插几段议论，但全篇都以“无为”二字贯穿始终。所以，全文十馀大段，虽似散散叙来，却有一线穿珠，繁而不乱之妙。

天地虽大，其化均也〔1〕；万物虽多，其治一也〔2〕；人卒虽众，其主君也〔3〕。君原于德而成于天〔4〕，故曰：玄古之君天下〔5〕，无为也，天德而已矣〔6〕。以道观言〔7〕，而天下之君正；以道观分〔8〕，而君臣之义明；以道观能〔9〕，而天下之官治〔10〕；以道泛观〔11〕，而万物之应备。故通于天地者，德也；行于万物者，道也；上治人者，事也；能有所艺者〔12〕，技也。技兼于事〔13〕，事兼于义，义兼于德，德兼于道，道兼于天，故曰：古之畜天下者〔14〕，无欲而天下足，无为而万物化，渊静而百姓定〔15〕。《记》曰〔16〕：“通于一而万事毕，无心得而鬼神服〔17〕。”

夫子曰[18]:“夫道，覆载万物者也，洋洋乎大哉[19]！君子不可以不刳心焉[20]。无为为之之谓天，无为言之之谓德[21]，爱人利物之谓仁，不同同之之谓大[22]，行不崖异之谓宽，有万不同之谓富[23]。故执德之谓纪，德成之谓立[24]，循于道之谓备，不以物挫志之谓完[25]。君子明于此十者，则韬乎其事心之大也[26]，沛乎其为万物逝也[27]。若然者，藏金于山，藏珠于渊；不利货财，不近贵富[28]；不乐寿，不哀夭；不荣通，不丑穷[29]；不拘一世之利以为己私分[30]，不以王天下为己处显，显则明。万物一府，死生同状[31]。”

夫子曰:“夫道，渊乎其居也[32]，漻乎其清也[33]。金石不得无以鸣。故金石有声，不考不鸣[34]。万物孰能定之[35]！夫王德之人[36]，素逝而耻通于事[37]，立之本原而知通于神[38]，故其德广。其心之出，有物采之[39]。故形非道不生，生非德不明[40]。存形穷生[41]，立德明道，非王德者邪？荡荡乎[42]，忽然出[43]，勃然动，而万物从之乎！此谓王德之人。视乎冥冥[44]，听乎无声。冥冥之中，独见晓焉[45]；无声之中，独闻和焉[46]。故深之又深，而能物焉[47]；神之又神，而能精焉[48]。故其与万物接也[49]，至无而供其求，时骋而要其宿[50]，大小、长短、修远。”

【注释】

〔1〕化：化育。　均：均等，无偏私。

〔2〕治：谓自得为治，即纯任万物自由生存、发展。

〔3〕主：主宰者。

〔4〕原：本。　德：天德，本性。　天：指自然无为的天道。

〔5〕玄古：远古。　君：君临，统治。

〔6〕天德：即天道的自然无为之德。

〔7〕言：名称，称谓。

〔8〕分：职分，名分。

〔9〕能：能力。

〔10〕官：官吏。　治：称职。

〔11〕泛观：广泛地观察。

〔12〕艺：多才能。

〔13〕兼：统属，统管。

〔14〕畜：养，引申为统治。

〔15〕渊静：像深渊之水一样静默。

〔16〕记：旧注认为即《西升经》，老子所作。

〔17〕一：指天道。　万事毕：谓万事都化为无。　无心得：无心于有所得，即心无所欲。

〔18〕夫子：指孔子。

〔19〕洋洋乎：盛大辽阔的样子。

〔20〕刳（kū）心：谓剔去心智。

〔21〕无为为之之谓天：无心治理，让天下自由发展，这就叫作自然天成。　言：言说，指教化。

〔22〕爱人利物：谓毫无偏私，推恩泽于所有的人和物。　不同同之：谓万物有不同，但以道观之，都统一于道。

〔23〕崖异：突出而自异于众。　宽：宽大、包容。　有：包涵，包举。　万不同：指千差万别的物类。

〔24〕纪：纲纪。　立：建立，建树。

〔25〕循：顺。　备：谓万善齐备。　挫：挫折、消磨。　完：指自然德性完全。

〔26〕韬：包藏，包涵。　事：立。

〔27〕沛：德泽盛大的样子。　逝：往。

〔28〕近：追求。

〔29〕荣：感到荣耀。　通：谓处境顺利，做官显达。　丑：感到羞愧。　穷：指处境困厄不顺。

〔30〕拘：通“钩”，取。　私分：私有。

〔31〕万物一府：聚万物于大同，即齐同万物之意。府，府库。　死生同状：死生一个样，即齐同生死之意。

〔32〕渊：渊深。　居：静定。
〔33〕漻（liáo）：清澈的样子。
〔34〕考：叩击。
〔35〕定：确定。
〔36〕王德之人：即盛德之人。王，盛大。
〔37〕素逝：谓抱真而行。素，真。逝，往。
〔38〕本原：大道。　知：通“智”，智慧。
〔39〕采：交感，影响。
〔40〕生：通“性”。
〔41〕穷：尽。　生：通“性”。
〔42〕荡荡：宽平的样子。
〔43〕忽然：不得已而后应的样子。与下文“勃然”义同。
〔44〕冥冥：昏暗的样子。
〔45〕晓：光亮。
〔46〕和：协和的声韵。
〔47〕物：主宰万物。
〔48〕精：发出精光。
〔49〕接：交接，应接。
〔50〕骋：驰纵。　要（yāo）：聚合。　宿：归宿，即大道所在的幽深之境。

【译文】

天地虽然广大，但它们施泽万物却均等而无偏私；万物虽然繁杂，但都按照自身的规律生存、发展；百姓虽然众多，但他们的主宰者只有君主。君主统治天下出自德性而成于自然无为的天道，所以说，远古的君主统治天下，只是在于无为，顺应自然之德罢了。以道的观点来看待事物的名称，那么无为的君主就理应得到恰当的名号；以道的观点来看待职分，那么君与臣的区分也就很明显了；以道的观点来看待能力，那么天下的官吏也就各称其职了；以道的观点来广泛地看待万物，那么万物的各个对应关系都是齐备的。所以与天地相贯通的人，凭借的是天德；能通行万物的，凭借的是道；居上位统治人民的，凭借的是礼乐、刑政诸事；有多种才能的，凭借的是技巧。技巧被礼乐等事所统管，礼乐等事被义所统管，义被德所统管，德被道所统管，道被自然所统管，所以说：古代统治天下的君主，没有贪欲之心而天下富足，自然无为而万物自生自化，像渊水一样玄默无为而百姓安定。《记》书上说："通彻大道而万事都会化为无，心无所欲而鬼神都会敬服。"

孔子说："道覆盖和托载着万事万物，多么辽阔盛大啊！君子不可以不剔去心智。无心治理而让万物自由发展就叫作自然天成，无心教化就叫作顺应天性，给所有的人和物以恩泽就叫作仁，万物不同而能同归于大道就叫作大，行为不自异于众人就叫作宽，包举千差万别的物类就叫作富。所以能够执持天德就叫作纲纪，德行有所成就就叫作建树，能够顺应大道就叫作万善齐备，不因外物而挫伤心志就叫作德性完全。君子明白了这十点，那他就会心地宽广而能包涵万物，德泽滂沛而为万物归往之所。如果像这样，便能任黄金埋于山中，宝珠生于水中而不生贪恋之心；不以货财为利，不去追求富贵；不以长寿为快乐，不因夭折而悲哀；不以显达为荣耀，不以困厄为耻辱；不钩取世上的利益作为自己的私有，不因为成了天下之王就认为自己处在显耀的地位，显耀是与晦暗的大道不相容的。聚万物于大同，死生是一样的。"

孔子说："道安定得像是渊静的潭水，澄明得像清澈的流水。金石之器不得道就不会鸣响。所以金石之器虽然蕴藏着声响，但没有大道的叩击是不会发出响声的。万物感应无方，谁能确定它的性质呢！那盛德之人，怀抱素朴真性以行而以接触物务为耻辱，立足于大道而智与神明相通，所以他的德性广大而深厚。他的心志有所活动，是因为外物的交感而引起的。所以形体没有道就不能产生，本性不凭借德就不能彰明。保存形体而穷尽天年，树立天德而彰明道义，这难道不是盛德之人的行为吗？多么宽广啊！忽然而出，勃然而动，而外物却跟随着他！这就是盛德之人。看起来昏暗不明，听起来寂然无声。但在这昏暗之中，却能看见光亮；在寂然无声之中，却能听到协和的音韵。所以大道虽然藏得深而又深，却能主宰万物；虽然神妙不测，却能处处发出精光。所以大道与万物应接的时候，道体虽然至虚却能满足万物的需求，能驰纵伸长而又能聚合收缩归于至虚，无论大小、长短、深远。"

黄帝游乎赤水之北[1]，登乎昆仑之丘而南望[2]。还归，遗其玄珠[3]。使知索之而不得[4]，使离朱索之而不得[5]，使喫诟索之而不得也[6]。乃使象罔[7]，象罔得之。黄帝曰："异哉[8]！象罔乃可以得之乎？"

【注释】

〔1〕赤水：神话中的水名。

〔2〕昆仑：神话中的山名。　南望：谓有企求显明闻达之意，与天道崇尚玄默相违。

〔3〕遗：丢失。　玄珠：比喻道。

〔4〕知：虚构的人名，取其多智多巧之义。　索：求。

〔5〕离朱：古代以目明著称的人。

〔6〕喫（kài）诟：虚构的人名，取其巧言善辩之义。

〔7〕象罔：虚构的人名，取其恍惚窈冥，不见形迹之义。

〔8〕异：奇怪。

【译文】

黄帝在赤水的北岸游玩，登上昆仑山而向南瞭望。回来的时候，丢失了玄珠。派知去寻找没有找到，派离朱去寻找也没有找到，派喫诟去寻找还未找到。于是派象罔去寻找玄珠，象罔找到了。黄帝说："奇怪啊！象罔怎么就能找到呢？"

尧之师曰许由[1]，许由之师曰齧缺，齧缺之师曰王倪，王倪之师曰被衣[2]。

尧问于许由曰："齧缺可以配天乎[3]？吾藉王倪以要之[4]。"许由曰："殆哉圾乎天下[5]！齧缺之为人也，聪明叡知[6]，给数以敏[7]，其性过人[8]，而又乃以人受天[9]。彼审乎禁过[10]，而不知过之所由生。与之配天乎？彼且乘人而无天[11]，方且本身而异形[12]，方且尊知而火驰〔13〕，方且为绪使，方且为物絯〔14〕，方且四顾而物应，方且应众宜〔15〕，方且与物化而未始有恒〔16〕。夫何足以配天乎？虽然，有族有祖，可以为众父〔17〕，而不可以为众父父〔18〕。治，乱之率也〔19〕，北面之祸也，南面之贼也。”

【注释】

〔1〕许由：传说为古代的高士。详见《逍遥游》篇注。

〔2〕齧（niè）缺、王倪、被衣：皆为虚构的人名。

〔3〕配天：谓王天下。配，匹配。

〔4〕藉：借助。　要：通“邀”。

〔5〕殆：近。　圾：通“岌”，危险。

〔6〕叡（ruì）：通“睿”，明智。　知：通“智”。

〔7〕给（jǐ）：捷便。　数：急。　敏：迅。

〔8〕性：才性，才器。　过：超过。

〔9〕以人受天：以人的心智强加给自然。意即以人为的力量去改变自然。受，通“授”。

〔10〕审：精明，明察。

〔11〕乘人而无天：谓专凭人的智术，不依乎自然天理。乘，凭。

〔12〕方且：方将。　本身：以己身为本，即以自己为万物转移的中心。　异形：与万物不能同形，即不能与万物浑同一体。

〔13〕尊知：崇尚智巧。知，通“智”。　火驰：如火之驰，谓用智之急。

〔14〕绪：指细事。　使：役使。　絯（gāi）：拘束。

〔15〕应众宜：追求事事都办得适当。

〔16〕与物化而未始有恒：谓其与物俱化，却失去自然本性。

〔17〕族：谓一族之人，喻万事万物。　祖：谓一族之所自始，喻道。众父：即众人之父，喻臣子。

〔18〕众父父：即众父之父，喻君主。

〔19〕率：先导。

【译文】

尧的老师叫许由，许由的老师叫齧缺，齧缺的老师叫王倪，王倪的老师叫被衣。

尧问许由说："齧缺可以做天子吗？我借助王倪去邀请他出来，替代我当天子。"许由说："天下就快要岌岌可危了！齧缺为人，聪明而有智慧，做事敏捷迅速，才性超人，而又把人的心智强加给自然。他能明白如何制止人家做错事，而不知道人家做错事的根由，能让他做天子吗？他将会专凭人的智术而不依乎自然天理，将会以己身为本而不与万物同形，将会自尚智巧而谋急用，将会为细事所役使，将会为外物所牵拘，将会顾盼四方而使万物顺应他自己，将会追求每件事都办得适当，将会与物俱化而失去自然本性。他怎么能够做天子呢？虽然如此，但他与得道之人为同一族类、同一始祖，仍可以做臣子，而不能够做君主。治理天下，是乱天下的先导，不仅害臣属和百姓，也将害君主。"

尧观乎华，华封人曰〔1〕："嘻，圣人！请祝圣人〔2〕，使圣人寿。"尧曰："辞〔3〕。""使圣人富。"尧曰："辞。""使圣人多男子〔4〕。"尧曰："辞。"封人曰："寿、富、多男子，人之所欲也，女独不欲〔5〕，何邪？"尧曰："多男子则多惧〔6〕，富则多事〔7〕，寿则多辱〔8〕。是三者，非所以养德也〔9〕，故辞。"封人曰："始也我以女为圣人邪，今然君子也〔10〕。天生万民，必授之职〔11〕。多男子而授之职，则何惧之有？富而使人分之〔12〕，则何事之有？夫圣人，鹑居而鷇食，鸟行而无彰〔13〕；天下有道，则与物皆昌；天下无道，则修德就闲〔14〕；千岁厌世，去而上仙；乘彼白云，至于帝乡〔15〕；三患莫至〔16〕，身常无殃，则何辱之有？"封人去之〔17〕，尧随之，曰："请问〔18〕。"封人曰："退已〔19〕！"

【注释】

〔1〕华：地名，即华州，在今陕西渭南市华州区。　封人：看守边疆

的人。

〔2〕祝：祝愿。

〔3〕辞：不要，拒绝。

〔4〕多男子：谓多生男孩。

〔5〕女：通“汝”，你。　独：偏。

〔6〕多男子则多惧：传说尧有子名丹朱，傲慢荒淫，不可教训，故以为多男子就多忧惧。

〔7〕多事：谓多出计算、防盗等事。

〔8〕寿则多辱：指延长为形躯所累的时间。

〔9〕养德：谓培养无为之德。

〔10〕然：犹“乃”。　君子：志节高尚，服膺仁义的人。

〔11〕职：职务。

〔12〕分之：把财物分散给大家。

〔13〕鹑居：像鹑鸟一样居无常处。即无意于求安。　鷇（kòu）食：像幼鸟一样仰食而足。鷇，待母喂食的幼鸟。　无彰：不留行迹。

〔14〕就闲：闲居。

〔15〕帝乡：上帝居所。比喻幽远至虚的境界。

〔16〕三患：指多惧、多事、多辱。

〔17〕去：离开。

〔18〕请问：请求教诲之意。

〔19〕退已：即《逍遥游》篇“归休乎君”之意。已，通“矣”。

【译文】

尧到华地巡视，华地看守边疆的人说：“啊，圣人！请让我为圣人祝福，祝愿圣人长寿。”尧说：“不用了。”“祝愿圣人富有。”尧说：“不用了。”“祝愿圣人多生男孩。”尧说：“不用了。”看守边疆的人说：“长寿、富有、多生男孩，这是人们所希望的，你偏偏不想这样，为什么呢？”尧说：“多生男孩就会增多忧惧，富有就会添出麻烦事，长寿就会延长为形躯所累的时间。这三者，都不能用来培养无为之德，所以我谢绝了。”看守边疆的人说：“起先我以为你是圣人，现在看来只是一个君子。上天生出万民，一定会授给职事。多生男孩而授给他们职事，那还有什么忧惧呢？富有而把财物分散给大家，那还有什么麻烦事呢？作为圣人，像鹑鸟那样居无常处，像幼鸟那样仰食而足，像飞鸟那样不留痕迹；天下有道时，就与物一起昌盛；天下无道时，就修养天德而闲居；千岁之后厌弃人世了，就升天成为神仙；驾着飘荡的白云，到达上帝的居所；那三种忧患都不会发生，身体永远无灾祸，那么又有什么困辱呢？”看守边疆的人离去，尧跟随着他，说：“请求教诲。”看守边疆的人说：“你回去吧！”

尧治天下，伯成子高立为诸侯〔1〕。尧授舜〔2〕，舜授禹，伯成子高辞为诸侯而耕〔3〕。禹往见之，则耕在野。禹趋就下风〔4〕，立而问焉，曰：“昔尧治天下，吾子立为诸侯〔5〕。尧授舜，舜授予，而吾子辞为诸侯而耕，敢问其故何也？”

子高曰：“昔尧治天下，不赏而民劝，不罚而民畏〔6〕。今子赏罚而民且不仁，德自此衰，刑自此立，后世之乱自此始矣！夫子阖行邪〔7〕？无落吾事〔8〕！”俋俋乎耕而不顾〔9〕。

【注释】

〔1〕伯成子高：传说中的隐士。

〔2〕授：传位，指禅让。

〔3〕辞为诸侯：辞去诸侯之职。

〔4〕趋：小步快行。　下风：风向的下方。是一种谦称，有愿居人下的意思。

〔5〕吾子：您，相亲之辞。

〔6〕劝：自勉行善。　畏：害怕行恶。

〔7〕阖（hé）：通“盍”，何不。

〔8〕落：废，妨碍。

〔9〕俋俋（yì）：用力耕作的样子。

【译文】

尧治理天下时，伯成子高被立为诸侯。尧传位给舜，舜传位给禹，伯成子高辞去诸侯的职位而去种地。禹前去见他，他正在田野里耕作。禹急步走近他跟前，站立在那里求问，说：“从前尧治理天下，您被立为诸侯。尧传位给舜，舜传位给我，而您却辞去诸侯的职位而去种地，请问这是什么缘故呢？”

子高说：“从前尧治理天下，不用奖赏而人民能自勉行善，不用惩罚而人民也害怕行恶。现在你赏罚并用而人民却不仁爱，道德自此衰败下去，刑罚从此建立起来，后世的祸乱从此开始了！你何不赶快走开呢？不要妨碍我的农事！”说罢用力耕作而不再理睬禹了。

泰初有无〔1〕，无有无名；一之所起〔2〕，有一而未形。物得以生，谓之德；未形者有分，且然无间〔3〕，谓之命；留动而生物，物成生理〔4〕，谓之形；形体保神，各有仪则，谓之性。性修反德〔5〕，德至同于初〔6〕。同乃虚，虚乃大。合喙鸣〔7〕，喙鸣合，与天地为合。其合缗缗〔8〕，若愚若昏，是谓玄德〔9〕，同乎大顺〔10〕。

【注释】

〔1〕泰初：同“太初”，指元气刚刚萌动之时。

〔2〕一：即“道”。 起：兴起。

〔3〕无间：谓浑然一体。

〔4〕留：滞留。 生理：产生生理形态。

〔5〕反：通“返”。

〔6〕至：至极。 初：泰初。

〔7〕喙（huì）：鸟嘴。

〔8〕缗缗（mín）：吻合无迹的样子。

〔9〕玄德：深玄之德，即德之至。

〔10〕大顺：谓完全顺从泰初自然之理。

【译文】

在元气刚刚萌动的泰初之时只有“无”，而没有“有”、没有“名称”；在元气萌动之后，大道开始创生却没有形迹。万物得到这个“一”，便开始产生，这就叫作德；无形的道有阴阳之分，但又浑然一体，这就叫作命；道在流动的过程中，稍有滞留就会产生出物，物产生之后便各自具备不同的生理形态，这就叫作形体；形体保守精神，各有各的法则，这就叫作性。加强性的修养，就可以返归自然德性，德修到最完美的程度，就可以与泰初的境界浑同为一体了。同于泰初就能使心境虚空，虚空就显得广大而能包罗万象。达到这样的境界，说话也就能像鸟叫那样出于无心，能与鸟叫相合，也就能与天地相合。这种冥合浑然无迹，既若愚迷，又若昏聩，这就叫作深玄之德，也就完全顺从泰初自然之理了。

夫子问于老聃曰〔1〕：“有人治道若相放〔2〕，可不可，然不然。辩者有言曰〔3〕：‘离坚白，若县寓〔4〕。’若是，则可谓圣人乎？”

老聃曰：“是胥易技系〔5〕，劳形怵心者也〔6〕。执留之狗成思〔7〕，猿狙之便自山林来〔8〕。丘，予告若〔9〕，而所不能闻与而所不能言〔10〕，凡有首有趾〔11〕、无心无耳者众〔12〕，有形者与无形无状而皆存者尽无〔13〕。其动止也，其死生也，其废起也，此又非其所以也〔14〕。有治在人〔15〕，忘乎物，忘乎天，其名为忘己；忘己之人，是之谓入于天。”

【注释】

〔1〕夫子：指孔丘。

〔2〕相放：相背逆，即不苟同众说。

〔3〕辩者：指公孙龙之徒。

〔4〕离坚白，若县寓（yǔ）：谓离析坚白，如日月高悬于空中那样清

晰。县，通“悬”，悬挂。寓，通“宇”，天宇，天空。

〔5〕胥易技系：见《应帝王》篇注。

〔6〕怵心：心神不宁。

〔7〕留：指竹鼠。 思：即“田”字之误。田，田猎。

〔8〕猿狙：猕猴。 便：便捷，敏捷。

〔9〕若：你。

〔10〕而：通“尔”，你。

〔11〕首、趾：代指人的整个形躯。

〔12〕无心无耳：谓无知无闻。

〔13〕无形无状：指“道”。

〔14〕其动止也，其死生也，其废起也，此又非其所以也：谓有首有趾、无心无耳者的动止、死生、废起。只不过表明他们徒有一具形骸罢了。

〔15〕有治在人：谓圣人若不得已而有治理天下之事，则在于任人自治。

【译文】

孔子问老聃说：“有人研究大道好像与众说相背逆，把人家认为不可以的，偏偏说成是可以的，把人家认为不是这样的，偏偏说成是这样的。公孙龙之徒说：‘离析坚白，如日月高悬空中那样清晰。’像这样，可以称为圣人吗？”

老聃说：“这就像更换职事的小吏和为工巧所系累的工匠那样，总是形体劳苦而心神不宁。善抓竹鼠的狗，多遭系颈而用于畋猎，跳攫敏捷的猕猴，多被猎人从山林中捉来。孔丘，我告诉你一些你所听不到和说不出的事物，大凡看上去具备人的形体，实际上无知无闻的人是很多的，能使自己的形躯与大道并存的人很少。无知无闻者的行动和静止，死亡和生存，废罢和兴起，这些又不是大道之所在。圣人若不得已而有治理天下之事，则在于任人自治，无心于物，无心于天，这就叫作忘掉自己；忘掉了自己，这就叫作与无为的天道混为一体了。”

将闾葂见季彻曰〔1〕：“鲁君谓葂也曰：‘请受教〔2〕。’辞不获命〔3〕。既已告矣，未知中否，请尝荐之〔4〕。吾谓鲁君曰：'必服恭俭[5]，拔出公忠之属而无阿私[6]，民孰敢不辑[7]！'" 季彻局局然笑曰[8]："若夫子之言[9]，于帝王之德，犹螳蜋之怒臂以当车轶[10]，则必不胜任矣。且若是，则其自为处危[11]，其观台多物，将往投迹者众[12]。"

将闾葂覤覤然惊曰[13]："葂也汒若于夫子之所言矣[14]。虽然，愿先生之言其风也[15]。" 季彻曰："大圣之治天下也，摇荡民心[16]，使之成教易俗，举灭其贼心而皆进其独志[17]，若性之自为[18]，而民不知其所由然。若然者，岂兄尧、舜之教民，溟涬然弟之哉[19]！欲同乎德而心居矣[20]！"

【注释】

〔1〕将闾葂（miǎn）、季彻：皆为虚构的人名。

〔2〕受教：授治国之术。受，通"授"。

〔3〕辞：辞谢。　获命：获得允许。

〔4〕中（zhòng）：中肯、正确。　荐：陈述。

〔5〕服：躬行。

〔6〕拔：选拔。　阿（ē）：曲从，庇护。

〔7〕辑：和顺。

〔8〕局局然：笑不出声的样子。或说俯身而笑的样子，或大笑的样子。

〔9〕夫子：指将闾葂。

〔10〕怒：通"努"，奋举。　轶：通"辙"，车轮碾地的痕迹。此代指车轮。

〔11〕危：高。

〔12〕投迹：投足而来。

〔13〕覤覤（xì）然：惊惧的样子。

〔14〕汒（máng）若：犹"茫然"，不明白的样子。

〔15〕言其风：谓言其大要。

〔16〕摇荡民心：谓因任民心。

〔17〕举：全。　贼心：有为之心。　独志：见独之志。

〔18〕若：顺从。

〔19〕溟涬：冥冥愚钝，无所知的样子。

〔20〕居：安。

【译文】

将闾葂见到季彻说："鲁君对我说：'请教授治国之术。'我推辞却未得到允许。已向鲁君陈述了为政之道，不知说得对不对，请让我说给你听听。我对鲁君说：'为政必须做到恭敬俭朴，选拔出公平忠诚的人而不能有所偏私，百姓谁敢不和顺呢！'"季彻笑着说："像先生所说的话，用于帝王的德业，就像螳螂举臂去阻挡车轮一样，必定是不能胜任的。而且如果真的像你所言，把公忠之人提拔出来作为榜样，这就会像高大多景物的宫观，必然招致身怀贼心和趋名好利之徒纷至沓来。"

将闾葂十分惊惧地说："我对先生的这番话感到茫然不解。虽然如此，仍希望先生说出它大概的意思。"季彻说："圣人治理天下，因任民心，让他们得到教化而改变俗习，尽灭其有为之心而促进其得道之志，随顺人类本性的自由发展，而人们却没有意识到自己的本性正在自由发展着。像你所说，岂不是要推崇尧、舜的教民之道，而糊里糊涂地使自己跟在他们后面跑呢！圣人在于引导百姓步步靠近自然无为之德，从而使他们的心境安静下来啊！"

子贡南游于楚，反于晋，过汉阴〔1〕，见一丈人方将为圃畦〔2〕，凿隧而入井，抱瓮而出灌〔3〕，搰搰然用力甚多而见功寡〔4〕。子贡曰："有械于此，一日浸百畦〔5〕，用力甚寡而见功多，夫子不欲乎？"为圃者卬而视之曰〔6〕："奈何？"曰："凿木为机〔7〕，后重前轻，挈水若抽〔8〕，数如泆汤〔9〕，其名为槔〔10〕。"为圃者忿然作色而笑曰〔11〕："吾闻之吾师，有机械者必有机事，有机事者必有机心[12]。机心存于胸中，则纯白不备[13]；纯白不备，则神生不定[14]；神生不定者，道之所不载也。吾非不知，羞而不为也。”子贡瞒然惭[15]，俯而不对。

有间[16]，为圃者曰：“子奚为者邪？”曰：“孔丘之徒也。”为圃者曰：“子非夫博学以拟圣，於于以盖众[17]，独弦哀歌以卖名声于天下者乎？汝方将忘汝神气，堕汝形骸，而庶几乎[18]！而身之不能治，而何暇治天下乎！子往矣，无乏吾事[19]！”

子贡卑陬失色，顼顼然不自得[20]，行三十里而后愈[21]。其弟子曰：“向之人何为者邪[22]？夫子何故见之变容失色，终日不自反邪[23]？”曰：“始吾以为天下一人耳，不知复有夫人也[24]。吾闻之夫子[25]，事求可，功求成，用力少，见功多者，圣人之道。今徒不然[26]。执道者德全，德全者形全，形全者神全，神全者圣人之道也。托生与民并行而不知其所之，汒乎谆备哉[27]！功利机巧，必忘夫人之心[28]。若夫人者，非其志不之[29]，非其心不为。虽以天下誉之，得其所谓，謷然不顾[30]；以天下非之，失其所谓，傥然不受[31]。天下之非誉，无益损焉，是谓全德之人哉！我之谓风波之民[32]。”

反于鲁，以告孔子。孔子曰：“彼假修浑沌氏之术者也[33]，识其一，不知其二[34]；治其内，而不治其外。夫明白入素，无为复朴[35]，体性抱神[36]，以游世俗之间者，汝将固惊邪[37]？且浑沌氏之术，予与汝何足以识之哉！”

【注释】

〔1〕子贡：孔子弟子。　反：通“返”。　汉阴：汉水南岸。古时称水南为阴。

〔2〕丈人：古时对年长者的尊称。　为：管理。　圃：菜园。　畦（qí）：菜畦。

〔3〕凿隧而入井：挖小沟以通水井。　瓮：瓦罐。　出灌：灌溉圃畦。

〔4〕搰搰（kū）然：用力的样子。

〔5〕械：机械。　浸：灌溉。

〔6〕卬：通“仰”，抬头。

〔7〕机：机关。

〔8〕挈：提。　抽：抽引。

〔9〕数：迅疾。　泆：通“溢”。

〔10〕槔（gāo）：即桔槔，一种井上汲水的工具。

〔11〕忿然作色：气愤得变了脸色。忿，生气。

〔12〕机事：机巧之事。　机心：机巧之心。

〔13〕纯白：纯真朴素的自然本性。　备：完备。

〔14〕生：同“性”。

〔15〕瞒然：目无精彩的样子。

〔16〕有间：过了一会儿。

〔17〕拟：比拟。　於（wū）于：自夸的样子。一说，谓广设华伪之辞。　盖众：超出世人。

〔18〕而：通“尔”，你。

〔19〕无乏：不要妨碍。

〔20〕卑陬（zōu）：谓因自卑而踉跄退至一隅。陬，角落，引申为一边。　顼顼（xū）然：自失的样子。

〔21〕愈：始复常态。

〔22〕向：刚才。

〔23〕反：通“返”，恢复。

〔24〕夫人：那位治圃的人。夫，犹“彼”，那。

〔25〕夫子：指孔子。

〔26〕徒：乃，才。

〔27〕汒乎：愚昧无知的样子。汒，通“茫”。　谆备：淳朴之性完备。谆，通“淳”。

〔28〕夫人：指执道者。

〔29〕之：往。
〔30〕謷（ào）：通“傲”。
〔31〕傥然不受：无心领受非议。傥然，无心的样子。
〔32〕风波：比喻容易为是非、功利所动。
〔33〕假：借。
〔34〕识其一，不知其二：谓只知有浑沌氏之术，不知有其他。
〔35〕素：白色生绢。　复朴：复归于自然。
〔36〕体性：体悟真性。　抱神：守住精神。
〔37〕固：通“胡”，何故。

【译文】

子贡南游楚国，返回晋国时，路过汉水南岸，看见一位老人正在管理菜畦，他挖小沟以通水井，抱着瓦罐汲水来灌溉菜畦，用力甚多而功效甚少。子贡说：“这里有一种机械，一天能够灌溉上百畦，用力甚少而功效甚多，先生不打算用它吗？”灌园老人仰起头看着子贡说：“是什么样的机械呢？”子贡说：“削凿木头做成机关，后面重，前面轻，提起水来如同抽引一样，水流迅疾如汤沸溢而出，它的名字叫作桔槔。”灌园老人生气地改变了脸色，然后笑着说：“我听我的老师说，有机械的人必定有机巧之事，有机巧之事必定有机巧之心。如果机巧之心存在于胸中，那么纯真朴素的自然本性就不完备了；自然本性不完备，精神就不会安定；精神不安定的人，是不能载道的。你说的机械我不是不知道，只是认为那样做羞耻而不去用。”子贡感到羞愧难当，低着头不答话。

过了一会儿，灌园老人说：“你是做什么的呢？”子贡说：“我是孔子的弟子。”灌园老人说：“你不就是那用博学来比拟圣人，依靠自夸来超出世人，无人理会而自诵学说向天下人卖弄名声的人吗？你如果能黜除机巧之心，遗弃形骸，就有希望接近于大道了！你连自身都不能治理，哪有闲暇去治理天下呀！你走开吧，不要妨碍我灌溉园圃！”

子贡愧缩到一边，脸色骤变，怅然若失而很不自在，走了三十里路之后才恢复常态。他的弟子问：“刚才那个人是做什么的？先生为什么见了他就变容失色，一整天都不能恢复常态呢？”子贡回答说：“原先我认为可为天下师表者只有孔子一人，不知道还有那个治圃的人呢。我听孔子说，办事要求合情合理，功业要求成功，用力少，见效多的，就是圣人之道。现在才知道不是如此。得道者能使自然之性保持完好，自然之性完好的能使形体健全，形体健全的能使精神旺盛，精神旺盛才是圣人之道。得道者托迹人世，与民大同，而不知要到哪里去，真可谓愚昧无知而淳朴之性完备啊！这种人的心中，必然没有功利机巧的心事。像这样的人，不合他的志向就不去追求，不合他的思想就不去做。即使天下人都称誉他，与他的言论相一致，他也傲然不顾；即使天下人都在非议他，不与他的言论相一致，他也无心去理睬。天下人的非议与称誉，对他皆无增益和损害，这就是自然之性完备的人啊！我却是那种为是非、功利所役使而动摇不定的人。”

子贡返回到鲁国，把这事情告诉了孔子。孔子说：“他是假借浑沌氏的道术来修养内心的人，只知道有浑沌氏之术，而不知道其他的事；只知道保全自然本性，而不为外物所役。他空明纯净的心境可与洁白的生绢相比，虚寂无为而复归于自然，体悟真性而守住精神，自由地遨游在世俗之中，你有什么好惊异的呢？况且浑沌氏的道术，我和你又怎么能够懂得呢！”

谆芒将东之大壑〔1〕，适遇苑风于东海之滨〔2〕。苑风曰：“子将奚之？”曰：“将之大壑。”曰：“奚为焉？”曰：“夫大壑之为物也，注焉而不满，酌焉而不竭，吾将游焉。”

苑风曰：“夫子无意于横目之民乎〔3〕？愿闻圣治。”谆芒曰：“圣治乎？官施而不失其宜〔4〕，拔举而不失其能〔5〕，毕见其情事而行其所为，行言自为而天下化，手挠顾指〔6〕，四方之民莫不俱至，此之谓圣治。”

“愿闻德人。”曰：“德人者，居无思，行无虑，不藏是非美恶；四海之内共利之之谓悦，共给之之为安〔7〕；怊乎若婴儿之失其母也〔8〕，傥乎若行而失其道也〔9〕；财用有馀而不知其所自来，饮食取足而不知其所从，此谓德人之容〔10〕。”

“愿闻神人。”曰：“上神乘光，与形灭亡〔11〕，此谓照旷〔12〕；致命尽情〔13〕，天地乐而万事销亡，万物复情〔14〕，此之谓混冥〔15〕。”

【注释】

〔1〕谆芒：虚构的人物。　之：去往。　大壑：大海沟，此指大海。

〔2〕适：恰巧。　苑风：虚构的人物。

〔3〕夫子：您，指谆芒。　横目之民：谓四面瞻望圣治的百姓。

〔4〕官：设立官职。　施：推行政令。

〔5〕拔举：提拔人，任用人。　能：贤能之士。

〔6〕挠：动。　顾指：谓顾盼指挥之间。

〔7〕共利之：人人得到好处。　共给（gĭ）之：人人得到给养。

〔8〕怊（chāo）乎：惆怅的样子。

〔9〕傥乎：若有所失的样子。

〔10〕容：容仪，容态。

〔11〕上神：即“神上”，神人腾跃而上。　灭亡：指形迹消失殆尽。

〔12〕照旷：虚明空旷。

〔13〕致命：穷性命之致。　尽情：尽生化之情。

〔14〕复情：恢复本性。

〔15〕混冥：混沌幽昏，与至道冥合。

【译文】

谆芒将要东往大海，恰巧在东海的岸边遇见了苑风。苑风说：“你要到哪里去？”谆芒说：“将去大海。”苑风说：“去干什么呢？”谆芒说：“大海这一事物，江河注入也不满溢，从里面取水也不枯竭，我将要到那里去游玩。”

苑风说：“先生不想当百姓的君王吗？我希望听到圣人治世之道。”谆芒说：“圣人治世之道吗？设立官职和推行政令都很适宜，提拔任用人才而不会漏掉贤能之士，明察万物实情，顺其自然本性行事，所行所言都是自然而为的，而天下自化，挥手顾盼之间，四方的百姓都心悦归附，这就叫作圣治。”

“希望听到什么是德人。”谆芒说：“德人就是居处时不思考，行动时不谋虑，心中没有是非美丑；天下人人都得到好处便是喜悦，人人都得到给养便是安定；惆怅的样子像婴儿失去了母亲，若有所失的样子像走路迷失了路途；财物用不完却不知是从哪里来，饮食取给充足却不知是从哪里得到的，这就是德人的容态。”

“希望听到什么是神人。”谆芒说：“神人超然天地之外，日月之光反在其下，有身却不见其形迹，这就叫作虚明空旷；穷性命之致和尽生化之情，与天地同乐而物累尽遣，万物恢复本性，这就叫作混沌幽昏、与至道冥合的境界。”

门无鬼与赤张满稽观于武王之师〔1〕。赤张满稽曰：“不及有虞氏乎〔2〕！故离此患也〔3〕。”

门无鬼曰：“天下均治而有虞氏治之邪〔4〕，其乱而后治之与？”赤张满稽曰：“天下均治之为愿，而何计以有虞氏为！有虞氏之药疡也〔5〕，秃而施髢〔6〕，病而求医。孝子操药以修慈父〔7〕，其色燋然〔8〕，圣人羞之。至德之世，不尚贤，不使能，上如标枝〔9〕，民如野鹿〔10〕，端正而不知以为义，相爱而不知以为仁，实而不知以为忠〔11〕，当而不知以为信〔12〕，蠢动而相使，不以为赐〔13〕。是故行而无迹，事而无传。”

【注释】

〔1〕门无鬼、赤张满稽：皆为虚构的人物。　武王之师：指周武王讨伐纣王的军队。

〔2〕有虞氏：指虞舜。

〔3〕离：通“罹”，遭受。

〔4〕均治：太平。

〔5〕药：医治。　疡（yáng）：头疮。
〔6〕秃：秃顶。　施髢（tì）：装衬假发。髢，假发。
〔7〕修：进。
〔8〕燋（qiáo）然：憔悴的样子。
〔9〕上：指君主。　标枝：树木高处的枝条。
〔10〕野鹿：比喻放逸而无拘忌。
〔11〕实：老实，诚实。
〔12〕当：办事合情合理。　信：诚实。
〔13〕蠢动：蠢蠢然而动，谓信由天机而动。　赐：犹“惠”，恩惠。

【译文】

门无鬼和赤张满稽看到了周武王伐纣的军队。赤张满稽说：“比不上虞舜禅让好啊！所以使天下遭受这样的兵革之灾。”

门无鬼说：“在天下太平时有虞氏才去治理的呢，还是天下混乱才去治理的呢？”赤张满稽说：“天下太平大家也就满足了，哪里还用得着推举有虞氏为君呢！有虞氏治天下好像去医治头疮，秃顶后给装假发，生病后去求医一样。孝子拿药以进慈父，愁云满面，但圣人却为他感到羞耻。至德的时代，不崇尚贤才，不任用智能之士，处在君位的就如同树木高处的枝条一样，无临下之心，人民就如同野鹿一样，放逸而无拘忌，行为端正却不知这是义，彼此相爱却不知这是仁，待人诚实却不知这是忠，办事合情理却不知这是信，信天而动而相互友助，却不知这是恩惠。所以率性而行也不留迹象，成就事业却没有流传下来。”

孝子不谀其亲〔1〕，忠臣不谄其君，臣、子之盛也〔2〕。亲之所言而然〔3〕，所行而善〔4〕，则世俗谓之不肖子；君之所言而然，所行而善，则世俗谓之不肖臣。而未知此其必然邪〔5〕？世俗之所谓然而然之，所谓善而善之，则不谓之道谀之人也〔6〕。然则俗故严于亲而尊于君邪〔7〕？谓己道人则勃然作色，谓己谀人则怫然作色〔8〕，而终身道人也，终身谀人也。合譬饰辞聚众也〔9〕，是终始本末不相坐[10]。垂衣裳，设采色[11]，动容貌，以媚一世[12]，而不自谓道谀；与夫人之为徒[13]，通是非[14]，而不自谓众人[15]，愚之至也。知其愚者，非大愚也；知其惑者，非大惑也。大惑者，终身不解[16]；大愚者，终身不灵[17]。三人行而一人惑，所适者犹可致也[18]，惑者少也；二人惑，则劳而不致，惑者胜也[19]。而今也以天下惑，予虽有祈向[20]，不可得也，不亦悲乎！大声不入于里耳[21]，《折杨》《皇荂》[22]，则嗑然而笑[23]。是故高言不止于众人之心[24]，至言不出[25]，俗言胜也[26]。以二缶钟惑[27]，而所适不得矣。而今也以天下惑，予虽有祈向，其庸可得邪[28]！知其不可得也而强之，又一惑也。故莫若释之而不推[29]。不推，谁其比忧[30]？厉之人[31]，夜半生其子，遽取火而视之[32]，汲汲然唯恐其似己也[33]。

【注释】

〔1〕谀：谄媚，奉承。

〔2〕盛：盛德。

〔3〕然：肯定。

〔4〕善：称颂。

〔5〕其：指世俗的谄媚奉承之情。

〔6〕道谀之人：即谄谀之人。

〔7〕严：敬。

〔8〕道人：即道谀之人。　佛：通“勃”，脸上变色的样子。

〔9〕合譬：多方取譬，使人易于明白。　饰辞：修饰辞令，使人好听。

〔10〕终始本末：谓始终。　坐：讼曲直。

〔11〕垂衣裳：犹“垂裳”“垂拱”，即垂衣拱手。这本是用来形容古代帝王的无为而治，而此处则指衣冠严整。　设采色：在衣服上涂饰不同

的花纹。

〔12〕动容貌：改变脸色。　一世：天下的百姓。

〔13〕夫人：指世俗谄谀之人。

〔14〕通：相通，相同。

〔15〕众人：谄谀之人。

〔16〕解：觉悟。

〔17〕灵：知晓。

〔18〕适：到，往。　致：到达。

〔19〕胜：多。

〔20〕祈：求。　向：向往。

〔21〕大声：指《咸池》《六英》一类高雅的音乐。　里耳：世俗人的耳朵。里，陋巷。

〔22〕折杨、皇荂：古代的民间小调。

〔23〕嗑（xiá）：笑声。

〔24〕高言：高雅之言。　止：至，到。可引申为进入。

〔25〕至言：至理之言。　不出：不能行于世。

〔26〕俗言：庸俗之言。　胜：胜过高言。

〔27〕缶：土缶，即俗音。　钟：即正音。　惑：乱。

〔28〕庸：岂。

〔29〕释：放下。　推：推究。

〔30〕比：并、同。

〔31〕厉：通“疠”，恶疮。

〔32〕遽：速。

〔33〕汲汲然：匆迫的样子。

【译文】

孝子不奉承他的父亲，忠臣不谄媚他的君主，这是为臣、为子的盛德。对父亲所说的话都加以肯定，所做的事都予以称颂，那就是世俗所说的不肖之子；对君主所说的话都加以肯定，所做的事都予以称颂，那就是世俗所说的不肖之臣。然而却不知世俗的谄媚奉承之情是必然的吗？对世俗之人所肯定的就去肯定，所称颂的就去称颂，却不被称为谄谀之人。既然这样，那么世俗之人难道比父亲更可敬、比君主更尊崇吗？世俗之人，一旦听到别人称自己为谄谀之人，就会勃然作色而不肯接受谄谀之名，实际上他们却一辈子干着谄人、谀人的事。用动听易晓的比喻和辞令来谄谀人，却始终不被人们看成是犯罪。君主衣冠严整，在衣裳上涂饰不同的花纹，又改动容貌，假装慈悲，来讨好天下的百姓，却不认为自己是谄谀之人；与世俗谄谀之人在一起，是非观念相同，却不认为自己是谄谀之人，真是愚昧极了。知道自己愚昧的人，就不是最愚昧的；知道自己迷惑的人，就不是最迷惑的。最迷惑的人，终身都不会觉悟；最愚昧的人，终身都不会明白。三个人同行而有一个人迷惑，所要前往的目的地仍可到达，因为迷惑的人少；如有两个人迷惑，就会徒劳而不能到达，因为迷惑的人多了。现在整个天下人都迷惑，我虽然有所祈求向往，也是不能得到的，不是很可悲吗？高雅的音乐，世俗人的耳朵是无法听进去的，他们一听到《折杨》《皇荂》这样的民间小调，就会乐得同声大笑起来。所以高雅之言不能进入世俗人的心里，至理之言不能行于世，庸俗之言胜过了高雅之言。用二只缶的俗音搅乱一口钟的正音，那么听者会无所适从而疑惑。现在全天下人都迷惑，我虽然有所祈求向往，难道可以得到吗？明知它不可能还去强求，这又是一个迷惑。所以不如舍弃而不去推究。不去推究，谁还会跟我一同忧愁呢？满身长着恶疮的人，半夜里生下孩子，急忙取灯火来照看，心情十分紧张，唯恐孩子长得像自己。

百年之木〔1〕，破为牺尊〔2〕，青黄而文之〔3〕，其断在沟中〔4〕。比牺尊于沟中之断，则美恶有间矣，其于失性一也〔5〕。跖与曾、史，行义有间矣〔6〕，然其失性均也。且夫失性有五：一曰五色乱目，使目不明；二曰五声乱耳，使耳不聪；三曰五臭薰鼻，困惾中颡〔7〕；四曰五味浊口，使口厉爽〔8〕；五曰趣舍滑心，使性飞扬〔9〕。此五者，皆生之害也〔10〕。而杨、墨乃始离跂自以为得〔11〕，非吾所谓得也。夫得者困〔12〕，可以为得乎？则鸠鸮之在于笼也〔13〕，亦可以为得矣。且夫趣舍、声色以柴其内[14]，皮弁、鹬冠、搢笏、绅修以约其外[15]，内支盈于柴栅，外重纆缴[16]，睆睆然在纆缴之中而自以为得[17]，则是罪人交臂历指而虎豹在于囊槛[18]，亦可以为得矣。

【注释】

〔1〕木：指枝叶茂盛的树木。

〔2〕牺尊：祭器。尊，通“樽”。

〔3〕文：谓涂饰花纹。

〔4〕断：指被砍去不用的部分。

〔5〕有间：有差别。　失性：失去树木的自然本性。

〔6〕行义：德行。

〔7〕困惾（zōng）：冲逆。　中颡（sǎng）：伤害脑门，即刺激头脑之意。中，击中。

〔8〕厉：病。　爽：伤。

〔9〕趣：通“取”，谓见利则取。　舍：谓见害则舍。　滑：搅乱。飞扬：驰竞不息，远离本性。

〔10〕生：通“性”。

〔11〕离跂：踮起脚尖盼望。形容汲汲追求的样子。

〔12〕困：遭受困苦。

〔13〕鸠：斑鸠、雉鸠等小鸟。　鸮（xiāo）：鸱鸮。

〔14〕柴其内：横塞胸中。

〔15〕皮弁（biàn）：古代贵族戴的一种皮帽。　鹬（yù）冠：用鹬鸟的羽毛装饰的帽子。　搢笏（jìn hù）：朝笏，古时臣子朝见天子时手中所执的狭长板子，多用玉、象牙或竹片制成。用作指画及记事，因常插于绅带间，故名“搢笏”。搢，插。笏，手板。　绅修：长带。

〔16〕支：塞。　盈：满。　纆（mò）：绳索。　缴（zhuó）：丝绳。

〔17〕睆睆（huǎn）然：目光呆滞的样子。

〔18〕交臂：反缚，缚手于背。　历指：即“枥指”，古代夹手指的刑罚。　囊槛：槛阱。

【译文】

生长了百年的树木，剖开做成祭器，再涂饰上青、黄色的花纹，把那些被砍去不用的部分丢弃在沟中。将祭器与弃在沟中的断木相比，它们的美丑是有差别的，但在丧失树木的自然本性方面是一样的。盗跖与曾参、史鱼在德行方面是有差别的，但在丧失人的本性上是相同的。一个人丧失本性有五个方面：一是五色搅乱了视觉，使眼睛看不清楚；二是五声扰乱了听觉，使耳朵听不明白；三是五臭薰坏了嗅觉，气味冲逆鼻孔而上，直伤脑门；四是五味污浊了口舌，使口舌受到伤害；五是取舍得失搅乱了心神，使自然之性驰竞不息。这五方面，都是对天性的祸害。而杨朱、墨翟却在汲汲追求，自以为有所得，这并不是我所说的自得。有所得的人遭受困苦，也可以叫作自得吗？如果这样，那么斑鸠、鸱鸮关在笼中受困，也可以叫作自得了。况且取舍、声色像木柴一样横塞胸中，皮帽、鹬冠、朝笏、长带约束体外，胸中塞满柴栅，体外被绳索重重捆绑，在绳索捆绑中目光呆滞，还自以为有所得，那么罪人被反缚着，手指被夹起来，以及虎豹被关在槛阱里，也可以叫作自得了。

【评析】

《庄子》外、杂篇大部分被视为庄子后学的著作，它们一方面阐述和深化了庄子的基本思想，另一方面也适应着社会形势的改变而对庄子思想进行了部分的调整，从本文对“无为”思想的阐述，就能看出这种细微的调整。可以说，《天地》篇将庄子的“无为”思想注入了“有为”的内核。

本文说道：“玄古之君天下，无为也，天德而已矣。以道观言，而天下之君正；以道观分，而君臣之义明；以道观能，而天下之官治；以道泛观，而万物之应备。”又说：“德人者，居无思，行无虑，不藏是非美恶；四海之内共利之之谓悦，共给之之为安；……财用有馀而不知其所自来，饮食取足而不知其所从，此谓德人之容。”意谓只要能“无为”而顺应自然，就可以达到“有为”而天下大治。这“有为”的结果，表现在政治上就是“天下之君正”“君臣之义明”“天下之官治”；表现在经济上就是“财用有馀”“饮食取足”。可以看出，这种思想明显是介于庄子“无为”思想与黄老学“无为”观点之间的，很可以看出一些黄老学的端倪了。可见，庄子后学们并不反对“有为”，也并不避讳“王天下”，只是强调如何“以无为而无不为”，如何“不以王天下为己处显”。但是，从现实的眼光来看，若事无大小，都以“无为”处之，显然是不可行的，因此庄子后学们在无为的君主和有为的臣僚之间进行了严格的角色划分，理论上也区分了“天道”和“人道”与之相适应。因此，可以说，《天地》篇中所强调的“无为”是针对君主而言的，所谓“玄古之君天下，无为也，天德而已矣”，这种“天德”（即“天道”）并不排除治民的种种具体内容，只是强调在治民中尽量采取顺其自然的态度而已，其具体表现也就是文中所说的“昔尧治天下，不赏而民劝，不罚而民畏”。所以，我们说《天地》篇中虽然强调“无为”，但实际指向的却是“有为”；“无为”是一种手段，“有为”才是根本目的。作者对于君臣万物的关注程度绝不亚于儒家，不同之处仅在于儒家以“仁义”统率一切，而作者却认为应以无为无欲的“道”来统率一切，从而做到如“古之畜天下者”，“无欲而天下足，无为而万物化，渊静而百姓定”，其想要达到的结果与儒家可谓殊途同归。

本篇的“技术观”也常令人津津乐道，其中子贡与丈人的寓言几乎成了庄子哲学中反技术主义的代表篇章。这就要区分一下技艺与机巧。前者是身体与自我潜能的发展与发挥，这种出神入化、炉火纯青的技艺完全是顺应自然的，结果是为了达到一种高超的“境界”，在这种境界中，真正获得的是自由与美的感受，即所谓“从心所欲不逾矩”；而后者则是一种机械化，其出发点在于功利性，其目的在于减轻身体劳苦、满足人心欲望，其结果是物质的享受，而非精神的体验。庄子对于技艺并不反对，反而非常赞赏，“庖丁解牛”（《养生主》）、“匠石运斤”（《徐无鬼》）就备受庄子推崇。可以说，庄子所推崇的技术应当是一种身体的、艺术的技术，在这种有境界追求的技术里，技术的最终产物只是附产品，技术活动本身才真正具有存在的意义。而机械则没有这种特质，机械促使人完成工作，生产产品，工作或劳动成为手段，本身不再具有任何艺术价值，生命在机械中丧失了其对美的创造性而沦为了机械的工具。这是多么悲哀的处境啊！

天　道

【题解】

《在宥》篇已经提出:“无为而尊者，天道也；有为而累者，人道也。主者，天道也；臣者，人道也。”本文即大体延此思路展开论证，但重点仍然在君主应当效法无为的天道，而不能以仁义来扰乱人心。本文认为治道有本有末，本固当尊崇，末亦自有价值，观点与内篇主张的彻底无为有所不同，应该是庄子后学融合了其他学派的观点综合而成。细按本篇章法，首段为总论，其馀皆为引证文字。末段轮扁论读书最为精彩，是千古名文。

天道运而无所积，故万物成〔1〕；帝道运而无所积，故天下归〔2〕；圣道运而无所积，故海内服〔3〕。明于天〔4〕，通于圣〔5〕，六通四辟于帝王之德者，其自为也〔6〕，昧然无不静者矣。圣人之静也，非曰静也善，故静也；万物无足以铙心者〔7〕，故静也。水静则明烛须眉，平中准〔8〕，大匠取法焉。水静犹明，而况精神？圣人之心静乎！天地之鉴也〔9〕，万物之镜也。夫虚静、恬淡、寂漠、无为者，天地之平而道德之至〔10〕，故帝王、圣人休焉〔11〕。休则虚，虚则实，实者伦矣〔12〕。虚则静，静则动，动则得矣〔13〕。静则无为，无为也则任事者责矣〔14〕。无为则俞俞，俞俞者忧患不能处〔15〕，年寿长矣。夫虚静、恬淡、寂漠、无为者，万物之本也。明此以南乡[16]，尧之为君也；明此以北面[17]，舜之为臣也。以此处上，帝王、天子之德也；以此处下，玄圣素王之道也[18]。以此退居而闲游[19]，江海、山林之士服[20]；以此进为而抚世[21]，则功大名显而天下一也。静而圣，动而王，无为也而尊，朴素而天下莫能与之争美。夫明白于天地之德者[22]，此之谓大本大宗[23]，与天和者也；所以均调天下[24]，与人和者也。与人和者，谓之人乐；与天和者，谓之天乐。庄子曰："吾师乎，吾师乎！整万物而不为戾[25]，泽及万世而不为仁，长于上古而不为寿，覆载天地、刻雕众形而不为巧，此之谓天乐。故曰：'知天乐者，其生也天行[26]，其死也物化[27]。静而与阴同德[28]，动而与阳同波。'故知天乐者，无天怨，无人非，无物累，无鬼责[29]。故曰：'其动也天，其静也地，一心定而王天下；其鬼不祟[30]，其魂不疲，一心定而万物服。'言以虚静推于天地，通于万物，此之谓天乐。天乐者，圣人之心以畜天下也。"

夫帝王之德，以天地为宗[31]，以道德为主，以无为为常。无为也，则用天下而有馀；有为也，则为天下用而不足。故古之人贵夫无为也。上无为也，下亦无为也，是下与上同德，下与上同德则不臣；下有为也，上亦有为也，是上与下同道，上与下同道则不主。上必无为而用天下，下必有为为天下用，此不易之道也[32]。故古之王天下者，知虽落天地[33]，不自虑也；辩虽雕万物[34]，不自说也；能虽穷海内，不自为也。天不产而万物化，地不长而万物育，帝王无为而天下功[35]。故曰：

莫神于天，莫富于地，莫大于帝王。故曰：帝王之德配天地。此乘天地[36]，驰万物[37]，而用人群之道也[38]。

本在于上[39]，末在于下[40]；要在于主[41]，详在于臣[42]。三军五兵之运[43]，德之末也；赏罚利害，五刑之辟[44]，教之末也；礼法度数[45]，形名比详[46]，治之末也；钟鼓之音[47]，羽旄之容[48]，乐之末也；哭泣衰绖[49]，隆杀之服[50]，哀之末也。此五末者，须精神之运，心术之动，然后从之者也。末学者，古人有之，而非所以先也[51]。君先而臣从[52]，父先而子从，兄先而弟从，长先而少从，男先而女从，夫先而妇从。夫尊卑先后，天地之行也，故圣人取象焉[53]。天尊地卑，神明之位也；春夏先，秋冬后，四时之序也；万物化作，萌区有状[54]，盛衰之杀[55]，变化之流也[56]。夫天地至神，而有尊卑先后之序，而况人道乎！宗庙尚亲，朝廷尚尊，乡党尚齿[57]，行事尚贤，大道之序也。语道而非其序者，非其道也。语道而非其道者，安取道！

是故古之明大道者，先明天而道德次之，道德已明而仁义次之，仁义已明而分守次之[58]，分守已明而形名次之，形名已明而因任次之[59]，因任已明而原省次之[60]，原省已明而是非次之，是非已明而赏罚次之，赏罚已明而愚知处宜[61]，贵贱履位[62]；仁贤不肖袭情[63]，必分其能，必由其名。以此事上，以此畜下，以此治物，以此修身，知谋不用，必归其天，此之谓大平，治之至也。故书曰[64]："有形有名。"形名者，古人有之，而非所以先也。古之语大道者，五变而形名可举[65]，九变而赏罚可言也。骤而语形名〔66〕，不知其本也；骤而语赏罚，不知其始也〔67〕。倒道而言〔68〕，迕道而说者〔69〕，人之所治也，安能治人！骤而语形名赏罚，此有知治之具，非知治之道；可用于天下，不足以用天下。此之谓辩士〔70〕，一曲之人也〔71〕。礼法数度，形名比详，古人有之，此下之所以事上，非上之所以畜下也。

【注释】

〔1〕天道：指自然界及其运行规律。　运：运化。　积：滞积不通。　成：生成。

〔2〕帝道：指帝王应具备的“无为”之道。　归：归附。

〔3〕圣道：指下文所说的“玄圣素王”之道。　服：宾服。

〔4〕天：天道。

〔5〕圣：圣道。

〔6〕六通四辟：谓无所不通、无所不辟。辟，通“闢”，开，通。　自为：谓纯任万物自由发展。

〔7〕铙：通“挠”，挠乱。

〔8〕烛：照。　平中（zhòng）准：水平面合乎标准。中，符合。准，准则、标准。

〔9〕鉴：镜。

〔10〕平：准则。

〔11〕休焉：谓使心息虑。

〔12〕虚则实：谓内心虚明若镜，就能映照万物，故曰充实。　者：当为“则”字之误。　伦：当为“备”字之误，二者繁体字形“倫”“備”相近。备，完备。

〔13〕得：谓得其宜。

〔14〕任事者：指臣下。　责：谓各守其职，各尽其责。

〔15〕俞俞：恬愉的样子。　处：占据，侵入。

〔16〕南乡：即南面登天子之位。乡，通“向”。

〔17〕北面：指北面就臣位。

〔18〕玄圣素王：指有帝王之道而不居帝王之位的人。

〔19〕退居：谓晦迹隐处。

〔20〕江海、山林之士：指隐士。　服：诚心服从。

〔21〕进为：指出仕。　抚世：安抚世人，即统治百姓。

〔22〕天地之德：指天地虚静无为之道。

〔23〕大本：比喻事物最关键的部分，或事理最主要的依据。　大宗：比喻事物的本源。

〔24〕均调：协调。

〔25〕整（jī）：粉末。此用作动词，谓弄成粉末。　戾（lì）：暴戾。

〔26〕天行：顺天而行。

〔27〕物化：随物而化。

〔28〕同德：相符合、相一致。与下文“同波”义同。

〔29〕非：非议。　累：牵累。　责：责备，谴责。

〔30〕祟（suì）：作祟，作祸。

〔31〕宗：本源。

〔32〕不易：不变。

〔33〕落：通“络”，笼络。引申为周遍、覆盖。

〔34〕雕：雕饰。

〔35〕功：成功。

〔36〕乘：驾驭。

〔37〕驰：驱使。

〔38〕用：役使。　人群：指有才智之士。

〔39〕本：指无为。

〔40〕末：指有为。

〔41〕要：简要。

〔42〕详：繁冗。

〔43〕三军：军队的通称。　五兵：弓、殳、矛、戈、戟五种兵器。此泛指兵器。　运：运用。

〔44〕五刑：劓、墨、刖、宫、大辟五种刑罚。　辟：法。

〔45〕度：计量长短的标准。　数：计算之术。

〔46〕形名：指事物的实体与名称。　比详：比较详审。

〔47〕钟鼓之音：泛指音乐。

〔48〕羽旄（máo）之容：泛指舞蹈阵容。羽，古代文舞所执的雉羽，故常用以代指文舞。旄，指旄舞，是周代统治者制定的六种祭祀小舞之一，因舞者手执旄牛之尾而得名。容：指舞蹈的阵容。

〔49〕衰（cuī）：也作“缞”，古时用粗麻布制成的丧服，披于胸前。绖（dié）：古时用麻做的丧带，系在头上的叫首绖，系于腰间的叫腰绖。

〔50〕隆：加等，加级。　杀：减等，减级。
〔51〕先：根本。
〔52〕先：居于尊贵、主宰的地位。　从：处于卑贱、从属的地位。
〔53〕取象：取法，效法。
〔54〕作：兴起。　萌：萌芽。　区：通“句”，指草木出生时的拳曲者。
〔55〕杀：借为“差”，等差，即万物由盛转衰的变化次第。
〔56〕流：流行。
〔57〕尚亲：注重血缘的亲疏。　尚尊：注重官爵的高下。　齿：年齿，年龄。
〔58〕分守：职分。
〔59〕因任：因材授任。
〔60〕原省：省察，考察。
〔61〕处宜：各得其所。
〔62〕履位：各安其职。
〔63〕袭情：各因自己的本性。
〔64〕书：道家之书。或谓古逸书。
〔65〕举：列举。
〔66〕骤：突然。
〔67〕始：起始，根源。
〔68〕倒道：颠倒大道给万物万事所规定的先后、本末的次序。
〔69〕迕（wǔ）：违逆。
〔70〕辩士：徒以华辞饰辩的人。
〔71〕一曲之人：拘于一隅，仅得一孔之见的人。

【译文】

自然之道运化而不停滞，所以万物得以生成；帝王之道运化而不停滞，所以天下之民都来归附；圣人之道运化而不停滞，所以海内之民都能宾服。明于天道，通于圣道，对帝王之德无所不通的人，他们纯任万物自由发展，万物就会在冥冥中悄悄生长了。圣人的内心宁静，不是因为静有好处才宁静的，而是因为万物不能挠乱他的内心才得以宁静的。水处在静止状态就能清楚地照见胡须和眉毛，其平面合于水准器的要求，高明的工匠便取法于此。水平静时尚能这样明澈，何况人的精神呢？圣人的内心宁静啊！可以作为天地万物的明镜。虚静、恬淡、寂漠、无为，就是天地的准则和道德的最高境界，所以帝王、圣人都使心息虑。息心就会虚静，虚明若镜就能映照万物而充实，能够做到充实就算完备了。虚空就会平静，平静中会包含运动，这样的运动是合宜的。内心宁静就会无为，无为就能使臣下各尽其责。无为就能从容自乐，从容自乐的人便不会有忧患，寿命就长了。虚静、恬淡、寂漠、无为，是万物的根本。明白了此道就能南面称天子，唐尧就是这样的人；明白了此道就能北面就臣位，虞舜就是这样的人。凭此道处于上位，就是帝王、天子的盛德；凭此道处于下位，就是玄圣素王的修养。凭此道退隐闲游，隐士都会诚心服从；凭此道出仕作官来统治百姓，那就能建功立业，名声显扬，而使天下统一。得道者在内静处，就必有玄圣素王之尊，迫不得已而应世，也必能成就帝王之德，无为而受尊崇，朴素就使天下没有能和他相争比美。明白于天地虚静无为之道，这就是掌握了事物的关键和本源，可以与自然协和了；也可以使天下取得协调一致，与人协和了。与人协和，称之为人乐；与自然协和，称之为天乐。庄子说："我的宗师大道啊！我的宗师大道啊！它调和万物而不认为是暴戾，恩泽及于万世而不认为是仁义，先于上古而不认为是长寿，包容天地、雕刻万物的形状而不认为是技巧。这就是天乐。所以说：'知晓天乐的人，活着的时候随天而行，死后随物而化。静时与阴相一致，动时与阳相符合。'因此，知晓天乐的人，天不会怨怒，人不会非议，没有万物的牵累，没有鬼神的谴责。所以说：'动时与天相合，静时与地相合，心思专一于虚静的境界就可以统治天下；鬼神不会作祟，精神也不会疲倦，心思专一于虚静的境界就可以使万物顺服。'这就是说，把虚静推及于天地之间，贯彻于万物之中，这就叫天乐。天乐是圣人用来畜养天下的。"

帝王的德业，以天地为本源，以道德为主体，以无为为常法。为君的实行无为之道，这样让天下万物自治自化，自己也就会感到闲暇有馀；作臣子的实行有为之道，终日尽智竭虑以料理繁杂的事务，仍然感到自己不够称职。所以古人治天下贵无为之道。君主无为，臣下也无为，这便是臣下与君主同德，君臣同德就不成其为臣下；臣下有为，君主也有为，这便是君主与臣下同道，君臣同道就不成其为君主。君主必须实行无为之道，让天下万物自治自化，臣下必须实行有为之道，终日尽智竭虑料理繁杂的事务以尽其天职，这是不可改变的道理。所以古代统治天下的人，智慧虽然能包罗天地，自己却不去思虑；宏辩虽然能雕饰万物，自己却不去言说；才能虽然能穷尽海内，自己却不去行动。天无心生产而万物却自化，地无心生长而万物却自育，帝王无为而天下却成功。所以说：没有比天更神奇的，没有比地更富足的，没有比帝王更伟大的。所以说：帝王的道德与天地相配。这就是驾驭天地，驱使万物，役使有才智之士的道理啊！

无为之本君主把握，有为之末臣下执行；君道简要而闲逸，臣道繁冗而劳累。军队兵器的运用，是道德之末节；推行赏罚之制，设立五刑之法，是教化之末节；采用礼法和度数之制，对事物的名实加以比较详审，是治道之末节；大兴钟鼓之乐音、羽旄之舞蹈，是音乐之末节；悲哀哭泣，讲究丧服的等次，是哀悼的末节。这五种末节，在古代就已经有了，但当时的人并不把它们当作根本的东西。君为主而臣为从，父为主而子为从，兄为主而弟为从，长者为主而幼者为从，男子为主而女子为从，丈夫为主而妻子为从。尊卑先后，是天地运行所表现出来的，所以圣人效法它。天尊地卑，是神明的位置；春夏在前，秋冬在后，是四时的次序；万物化育生长，萌芽时各有不同的形状，由茂盛到衰败的变化次第，是变化的流行。天地是最为神明的，尚且有尊卑先后的次序，何况是人道呢！宗庙里讲究血缘的亲疏关系，朝廷中注重官爵的高下，乡间里重视年龄的大小，行事时崇尚贤能与否，这是大道的次序。谈论大道而否定了道的次序，就不是真正的道。谈论的并不是真正的大道，又怎么能得道呢！

所以古代懂得大道的人，先要明白天道而把道德放在其次，道德明白后其次是仁义，仁义明白后其次是职分，职分明确后其次是事物的实体和名称，实体和名称弄清后其次是因材受任，因材受任明确后其次是考察，考察明白后其次是分清是非，是非分清后其次是赏罚，赏罚明确后其次是愚智各得其所，贵贱各安其职；贤人和愚者各因自己的本性，必尽自己的才能，使自己的成绩合于名位。按照这个道理去侍奉君主，畜养下民，治理万物，修养自身，不用智谋，一切归之于自然无为，这就叫作太平，是治道的极致。所以书上说："有形有名。"关于实体和名称，在古代就已经有了，但当时的人并不把它们当作根本的东西。古代谈论大道的人，经历五次递相变化的次序才可以列举形名，经历九次递相变化的次序才可以谈论赏罚。突然谈起形名，是不知晓它的本源；突然谈起赏罚，是不知道它的起始。颠倒大道去讲述，违逆大道去论说的人，尚待别人来治他，又怎么能治人呢！突然谈起形名赏罚，这种人只知道有治人的工具，而不知道有治人的规律；只可以被天下人役使，而不可以统治天下。这种人叫作辩士，是仅得一孔之见的人。采用礼法和度数之制，对事物的名实加以比较详审，在古代就已经有了，但这只是臣下用来侍奉君主的做法，不是君主用来畜养臣下的做法。

昔者舜问于尧曰："天王之用心何如〔1〕？"尧曰："吾不敖无告〔2〕，不废穷民〔3〕，苦死者〔4〕，嘉孺子而哀妇人〔5〕，此吾所以用心已。"舜曰："美则美矣，而未大也。"尧曰："然则何如？"舜曰："天德而出宁〔6〕，日月照而四时行，若昼夜之有经〔7〕，云行而雨施矣。"尧曰："胶胶扰扰乎〔8〕！子，天之合也；我，人之合也。"

夫天地者，古之所大也，而黄帝、尧、舜之所共美也。故古之王天下者，奚为哉〔9〕？天地而已矣！

【注释】

〔1〕天王：即天子。

〔2〕敖：通"傲"，傲慢，傲视。　无告：有苦无处申诉的人，主要指鳏寡孤独者。

〔3〕废：遗弃，抛弃。　穷民：穷苦的百姓。

〔4〕苦：哀怜。

〔5〕嘉：爱怜。　孺子：孤儿。　妇人：寡妇。

〔6〕天德：自然之德。　出宁：谓万物皆得安宁。

〔7〕经：常则。

〔8〕胶胶、扰扰：皆扰乱之貌。
〔9〕奚：何。

【译文】

从前舜问尧说："天子的用心怎么样？"尧说："我不傲视有苦无处申诉的人，不遗弃穷苦的百姓，哀怜死者，爱怜孤儿和寡妇，这就是我的用心之处。"舜说："这样做好是好的，但以大道来看就未免太狭劣了。"尧说："那么应该怎样呢？"舜说："以自然之德治世，那么万物皆得安宁，就像日月的运转，四时的变化，就像昼夜的更替，云行而雨降那样。"尧说："我真是扰人多事啊！您的德性，可与天道相配；我的品行，仅仅与人道相合。"

天地，自古以来被认为是最伟大的，为黄帝、尧、舜所共同赞美。所以古代统治天下的人，还要做什么呢？只不过是效法天地无为罢了！

孔子西藏书于周室，子路谋曰："由闻周之征藏史有老聃者，免而归居〔1〕，夫子欲藏书，则试往因焉〔2〕。"孔子曰："善。"

往见老聃，而老聃不许，于是繙十二经以说〔3〕。老聃中其说〔4〕，曰："大谩〔5〕，愿闻其要〔6〕。"孔子曰："要在仁义。"老聃曰："请问：仁义，人之性邪？"孔子曰："然。君子不仁则不成，不义则不生。仁义，真人之性也，又将奚为矣？"老聃曰："请问：何谓仁义？"孔子曰："中心物恺〔7〕，兼爱无私，此仁义之情也〔8〕。"老聃曰："意，几乎后言〔9〕！夫兼爱，不亦迂乎〔10〕！无私焉，乃私也。夫子若欲使天下无失其牧乎〔11〕？则天地固有常矣〔12〕，日月固有明矣，星辰固有列矣〔13〕，禽兽固有群矣，树木固有立矣。夫子亦放德而行〔14〕，循道而趋，已至矣！又何偈偈乎揭仁义[15]，若击鼓而求亡子焉[16]！意，夫子乱人之性也！”

【注释】

〔1〕由：子路的名。　征藏史：掌管府藏典籍的官。征，掌管。免：解免征藏史的职位。　归居：归家闲居。

〔2〕因：依凭。

〔3〕繙（fán）：反复申说。　十二经：有三种说法，一说谓《易》上下经并十翼为十二；二说谓《春秋》十二公经；三说谓“十二经”当为“六经”之误。　说（shuì）：游说，说服。

〔4〕中：中途插断。

〔5〕大谩：太空泛繁冗。大，通“太”。谩，通“漫”，繁多。

〔6〕要：要领、精义。

〔7〕恺：和乐。

〔8〕情：实。

〔9〕意：通“噫”，叹词。　几：危殆。　后言：谓浅近之言。

〔10〕夫：句首发语词，无义。　迂：迂曲、迂远。

〔11〕牧：养育。

〔12〕固：本来。　常：常规。

〔13〕列：行列、序列。

〔14〕放德：仿效天理。放，通“仿”。

〔15〕偈偈（jié）：用力的样子。　揭：高高擎起。

〔16〕亡子：谓逃亡之人。

【译文】

孔子想往西把自己所著的书藏到周王室的书库中，子路出主意说：“我听说周王室有位掌管府藏典籍的官员叫老聃，已经免职回家，先生想要藏书，就前往试试依靠他。”孔子说：“好吧。”

前往拜见老聃，而老聃不肯帮忙，于是孔子反复申说十二经，想说服老聃。老聃中途插断孔子的说话，说：“太空泛繁冗了，我想听听要点。”孔子说：“要点就在仁义。”老聃说：“请问，仁义是人的本性吗？”孔子说：“是的。君子不仁就不能成长，不义就不能生存。仁义，确实是人的本性，还有什么可值得怀疑的呢？”老聃说:“请问，什么是仁义？”孔子说:“与万物同乐，兼爱无私，这就是仁义的实情。”老聃说:“唉，这种浅近的言论太危险了！兼爱出于私心，离开大道甚远，不是太迂曲难通了吗！既有无私之名，说明胸中必定先有私。先生想要使天下不失去其养育吗？那么天地本来就有常规，日月本来就是光明的，星辰本来就有序列，禽兽本来就是群居的，树木本来就能直立生长。先生也仿效天理行事，顺着大道前进，这样做就是最好的了！又何必用力去标举仁义，好像敲着鼓去追捕逃亡之人一样可笑呢？唉，先生是在扰乱人的本性啊！”

士成绮见老子而问曰〔1〕:“吾闻夫子圣人也，吾固不辞远道而来愿见，百舍重趼而不敢息〔2〕。今吾观子，非圣人也。鼠壤有馀蔬而弃妹〔3〕之者，不仁也；生熟不尽于前，而积敛无崖〔4〕。”老子漠然不应〔5〕。

士成绮明日复见，曰:“昔者吾有刺于子，今吾心正郤矣〔6〕，何故也？”老子曰:“夫巧知神圣之人，吾自以为脱焉〔7〕。昔者子呼我牛也而谓之牛〔8〕，呼我马也而谓之马。苟有其实，人与之名而弗受〔9〕，再受其殃。吾服也恒服，吾非以服有服〔10〕。”

士成绮雁行避影〔11〕，履行遂进而问〔12〕:“修身若何？”老子曰:“而容崖然，而目冲然〔13〕，而颡頯然，而口阚然〔14〕，而状义然，似系马而止也〔15〕；动而持，发也机〔16〕，察而审，知巧而睹于泰〔17〕，凡以为不信〔18〕。边竟有人焉〔19〕，其名为窃〔20〕。”

【注释】

〔1〕士成绮：虚构的人名。

〔2〕固：故，因此。　百舍：三千里，极言路途遥远。舍，三十里为

一舍。　重：多层。　趼（jiǎn）：通“茧”，脚底板上因走路摩擦而长成的硬皮。

〔3〕鼠壤：耗子凿洞所排出的泥土。

〔4〕生熟不尽于前：生食熟食堆满眼前。　无崖：无限。

〔5〕漠然：不介意的样子。

〔6〕刺：讥刺。　郤（xì）：通“隙”，裂缝。此指讥刺之心正在产生裂缝并逐渐消失。

〔7〕知：通“智”，智计。　脱：脱离，摆脱。

〔8〕谓之牛：自认为是牛。

〔9〕与之：给他。

〔10〕吾服也恒服，吾非以服有服：谓我服从人家是一贯的，并非有心服从才去服从。

〔11〕雁行：侧身斜步而行。　避影：不敢履蹑老子的脚迹。

〔12〕履行遂进：谓来不及脱掉鞋子就仓促上前。

〔13〕而：通“尔”，你。　容：仪容。　崖然：傲岸的样子。　冲然：突目而视的样子。

〔14〕颡（sǎng）：前额。　頯（kuí）然：颧骨高耸，此处引申为前额突出的样子。　阚（hǎn）然：口大张的样子。

〔15〕义然：高大的样子。　似系马而止：谓貌似端庄，心却驰骋于外物之间。

〔16〕持：矜持。　机：弩箭上的扳机。

〔17〕睹：外露。　泰：骄傲放肆。

〔18〕信：信实。

〔19〕竟：通“境”。

〔20〕窃：盗贼。

【译文】

士成绮见到老子后就问道：“我听说先生是位圣人，因此我不怕路途遥远而想来见您，路上脚磨出了层层老茧也不敢停下。现在我看您，并不是圣人。您这儿到处乱扔剩馀饭菜，连鼠壤之上也触目皆是，但却不愿收养自己的亲妹妹，这不符合仁的原则；生食熟食堆满眼前，而仍积累聚敛不已。”老子听到不介意，也没有作答。

士成绮第二天又来见老子，说：“先前我曾讥刺过您，现在我的这种心情正在逐渐消失，这是什么原因呢？”老子说：“你把我说成是圣智之人，我自己则认为早就不是了。先前你称我为牛我也自认为是牛，称我为马我也自认为是马。如果确有那种事实，别人给予他名称而不接受，就是再犯了一次错误。我服从人家是一贯的，并非有心服从才去服从。”

士成绮侧身斜步前行，不敢履蹑老子的脚迹，来不及脱鞋就仓促上前问道：“如何修身呢？”老子说：“你的仪容傲岸，你的眼睛突视，你的前额突出，你的嘴巴大张，你的形体高大，但心却驰骋于外物之间；在行动之前故意装得很矜持，一旦行动起来就像弩箭离机，对事物精明而详审，凭着自己的智巧而表现出骄泰之色，以上这些都属于矫情伪态。边境上如果有这种人，他的名字就叫作盗贼。”

夫子曰〔1〕：“夫道，于大不终〔2〕，于小不遗〔3〕，故万物备。广广乎其无不容也〔4〕，渊乎其不可测也〔5〕。形德仁义〔6〕，神之末也，非至人孰能定之！夫至人有世〔7〕，不亦大乎〔8〕，而不足以为之累；天下奋棅而不与之偕〔9〕，审乎无假而不与利迁〔10〕，极物之真〔11〕，能守其本，故外天地，遗万物〔12〕，而神未尝有所困也〔13〕。通乎道，合乎德〔14〕，退仁义〔15〕，宾礼乐〔16〕，至人之心有所定矣〔17〕！”

【注释】

〔1〕夫子：指老子。

〔2〕终：穷尽。

〔3〕遗：遗漏。

〔4〕广广乎：虚旷无人的样子。

〔5〕渊乎：幽深渊静的样子。按：当作“渊渊乎”。

〔6〕形德：谓刑戮与庆赏。形，通“刑”。

〔7〕有世：谓据有天下。

〔8〕大：指天下广大无边。

〔9〕棅（bǐng）：通“柄”，权柄。 不与之偕：谓不与他们为伍。

〔10〕假：通“瑕”，瑕疵。　不与利迁：谓不为财利动摇。
〔11〕极：穷究。
〔12〕遗：遗弃，忘掉。
〔13〕困：困扰。
〔14〕德：天德，大道。
〔15〕退：斥退。
〔16〕宾：通“摈”，摈弃。
〔17〕定：寂定，宁静。

【译文】

老子说：“道，包裹任何大的东西都不会有所穷尽，对于任何细小的东西都不会有所遗漏，因此万物之中无不存在着道。它虚旷广大，对万物无不包容，它幽深渊静，不可测知。刑戮、庆赏和仁义，不过是精神的末节，不是至人谁能认定它呢！至人据有天下，天下不也广大无边的吗？但却不足以成为他的牵累；天下人都奋起争夺权柄而圣人却不参与其间，认为自己没有瑕疵而不为财利所役，穷究万物的本性，能纯任虚静而守住天道根本，所以能忘怀天地，遗弃万物，而精神却未曾受到困扰。能够贯通大道，合于天德，斥退仁义，摈弃礼乐，至人之心就宁静了。”

世之所贵道者，书也。书不过语，语有贵也。语之所贵者意也，意有所随〔1〕。意之所随者，不可以言传也，而世因贵言传书。世虽贵之，我犹不足贵也，为其贵非其贵也。故视而可见者，形与色也；听而可闻者，名与声也。悲夫，世人以形色名声为足以得彼之情〔2〕！夫形色名声固不足以得彼之情，则知者不言〔3〕，言者不知，而世岂识之哉！

桓公读书于堂上，轮扁斫轮于堂下，释椎凿而上〔4〕，问桓公曰：“敢问：公之所读者，何言邪？”公曰：“圣人之言也。”曰：“圣人在乎？”公曰：“已死矣。”曰：“然则君之所读者，古人之糟魄已夫[5]！”桓公曰：“寡人读书，轮人安得议乎[6]！有说则可[7]，无说则死。”轮扁曰：“臣也以臣之事观之。斫轮，徐则甘而不固，疾则苦而不入[8]，不徐不疾，得之于手而应于心，口不能言，有数存焉于其间[9]。臣不能以喻臣之子[10]，臣之子亦不能受之于臣，是以行年七十而老斫轮。古之人与其不可传也死矣，然则君之所读者，古人之糟魄已夫！”

【注释】

〔1〕随：寄寓。

〔2〕情：情实。

〔3〕知者不言：聪明的人不说话。知，通“智”。

〔4〕桓公：齐桓公，名小白。　轮扁：制作车轮的匠人，名扁。　斫轮：砍削木头，制作车轮。　释：放下。　椎：捶击凿子的工具。

〔5〕糟：酒糟。　魄：烂食。

〔6〕安：岂，怎。　议：议论。

〔7〕有说：能说出个道理来。

〔8〕徐：宽。　甘：滑动。　疾：紧。　苦：苦涩，涩滞。

〔9〕得之于手而应于心：指下文的“数”，手上有分寸，心里有感应，但无法用语言表达出来，与后世得心应手不同。　数：术数，技艺。

〔10〕喻：晓喻，明确地告诉。

【译文】

世俗之人认为最值得珍视的载道工具，就是书籍。书籍不过是用语言文字写成的，但这语言文字也有它的可贵之处。语言文字之所以值得珍视在于它有些意思，不过这些意思是寄寓在外的。寄寓在外的意思，实际上不能用语言文字来表达，可是世俗之人却因珍视语言文字，便把书籍流传下来。世俗之人虽然以之为贵，我却认为不足珍贵，因为他们所珍贵的并不是真正值得珍贵的东西。所以可以看得见的是形状和颜色；可以听得到的是名称和声音。可悲啊，世俗之人以为根据形状、颜色、名称、声音就足以得到大道的实质！形状、颜色、名称、声音确实不足以得到大道的实质，所以聪明的人不说话，说话的人不聪明，而世俗之人又怎能懂得这个道理呢！

齐桓公在堂上读书，轮扁在堂下砍制车轮，他放下手中的椎子和凿子走上堂来，问桓公说："请问，你读的什么样的书？"桓公说："是圣人之言。"轮扁说："圣人还在世吗？"桓公说："已经死了。"轮扁说："既然这样，那么你所读的书，不过是古人的糟粕罢了！"桓公说："我在读书，制作车轮的匠人怎能随便议论！能说出个道理来就算了，要是说不出就处死。"轮扁说："我是从我所做的事来看的。砍制车轮，榫眼太宽就容易滑动而不牢固，榫眼过紧，就会苦涩而难入，不宽不紧，才能得之于手而应之于心，嘴又表达不出来，但是有一种奥妙的技艺表现在这制作的过程中。我不能把它明确地告诉给我的儿子，我的儿子也不能从我这里接受过去，所以我已经七十岁了还在砍制车轮。古人和他那无法传授的东西都已一同消失了，那么您所读的书，不过是古人的糟粕罢了！"

【评析】

春秋时郑国子产就已经提出天道、人道的观念，他认为："天道远，人道迩。"因此，要重视人道。孔孟在子产的这一思想上作了进一步发挥，认为天道和人道相去太远，天道难以把握，故不取，所以子贡感叹："夫子之言性与天道，不可得闻。"他们退而求其次，因此大谈人道中的仁义礼智。道家则相反，向高处求，尊崇天道，效法天道。老子说："天之道损有馀而补不足，人之道则不然，损不足以奉有馀。"老子认为天道公平无私，而人道卑劣，劫贫济富，加剧不平等，进而肯定天道，否定人道，因此他提倡绝仁弃义，绝圣弃智，返朴归真。在此基础上，庄子后学又作了新的阐释。庄子后学将君道归入天道，将臣道归入人道。天道，自运自化，寂寞无为，虽然化育万物，泽及万世，但都是出于无心，也不以为功。因此君道应以天地为宗，以自然为用，以虚静、恬淡、寂寞、无为为本，虽有天下，但要做到不为所累，无为而治，让天下万物自治自化。而要做到无为，本文提出，就需要达到虚静的状态，人心虚静才能像镜子一样无所不包，虚静才能各得所宜，虚静才能使臣下各守其职，各尽其责。内心虚明若镜，才能映照万物，虚明才能无为，无为才能精神愉悦、超然物外，这样才能达到天人合一、物我两忘的境界。这与内篇"心斋"之说颇有相通之处。

本篇中最精彩的当属“轮扁斫轮”的故事了，可与“庖丁解牛”“濠梁观鱼”等寓言故事相媲美，一直流传至今，为后人所乐道，成语“得心应手”便来源于此。轮扁斫轮，其技艺自己能体会，却不能宣之于口，传之于子。同理，圣人之道亦无法用语言表达，遑论记录语言的书籍文字了。因此，执书以求道，无异于缘木而求鱼，是不可能得道的。清人刘凤苞评论道：“薪者，火之所从生，而薪非即火也；履者，迹之所由托，而履非即迹也；书者，道之所由载，而书非即道也。执薪以求火，而火在薪外；执履以求迹，而迹在履外；执书以求道，而道在书外。”（《南华雪心编》）这里作者将文与道截然二分显然太过激进，反倒是《外物》篇所论更为通达：“荃者所以在鱼，得鱼而忘荃；蹄者所以在兔，得兔而忘蹄；言者所以在意，得意而忘言。”文虽非道，却可载道，语言亦可以传达旨意，因此它只是工具，既已得意，便可忘去。庄子关于言意关系的表述对中国古代文艺思想的影响是前无古人的。魏晋时期王弼所谓的“得意忘象”“得象忘言”，唐司空图所谓的“不着一字，尽得风流”，宋严羽所谓的“羚羊挂角，无迹可求”，以及近人王国维所谓的“境界说”等等，都与庄子的思想有渊源关系。可以这样说，没有庄子的这一思想，中国的文艺发展成就就会大打折扣了。

天　运

【题解】

天道运转不息，变化无常，人间治道亦应如是，与时俱化，而不能固执一法以御万有，泥古不化。为说明这个道理，本篇连设数个寓言，让孔子及其高弟颜回、子贡频频出场，接受老子、师金等得道之人的指津，并多次明言儒家的仁义之道是不适用于当时的社会情况的，若坚持此道，只会有害而无益。应当指出，在先秦时期，能对世界万物的变动不居性有如此深刻的认识，并持这种发展观来看待人类的社会历史，对儒家死守教条，妄图恢复西周礼义法度的做法提出尖锐批评的，除此之外，似乎只有法家能够做到。但法家偏重于政治上的措施，而忽视对有关问题进行一系列的追问与哲学的思考，因此从理论的深度与哲理的思辨方面来看，显然是不能与此相比的。

“天其运乎〔1〕？地其处乎〔2〕？日月其争于所乎〔3〕？孰主张是〔4〕？孰维纲是〔5〕？孰居无事推而行是〔6〕？意者其有机缄而不得已邪〔7〕？意者其运转而不能自止邪？云者为雨乎？雨者为云乎？孰隆施是〔8〕？孰居无事淫乐而劝是〔9〕？风起北方，一西一东？有上彷徨〔10〕，孰嘘吸是〔11〕？孰居无事而披拂是〔12〕？敢问何故？”

巫咸祒曰〔13〕：“来！吾语女〔14〕。天有六极五常〔15〕，帝王顺之则治，逆之则凶。九洛之事〔16〕，治成德备〔17〕，监照下土〔18〕，天下戴之〔19〕。此谓上皇〔20〕。”

【注释】

〔1〕运：谓运转于上。

〔2〕处：谓宁静处下。

〔3〕争于所：日月出没往来，似在同一轨道上相互追逐，故说争于所。所，处所，指轨道。

〔4〕主张：主宰施张。

〔5〕维纲：维系，维持。维，古代神话中的系地之绳。纲，网上的总绳。

〔6〕居：闲居。　推而行：当为“而推行”之误。

〔7〕意者：推测，猜想。　机：机关。　缄：闭。引申为强行控制。已：止。

〔8〕隆：高起，升起，谓兴云。　施：散布，谓施雨。　是：此，指代云与雨。

〔9〕淫乐：谓兴云施雨。　劝：助成，助长。

〔10〕有：当为“在”之误。　彷徨：盘绕回翔。

〔11〕嘘：吐气。

〔12〕披拂：摇荡，扇动。　是：此，指风。

〔13〕巫咸：殷中宗相，是以筮占卜的创始者，又是占星家，后世有假托他所测定的恒星图。　祒：通“招”，打手势叫人来。

〔14〕语：告诉。　女：通“汝”，你。

〔15〕天：指天地。　六极：即六气，指阴、阳、风、雨、晦、明。五常：即五行，指金、木、水、火、土。

〔16〕九洛：指九州。

〔17〕治：治功。

〔18〕监：镜，用作动词，照耀。　下土：指天下。

〔19〕戴：爱戴。　之：指帝王。

〔20〕上皇：上古帝王。

【译文】

“天是运转在上吗？地是宁静处下吗？日月出没往来，是在同一轨道上相互追逐吗？是谁主宰而施行这一切呢？是谁维系着这一切呢？是谁闲居无事而推动运行着这一切呢？猜想是因为有某种机关的强行控制而使它不得不宁静的吗？猜想是因为运转不息而使它不能自止的吗？到底是云造雨呢，还是雨造云的呢？是谁兴云施雨的呢？是谁闲居无事兴云施雨而助成云雨的呢？风从北方兴起，风向时而往西，时而往东。在上空盘绕回翔，是谁吐气吸气而造成此风的呢？是谁闲居无事而扇动此风的呢？请问是什么缘故？”

巫咸招呼着说：“来！我告诉你。天地有六极五常，帝王顺应天道发展的规律就天下太平，违背天道发展的规律就会产生祸乱。九州百姓聚居之事，治理成功，道德完备，帝王功德的光辉普照天下，天下的人民都爱戴他。这才叫作上古帝王。”

商太宰荡问仁于庄子〔1〕。庄子曰：“虎狼，仁也。”曰：“何谓也？”庄子曰：“父子相亲〔2〕，何为不仁？”

曰：“请问至仁〔3〕。”庄子曰：“至仁无亲〔4〕。”太宰曰：“荡闻之，无亲则不爱〔5〕，不爱则不孝。谓至仁不孝，可乎？”庄子曰：“不然。夫至仁尚矣，孝固不足以言之〔6〕。此非过孝之言也〔7〕，不及孝之言也〔8〕。夫南行者至于郢〔9〕，北面而不见冥山〔10〕，是何也？则去之远也〔11〕。故曰：以敬孝易，以爱孝难；以爱孝易，以忘亲难〔12〕；忘亲易，使亲忘我难；使亲忘我易，兼忘天下难；兼忘天下易，使天下兼忘我难。夫德遗尧、舜而不为也〔13〕，利泽施于万世，天下莫知也，岂直太息而言仁孝乎哉〔14〕！夫孝悌仁义，忠信贞廉，此皆自勉以役其德者也，不足多也〔15〕。故曰：至贵，国爵并焉〔16〕；至富，国财并焉；至愿，名誉并焉。是以道不渝〔17〕。”

【注释】

〔1〕商：即宋。因宋为殷商后裔，故称。　太宰：亦称冢宰，为辅佐天子之官。　荡：太宰名。

〔2〕父子：谓虎狼父子。

〔3〕至仁：最高最完美的仁德。

〔4〕至仁无亲：与“大仁不仁”(《齐物论》)同义，谓至仁之人，混同万物，无所偏爱。

〔5〕爱：主要指偏爱父母。

〔6〕尚：值得崇尚。 固：本来。

〔7〕过：责备。

〔8〕不及：毫无关涉。

〔9〕郢：楚国的都城，在江陵（今湖北荆州市荆州区）。

〔10〕北面：面向北方。 冥山：虚构的山名。

〔11〕去：离开。 之：指冥山。

〔12〕亲：双亲。

〔13〕遗：弃，有蔑视之意。

〔14〕太息：赞叹。

〔15〕役：劳役。 多：赞美，推崇。

〔16〕爵：爵位。 并：除弃，摒弃。

〔17〕渝：改变。

【译文】

宋国名叫荡的太宰向庄子请教仁。庄子说:“虎狼也有仁德。”太宰说:“为什么这样说呢？”庄子说:“虎狼父子也相互亲爱，为什么不能说他们有仁德呢？”

太宰说:“请问什么是至仁？”庄子说:“至仁就是无所偏爱。”太宰说:“我听说，无所偏爱就会不爱父母，不爱父母就会不孝顺。您说至仁就是不孝顺，可以吗？”庄子说:“不是这样。至仁是值得崇尚的，用孝本来就不足以说明至仁。这并非有责备孝的意思，而是说它与孝毫无关涉的。去南方的人到了郢都，面向北方却看不见冥山，这是为什么呢？因为距离冥山太远了。所以说：用恭敬行孝容易，用爱心行孝困难；用爱心行孝容易，用虚淡之心忘怀双亲困难；我淡忘双亲容易，让双亲忘掉我困难；让双亲忘掉我容易，同时也忘怀天下困难；忘怀天下容易，让天下百姓忘掉我困难。天德深厚的人蔑视天下，即使像尧、舜这样的帝位也不会羡慕，利益和恩泽施及万代，而天下百姓却不知道，难道还用得着去赞叹仁孝吗？孝、悌、仁、义、忠、信、贞、廉，这些都是用来自勉而有害于自然德性的，不值得赞美。所以说：最高贵的，就是摒弃国中任何爵位而不顾；最富有的，就是摒弃天下所有财宝而不顾；最完美的意愿，就是摒弃一切名誉而不顾。因此大道是永恒不变的。”

北门成问于黄帝曰[1]：“帝张《咸池》之乐于洞庭之野[2]，吾始闻之惧[3]，复闻之怠[4]，卒闻之而惑[5]，荡荡默默[6]，乃不自得。”

帝曰：“汝殆其然哉[7]！吾奏之以人[8]，征之以天[9]；行之以礼义，建之以太清[10]。四时迭起[11]，万物循生；一盛一衰，文武伦经[12]；一清一浊，阴阳调和，流光其声；蛰虫始作[13]，吾惊之以雷霆；其卒无尾，其始无首；一死一生，一偾一起[14]；所常无穷，而一不可待[15]。汝故惧也。吾又奏之以阴阳之和，烛之以日月之明[16]。其声能短能长，能柔能刚，变化齐一，不主故常；在谷满谷，在阬满阬[17]；涂郤守神[18]，以物为量。其声挥绰[19]，其名高明[20]。是故鬼神守其幽[21]，日月星辰行其纪[22]。吾止之于有穷，流之于无止。予欲虑之而不能知也[23]，望之而不能见也，逐之而不能及也。傥然立于四虚之道[24]，倚于槁梧而吟[25]；目穷乎所欲见，力屈乎所欲逐，吾既不及已夫[26]！形充空虚，乃至委蛇[27]。汝委蛇，故怠。吾又奏之以无怠之声，调之以自然之命[28]。故若混逐丛生，林乐而无形[29]；布挥而不曳，幽昏而无声[30]；动于无方，居于窈冥[31]；或谓之死，或谓之生；或谓之实，或谓之荣[32]；行流散徙[33]，不主常声。世疑之，稽于圣人[34]。圣也者，达于情而遂于命也[35]。天机不张而五官皆备[36]。此之谓天乐[37]，无言而心说[38]。故有焱氏为之颂曰[39]：'听之不闻其声，视之不见其形，充满天地，苞裹六极[40]。'汝欲听之而无接焉[41]，而故惑也[42]。乐也者，始于惧，惧故祟[43]。吾又次之以怠，怠故遁[44]；卒之于惑，惑故愚[45]；愚故道，道可载而与之俱也[46]。"

【注释】

〔1〕北门成：虚构的人物。

〔2〕帝：指黄帝。 张：设置，演奏。 咸池：周代"六舞"之一，用以祭祀地神，亦名《大咸》，相传为黄帝所作，唐尧增修。 洞庭：谓洞达之所。

〔3〕惧：即骇听，说明北门成对大道全然不悟。

〔4〕怠：即懈怠，说明已稍有领悟。

〔5〕惑：即愚暗迷惑，说明已黜聪堕明，与大道接近了。

〔6〕荡荡：平易的样子。 默默：无知的样子。

〔7〕殆：大概。

〔8〕人：指本乎人心的五音六律。

〔9〕征：印证、引证。

〔10〕建：立。 太清：太初元气。按："建之以太清"句后，原有"夫至乐者"等七句，凡三十五字，宋代以来的学者多认为是注疏混入正文者，今删去。

〔11〕四时：四季。 迭起：更迭兴起。

〔12〕一盛一衰：谓乐声忽而奋起，忽而降杀。 文：谓乐声细微。武：谓乐声洪大。 伦经：谓乐声的演奏有条理。

〔13〕蛰（zhé）虫：冬眠的虫豸。

〔14〕偾（fèn）：仆倒，指乐声寂灭。

〔15〕常：谓以变化为常。 一不可待：谓一声未完，一声又起，听者感觉不到其中有什么停歇。

〔16〕烛：照。

〔17〕阬：通"坑"，坑洼。

〔18〕涂：塞。 郤：同"隙"，孔。

〔19〕挥绰：谓悠扬有馀韵。

〔20〕名：指节奏。

〔21〕幽：幽昧之所。

〔22〕纪：轨道。

〔23〕予：当为“子”字之误，指北门成。

〔24〕傥然：无依倚的样子。　四虚之道：四面空虚，不着边际的路。

〔25〕槁梧：干枯的梧桐树。　吟：喘息。

〔26〕吾：指代北门成。

〔27〕形充空虚：谓身如空虚。　委蛇（wēi yí）：同“逶迤”，宛转徘徊的样子。

〔28〕调：调节。　自然之命：合于自然之道的音乐节奏。

〔29〕混逐：像禽兽一般混相追逐，形容乐声的动态。　丛生：像草木一般丛聚并生，形容五音繁会的景象。　林乐：像树林繁茂一样的音乐，亦形容五音繁会的景象。

〔30〕布挥而不曳：谓乐声布散振扬，却不牵滞。布挥，布散挥荡。曳，牵引，拖曳。　幽昏：谓乐声暗淡。

〔31〕无方：不固定在一个地方。　窈冥：幽昏难窥之所。

〔32〕荣：开花。

〔33〕行流散徙：形容乐声漫流不拘的情状。

〔34〕稽：稽考，求问。

〔35〕达：通达。　遂：顺从。

〔36〕张：设置。　五官：谓五声之主司。

〔37〕天乐：合于自然天道的音乐。

〔38〕说：通“悦”，怡悦。

〔39〕有焱氏：即神农氏。焱，也作“炎”。

〔40〕苞裹：包容，囊括。　六极：上、下、四方。此指整个宇宙。

〔41〕无接：无法用耳朵领受到。

〔42〕而：通“尔”，你，指北门成。

〔43〕祟：谓若有鬼祟。

〔44〕遁：谓精神若欲离去。

〔45〕愚：谓情识俱灭，同于愚痴。

〔46〕载：乘。　俱：合。

【译文】

北门成问黄帝说：“您在洞达的地方演奏《咸池》乐曲，我开始听时感到骇惧，再听到时感到松懈，听到最后时就迷惑起来，茫然无知，竟然进入了物我俱忘的境界。”

黄帝说：“你大概会如此吧！我用五音六律来弹奏，用自然天理来印证；用礼义来演进，用太初元气作为源头。乐声像四季一样更迭而起，与万物的生长变化相一致；忽而奋起，忽而降杀，乐声细大，各有条理；声音或清或浊，如同阴阳二气相互调和，声光流动而充溢天下；如同越过冬眠的虫豸将开始蠢动，又忽然奏起雷霆般的乐声，使我感到震惊；乐声天然浑成，无法分辨哪儿是开始，哪儿是结尾；忽灭忽起，忽低忽高，循环相续；以循环变化为常则而无穷尽，一声未完，另一声又续上，中间没有什么停歇出现的。所以你开始听时感到恐惧。我又按照阴阳调和一致，日月普照万物的规律来演奏。乐声长短相间，刚柔相济，既极有变化，又极有条理，不拘泥于一调；大至山谷，小至坑洼都无不充满至乐之声；堵塞住心智的孔隙，固守住虚寂的精神，而任天地万物的大小长短为尺度。乐声悠扬有馀韵，节奏高亢而光明。所以至乐之道能使人鬼各得其所，互不相扰，使日月星辰运行在各自的轨道上。我演奏音乐有时好像有停顿，但又好像没有停顿。你想思虑这流止不定的至乐之声却不明白，想观看它却又看不见，想追逐它却又赶不上。毫无依靠地站立在四面空虚而不着边际的道路上，靠着干枯的梧桐树而喘息；视力在想看时穷尽了，气力在想追逐时穷尽了，我已经追赶不上了！形体空虚，只能宛转徘徊于乐曲之中。你已经宛转徘徊于乐曲之中，因而会感到懈怠。我又演奏起以消除懈怠为主题的乐声，用合于自然之道的音乐节奏来调节。所以就像禽兽一般混相追逐，像草木一般丛聚并生，五音繁会而不见形迹；乐声布散振扬，却不牵滞，又暗淡而无声；声音流动不固定在一个地方，又静处在幽昏难窥的境地；或称之为死，或称之为生；或称之为结果，或称之为开花；流转播扬，变换着不同的音调和旋律。世人如果有疑惑，可以求问圣人。所谓圣，就是通达万物之情而顺从自然规律。司乐之官虽然齐备，却无须动用心神去张设乐器。这就叫作合于自然天道的音乐，虽然不可以用言语加以描绘，但得道者却自能从中领悟到乐趣。所以神农氏制作了颂词说：‘听它却听不到声音，看它却见不到形体，充满于天地之间，包容了整个宇宙。’你想要听它却无法用耳朵领受到，所以你感到迷惑。这种音乐，开始时令人惧怕，一惧怕就好像有鬼祟。我又奏起令人懈怠的乐声，一懈怠精神就好像要离去；最后令人感到迷惑，迷惑就会情识俱灭，同于愚痴；进入愚的境界，就与自然无为的天道接近，天道就可以与之俱合了。”

孔子西游于卫。颜渊问师金曰[1]：“以夫子之行为奚如[2]？”师金曰：“惜乎，而夫子其穷哉[3]！”

颜渊曰：“何也？”师金曰：“夫刍狗之未陈也，盛以箧衍[4]，巾以文绣[5]，尸祝齐戒以将之[6]。及其已陈也，行者践其首脊[7]，苏者取而爨之而已[8]。将复取而盛以箧衍[9]，巾以文绣，游居寝卧其下，彼不得梦[10]，必且数眯焉[11]。今而夫子亦取先王已陈刍狗[12]，聚弟子游居寝卧其下。故伐树于宋[13]，削迹于卫[14]，穷于商、周[15]，是非其梦邪[16]？围于陈、蔡之间[17]，七日不火食，死生相与邻，是非其眯邪？夫水行莫如用舟，而陆行莫如用车。以舟之可行于水也，而求推之于陆，则没世不行寻常[18]。古今非水陆与？周鲁非舟车与？今蕲行周于鲁[19]，是犹推舟于陆也，劳而无功，身必有殃。彼未知夫无方之传[20]，应物而不穷者也。且子独不见夫桔槔者乎[21]？引之则俯[22]，舍之则仰。彼[23]，人之所引，非引人也，故俯仰而不得罪于人。故夫三皇五帝之礼义法度[24]，不矜于同[25]，而矜于治。故譬三皇五帝之礼义法度，其犹柤梨橘柚邪[26]！其味相反而皆可于口。故礼义法度者，应时而变者也。今取猨狙而衣以周公之服[27]，彼必龁啮挽裂[28]，尽去而后慊[29]。观古今之异，犹猨狙之异乎周公也。故西施病心而矉其里[30]，其里之丑人见而美之，归亦捧心而矉。其里之富人见之，坚闭门而不出；贫人见之，挈妻子而去之走[31]。彼知矉美，而不知矉之所以美。惜乎，而夫子其穷哉！”

【注释】

〔1〕师金：鲁国太师，名金。

〔2〕夫子：指孔子。

〔3〕而：通“尔”，你。　穷：困窘，困厄。

〔4〕夫：句首发语词，无义。　刍狗：以茅草扎成的狗，用于祭祀，祭后则弃之。　陈：祭时陈列于神位之前。　箧（qiè）：小箱子。　衍：小方竹箱。

〔5〕巾：覆盖，包裹。　文绣：刺有花纹的巾帛。

〔6〕尸祝：巫师。　齐：同“斋”。　将：捧。　之：指刍狗。

〔7〕行者：行人。　践：践踏。

〔8〕苏者：割草的人。　爨（cuàn）：焚烧。

〔9〕将：如果将。

〔10〕彼：指“复取”刍狗的人。

〔11〕且：将。　数：屡次。　眯（mì）：谓梦魇，古人以为是人睡觉时被妖魔压胸。

〔12〕先王：指尧、舜、禹、汤、文、武等儒家理想中的帝王。　刍狗：指先王所推行的那套政治主张。

〔13〕伐树于宋：据《史记·孔子世家》记载，孔子与其弟子，曾经在宋国的大树下讲习礼法，宋国有人欲杀孔子，就拔掉了大树。孔子逃走。

〔14〕削迹于卫：指孔子及其弟子被匡人围困一事。削迹，绝迹。

〔15〕穷于商、周：谓困穷于宋和周。宋为商后裔，故穷于商即指“伐树于宋”一事；穷于周则指孔子至周问礼时被老子讥刺之事。

〔16〕梦：噩梦。

〔17〕围于陈、蔡：孔子出游陈、蔡的时候，楚昭王派使者聘请孔子做官。陈、蔡两国生怕孔子仕楚后对自己不利，于是就出兵围困他。

〔18〕没世：终身，永远。　寻常：古代的长度单位。八尺为寻，倍寻为常。

〔19〕蕲：通“祈”，求。　行周于鲁：谓在鲁国推行周朝的制度。

〔20〕彼：指孔子。　夫：彼，那。　无方之传：谓运转无常，不拘限于一个方向。方，常。传，运转。

〔21〕桔槔（jié gāo）：一种原始的汲水器具。

〔22〕引：用手往下牵引绳子，以便使所系的水桶垂向井里。　俯：指横木系水桶的一端向水井下俯。

〔23〕彼：指桔槔。

〔24〕三皇：指燧人、伏羲、神农。　五帝：有三种说法，即黄帝、颛顼、帝喾、唐尧、虞舜；太皞、炎帝、黄帝、少皞、颛顼；少昊、颛顼、高辛、唐尧、虞舜。

〔25〕矜：崇尚。

〔26〕柤（zhā）：即山楂，味酸。　柚（yòu）：似橘而大，味甜酸。

〔27〕猨狙：猴子。　服：指豪华的礼服。

〔28〕龁（hé）：啃。　啮（niè）：咬。　挽裂：拼命撕裂。

〔29〕慊（qiè）：满足，满意。

〔30〕西施：古代美女，亦称“西子”。　矉（pín）：通“颦”，皱眉头。

〔31〕挈：携带，带领。　走：逃离。

【译文】

孔子西游到卫国。颜渊问太师金说：“您认为先生此行会怎么样呢？”太师金说：“可惜呀，你的老师将会困厄不通啊！”

颜渊说：“为什么呢？”太师金说：“在刍狗没有用来献祭之前，用竹箱子装着，用刺有花纹的巾帛包裹着，巫师斋戒之后才敢捧起它去行祭。而等到献祭完毕，行人就会践踏它的头和脊背，割草的人便会拿它来当柴烧罢了。如果再将它拿来装在竹箱子里，盖上刺有花纹的巾帛，出游居处都舍不得离开它，即使不会招来噩梦，也必将要被妖魔压得透不过气来啊。现在你的老师也把先王所推行的那套政治主张拿来，聚集弟子去信奉它。所以在宋国受到了伐树的惊吓，在卫国没有存身之处，困穷于宋和周，这不就是噩梦吗？被围困于陈、蔡两国之间，七天不能生火做饭，临近了死亡的边缘，这不就是梦魇吗？水上行路什么也比不上乘船，陆上行路什么也比不上乘车。如果因为船可以在水上行走，就想把它在陆地上推行，那么终生也走不了多远。古代与今天的不同不就像水中和陆地一样吗？西周时代与现今鲁国的不同不就像船与车的不同一样吗？现在想要把西周的那套典章制度硬搬到鲁国施行，这就好比把船推行在陆地上一样，不仅劳而无功，自身也必定遭殃。孔子不懂得运转的无常，可以顺应万物变化而没有穷尽。况且你难道没有看见桔槔打水的情形吗？牵引绳子把水桶放进井里桔槔就俯下，放开绳子桔槔就仰起。桔槔，是人所牵引的，而不是牵引人的，所以它的一俯一仰都不得罪人。因此三皇五帝的礼义法度，不崇尚相同，而是崇尚能够治理天下。故而拿三皇五帝的礼义法度来打个比方，大概就像是山楂、梨子、橘子、柚子的不同口味一样吧！味道不同却都同样可口。所以礼义法度，是顺应时势而变化的。现在捉取猴子，给它穿上周公的礼服，它必定会咬坏撕裂，完全脱净后才满足。观看古今的不同，就像是猴子不同于周公一样。所以美女西施害心病而皱眉头，邻里的丑女人见了就觉得她这样很美，回到家里也用手捂着胸口而皱起眉头。邻里的富人看见了，便紧紧地关闭房门不出来；穷人看见了，便带领着妻子儿女逃走了。丑女人只知道皱眉头好看，却不知道皱眉头好看的原因。可惜呀，你的老师将会困厄不通啊！”

孔子行年五十有一〔1〕，而不闻道，乃南之沛〔2〕，见老聃。老聃曰：“子来乎？吾闻子，北方之贤者也，子亦得道乎？”孔子曰：“未得也。”老子曰：“子恶乎求之哉〔3〕？”曰：“吾求之于度数〔4〕，五年而未得也。”老子曰：“子又恶乎求之哉？”曰：“吾求之于阴阳〔5〕，十有二年而未得。”老子曰：“然。使道而可献〔6〕，则人莫不献之于其君；使道而可进〔7〕，则人莫不进之于其亲；使道而可以告人，则人莫不告其兄弟；使道而可以与人，则人莫不与其子孙。然而不可者，无佗也〔8〕，中无主而不止〔9〕，外无正而不行[10]。由中出者，不受于外，圣人不出；由外入者，无主于中，圣人不隐[11]。名，公器也[12]，不可多取。仁义，先王之蘧庐也[13]，止可以一宿，而不可久处，觏而多责[14]。古之至人，假道于仁，托宿于义[15]，以游逍遥之虚[16]，食于苟简之田[17]，立于不贷之圃[18]。逍遥，无为也；苟简，易养也；不贷，无出也。古者谓是采真之游[19]。以富为是者[20]，不能让禄；以显为是者[21]，不能让名；亲权者[22]，不能与人柄[23]。操之则栗，舍之则悲[24]，而一无所鉴，以闚其所不休者[25]，是天之戮民也[26]。怨、恩、取、与、谏、教、生、杀八者，正之器也[27]，唯循大变无所湮者为能用之[28]。故曰：正者，正也。其心以为不然者，天门弗开矣[29]。”

【注释】

〔1〕行年：年纪。

〔2〕沛：在今江苏沛县。

〔3〕恶（wū）：疑问词。

〔4〕度数：谓制度名数。

〔5〕阴阳：谓天地造化。

〔6〕使：假使。　献：奉献。

〔7〕进：奉进。

〔8〕佗：通“他”。

〔9〕止：留。谓将大道留存在心中。

〔10〕正：当为“匹”字之误。

〔11〕隐：留藏心中。

〔12〕公器：天下人所共用的器具。即人人争夺的对象。

〔13〕蘧（qú）庐：传舍，即供传递公文的人或往来官员途中暂宿之所。

〔14〕觏（gòu）：见。

〔15〕假道：借路。　托宿：寄寓。

〔16〕虚：也作“墟”，境界。

〔17〕苟简：苟且简略。　田：指饮食条件。

〔18〕贷：借出。　圃：指立场。

〔19〕是：通“之”，这。　采真：即采捋内真。

〔20〕是：正确，善。

〔21〕显：显达。

〔22〕亲权：迷恋于权势。

〔23〕与：让给。　柄：权柄。

〔24〕操：持，拿。　舍：失去。

〔25〕一无所鉴：对于至真之理，一无所见。鉴，借为“览”。　闚：通“窥”，注视。　其所不休者：指他们所永远追求的对象，即名位、权势等。

〔26〕戮民：谓受刑戮的人。

〔27〕正：救正，整治。

〔28〕大变：谓自然天理。　湮（yān）：滞塞。

〔29〕天门：犹“灵府”，即天机之门。

【译文】

孔子五十一岁还不懂得大道，于是从鲁国南行到楚国沛地，去拜见老子。老子说：“你来了么？我听说你是北方的贤者，你也想学到大道吗？”孔子说：“还没有学到。”老子说：“你是从何处寻求大道的呢？”孔子说：“我通过制度名数去寻求大道，五年却没有学到。”老子说：“你又从何处去寻求大道呢？”孔子说：“我通过天地造化寻求大道，十二年还是没有学到。”老子说：“是这样的。假如大道可以奉献，那么人们没有不把它献给自己君主的；假如大道可以奉送，那么人们没有不把它奉送给自己父母的；假如大道可以告诉给人，那么人们没有不把它告诉给自己兄弟的；假如大道可以传给人，那么人没有不把它传给自己子孙的。然而大道是不能传授予人的，并没有别的原因，心中没有接受大道的真意，是留不住大道的，自内流露到外的德性如果不合于道，就不能被外方接受。由心中发出的东西，如果不为外方所接受，圣人就不会把它拿出来；由外进入内心的东西，如果不合于自己的主意，圣人就不会把它保留在心中。名誉，是天下人所共用的器具，不能过多占有。仁义，是先王的传舍，只可以停留一宿，而不可久处其间，否则看到的人都会予以指责。古代的得道之人，仅仅把仁义看成是暂时借用、寄托的道路和传舍，遨游于逍遥的境界，饮食只求苟且简略，立身于不施与的境地。逍遥自在，就是虚淡无为；苟且简略，就容易养活；不施与，就会没有输出。古时候称这种做法是采择内真的遨游。认为贪图财富为正确的人，是不会让出利禄的；认为显达为正确的人，是不会让出名誉的；迷恋于权势的人，是不会把权柄让给别人的。掌握着这些东西的时候，因害怕被人夺走就会终日忧惧战栗，失去这些东西的时候，就会整日悲痛，而对于至真之理却一无所见，眼睛只是拼命盯着那可猎取的外物，这些都是被天理所惩罚的人。怨恨、恩惠、索取、施与、劝谏、教化、生养、杀戮八种，都是整治百姓的工具，只有那永远遵循自然天理的变化而不为物欲所滞塞的人，才能够真正地使用它。所以说：整治百姓，必先端正自己。假如内心不这样认为的人，那天机之门就被堵塞了。”

孔子见老聃而语仁义。老聃曰：“夫播穅眯目〔1〕，则天地四方易位矣；蚊虻噆肤〔2〕，则通昔不寐矣〔3〕。夫仁义憯然〔4〕，乃愦吾心〔5〕，乱莫大焉〔6〕。吾子使天下无失其朴〔7〕，吾子亦放风而动，总德而立矣〔8〕，又奚杰然若负建鼓而求亡子者邪〔9〕？夫鹄不日浴而白，乌不日黔而黑〔10〕。黑白之朴，不足以为辩〔11〕；名誉之观，不足以为广〔12〕。泉涸，鱼相与处于陆，相呴以湿，相濡以沫，不若相忘于江湖〔13〕。”

孔子见老聃归，三日不谈。弟子问曰：“夫子见老聃，亦将何规哉〔14〕？”孔子曰：“吾乃今于是乎见龙！龙，合而成体，散而成章〔15〕，乘云气而养乎阴阳。予口张而不能嗋〔16〕，予又何规老聃哉？”子贡曰：“然则人固有尸居而龙见，雷声而渊默[17]，发动如天地者乎？赐亦可得而观乎？”遂以孔子声见老聃[18]。

老聃方将倨堂而应微曰[19]：“予年运而往矣[20]，子将何以戒我乎？”子贡曰：“夫三王五帝之治天下不同，其系声名一也[21]，而先生独以为非圣人，如何哉？”老聃曰：“小子少进[22]！子何以谓不同？”对曰：“尧授舜，舜授禹，禹用力而汤用兵[23]，文王顺纣而不敢逆，武王逆纣而不肯顺，故曰不同。”老聃曰：“小子少进！余语汝三皇五帝之治天下。黄帝之治天下，使民心一[24]，民有其亲死不哭而民不非也。尧之治天下，使民心亲，民有为其亲杀其杀而民不非也[25]。舜之治天下，使民心竞[26]，民孕妇十月生子，子生五月而能言，不至乎孩而始谁[27]，则人始有夭矣。禹之治天下，使民心变，人有心而兵有顺[28]，杀盗非杀人，自为种而天下耳[29]，是以天下大骇[30]，儒、墨皆起。其作始有伦，而今乎妇女，何言哉！余语汝，三皇五帝之治天下，名曰治之，而乱莫甚焉。三皇之知[31]，上悖日月之明，下睽山川之精[32]，中堕四时之施[33]，其知憯于蛎虿之尾[34]、鲜规之兽[35]，莫得安其性命之情者，而犹自以为圣人，不可耻乎，其无耻也？”子贡蹵蹵然立不安[36]。

【注释】

〔1〕播：播扬。　糠：同“糠”。　眯（mí）：细物入眼为害。

〔2〕虻（méng）：即牛虻。　噆（zǎn）：咬，叮。

〔3〕通昔：通宵。昔，同“夕”。

〔4〕憯（cǎn）然：狠毒的样子。憯，通“惨”。

〔5〕愦：又作“愦”，乱。

〔6〕乱：谓扰乱物性。

〔7〕吾子：相亲之辞，犹“您”。 天下：指天下人。 朴：自然天性。

〔8〕放：依顺。 总：秉持。 德：自然德性。 立：自立。

〔9〕杰然：用力的样子。 负：击。 建鼓：大鼓。

〔10〕鹄：又作“鹤”。 日浴：天天洗澡。 黔：黑色。这里作动词，谓染黑。

〔11〕辩：通“辨”，分别。

〔12〕名誉之观，不足以为广：谓名誉仅为外饰，不足以增广本性。

〔13〕“泉涸”五句：已见《大宗师》篇。

〔14〕规：劝谏。

〔15〕章：绚丽的花纹。

〔16〕嗋（xié）：合拢。

〔17〕“尸居”两句：已见于《在宥》篇注。

〔18〕声：称。

〔19〕倨堂：傲踞于堂上。倨，通“踞”，伸腿而坐。 应微：小声地答道。

〔20〕年运而往：意谓“行年高迈”。运，行。往，迈。

〔21〕王：当为“皇”字之误。 系名声：具有美名。

〔22〕小子：长辈对晚辈的称呼。 少进：稍微向前走些。

〔23〕用力：指用力治水。 用兵：指用兵伐桀。

〔24〕一：谓淳一。

〔25〕亲：偏爱，私爱。 杀其杀：谓按亲疏程度区分丧服的等次。后“杀”字，指丧服。

〔26〕竞：竞争。

〔27〕孩：小儿笑。 谁：指区别自己与他人。

〔28〕变：变诈。 人有心：谓人人怀有机巧之心。 兵有顺：谓认为用兵是应天顺人之事。

〔29〕杀盗非杀人：谓诛杀盗贼为应天顺人之举，所以不算杀人。自为种而天下耳：谓各树派别于天下。

〔30〕骇：惊恐不安。

〔31〕知：通“智”。

〔32〕睽（kuí）：乖违，损害。

〔33〕施：运行。以上三句，已见于《胠箧》篇，唯“睽”字作“烁”。

〔34〕憯：通“惨”，毒。 厲蠆（lài chài）：一种尾端有剧毒的虫，

长尾叫虿，短尾叫蝎。

〔35〕鲜规：兽名，其状不详。

〔36〕蹵蹵（cù）然：即“蹴蹴然”，心神不安的样子。

【译文】

孔子拜见老聃时谈起了仁义。老聃说：“播扬谷糠眯了眼睛，天地四方的位置就会颠倒；蚊虻叮咬皮肤，就会通宵不能入睡。仁义很恶毒，使我的内心烦乱，扰乱物性没有比它大的了。您要使天下人不丧失自然本性，您自己也能任凭风教而动，秉持自然德性而自立于世，又何必用力去标举仁义，好像是背着大鼓去追捕逃亡之人呢？鹤不用天天洗澡也是洁白的，乌鸦不用天天染色也是乌黑的。乌黑与洁白都是自然本色，不必去分辨谁美谁丑；名誉仅仅是外饰，不足以增广本性。泉水干枯了，鱼就共同困处在陆地上，用湿气相互滋润，用唾沫相互沾湿，就不如在江湖里彼此相忘而自在。”

孔子见过老聃回去后，三天不说话。弟子们问道：“先生见到老聃，是怎样劝谏的呢？”孔子说：“我现在才看见了龙！那龙变化莫测，合拢起来而浑然成体，扩散开来而有着绚丽的花纹，乘驾着云气而休养于天地之间。我惊得嘴张开都合不拢了，又怎么劝谏老聃呢？”子贡说：“既然如此，那么人本来就有居处宁静而精神活跃，沉默不言而又有不言之言，动如天而静如地的吗？我也可以亲自观察一下吗？”于是便自称孔子的弟子去拜见老聃。

老聃正伸腿坐在堂上，小声地答道：“我年岁老迈了，你将怎样来教诫我呢？”子贡说：“三皇五帝治理天下的方法各不相同，但他们流传下来的美名却是一样的，而先生你偏偏认为他们不是圣人，为什么呢？”老聃说：“你稍微向前走些！你为什么说他们治理天下不相同呢？”子贡回答说：“尧让位给舜，舜让位给禹，禹用力治水而商汤用兵伐桀，文王顺从商纣王而不曾反抗，武王兴兵诛讨商纣王而不肯顺从，所以说不同。”老聃说：“你稍微再向前走些！我来告诉你三皇五帝治理天下的事。黄帝治理天下，使民心淳一，当时的人死了双亲不哭，也不会招来人们的非议。尧治理天下，使民心有了偏爱，当时的人按照亲疏程度区别出丧服的等次，这也不会招来人们的非议。舜治理天下，使民心充满竞争，妇女怀胎十月生下孩子，让孩子五个月就能说话，还不会笑就已懂得区别自己和别人，于是人就开始招致夭折了。禹治理天下，使民心变诈，人人有机巧之心而且以用兵为应天顺人之事，诛杀盗贼并不算杀人，人各自树立派别于天下，所以天下百姓惊恐不安，致使后来儒、墨竞起造伪。夫妇之道是最早的伦理秩序，今天却以女为妇而上下乖礼乱伦，还能说什么呢！我告诉你，三皇五帝治理天下，名义上是治理，但扰乱人心和情理没有比它更严重的了。三皇五帝的智慧，上遮蔽了日月的光辉，下损害了山川的灵性，中毁坏了四时的运行，他们的智慧比蛎虿、鲜规还要狠毒，不能得到本性的安宁，还自以为是圣人，不可耻吗？他们太无耻了！”子贡站在那儿，心神不安。

孔子谓老聃曰：“丘治《诗》《书》《礼》《乐》《易》《春秋》六经，自以为久矣，孰知其故矣〔1〕；以奸者七十二君，论先王之道而明周、召之迹〔2〕，一君无所钩用〔3〕。甚矣，夫人之难说也〔4〕！道之难明邪？”老子曰：“幸矣，子之不遇治世之君也！夫六经，先王之陈迹也，岂其所以迹哉！今子之所言，犹迹也。夫迹，履之所出〔5〕，而迹岂履哉！夫白鶂之相视，眸子不运而风化〔6〕；虫，雄鸣于上风〔7〕，雌应于下风而风化；类自为雌雄〔8〕，故风化。性不可易，命不可变，时不可止，道不可壅〔9〕。苟得于道，无自而不可〔10〕；失焉者，无自而可。”

孔子不出三月，复见曰：“丘得之矣〔11〕。乌鹊孺，鱼傅沫〔12〕，细要者化〔13〕，有弟而兄啼。久矣夫，丘不与化为人〔14〕！不与化为人，安能化人〔15〕！”老子曰：“可。丘得之矣！”

【注释】

〔1〕孰：通“熟”。　故：要义。

〔2〕奸：同“干”，干求，干谒。 七十二君：泛指孔子干谒国君之多。 周、召（shào）：即周公旦、召公奭，皆为周初功臣。

〔3〕钩用：取用，采纳。

〔4〕夫：句首发语词，无义。下“夫六经”“夫迹”之“夫”字同。

〔5〕履：鞋子。

〔6〕鶂（yì）：通“鹢”，水鸟，形状似鹭鹚。 眸子：瞳人。 运：转动。 风化：谓雌雄相诱相感而成孕。

〔7〕上风：风向的上方。

〔8〕类：一种传说中的一身两性之兽。

〔9〕壅：滞塞。

〔10〕无自而不可：谓得道者，无一事行不通。

〔11〕得之：对大道有所领悟。

〔12〕乌：乌鸦。 鹊：喜鹊。 孺：谓孵化而生。 傅沫：以沫相育，即以口沫相濡而受孕。

〔13〕细要：即细腰，蜂名。

〔14〕化：指运行变化的造物者。 为人：为偶，为友。

〔15〕化：感化。

【译文】

孔子对老聃说：“我研究《诗》《书》《礼》《乐》《易》《春秋》六经，自认为很久了，能够熟知其中的要义了；便以此去求见七十二位国君，论述先王的治国之道，阐明周公、召公的业绩，但没有一个国君愿意采纳我的主张。太难了！不知是人君难以劝说，还是大道难以阐明？”老子说：“太幸运了！你恰巧没有遇到治世的圣君。六经，是先王留下来的陈旧足迹，哪里是他们用以踩出足迹的鞋子呢！现在你的言论，就好像是足迹。足迹，是鞋子所踩出来的，足迹哪里是鞋子呢！白鶂鸟雌雄相互对看，定睛注视便能相诱相感而孕；有一种虫，雄的在风向的上风鸣叫，雌的在风向的下风便能成孕；有种叫类的兽，一身兼有雌雄两性，所以自己就能交感而孕。本性不可更易，天命不可改变，时间运转不可停止，大道变化不可滞塞。如果领悟了大道，无一事行不通；如果失去了大道，无一事行得通。”

孔子三个月没有出门，又再去见老子说：“我对大道有所领悟了。乌鸦和喜鹊是孵化而生，鱼是以口沫相濡而受孕，细腰蜂不交不产而化育桑虫为己子，有了弟弟，哥哥怕失去宠爱而啼哭。我没有与运行变化的造物者为友很久了！没有与造物者为友，怎么能够感化人呢！”老子说：“可以了。孔丘领悟大道了。”

【评析】

本篇开首砸下十四个问题，从天地、日月一直诘问到云、雨、风，让读者莫名其妙。然而细细寻绎，却可发现这十四个问题井然有序，丝毫不乱，先问其状态：“天不停地在运转吗？地是静止不动的吗？日月出没往来，是在相互追逐吗？”再问其主宰：“谁指挥着天运转？谁维持着地静止不动？谁又闲着无事推动着日月运行？”把古人在苍苍茫茫中感受到的无形力量全盘托出，文辞之间天地运化的蠢蠢之气跃然纸上。然而作者也没给出答案，还故布疑云，自问“敢问何故”。便在此时，巫咸现身了。说了一段貌似神秘的话，留下什么都没有解决的问题。其实，神秘玄奥并非故弄玄虚，言说无物也是理所必然。只因为一点：“道”字说出口，便不是完整的道了。所以冥冥之中有“道”，字字都围绕着“道”，却不点透。注家刘凤苞说：“六极五常，不足尽道，而于天人感应之机最为切近。就此轻轻点逗，而道已在个中也。”又说：“一眼窥定道字，却故作疑阵，使人于言外领会。”堪称千古知音。

本篇也是针对儒家仁义之说。《寓言》篇揭示了《庄子》文章三法，其中之一谓之“重言”，即借助道行深、德行重、名气大的人来宣扬自己的思想。本篇频频让孔子及其高弟颜回、子贡出场，又让老子、师金等得道之人对他们施以教训，最后孔子等人无不信服，即是“重言”的手法。全文多次明言大道变化不息，帝王治道也应与时俱化，儒家所执持的仁义之说为先王之法，却已不能适应战国社会实际情况。文中又用多个譬喻说明这一问题，如“今而夫子，亦取先王已陈刍狗，聚弟子游居寝卧其下”将之比作废弃无用的草狗，“仁义，先王之蘧庐也，止可以一宿而不可以久处，覯而多责”将其比作传舍，总之，都是“先王之陈迹也，岂其所以迹哉”。吕思勉在《中国通史》中对儒家也有类似庄子的评价。他说：“儒家之遗害于后世的，在于大同之义不传，所传的多是小康之义。小康之世的社会组织，较后世为专制。后人不知此为一时的组织，而认为天经地义，无可改变，欲强已进步的社会以就之，这等于以杞柳为杯棬，等于削足以适履，所以引起纠纷，而儒学盛行，遂成为功罪不相掩之局。这只可说是后来的儒家不克负荷，怪不得创始的人。但亦不能一定怪后来的任何人。因儒学是在这种社会之中逐渐发达的。凡学术，固有变化社会之功，同时亦必受社会的影响，而其本身自起变化。这亦是无可如何的事。”所以庄子的评论虽然有过于偏激之处，却也发现了儒家问题的所在。

刻 意

【题解】

本文取篇首二字，以“刻意”为题，实际恰与篇旨相反。本篇论养生之道，首先即要去除刻意之心，凡刻意为亢、为修、为治、为闲、为寿之人，已然落入第二层。圣人则不然，以养神为上，以自然为功，去情寡欲，体悟纯素，如此才是最高境界。文章先列五等俗士，以衬托出圣人。接着连用六个“故曰”来盛赞圣人之德——恬惔寂漠、虚无无为，而以“此养神之道也”一语总收圣德之美，提示全篇宗旨。为了突出主旨，又复引养剑、野语加重申述。末尾结以“真人”，意在示人以大道至虚至真之境。

刻意尚行[1]，离世异俗，高论怨诽[2]，为亢而已矣[3]。此山谷之士[4]，非世之人[5]，枯槁赴渊者之所好也[6]。语仁义忠信，恭俭推让，为修而已矣[7]。此平世之士[8]，教诲之人[9]，游居学者之所好也[10]。语大功，立大名，礼君臣，正上下，为治而已矣。此朝廷之士，尊主强国之人，致功并兼者之所好也[11]。就薮泽[12]，处闲旷[13]，钓鱼闲处，无为而已矣[14]。此江海之士[15]，避世之人，闲暇者之所好也。吹呴呼吸[16]，吐故纳新[17]，熊经鸟申[18]，为寿而已矣。此道引之士，养形之人[19]，彭祖寿考者之所好也[20]。若夫不刻意而高[21]，无仁义而修，无功名而治，无江海而闲，不道引而寿，无不忘也，无不有也，澹然无极而众美从之[22]。此天地之道，圣人之德也。

故曰：夫恬惔寂漠[23]、虚无无为，此天地之平而道德之质也[24]。故曰：圣人休休焉则平易矣[25]，平易则恬惔矣。平易恬惔，则忧患不能入，邪气不能袭，故其德全而神不亏[26]。故曰：圣人之生也天行[27]，其死也物化[28]；静而与阴同德，动而与阳同波；不为福先，不为祸始；感而后应，迫而后动，不得已而后起；去知与故[29]，循天之理。故无天灾，无物累，无人非，无鬼责。其生若浮，其死若休；不思虑，不豫谋[30]；光矣而不耀，信矣而不期[31]；其寝不梦，其觉无忧；其神纯粹，其魂不罢[32]；虚无恬惔，乃合天德。故曰：悲乐者，德之邪；喜怒者，道之过；好恶者，德之失。故心不忧乐，德之至也；一而不变[33]，静之至也；无所于忤[34]，虚之至也；不与物交，惔之至也；无所于逆，粹之至也。故曰：形劳而不休则弊[35]，精用而不已则劳[36]，劳则竭。水之性，不杂则清，莫动则平，郁闭而不流[37]，亦不能清，天德之象也。故曰：纯粹而不杂，静一而不变，惔而无为，动而以天行，此养神之道也。

夫有干、越之剑者[38]，柙而藏之[39]，不敢用也，宝之至也。精神四达并流，无所不极[40]，上际于天[41]，下蟠于地[42]，化育万物，不可为象，其名为同帝[43]。纯素之道，唯神是守。守而勿失，与神为一。一之精通[44]，合于天伦[45]。野语有之曰[46]：“众人重利，廉士重名，贤人尚志，圣人贵精。”故素也者，谓其无所与杂也；纯也者，谓其不亏其神也。能体纯素[47]，谓之真人。

【注释】

〔1〕刻：削，磨砺。　意：志。　尚：高尚，用作动词，使行为高尚。

〔2〕高论：唱高调。　怨诽：埋怨生不逢时，讥抨天下无道。

〔3〕亢：高，清高。

〔4〕山谷之士：指栖身岩穴的隐士。

〔5〕非世：非毁时世。

〔6〕枯槁：谓毁坏身体。指伯夷、叔齐、鲍焦、介之推之流。　赴渊：谓投水而死。指狐不偕、务光、纪他、申徒狄之辈。

〔7〕修：修身。

〔8〕平世之士：以平治天下为己任的人。

〔9〕教诲之人：以教诲世人为己任的人。

〔10〕游居学者：指时而四出游说，时而居家讲学的人。这里指孔丘、子夏等。

〔11〕致功：建立功业。　并兼：兼并敌国。

〔12〕就：走向。引申为隐逸。　薮泽：泛指湖泽草野之间。

〔13〕处：居住。　闲旷：泛指静谧荒野之地。

〔14〕无为：闲适自在。

〔15〕江海之士：栖身江湖海滨的隐士。这里指巢父、许由一类人。

〔16〕吹呴（xǔ）：合口用力呼气叫吹，张口慢慢出气叫呴。

〔17〕吐故纳新：先从口吐出肺中浊气，再由鼻吸进清新空气，是中国古代导引术养生法的一种。

〔18〕熊经鸟申：像熊那样悬挂于树枝，像鸟那样伸缩其脖颈，也是古代的一种养生方法。经，挂于织机上的纵线，引申为悬挂。申，通“伸”。

〔19〕道引：即导引，导气令和，引体令柔。原为古代方士用以强身延寿的一种养生方法，后为道教所承袭改造，基本上变成了一种修仙术。道，通“导”。　养形：保养形体。

〔20〕寿考：高寿。考，老。

〔21〕高：谓行为高尚。

〔22〕澹然：恬淡无心的样子。　无极：谓不滞于一偏，即不刻意为亢、为修、为治、为闲、为寿。

〔23〕惔：通“淡”。

〔24〕平：准则。　质：根本。

〔25〕“圣人”句：当作“圣人休焉，休则平易矣”。休，息心。

〔26〕袭：侵袭。　德：自然本性。

〔27〕天行：依乎天理而行。

〔28〕物化：像万物一样蜕然变化而无系念。

〔29〕知：通“智”，智计。　故：巧诈。

〔30〕豫：通“预”，预先。

〔31〕光矣而不耀：充满光芒而不炫耀。谓能葆光敛迹。　信矣而不期：守信用而不期必。

〔32〕纯粹：纯净而不间杂。　罢：通“疲”。

〔33〕一：谓专守玄虚之道。

〔34〕于：即“与”。　忤（wǔ）：乖违，抵触。

〔35〕弊：疲弊，疲困。

〔36〕精：精神。

〔37〕郁闭：滞积。

〔38〕干、越：即干溪、越山，都是出名剑的地方。这里也可代称吴国、越国。

〔39〕柙：通“匣”。用作动词，放在匣子里。

〔40〕四达并流：向四处流溢，无所积滞。　极：至，到。

〔41〕际：到达，接近。

〔42〕蟠：遍及。

〔43〕同帝：谓其功用如同天帝。

〔44〕精通：指身神凝合的妙契程度。

〔45〕天伦：天理。

〔46〕野语：俗话。

〔47〕体：体悟。

【译文】

磨砺心志使行为高尚，超然脱俗于世人之外，高谈阔论而讥抨天下无道，为了表现自己清高而已。这是栖身岩穴的隐士，非毁时世之人，因不满现实而情愿毁坏身体或投水自尽的人所喜好的。谈论仁义忠信，讲究恭俭推让，为了修身而已。这是以平治天下为己任之士，以教诲世人为己任之人，时而四出游说，时而居家讲学的人所喜好的。谈论建立大功业，得到大名声，制定君臣的礼仪，确定上下尊卑的名分，为了治理天下而已。这是在朝中做官的人，使君主尊显、国家强大的人，为建立功业、兼并敌国的人所喜好的。隐逸在湖泽草野之间，居住于静谧荒野之中，终日钓鱼闲处，为了闲居自在而已。这是栖身江湖海滨的隐士，逃避现实的人，悠闲从容的人所喜好的。调养呼吸，吐故纳新，像熊那样悬挂于树枝，像鸟那样伸缩其脖颈，为了延年益寿而已。这是导气引体之人，养身之人，像彭祖那样高寿的人所喜好的。至于那不磨砺心志而能行为高尚，不谈论仁义而能修身，不追求功名而能治理天下，不隐逸江湖海滨而能处闲，不导气引体而能长寿，一切完全无心，一切都会自然而然地得到，心境恬淡虚旷而没有什么偏好，那么万美都会来依附。这就是天地的大道，圣人的高尚道德。

所以说，恬淡寂漠、虚无无为，这是天地的准则和道德的根本。所以说，圣人息心于恬淡虚无之境，遇到艰难险阻就能化为平坦容易，平坦容易就会心境恬淡了。平易恬淡，那么忧患就不能侵入，邪气就不能袭扰，因此他的自然本性完全而精神不受亏损。所以说，圣人活着时能依乎天理而行，死去了就像万物一样蜕然变化而无系念；静处时合于天地阴气之德，运动时合于天地阳气之道；不去作福的先导，也不为祸的起始；受到外界感动而后才有应合，受到压力而后才去行动，迫不得已而后才兴起；抛弃心智和巧诈，顺应自然之理。因此没有天灾，没有外物牵累，不会遭到人们的非议，不会受到鬼神的谴责。把生看成是漂浮的水泡，把死看成是疲劳后的休息；不思虑，也不预先谋划；充满光明而不炫耀，守信用而不期必；睡觉时不会做梦，醒来也毫无忧愁；心神纯净而不间杂，精神也不疲劳；虚无恬淡，才合于自然本性。所以说，悲哀和欢乐，都是违背纯真本性的邪恶表现；高兴和愤怒，都是有悖大道的罪恶行为；喜欢和憎恶，都会使人丧失自然本性。因此内心没有忧虑和欢乐，就是保持自然本性的最佳境界；专守玄虚之道而不变，就是保持寂静心态的最佳境界；与物无所违逆，就是保持虚无心态的最佳境界；不与外物交往，就是保持恬淡心态的最佳境界；顺从万物而不逆，就是保持纯净心态的最佳境界。所以说，形体过分劳累而不休息就会疲弊，精神运用而不停歇就会劳损，劳损就会枯竭。水之本性，不混杂就清澈，不搅动就平静，滞积而不流动，也就不可能清澈，这符合天道自然无为之德。所以说，纯净而不混杂，虚静专一而不随物变化，恬淡而无为，依乎天理而运行，这就是修身养神的妙道。

持有吴、越所产宝剑的人，把它放在匣子里珍藏，不敢轻易使用，真是爱惜珍贵到极点了。精神向四处流溢而无滞积，无所不至，上接近于天，下遍及于地，化育万物，不可能见到它的迹象，它的功用如同天帝。纯粹朴素之道，只在专心守神而不丧失。守持精神，使之不外荡，就能使形体和精神合为一体。形体和精神的凝一达到精通的程度，就与天理相合了。俗话说："普通人注重财利，廉洁之士注重名声，贤人崇尚高尚的志向，圣人注重精神的完足。"因此所谓素朴，就是与物不混杂；所谓纯粹，就是精神毫不亏损。能够体悟纯素的人，就可以称作真人。

【评析】

本篇主要论述养生之道，养生贵在养神，要在恬淡寡欲，体悟纯素，顺其自然，做到不喜不怒，与世无争，哀乐不入。那些过分追求外物的行为，刻意为亢、为修、为治、为闲、为寿的人，对于养生养神都是有害的，只能成为丧真失性之徒。文章简短，虽缺少内篇恢恑谲怪的特点，但也一波三折，有破有立，笔法娴熟，挥洒自如。

作者开篇即对五等世俗之人穷形尽相：立志高尚者刻砺身心，高尚其行，非毁时政，卓尔不群；修身养性者克己复礼，倡导仁义，谦恭礼让，诲人不倦；治国安邦者君臣讲礼，上下讲义，建千秋伟业，立万世英名；清心寡欲者隐逸渊泽，行吟河畔，寒江独钓，自适其志；企求长寿者晨起早练，健身养形，熊经鸟申，吐故纳新。此五等人都似穿牛鼻络马首者，有心而为，失其自然真性，未得养生之道。故作者将此等人一网打尽后，不加评论，便戛然而止，用"若夫"一词一笔荡开，连用几个"无"字，如急管繁弦，又如回风舞雪，将五等人一笔抹杀，引出圣人。圣人"无不忘""无不有"，"无不忘"则物物俱化，"无不有"则物物俱全。老子说："(圣人)不以其无私邪，故能成其私？"圣人好似一个大熔炉，将上面众人各种本领一齐融化，无心而求却无不具有。圣人法天贵真，淡然无极，顺其自然，因循无为，与上面五等人境界迥异，对比鲜明，是非高下，昭然若揭。

本篇旨在论养生之道，故将这五等人一齐扫倒之后，便详论圣人养生之道。其实不仅在养生方面不必刻意，在其他方面也是如此。刻意容易导致虚伪。即如文中所说的山谷之士、非世之人，既已幽居山谷，又何必抗言高论，怨诽不已？显然是身在江湖而心悬魏阙，期待来日能够复出。再如第二种平世之士、教诲之人，言谈不离仁义忠信，行为表现出恭俭推让，然而表里不一者，往往而有，实际多是大奸似忠，斤斤计较。而第三种朝廷之士、尊主强国之人，遍翻二十五史，也找不出几个真正能做到的，大部分位极人臣者，欺上瞒下、中饱私囊，岂顾社稷安危、百姓死活！江海之士、避世之人也往往目的不单纯，先以隐居博取高名，借此换取出山的资本，抬高自己的身价，隐居避世不过是其以退为进的策略，真正的隐居者根本不为人知，或者大隐隐于市，心远地自偏。导引之士、养形之人，由于关注的只在自身，与外在世界关系不大，所以尚能保持真面目。如此看来，治世与养生似乎真是相通，皆以自然为上，一旦流于刻意，则已落入第二乘。不过二者又有不同，养生如果刻意，一般不会有害，至多没有达到预期的效果，而治世如果启用了刻意虚伪之人，则很可能造成严重的后果。

缮　性

【题解】

“缮性”虽是取篇首二字为题，却也是本篇讨论的中心问题。文中提出两种修养方法，一种即儒家的方法，附之以文，益之以博，作者斥之为俗学俗思，因为这会导致人丧己于物，失其本性；一种是道家的方法，以知养恬，以恬养知，这是上古圣人之法，能使人葆性养真。二者高下，不言自明。本文虽然篇幅短小，但构思独特，富有对称之美。前以“俗学”“俗思”双起，总提全文；末以“倒置”照应“蔽蒙”，收结全篇；中以“由是观之”一节为转轴，而将文章分为两个部分：前面以两引古人批倒三代俗学而归重于返性复初，后面以三引古人驳倒当世俗思而复归于性分之乐。

缮性于俗学，以求复其初〔1〕；滑欲于俗思〔2〕，以求致其明〔3〕，谓之蔽蒙之民〔4〕。

古之治道者，以恬养知〔5〕。知生而无以知为也，谓之以知养恬。知与恬交相养，而和理出其性〔6〕。夫德，和也；道，理也。德无不容，仁也；道无不理，义也；义明而物亲〔7〕，忠也；中纯实而反乎情〔8〕，乐也；信行容体而顺乎文〔9〕，礼也。礼乐徧行〔10〕，则天下乱矣。彼正而蒙己德，德则不冒〔11〕，冒则物必失其性也。

古之人，在混芒之中〔12〕，与一世而得澹漠焉。当是时也，阴阳和静，鬼神不扰〔13〕，四时得节，万物不伤，群生不夭[14]，人虽有知，无所用之，此之谓至一[15]。当是时也，莫之为而常自然。

逮德下衰[16]，及燧人、伏羲始为天下，是故顺而不一[17]。德又下衰，及神农、黄帝始为天下，是故安而不顺[18]。德又下衰，及唐、虞始为天下，兴治化之流[19]，澆淳散朴[20]，离道以善，险德以行[21]，然后去性而从于心[22]。心与心识，知而不足以定天下，然后附之以文，益之以博。文灭质，博溺心[23]，然后民始惑乱，无以反其性情而复其初。

由是观之，世丧道矣，道丧世矣。世与道交相丧也，道之人何由兴乎世[24]，世亦何由兴乎道哉！道无以兴乎世，世无以兴乎道，虽圣人不在山林之中，其德隐矣。隐，故不自隐。

古之所谓隐士者，非伏其身而弗见也[25]，非闭其言而不出也，非藏其知而不发也，时命大谬也[26]。当时命而大行乎天下，则反一无迹[27]；不当时命而大穷乎天下，则深根宁极而待[28]；此存身之道也[29]。

古之行身者，不以辩饰知，不以知穷天下，不以知穷德，危然处其所而反其性已[30]，又何为哉！道固不小行，德固不小识。小识伤德，小行伤道。故曰：正己而已矣[31]。乐全之谓得志[32]。

古之所谓得志者，非轩冕之谓也，谓其无以益其乐而已矣。今之所谓得志者，轩冕之谓也。轩冕在身，非性命也，物之傥来[33]，寄者也。寄之，其来不可圉[34]，其去不可止。故不为轩冕肆志，不为穷约趋俗[35]，其乐彼与此同[36]，故无忧而已矣，今寄去则不乐[37]，由之观之，虽乐，未尝不荒也[38]。故曰：丧己于物[39]，失性于俗者[40]，谓之倒置之民[41]。

【注释】

〔1〕缮性：修治本性。 按：此句原作“缮性于俗俗学”，衍一“俗”字，今删去。 复其初：恢复本初之性。

〔2〕滑（gǔ）：通“汩”，治。 欲：情欲，情性。

〔3〕致：获得，得到。 明：明彻，明达。

〔4〕蔽蒙之民：指蔽塞昏昧的人。

〔5〕恬：恬静，静定。 知：通“智”。

〔6〕和：和顺。 理：天理。

〔7〕物亲：谓万物皆来依附。

〔8〕中：心中。 纯实：纯朴信实。 反乎情：返于自然本性。反，通“返”。

〔9〕信行容体而顺乎文：谓一举一动都真实可信而合于自然节文。

〔10〕偏：当为“偏”字之误。

〔11〕彼：他人。 蒙：感化。 冒：覆盖。引申为强加。

〔12〕混芒：指天地未分时的混沌状态。

〔13〕扰：作祟。

〔14〕群生：众生。 夭：谓死于非命。

〔15〕至一：最完美纯全的境界。

〔16〕逮：及，到。

〔17〕顺而不一：谓能顺从人民的心愿，却不能使其保持自然本性的全备。

〔18〕安而不顺：谓能使天下安定，却不能顺从人民的心愿。

〔19〕唐、虞：即唐尧、虞舜。 治化：教化。 流：风尚。

〔20〕澆（jiāo）：浇薄。

〔21〕险：摧残。

〔22〕去性：抛弃自然本性。 从于心：顺从充满机巧的人心。

〔23〕质：质朴的本性。 溺：淹灭。 心：谓纯洁的心灵。

〔24〕道之人：得道之人。

〔25〕伏：藏匿。 见：通“现”。

〔26〕时命：时运，世道。　谬：谓与大道乖违。
〔27〕反一无迹：谓返归完美纯全的境界，而不露迹象。
〔28〕深根宁极：深固自然之本，保宁至极之性。
〔29〕存身：保全自然性命。
〔30〕穷德：谓使自己的内德受到困累。　危然：独正不倚的样子。
〔31〕正己：端正自己。
〔32〕乐全：以保全自然本性为快乐。　得志：谓得其快意。
〔33〕傥来：偶然而来。
〔34〕寄之：凡寄托的东西。　圉：又作“御”，阻挡。
〔35〕肆志：放纵心志。　穷约：困穷潦倒。　趋俗：屈己以附世俗。
〔36〕彼：指轩冕。　此：指穷约。
〔37〕寄：指轩冕一类的东西。
〔38〕荒：亡失。
〔39〕物：指傥来之物。
〔40〕俗：俗思。
〔41〕倒置之民：谓本末易位，轻重失所的人。

【译文】

用世俗的学问来修治本性，以求归复本初之性；用世俗观念来修治情性，以求获得明彻，这就叫作蔽塞昏昧之人。

古时候修道的人，以静定涵养智慧。智慧生成而无心凭借它行事，叫作以智慧涵养静定。智慧与静定相互涵养，和顺的德、合于天理的道就会从自然本性中产生出来。所谓德，就是和顺。所谓道，就是天理。德对万物无不包容，这就是仁；道无不合于天理，这就是义；义理显明而万物都来亲附，这就是忠；心中纯朴信实而返于自然本性，这就是乐；一举一动都真实可信而合于自然节文，这就是礼。礼乐偏行而不循正道，天下就会大乱。人家的德性本来是纯正的，而我却要人家接受自己的德性，但德性是不能强加的，强加了就会失去人家的自然本性。

古时候的人，处在天地未分时的混沌状态，能与世人淡然相处。在那个时候，阴与阳和谐宁静地相搭配，鬼和神都不能作祟，四时变化与节令相合，万物不受伤害，一切生物都不会死于非命，人们虽有智慧，但却毫无用处，这就是最完美纯全的境界。在那个时候，世人皆怀无为之德而任自然。

等到道德衰落下去，到燧人氏、伏羲氏开始治理天下的时候，只能顺从人民的心愿而不能使他们的自然本性保持纯全。道德再衰落下去，到神农氏、黄帝开始治理天下的时候，便只能使天下安定而不能顺从人民的心愿。道德又再衰落下去，到唐尧、虞舜开始治理天下的时候，便大兴教化的风尚，使淳朴的民风变得浇薄，因企慕求善而背离了自然之道，因追求立行而摧残了自然德性，然后抛弃自然天性而顺从充满机巧的人心。彼此以机心窥破机心，这样智巧便不足以用来安定天下，然后又附加了浮华礼文，增益了广博的学识。礼文破坏了质朴的本性，博学淹灭了纯洁的心灵，然后人民便开始迷乱，无法再返回自然的性情而归复本初之性了。

由此看来，世上已经丧失了大道，大道已经抛离了人世。人世和大道互相离丧，有道之人如何立脚于世，人世又如何振兴大道呢！大道无法振兴于世，人世无法振兴大道，即使怀道圣人不隐居在山林之中，世俗之人也是不会看到他的圣德的。所谓隐，并非是圣人自行隐没。

古时候所说的隐士，并不是藏匿自身而不出现，也不是闭塞言论而不说出，也不是隐藏智慧而不表露，而是由于时运与大道乖违。遇上了时运而大道通行于天下，就返回到完美纯全的境界而不露任何迹象；如果不逢时运、大道不行而自己受困于世上，就深固自然之本、保宁至极之性而等待着。这就是保全自然性命的方法。

古时候保全自然性命的人，不用巧辩来修饰智慧，不用机智使天下人受到困累，不用心智使自己的内德受到损伤，独正不倚地居于无为之所，以求复归自然本性，除此之外还有什么可做的呢！大道本来就不会局限于狭隘地实行，德性完美的人本来就不会留意于是非的识别。是非的识别会损害德性，狭隘地实行会损伤大道。所以说：端正自己就行了。以保全自然本性为快乐就可以叫作得志。

古时候所说的得其快意，并不是指官位爵禄，而是说享受性分之乐已觉满足而无以复加罢了。现在所说的得其快意，就只是指官位爵禄。官位爵禄加在身上，并不是自然性命中所固有的，而是偶然得来之物，暂时寄托在这里罢了。凡是寄托的东西，来时不可抵御，去时不可阻挡。因此不要为官位爵禄放纵心志，也不要因困穷潦倒而屈己以附世俗，身处官位爵禄和困穷潦倒的快乐是相同的，所以没有忧愁就可以了。现在的人当寄托的东西失去了便不快乐，由此看来，他们虽然有过快乐，但性分之乐是没有不亡失的。所以说：丧失自身于偶然得来之物，迷失真性于俗思的人，就叫作本末易位的人。

【评析】

本文虽短小，却处处针对儒家。开头即将儒家观点抛出："缮性于俗学。"以学习来提高人的修养，是儒家的重要观点。《论语》以《学而》开篇，即寄寓了对学习的重要性的认识。孔子还说："性相近，习相远。"认为人本性上差别不大，通过后天的学习则能渐渐拉开距离。本文却以俗斥之，认为学习只能使人受到蒙蔽而不见天光。道家主张"为学日益，为道日损"，将学与道截然二分，认为学习根本无助于对大道的体悟，也不能使人复归本性。中间部分细数德之下衰的历程，直至最后："心与心识，知而不足以定天下，然后附之以文，益之以博。文灭质，博溺心，然后民始惑乱，无以反其性情而复其初。"《论语》中数次出现"博学于文"的话，本文所谓"附之以文，益之以博"，明显就是指儒家。文中进而指出儒家提倡"博学于文"的弊端："文灭质，博溺心。"其实这也是延续儒家的老话题，孔子曾说过："文胜质则史，质胜文则野。文质彬彬，然后君子。"夏尚质，周尚文，孔子虽说从周，却毕竟更富包容性，主张文质兼收而保持平衡。然而后世儒学的发展并不一定能按照孔子的构想发展，大概到了战国中后期，儒学确实呈现出了文灭质的情况，作者才针锋相对地直揭其弊吧。文末作者提出得志的问题，亦是针砭时弊。儒家是出世之学，其创始人孔子就周游列国，遍干时君，只是终无遇合。至战国之世，俗儒忘却儒家本旨，而唯轩冕是求，得之便肆志傲世，不得便厌厌不振。《让王》篇原宪居鲁的故事也说明了这个问题。相反，本文所说的"故不为轩冕肆志，不为穷约趋俗，其乐彼与此同，故无忧而已矣"，却颇有颜回箪食瓢饮不改其乐的风范！所以儒道虽然相对却实有很多相辅相成之处。

那么作者认为该如何缮性呢？他认为"古之治道者"是懂得如何"缮性"的——"知与恬交相养，而和理出其性"。林希逸在《庄子口义》中说:“恬，静定也，定能生慧，故曰以恬养知。知吾有生之初，本来无物，何以知为！如此而后能静定，故曰以知养恬。二者交相养，而后得其自然之性。”作者要缮养的情性也是恬静无为的，他所追求的“在混芒之中，与一世而得澹漠焉”的远古圣人境界也不过是这样一种追忆，在人类初期的原始时代，人的智慧能力都极为有限，为求生存，不得不互相依赖，融融相处；而随着时代发展，人的认知力开阔，但人心却越来越狭隘，转向对功名利禄的身外之物的追求，逐渐丧失了自然醇和的性分。故而在这种世道之下，作者提出缮性之法以涤清世人的心灵，可谓用心良苦。

秋　水

【题解】

本篇是外篇中唯一一篇无论文风抑或精义均足与内篇媲美的文章。且文章以小大之辩起，中间杂以齐物思想，显然是融合了《逍遥游》和《齐物论》两篇的思想。开篇由河伯和海若的对话逐渐展开，七问七答，层层递进，将大小、精粗、贵贱、是非一一推倒，最后归结到天人问题，透出宗旨："无以人灭天，无以故灭命，无以得殉名。谨守而勿失，是谓反其真。"即要人息伪还真，顺应自然，不为追求名位、富贵等而伤害天然本性。然后又以六段寓言故事申论此旨。

秋水时至[1]，百川灌河，泾流之大，两涘渚崖之间[2]，不辩牛马[3]。于是焉河伯欣然自喜[4]，以天下之美为尽在己；顺流而东行，至于北海，东面而视，不见水端。于是焉河伯始旋其面目[5]，望洋向若而叹曰[6]："野语有之[7]，曰'闻道百，以为莫己若'者[8]，我之谓也。且夫我尝闻少仲尼之闻而轻伯夷之义者[9]，始吾弗信；今我睹子之难穷也[10]，吾非至于子之门，则殆矣，吾长见笑于大方之家[11]。"北海若曰："井鼃不可以语于海者[12]，拘于虚也[13]；夏虫不可以语于冰者[14]，笃于时也[15]；曲士不可以语于道者，束于教也[16]。今尔出于崖涘[17]，观于大海，乃知尔丑[18]，尔将可与语大理矣[19]。天下之水，莫大于海，万川归之，不知何时止而不盈；尾闾泄之[20]，不知何时已而不虚[21]；春秋不变，水旱不知。此其过江河之流，不可为量数。而吾未尝以此自多者，自以比形于天地[22]，而受气于阴阳，吾在天地之间，犹小石、小木之在大山也。方存乎见少[23]，又奚以自多！计四海之在天地之间也，不似礨空之在大泽乎[24]？计中国之在海内，不似稊米之在大仓乎[25]？号物之数谓之万，人处一焉；人卒九州[26]，谷食之所生[27]，舟车之所通[28]，人处一焉，此其比万物也，不似豪末之在于马体乎[29]？五帝之所连[30]，三王之所争[31]，仁人之所忧，任士之所劳[32]，尽此矣。伯夷辞之以为名，仲尼语之以为博，此其自多也，不似尔向之自多于水乎？”

河伯曰：“然则吾大天地而小毫末[33]，可乎？”北海若曰：“否。夫物量无穷[34]，时无止，分无常，终始无故[35]。是故大知观于远近[36]，故小而不寡，大而不多，知量无穷[37]；证向今故[38]，故遥而不闷[39]，掇而不跂[40]，知时无止；察乎盈虚，故得而不喜，失而不忧，知分之无常也；明乎坦涂，故生而不说[41]，死而不祸，知终始之不可故也[42]。计人之所知[43]，不若其所不知；其生之时，不若未生之时；以其至小，求穷其至大之域，是故迷乱而不能自得也。由此观之，又何以知毫末之足以定至细之倪[44]？又何以知天地之足以穷至大之域？”

河伯曰：“世之议者皆曰：‘至精无形[45]，至大不可围。’是信情乎[46]？”北海若曰：“夫自细视大者不尽，自大视细者不明。夫精，小之微也；垺[47]，大之殷也[48]。故异便[49]，此势之有也。夫精粗者，期于有形者也[50]；无形者，数之所不能分也；不可围者，数之所不能穷也[51]。可以言论者，物之粗也；可以意致者[52]，物之精也；言之所不能论，意之所不能察致者，不期精粗焉。是故大人之行[53]，不出乎害人，不多仁恩[54]；动不为利，不贱门隶[55]；货财弗争，不多辞让；事焉不借人[56]，不多食乎力[57]，不贱贪污；行殊乎俗，不多辟异[58]；为在从众，不贱佞谄；世之爵禄不足以为劝，戮耻不足以为辱[59]；知是非之不可为分，细大之不可为倪。闻曰：‘道人不闻[60]，至德不得，大人无已。’约分之至也[61]。”

河伯曰：“若物之外[62]，若物之内，恶至而倪贵贱[63]？恶至而倪小大？”北海若曰：“以道观之，物无贵贱；以物观之，自贵而相贱；以俗观之，贵贱不在己。以差观之，因其所大而大之，则万物莫不大；因其所小而小之，则万物莫不小。知天地之为稊米也，知毫末之为丘山也，则差数睹矣[64]。以功观之，因其所有而有之，则万物莫不有；因其所无而无之，则万物莫不无。知东西之相反而不可以相无，则功分定矣[65]。以趣观之，因其所然而然之，则万物莫不然；因其所非而非之，则万物莫不非。知尧、桀之自然而相非，则趣操睹矣[66]。昔者尧、舜让而帝，之、哙让而绝[67]；汤、武争而王，白公争而灭[68]。由此观之，争让之礼，尧、桀之行，贵贱有时[69]，未可以为常也。梁丽可以冲城，而不可以窒穴[70]，言殊器也；骐骥、骅骝一日而驰千里，捕鼠不如狸狌[71]，言殊技也；鸱鸺夜撮蚤[72]，察毫末，昼出瞋目而不见丘山[73]，言殊性也。故曰：'盖师是而无非[74]，师治而无乱乎？'是未明天地之理，万物之情者也；是犹师天而无地，师阴而无阳，其不可行明矣。然且语而不舍，非愚则诬也[75]。帝王殊禅，三代殊继。差其时，逆其俗者，谓之篡夫[76]；当其时，顺其俗者，谓之义徒[77]。默默乎河伯，女恶知贵贱之门[78]，小大之家[79]！"

河伯曰："然则我何为乎，何不为乎？吾辞受趣舍[80]，吾终奈何[81]？"北海若曰："以道观之，何贵何贱，是谓反衍[82]；无拘而志，与道大蹇[83]。何少何多，是谓谢施[84]；无一而行，与道参差[85]。严乎若国之有君[86]，其无私德；繇繇乎若祭之有社[87]，其无私福；泛泛乎其若四方之无穷，其无所畛域[88]。兼怀万物，其孰承翼[89]？是谓无方[90]。万物一齐，孰短孰长？道无终始，物有死生，不恃其成。一虚一满，不位乎其形。年不可举[91]，时不可止。消息盈虚[92]，终则有始[93]。是所以语大义之方[94]，论万物之理也。物之生也，若骤若驰[95]，无动而不变，无时而不移[96]。何为乎，何不为乎？夫固将自化。"

河伯曰："然则何贵于道邪？"北海若曰："知道者必达于理，达于理者必明于权[97]，明于权者不以物害己。至德者，火弗能热，水弗能溺，寒暑弗能害，禽兽弗能贼[98]。非谓其薄之也[99]，言察乎安危，宁于祸福，谨于去就[100]，莫之能害也。故曰：‘天在内，人在外，德在乎天。’知天人之行，本乎天，位乎得，蹢躅而屈伸[101]，反要而语极[102]。”

曰：“何谓天[103]？何谓人[104]？”北海若曰：“牛马四足，是谓天；落马首[105]，穿牛鼻，是谓人。故曰：无以人灭天，无以故灭命[106]，无以得殉名。谨守而勿失，是谓反其真。”

【注释】

〔1〕时：按时，及时。

〔2〕泾（jīng）流：直涌的水流。　两涘（sì）：两岸。涘，河岸。渚（zhǔ）崖：小洲的边沿。渚，水中的小块陆地。

〔3〕不辩牛马：形容河面阔大，两岸景物模糊不清。辩，通“辨”。

〔4〕河伯：黄河之神。

〔5〕旋：改变。

〔6〕望洋：联绵词，远视的样子。　若：海神，即下文的“北海若”。

〔7〕野语：俗语。

〔8〕莫己若：即莫若己，没有谁比得上自己。下文的“我之谓也”，即谓我也。

〔9〕尝闻：曾听说。　少：以……为少，贬低。　仲尼：即孔子，字仲尼。　轻：轻视。　伯夷：孤竹君之子，他不受君位，不食周粟，饿死在首阳山。一般认为他很有节义。

〔10〕子：您。本指北海若，这里借指大海。　穷：尽。

〔11〕殆：危险。　长：长久地。　见：被。　大方之家：指得大道的人。方，道。

〔12〕鼃（wā）：同“蛙”，两栖动物。

〔13〕虚：通“墟”，指所居之处。

〔14〕夏虫：夏生夏死的昆虫。

〔15〕笃（dǔ）：专守。可引申为拘限。

〔16〕曲士：见识浅陋的乡曲之士。　教：指不合大道的俗教、俗学。

〔17〕崖涘：边，岸。代指黄河。

〔18〕丑：指思想境界的浅陋。

〔19〕大理：大道。

〔20〕尾闾（lǘ）：指大海的排水处。 泄：排出。

〔21〕已：止。 虚：空虚，指水尽。

〔22〕自多：自满。 比：借为“庇”，寄托。

〔23〕方存乎见少：正存在着嫌海水太少的念头。方，正。

〔24〕礨（lěi）空：石块的小孔穴。

〔25〕稊（tí）：一种形似稗的草，果实像小米，故称稊米。 大仓：大谷仓。

〔26〕卒：借为“萃”，聚集。

〔27〕所生：生长的地方。

〔28〕所通：通行的地方。

〔29〕豪末：毫毛的末梢，形容其微不足道。豪，通“毫”。

〔30〕五帝：指黄帝、颛顼、帝喾、唐尧、虞舜。 所连：指五帝所连续禅让的对象（天下）而言。

〔31〕三王：泛指夏、商、周三代的帝王。

〔32〕任士：指以救世为己任的贤能之士。

〔33〕大：以……为大，是形容词意动用法。后文的“小”与此同。

〔34〕物量：事物的体积。

〔35〕分：指得失之分。 故：通“固”，固定。

〔36〕知：通“智”。 观于远近：谓能以“无穷”“无止”“无常”“无故”的观点看待事物。

〔37〕量：物量。

〔38〕向：察明。 故：同“古”。

〔39〕闷：厌倦。

〔40〕掇（duō）：拾取。 跂（qǐ）：通“企”，企求，盼望。

〔41〕说：通“悦”，欣悦。

〔42〕终始：指死生。 故：通“固”，固定。

〔43〕所知：所知道的事。

〔44〕倪：尺度，标准。

〔45〕精：细小。

〔46〕是：此、这。 信情：信实。

〔47〕垺（fú）：通“郛”，外城，比喻大外之大者。

〔48〕殷：盛，大。

〔49〕异便：指物不相同却各有所宜。
〔50〕期：限于。
〔51〕穷：穷尽。
〔52〕意致：意识到的。
〔53〕大人：指道家理想中的至人、圣人。
〔54〕多：赞许。
〔55〕门隶：家奴。
〔56〕事：做事。　借人：借助别人之力。
〔57〕食乎力：自食其力。
〔58〕殊：异。　辟异：怪僻奇异的行为。辟，通“僻”。
〔59〕戮耻：刑戮与耻辱。
〔60〕闻：闻名。
〔61〕约：束缚，取消。　分：分别。
〔62〕若：此，这个。
〔63〕恶至：如何，怎样。　倪：端倪，有区别之义。
〔64〕差数：指同一物体大小的等差之数。
〔65〕功分：指事物的功效与本分。
〔66〕趣操：取舍操守。
〔67〕让：禅让。　之、哙（kuài）让而绝：谓燕王哙将王位禅让给宰相子之，而燕国几乎灭亡。
〔68〕白公：楚平王之孙，因起兵反楚被镇压消灭。
〔69〕有时：因时而异。
〔70〕梁丽：栋梁。丽，通“欐”。　冲城：撞击城墙。　窒：堵塞。
〔71〕骐骥、骅骝（huá liú）：皆为古代良马。　狸（lí）：野猫。　狌（shēng）：黄鼠狼。
〔72〕鸱鸺（chī xiū）：猫头鹰。　蚤：跳蚤。
〔73〕瞋目：尽力睁大眼睛。
〔74〕盖：通“盍”，何不。　师：效法。　无：不要，抛弃。
〔75〕舍：停止。　诬：欺骗。
〔76〕篡夫：指篡夺帝位的坏人。
〔77〕义徒：指合乎高义的伟人。
〔78〕女：通“汝”，你。　门：门径。引申为有关贵贱的道理。
〔79〕家：家门。引申为有关大小的道理。
〔80〕趣：通“取”，选取。
〔81〕终：究竟。

〔82〕反衍：向相反的方向延伸，即今所说的转化。

〔83〕而：通“尔”，你。　蹇（jiǎn）：违背。

〔84〕谢施（yì）：与上文的“反衍”同义。谢，代谢，转化。施，延伸，发展。

〔85〕参差：不合，背离。

〔86〕严乎：庄重、恭敬。

〔87〕繇繇（yōu）：悠然自得的样子。　社：社神，即土地神。

〔88〕畛（zhěn）域：界限。

〔89〕承翼：承接扶翼，指得到庇护。

〔90〕无方：没有偏向。

〔91〕举：追攀。

〔92〕消息：消亡、生长。

〔93〕有：又。

〔94〕大义：大道。　方：方向。引申为原则。

〔95〕骤：马儿急驰。　驰：车马疾行。

〔96〕移：移动，变化。

〔97〕权：权变，应变。

〔98〕贼：伤害。

〔99〕薄：迫近。　之：代指火水、寒暑、禽兽。

〔100〕宁：安。　祸：指困穷。　福：指通达。

〔101〕位：处，居。　得：自得。　蹢躅（zhí zhú）：同“踯躅”，进退不定的样子。

〔102〕反：通“返”。　要：枢要，即大道的关键。　极：大道的极致。

〔103〕天：天然，天性。

〔104〕人：人为。

〔105〕落：通“络”，羁络。

〔106〕故：有心而为叫作故。　命：自然天性。

【译文】

秋天河水及时上涨，无数条小河的水都灌注入黄河。水流的宽阔，使黄河两岸及洲渚四边，望过去连牛马都分辨不清。于是河伯洋洋自得，认为天下的美都集于他一身。他顺着水流向东走，到了北海，朝东面望去，看不到水的边际。在这种情况下，河伯才改变自得的脸色，仰望着大海感叹地说："俗语有这样的话：'听到的道理多了，就以为没有人及得上自己。'这就是说我了。而且我曾经听说有人小看孔子的学识和轻视伯夷的义行，开始我还不相信；现在我看到了你的难以穷尽，我要是不到这里来，那就危险了，我一定会永远被懂得大道的人所讥笑了。"北海神说："对井底之蛙不能谈论大海，因为它受住处的限制；对夏天的虫子不能谈论冰，因为它受生长时间的限制；对孤陋寡闻的人不能谈论大道，因为他受俗学的束缚。现在你从河岸出来，看到了大海，于是知道了你的浅陋，那就可以和你谈论大道了。天下的水，没有大过海的，所有的河流都归向这里，不知什么时候才会停息，而海永不盈满；尾闾将海水排出，不知什么时候才休止，而海永不枯竭；无论春天还是秋天，大海都不会有变化，无论水涝还是干旱，大海都没有什么感觉。其容量超过江河之水，无从计数。但我却从来没有因此而自满，我认识到自己寄形于天地之间，从阴阳变化中秉承了生气，我在天地之间，就跟小石块、小树木在大山里一样，我只想到自己太渺小了，又怎么会自满呢！算起来四海在天地之间，不就像石块的小孔穴在大湖泽里一样吗？算起来中国在四海之内，不就像小米在大仓里一样吗？事物名称的数目要以万计，人仅是其中的一种；人类聚集在九州中一切谷物生长之处、舟车通行之地，而个人又只是人类中的一分子，个人与万物相比，不就像马身上的一根毫毛吗？五帝所禅让的，三王所争夺的，仁人所忧虑的，能士所操劳的，也都是这样的一根毫毛啊！伯夷辞让去求取名声，孔子谈论来显示渊博，他们的这种自以为了不起，不就跟你刚才用水多来自夸是一样的吗？"

河伯说："那么我把天地看作大，把毫毛看作小，可以吗？"北海神说："不可以。事物的体积是没有穷尽的，时间是没有止境的，得失是没有一定的，人的生与死是没有不变的。所以大智慧的人远近都观照得到，因而小的东西不觉得小，大的东西不觉得大，这是因为他知道物量是没有穷尽的；验证察明了古今变化无穷的情形，所以对流逝的遥远的过去并不厌倦，对拾掇可得的来日无所企望，这是因为他知道时序是没有止期的；看清楚了事物盈亏的道理，所以得到时并不感到欣喜，失去时也不感到忧伤，这是因为他知道得失是没有一定的；明白了死生是人所行走的平坦道路，所以对生不感到喜悦，死了也不认为是祸患，这是因为他知道死生是不固定的。算起来，一个人所知道的事情总没有他不知道的事情多；人有生命的时间也远不如没有生命的时间长；拿自己极其渺小的生命和知识力求去穷尽广大无际的领域，因此就迷乱而无所得。由此看来，又怎么知道毫毛可以确定最小的限度，怎么知道天地可以穷尽最大的领域呢！”

河伯说：“世上的论者都说：‘最细小的东西，是无法看到它的形体的；最大的东西，是无法度量其外围有多大的。’这是实情吗？”北海神说：“从小的角度看待大的事物，总看不到全貌；从大的角度看待小的事物，总看不分明。精，是小物中最微小的；垺，是大物中最广大的。所以事物大小不同而却各有的相宜之处，这是势态发展的必然现象。所谓精细粗大的东西，都不过是限于形迹；没有形迹的东西，便不能被度数划分和衡量；无法量出其大小的东西，是不能用度数来穷尽的。可以用语言论述的，是事物中粗糙的部分；可以用心意感觉到的，是事物中精细的部分；至于语言所不能论述、意识所不能领会的事物，那就不限于精细粗大了。所以大人行为自然，不做危害人的事，也不赞许行仁施恩；做事不为捞取私利，也不看轻守门之奴；不与人争夺财物，也不赞许辞让财物给别人；行事不借助他人之力，也不赞许自食其力，不卑贱贪财污浊行为；行为特殊而不同于世俗，也不赞许怪僻奇异的行为；行为在于随从大众，也不卑贱奉承谄媚；世上的高官厚禄不能起到勉励的作用，刑戮和耻辱也不以为是侮辱；知道是非的界限不好划分，大小的标准也无法确定。听说过这样的话：‘得道之人不求闻达于世，至德之人不期望有所得，大人忘掉自己，与万物化而为一。’这就是消除事物分别的极致。”

河伯说：“在这物性的外面，在这物性的里面，又怎么划分贵贱，怎么划分大小呢？”北海神说：“从道的角度看，事物没有贵贱之分；从事物本身的角度来看，万物都以自己为贵而以他物为贱；从世俗的角度看，贵贱不是事物本身所固有的。从事物的差别来看，顺着万物大的一面而认为它是大的，那么万物就没有不是大的；顺着万物小的一面而认为它是小的，那么万物就没有不是小的。明白了天地就像稊米一样小，毫毛就像丘山一样大，那么物体的大小等差就可以看清楚了。从事物的功用来看，顺着万物有用的一面而认为它是有用的，那么万物就都有用；顺着万物无用的一面而认为它是无用的，那么万物就都无用。知道东与西的方向相对立而又相互依存，那么事物的功效和本分就可以确定了。从事物的趣向上看，顺着万物值得肯定的一面而肯定它，那么万物都正确；顺着万物否定的一面而否定它，那么万物都是错的。知道尧、桀都自认为正确而互相否定，那么人们的情操就可以看清楚了。从前尧和舜通过禅让而称帝，子之和燕王哙却因为禅让而绝灭；商汤和周武王通过争夺而称王，白公胜却因为争夺而灭亡。由此看来，争夺和禅让的做法，唐尧和夏桀的作为，它们的高贵和卑贱是因时而异的，没有一定的常规。栋梁可以用来撞击城墙，却不能用来堵塞小洞，这是说器用大小的不同；骐骥、骅骝一日能跑一千里，而捉老鼠却不及野猫和黄鼠狼，这是说技能的不同；猫头鹰在夜里能捉跳蚤，看得清毫毛般的小东西，白天睁大眼睛却看不到丘山，这是说物性的不同。因此说：'何不只效法对的而抛弃错的，效法治理好的而抛弃混乱的呢？'这是不明白天地间事物变化的道理，万物变化发展的实际情况；这好像是只效法天而抛弃地，只效法阴而抛弃阳一样，这种做法行不通是非常清楚的。可是世俗之人还是说个不停，那不是愚蠢就是故意欺骗人。帝王禅让的情况各不相同，三代继承帝位的情况也彼此相异。不合时宜，违逆世俗的，就被称为篡夺之人；合乎时宜，顺应世俗的，就被称为高义之人。静默吧，河伯！你哪里知道贵贱与大小的道理呢？"

河伯说："那么我应该做什么，不应该做什么呢？对于事物的辞让、受纳、进取、舍弃，我究竟该怎么办呢？"北海神说："从道的角度看，什么是贵什么是贱呢？可以说贵与贱是向自己的相反方向转化的；不要拘束你的心志，而与大道相背离。什么是少什么是多呢？可以说多少是相互转化的；行事不要偏执一己之见，免得与大道参差不合。要像国君那样庄严正直，对待人民没有什么偏私；要像受祭的社神那样悠然自得，对祭祀他的人没有什么偏袒；要像四面延伸的平地那样宽广无边，没有彼此的界限。包容万物而无偏心，谁也没有单独受到庇护，这可称为无所偏向。万物都是一样的，哪还有谁短谁长呢？大道没有终结和起始，万物有死生的变化，即使有一时的成功也不足为依靠。大道在一虚一盈地变化，并没有固定不变的形位。过去的年月不可追攀，流逝的时光不可止留。天地万物的消亡、生长、充盈、亏虚，都在终而复始地变化着。明白了上述道理，才能谈论大道的原则，研讨万物的情理。万物的生长，就像马儿急驰、车子疾行一样，一举一动都要发生变化，无时无刻都在发生着变化。应该做什么，不应该做什么呢？万物本来就在不断地自行变化着。”

河伯说：“那么道又有什么可贵的呢？”北海神说：“明白大道的人必然通达万物的消息盈虚的道理，通达于此理的人必然知道怎样应变，知道应变的人就不会让万物伤害自己了。有最高修养的人，烈火不能烧伤他，大水不能淹死他，寒冷酷暑不能侵袭他，禽兽不能残害他。并不是说他逼近它们而能免受伤害，而是说他能观察安全和危险的境地，安心于困穷和通达的处境，能谨慎地对待进退，所以没有什么能伤害他。因此说：‘天性蕴藏在心内，人事显露在身外，道德以自然天性为根本。’懂得自然和人类活动的变化，以顺应自然为根本，处于自得的境地，进退屈伸自如，就可以返回到大道的关键之处，并谈论大道的极致了。”

河伯说：“什么叫作天然？什么叫作人为？”北海神说：“牛马生来有四只脚，这就叫作天然；用辔头套在马头，用缰绳穿过牛鼻，这就叫作人为。所以说：不要人为地做事而毁灭天然，不要有心地造作而毁灭天性，不要为追求虚名而丧失本性。谨慎地守住天然本性而不让它丧失，这就叫作复归天真的本性。”

夔怜蚿〔1〕，蚿怜蛇，蛇怜风，风怜目，目怜心。夔谓蚿曰：“吾以一足跉踔而行，予无如矣〔2〕。今子之使万足，独奈何？”蚿曰：“不然。子不见夫唾者乎？喷则大者如珠，小者如雾，杂而下者不可胜数也。今予动吾天机〔3〕，而不知其所以然。”

蚿谓蛇曰：“吾以众足行，而不及子之无足，何也？”

蛇曰："夫天机之所动，何可易邪[4]？吾安用足哉！"

蛇谓风曰："予动吾脊胁而行，则有似也[5]。今子蓬蓬然起于北海[6]，蓬蓬然入于南海，而似无有，何也？"风曰："然。予蓬蓬然起于北海而入于南海也，然而指我则胜我[7]，鳝我亦胜我[8]。虽然，夫折大木，蜚大屋者[9]，唯我能也，故以众小不胜为大胜也。为大胜者，唯圣人能之。"

【注释】

〔1〕夔（kuí）：古代神话传说中的一足兽，似牛而无角。 怜：爱慕，羡慕。 蚿（xián）：百足虫。

〔2〕趻踔（chěn chuō）：跳着行走。 予无如：我不如你。

〔3〕天机：灵性，天然的本能。

〔4〕易：变易，改变。

〔5〕脊胁：脊背、两胁。 有似：似有，谓有形迹可见。

〔6〕蓬蓬然：象声词，风声。

〔7〕胜：胜过。

〔8〕鳝（qiū）：通"蹭"，逆蹋。

〔9〕蜚：通"飞"，谓吹房拔梁。

【译文】

一只脚的夔羡慕百足的蚿，蚿羡慕无足而行的蛇，蛇又羡慕无形的风，风又羡慕能明察万物的眼睛，眼睛又羡慕隐藏在内的心灵。夔对蚿说："我用一只脚跳着行走，我不如你。现在你使用万只脚行走，究竟是如何使用这些脚的呢？"蚿说："你的话不对。你没有见过吐唾沫的情景吗？唾沫喷出时大的如珠玉，小的如雾滴，散杂着落下，数不胜数。现在我依靠天然的本能而行，但并不懂得它们为什么要这样。"

蚿对蛇说："我用多只脚行走，却不如你没有脚走得快，为什么呢？"蛇说："我依靠天然的本能而行走，怎么能改变呢？我哪里是用脚行走呢！"

蛇对风说:“我扭动我的脊柱和胁骨而行走，还是像有脚的样子。现在你从北海呼呼地刮起来，又呼呼地吹入南海，就好像是没有一点形迹，为什么呢？”风说:“是这样的。我从北海呼呼地刮起而吹入南海，然而人用手指来阻挡而我却不能吹断它，那么人胜过了我；用脚来踢踏我，那么也胜过了我。虽然如此，那折断大木，吹卷屋梁的事情，也只有我才能做到，所以虽在小的方面不能取得胜利，但却能在大的方面取得胜利。能取得大的方面的胜利，只有圣人才能够做到。”

孔子游于匡〔1〕，宋人围之数帀，而弦歌不惙〔2〕。子路入见，曰:“何夫子之娱也〔3〕？”孔子曰:“来，吾语女。我讳穷久矣〔4〕，而不免，命也；求通久矣〔5〕，而不得，时也。当尧、舜而天下无穷人，非知得也；当桀、纣而天下无通人，非知失也，时势适然〔6〕。夫水行不避蛟龙者〔7〕，渔父之勇也；陆行不避兕虎者〔8〕，猎夫之勇也；白刃交于前，视死若生者，烈士之勇也；知穷之有命，知通之有时，临大难而不惧者，圣人之勇也。由〔9〕，处矣！吾命有所制矣〔10〕！”

无几何，将甲者进〔11〕，辞曰:“以为阳虎也〔12〕，故围之；今非也，请辞而退。”

【注释】

〔1〕匡：卫国邑名。

〔2〕宋：当为“卫”字之误。　帀：同“匝”，周。　惙：通“辍”，停止。

〔3〕娱：欢娱，快乐。

〔4〕语：告诉。　女：通“汝”，你。　讳：忌讳。　穷：指在仕途上，或在推行政治主张方面很不顺利。

〔5〕通：通达，指仕途上顺利或政治主张得到推行，与穷相反。

〔6〕时势：时代的形势。　适然：恰好如此。
〔7〕蛟：龙无角曰蛟。
〔8〕兕（sì）：雌性犀牛。
〔9〕由：即子路，名由。
〔10〕制：制约，限定。
〔11〕将：率领。　甲：指身着盔甲的围攻者。
〔12〕阳虎：指鲁国人阳虎，他曾暴虐匡人，长相与孔子相像。

【译文】

孔子游历到卫国匡地，卫国人把他层层包围了起来，但孔子仍不停止弹琴吟唱。子路进去见孔子，说："先生为何这样快乐？"孔子说："过来，我告诉你。我忌讳穷困已经很久了，但却不能摆脱，这是命运不好啊！我追求通达得意已经很久了，但却一直未能实现，这是时运不好啊！在尧、舜的时代，天下没有困窘不得志之人，并不是因为他们智慧超群；在桀、纣的时代，天下没有通达之人，并不是因为他们智慧低下，这都是时代的形势造成的。在水中行走不躲避蛟龙，这是渔父的勇敢；在陆地上行走不躲避犀牛和老虎，这是猎人的勇敢；刀剑横在面前，视死如生，这是壮烈之士的勇敢；明白困窘不得志是命运的安排，明白通达得志是时机使然，遇着大难而不惧怕，这是圣人的勇敢。仲由，你去休息吧！我的命运早就有所安排了！"

没过多久，率领士兵的首领走进来，道歉说："误认为你是阳虎了，所以把你围起来；现在你既然不是阳虎，请让我表示歉意并且退兵。"

公孙龙问于魏牟曰〔1〕："龙少学先王之道，长而明仁义之行；合同异，离坚白；然不然，可不可；困百家之知，穷众口之辩，吾自以为至达已。今吾闻庄子之言，汒焉异之〔2〕。不知论之不及与，知之弗若与〔3〕？今吾无所开吾喙〔4〕，敢问其方。"

公子牟隐机大息〔5〕，仰天而笑曰："子独不闻夫埳井之鼃乎〔6〕？谓东海之鳖曰：‘吾乐与！出跳梁乎井干之上〔7〕，入休乎缺甃之崖〔8〕；赴水则接腋持颐〔9〕，蹶泥则没足灭跗〔10〕；还虷、蟹与科斗〔11〕，莫吾能若也〔12〕。且夫擅一壑之水，而跨跱埳井之乐〔13〕，此亦至矣。夫子奚不时来入观乎〔14〕？’东海之鳖左足未入，而右膝已絷矣〔15〕。于是逡巡而却〔16〕，告之海曰〔17〕：‘夫千里之远，不足以举其大〔18〕；千仞之高，不足以极其深〔19〕。禹之时十年九潦〔20〕，而水弗为加益；汤之时八年七旱，而崖不为加损〔21〕。夫不为顷久推移〔22〕，不以多少进退者〔23〕，此亦东海之大乐也。’于是埳井之鼃闻之，适适然惊〔24〕，规规然自失也〔25〕。且夫知不知是非之竟〔26〕，而犹欲观于庄子之言，是犹使蚊负山，商蚷驰河也〔27〕，必不胜任矣。且夫知不知论极妙之言，而自适一时之利者，是非埳井之鼃与？且彼方跐黄泉而登大皇〔28〕，无南无北，奭然四解〔29〕，沦于不测〔30〕；无东无西，始于玄冥〔31〕，反于大通〔32〕。子乃规规然而求之以察〔33〕，索之以辩，是直用管窥天〔34〕，用锥指地也〔35〕，不亦小乎？子往矣！且子独不闻夫寿陵馀子之学行于邯郸与〔36〕？未得国能〔37〕，又失其故行矣〔38〕，直匍匐而归耳〔39〕。今子不去，将忘子之故〔40〕，失子之业。”

公孙龙口呿而不合〔41〕，舌举而不下〔42〕，乃逸而走〔43〕。

【注释】

〔1〕公孙龙：姓公孙，名龙，字子秉，战国时赵人。　魏牟：魏国公子，名牟。

〔2〕汒焉：自失的样子。汒，同“茫”。　异之：对之感到奇异。

〔3〕论：指言辩的水平。 与：通“欤”，疑问语气词。 知：通“智”，智慧。

〔4〕喙（huì）：鸟兽的嘴。此借指人的嘴。

〔5〕隐：依靠。 机：通“几”，古人席地而坐时用以倚凭身体的器具。 大息：叹息。

〔6〕夫：那，彼。 埳井：浅井。埳，通“坎”，洼坑。 鼃：通“蛙”。

〔7〕跳梁：即跳踉，腾跃跳动。 干：井栏。

〔8〕缺甃（zhòu）：破砖的井壁。甃，用砖砌成的井壁。

〔9〕接、持：承托。 腋：腋窝。 颐：面颊。

〔10〕蹶：踏。 灭跗（fū）：盖没脚背。跗，脚背。

〔11〕还（huán）：顾视。 虷（hán）：即孑孓，蚊子的幼虫。一说，赤虫。 科斗：即蝌蚪。

〔12〕若：相比。

〔13〕擅：独占，独霸。 壑：坑。 跨跱（zhì）：盘踞。

〔14〕奚：何。 时：时常。

〔15〕絷（zhí）：卡住，绊住。

〔16〕逡巡：小心退却的样子。 却：退却。

〔17〕之：指井蛙。

〔18〕举：形容。

〔19〕仞：七尺为一仞，或说八尺。 极：量尽。

〔20〕潦（lǎo）：雨后地面上的积水，可引申为洪灾。

〔21〕崖：海岸，可引申为海岸的水位。 损：谓水位下降。

〔22〕顷：短暂。 推移：改变，变化。

〔23〕多少：谓降雨量的多与少。 进退：指大海水位的升降。

〔24〕适适然：惊怖的样子。

〔25〕规规然：自失的样子。

〔26〕竞：通“境”，境界。

〔27〕商蚷（jù）：虫名，又称马蚿。

〔28〕跐（cǐ）：蹈。 大皇：皇天。

〔29〕奭（shì）然：阻碍物消散的样子。 四解：四面畅通。

〔30〕沦：浸渍，可引申为深入。

〔31〕玄冥：即无极，指宇宙未产生时的混沌昏昧状态。

〔32〕大通：大道。

〔33〕规规然：求索经营的样子。 察：小聪明。

〔34〕直：简直。
〔35〕指：测。
〔36〕寿陵：燕国地名。 馀子：少年。
〔37〕国能：赵人行步的绝技。
〔38〕故行：原先的步法。
〔39〕匍匐：以手据地而行，爬行。
〔40〕故：原来的学业。
〔41〕呿（qū）：张口的样子。
〔42〕举：高抬。
〔43〕逸：遁逃。

【译文】

公孙龙问魏牟说："我少年时学习先王之道，年长后通晓仁义之行；持有同异相合、坚白相离之论；把人家认为不是这样的说成是这样的，把人家认为不可以的说成是可以的；使百家的智士感到困惑，使众多善辩之人理屈词穷，我自以为是最通达的人了。现在我听了庄子的言论，感到奇异不解。不知道是我的辩论才能不及他呢？还是我的智慧不及他呢？现在我已经无法开口了，请问这是什么原因呢？"

公子牟倚靠着几案叹息，然后又仰面朝天而嗤笑说："你难道没有听说浅井中的青蛙吗？它对东海的大鳖说：'我多么快乐呀！出来可以在井栏上腾跳，回去可以在破砖的井壁休息；跳进水里，水便托住我的两腋和面颊；踏进泥中，烂泥便盖没脚背；回顾水中的孑孓、小蟹和蝌蚪，没有一个能比得上我快乐。况且独占一坑之水，而盘踞浅井的快乐，这也算得上是最大的快乐了。你为什么不经常到井中看看呢？'东海的大鳖左脚还没有进到井里，而右膝已经被井口绊住了。于是就小心地退却，把大海的情状告诉井蛙：'千里之遥，不足以形容海的大；千仞之高，不足以量尽海的深。夏禹的时代，十年有九年发生洪灾，海水并未因此而增多；商汤的时代，八年有七年闹旱灾，海岸的水位并未因此而下降。海水的水量不会因时间的长短而有所改变，水位不会因降雨量的多少而有所升降，这也就是东海最大的快乐了。'浅井的青蛙听了这些，大惊失色，茫然不知如何是好。再说，你的才智还不足以懂得是非的界限，而竟想观察庄子的至理之言，这就好像驱使蚊子背负山丘，让马蚿虫奔驰于河海一样，肯定是不能胜任的。况且你的才智还不足以谈论极精妙的理论，而自己却追逐一时的口舌之利，这不就像浅井之蛙一样吗？而且庄子的思想正可以上登苍天，下入黄泉，不分南北，畅通无碍，入于神妙莫测的境地；不分东西，起源于未有宇宙之先，返归于大道之上。你竟然不辞劳苦地用小聪明去探求它，用雄辩争胜的尺度去求索它，这简直就是用竹管窥视苍天，用锥尖测量大地，不是太渺小了吗？你快走吧！你难道没有听说过寿陵的少年到邯郸去学习步法的故事吗？不但没有学到邯郸人行步的绝技，又忘掉了原先的步法，只能爬着回到燕国去。现在你不快点走开，就将会忘记你原来的学业，丢掉你本来的行当了。”

公孙龙吓得合不拢口，舌头翘起放不下来，于是赶忙逃走了。

庄子钓于濮水，楚王使大夫二人往先焉〔1〕，曰：“愿以境内累矣〔2〕！”庄子持竿不顾〔3〕，曰：“吾闻楚有神龟，死已三千岁矣，王巾笥而藏之庙堂之上〔4〕。此龟者，宁其死为留骨而贵乎，宁其生而曳尾于涂中乎〔5〕？”二大夫曰：“宁生而曳尾涂中。”庄子曰：“往矣！吾将曳尾于涂中。”

【注释】

〔1〕濮水：据唐成玄英说，在河南濮阳。　楚王：楚威王，名熊商，怀王之父。　先：谓先以非正式的方式，宣明楚王的意图。

〔2〕愿以境内累矣：希望把国内之事拜托给您。

〔3〕顾：回头看。

〔4〕巾：用来覆盖贵重器物的巾幂。　笥（sì）：盛装衣物的方形竹箱。

〔5〕宁：宁肯。　曳：拖曳。　涂：泥。

【译文】

庄子在濮水边上钓鱼，楚威王派了两位大夫去宣明他的意图，说:“希望把国事拜托给您。”庄子手持钓竿,头也不回地说:“我听说楚国有只神龟,已经死去三千年了,楚王把它包上巾布装在竹箱中,珍藏在庙堂之上。这只龟,宁肯死后留下骨壳以显示其贵重呢?还是愿意活着而拖着尾巴在烂泥里爬行呢?”两位大夫回答说:“宁愿活着而拖着尾巴在烂泥里爬行。”庄子说:“那你们走吧!我将愿意拖着尾巴在烂泥里爬行。”

惠子相梁〔1〕,庄子往见之。或谓惠子曰:“庄子来,欲代子相。”于是惠子恐,搜于国中三日三夜。

庄子往见之,曰:“南方有鸟,其名为鹓鶵〔2〕,子知之乎?夫鹓鶵发于南海而飞于北海,非梧桐不止,非练实不食〔3〕,非醴泉不饮〔4〕。于是鸱得腐鼠〔5〕,鹓鶵过之,仰而视之曰:‘吓〔6〕!’今子欲以子之梁国而吓我邪?”

【注释】

〔1〕相:做相国。

〔2〕鹓鶵(yuān chú):传说中与鸾凤同类的鸟。

〔3〕止:栖息。　练实:竹实。

〔4〕醴(lǐ)泉:甘美如醴的泉水。醴,甜酒。

〔5〕鸱(chī):猫头鹰。　腐鼠:臭老鼠。

〔6〕吓(hè):怒声。

【译文】

惠子做了梁惠王的相国,庄子去看望他。有人告诉惠子说:“庄子这次来,是想要取代你的相位。”于是惠子很惊恐,在国都中搜捕了庄子三天三夜。

庄子主动去见惠子,说:“南方有一种鸟,名字叫作鹓鶵,你知道吗?这种鸟从南海出发而飞到北海,不是梧桐树不栖息,不是竹子的果实不吃,不是甘美如醴的泉水不喝。在此时猫头鹰拾到一只臭老鼠，鹓鶵从它面前飞过，猫头鹰就仰起头，看着鹓鶵发出‘吓’的怒斥声。现在你也想用你的梁国来怒斥我吗？”

庄子与惠子游于濠梁之上〔1〕。庄子曰："儵鱼出游从容〔2〕，是鱼之乐也。"惠子曰："子非鱼，安知鱼之乐？"庄子曰："子非我，安知我不知鱼之乐？"惠子曰："我非子，固不知子矣〔3〕；子固非鱼也，子之不知鱼之乐，全矣〔4〕。"庄子曰："请循其本〔5〕。子曰'汝安知鱼乐'云者，既已知吾知之而问我，我知之濠上也。"

【注释】

〔1〕濠（háo）梁：濠水上的桥梁。濠水，在今安徽凤阳县境内。

〔2〕儵（tiáo）：通"鲦"，鲦鱼。

〔3〕固：本来。

〔4〕全：齐备，完备。指没有疑义。

〔5〕循：顺，追溯。　本：始，指原来的问话。

【译文】

庄子和惠子同游于濠水桥上。庄子说："鲦鱼在河水中游得多么悠闲自得，这是鱼的快乐。"惠子说："你不是鱼，怎么会知道鱼的快乐呢？"庄子说："你不是我，怎么晓得我不知道鱼的快乐呢？"惠子说："我不是你，本来就不知道你；你本来就不是鱼，你不能知道鱼的快乐，这一点是完全可以肯定的了。"庄子说："请寻求你问话的本意。你说'你哪儿知道鱼的快乐'的时候，是已经明白我知道鱼的快乐之后再问我的，只不过是问我从哪儿知道罢了，那我告诉你我是从濠水的桥上知道的。"

【评析】

《秋水》一篇文字，历来为文论家所激赏赞叹，称其"有气蒸云梦、波撼岳阳之势"（刘凤苞《南华雪心编》），所谓"不可无一，不可有二"（林云铭《庄子因》)，笔力超绝，元气浑然。明陈深也给予《秋水》极高的评价："《庄子》书有迂阔者，有荒唐者，有愤懑者，语皆未平，独此篇说义理阔大精详，有前圣所未发，而后儒所不及闻者。"(《庄子品节》)

《逍遥游》开篇撰出鲲鹏、蜩鸠，分辨小大。本篇同一机杼，撰出河伯、海若，以为对比。《逍遥游》明确区分小不如大："小知不如大知，小年不如大年。"本篇却又翻出一层，认为大小都是相对的，即使细如秋毫之末，也不能达到最小的端倪，因为至精无形；而大如黄河，两涘渚崖之间不辩牛马，河伯因此自大自满，但见到东海之大，却也望洋兴叹，然而海若却知道，与天地相比，大海也不过太仓一粟，至大不可围。俗语说一山还有一山高，也是此意。虽然大小都是相对的，但是在一般的价值观念里，总是认为更大就是更好，就像奥运会所追求的就是："更快，更高，更强！"我们若还记得《养生主》开篇"以有涯随无涯殆矣"的教训，便知道庄子是不认同这种看法的。对此，本篇作者牵合《齐物论》的思想，认为："以差观之，因其所大而大之，则万物莫不大；因其所小而小之，则万物莫不小。"意即大小均有价值，并不能以一个统一标准来论定其价值。所以《秋水》篇高妙之处也不仅在于其文章结构，也在于其义理，能将内篇精华融为一体，无怪乎有人赞叹《庄子》全书仅读《秋水》一篇足矣！

篇尾归结出的三个故事并不因为前文的运化奇横就黯然失色，相反，它们恰恰以淡宕深妙的精神记载了庄子生平的三个重要片段。庄子持竿濮水上，宁作曳尾涂中之龟，也不应楚王庙堂之请。此事在《列御寇》一篇中有类似记载，《史记》则将这两个故事合二为一，作为庄子传记，其实这些记载只是体现了庄子清高品格及对自由与生命极度珍视的某种寓言，而非史实。但与庄子过从甚密的惠施却十分热衷社会活动。他是战国时名家"合同异"派的代表，"以善辩为名"(《天下》)。庄子本人也认为若无惠施，则天下无与言之者。但他对惠施"逐万物而不反"、贪名好势的行为是极为鄙夷的，不仅本文中记载了他对惠施"不知腐鼠成滋味，猜意鹓雏竟未休"的疑心的大加嘲讽，《淮南子·齐俗训》中也有一则记事："惠子从车百乘，以过孟诸，庄子见之，弃其馀鱼。"庄子的率真任性有时未免使惠施的言行沦为后世的笑柄，宋人林希逸多有不忍之心，在"惠子相梁"一节后为其辩驳申明："庄子惠子最相厚善，此事未必有之，戏以相讥耳。"无论是寓言抑或真事，庄子的引述都是一番醒世之情。

至　乐

【题解】

本篇取首句二字为题，亦洽和主旨。本篇认为，无为至乐。俗人皆以富贵寿善为乐，然此乐与苦相反相成，一旦不能得到，抑或滑向反面贫贱夭恶，则变为苦，因此世俗之乐不是至乐。天无为以之清，地无为以之宁，天地无为相合而万物生，人效法天地，顺应自然，方是至乐。文章先总论至乐，而以世俗之乐作对比，接着通过五个寓言以论证无为至乐的观点。其中庄子妻死鼓盆而歌和道遇髑髅的故事最为脍炙人口，在文学史上影响很大。

天下有至乐无有哉〔1〕？有可以活身者无有哉〔2〕？今奚为奚据？奚避须处〔3〕？奚就奚去？奚乐奚恶？

夫天下之所尊者，富、贵、寿、善也〔4〕；所乐者，身安、厚味、美服、好色、音声也；所下者，贫、贱、夭、恶也〔5〕；所苦者，身不得安逸，口不得厚味，形不得美服〔6〕，目不得好色，耳不得音声。若不得者，则大忧以惧，其为形也亦愚哉〔7〕！

夫富者，苦身疾作〔8〕，多积财而不得尽用，其为形也亦外矣〔9〕。夫贵者，夜以继日，思虑善否〔10〕，其为形也亦疏矣。人之生也，与忧俱生，寿者惛惛〔11〕，久忧不死，何苦也！其为形也亦远矣。烈士为天下见善矣，未足以活身〔12〕。吾未知善之诚善邪〔13〕，诚不善邪？若以为善矣，不足活身；以为不善矣，足以活人[14]。故曰："忠谏不听，蹲循勿争[15]。"故夫子胥争之，以残其形；不争，名亦不成。诚有善无有哉？

今俗之所为与其所乐，吾又未知乐之果乐邪，果不乐邪？吾观夫俗之所乐，举群趣者，誙誙然如将不得已[16]，而皆曰乐者，吾未之乐也，亦未之不乐也。果有乐无有哉？吾以无为诚乐矣，又俗之所大苦也。故曰："至乐无乐，至誉无誉。"

天下是非果未可定也。虽然，无为可以定是非。至乐活身，唯无为几存[17]。请尝试言之：天无为以之清，地无为以之宁，故两无为相合，万物皆化。芒乎芴乎[18]，而无从出乎！芴乎芒乎，而无有象乎[19]！万物职职，皆从无为殖[20]。故曰："天地无为也而无不为也。"人也孰能得无为哉[21]！

【注释】

〔1〕至乐：最大的快乐。

〔2〕活身：养活自然性命。

〔3〕奚：何，什么，哪里。　据：依据。　避：避开。　处：安居。

〔4〕尊：尊崇。　善：指善名令誉。

〔5〕夭：夭折。　恶：恶名。

〔6〕形：谓身体。

〔7〕为形：保养形骸。

〔8〕疾作：勤苦劳作。

〔9〕外：谓养形方法的拙劣。

〔10〕善：指仕途亨通。　否（pǐ）：六十四卦之一，谓“天地不交而万物不通”。此指仕途穷厄不通。

〔11〕惛惛（hūn）：通“惽惽”，糊涂昏聩的样子。

〔12〕见善：被称赞。　活身：保全自身。

〔13〕诚：诚然，真的。

〔14〕活人：救活他人。

〔15〕蹲循：通“逡巡”，谓退却不争。

〔16〕趣：通“趋”，趋竞。　誙誙（kēng）：形容世俗争奔求乐的样子。

〔17〕几：近。

〔18〕芒、芴（hū）：恍恍惚惚的样子。

〔19〕象：形迹。

〔20〕职职：繁多的样子。　殖：生长，繁殖。

〔21〕人：世俗之人。

【译文】

世上有没有最大的快乐呢？有没有可以养活自然性命的方法呢？现在应干些什么，应依据什么呢？应避讳什么，应安居何处呢？应接近什么，应舍去什么呢？应喜好什么，应嫌弃什么呢？

世俗之人所尊崇的是富有、高贵、长寿、名誉；所喜好的是身居安逸、饮食丰厚、服饰华丽、颜色悦目、声音悦耳；所卑视的是贫穷、卑贱、夭折、恶名；所苦恼的是身居得不到安逸，饮食得不到丰厚的美味，身体穿不到华丽的服饰，眼睛看不到漂亮的颜色，耳朵听不到动听的声音。如果得不到这些，便大为忧愁而焦虑，这样对保养形体不也太愚昧了吗！

富有的人劳累身体，辛勤工作，积蓄许多钱财而不能够全部享用，这样对保养身体也太拙劣了。高贵的人夜以继日，愁思焦虑仕途的亨通与困厄，这样对保养身体也太疏忽了。人降生世间，便与忧愁同生，长寿的人整日糊涂昏聩，长期忧愁而不死去，多么痛苦啊！这样对保养身体也太疏远了。壮烈之士被天下人所称赞，却不能保住自己的性命。我不知道这种善是真的善呢，还是真的不善呢？如果认为是善，却不能保住自己的性命；如果认为不善，却救活了别人。所以说：“用忠诚之心匡谏而不被听取，就应当退却而不争辩。”因此伍子胥谏诤，却身遭残戮；如果不谏诤，就又不会成就忠臣之名。究竟有没有善呢？

如今世俗之人所追求和所认为是快乐的，我并不知道他们的快乐果真是快乐呢，还是不快乐呢？我看到世俗之人所认为快乐的，所有的人都竞相去追求，争奔求乐好像是无法停止下来，都说这是快乐，我不知道这是否算快乐，我也不知道这是否算不快乐。果真有没有快乐呢？我认为无为是真正的快乐，而世俗之人又认为是很大的痛苦。所以说："最大的快乐是忘掉快乐，最大的荣誉是忘掉荣誉。"

世上的是非果真是无法确定的。虽然如此，但无为却可以任是非从而是非自定了。至乐可以养活自然身心，只有无为可以使至乐常存。请让我试着谈谈：天无为因此清虚，地无为因此宁静，所以天与地两个无为相合，万物都能变化生长。模糊恍惚，而不知所出！恍惚模糊，而不见形迹！万物繁多，都是从天地无为中生长出来的。所以说："天地无为清宁，而又无不做无不生。"世俗之人谁能够做到无为呢！

庄子妻死，惠子吊之，庄子则方箕踞鼓盆而歌〔1〕。惠子曰："与人居〔2〕，长子〔3〕、老〔4〕、身死〔5〕，不哭，亦足矣，又鼓盆而歌，不亦甚乎！"

庄子曰："不然。是其始死也，我独何能无概然〔6〕！察其始而本无生，非徒无生也而本无形〔7〕，非徒无形也而本无气〔8〕。杂乎芒芴之间〔9〕，变而有气，气变而有形，形变而有生，今又变而之死，是相与为春秋冬夏四时行也。人且偃然寝于巨室〔10〕，而我噭噭然随而哭之〔11〕，自以为不通乎命〔12〕，故止也。"

【注释】

〔1〕吊：吊唁。　箕踞（jījù）：两脚伸直岔开而坐，形似簸箕，是一种傲慢的行为。此处表示一种不拘礼节的态度。　鼓盆：叩击瓦缶。盆，瓦缶，一种瓦质乐器。

〔2〕人：指庄子妻。

〔3〕长子：生育子女。

〔4〕老：白头偕老。
〔5〕身死：谓老妻一旦身死。
〔6〕概：通“慨”，感触于心。
〔7〕非徒：不只，不仅。　形：形体。
〔8〕气：指一种构成形体的元素。
〔9〕芒芴（hū）：恍恍惚惚的样子。
〔10〕人：指庄子妻。　偃然：仰卧的样子。　巨室：谓天地之间。
〔11〕噭噭（jiào）：悲哭声。
〔12〕命：天命。

【译文】

庄子的妻子死了，惠子前往吊丧，看到庄子正在两脚伸直岔开而坐，一边叩击瓦缶，一边歌唱。惠子说：“你与妻子共居同寝，她为你生育子女，与你白头偕老，现在一旦身死，你不哭也就够了，还敲着瓦缶歌唱，不也太过分了吗？”

庄子说：“不是这样。在她刚死时，我怎么能不悲伤呢！然而推究起来她未生之前本来就是没有生命的，不仅没有生命，而且本来没有形体；不仅没有形体，而且本来没有构成身体的元素。混杂于恍恍惚惚之中，变化而有元气，元气变化而有形体，形体逐渐变化而有生命，如今又变化而至死亡，这种生来死往的变化就像春夏秋冬四时的自然运行一样。死去的人已经仰卧在天地之间，而我还呜呜地跟着痛哭，我认为这是不通达自然变化之理，所以便停止了。”

支离叔与滑介叔观于冥伯之丘〔1〕，昆仑之虚〔2〕，黄帝之所休〔3〕。俄而柳生其左肘〔4〕，其意蹶蹶然恶之〔5〕。

支离叔曰：“子恶之乎？”滑介叔曰：“亡〔6〕，予何恶！生者，假借也〔7〕；假之而生生者〔8〕，尘垢也。死生为昼夜。且吾与子观化而化及我〔9〕，我又何恶焉！”

【注释】

〔1〕支离叔、滑介叔：皆为虚构的人物，含有忘形去智之意。　冥伯

之丘：虚构的山丘名。

〔2〕虚：通“墟”。

〔3〕休：休息。

〔4〕俄而：一会儿。　柳：同“瘤”。　其：指滑介叔。

〔5〕蹶蹶（guì）：惊动不安的样子。　恶：厌恶。

〔6〕亡（wú）：否。

〔7〕生者，假借也：谓生命不过是一时的寄托罢了。

〔8〕假之而生生者：假借生命来化生又一个生命的东西。

〔9〕观化：观察天地万物的变化。

【译文】

支离叔和滑介叔一同在冥伯之丘、昆仑之墟游览，这都是黄帝曾经休息过的地方。一会儿滑介叔的左肘长出一个瘤子，他显得惊动不安，好像很厌恶它。

支离叔说：“你厌恶它吗？”滑介叔说：“不，我怎么会厌恶呢！生命来到世上，不过是一时的寄托罢了；而由人的生命所派生出来的东西，如瘤子等，更是属于尘垢的一时聚集罢了。人的生死就好像昼与夜的自然交替运行一样。我和你出来观察天地万物的变化，而现在变化来到我的身上，我又怎么会厌恶呢！”

庄子之楚，见空髑髅〔1〕，髐然有形，撽以马捶〔2〕，因而问之，曰：“夫子贪生失理而为此乎〔3〕？将子有亡国之事，斧钺之诛而为此乎〔4〕？将子有不善之行，愧遗父母妻子之丑而为此乎？将子有冻馁之患而为此乎〔5〕？将子之春秋故及此乎〔6〕？”于是语卒，援髑髅〔7〕，枕而卧。

夜半，髑髅见梦曰：“子之谈者似辩士。视子所言，皆生人之累也，死则无此矣。子欲闻死之说乎〔8〕？”庄子曰：“然。”髑髅曰：“死，无君于上，无臣于下，亦无四时之事，从然以天地为春秋〔9〕，虽南面王乐，不能过也。”庄子不信，曰：“吾使司命复生子形[10]，为子骨肉肌肤[11]，反子父母、妻子、闾里、知识[12]，子欲之乎？”髑髅深矉蹙頞曰[13]：“吾安能弃南面王乐而复为人间之劳乎！”

【注释】

〔1〕之：到，往。　髑髅（dú lóu）：死人的头骨。

〔2〕髐（xiāo）然：空枯的样子。　撽（qiào）：谓旁击头部。　捶：同“箠”，鞭子。

〔3〕贪生失理：贪于求生，丧失天理。　为此：成为这样。指死亡。

〔4〕将：还是。　钺：古兵器，小曰斧，大曰钺。　诛：诛杀。

〔5〕馁：饥饿。

〔6〕春秋：指年纪。　故：通“固”，本来。

〔7〕卒：终，完。　援：拉过来。

〔8〕说：论说。

〔9〕从然：从容自得的样子。

〔10〕司命：掌管生命之神。

〔11〕为：重新造出。

〔12〕反：通“返”，送回。　闾里：曾聚居于一处的宗族或邻里。知识：曾交游相识的朋友。

〔13〕矉：通“颦”，皱眉头。　蹙頞（cù è）：紧缩前额，表示愁苦。蹙，皱，收缩。頞，前额。

【译文】

庄子前往楚国去，看见一个空枯的头颅，他就用马鞭旁击髑髅，问道：“先生是因为贪于求生，丧失天理而招致身亡的呢？还是你有亡国大事，遭受斧钺诛杀而成为这样呢？还是你有违法行为，怕给父母妻儿留下耻辱而成为这样呢？还是你有寒冷饥饿的祸患而成为这样呢？还是你因为衰迈老病而成为这样呢？”庄子这样说完，拉过髑髅，枕在头下睡去。

睡到半夜里，髑髅显现在梦里，对他说：“你谈论的样子好像是个善辩的人。看你所说的事，都是人生的患累，死了就没有这些忧虑了。你想听关于死的道理吗？”庄子说：“好的。”髑髅说：“人死了，上面没有君主，下面没有臣仆，也没有四时炎凉之事，从容自得地与天地一样长寿，即使南面称王的快乐，也不能超过。”庄子不相信，说：“我让掌管生命的神恢复你的形体，重新造出你的骨肉肌肤，归还你的父母、妻儿、宗族邻里、朋友，你愿意吗？”髑髅紧皱眉头地说：“我怎么能够抛弃南面称王的快乐而再来受人间的劳苦呢！”

颜渊东之齐，孔子有忧色，子贡下席而问曰〔1〕：“小子敢问：回东之齐，夫子有忧色，何邪？”

孔子曰：“善哉汝问！昔者管子有言，丘甚善之〔2〕，曰：‘褚小者不可以怀大〔3〕，绠短者不可以汲深〔4〕。’夫若是者，以为命有所成而形有所适也，夫不可损益。吾恐回与齐侯言尧〔5〕、舜、黄帝之道，而重以燧人、神农之言〔6〕。彼将内求于己而不得〔7〕，不得则惑，人惑则死〔8〕。且女独不闻邪？昔者海鸟止于鲁郊〔9〕，鲁侯御而觞之于庙〔10〕，奏《九韶》以为乐〔11〕，具太牢以为膳〔12〕。鸟乃眩视忧悲〔13〕，不敢食一脔〔14〕，不敢饮一杯，三日而死。此以己养养鸟也〔15〕，非以鸟养养鸟也。夫以鸟养养鸟者，宜栖之深林，游之坛陆〔16〕，浮之江湖，食之鳝鰌〔17〕，随行列而止〔18〕，委蛇而处〔19〕。彼唯人言之恶闻〔20〕，奚以夫譊譊为乎〔21〕！《咸池》〔22〕《九韶》之乐，张之洞庭之野，鸟闻之而飞，兽闻之而走，鱼闻之而下入，人卒闻之〔23〕，相与还而观之〔24〕。鱼处水而生，人处水而死，彼必相与异〔25〕，其好恶故异也。故先圣不一其能，不同其事。名止于实，义设于适〔26〕，是之谓条达而福持[27]。"

【注释】

〔1〕之：去，往。　下席：离开席位。

〔2〕昔者：从前。　善：赞许。

〔3〕褚（zhǔ）：装衣之袋。　怀大：包藏大物。

〔4〕绠（gěng）：汲水用的绳索。　汲深：汲取深井之水。

〔5〕与：向。

〔6〕重：再加上。

〔7〕彼：指齐侯。

〔8〕人：指齐侯。　死：谓齐侯将以死罪惩处颜渊。

〔9〕女：通"汝"，你。　海鸟：指爰居。　止：栖息。

〔10〕御：迎。　觞（shāng）：酒杯。此处作动词，以酒招待。

〔11〕《九韶》：传说中的舜乐名。因其乐共九章，故名。

〔12〕太牢：古代帝王、诸侯祭祀时，牛、羊、豕都具备的称为"太牢"。

〔13〕眩视：眼花。

〔14〕脔（luán）：切成块的肉。

〔15〕己养：指养人的方法。

〔16〕坛陆：水中沙洲。

〔17〕食（sì）：喂食。　鳝：通"鳅"，泥鳅。　鲦（tiáo）：即"鯈"，亦作"鯈"，鲦鱼。

〔18〕行列：鸟群的行列。

〔19〕委蛇：从容自得的样子。蛇，通"蛇"。

〔20〕彼：指海鸟。

〔21〕夫：那，指《九韶》之乐。　譊譊（náo）：喧闹嘈杂声。

〔22〕咸池：乐曲名。

〔23〕人卒：众人。

〔24〕还：通"环"，环绕。

〔25〕彼：指鱼与人。

〔26〕止：定立。　义设于适：义理的设定要适当。

〔27〕条达：条理通达。　福持：福分常驻不离。

【译文】

颜渊向东到齐国去，孔子表现出忧虑之色，子贡离开席位问道:“学生请问：颜回向东到齐国去，先生表现出忧虑之色，为什么呢？”

孔子说:“你问得很好！从前管仲有句话，我很赞赏，他说：‘衣袋小就不能包藏大物件，绳索短就不能汲取深井之水。’像这样说，就是认为人的性命是天生成的，而人的形体各有它适宜的地方，都不是随意可以改变的。我害怕颜回向齐侯谈论尧、舜、黄帝之道，又加上燧人、神农的言论。齐侯听了后必然要以尧、舜、黄帝之道要求自己，但却做不到，做不到便会疑惑颜回的话，齐侯疑惑便将会以死罪惩处颜回。你难道没有听说过这个故事吗？从前有一只海鸟飞到鲁国都城郊外栖息，鲁侯为了欢迎它，在宗庙里给它饮酒，演奏《九韶》乐使它快乐，用祭祀时使用的牛、羊、猪作为鸟的膳食。而海鸟却眼花心悲，不敢吃一块肉，不敢饮一杯酒，三天就死了。这是用养人的方法去养鸟，不是用养鸟的方法去养鸟。用养鸟的方法去养鸟，就应该让鸟栖息在深林之中，自由地游乐在水中的沙洲上，浮游在江湖河泽，啄食泥鳅和小鱼，随着鸟群的行列而息止，从容自得地生活。海鸟最厌恶听到人的说话声，为何还要那喧闹嘈杂的《九韶》乐呢！《咸池》乐、《九韶》乐演奏在天地之间，鸟听见了会飞走，兽听见了会逃跑，鱼听见了会避入水底，然而众人听到了，会一起围绕着欣赏。鱼在水中才有生存，人在水里就会淹死，鱼和人必然不相同，他们的好恶所以也不一样。因此先代的圣王不强求性情的一致，不强求做同样的事。名称要定立在实际事物之上，义理的设施在于适合人们的自然情性，这就叫作条理通达，福分常驻。”

列子行，食于道从[1]，见百岁髑髅[2]，攓蓬而指之曰[3]:“唯予与汝知而未尝死[4]，未尝生也。若果养乎[5]？予果欢乎？”种有几[6]，得水则为㡭[7]，得水土之际则为鼃蠙之衣[8]，生于陵屯则为陵舄[9]，陵舄得郁栖则为乌足[10]。乌足之根为蛴螬[11]，其叶为胡蝶。胡蝶胥也化而为虫[12]，生于灶下，其状若脱[13]，其名为鸲掇[14]。鸲掇千日为鸟，其名为乾馀骨[15]。乾馀骨之沫为斯弥[16]。斯弥为食醯[17]。颐辂生乎食醯[18]，黄軦生乎九猷[19]，瞀芮生乎腐蠸[20]，羊奚比乎不箰[21]。久竹生青宁[22]，青宁生程[23]，程生马，马生人，人又反入于机[24]。万物皆出于机，皆入于机。

【注释】

〔1〕道从：路旁。

〔2〕百岁：极言年代很久。

〔3〕攓（qiān）：拔掉。　蓬：蓬草。

〔4〕而：通“尔”，你。指髑髅。

〔5〕若：你。　养：通“恙”，忧悲。

〔6〕种：种类。　几：细微，隐微。

〔7〕䗩（jì）：即续断，二年生或多年生草本，产于华北、华东各省。

〔8〕鼃蠙（wā pín）之衣：即青苔。鼃，通“蛙”。

〔9〕陵屯：指高旱之地。　陵舄（xì）：车前草。

〔10〕郁栖：粪壤。　乌足：草名，未详。

〔11〕蛴螬（qí cáo）：金龟子的幼虫，体白色，常弯成马蹄形，以植物的根、茎为食，是地下害虫。

〔12〕胥也：须臾，不久。

〔13〕脱：通“蜕”，谓好像刚蜕化了的皮壳似的。

〔14〕鸲掇（qú duō）：虫名，未详。

〔15〕乾馀骨：鸟名，即山鹊。

〔16〕沫：口中黏液。　斯弥：虫名，或称为米虫。

〔17〕食醯（xī）：即醯鸡，生于酒醋中。

〔18〕颐辂（lù）：虫名，即蜉蝣。

〔19〕黄軦（kuàng）、九猷（yóu）：皆虫名，未详。

〔20〕瞀芮（mào ruì）：蚊子。　蠸（quán）：瓜类害虫，亦称黄守瓜。

〔21〕羊奚：草名。　比：结合。　不箰：久不生笋的老竹。箰，通“笋”。

〔22〕久竹：老竹。　青宁：虫名。

〔23〕程：豹子。
〔24〕又：当为“久”字之误。　机：自然。

【译文】

列子出行，在道路旁吃饭，看见路边有个百来年的髑髅，他拔掉蓬蒿而手指髑髅说：“只有我和你知道你是未曾死、也未曾生的道理。你果真以死为忧悲吗？我果真以活着为欢欣吗？”物类之中藏有极微妙的变化因素，这种因素得到水的滋润就会长成细如断丝的䲀草，在水土之间就会长出青苔，生长在高旱之地便长成车前草，车前草得到粪壤后就能长成乌足草。乌足草的根变化成蛴螬虫，它的叶子变化成蝴蝶。蝴蝶不久又变化为虫，这种虫生长在灶下，形状好像是刚蜕化了皮壳似的，它的名字叫鸲掇虫。鸲掇虫经过一千天就变化成为鸟，名叫乾馀骨。乾馀骨鸟口中的黏液又变为斯弥虫，斯弥虫又变成食醯虫。颐辂虫从食醯虫中生出，黄軦虫从九猷虫中生出，蚊子从腐烂的黄守瓜虫中生出，羊奚草和久不生笋的老竹相结合。老竹生出青宁虫，青宁虫生出豹子，豹子生出马，马生出人，人老后便返归自然之中。万物的生命都产生于自然，死后又复归于自然。

【评析】

本篇题为《至乐》，看起来是在讨论快乐，实则是万分沉痛的话题。开首作者问道：“天下到底有没有最大的快乐？”紧接着问的是：“有可以保全生命的办法吗？”人世间所追求的一切都建立在生命的基础上，一旦生命完结，所附着在生命上的一切也都随之烟消云散。在不能保全生命的情况下，在死者以国量乎泽的年代里，无论是世俗之人所尊崇的富贵寿善，还是其所厌恶的贫贱夭恶，都没有任何意义。所以文章才会撰出髑髅向庄子描绘死亡之乐的寓言。在这个寓言中，与死亡之乐作鲜明对比的就是生人之痛苦，贪生怕死，兵祸刑罚，名誉污损，冻馁寒暑，无穷无尽。如此看来，人生又有何可乐的呢？然而作者也并非向往死亡，他继承了《大宗师》篇生死夜旦的观念，将生命放在造化之炉上，只是万千变化的一环，若能如此看待生命，那么庄子妻死，鼓盆而歌也就容易理解了。刚开始，庄子也不免怅怅欲哭，待他想通了这个道理，便也真正旷达了。在如此宏大的视野下，那些附着在生命中甚至生命中所减少的东西便更被视为尘垢，其来其去，都不能扰乱心神了。人生本不需要如此宏大的视野，如此旷达的心胸，只有在战火纷飞、民不聊生的时代里，人们才被迫如此。所谓宁为太平犬，不做乱离人，正是一样的哀恸！然而作者毕竟超脱了出来，相应地，也只有效法天地，自然无为，才是真正的至乐！

可惜再真切的话语也未必能打动所有人，世界还是照着“有为”之士们的设想在不断更新与发展，有时甚至到了失控与混乱的地步。人们常常将自己的心态想法强加于外界，多少纷争由此而起。孔子担忧颜回“与齐侯言尧、舜、黄帝之道”，他讲述了一个鲁侯“以己养养鸟”的寓言故事，阐明的即是这个道理。《九韶》固然感人，太牢固然丰盛，然而换来的却是海鸟哀愁忧惧的眼神与迅即到来的死亡。翅膀的命运本来就是迎风翱翔，又有谁能强求海鸟放弃自由的灵魂来俯身屈就如梦的浮生？外界的欺骗与掠夺是伤害，但外界自以为是增加在每一个生命体上的“善意”未尝不是一种更大的束缚与伤害。庄子说：“命有所成而形有所适也，夫不可损益。”其实，万物本无所求，鱼在江湖，鸟在青天，最纯朴的本真和最简单的顺其自然，现在却成了奢侈难寻的至福。和氏怀中的灵石若是有知，断然也是不愿被琢磨成璧，而宁愿做回原来山间冥顽不化的璞石，本质是美玉与否，并不需要外界的任何审论判定。何意百炼钢，化为绕指柔？人世间千回百折的雕琢，有时未必是在创造美好，相反却可能破坏了世界原来的混沌与和谐。

达 生

【题解】

本篇以养生为宗旨，故延续了《养生主》篇中的观点，认为养生的关键在于养神。但如何养神，本篇又与《养生主》篇有所不同。《养生主》所强调的是“缘督以为经”，即以顺应中虚之道作为通向全神的重要途径。此篇则强调“纯气之守”，即以守气为全神的重要前提。如至人的气守神全、桓公的气荡神摇、斗鸡的气守神藏、梓庆的“不敢耗气”等等，无不证明气在运载精神方面的重要功用。本文先总论养生之道在于“形全精复，与天为一”，然后以一系列寓言为证，如繁花烂锦，灿灿夺目，最后一段，借扁庆子寄慨，感叹养生妙论不入世人之耳，以关锁全文。

达生之情者〔1〕，不务生之所无以为〔2〕；达命之情者，不务知之所无奈何〔3〕。养形必先之以物，物有馀而形不养者有之矣；有生必先无离形，形不离而生亡者有之矣。生之来不能却〔4〕，其去不能止〔5〕。悲夫！世之人以为养形足以存生，而养形果不足以存生，则世奚足为哉〔6〕！虽不足为而不可不为者，其为不免矣。

夫欲免为形者，莫如弃世〔7〕。弃世则无累，无累则正平〔8〕，正平则与彼更生，更生则几矣〔9〕。事奚足弃而生奚足遗〔10〕？弃事则形不劳，遗生则精不亏。夫形全精复〔11〕，与天为一。天地者，万物之父母也，合则成体，散则成始[12]。形精不亏，是谓能移[13]；精而又精，反以相天[14]。

【注释】

〔1〕达：通达，懂得。 生：生命。 情：实情，真谛。

〔2〕务：追求。

〔3〕知：当为“命”字之误。

〔4〕却：拒绝。

〔5〕止：留住。

〔6〕世：指世人备物养形之事。 奚：何。 足：值得。

〔7〕免为形：避免形体操劳。 弃世：抛弃世间俗事。

〔8〕正平：指身心都处于本然平稳的状态之中。

〔9〕彼：指造物者。 更生：谓循环推移。 几：接近。此指接近大道。

〔10〕遗：遗忘，抛弃。

〔11〕精复：谓精神凝聚而不外散。

〔12〕合则成体：谓阴阳二气相合，就能化成万物的形体。 散则成始：谓阴阳二气离散，则又复归于无物之始。

〔13〕能移：能与造物者即天地阴阳二气一同变化。

〔14〕相：辅助，赞助。

【译文】

通达生命实情的人，不追求性分所不应有的身外之物；通达命运实情的人，不追求命中注定无法得到的东西。养活形体首先必须具备衣食等物质条件，但物质丰足有馀，却要伤害身体的事是时有发生的；保住生命首先必须使形体不要丧失，但形体虽具，而自然生命却已亡失的事也是有的。生命的降临是无法拒绝的，它的离去也是无法留住的。可悲啊！世俗之人认为保养形体便是保存生命，然而保养形体确实不能保存生命，那么世人保养形体之事还有什么值得去做呢！虽然没有什么值得做，但摄取适当的生活资料来养活形体却是必要的，是不可避免的。

要想避免为形体操劳，就不如抛弃世间的俗事。抛开世事就没有外物牵累，没有牵累就身心本然平稳，本然平稳就与造物者一同推移变化，一同推移变化就接近大道了。分外之事为什么值得抛弃？生命为什么值得遗忘？抛开世事，形体就不会劳累；遗忘生命，精神就不会亏损。形体得到保全，精神得到凝聚，就能与自然融合为一体。天地是产生万物的根源，阴阳二气相合就成为万物的形体，阴阳二气离散就又复归于无物。形体与精神不亏损，这叫作能与造物者一同变化；保养精神到极点，就可以反过来赞助天地的化育。

子列子问关尹曰〔1〕："至人潜行不窒，蹈火不热〔2〕，行乎万物之上而不栗。请问何以至于此？"

关尹曰："是纯气之守也〔3〕，非知巧果敢之列〔4〕。居，予语女〔5〕。凡有貌象声色者〔6〕，皆物也〔7〕，物与物何以相远？夫奚足以至乎先〔8〕？是色而已〔9〕。则物之造乎不形而止乎无所化〔10〕，夫得是而穷之者〔11〕，物焉得而止焉〔12〕！彼将处乎不淫之度〔13〕，而藏乎无端之纪〔14〕，游乎万物之所终始，壹其性，养其气〔15〕，合其德，以通乎物之所造〔16〕。夫若是者，其天守全〔17〕，其神无郤〔18〕，物奚自入焉〔19〕！夫醉者之坠车，虽疾不死〔20〕。骨节与人同而犯害与人异〔21〕，其神全也。乘亦不知也，坠亦不知也，死生惊惧不入乎其胸中，是故遻物而不慴〔22〕。彼得全于酒而犹若是〔23〕，而况得全于天乎〔24〕？圣人藏于天，故莫之能伤也。复仇者不折镆干〔25〕，虽有忮心者，不怨飘瓦〔26〕，是以天下平均〔27〕。故无攻战之乱，无杀戮之刑者，由此道也。不开人之天〔28〕，而开天之天〔29〕。开天者德生〔30〕，开人者贼生〔31〕。不厌其天，不忽于人〔32〕，民几乎以其真〔33〕。"

【注释】

〔1〕子列子：对列御寇的尊称。　关尹：有两种说法。其一，名喜，关尹为其官职名称。其二，关尹，即关令尹喜，姓尹名喜，字公度，为函谷关令。

〔2〕潜行：谓潜行水中。　窒：窒息。　蹈：踩，踏。

〔3〕纯气之守：即守住元气。

〔4〕知：通“智”。　果：果决。　列：类。

〔5〕居：坐下。　语：告诉。　女：通“汝”，你。

〔6〕貌象：形貌迹象。

〔7〕物：指一切有形迹声色可见可闻的东西，也包括拘于形迹声色，而不能独任虚无的人。

〔8〕先：指未始有物之先。

〔9〕色：指拘于色相之物。

〔10〕物：指道。　造：至，达到。

〔11〕夫：彼，那。　是：此，指道。　穷：穷尽。

〔12〕物：外物。　止：停留。

〔13〕彼：指至人。　淫：过分，超越。

〔14〕无端之纪：指无首无尾的大道。纪，绪。

〔15〕气：元气。

〔16〕物之所造：即造物者，派生万物的大道。

〔17〕天：自然天性。

〔18〕郤（xì）：通“隙”，间隙，裂缝。

〔19〕物：外物。

〔20〕坠：掉落。　疾：摔伤。

〔21〕犯害：受害。

〔22〕遻（è）：通“遌”，触，遇到。　慴（shè）：通“慑”，害怕，恐惧。

〔23〕彼：指醉者。

〔24〕天：指自然无为的天道，也即大道。

〔25〕镆干：即镆铘与干将，都是古代良剑名。

〔26〕忮（zhì）：忌恨。　飘瓦：飘落的瓦片。

〔27〕平均：谓和平安宁。

〔28〕人之天：谓情欲。

〔29〕天之天：谓自然恬淡。

〔30〕德：自然德性。

〔31〕贼：祸害。
〔32〕厌：满足。　忽：轻忽，废弃。
〔33〕几：差不多。　真：真性。

【译文】

列子问关尹说："至人潜行水中不会窒息，脚踩在烈火中不感到灼热，行走在至高至危之处而不恐惧。请问为什么能达到这样呢？"

关尹说："这是能够守住元气的缘故，并不是靠智巧、果敢之类所能做到的。坐下，我告诉你。凡是有形貌、迹象、声音、色彩的，都是物，物与物怎么会相差很远呢？物怎么能达到未始有物之先的至虚境界呢？这些都是拘于色相之物罢了。而道能达到不露形迹与永不变灭的境地，能够明白此道而穷尽此理的人，外物怎么能扰乱他的心胸呢！他处于大道的尺度内，藏神于无首无尾的大道中，游于万物赖以生死的大道之境，使心性纯一而不杂，使元气保养而不失，使德性与大道相合，与派生万物的大道相通。像这样的人，他的自然天性能持守完全，他的精神没有间隙，外物怎么能侵入呢？喝醉酒的人从车上坠下，虽然受伤却不会摔死。他的骨节与别人相同，而受到的伤害却与人不同，是因为他神全的原因。他既不知乘坐车上，也不知坠跌在地，死生惊惧都没有进入他的心中，所以与外物碰撞而并不恐惧。喝醉酒的人靠酒获得神全尚能如此，何况是靠自然之道获得神全的人呢？圣人藏神于自然天道，所以外物不能伤害他。复仇的人虽曾为镆铘、干将所伤，但在复仇时却不会折断它们；即使气量狭隘常存忌恨之心的人，也不会去怨恨那砸伤自己的飘落之瓦；因此人人都像镆干、飘瓦一样无心无情，那天下就会和平安宁。所以没有攻战的动乱，没有杀戮的刑罚，就是由于实行了这种无心无情之道的缘故。不要开启人心之窍，而要开启天性之门。开启天性之门就会保全自然德性，开启人心之窍就会产生祸害。不满足于涵养天性而持之以恒，不废弃人的本能活动，人们就差不多可以达到返真复朴的境界了。"

仲尼适楚，出于林中〔1〕，见痀偻者承蜩，犹掇之也〔2〕。仲尼曰："子巧乎！有道邪〔3〕？"曰："我有道也。

五六月累丸二而不坠，则失者锱铢[4]；累三而不坠，则失者十一；累五而不坠，犹掇之也。吾处身也[5]，若厥株拘[6]；吾执臂也，若槁木之枝[7]。虽天地之大，万物之多，而唯蜩翼之知[8]。吾不反不侧，不以万物易蜩之翼[9]，何为而不得！”孔子顾谓弟子曰：“用志不分，乃凝于神[10]，其痀偻丈人之谓乎[11]！”

【注释】

〔1〕仲尼：孔子的字。 适：到，往。 出于林中：走出树林。

〔2〕痀偻（gōu lóu）：老人曲背的样子。 承蜩（tiáo）：持竿粘蝉。蜩，蝉。 掇：拾取。

〔3〕道：指技艺。

〔4〕五六月：谓练习了五六个月。 累丸二：在竿头叠放两个丸子。坠：掉落。 锱铢（zī zhū）：古代重量单位，比喻极小的数量。

〔5〕处身：立定身子。

〔6〕厥：直立。 拘：当为“枸”字之误。枸，指树干靠近根的部分。

〔7〕执臂：用臂执竿。 槁木：枯槁的树。

〔8〕唯蜩翼之知：只知道有蝉的翅膀。谓专注于此。

〔9〕不反不侧：谓形体静止不动。 易：替换。

〔10〕凝于神：谓精神凝聚专一。

〔11〕丈人：古时对老人的尊称。

【译文】

孔子到楚国去，从树林中走出来的时候，看见一个驼背的老人在持竿粘蝉，就好像用手拾取一样毫无遗漏。孔子说：“你真是灵巧极了！这里面也有技艺吗？”回答说：“我是有技艺的。在竹竿头上叠放两个丸子，经过五六个月的练习就不会掉下来了，那在粘蝉时失误就很少了；在竹竿头上叠放三个丸子而不掉下来，那在粘蝉时失误就只有十分之一；在竹竿头上叠放五个丸子而不掉下来，粘蝉就好像用手拾取一样毫无遗漏了。我立定身子，就像竖起的树墩那样静止不动；我用臂执竿，就像枯木的树枝。虽然天地广大，万物众多，而我只知道有蝉翼。我的形体静止不动，不会因纷杂的万物影响专注于蝉翼的心志，为何得不到蝉呢！”孔子回过头对弟子们说:“用志而不分散，精神凝聚专一，就是说这位驼背老人的吧！”

颜渊问仲尼曰:“吾尝济乎觞深之渊[1]，津人操舟若神[2]。吾问焉，曰:‘操舟可学邪?’曰:‘可。善游者数能[3]。若乃夫没人[4]，则未尝见舟而便操之也。’吾问焉而不吾告，敢问何谓也?”

仲尼曰:“善游者数能，忘水也[5]。若乃夫没人之未尝见舟而便操之也，彼视渊若陵，视舟之覆犹其车却也[6]。覆却万方陈乎前而不得入其舍[7]，恶往而不暇[8]！以瓦注者巧[9]，以钩注者惮[10]，以黄金注者殙[11]。其巧一也，而有所矜[12]，则重外也[13]。凡外重者内拙。”

【注释】

〔1〕尝：曾经。　济：渡。　觞深：渊名。

〔2〕津人：在觞深上摆渡的人。　操舟：驾驶船只。

〔3〕数：数次，多次。

〔4〕若乃：至于。　夫：那。　没人：能潜入水底的人。

〔5〕忘水：忘掉水能危害人的性命。

〔6〕陵：丘陵。　覆：翻船。　却：后退。

〔7〕万方：万端，即千万种翻船、退车的景象。　陈：陈列、摆放。舍：即内心。

〔8〕恶：何，哪里。　暇：闲适自得。

〔9〕注：赌注。此处作动词，谓作为赌注。　巧：心灵思巧。

〔10〕钩：带钩，多用青铜制成。　惮：惧怕。

〔11〕殙（hūn）：同“惛”，心志昏乱。

〔12〕矜：怜惜。

〔13〕重外：注重外物。

【译文】

颜渊问孔子说："我曾经渡过叫觞深的深渊，摆渡的人驾驶船只的技艺娴熟如神。我问他说：'驾船的技艺可以学会吗？'回答说：'可以。会游泳的人经过多次练习就能学会驾船。至于那能潜入水底的人，即使没有见过船，也会熟练地驾船。'我问他驾船的技能，他不告诉我，请问他的话是什么意思呢？"

孔子说："会游泳的人经过多次练习就能学会驾船，是因为忘掉水能危害人的性命。至于那能潜入水底的人，即使没有见过船也会熟练地驾船，是因为他们把渊水看作是陆地上的小丘陵，把翻船看作是车子的后退。千万种翻船、退车的情象呈现在眼前，都不会扰乱他的内心，到了这样的境界，做什么不闲适自得呢！用瓦片来作赌注便心思灵巧，用带钩来作赌注便心神惧怕，用黄金来作赌注便心志昏乱。赌者心思本身的巧拙其实始终是一致的，只是因为对带钩、黄金等较贵重的东西有所顾惜，所以才使得他把外物看得很重。凡是看重外物的人，其内在的心思就笨拙。"

田开之见周威公〔1〕，威公曰："吾闻祝肾学生〔2〕，吾子与祝肾游〔3〕，亦何闻焉？"田开之曰："开之操拔篲以侍门庭〔4〕，亦何闻于夫子〔5〕！"

威公曰："田子无让〔6〕，寡人愿闻之。"开之曰："闻之夫子曰：'善养生者，若牧羊然，视其后者而鞭之〔7〕。'"

威公曰："何谓也？"田开之曰："鲁有单豹者，岩居而水饮〔8〕，不与民共利，行年七十而犹有婴儿之色〔9〕；不幸遇饿虎，饿虎杀而食之。有张毅者〔10〕，高门县薄〔11〕，无不走也〔12〕，行年四十而有内热之病以死。豹养其内而虎食其外，毅养其外而病攻其内，此二子者，皆不鞭其后者也〔13〕。仲尼曰：'无入而藏，无出而阳〔14〕，柴立其中央〔15〕。三者若得，其名必极〔16〕。'夫畏途者，十杀一人[17]，则父子兄弟相戒也，必盛卒徒而后敢出焉[18]，不亦知乎[19]！人之所取畏者[20]，衽席之上[21]，饮食之间，而不知为之戒者，过也[22]。”

【注释】

〔1〕田开之：姓田，名开之，学道之人。

〔2〕祝肾：姓祝，名肾，怀道之人。　学生：学养生之道。

〔3〕吾子：相亲之辞，犹“您”。　与祝肾游：与祝肾游处。这是客气的说法，实际田开之是从祝肾游学。

〔4〕操：持，拿着。　拔篲（huì）：扫帚。

〔5〕夫子：先生，指祝肾。

〔6〕田子：犹“田先生您”。　让：谦让。

〔7〕鞭：鞭打，鞭策。

〔8〕单豹：姓单，名豹，鲁国隐士。　水饮：饮山泉之水。

〔9〕共利：争利。　行年：年龄。

〔10〕张毅：姓张，名毅，鲁国人，以谦恭著称。

〔11〕高门：指大户。　县薄：即悬挂帷帘在门前的小户。县，通“悬”，挂。

〔12〕走：趋。

〔13〕鞭其后：谓去其不足，使其执中无偏。

〔14〕阳：显露。

〔15〕柴：枯木。

〔16〕极：穷极，穷尽。

〔17〕畏途：险阴多盗之途。　十杀一人：十人中有一人被杀。

〔18〕戒：警戒。　盛卒众：谓成群结队。

〔19〕知：通“智”，聪明。

〔20〕取畏：自取戕害。

〔21〕衽（rèn）席之上：指色欲之事。衽，卧席。

〔22〕过：错误，过错。

【译文】

田开之见到周威公，威公说：“我听说祝肾学习养生之道，您与祝肾同游共处，也曾听到过什么吗？”田开之说：“我只是拿着扫帚打扫门庭，又怎么能从先生那里听到教导呢！”

威公说：“田先生您不必谦虚，我希望听听养生的道理。”田开之说：“听先生说：‘善于养生的人，就像牧羊那样，看见落后的羊便挥鞭赶它。’”

威公说：“这是什么意思呢？”田开之说：“鲁国有个名叫单豹的人，居住在岩洞之中，饮用山泉之水，不与世人争利，到了七十岁脸色还像婴儿那样；不幸遇到饿虎，被饿虎吃掉了。有个叫张毅的人，无论是大户、小户，没有不去拜望的，到了四十岁却得了内热病死了。单豹养其内德，而饿虎从外吃掉他的身体；张毅养其身外名利，而疾病攻其内心而致死，这两个人都不是抱一守中，善于养生的人。孔子说：‘不要把自己深深地隐藏起来，也不要过分地显露自己，要像木偶一样不偏不倚。假如能做到这三点，就达到了养生之道的极致。’险阻多盗的道路，有十个人经过那里，如有一人被杀，于是父母兄弟便相互警戒，必须成群结队而后才敢通过，这不是很聪明么！世人自取灾祸的是色欲之事、饮食之事，而不知道对它们有所警戒，这是很大的过错。”

祝宗人元端以临牢筴〔1〕，说彘曰〔2〕：“汝奚恶死？吾将三月豢汝〔3〕，十日戒，三日齐〔4〕，藉白茅〔5〕，加汝肩尻乎雕俎之上〔6〕，则汝为之乎？”为彘谋，曰不如食以糠糟而错之牢筴之中〔7〕；自为谋，则苟生有轩冕之尊〔8〕，死得于腞楯之上〔9〕、聚偻之中则为之〔10〕。为彘谋则去之〔11〕，自为谋则取之〔12〕，所异彘者何也？

【注释】

〔1〕祝宗人：祭祀官。　元端：黑色礼服。此作动词，身穿黑色礼服。　临：走近，靠近。　牢筴（cè）：猪圈。筴，木栏。

〔2〕彘（zhì）：猪。

〔3〕奚：为何。　恶：厌恶，讨厌。　豢（huàn）：通“豢”，豢养。

〔4〕齐：通“斋”。

〔5〕藉白茅：用白茅作祭器的衬垫，表示洁净。藉，衬垫。

〔6〕肩：前腿的根部。 尻（kāo）：臀部。 俎（zǔ）：盛祭品的器具。

〔7〕谋：谋划、考虑。 食（sì）：喂。 错：通“措”，放置。

〔8〕苟：假如。

〔9〕腞楯（zhuàn shǔn）：饰有花纹的柩车。腞，画饰。楯，柩车。

〔10〕聚偻（liǔ）：本指棺饰，这里借指饰纹繁多的棺椁。聚，丛积。

〔11〕去：丢弃，抛弃。 之：指白茅、雕俎。

〔12〕之：指轩冕、柩车、棺椁。

【译文】

祭祀官穿着黑色的礼服来到猪圈，对猪说：“你为什么要害怕死？我将会用好食喂养你三个月，然后为你戒十天，斋三天，用白茅作衬垫，把你的前腿根部和臀部放在雕有花纹的祭器上，你愿意这样做吗？”如果为猪着想，就不如用糟糠来喂养，放置在猪圈里；如果为自己着想，就只要活着享有乘车戴冕的尊位，死后能装在绘有花纹的柩车和棺椁里，死也愿意。为猪着想就抛弃那些白茅和雕有花纹的祭器，为自己着想便获取那些轩冕、柩车和棺椁，这不同于猪的做法有什么道理呢？

桓公田于泽〔1〕，管仲御〔2〕，见鬼焉。公抚管仲之手曰：“仲父何见〔3〕？”对曰：“臣无所见。”公反，诶诒为病〔4〕，数日不出。

齐士有皇子告敖者曰〔5〕：“公则自伤，鬼恶能伤公！夫忿滀之气〔6〕，散而不反，则为不足〔7〕；上而不下〔8〕，则使人善怒；下而不上，则使人善忘；不上不下，中身当心〔9〕，则为病。”

桓公曰：“然则有鬼乎！”曰：“有。沈有履，灶有髻〔10〕。户内之烦壤〔11〕，雷霆处之〔12〕；东北方之下者，倍阿、鲑蠪跃之〔13〕；西北方之下者，则泆阳处之〔14〕。水有罔象〔15〕，丘有莘[16]，山有夔[17]，野有彷徨[18]，泽有委蛇。”

公曰：“请问，委蛇之状何如？”皇子曰：“委蛇，其大如毂[19]，其长如辕[20]，紫衣而朱冠。其为物也，恶闻雷车之声，则捧其首而立，见之者殆乎霸[21]。”桓公䩉然而笑曰[22]：“此寡人之所见者也。”于是正衣冠与之坐，不终日而不知病之去也[23]。

【注释】

〔1〕桓公：齐桓公，姓姜，名小白，春秋五霸之一。 田：通“畋”，打猎。

〔2〕御：驾驭车马。

〔3〕仲父：齐桓公对管仲的尊称。

〔4〕反：通“返”，返回。 诶诒（xī tái）：谓病而失魂，自笑自言。

〔5〕皇子告敖：复姓皇子，字告敖，齐国贤人。

〔6〕忿滀（chù）：蓄愤郁结。滀，结聚。

〔7〕不足：谓精神萎靡不振。

〔8〕上：忿滀之气上攻头部。

〔9〕中（zhòng）身当心：谓忿滀之气，郁滞体内，攻于五脏。

〔10〕沈：水下污泥。 履：鬼名。 髻（jié）：灶神名。

〔11〕烦壤：粪壤。

〔12〕雷霆：鬼名。 处：居处。

〔13〕倍阿、鲑蠪（wā lóng）：皆神名。 跃之：在那里蹦跳着。

〔14〕泆（yì）阳：神名。

〔15〕罔象：水怪名。

〔16〕莘（shēn）：山丘之鬼。

〔17〕夔（kuí）：木石之怪。

〔18〕彷徨：野外神名。

〔19〕毂（gǔ）：车轮中心可以插轴的部件。

〔20〕辕：大车前面驾牲口的两根直木。

〔21〕殆：近，差不多。

〔22〕䩉（zhěn）然：喜笑的样子。

〔23〕不知：不知不觉。 去：愈。

【译文】

齐桓公在草泽中打猎，管仲为他驾驭车马，桓公看见了鬼。桓公握住管仲的手说："仲父看见了什么？"回答说："臣下什么也没有看见。"桓公回来后，失魂呓语而得病，几天不出门。

齐国有位叫皇子告敖的贤士说："公是自己伤害自己，鬼哪里能伤害您！蓄愤之气郁结，散发而不返，便造成精神萎靡不振；郁结之气上攻头部而不下通，便会使人易怒；郁结之气下通而不返上，便会使人易忘；郁结之气在体内不上不下，淤积心中，便要生病。"

桓公说："那么有没有鬼呢？"回答说："有。水下污泥中有鬼叫履，灶中有神叫髻。室内堆积的粪壤，名叫雷霆的鬼居处在那里；室内东北隅墙下，名叫倍阿、鲑蠪的神在那里蹦跳着；室内西北隅墙下，名叫泆阳的神居处在那里。水里有鬼怪叫罔象，山丘里有鬼叫峷，山中有木石妖怪叫夔，野外有神叫彷徨，草泽中有鬼叫委蛇。"

桓公说："请问委蛇的样子如何？"皇子回答说："委蛇有车毂那么大，车辕那么长，穿着紫衣，戴着红帽。这种怪物，最讨厌听到雷霆般的车声，听到便捧着头站着，看见它的人差不多就可以成为霸主了。"桓公畅然地笑着说："这就是寡人所见到的鬼。"于是整理衣冠和皇子告敖一起坐谈共语，不到一天的工夫，病就不知不觉地好了。

纪渻子为王养斗鸡〔1〕。十日而问："鸡已乎〔2〕？"曰："未也。方虚憍而恃气〔3〕。"十日又问，曰："未也。犹应向景〔4〕。"十日又问，曰："未也。犹疾视而盛气。"十日又问，曰："几矣〔5〕。鸡虽有鸣者，已无变矣，望之似木鸡矣，其德全矣〔6〕，异鸡无敢应者，反走矣〔7〕。"

【注释】

〔1〕纪渻（shěng）子：姓纪，名渻子。　王：指齐王。

〔2〕已：止。谓训练好，可以斗了。

〔3〕方：正。　虚：虚浮。　憍：通"骄"。　恃气：自恃意气。

〔4〕犹：尚且。　向：通"响"，指鸡鸣声。　景：通"影"，指鸡的身影。

〔5〕几：差不多。

〔6〕德全：自然德性完备。

〔7〕异鸡：别的鸡。　应：应战。　反走：掉身逃跑。

【译文】

纪渻子为齐王驯养斗鸡。过了十天问："鸡可以斗了吗？"回答说："不行。正虚浮骄矜而自恃意气呢！"过了十天又问，回答说："不行。听见其他鸡的声音，看到其他鸡的身影，仍能即刻引起心理反应。"过了十天又问，回答说："不行。还是顾视疾速，斗气旺盛。"过了十天又问，回答说："差不多了。虽然别的鸡鸣叫欲斗，它却不为所动，看上去好像是木鸡，它的自然德性完备了，别的鸡没有敢应战的，见到它就掉头逃跑了。"

孔子观于吕梁〔1〕，县水三十仞〔2〕，流沫四十里〔3〕，鼋鼍鱼鳖之所不能游也〔4〕。见一丈夫游之〔5〕，以为有苦而欲死也，使弟子并流而拯之〔6〕。数百步而出，被发行歌而游于塘下〔7〕。

孔子从而问焉，曰："吾以子为鬼，察子则人也。请问，蹈水有道乎〔8〕？"曰："亡〔9〕，吾无道。吾始乎故〔10〕，长乎性，成乎命〔11〕。与齐俱入〔12〕，与汩偕出〔13〕，从水之道而不为私焉〔14〕。此吾所以蹈之也。"孔子曰："何谓始乎故，长乎性，成乎命？"曰："吾生于陵而安于陵，故也；长于水而安于水，性也；不知吾所以然而然，命也。"

【注释】

〔1〕吕梁：地名，在今徐州附近。

〔2〕县水：瀑布。县，通“悬”。　仞：八尺为一仞，或谓七尺为一仞。

〔3〕流：激流。　沫：浪花。

〔4〕鼋（yuán）：即癞头鼋，鳖的一种。　鼍（tuó）：即扬子鳄，俗称“猪婆龙”。

〔5〕丈夫：古代称成年男子为丈夫。

〔6〕并流：靠近岸边，顺流游去。　拯：拯救。

〔7〕被发：披散着头发。被，通“披”。　行歌：边走边唱。　游：行走。　塘下：堤岸之下。

〔8〕蹈水：游水。　道：方法。

〔9〕亡：通“无”，没有。

〔10〕故：本然。

〔11〕命：自然之理。

〔12〕齐：通“脐”，指漩涡，因其形似肚脐，故称。

〔13〕汩：当为“汩”字之误。汩，上涌的波流。

〔14〕从水之道而不为私：谓顺着水流的方向游，而不凭着自己的主观私意游。

【译文】

孔子在吕梁观赏风光，看到瀑布从三十仞高处飞落而下，激流浪花飞溅长达四十里，鼋鼍鱼鳖都无法游过。看见一个成年男子在水中游，以为是遭遇困苦而想自杀的，就让弟子顺流游去拯救他。男子潜游数百步后才浮出水面，披头散发边唱边游到堤岸下。

孔子跟过去问他说：“我以为你是鬼呢，仔细看你才知是人。请问，游水有方法吗？”回答说：“没有，我没有方法。我开始于本然，再顺着自己的天性成长，最终得全于自然天命。我与漩涡一起游入水中，与上涌的波流一起浮出水面，顺着水出入而不凭主观的冲动而游。这就是我游水时所遵循的规律。”孔子说：“什么叫作开始于本然，再顺着自己的天性成长，最终得全于自然天命呢？”回答说：“我出生在高地而安心于高地，这就叫安于本然；我成长在水边而练习于水边，这就叫习而成性；我不知道为何这样做而去做了，这就叫顺应自然天性。”

梓庆削木为鐻[1]，鐻成，见者惊犹鬼神。鲁侯见而问焉，曰："子何术以为焉？"对曰："臣，工人[2]，何术之有！虽然，有一焉。臣将为鐻，未尝敢以耗气也[3]。必齐以静心[4]。齐三日，而不敢怀庆赏爵禄；齐五日，不敢怀非誉巧拙；齐七日，辄然忘吾有四枝形体也[5]。当是时也，无公朝，其巧专而外骨消[6]；然后入山林，观天性[7]，形躯至矣[8]，然后成见鐻，然后加手焉[9]；不然则已[10]。则以天合天，器之所以疑神者，其是与[11]！"

【注释】

〔1〕梓庆：名叫庆的梓人。梓人，周时官名，主造笥鐻、饮器及射侯者。　鐻（jù）：悬挂钟鼓的架子，上面刻有鸟兽等图案。

〔2〕工人：作工匠的人。

〔3〕耗气：耗费神气。

〔4〕齐：通"斋"。

〔5〕辄然：不动的样子。　枝：通"肢"。

〔6〕无公朝：不知有朝仪。　巧专：内心专一。　外骨：外物的滑乱。骨，通"滑"，乱。

〔7〕观天性：观察树木的天然质性。

〔8〕形躯至：指树木的形体天然合于鐻的形状。

〔9〕成见鐻：谓好像有完整的鐻呈现在眼前。　加手：谓着手取木。

〔10〕已：止。

〔11〕疑神：疑是鬼神所作。　其：大概。　与：通"欤"，疑问语气词。

【译文】

有位名叫庆的梓人刻削木头做鐻，鐻做成了，看见的人都惊疑其为神工鬼斧。鲁侯见了问庆说："你用什么妙技做成的呢？"回答说："我是个工匠，哪里有什么妙技呢！虽然如此，还是有一点。我要做鐻的时候，不曾敢耗费神气。一定要斋戒使心清净下来。斋戒三天，无心去考虑庆吊、赏罚、官爵、利禄之类的事；斋戒五天，无心于别人的非议与称誉，也不以自己做工的巧拙为念；斋戒七天，寂静不动忘记还有四肢形体。到这个时候，就不知有朝仪，内心专一而消释了外物的滑乱；然后进入山林，观察树木的天然质性，寻到树木的天然形躯与鐻的形状相合的，随之好像有完整的鐻呈现在眼前，然后着手取木；否则就不取了。以我的自然本性来合树木的自然本性，鐻做成后便被人惊疑是神工鬼斧，大概就是因为这些吧！”

东野稷以御见庄公〔1〕，进退中绳〔2〕，左右旋中规〔3〕。庄公以为文弗过也〔4〕，使之钩百而反〔5〕。

颜阖遇之〔6〕，入见曰：“稷之马将败。”公密而不应〔7〕。少焉，果败而反。公曰：“子何以知之？”曰：“其马力竭矣，而犹求焉〔8〕，故曰败。”

【注释】

〔1〕东野稷：复姓东野，名稷，善驭马。　庄公：鲁庄公。

〔2〕中绳：合绳墨之直。

〔3〕中规：合规之圆。

〔4〕文：当为“造父”之误。造父，为周穆王驾八骏，最称善御。

〔5〕钩：让马车打转。　反：通“返”，返回。

〔6〕颜阖：姓颜，名阖，鲁国贤人。

〔7〕密：默不作声。

〔8〕求：驱使。

【译文】

东野稷因为善于驾车得见鲁庄公，他驾车前进后退像绳子那样直，左右旋转像圆规画的一样圆。庄公认为造父的技术也不能超过他，让他驾车再打上一百个圈。

颜阖看见了，就入见庄公说：“东野稷的马要败退下来了。”庄公默不作声。过了一会儿，果然败退而返回。庄公说：“你怎么知道呢？”回答说：“他的马已经精疲力尽了，还要驱使它，所以说是要败退的。”

工倕旋而盖规矩〔1〕，指与物化而不以心稽〔2〕，故其灵台一而不桎〔3〕。忘足，屦之适也〔4〕；忘要〔5〕，带之适也；知忘是非，心之适也；不内变，不外从，事会之适也〔6〕；始乎适而未尝不适者〔7〕，忘适之适也。

【注释】

〔1〕工倕（chuí）：尧时巧匠，传说他开始创造耒耜、钟、规矩等。一说以为黄帝时巧匠。 旋：以手指旋转画圆。 盖：合。

〔2〕指与物化：谓手指与物化合为一。 稽：查考。

〔3〕灵台：即灵府，心灵。 一：凝一。 桎（zhì）：窒塞。

〔4〕屦（jù）：鞋子。

〔5〕要：通“腰”。

〔6〕事会：所遇之事，所值之会。

〔7〕始：本。

【译文】

工倕用手指旋转画圆圈等而能与用规和矩所画的相符合，他的手指所画之图妙若自然物象，但全不依赖于心思的指使，所以他的心灵专一而不窒塞。只要把脚忘掉，鞋子是会合适的；只要把腰忘掉，腰带是会合适的；只要忘掉是非，内心就会感到舒适；内心纯一而不变，对外应物而不知所从，所遇之事、所遇之会就都能安适；本性安适而无往不安适，便是忘掉了安适的安适。

有孙休者〔1〕，踵门而诧子扁庆子曰〔2〕：“休居乡不见谓不修〔3〕，临难不见谓不勇，然而田原不遇岁〔4〕，事君不遇世〔5〕，宾于乡里，逐于州部〔6〕，则胡罪乎天哉〔7〕？休恶遇此命也〔8〕？”

扁子曰："子独不闻夫至人之自行邪？忘其肝胆，遗其耳目〔9〕，芒然彷徨乎尘垢之外〔10〕，逍遥乎无事之业，是谓为而不恃〔11〕，长而不宰〔12〕。今汝饰知以惊愚，修身以明汙〔13〕，昭昭乎若揭日月而行也〔14〕。汝得全而形躯，具而九窍〔15〕，无中道夭于聋盲跛蹇而比于人数〔16〕，亦幸矣，又何暇乎天之怨哉〔17〕！子往矣！"

孙子出，扁子入，坐有间〔18〕，仰天而叹。弟子问曰："先生何为叹乎？"

扁子曰："向者休来〔19〕，吾告之以至人之德，吾恐其惊而遂至于惑也。"

弟子曰："不然。孙子之所言是邪？先生之所言非邪？非固不能惑是〔20〕。孙子所言非邪？先生所言是邪？彼固惑而来矣，又奚罪焉〔21〕！"

扁子曰："不然，昔者有鸟止于鲁郊，鲁君说之，为具太牢以飨之〔22〕，奏《九韶》以乐之，鸟乃始忧悲眩视，不敢饮食。此之谓以己养养鸟也。若夫以鸟养养者，宜栖之深林，浮之江湖，食之以委蛇〔23〕，则平陆而已矣。今休，款启寡闻之民也〔24〕，吾告以至人之德，譬之若载鼷以车马，乐鴳以钟鼓也〔25〕，彼又恶能无惊乎哉〔26〕！"

【注释】

〔1〕孙休：姓孙，名休，鲁国人。

〔2〕踵：至。　诧：告。　子扁庆子：犹言"先生扁庆子"。扁庆子，姓扁，名庆子，鲁国的贤人，孙休的老师。

〔3〕见：被。　谓：称。

〔4〕田原：谓耕作田地。 岁：好收成。
〔5〕世：指明主圣君在位的时代。
〔6〕宾：通“摈”，排斥。 逐：放逐。
〔7〕胡：哪里。 罪：得罪。
〔8〕恶：何。
〔9〕忘其肝胆：谓堕其肢体。 遗其耳目：谓黜其聪明。
〔10〕芒然：无知无识的样子。 彷徨：自得逸豫。 尘垢：尘世，尘网。
〔11〕恃：以功自恃。
〔12〕长：长养、养育。 宰：主宰。
〔13〕饰知以惊愚：纹饰自己的才智，警醒愚俗。知，通“智”。 明汙：显露别人的污秽。
〔14〕昭昭：明亮的样子。 揭：举。
〔15〕全：保全。 而：通“尔”，你。 具：具备，具足。
〔16〕蹇（jiǎn）：跛足。 比：列。 数：辈，行列。
〔17〕天之怨：即怨天。
〔18〕有间：一会儿。
〔19〕向者：刚才。
〔20〕非固不能惑是：错误的本来就不能迷惑正确的。固，本来。
〔21〕奚：何，什么。 罪：罪过，过失。
〔22〕说：通“悦”。 飨（xiǎng）：以酒食款待。
〔23〕委蛇：即蛇。
〔24〕款启：开孔之小，比喻所见之小。款，孔。启，开。
〔25〕鼷（xī）：鼠类中最小的一种。 鴳（yàn）：雀类小鸟。
〔26〕恶：何，怎么。

【译文】

有一个名叫孙休的人，亲自走到先生扁庆子的门前告诉他说：“我居住在乡里，不曾被人家说过自己品行不端正；遇到危难，也不曾被人家说过自己不勇敢，然而我耕作田地却遇不到好收成，为国君做事却遇不到明主圣君在位的时代，遭到乡里人的排斥，受到地方长官的放逐，我什么地方得罪了上天呢？我为什么遇上这样的命运呢？”

扁子说：“你难道没有听到过得道之人的自然修养吗？他们忘却

了自身形体，抛弃了自己的聪明，无知无识地自得于尘世之外，自由自在地遨游于无为之中，这就叫作有所作为而不自恃其功，助长万物而不以主宰者自居。现在你有心文饰才智来惊醒愚俗，修养自身来显露别人的污秽，明亮的样子就像高举日月而行于世。你能够保全你的形体，具足你的九窍，没有在人生中途伤残于耳聋、眼盲、跛足，而列于常人的行列，也就算幸运的了，又怎么能有闲暇怨恨天呢！你走吧！”

孙休走了后，扁子进入室内，坐了一会，仰天叹息。弟子问道:“先生为什么叹息呢？”

扁子说:“刚才孙休来的时候，我把至人的品德告诉他，我怕他会大受震惊因而变得更加迷惑。”

弟子说:“不会这样。假如孙休所说的话是正确的，而先生的话是错误的，那么错误的本来就不能迷惑正确的。假如孙休所说的话是错误的，而先生的话是正确的，那么他本来就是因为有了疑惑才前来求见的，您又有什么过错呢？”

扁子说:“不是这样，从前有一只鸟飞到鲁国都城郊外栖息，鲁国国君很喜欢它，就用祭祀时使用的牛、羊、猪作为鸟的膳食，演奏《九韶》乐使它快乐，而海鸟却心悲眼花，不敢吃也不敢喝。这是用养人的方法去养鸟。如果用养鸟的方法去养鸟，就应该让鸟栖息在深林之中，浮游在江湖河泽，吃着蛇肉，就像生活在陆地上一样了。如今的孙休，是一个寡识少闻的人，我把至人的品德告诉他，打个比方就好像是用马车载着小鼠，用钟鼓的乐声让小鸟快乐一样，他又怎能不震惊呢！”

【评析】

本篇秉承了内篇《养生主》的主旨，主要论述如何达生、达命之情，以及阐明养生之理。开篇“达生之情者，不务生之所无以为；达命之情者，不务知之所无奈何”数句，其实就已揭晓全篇的中心议题：所谓“达生之情”，就是要通晓生之所以为生的内涵；所谓“达命之情”，就是要明达命之所以为命的原由。故此，人一旦通晓了“生”与“命”的真正含义，自然也就能够理解应该如何存身养生。儒家也讲“知命”，孔子就说:“不知命，无以为君子也。”（《论语·尧曰》）知命便是通晓人之为人之理，便是体悟上天赋予人的使命。所以，孔子把“知命”归于人生修养的一个较高层次，同时“知命”亦就随之演变成一个工具，进而立命，最后通过人的理性自觉和主观能动性去完成生命的价值。而庄子的“知命”相形之下却要本朴自然得多，也内在通透得多，由知命渐而转向安天顺命了。

本篇重在讲养生，大部分以寓言展开论证，这些精彩纷呈的寓言所蕴含的意义却又不尽于养生。《庄子》书中得道真人的形象往往是高不可及的，他们“入水不溺，蹈火不热”，“乘云气，御飞龙”，“肌肤若冰雪，绰约若处子”。这就给一般人造成困扰，既然无法得道，我们知道了这些道理又有何用？本篇则展示了一系列另类的得道者，他们都是平易近人的普通人，甚至是社会地位比较低微的人，但由于有道、有术，却也能将某一种技艺发挥到极致，从而超越技艺本身，达到大道的境界。佝偻承蜩，犹掇之也；觞深之渊，津人操舟若神；吕梁丈人，游水如鬼；梓庆削鐻，见者惊犹鬼神。一方面他们顺应外物的自然天性，另一方面则靠着自己的专心致志，勤学苦练，由此悟入，遂达到惊天地泣鬼神的境界！而其中的关键，就在于他们都能凝神静虑，专一守气，不受外物干扰，不为名利动心，而这也正是养生养神的要诀，也因此才将这些寓言放在本篇。这给处在消费时代、网络时代的现代人以极大的启示。消费主义就是要不断刺激人的物质欲望，希望人们永无休止地消费购买，据为己有，面对汹涌大潮，人们根本无力抵抗诱惑，无论做什么都要计算利益、衡量物质回报，患得患失。而网络时代，信息发达，大千世界，无奇不有，媒体也是语不惊人死不休，以博人眼球，使得人们很难专注于自己的事情。与物质匮乏的时代相比，现今之人恐怕是更难做到“用志不分，乃凝于神”，从而也就更难在某一方面达到精深的技艺，造就大师了。

山　木

【题解】

本篇由九个寓言构成，作者借以论处世之道，主旨与内篇论处世之道的《人间世》篇一样，即欲要处世免患，即在于虚己顺物，抛弃矜伐自恃之心。篇题“山木”二字，虽取自首句，却也与《人间世》篇的内容前后呼应。然而本篇却能在内篇“无用之用大矣”“不材而终其天年”的论点上翻出新意，认为不材也可能招致杀身之祸，而材与不材之间也旋即被作者否定，因此，只有超然三者之外，浮游于道德之乡，与时俱化，物我两忘，才能够真正做到虚己免患。所有这些都表明，在“殊死者相枕”“桁杨者相推”“刑戮者相望”的残酷现实面前，作者已完全感到无可奈何，无能为力，因而只好韬光敛迹，超然物外，以便使自己远离祸患，到精神的自由王国里去获得彻底的解脱。

庄子行于山中，见大木，枝叶盛茂，伐木者止其旁而不取也。问其故，曰：“无所可用。”庄子曰：“此木以不材得终其天年〔1〕。”

夫子出于山，舍于故人之家〔2〕。故人喜，命竖子杀雁而烹之〔3〕。竖子请曰：“其一能鸣，其一不能鸣，请奚杀〔4〕？”主人曰：“杀不能鸣者。”

明日，弟子问于庄子曰：“昨日山中之木，以不材得终其天年；今主人之雁，以不材死〔5〕。先生将何处？”庄子笑曰：“周将处乎材与不材之间。材与不材之间，似之而非也，故未免乎累〔6〕。若夫乘道德而浮游则不然〔7〕。无誉无訾〔8〕，一龙一蛇，与时俱化，而无肯专为；一上一下，以和为量，浮游乎万物之祖〔9〕，物物而不物于物，则胡可得而累邪〔10〕！此神农、黄帝之法则也〔11〕。若夫万物之情〔12〕，人伦之传〔13〕，则不然。合则离，成则毁，廉则挫，尊则议〔14〕，有为则亏，贤则谋〔15〕，不肖则欺〔16〕，胡可得而必乎哉〔17〕！悲夫！弟子志之〔18〕，其唯道德之乡乎〔19〕！”

【注释】

〔1〕不材：谓不具备良材的质地。　终其天年：得享天然寿命。

〔2〕夫子：指庄子。　舍：寄宿。　故人：朋友。

〔3〕竖子：童仆。　雁：即鹅。　烹：通“享”或“飨”，以食款待人。

〔4〕请奚杀：请问杀哪一只。

〔5〕不材：谓不能鸣叫。

〔6〕累：牵累，祸患。

〔7〕乘：顺。　浮游：谓游于至虚之境。

〔8〕誉：称誉，赞美。　訾（zǐ）：毁谤，非议。

〔9〕和：顺。　量：原则。　万物之祖：谓未始有物之先，即至虚的大道之境。

〔10〕物物：视外物为物。　物于物：为外物所役使。于，被。　胡：何。

〔11〕法则：谓处世法则。

〔12〕情：情状。

〔13〕传：变化。

〔14〕廉：廉隅。引申为品行端方。　议：非议。

〔15〕谋：谋算。

〔16〕欺：欺辱。

〔17〕必：谓拘守于一方。

〔18〕志：记住。

〔19〕乡：同“向”，归向。

【译文】

庄子在山中行走，看见一棵大树，枝叶长得很茂盛，伐木之人停在树旁却不去砍伐。问他原因，回答说："没有什么用处。"庄子说："这棵树因为不具备良材的质地而能享尽天然的年寿。"

庄子从山中出来，寄宿在朋友家中。朋友很高兴，让童仆去杀一只鹅来款待庄子。童仆问道："有一只鹅会鸣叫，另一只鹅不会鸣叫，请问杀哪一只呢？"主人说："杀那只不会鸣叫的。"

第二天，弟子问庄子说："昨天山中的大树，因为不具备良材的质地而能享尽天然的年寿；现在主人家的鹅，却因为不能鸣叫而被杀死。先生将怎样自处呢？"庄子笑着说："我将处在材与不材之间。处在材与不材之间，似乎接近于大道，其实不然，所以仍不能完全免除祸患。如果能顺应自然而游于至虚之境，就不是这样了。既不会博得世人的称赞，也不会招来世人的毁谤，屈伸不定，随时隐现变化，不偏执于一端；上飞下潜，以顺自然为原则，遨游于至虚的大道之境，把外物看作是物而不被它所役使，那又怎么会受到牵累呢！这就是神农、黄帝的处事法则。至于万物的情状、世俗间的事情变化就不是这样，有聚合就必有离异，有成功就必有毁弃，品行端方就容易被挫伤，位尊就容易招来非议，有所作为就一定会蒙受损失，有贤名就一定会遭受别人的谋算，愚笨就会招来欺辱，怎么能拘守于一方呢！可悲啊！弟子们记住，大概只有归向道德，才可以免于世累吧！"

市南宜僚见鲁侯[1]，鲁侯有忧色。市南子曰："君有忧色，何也？"鲁侯曰："吾学先王之道[2]，修先君之业[3]；吾敬鬼尊贤，亲而行之，无须臾（离）居[4]；然不免于患，吾是以忧。"市南子曰："君之除患之术浅矣[5]！夫丰狐文豹[6]，栖于山林，伏于岩穴，静也；夜行昼居，戒也；虽饥渴隐约[7]，犹旦胥疏于江湖之上而求食焉，定也[8]。然且不免于罔罗机辟之患[9]。是何罪之有哉[10]？其皮为之灾也。今鲁国独非君之皮邪？吾愿君刳形去皮[11]，洒心去欲[12]，而游于无人之野[13]。南越有邑焉[14]，名为建德之国[15]。其民愚而朴，少私而寡欲；知作而不知藏[16]，与而不求其报[17]；不知义之所适[18]，不知礼之所将[19]；猖狂妄行[20]，乃蹈乎大方[21]；其生可乐，其死可葬。吾愿君去国捐俗[22]，与道相辅而行[23]。"

君曰："彼其道远而险[24]，又有江山[25]，我无舟车，奈何？"市南子曰："君无形倨，无留居[26]，以为君车。"君曰："彼其道幽远而无人，吾谁与为邻[27]？吾无粮，我无食，安得而至焉？"市南子曰："少君之费[28]，寡君之欲，虽无粮而乃足。君其涉于江而浮于海，望之而不见其崖[29]，愈往而不知其所穷。送君者皆自崖而反，君自此远矣！故有人者累[30]，见有于人者忧[31]。故尧非有人，非见有于人也。吾愿去君之累，除君之忧，而独与道游于大莫之国[32]。方舟而济于河[33]，有虚船来触舟[34]，虽有惼心之人不怒[35]。有一人在其上，则呼张歙之[36]。一呼而不闻，再呼而不闻，于是三呼邪，则必以恶声随之[37]。向也不怒而今也怒[38]，向也虚而今也实。人能虚己以游世，其孰能害之！"

【注释】

〔1〕市南宜僚：姓熊，名宜僚，楚国人，家住市南。　鲁侯：即鲁哀公。

〔2〕先王：谓王季、文王。

〔3〕先君：谓周公、伯禽。

〔4〕居：休息。按：句中"离"字当为衍文。

〔5〕浅：浅陋。

〔6〕丰狐：大狐。丰，通“封”，大。　文豹：身上长有斑纹的豹子。

〔7〕隐约：困穷，穷乏。

〔8〕旦：当为“且”字之误。　胥疏：远避。　定：心神安定。

〔9〕罔、罗、机、辟：都是捕鸟兽的器具。罔，通“网”。

〔10〕何罪之有：有何罪。

〔11〕刳（kū）：剔净。

〔12〕洒心：清洗内心。

〔13〕无人之野：指至虚的大道之境。

〔14〕南越：虚构的地名。　邑：城市，都邑。

〔15〕建德之国：虚构的国名，有建立大道之义。

〔16〕作：耕作。　藏：私藏谷物。

〔17〕与：给予。　报：报答。

〔18〕适：往。

〔19〕将：行。

〔20〕猖狂：谓随心所欲，没有任何拘束。　妄行：任意而行。

〔21〕蹈：踩，踏。　大方：广大之境，即大道。

〔22〕去：离开。　捐：捐弃。

〔23〕辅：依。

〔24〕彼：指南越建德之国。　险：谓道路多险阻。

〔25〕有江山：谓有山河阻隔。

〔26〕无：通“毋”，不要。　倨（jù）：傲慢。　居：守，偏执。

〔27〕谁与为邻：与谁为邻。

〔28〕费：花费。

〔29〕崖：端崖，边际。

〔30〕有人者：掌管人的人。人，人民。

〔31〕见有于人者：谓被人所役使的人。

〔32〕大莫之国：谓至虚的大道之境。

〔33〕方舟：谓两舟相并。　济：渡。

〔34〕虚：空。　船：通“船”。　触：碰撞。

〔35〕惼（biǎn）心：心胸狭窄。惼，通“褊”，狭小，狭隘。

〔36〕张：撑开。　歙（xī）：收敛。引申为向岸边靠拢。

〔37〕恶声：辱骂之声。

〔38〕向：刚才，从前。这里指虚船来撞之时。　虚、实：指船上无人、有人。

【译文】

市南宜僚去见鲁侯，鲁侯面有忧色。市南宜僚说："您面色忧虑，为什么呢？"鲁侯说："我学习先王之道，承继先君的功业；我敬奉鬼神，尊重贤能，躬体力行，不敢休息片刻；然而还是不能免于祸患，因此我感到忧虑。"市南宜僚说："您免除祸患的方法太浅陋了！大狐和身上长有斑纹的豹子，栖息在山林中，隐伏在岩洞里，这是宁静；夜里出行白天隐居，这是警戒；虽然饥渴困乏，但还是远行到人迹不至的江湖上去觅食，这是心神安定。然而还是免不了遭受网罗机辟的祸害。它们有什么过错吗？因为有美丽的皮毛而招来灾祸。现在鲁国不就是您的皮毛吗？我希望您能忘身忘国，清洗内心，去掉欲望，遨游于至虚的大道之境。南越有个地方，名字叫建德之国。那里的人民愚钝而质朴，私心和欲望都很少；只知耕作而不知私藏谷物，给人财物但不求报答；不知道怎样做才算合乎义，也不知道怎样做才算合于礼；随心所欲，任意而行，都能合乎大道；活的时候怡适自得，死了后安然归葬。我希望您离开君位，捐弃俗务，与大道同游。"

鲁侯说："到南越建德之国的道路遥远且多险阻，又有山河阻隔，我没有舟车，怎么办呢？"市南宜僚说："您不要自恃形迹，不要偏守一隅，这就可以作为运载您通向大道的车子。"鲁侯说："到建德之国的道路幽远且无人烟，我与谁相伴呢？我没有干粮，没有食物，怎么能到达那里呢？"市南宜僚说："减少您的花费，节制您的欲求，即使没有粮食也能满足。您渡过江河而浮游大海，放眼望去看不见边际，越往前行就越不知道它的尽头。追随您的世人都从岸边返回，您从此远离世俗了！所以掌管人民的人就要受累，为人所役使的人就会忧虑。所以尧既不役使人，也不为人所役使。我希望去掉您的牵累，除去您的忧患，而只和大道遨游于至虚之境。两船相并渡河，有一只空船碰撞过来，即使是心胸狭窄的人也不会发怒。如果有一个人在那只船上，并船渡河的人就会高喊：'赶快撑开，赶快靠岸！'喊一次对方没有听见，再喊一次对方还没有听见，于是第三次呼喊，就一定要发出辱骂之声了。刚才不生气而现在生气，这是因为原来船上没有人，而现在却有人的缘故。如果人能像空船一样虚己游于世上，那谁还能够伤害他呢！"

北宫奢为卫灵公赋敛以为钟〔1〕，为坛乎郭门之外〔2〕，三月而成上下之县〔3〕。王子庆忌见而问焉〔4〕，曰："子何术之设〔5〕？"

奢曰："一之间〔6〕，无敢设也。奢闻之：'既雕既琢，复归于朴〔7〕。'侗乎其无识，傥乎其怠疑〔8〕；萃乎芒乎〔9〕，其送往而迎来；来者勿禁，往者勿止；从其强梁〔10〕，随其曲傅〔11〕，因其自穷。故朝夕赋敛而毫毛不挫，而况有大途者乎〔12〕！"

【注释】

〔1〕北宫奢：卫国大夫，名奢，居北宫，因以为号。　赋敛：募收民财。　钟：青铜铸成的乐器，悬挂于钟架之上，用槌叩击发音。

〔2〕为：筑。　坛：土筑的高台，用于祭祀。　郭：外城。

〔3〕县：通"悬"，钟架。

〔4〕王子庆忌：即吴王僚的儿子，《吕氏春秋》《吴越春秋》皆记其适卫之事。

〔5〕何术之设：采用了什么方法。

〔6〕一之间：谓守于纯一无为的自然之道中间。

〔7〕朴：事物的原始状态。

〔8〕侗（tóng）乎：愚蠢的样子。　傥（tǎng）乎：无心的样子。　怠疑：呆滞的样子。

〔9〕萃乎芒乎：茫昧恍惚的样子。萃，为"茐"之借字。

〔10〕强梁：力大强悍的人。

〔11〕傅：附。

〔12〕大途：大通之途，即大道。

【译文】

北宫奢为卫灵公募收民财铸造编钟，先在城门外筑起了高台，三个月就建成了上下两层的钟架。王子庆忌见了后问道："您采用的是什么方法？"

北宫奢说："我只是纯任自然，不敢采用人为的方法来赋敛铸钟。我听说：‘通过不断地去伪去俗，使自己的本性返归于原始的纯朴状态。’我在造钟的时候，好像愚蠢得没有知觉，无心而显得呆滞；精神茫昧恍惚，任由百姓离去或前来相助；来的人不拒绝，去的人不强留；顺从那些强悍而不愿出力的人，也随便那些前来助捐附我的人，一切听任各人的自便。所以虽然从早到晚的募收民财，既不挫伤民众，又不挫损己心，更何况是有道之人呢！”

孔子围于陈、蔡之间，七日不火食[1]。大公任往吊之[2]，曰："子几死乎[3]？"曰："然。""子恶死乎？"曰："然。"任曰："予尝言不死之道[4]。东海有鸟焉，其名曰意怠[5]。其为鸟也，翂翂翐翐[6]，而似无能；引援而飞，迫胁而栖[7]；进不敢为前，退不敢为后；食不敢先尝，必取其绪[8]。是故其行列不斥[9]，而外人卒不得害，是以免于患。直木先伐，甘井先竭。子其意者饰知以惊愚，修身以明污[10]，昭昭乎如揭日月而行[11]，故不免也。昔吾闻之大成之人曰[12]：'自伐者无功，功成者堕[13]，名成者亏。'孰能去功与名，而还与众人？道流而不明居，得行而不名处[14]；纯纯常常[15]，乃比于狂[16]；削迹捐势，不为功名。是故无责于人[17]，人亦无责焉。至人不闻[18]，子何喜哉？"

孔子曰："善哉！"辞其交游，去其弟子，逃于大泽，衣裘褐[19]，食杼栗[20]，入兽不乱群，入鸟不乱行[21]。鸟兽不恶，而况人乎！

【注释】

〔1〕火食：谓举火做饭。

〔2〕大公任：虚构的人物。　吊：慰问。

〔3〕几：几乎，接近。

〔4〕尝：试。　不死之道：长生之道。

〔5〕意怠：即下文的“鷾鸸”，燕子。

〔6〕翂翂（fēn）翐翐（zhì）：迟缓不能高飞的样子。

〔7〕引援：援引朋友。　迫胁：即偎依，挤在众鸟之中。

〔8〕绪：馀弃，谓残剩食物。

〔9〕斥：排斥，排挤。

〔10〕明污：显露别人的污秽。

〔11〕昭昭：明亮的样子。　揭：举。　按：以上三句已见《达生》篇，文字略有出入。

〔12〕大成之人：泛指有道之人。

〔13〕自伐：自我夸耀。　堕：败。

〔14〕得：同“德”。　名：同“明”。

〔15〕纯纯：内心纯一不杂。　常常：行为平常而不特异。

〔16〕比：类似。　狂：指随心所欲、任意而行的人。

〔17〕责：谴责，责备。

〔18〕不闻：不求闻达于世。

〔19〕裘褐：粗陋之衣。

〔20〕杼（xù）：即橡子，似栗而小。　栗：即栗子，也称板栗。

〔21〕行：行列。

【译文】

孔子被围困在陈、蔡两国之间，七天没有生火做饭。大公任前去慰问他，说：“您快要饿死了吧！”孔子说：“是的。”大公任说：“您厌恶死吗？”孔子说：“是的。”大公任说：“让我试着说说长生之道。东海有一种鸟，名字叫意怠。这种鸟飞得又低又慢，好像没有一点本领；它一定要携朋呼友而飞，要挤在众鸟之中栖息；前进时不敢飞在前面，后退时不敢落在后面；吃东西不敢先尝，只吃剩馀的食物。所以它不曾遭到众鸟的排挤，而外人也始终不能伤害它，因此能够免除祸患。笔直的树木先被砍伐，甘甜的水井先被汲干。您有心文饰才智来惊醒愚俗，修养自身来显露别人的污秽，明亮的样子就像高举日月而行于世，所以不能免于祸患。以前我听大成之人说：‘自我矜伐的人是不会成功的，功成不退的人就会招来失败，声名彰著的人就会招来损亏。’谁能够舍弃功名，而退还给众人呢？大道遍流天下而不自露，德行广被于世而不自显；内心纯一不杂而行为平常，就像随心所欲、任意而行的人一样；削除形迹，抛弃势位，不追求功名。所以不去责备别人，别人也不会责备你了。至人不求闻达于世，您又何必喜欢这样呢？”

孔子说：“好极了！”于是辞别朋友，离开弟子，逃到山泽之中，穿着粗陋衣服，吃着橡子和栗子，走到兽群中不会惊扰兽群，走到鸟群中不会扰乱鸟的行列。鸟兽都不厌恶他，何况是人呢！

孔子问子桑雽[1]曰：“吾再逐于鲁[2]，伐树于宋，削迹于卫，穷于商、周，围于陈、蔡之间。吾犯此数患，亲交益疏，徒友益散，何与？”

子桑雽曰：“子独不闻假人之亡与[3]？林回弃千金之璧，负赤子而趋[4]。或曰[5]：‘为其布与[6]？赤子之布寡矣。为其累与[7]？赤子之累多矣。弃千金之璧，负赤子而趋，何也？’林回曰：‘彼以利合，此以天属也[8]。’夫以利合者，迫穷祸患害相弃也[9]；以天属者，迫穷祸患害相收也。夫相收之与相弃亦远矣。且君子之交淡若水，小人之交甘若醴[10]；君子淡以亲，小人甘以绝[11]。彼无故以合者，则无故以离。”

孔子曰：“敬闻命矣！”徐行翔佯而归[12]，绝学捐书，弟子无挹于前[13]，其爱益加进。

异日，桑雽又曰：“舜之将死，真泠禹曰[14]：‘汝戒之哉[15]！形莫若缘[16]，情莫若率[17]；缘则不离，率则不劳；不离不劳，则不求文以待形[18]；不求文以待形，固不待物[19]。’”

【注释】

〔1〕子桑雽（hù）：姓桑，名雽，隐士。即《大宗师》篇子桑户。

〔2〕再逐：两次被驱逐。

〔3〕假：国名。　亡：逃亡。

〔4〕林回：假国逃民之一。　千金之璧：价值千金的玉璧。　负：背着。　赤子：婴儿。　趋：逃跑。

〔5〕或：有人。

〔6〕布：古代钱币。

〔7〕累：累赘。

〔8〕彼：指玉璧。　此：指赤子。　属：连接，相连。

〔9〕迫：逼近。

〔10〕醴（lǐ）：甜酒。

〔11〕绝：断绝。

〔12〕徐：缓慢。　翔佯：彷徨。

〔13〕挹（yī）：揖让。

〔14〕真泠禹：即乃命禹。真，乃，就。泠，命，令。

〔15〕汝：指禹。

〔16〕缘：谓因其自然。

〔17〕率：谓任其天真。

〔18〕文：文饰，修饰。

〔19〕固：通“故”。

【译文】

孔子问子桑雽说：“我两次被鲁国驱逐，在宋国受到了伐树的惊吓，在卫国没有存身之处，困穷于宋和周，被围困在陈、蔡两国之间。我遭遇这么多祸患，亲戚故交更加疏远，学生和朋友不断离去，这是为什么呢？”

子桑雽说：“您难道没有听说过假国人逃亡的故事吗？有个叫林回的逃亡之民放弃了价值千金的玉璧，只是背着婴儿逃走。有人说：‘为的是钱财吗？婴儿远不如玉璧有价值。为的是怕累赘吗？婴儿要比玉璧累赘得多了。放弃价值千金的玉璧，却背婴儿逃走，这是为什么呢？’林回说：‘我与玉璧不过是利的结合，我与婴儿却是天性的相连。’由利结合的，在困难灾祸迫近时就会相互抛弃；由天性相连的，在困难灾祸迫近时就会相互容纳。相互容纳和相互抛弃相差很远了。而且君子之交清淡如水，小人之交甘美如甜酒；君子相交淡泊而亲切，小人相交虽甘甜却易断绝。那些无缘无故结合起来的，也会无缘无故地离散。”

孔子说：“我真心接受您的教诲了！”于是慢慢地悠闲自在地回去，弃绝了学业，抛开了书本，弟子无须行揖让之礼，而对先生的敬爱之情反而日益增进了。

有一天，子桑雽又说：“舜快要死的时候，就告诫禹说：‘你要谨慎啊！形体莫如因顺自然，情感莫如天真率意；因任自然，行动就不会离异；天真率意，精神就不会疲劳；不离异不疲劳，就无须用虚文礼节来修饰形体；不用虚文礼节来修饰形体，所以对外物也就无所需求了。’”

庄子衣大布而补之〔1〕，正緳系履而过魏王〔2〕。魏王曰：“何先生之惫邪〔3〕？”

庄子曰：“贫也，非惫也。士有道德不能行，惫也；衣弊履穿〔4〕，贫也，非惫也。此所谓非遭时也。王独不见夫腾猿乎〔5〕？其得柟、梓、豫章也，揽蔓其枝而王长其间〔6〕，虽羿、逢蒙不能眄睨也〔7〕。及其得柘棘枳枸之间也〔8〕，危行侧视〔9〕，振动悼栗〔10〕。此筋骨非有加急而不柔也〔11〕，处势不便，未足以逞其能也〔12〕。今处昏上乱相之间〔13〕，而欲无惫，奚可得邪？此比干之见剖心征也夫〔14〕！”

【注释】

〔1〕衣：穿着。　大布：粗布，指粗布衣服。　补之：谓衣服破烂，缝有补丁。

〔2〕正：当为“以”字之误。　緳（xié）：通“絜”，麻带。　系：捆绑。　过：拜访。　魏王：即魏惠王。

〔3〕惫：疲困，困乏。

〔4〕弊：破旧。　穿：破烂成洞。

〔5〕夫：那，彼。　腾：跳跃。

〔6〕柟（nán）、梓、豫章：都是乔木。柟，楠木。豫章，樟木。　揽蔓：把捉牵引。蔓，引。　王长其间：谓称王称长于树枝间。

〔7〕逢蒙：后羿的弟子。　眄睨（miǎn nì）：斜视的样子。谓射箭时瞄准。

〔8〕柘（zhè）：桑属，有长刺。　棘：即酸枣，多刺。　枳（zhǐ）：落叶灌木或小乔木，茎上长刺。　枸（gǒu）：即枸杞，落叶小灌木，茎丛生，有短刺。

〔9〕危行：小心行走。　侧视：因树木多刺需要不断看顾两边。

〔10〕振动：发抖。　悼栗：战栗。

〔11〕加急：收缩，紧缩。

〔12〕便：利。　逞其能：施展其能力。

〔13〕昏上：昏君。　乱相：乱臣。

〔14〕比干：殷纣王叔父，官少师，因忠谏而被剖心致死。　征：明证。

【译文】

庄子身穿带补丁的粗布衣服，脚踩用麻绳捆绑着的破鞋去拜访魏惠王。魏王说："先生为何这样疲困呢？"

庄子说："是贫穷，不是疲困啊。读书人有道德不能实行，是疲困；衣服破旧鞋子破烂，是贫穷，不是疲困。这就是所谓的生不逢时。您难道没有见过跳跃的猿猴吗？它们在柟、梓、豫章之类高大的树林中，攀扯牵引树枝而称王称长于其间，即使是善射的羿和逢蒙也无法加害于它们。可是到了柘、棘、枳、枸之类带刺的灌木丛中，便小心行走，不断看顾两边，内心恐惧战栗。这并不是它们筋骨紧缩而不灵活了，而是所处的情势不利，无法施展它们的本领罢了。现在处于昏君和乱臣的时代，想要不疲困，怎么可能呢？比干被剖心不就是明证吗！"

孔子穷于陈、蔡之间，七日不火食，左据槁木，右击槁枝〔1〕，而歌猋氏之风，有其具而无其数〔2〕，有其声而无宫角〔3〕，木声与人声〔4〕，犁然有当于人之心〔5〕。

颜回端拱还目而窥之〔6〕。仲尼恐其广己而造大也，爱己而造哀也〔7〕，曰："回，无受天损易，无受人益难。无始而非卒也〔8〕，人与天一也。夫今之歌者，其谁乎？"

回曰："敢问无受天损易。"仲尼曰："饥渴寒暑，穷桎不行〔9〕，天地之行也，运物之泄也〔10〕，言与之偕逝之谓也〔11〕。为人臣者，不敢去之〔12〕。执臣之道犹若是，而况乎所以待天乎〔13〕！"

"何谓无受人益难？"仲尼曰："始用四达〔14〕，爵禄并至而不穷，物之所利，乃非己也，吾命其在外者也。君子不为盗，贤人不为窃。吾若取之，何哉？故曰：鸟莫知于鷾鸸〔15〕，目之所不宜处，不给视〔16〕，虽落其实，弃之而走。其畏人也，而袭诸人间，社稷存焉尔〔17〕。"

"何谓无始而非卒？"仲尼曰："化其万物而不知其禅之者〔18〕，焉知其所终〔19〕？焉知其所始？正而待之而已耳。"

"何谓人与天一邪？"仲尼曰："有人，天也〔20〕；有天，亦天也。人之不能有天，性也。圣人晏然体逝而终矣〔21〕！"

【注释】

〔1〕据：凭依，靠着。　击：敲打。

〔2〕猋氏：即焱氏，指神农。　风：歌曲。　具：器具。　数：节奏。

〔3〕宫、角：皆为古代宫、商、角、徵、羽五声之一。

〔4〕木声：木枝敲击声。　人声：歌曲之声。

〔5〕犁然：令人忧消情娱的样子。

〔6〕端拱：正身而立。　还（xuán）：通"旋"，旋转。

〔7〕广己而造大：谓因达观过度而彰显自己，以至于自大。广己，谓彰显自己。造，至。 爱己而造哀：谓因怜惜自己受困于陈、蔡之间而感到悲哀。

〔8〕卒：终结。

〔9〕穷桎：穷塞。 不行：不通达。

〔10〕运物：当为“运化”之误。意即自然之道的运行变化。 泄：推移。

〔11〕偕：俱，一起。 逝：往。

〔12〕去之：谓逃避君命。

〔13〕待天：对待天地自然之道。

〔14〕始用四达：开始进入社会，就无往不利。达，通达。

〔15〕知：通“智”，聪明。 鷾鸸（yì ér）：即上文的“意怠”，燕子。

〔16〕不宜处：不适宜停留。 不给视：无暇去看。给，及。

〔17〕袭：入。 社稷：指鸟巢。

〔18〕禅：嬗变，蜕变。

〔19〕焉：安，怎么。

〔20〕天：指自然之理。

〔21〕晏然：安然。

【译文】

孔子被围困于陈、蔡两国之间，七天不能生火做饭，左手臂倚靠着枯树，右手敲打着枯枝，唱起了神农氏时代的歌曲，虽有敲打的器具却没有节奏，有声音却不合音律，听了木枝敲击声和歌曲之声，使人心中感到非常爽快。

颜回恭敬地站着，转过眼来看孔子。孔子怕他因达观过度而彰显自己，以至于自大；因受困而过分怜惜自己，以至于感到悲哀，就说：“颜回啊，不受天的损害容易，不受人的利益却难了。凡起始都无不意味着终结，这个道理对人对天都是一样的。那么现在唱歌的人，是谁呢？”

颜回说：“请问什么叫作不受天的损害容易呢？”孔子说：“饥渴寒暑，穷厄不通，都是天地运行，自然之道变化的必然结果，就是说一切要听从自然的变化啊。做臣下的，不敢违逆君命。执守臣之道尚且如此，何况是人对待天地自然之道呢！”

“什么叫作不受人的利益难呢？”孔子说：“开始进入社会就无往而不顺利，官爵俸禄接连不断地到来，这是外物所造成的利益，与自己的天然性分没有丝毫的关系，不过是我的气数偶然与外物相合罢了。君子不做偷盗的事，贤人不做窃取的事。我要去盗窃那外物之利，为什么呢？所以说，鸟类中没有比燕子更聪明的了，眼睛不宜停留的地方，就无暇去看，即使失落了嘴里衔着的食物，也放弃它而飞走。它虽然这般害怕人，却仍要飞入人舍，这仅仅是因为它的巢窝筑在这儿。”

“什么叫作起始都无不意味着终结呢？”孔子说：“万物变化而不知道谁替代了谁，怎能知道它的终结呢？怎能知道它的开始呢？只要守住真道，一切听凭自然的运化就可以了。”

“什么叫作对人对天都是一样的呢？”孔子说：“人，是因循自然之理而产生出来的；天，也是因循自然之理而产生出来的。人之所以不能保全他的自然理数，乃是因为他的自然性分有所亏损了。唯有圣人能安然地体认天人不二之理，而终身与自然之道一同推移变化。”

庄周游于雕陵之樊〔1〕，睹一异鹊自南方来者〔2〕，翼广七尺〔3〕，目大运寸〔4〕，感周之颡而集于栗林〔5〕。庄周曰：“此何鸟哉，翼殷不逝〔6〕，目大不睹？”蹇裳躩步〔7〕，执弹而留之〔8〕。睹一蝉，方得美荫而忘其身〔9〕；螳螂执翳而搏之〔10〕，见得而忘其形；异鹊从而利之，见利而忘其真〔11〕。庄周怵然曰〔12〕：“噫！物固相累〔13〕，二类相召也！”捐弹而反走〔14〕，虞人逐而谇之〔15〕。

庄周反入，三月不庭〔16〕。蔺且从而问之〔17〕：“夫子何为顷间甚不庭乎〔18〕？”庄周曰：“吾守形而忘身，观于浊水而迷于清渊〔19〕。且吾闻诸夫子曰〔20〕：‘入其俗，从其俗〔21〕。’今吾游于雕陵而忘吾身，异鹊感吾颡，游于栗林而忘真，栗林虞人以吾为戮〔22〕，吾所以不庭也。”

【注释】

〔1〕雕陵：丘陵名，上面长有栗林。　樊：树林茂密处。

〔2〕异鹊：异常大的鹊鸟。

〔3〕广：指鸟翼的宽度。

〔4〕运：横直，直径。

〔5〕感：经过。　颡（sǎng）：额。

〔6〕殷：大。　不逝：不能远飞。

〔7〕蹇（qiān）裳：揭起衣裳。　躩（jué）步：疾行。

〔8〕留之：谓留守其下，伺机发弹。

〔9〕美荫：浓密的树荫。

〔10〕翳（yì）：遮蔽。　搏之：捕杀蝉。

〔11〕利之：以螳螂可食为利。　真：真性。

〔12〕怵（chù）然：惊惧的样子。

〔13〕噫：叹词。　固：本来。　相累：互相牵累。

〔14〕捐：捐弃，丢下。　反走：掉头就跑。

〔15〕虞人：掌管山泽的人。　谇（suì）：责问，诘问。

〔16〕反入：返回家中。反，通“返”。　三月：当为“三日”之误。不庭：不愉快。

〔17〕蔺且：庄子的弟子。

〔18〕顷间：近来、最近。

〔19〕浊水：比喻异鹊等物。　清渊：比喻自己的真性。

〔20〕夫子：泛指有道者。

〔21〕俗：当为“令”字之误。令，禁令。

〔22〕戮：谇骂。

【译文】

庄周到雕陵的栗林中游玩，看见一只异常大的鹊鸟从南方飞来，翅膀有七尺宽，眼睛的直径有一寸，从庄周的额前飞过，落在栗林中。庄周说：“这是什么鸟呢？翅膀大却不能远飞，眼睛大却不能远看。”于是揭起衣裳，快步走过去，拿起弹弓驻立，伺机发弹。这时看见一只蝉，正停在浓密的树荫下休息而忘记了自身的安全；一只螳螂躲在树叶后将要趁机捕杀蝉，它看见有所得而忘记了自己的形体；那只异常大的鹊鸟从而又以螳螂可食为利，看见了私利而忘记了自己的真性。庄周惊惧地说："唉！万物本来就是互相牵累的，因为它们在辗转招引啊！"于是扔下弹弓掉头就跑，虞人以为庄周是偷栗子的人，就追上去责问他。

庄周返回家中，连着三天都不愉快。弟子蔺且问道："先生为什么近来很不愉快呢？"庄周说："我往日只知保守形躯而不知身有真性，只看到混浊的水而忽视了清渊。而且我听有道者说：'到一个地方去，就应该遵从那里的禁令。'现在我到雕陵游玩却忘记了自身，鹊鸟经过了我的额头，我意在鹊鸟又忘记了自己的真性，栗林的虞人又来责骂我，我因此感到不愉快。"

阳子之宋〔1〕，宿于逆旅〔2〕。逆旅人有妾二人，其一人美〔3〕，其一人恶〔4〕，恶者贵而美者贱。阳子问其故〔5〕，逆旅小子对曰〔6〕："其美者自美，吾不知其美也；其恶者自恶，吾不知其恶也。"

阳子曰："弟子记之！行贤而去自贤之行，安往而不爱哉〔7〕！"

【注释】

〔1〕阳子：即杨朱。　之：到，往。

〔2〕宿：住宿。　逆旅：旅店。

〔3〕其：其中。

〔4〕恶：丑。

〔5〕故：原因。

〔6〕小子：指旅店主人。　对：回答。

〔7〕后"行"：当为"心"字之误。　安：哪里。

【译文】

阳朱到宋国去，住在旅店里。旅店的主人有两个妾，其中一个漂亮，一个丑陋，但丑陋的受主人尊宠，而漂亮的却被轻视。阳朱问其中的原因，旅店主人回答说："那个漂亮的自以为漂亮，我却不认为她漂亮；那个丑陋的自以为丑陋，我却不认为她丑陋。"

阳朱说："弟子们记住！品行高尚而又能去掉自以为高尚之心的人，到什么地方而不受人敬重呢！"

【评析】

本篇主旨在讨论处世之道，即如何才能免患全身。保全自身之所以成为问题拿来讨论，是因为外部世界已经不适合人的生存，《人间世》篇痛陈道："死者以国量乎泽，民其无如矣！"本篇亦云："合则离，成则毁，廉则挫，尊则议，有为则亏，贤则谋，不肖则欺。"这绝非一个正常的社会。因此，在这样一个非正常的社会想要免患全身，也必须采用非常的办法，内篇提出的是无用、不材，只有不材之木，才能得享天年，桂因可食而遭斤斧砍伐，漆因可用而有割削之祸。本篇却在此基础上翻出新意，山木虽以不材而尽其天年，友人之雁却以不能鸣叫而惨遭烹煮，材与不材，究竟该如何选择？庄周给出了答案，乘道德而浮游，即顺应自然而游于至虚之境。其实这在《人间世》篇已露端倪。栎社树一方面因材不堪用方成其大，另一方面却又作为社树，这是其有用之处，正是两方面之和才真正确保了栎社树能够尽其天年。匠石的弟子对此产生过疑问，如果说它追求无用，那为何还要做社树？匠石则将这个秘密和盘托出："如果不做社树，就也可能遭到砍伐。"这与本篇的思路基本一致。所以栎社树可谓是做到了乘道德而浮游的典型。实际上，庄子本人不也是并未完全归隐，而寄于漆园小吏吗？

在本篇九个寓言中，竟然有三个是以孔子为主角。战国时期儒、墨两家并称显学，孔子作为儒家创始人，声名显赫，他本人在世时就以多才多艺著称，可是他遍干诸侯，也终不为用，这还在其次，正如本篇所描述的，为此，他曾多次面临险境："再逐于鲁，伐树于宋，削迹于卫，穷于商、周，围于陈、蔡之间。"这都是孔子的亲身经历，本文并未夸张。本文以孔子为例，显然更具说服力。庄子虽然不像孔子那样到处游说诸侯推销自己的政治主张，也明确地提倡"无为"，但只要看他为世人留下的这许多文字，就可以清楚地知道，他并非像有人认为的那样消极。从庄子的字里行间，细心体味就可以感受到不论他嘴上怎样讲"逍遥游"，心里还是系着人世的。否则那一则则生动的寓言、故事从何而来？不是对世情了如指掌，怎么能描摹出众生相？不是对生活留意热爱，又怎么能洞悉世情？假人之亡的寓言中，林回弃璧负子不正是对人间真情的肯定吗？你看那虚船触舟一节，特别是“一呼而不闻，再呼而不闻，于是三呼邪，则必以恶声随之”，人情世态如在眼前。庄子过魏王一节，庄子破衣烂鞋，却不卑不亢地进行“贫”“惫”之辩，并直言：“此所谓非遭时也。”甚至说：“今处昏上乱相之间，而欲无惫，奚可得邪？”又借孔子之口道出“君子不为盗，贤人不为窃”，这些难道不是对现实的抗议么？谁说庄子泯灭了是非观念？

田子方

【题解】

本篇由十一则寓言构成，却以学道为主题一线贯穿全篇。首则借魏文侯与田子方的对话，揭出“真”字，以统领全篇。作者认为，世上学道的人虽然众多，但都只能得其糟粕，而不能悟其神理。所以就以十一则寓言故事，反复指示悟道要诀。如学道不可拘于礼义而不知人心，不可求于形迹之间，不能惑迷外饰，爵禄、死生不入于心，等等。总之，道在内而不在外，向外寻求则永无得道之可能。同时，在内则须蹈虚守真，得失两忘，才能不损其真，从而可与古之真人相媲美。末则以凡君国亡而不足以丧真，归结“真”字，终结全篇。

田子方侍坐于魏文侯〔1〕，数称谿工〔2〕。文侯曰：“谿工，子之师邪？”子方曰：“非也，无择之里人也〔3〕。称道数当〔4〕，故无择称之。”文侯曰：“然则子无师邪？”子方曰：“有。”曰：“子之师谁邪？”子方曰：“东郭顺子〔5〕。”文侯曰：“然则夫子何故未尝称之〔6〕？”子方曰：“其为人也真，人貌而天虚，缘而葆真〔7〕，清而容物〔8〕。物无道，正容以悟之，使人之意也消〔9〕。无择何足以称之！”

子方出，文侯傥然〔10〕，终日不言，召前立臣而语之曰〔11〕：“远矣，全德之君子〔12〕！始吾以圣知之言、仁义之行为至矣[13]。吾闻子方之师，吾形解而不欲动，口钳而不欲言[14]。吾所学者，直土梗耳[15]！夫魏真为我累耳[16]！”

【注释】

〔1〕田子方：姓田，名无择，字子方，魏国人，魏文侯的友人。

〔2〕数称：多次称赞。　谿（xī）工：姓谿，名工，魏国贤人。

〔3〕里人：同乡里人。

〔4〕数当：往往恰当。

〔5〕东郭顺子：虚构的人物。

〔6〕尝：曾经。

〔7〕人貌而天虚：谓外貌像人，内心却像天一样虚静。　缘：顺。葆：保持。　真：自然真性。

〔8〕清：清冷。

〔9〕意：指邪恶之心。

〔10〕傥（tǎng）然：自失的样子。

〔11〕前立臣：站在面前的侍臣。

〔12〕全德：德性完备。　君子：指东郭顺子。

〔13〕至：极点。

〔14〕形解而不欲动，口钳而不欲言：谓魏文侯悟出忘形、忘言可以全真的道理，因此说不欲动、不欲言。钳，钳闭。

〔15〕直：但，只是。　土梗：土人，土偶。

〔16〕夫：句首发语词，无义。　累：牵累。

【译文】

田子方陪坐在魏文侯旁边，多次称赞谿工。文侯说：“谿工是先生的老师吗？”子方说：“不是，他是我的同乡。他平日的言说往往十分恰当，所以我称赞他。”文侯说：“那么先生没有老师吗？”子方说：“有。”文侯说：“先生的老师是谁呢？”子方说：“是东郭顺子。”文侯说：“那么先生为什么没有称赞过他呢？”子方说：“他为人纯真朴实，外貌像人而内心却像天一样虚静，顺应万物而保持真性，心境清冷却能包容万物。遇到无道的人，只是端正自身而感悟他而已，而人的邪恶之心就能自然消失。我不知道用怎样的言辞才能称赞他！”

子方离开后，文侯精神恍惚自失，整天不说话，召唤站在面前的侍臣来对他们说：“德性完备的君子，真是深远难测啊！起先我认为圣智的言论、仁义的品行是达到极致了。如今我听到子方老师的道学修养，我的形体像是解散了而不想动，嘴巴像被钳住而不想说话。我过去所学的知识，简直像土偶一样毫无价值！魏国真成了我的累赘啊！”

温伯雪子适齐〔1〕，舍于鲁〔2〕。鲁人有请见之者，温伯雪子曰：“不可。吾闻中国之君子〔3〕，明乎礼义而陋于知人心〔4〕，吾不欲见也。”

至于齐，反舍于鲁，是人也又请见〔5〕。温伯雪子曰：“往也蕲见我〔6〕，今也又蕲见我，是必有以振我也〔7〕。”出而见客，入而叹。

明日见客，又入而叹。其仆曰：“每见之客也〔8〕，必入而叹，何耶？”曰：“吾固告子矣〔9〕：‘中国之民〔10〕，明乎礼义而陋乎知人心。’昔之见我者，进退一成规、一成矩，从容一若龙〔11〕、一若虎，其谏我也似子，其道我也似父〔12〕，是以叹也。”

仲尼见之而不言〔13〕。子路曰：“吾子欲见温伯雪子久矣〔14〕，见之而不言，何邪？”仲尼曰：“若夫人者〔15〕，目击而道存矣〔16〕，亦不可以容声矣〔17〕。”

【注释】

〔1〕温伯雪子：复姓温伯，字雪子，楚国怀道之人。　适：到，往。

〔2〕舍：寄宿。

〔3〕中国：古时称黄河中下游一带为中国，此指鲁国。

〔4〕陋：拙。
〔5〕反：通“返”，返回。　是人：此人。
〔6〕往：从前，过往。　蕲（qí）：求。
〔7〕振：启发。
〔8〕之客：此客。之，此。
〔9〕固：本来。　子：指其仆。
〔10〕民：人。
〔11〕成规、成矩：谓符合规矩、程式。　从容：即动容，一举一动。
〔12〕谏：规劝。　道：通“导”，教导，引导。
〔13〕之：指温伯雪子。
〔14〕吾子：指仲尼。
〔15〕夫人：那人，指温伯雪子。
〔16〕目击：目光所及。
〔17〕不可以容声：用不着多说话。

【译文】

温伯雪子到齐国去，旅途中寄宿在鲁国。鲁国有个人请求见他，温伯雪子说：“不可以。我听说中原一带的君子，深明礼义却不善解人心，我不想见。”

到了齐国后，返回时又住在鲁国，那个人又请求见他。温伯雪子说：“上次请求见我，现在又来求见，这一定是要来启发我。”于是出去见客，回来后就慨叹。

第二天仍去见客，回来后又慨叹不已。他的仆人问他说：“每次见到那个人，回来后就一定要叹息，为什么呢？”回答说：“我本来就告诉过你：‘中原一带的人，深明礼义却不善解人心。’刚才见我的那个人，进退行礼时都有规矩程式，一举一动如龙似虎而神气活现，他劝谏我时像儿子那样，教导我时却像父亲那样，所以我才叹息。”

孔子看到温伯雪子后，一句话也不说。子路说：“先生想见温伯雪子很久了，见了面却不说话，为什么呢？”孔子说：“像温伯雪子那样的人，看到他一眼就知道真道体现在他的身上，我也就用不着再说话了。”

颜渊问于仲尼曰：“夫子步亦步，夫子趋亦趋[1]，夫子驰亦驰，夫子奔逸绝尘，而回瞠若乎后矣[2]！”

夫子曰：“回，何谓邪？”曰：“夫子步，亦步也；夫子言，亦言也；夫子趋，亦趋也；夫子辩，亦辩也；夫子驰，亦驰也；夫子言道，回亦言道也。及奔逸绝尘而回瞠若乎后者，夫子不言而信，不比而周[3]，无器而民滔乎前[4]，而不知所以然而已矣。”

仲尼曰：“恶[5]！可不察与！夫哀莫大于心死，而人死亦次之。日出东方而入于西极[6]，万物莫不比方[7]，有目有趾者[8]，待是而后成功[9]，是出则存，是入则亡。万物亦然，有待也而死，有待也而生。吾一受其成形，而不化以待尽[10]；效物而动[11]，日夜无隙[12]，而不知其所终；薰然其成形[13]，知命不能规乎其前[14]，丘以是日徂[15]。吾终身与汝，交一臂而失之[16]，可不哀与？女殆著乎吾所以著也[17]。彼已尽矣[18]，而女求之以为有，是求马于唐肆也[19]。吾服女也甚忘[20]，女服吾也亦甚忘。虽然，女奚患焉[21]！虽忘乎故吾[22]，吾有不忘者存[23]。”

【注释】

〔1〕步：缓步慢行。　趋：快步疾行。

〔2〕奔逸：疾驰。　绝尘：形容奔驰极速，蹈尘无迹。　瞠(chēng)若：瞪眼直视的样子。

〔3〕信：信任，信服。　比：亲热，亲近。　周：周遍。

〔4〕器：权位。　滔：当为“蹈”字之误。蹈，聚。

〔5〕恶(wū)：感叹词，犹“唉”。

〔6〕西极：西方。

〔7〕比方：顺从太阳来确定方向。

〔8〕趾：足。

〔9〕是：指太阳。与下“是”字义同。

〔10〕一受其成形：谓一旦接受自然的赋予而有了人的形体。　待尽：等待自然的消亡。

〔11〕效：犹“感”。

〔12〕隙：间隙，空闲。

〔13〕薰然：自动的样子。

〔14〕规：规划。

〔15〕日徂（cú）：与自然之化俱往。徂，往。

〔16〕交一臂：谓彼此相交而亲近。

〔17〕女：通“汝”，你。下同。　殆：大概。　著：清楚地看到。所以著：指步、言、趋、辩、驰等明显的粗迹。

〔18〕彼：指粗迹。　尽：消失。

〔19〕唐肆：过路亭。唐，道路。肆，即舍，亭舍。

〔20〕服：思，存念。

〔21〕奚：何。　患：忧虑。

〔22〕故吾：指不免于粗迹时的我。

〔23〕不忘者：指天地赋予我的长流而日新的真道。

【译文】

颜渊问孔子说：“先生慢行我也慢行，先生急行我也急行，先生跑我也跑，先生奔驰极快，蹈尘无迹，而我只能瞪着眼睛落在后面了！”

孔子说：“颜回，这些话是什么意思呢？”颜回说：“先生慢行，我也慢行；先生说什么，我也跟着说什么；先生急行，我也急行；先生辩论，我也跟着辩论；先生跑，我也跑；先生谈论道，我也跟着谈论道；等到先生奔驰极快，蹈尘无迹，而我只能瞪着眼睛落在后面，这是先生不开口却能取信于人，不表示亲热而情意自然周遍，没有权位而百姓自来归附，我不知道先生为什么能够这样。”

孔子说：“唉！怎么能不明察呢！最大的悲哀莫过于心死，而形体的死亡却是次要的。太阳从东方升起而落于西方，万物没有不顺从这个方向而变化的，有眼有脚的人类，依靠太阳才能生存，日出而劳作，日入而休息。万物也像人类依靠太阳一样，必须依赖于自然之道而死，依赖于自然之道而生。我一旦接受了自然赋予我的形体，就不再自作变化，而等待着自然的消亡；感受外物的作用而变化，日夜没有间断，不知何时是自己生命的终结；自然地聚合成形体，即使是知命的人也无法对自己的命运作一番规划，我因此与自然变化俱往。我与你终身共处，而你却像交臂而过者不能真正地认识我，能不感到悲哀吗？你大概只能看见我的那些粗迹吧。粗迹已经消失殆尽，而你还在寻求，把它当作仍然存在的东西，这好像是在奔马顷刻而过的过路亭中寻求马匹那样可笑。我对你的存念应当很快忘掉，你对我的思念也应当赶快忘掉。虽然忘掉我，你又有什么可忧虑的呢？忘掉的不过是带有粗迹时的我，我还有长流而日新的真道存在着。”

孔子见老聃，老聃新沐〔1〕，方将被发而干，慹然似非人〔2〕。孔子便而待之〔3〕。少焉见〔4〕，曰：“丘也眩与〔5〕，其信然与〔6〕？向者先生形体掘若槁木〔7〕，似遗物离人而立于独也〔8〕。”老聃曰：“吾游心于物之初〔9〕。”

孔子曰：“何谓邪？”曰：“心困焉而不能知〔10〕，口辟焉而不能言〔11〕，尝为汝议乎其将〔12〕：至阴肃肃〔13〕，至阳赫赫〔14〕。肃肃出乎天〔15〕，赫赫发乎地〔16〕，两者交通成和而物生焉〔17〕。或为之纪〔18〕，而莫见其形。消息满虚〔19〕，一晦一明〔20〕；日改月化，日有所为，而莫见其功。生有所乎萌〔21〕，死有所乎归，始终相反乎无端，而莫知乎其所穷。非是也〔22〕，且孰为之宗〔23〕！”

孔子曰：“请问游是。”老聃曰：“夫得是，至美至乐也。得至美而游乎至乐，谓之至人。”

孔子曰：“愿闻其方〔24〕。”曰：“草食之兽不疾易薮〔25〕，水生之虫不疾易水，行小变而不失其大常也〔26〕，喜怒哀乐不入于胸次[27]。夫天下也者，万物之所一也。得其所一而同焉[28]，则四支百体将为尘垢[29]，而死生终始将为昼夜，而莫之能滑[30]，而况得丧祸福之所介乎[31]！弃隶者若弃泥涂[32]，知身贵于隶也，贵在于我而不失于变。且万化而未始有极也，夫孰足以患心[33]！已为道者解乎此[34]。"

孔子曰："夫子德配天地，而犹假至言以修心[35]。古之君子，孰能脱焉[36]！"老聃曰："不然。夫水之于汋也，无为而才自然矣[37]。至人之于德也，不修而物不能离焉[38]，若天之自高，地之自厚，日月之自明，夫何修焉！"

孔子出，以告颜回曰："丘之于道也，其犹醯鸡与[39]！微夫子之发吾覆也[40]，吾不知天地之大全也。"

【注释】

〔1〕新沐：刚刚洗完头发。

〔2〕被：通"披"。　干：晾干。　慹（zhé）然：不动的样子。　似非人：谓其形似木偶，而神游物外。

〔3〕便：借为"屏"，屏蔽。

〔4〕少焉：一会儿。

〔5〕眩：眼花。　与：通"欤"，疑问语气词。

〔6〕信然：确实如此。

〔7〕向者：刚才。　掘：通"柮（duò）"，断木。　槁木：枯木。

〔8〕遗物：遗弃万物，即超然物外。　离人：离开世人，即超然尘世之外。　立于独：站立于虚寂独化的境地。

〔9〕物之初：天地万物的本始，即至真至虚的道境。

〔10〕困：困惑。

〔11〕辟：开。

〔12〕尝：试。　议：讲论。　将：大概，大略。

〔13〕至：至极。　阴：阴气。　肃肃：形容阴气寒冷的样子。

〔14〕阳：阳气。　赫赫：形容阳气酷热的样子。

〔15〕天：当为“地”字之误。

〔16〕地：当为“天”字之误。

〔17〕两者：指阴气和阳气。　交通：交互相通。　成和：成为絪缊混沌的状态。

〔18〕纪：纲纪，纲维。

〔19〕息：增长。

〔20〕晦：指夜。　明：指白天。

〔21〕所：处所。　萌：萌发。

〔22〕是：指“物之初”，即真道。下二“是”字与此同。

〔23〕宗：主宰。

〔24〕其方：指游于大道真境的方法。

〔25〕疾：厌恶。　易：更换。　薮：草泽。

〔26〕小变：谓只是变动一下地点而已。　大常：指根本。

〔27〕胸次：胸中。

〔28〕所一：指为万物所共有的真道。

〔29〕四支百体：指形骸。支，通“肢”。

〔30〕滑：扰乱。

〔31〕丧：失。　介：介意。

〔32〕弃：丢掉。　隶：隶属于势位的外物。　泥涂：烂泥。

〔33〕未始：未尝，未曾。　极：终极，穷尽。　患心：使心忧虑。

〔34〕解：明白，了解。

〔35〕犹：尚且。　假：借，凭借。　至言：指上文关于变化、死生的至理。　修：修饰。　心：心德。

〔36〕脱：免。

〔37〕汋（zhuó）：水自然涌出。　才：才质，才性。

〔38〕修：修养，修习。

〔39〕醯（xī）鸡：醋瓮中的小飞虫。

〔40〕微：无，非。　发覆：揭开醋瓮之盖。可引申为“启蒙”的意思。

【译文】

孔子去见老聃，老聃刚洗完头发，正在披散头发等待晾干，凝神不动就像个木偶。孔子屏隐于门下等待。过了一会儿入见，说:“是我孔丘眼花看不清楚呢，还是确实如此呢？刚才先生的形体有如枯木，好像遗弃了万物，离开了人世，而站立在虚寂独化的境地。”老聃说:“我的精神遨游于天地万物起始时至真至虚的道境。”

孔子说:“这是什么意思呢？”老聃说:“我的心想知道它却无法知道，我的口想说明它却无法说明，试着为你说个大致的情形：最冷的阴气非常寒冷，最热的阳气非常酷热。阴气出自地，阳气发于天，两者互相交融而成为细缊混沌的状态，万物便产生了。是谁为这种变化规范纲纪，却看不到它的形迹。阴阳二气的消逝、增长、充盈、空虚，夜晚白昼的交替，每日每月都有新的变化，它们日夜化生万物似乎有所作为，但它们只是任其自然而已，人们终究不能看到它们的有为之功。万物的生命从真道那里萌发而来，死后又返归到真道那里去，生死相反相因，是无法追究其终结的。如果不是真道，谁是万物变化的主宰呢！”

孔子说:“请问游心于真道的情形。”老聃说:“能得到真道，是最美好最快乐的。能体会到最美好而游心于最快乐的境地，就叫作至人。”

孔子说:“很愿意听听游于大道真境的方法。”老聃说:“吃草的动物不厌恶更换薮泽，水生的虫子不厌恶更换水源，只是变动一下地点而没有改变草、水这一根本，喜怒哀乐之情便不会进入胸中。天下是万物同受真道运化的地方。一旦真正地与万物共此真道，就会使自己超然形骸之外，忘掉死生之变，因而没有什么能扰乱他的内心，更何况是得失祸福呢！遗弃隶属于势位的外物就像丢弃烂泥一样，知道自身比外物珍贵，以我为贵，就不会因外物的变化而失去自己的自然真性。况且千变万化而没有穷尽，那什么值得使内心忧虑呢！已经悟道的人能明白这番道理。”

孔子说:“先生的道德能与天地相匹配，而还借用至言来修饰心德；那么古时候的君子，谁能不这样做呢！”老聃说:“不是这样。水自然涌出，无所作为而水质自然纯洁。至人对于道德，不需要修养而万物自来依附，像天本来就高，地本来就厚，日月本来就明亮，哪里用得着修养呢！”

孔子出来，把这些告诉颜回，说:“我对于大道，就好像醋瓮中的小虫那样无知！如果没有先生的启蒙，我便不知道天地原是如此博大而完备。”

庄子见鲁哀公[1]。哀公曰："鲁多儒士，少为先生方者[2]。"庄子曰："鲁少儒。"哀公曰："举鲁国而儒服[3]，何谓少乎？"庄子曰："周闻之，儒者冠圜冠者[4]，知天时；履句屦者[5]，知地形；缓佩玦者，事至而断[6]。君子有其道者，未必为其服也[7]；为其服者，未必知其道也。公固以为不然[8]，何不号于国中曰[9]：'无此道而为此服者，其罪死！'"

于是哀公号之五日，而鲁国无敢儒服者。独有一丈夫，儒服而立乎公门。公即召而问以国事，千转万变而不穷。

庄子曰："以鲁国而儒者一人耳，可谓多乎？"

【注释】

〔1〕鲁哀公：庄子与魏惠王、齐威王同时，距鲁哀公已有一百二十年，两人不能相见，可见此为寓言。

〔2〕为：学习。　方：道术。

〔3〕举：全。

〔4〕冠：戴。　圜（yuán）：通"圆"。

〔5〕履：脚踩。　句屦（gōu jù）：方鞋。句，方。

〔6〕缓：当为"绶"字之误，丝带。　玦（jué）：玉器名，环形，有缺口。　断：决断。

〔7〕为：穿。

〔8〕固：必，一定。

〔9〕号：号令。

【译文】

庄子去见鲁哀公。哀公说："鲁国有很多儒士，却很少有人学习先生的道术。"庄子说："鲁国的儒士很少。"哀公说："全鲁国的人都穿着儒士的服装，怎么说少呢？"庄子说："我听说，儒士戴着圆形的帽子，表示能知晓天时；穿着方鞋，表示熟悉地形；用丝带穿玉玦来作佩饰，表示遇事而能够决断。君子有这种道术的，不一定穿儒士的服装；穿儒士服装的，不一定知晓这种道术。公一定认为不是这样，为什么不在国内发布号令说：‘不知晓这种道术而穿这种服装的，要处以死罪！’”

于是哀公发布号令后五天之内，鲁国就没有人敢再穿儒服了。只有一个男子，身穿儒服站立在哀公门外。哀公立即把他召来询问国事，不管怎样询问都能应答不穷。

庄子说：“鲁国的儒士只有一人而已，可以说多吗？”

百里奚爵禄不入于心〔1〕，故饭牛而牛肥〔2〕，使秦穆公忘其贱，与之政也〔3〕。有虞氏死生不入于心〔4〕，故足以动人。

【注释】

〔1〕百里奚：姓孟，字百里奚，本是虞国人，虞被秦灭而入秦，以喂牛为生。

〔2〕饭：饲，喂。

〔3〕与：授。

〔4〕有虞氏：我国远古的部落名，居于蒲阪，在今山西境内，舜为其首领。这里指舜。

【译文】

百里奚不把爵禄放在心上，所以饲养牛而牛长得很肥，使秦穆公忘记了他出身低贱，便把国事交给他主管。虞舜不把生死放在心上，所以他的高尚品德才能感动人。

宋元君将画图〔1〕，众史皆至〔2〕，受揖而立〔3〕；舐笔和墨〔4〕，在外者半。有一史后至者，儃儃然不趋〔5〕，受揖不立，因之舍〔6〕。公使人视之，则解衣般礴〔7〕，臝[8]。君曰："可矣，是真画者也。"

【注释】

〔1〕宋元君：即宋元公，名佐，平公成之子。 图：国中山川土地的图样。

〔2〕众：众多。 史：画工。

〔3〕受揖：接受宋元君的揖礼，意即受到召见。

〔4〕舐（shì）笔：以舌濡笔。 和墨：调墨。

〔5〕儃儃（tǎn）然：舒闲的样子。 趋：快步而行。

〔6〕之：往，到。 舍：馆舍，指画室。

〔7〕般礴（bān bó）：箕坐，即坐时岔开两脚，其形如箕，是一种不守礼节的行为。

〔8〕臝：通"裸"，赤身露体。

【译文】

宋元君要绘制山川土地的图样，许多画工都来了，他们接受宋元君的揖见之礼而站在旁边；有些画工舔着笔，调着墨，还有一半的人站在门外。有一位后到的画工，舒缓闲适不慌不忙地走着，他接受揖见之礼后并不站立，而是回到画室。宋元君派人去看，见他已解开衣襟，赤身裸体而叉开两腿坐在那里。宋元君说："可以了，他才是真正的画师啊！"

文王观于臧[1]，见一丈夫钓，而其钓莫钓[2]；非持其钓，有钓者也，常钓也[3]。

文王欲举而授之政，而恐大臣父兄之弗安也[4]；欲终而释之[5]，而不忍百姓之无天也[6]。于是旦而属之大夫曰[7]："昔者寡人梦见良人[8]，黑色而頾[9]，乘驳马而偏朱蹄，号曰[10]：'寓而政于臧丈人[11]，庶几乎民有瘳乎[12]！'"诸大夫蹵然曰[13]："先君王也[14]。"文王曰："然则卜之。"诸大夫曰："先君之命，王其无它[15]，又何卜焉！”

遂迎臧丈人而授之政。典法无更，偏令无出〔16〕。三年，文王观于国，则列士坏植散群〔17〕，长官者不成德，斔斛不敢入于四竟〔18〕。列士坏植散群，则尚同也〔19〕；长官者不成德，则同务也〔20〕；斔斛不敢入于四竟，则诸侯无二心也。

文王于是焉以为大师〔21〕，北面而问曰：“政可以及天下乎〔22〕？”臧丈人昧然而不应〔23〕，泛然而辞〔24〕，朝令而夜遁〔25〕，终身无闻。

颜渊问于仲尼曰：“文王其犹未邪？又何以梦为乎？”仲尼曰：“默〔26〕，汝无言！夫文王尽之也〔27〕，而又何论刺焉〔28〕！彼直以循斯须也〔29〕。”

【注释】

〔1〕文王：周文王。　观：巡视。　臧：虚构的地名。

〔2〕丈夫：当为“丈人”之误。　钓：垂钓。　其钓莫钓：虽在钓鱼但无心钓鱼。

〔3〕有钓者：谓别有钓意。　常钓也：常常如此垂钓。

〔4〕举：推举，举荐。　弗安：谓有猜忌不服之心。

〔5〕释：放弃。

〔6〕无天：谓失去庇荫。

〔7〕旦：早晨。　属：会集。　之：其。

〔8〕昔：通“夕”，夜间。　良人：贤良之人。

〔9〕頧（rán）：通“髯”，多须。

〔10〕驳马：毛色不纯的马。　偏朱蹄：有一蹄赤色。　号：号令。

〔11〕寓：托付。　而：通“尔”，你。这里指周文王。

〔12〕庶几：差不多。　瘳（chōu）：病愈。引申为免于苦难。

〔13〕蹵（cù）然：惊惧的样子。

〔14〕先君王：指季历。

〔15〕无它：不当有所怀疑。

〔16〕典法：典章法度。　更：变更。　偏令：偏曲的政令。

〔17〕列士：列爵于朝的士人。　坏植散群：谓解散朋党。植，朋党之核心人物。

〔18〕不成德：不显示自己的功德。　斔（yǔ）：通“庾”，古代谷物容器，一庾相当于十六斗。　斛（hú）：古代谷物容器，一斛相当于十斗。　竟：通“境”。

〔19〕尚同：谓和光同尘。

〔20〕同务：谓与众同事，而不自异。

〔21〕大师：武官名，是军队的最高统帅。大，通“太”。

〔22〕及：推及。

〔23〕昧然：无知的样子。

〔24〕泛然而辞：形容其拒绝回答时漫不经心的样子。

〔25〕朝（zhāo）：早上。　遁：逃跑。

〔26〕默：别作声。

〔27〕尽之：谓已经达到圣人的境界。

〔28〕论刺：私下议论与讥刺。

〔29〕直：只，特。　循斯须：谓顺从众人一时的感情，以便取得信任。循，顺。斯须，犹“须臾”，一会儿。

【译文】

周文王在臧地巡视，看见一位老者在垂钓，虽在垂钓却无心钓鱼；他并非有心持竿钓鱼，而是别有所钓，他经常就是这样在钓着。

文王想举荐他并把国政交给他，又怕大臣和父老兄弟有猜忌不服之心；想作罢而放弃这一打算，却又怕百姓得不到庇荫。于是早晨就集合他的大夫们说：“昨夜我梦见一个贤良之人，黑色的面孔，脸上长了许多胡须，骑着一匹毛色不纯且有一只赤蹄的马，号令我说：‘把你的政事托付给臧地老者，你的臣民就差不多可以免于苦难了！’”大夫们惊惧不安地说：“这是先君王季历在托梦啊！”文王说：“既然如此，那就让我们占卜一下吧。”大夫们说：“对于先君的命令，您是不应当有所怀疑的，又何必占卜呢！”

于是文王就迎接臧地老者而把政事托付给他。他没有更改典章法规，没有发布偏颇的政令。三年之后，文王在国内视察，看到士人解散了朋党，长官不显示自己的功德，国外大小各式的斗斛不敢流入国内使用。士人解散了朋党，是和光同尘；长官不显示自己的功德，便能与众同事而不自异；国外大小各式的斗斛不敢流入国内使用，诸侯就不会生二心。

于是文王拜臧地老者为太师，以臣下之礼面朝北问道："这样的政治可以推行于天下吗？"臧地老者好像无知而不作回答，漫不经心地予以拒绝，早上听到文王的询问之言而夜间就逃跑了，终身没有消息。

颜渊问孔子说："文王大概还没有达到圣人的境界吧？他为什么要假托作梦去欺骗臣下呢？"孔子说："别作声，你不要说话！文王已经达到圣人的境界了，你又何必私下议论和讥刺呢！他这样做，只不过是顺从众人一时的感情来取得信任罢了。"

列御寇为伯昏无人射〔1〕，引之盈贯，措杯水其肘上〔2〕，发之，适矢复沓，方矢复寓〔3〕。当是时，犹象人也〔4〕。伯昏无人曰："是射之射，非不射之射也〔5〕。尝与汝登高山，履危石〔6〕，临百仞之渊，若能射乎〔7〕？"

于是无人遂登高山，履危石，临百仞之渊，背逡巡，足二分垂在外〔8〕，揖御寇而进之〔9〕。御寇伏地〔10〕，汗流至踵。伯昏无人曰："夫至人者，上窥青天，下潜黄泉，挥斥八极〔11〕，神气不变。今汝怵然有恂目之志，尔于中也殆矣夫〔12〕！"

【注释】

〔1〕列御寇：即列子。　伯昏无人：虚构的人名。　射：射箭。

〔2〕引：开弓。　盈贯：满引弓，就是使弓弯到盈满的程度。贯，通"弯"。　措：放置。

〔3〕适矢：第一箭刚离弦。适，刚。矢，作动词，发箭。　复：又。　沓：重新搭箭。　方：刚，才。　寓：寄，放。

〔4〕是：此，这。　象人：木偶。

〔5〕射之射：运用技巧的有心之射。　不射之射：忘怀无心的不射

之射。

〔6〕尝：试。 履：踩。 危：高。

〔7〕若：你。

〔8〕逡巡：背渊而退行。 足二分垂在外：脚有三分之二悬在岩石外。

〔9〕揖：揖弓，即向列御寇让弓。 进之：请他上前。

〔10〕伏：趴。

〔11〕潜：测。 挥斥：放纵。 八极：指八方极远的地方。

〔12〕怵（chù）然：恐惧的样子。 恂（shùn）目：即“瞬目”，转眼。 志：意念。 殆：败，坏。此指很难。

【译文】

列御寇给伯昏无人表演射箭，他拉满弓弦，在肘臂上放一杯水，箭发出去，第一箭刚离弦，第二箭就已搭上；第二箭刚发出，第三箭又扣在弦上。在这个时候，他就像个木偶一样掘然不动。伯昏无人说：“这只是运用技巧的有心之射，并不是忘怀无心的不射之射。试着跟你一起登上高山，踩着高耸的岩石，身临万丈深渊，你还能射吗？”

于是伯昏无人就登上高山，踩着高耸的岩石，身临万丈深渊，背对着深渊往后退步，直到脚有三分之二悬在岩石外，便向列御寇让弓，请他上前射箭。列御寇吓得伏在地上，冷汗一直流到脚后跟。伯昏无人说：“得道之人，上能窥视青天，下能测察黄泉，精神奔放不羁，神色气度始终不变。现在你却恐惧得有些眼花缭乱，你要想射中就很难了！”

肩吾问于孙叔敖曰〔1〕：“子三为令尹而不荣华〔2〕，三去之而无忧色〔3〕。吾始也疑子，今视子之鼻间栩栩然〔4〕，子之用心独奈何？”

孙叔敖曰：“吾何以过人哉！吾以其来不可却也〔5〕，其去不可止也〔6〕。吾以为得失之非我也，而无忧色而已矣。我何以过人哉！且不知其在彼乎〔7〕，其在我乎？其在彼邪？亡乎我[8]。在我邪？亡乎彼。方将踌躇[9]，方将四顾[10]，何暇至乎人贵人贱哉！”

仲尼闻之曰：“古之真人，知者不得说，美人不得滥[11]，盗人不得劫，伏戏、黄帝不得友[12]。死生亦大矣，而无变乎己[13]，况爵禄乎！若然者，其神经乎大山而无介[14]，入乎渊泉而不濡，处卑细而不惫[15]，充满天地，既以与人[16]，己愈有。”

【注释】

〔1〕肩吾：虚构的人物。详见《逍遥游》篇注。　孙叔敖：春秋时楚国人，蔿贾之子，亦称蔿敖。曾任楚庄王相，施教导民，三月而楚国大治。在邲之战中，又辅佐庄王大败晋军。

〔2〕令尹：春秋、战国时楚国最高的官职名称，掌握军政大权。　不荣华：不感到荣耀。

〔3〕三去之：谓三次被免去令尹的职位。

〔4〕鼻间栩栩然：形容鼻息出入的恬适不迫。

〔5〕以：以为。　其：指官爵等。　却：拒绝。

〔6〕止：挽留。

〔7〕其：指可尊贵的东西。　彼：指令尹这一官位。

〔8〕亡：同“无”。

〔9〕踌躇：悠闲自得的样子。

〔10〕四顾：高视八方。

〔11〕知：通“智”。　说（shuì）：游说。　滥：使他淫乱。

〔12〕劫：威逼。　伏戏：即伏羲。

〔13〕死生亦大矣，而无变乎己：谓生死虽是件大事，却也不能对他的情绪有所影响。

〔14〕大：通“泰”。　介：阻碍。

〔15〕濡：湿。　卑细：低微。　惫：困苦。

〔16〕既：尽，都。　与：给。

【译文】

肩吾问孙叔敖说：“你三次出任令尹而不感到荣耀，三次被免去令尹之职而没有忧虑之色。我起初对你的这些表现有些怀疑，现在看到你的表情安然恬适，不知你心里究竟是怎么想的呢？”

孙叔敖说：“我哪里有比别人高明的地方呢！我以为官爵的到来是不可拒绝的，它的离去也是无法挽留的。我以为得与失并非由我而定，因而就没有忧虑之色。我哪里有比别人高明的地方呢！况且不知道可尊贵的是在令尹之位呢，还是在我呢？如果可尊贵的在令尹之位，那就与我无关；如果在我，那就与令尹之位无关。我正感到悠闲自得，正在高视遐想，哪里有闲工夫去管人间的高贵和卑贱呢！”

孔子听到后说：“古时候的真人，有智慧的人不能游说他，美女不能使他淫乱，强盗也不能威逼他，伏羲和黄帝也不能与他交游。死与生虽是件大事，却不能对他的情绪有所影响，何况是爵禄呢！像这样的人，他的精神游经泰山而无阻碍，潜入深渊也不会沾湿，处于低微的地位而不感到困苦，他的神明充满天地之间，拿来尽给别人，自己反而觉得更加充溢。”

楚王与凡君坐〔1〕，少焉，楚王左右曰凡亡者三〔2〕。凡君曰：“凡之亡也，不足以丧吾存〔3〕。夫‘凡之亡不足以丧吾存’，则楚之存不足以存存〔4〕。由是观之，则凡未始亡而楚未始存也〔5〕。”

【注释】

〔1〕楚王：楚文王。　凡君：指凡僖侯。凡，古代的国名，在今河南辉县西南。

〔2〕少焉：一会儿。　左右：指楚王近臣。　三：谓三人。

〔3〕存：真。

〔4〕夫：句首发语词，无义。　存存：存真。

〔5〕未始：未曾。

【译文】

楚王和凡国的国君共坐，不一会儿，楚王的近臣中有三人说了凡国快要灭亡的话。凡君说：“凡国的灭亡，不能使我丧失真性。既然凡国的灭亡不能使我丧失真性，那么楚国的存在也不能让我保存真性。由此看来，凡国未曾灭亡，而楚国也不一定存在。”

【评析】

本篇开篇即为人们立了一个得道的楷模——东郭顺子。田子方说：“其为人也真，人貌而天虚，缘而葆真，清而容物。”可见，悟道之要诀，只在一个“真”字。因为在庄子眼中，“真”即是“美”。后文所说的不拘礼义也好，不求形迹也好，爵禄死生不入于心也好，蹈虚守真也好，得失两忘也好，都是要人们守住自然天真，唯其如此，才可能渐入于大道。

学禅也是如此，讲究见性成佛。五祖弘忍禅师说：“不识本心，学法无益。”因为禅的真髓，就在自己心中，不假他求。六祖慧能也曾言：“何期自性本自清净，何期自性本不生灭，何期自性本自具足，何期自性本无动摇，何期自性能生万法！”唯有证悟到自性的不垢不净、不生不灭、不增不减的人，才能成佛。这和本文中老聃所说的“至人之于德也，不修而物不能离焉，若天之自高，地之自厚，日月之自明，夫何修焉”，正可互相发明。

然而要守住自然真性，就必须不被外界纷纷扰扰的表象所迷惑。庄子讲逍遥游，实际上是努力追求精神上的无待于社会。在庄子看来，所有的不属于自身的都可称之为外界，甚至可以说除了内心的都是外界的。温伯雪子不愿见鲁人，就是因为鲁人“明乎礼义而陋于知人心”，他们被儒家提倡的礼义迷惑，从而损伤了真性。鲁君以为“鲁多儒士”，也是惑于“举鲁国而儒服”的表面现象。列御寇不能为“不射之射”，也是被“高山”“危石”“百仞之渊”这些外物所迷惑，当然也就不能有所作为了。这些人最终只落得贻笑大方。

老子说：“上士闻道，勤而行之。中士闻道，若存若亡。下士闻道，大笑之，不笑不足以为道。”道的境界，普通人难以达到，也难以理解。“解衣般礴”的画者，“儃儃然不趋，受揖不立”，不被宋君的地位所惑，亦不拘于形迹，反被宋君赞为“真画者也”。我们相信他是真的有境界。然而现实社会中也常常可以见到这类人，比如有些“书法家”，或用头发，或用拖把，甚至是扫帚，就是不用传统的毛笔书写；有的在冰天雪地里光着膀子写；有的在写之前要练一段功夫；还有的在写字过程中伴随着怪叫，总之，千奇百怪，常人看到或者赞叹叫好，或者惊讶莫名，还有的嗤之以鼻。实际上，赞叹叫好的未必真懂，只是外行看热闹，惊讶莫名的自然是不理解，嗤之以鼻的则认为这是雕虫小技，哗众取宠。然而究竟孰是孰非，也不好判断。虽说是不笑不足以为道，但被笑的却未必皆是道。

知北游

【题解】

本篇旨在论道。道体玄虚，不可捉摸。《老子》就已说过，视之不见，听之不闻，搏之不得，且无以名之，强字之曰道。本篇继承了老子的看法，认为大道的特点端在一个“无”字，不可以形迹求之。因此，篇中一个突出的特点就是设为寓言以论道，且得道者之名多为“无为谓”“无穷”“无为”“无始”“无有”等玄虚抽象的字眼，作者如此命名，大概就是要展示道的这种“无”的特点，这是在其他篇中比较少见的。而在文章的布局上，开端就以知者北游寄寓返虚还原之意，篇末以无言、无为归到“无”字之上，也体现了“无”之重要性。

知北游于元水之上[1]，登隐弅之丘[2]，而适遭无为谓焉[3]。知谓无为谓曰：“予欲有问乎若[4]：何思何虑则知道？何处何服则安道？何从何道则得道[5]？”三问而无为谓不答也，非不答，不知答也。

知不得问，反于白水之南[6]，登狐阕之上[7]，而睹狂屈焉[8]。知以之言也问乎狂屈[9]。狂屈曰：“唉！予知之，将语若[10]。”中欲言而忘其所欲言。

知不得问，反于帝宫，见黄帝而问焉。黄帝曰：“无思无虑始知道，无处无服始安道，无从无道始得道。”知问黄帝曰：“我与若知之，彼与彼不知也，其孰是邪[11]？”黄帝曰：“彼无为谓真是也，狂屈似之[12]；我与汝终不近也[13]。夫知者不言，言者不知，故圣人行不言之教。道不可致[14]，德不可至[15]。仁可为也，义可亏也[16]，礼相伪也[17]。故曰：‘失道而后德，失德而后仁，失仁而后义，失义而后礼。礼者，道之华而乱之首也[18]。’故曰：‘为道者日损，损之又损之，以至于无为，无为而无不为也[19]。’今已为物也，欲复归根[20]，不亦难乎！其易也，其唯大人乎[21]！生也死之徒，死也生之始，孰知其纪[22]！人之生，气之聚也；聚则为生，散则为死。若死生为徒，吾又何患[23]！故万物一也，是其所美者为神奇，其所恶者为臭腐；臭腐复化为神奇，神奇复化为臭腐。故曰：‘通天下一气耳。’圣人故贵一。”知谓黄帝曰：“吾问无为谓，无为谓不应我，非不我应，不知应我也。吾问狂屈，狂屈中欲告我而不我告，非不我告，中欲告而忘之也。今予问乎若，若知之，奚故不近？”黄帝曰：“彼其真是也[24]，以其不知也；此其似之也[25]，以其忘之也；予与若终不近也，以其知之也。”

狂屈闻之，以黄帝为知言。

【注释】

〔1〕知：虚构的人名。　元水：虚构的水名，比喻幽玄之境。元，通“玄”。　上：陆德明《经典释文》引司马彪本、崔譔本作“北”，下文又有“反于白水之南”，故“上”当为“北”字之误。

〔2〕隐弅（fèn）：虚构的丘名。

〔3〕适：恰。　遭：遇到。　无为谓：虚构的人名。

〔4〕若：你。

〔5〕处：居。　服：行。　安：习惯，引申为使符合。　何道：即“何从”。

〔6〕反：通“返”。　白水：虚构的水名。

〔7〕狐阕：虚构的丘名。

〔8〕狂屈：虚构的人名。

〔9〕之：此，代指上文“何思何虑则知道”三句。

〔10〕唉：答应声。　语：告诉。

〔11〕彼与彼：指无为谓与狂屈。　孰：谁。　是：对，正确。

〔12〕似之：接近于大道。

〔13〕不近：未接近于大道。

〔14〕致：招致，得到。

〔15〕至：达到。

〔16〕亏：亏残。

〔17〕相：助长。

〔18〕华：浮华，伪装。　按：此数句出自《老子》三十八章，惟“礼者，道之华而乱之首”，《老子》作：“夫礼者，忠信之薄而乱之首，前识者，道之华而愚之始。”

〔19〕无为而无不为也：此四句出自《老子》四十八章。

〔20〕归根：谓返归大道。

〔21〕大人：指能体悟大道的人。

〔22〕纪：指生与死的终极。

〔23〕患：忧虑。

〔24〕彼：指无为谓。

〔25〕此：指狂屈。

【译文】

知向北游历到玄水的北面，登上隐弅山丘，刚好遇到了无为谓。知对无为谓说：“我想问一问你：怎样思索、怎样考虑才能了解道？如何居处、如何行事才能符合道？通过何种途径、何种方法才能获得道？”问了三次无为谓都不回答，不是不回答，而是不知道回答。

知得不到答案，就返回到白水的南面，登上狐阕山丘，看见了狂屈。知又用同样的问题问狂屈。狂屈说：“唉！我知道，将告诉你。”可是当他想告诉知的时候，却忘记了要说的那些话。

知得不到答案，就返回到帝宫，见到黄帝又问同样的问题。黄帝说："不思索不考虑才能了解道，不居处不行事才能符合道，不用任何途径和方法才能获得道。"知问黄帝说："我和你知道这些，无为谓和狂屈却不知道，四个人到底谁对呢？"黄帝说："那个无为谓才是真正对的，狂屈接近于大道；我和你终究没有接近大道。知道的人不说出来，说出来的人就不知道，所以圣人推行不置一言的教育。大道不能靠言传而得到，至德不能借言语而达到。仁爱只能诱发人们的有为之心，义只能亏残全真的大道，礼只能助长虚伪的东西。所以说：'失去道而后得到德，失去德而后得到仁，失去仁而后得到义，失去义而后得到礼。礼这个东西，是道的伪装和一切祸乱的根源。'所以说：'从事道的人天天减损伪装的东西，不断地减损，以至达到无为，无为而后能无不为。'世人已经失去纯朴的真性，要想返归大道，不也是很难么！如果容易做到的话，那只有体悟大道的人啊！生就是意味着死，死就是意味着生，谁能知道生与死的终极呢！人的生死，不过是气的一时聚散罢了；气聚合就得生，气消散就是死。如果死与生是一对亲密的朋友，我又何必忧虑呢！所以万物是没有什么差别的，世人都以生为神奇而赞美它，以死为臭腐而厌恶它；臭腐可以转化为神奇，神奇可以转化为臭腐。所以说：'臭腐和神奇通为一气。'因此圣人很重视同一。"知对黄帝说："我问无为谓，无为谓不回答我，不是不回答我，而是不知道要回答。我问狂屈，狂屈想告诉我而没有告诉我，不是不告诉我，而是想告诉却忘记了要说的话。现在我问你，你知道这些道理，为什么说没有接近大道呢？"黄帝说："无为谓是真正对的，因为他不知道；狂屈接近于大道，因为他忘记了要说的话；我和你终究不能接近大道，是因为知道。"

狂屈听到后，认为黄帝的这番话是真正懂得大道的议论。

天地有大美而不言〔1〕，四时有明法而不议〔2〕，万物有成理而不说〔3〕。圣人者，原天地之美而达万物之理〔4〕。是故至人无为，大圣不作〔5〕，观于天地之谓也〔6〕。

今彼神明至精，与彼百化〔7〕，物已死生方圆〔8〕，莫知其根也，扁然而万物自古以固存〔9〕。六合为巨，未离其内〔10〕；秋豪为小，待之成体〔11〕。天下莫不沉浮，终身不故〔12〕；阴阳四时运行，各得其序〔13〕。惛然若亡而存，油然不形而神〔14〕，万物畜而不知〔15〕。此之谓本根，可以观于天矣〔16〕。

【注释】

〔1〕大美：指覆载万物的功德。

〔2〕明法：谓四时变化的规律。

〔3〕成理：谓万物生长的规律。

〔4〕原：推原。　达：通达。

〔5〕无为：任其自为。　不作：无所造作。

〔6〕观于天地：谓体悟、效法天地自然无为之道。

〔7〕今：当为“合”字之误。　前“彼”：指天地。　后“彼”：指万物。　百化：千变万化。

〔8〕方圆：指万物的异相。

〔9〕扁然：也作“翩然”，谓变化日新的样子。

〔10〕六合：天地四方。　未离其内：谓不能离开变化日新的自然之道。

〔11〕豪：通“毫”。　待之成体：谓必须依靠大道铸成形体。

〔12〕不故：不守故旧。

〔13〕各得其序：谓依靠大道的安排才能秩序井然而无差错。

〔14〕惛然：恍惚幽昧的样子。　油然：流行变化的样子。

〔15〕畜：养，生长。

〔16〕本根：即上文的“根”，指道。　天：指自然天道。

【译文】

天地有覆载万物的功德而不言说，四季有变化的规律而不议论，万物有生长的规律而不说明。所谓圣人，就是推原天地有功而不自夸的美德，就是通达万物自然生成的妙理。所以至人任其自为，圣人无所造作，只是效法天地自然无为之道。

天地神明精妙，与物一同千变万化，万物忽死忽生忽方忽圆，谁也不知道有一本根运化着它们，万物自古以来日新不息。天地四方虽大，却不能离开变化日新的自然之道；秋天的兽毫虽小，也必须依靠此道铸成形体。天下万物没有不随着天道一同升降消长的，它们终身都未尝死守故旧而一成不变；阴阳和春夏秋冬四时的运行，都秩序井然而无差错。大道恍惚幽昧而若有若无，流行变化而神妙莫测，万物莫不为其畜养而不知。这就叫作本根，可以由此效法自然的天道了。

啮缺问道乎被衣〔1〕，被衣曰："若正汝形〔2〕，一汝视〔3〕，天和将至〔4〕；摄汝知〔5〕，一汝度〔6〕，神将来舍〔7〕。德将为汝美，道将为汝居〔8〕，汝瞳焉如新生之犊〔9〕，而无求其故〔10〕！"

言未卒，啮缺睡寐〔11〕。被衣大说，行歌而去之〔12〕，曰："形若槁骸，心若死灰，真其实知，不以故自持〔13〕。媒媒晦晦〔14〕，无心而不可与谋。彼何人哉！"

【注释】

〔1〕啮（niè）缺：见《齐物论》篇注。　被衣：即《应帝王》篇的"蒲衣子"，虚构的人物。

〔2〕若：你。　正：端正。

〔3〕一：集中。　视：视线。

〔4〕天和：谓性体冲和之气。

〔5〕摄：收敛。引申为泯灭。　知：通"智"。

〔6〕度：气。

〔7〕舍：寄住。

〔8〕居：住所。

〔9〕瞳（tóng）焉：未有知的样子。

〔10〕故：故旧，即原来的"我"。

〔11〕未卒：还没结束。　睡寐：入睡。

〔12〕说：通"悦"。　行歌：边走边唱。　去：离开。

〔13〕真其实知：谓啮缺确实掌握了我所讲道理的精神实质。　不以

故自持：与上文“无求其故”义近，谓不执持故我，即与道日新之意。

〔14〕媒媒：晦而不明的样子。

【译文】

啮缺向被衣问道，被衣说：“你应当端正你的形体，集中你的视线，就能使失去的冲和之气重新返回；泯灭你的智慧，集中你的心气，就能使失去的神明重新返回。德将会使你显出美好，道将成为你的游居之所，你将会像初生的小牛那样无知无识，不去追求或执持原来的‘我’！”

被衣的话还没说完，啮缺就睡着了。被衣非常高兴，边走边唱地离开了他，说：“形体像枯槁的骸骨，内心如同死灰，他确实领会了我所讲道理的精神实质，不执持故我。混混沌沌，既然如此无心，我就不必再对他讲些什么了。他是何等顿悟大道的人啊！”

舜问乎丞曰〔1〕：“道可得而有乎〔2〕？”曰：“汝身非汝有也，汝何得有夫道！”

舜曰：“吾身非吾有也，孰有之哉〔3〕？”曰：“是天地之委形也〔4〕；生非汝有，是天地之委和也〔5〕；性命非汝有，是天地之委顺也；孙子非汝有，是天地之委蜕也〔6〕。故行不知所往，处不知所持〔7〕，食不知所味。天地之强阳气也，又胡可得而有邪〔8〕！”

【注释】

〔1〕丞：虚构的人名。

〔2〕有：占有。

〔3〕孰：谁。

〔4〕委：托付。

〔5〕生：指自然性命。与下文的“性命”义同。　和：指由阴阳结聚而成的和顺之气。与下文的“顺”字义同。

〔6〕孙子：当为“子孙”之误。　蜕：蝉、蛇等脱下来的皮壳。比喻

人的子孙。

〔7〕持：守。

〔8〕强阳：犹“运动”。 胡：何，怎么。

【译文】

舜问丞说：“道可以获得并占有吗？”回答说：“你的身体都不属于你，你怎么能占有道呢？”

舜说：“我的身体不属于我，那么属于谁呢？”回答说：“这是天地所托付给你的形体；生命不属你所有，这只是天地托付给你的和顺之气；性命不属你所有，只是天地托付给你的自然之气；子孙不属你所有，只是天地让你脱落下来的皮壳罢了。所以行动不知道去处，居住不知道操守，饮食不知道味道。你的形体不过是阴阳之气的一时凝聚罢了，又怎么能够获得并占有呢！”

孔子问于老聃曰：“今日晏间〔1〕，敢问至道。”

老聃曰：“汝齐戒〔2〕，疏瀹而心〔3〕，澡雪而精神〔4〕，掊击而知〔5〕。夫道，窅然难言哉〔6〕！将为汝言其崖略〔7〕。夫昭昭生于冥冥，有伦生于无形〔8〕，精神生于道，形本生于精〔9〕，而万物以形相生〔10〕。故九窍者胎生〔11〕，八窍者卵生〔12〕。其来无迹，其往无崖，无门无房，四达之皇皇也〔13〕。邀于此者〔14〕，四肢彊〔15〕，思虑恂达〔16〕，耳目聪明；其用心不劳，其应物无方〔17〕。天不得不高，地不得不广，日月不得不行，万物不得不昌，此其道与！且夫博之不必知，辩之不必慧，圣人以断之矣〔18〕。若夫益之而不加益，损之而不加损者，圣人之所保也〔19〕。渊渊乎其若海〔20〕，巍巍乎其终则复始也〔21〕，运量万物而不匮〔22〕，则君子之道，彼其外与！万物皆往资焉而不匮〔23〕，此其道与！中国有人焉〔24〕，非阴非阳，处于天地之间，直且为人[25]，将反于宗。自本观之，生者，喑醷物也[26]。虽有寿夭，相去几何？须臾之说也，奚足以为尧、桀之是非！果蓏有理[27]，人伦虽难，所以相齿[28]。圣人遭之而不违[29]，过之而不守。调而应之[30]，德也；偶而应之[31]，道也。帝之所兴，王之所起也。人生天地之间，若白驹之过郤[32]，忽然而已。注然勃然[33]，莫不出焉[34]；油然漻然[35]，莫不入焉[36]。已化而生，又化而死，生物哀之，人类悲之。解其天弢，堕其天袠[37]，纷乎宛乎[38]，魂魄将往，乃身从之，乃大归乎[39]！不形之形，形之不形[40]，是人之所同知也，非将至之所务也[41]，此众人之所同论也。彼至则不论[42]，论则不至；明见无值[43]，辩不若默；道不可闻，闻不若塞[44]。此之谓大得。”

【注释】

〔1〕晏间：安闲。间，通“闲”。

〔2〕齐：通“斋”。

〔3〕疏瀹（yuè）：疏通，疏浚。瀹，通“瀹”，疏通。　而：通“尔”，你。

〔4〕澡雪：洗净。

〔5〕掊击：抛弃。　知：通“智”。

〔6〕夫：句首发语词，无义。　窅（yǎo）然：幽深的样子。

〔7〕崖略：大概的情形。崖，边际。略，大略。

〔8〕昭昭：明亮、显著。　冥冥：幽暗。　有伦：指万物。　无形：指造化。

〔9〕精神：指大道暂时赋予给人体的一种神秘的意识活动。　形本：形质，形体。　精：指一种构成性命的精微的物质。

〔10〕以形相生：以形体的蜕变转换为生的形式。

〔11〕九窍者胎生：指人兽。

〔12〕八窍者卵生：指禽鱼。

〔13〕达：通达。　皇：大。

〔14〕邀：通“徼”，顺。

〔15〕彊：通“强”，强健。

〔16〕恂（xún）达：通达。

〔17〕应：应对。　无方：没有拘执。

〔18〕以：通“已”。　断：抛弃。　之：指博辩知慧。

〔19〕保：依。

〔20〕渊渊：深广的样子。

〔21〕巍巍：高大的样子。

〔22〕运：运载。　量：包涵。　不匮：毫无遗漏。匮，当为“遗”字之误。

〔23〕资：取资。　匮：匮乏。

〔24〕中国有人：谓至人。

〔25〕直且：姑且。

〔26〕喑醷（yǐn ái）：气凝聚的样子。

〔27〕果、蓏（luǒ）：泛指瓜果。在树曰果，在地曰蓏。　有理：指结瓜果先后、大小等生长之理。

〔28〕齿：排列。

〔29〕遭：遇到。　之：指人伦。

〔30〕调：和。

〔31〕偶：合。

〔32〕白驹：即骏马。　郤：通“隙”，缝隙。

〔33〕注然、勃然：皆是万物兴起的样子。

〔34〕出：谓生。

〔35〕油然、漻（liú）然：皆是万物消逝的样子。

〔36〕入：谓死。

〔37〕弢（tāo）：弓袋。　堕：解脱。　袠（zhì）：通“帙”，书套。

〔38〕纷乎宛乎：解脱变化的样子。

〔39〕大归：谓精神与形体同归太虚。

〔40〕不形：没有形成形体。指没有生命。　之：到，往。　形：具有形体。指有生命。

〔41〕将至：指即将达到大道境界的人。　务：追求。

〔42〕彼：那。　至：即“将至”，指即将达到大道境界的人。

〔43〕值：会遇。

〔44〕塞：塞耳不听。

【译文】

孔子问老聃说："今天安闲无事，请问您什么是至道。"

老聃说："你应当斋戒，疏通你的心灵，洗净你的精神，抛弃你的智慧。所谓道，幽深而难以言述啊！我将给你说说它的大概情形。昭明显著之物都是从幽暗中产生出来的，有伦有象的东西都是从无形中产生出来的，人的精神是从大道中产生出来的，形体是从精气中产生出来的，万物都是以形体蜕变转化而生的。所以人兽都是胎生，禽鱼都是卵生。大道来时没有形迹，去时不见边际，布满太虚之间，四通八达而宽广无限。顺应大道，就能四肢强健，思虑通达，耳聪目明；就能不花费心思而纯任自然，应接万物而没有偏执。天不得大道就不能成其高，地不得大道就不能成其广，日月不得大道就不能运行，万物不得大道就不能昌盛，这就是道啊！况且博学多识的人未必具有真知，能言善辩的人未必真有慧见，圣人已经抛弃这些了。像那增加它也不见多，减损它也不见少的大道，是圣人所保依的。它深广如大海，高大且周而复始地运行，运载包涵万物而毫无遗漏，那么君子的博、辩之道，不就在大道之外了吗！万物都向它求取资用而不能使它有所匮乏，这不就是真正的道吗！有得道之人，超然阴阳之外，处在天地之间，姑且存有人的形骸，他将要返游于天地万物产生之前的混沌境界。从大道的方面来看，所谓人的生命，不过是气的凝聚而已。虽然有长寿与短命之分，又有多大差别呢？人的言论是一闪而过的，哪里值得把它作为区分尧、桀是非的标准呢！瓜果有生长之理，人伦虽然参差难齐，但如众齿排列也相去不远。圣人对于人伦不去违背，也不去留恋。调和而顺应它，就是德；偶合而顺应它，就是道。帝王就是凭借这种调应之德、偶应之道而兴起的。人生活在天地之间，就像骏马驰过缝隙，不过片刻的功夫罢了。万物勃然兴起，没有不出生的；万物自然消逝，没有不死亡的。已经变化而出生，又经变化而死去，活着的生物为同类逝去而哀伤，活着的人为同类死去而悲痛。其实人的死去，只不过是解除了自然的弓袋，毁弃了自然的束缚，纷纭宛转，精神先消逝，形体也随之而消失，这就是精神与形体同归于太虚啊！从没有生命变为有生命，又从有生命复归于没有生命，这是人所共知的，不是即将达到大道的人所追求的，但却是众人经常一同议论的问题。那即将达到大道的人是不议论的，议论的人就不会达到大道；明察的人是不能得道的，言辩不如静体默悟；大道是不可听说的，凭耳朵去听就不如堵塞耳朵。这就叫作最大的得道。”

东郭子问于庄子曰〔1〕：“所谓道，恶乎在〔2〕？”庄子曰：“无所不在。”东郭子曰：“期而后可〔3〕？”庄子曰：“在蝼蚁〔4〕。”曰：“何其下邪〔5〕？”曰：“在稊稗〔6〕。”曰：“何其愈下邪？”曰：“在瓦甓〔7〕。”曰：“何其愈甚邪？”曰：“在屎溺〔8〕。”东郭子不应。

庄子曰：“夫子之问也，固不及质〔9〕。正获之问于监市履狶也，每下愈况〔10〕。汝唯莫必〔11〕，无乎逃物。至道若是，大言亦然。周、遍、咸三者，异名同实，其指一也〔12〕。尝相与游乎无何有之宫〔13〕，同合而论，无所终穷乎！尝相与无为乎！澹而静乎！漠而清乎！调而闲乎〔14〕！寥已吾志〔15〕，无往焉而不知其所至，去而来而不知其所止，吾已往来焉而不知其所终；彷徨乎冯闳〔16〕，大知入焉而不知其所穷〔17〕。物物者与物无际〔18〕，而物有际者，所谓物际者也；不际之际〔19〕，际之不际者也。谓盈虚衰杀〔20〕，彼为盈虚非盈虚〔21〕，彼为衰杀非衰杀，彼为本末非本末，彼为积散非积散也。”

【注释】

〔1〕东郭子：即《田子方》篇“东郭顺子”，住在东郭，故号东郭子。

〔2〕恶（wū）乎：哪里。

〔3〕期：通“奚”，何处。

〔4〕蝼蚁：蝼蛄和蚂蚁。
〔5〕下：谓卑下。
〔6〕稊（tí）：一种形似稗的杂草，果实如小米。 稗（bài）：杂草。
〔7〕甓（pì）：砖。
〔8〕溺（niào）：通“尿”。
〔9〕固：本来。 质：实质。
〔10〕正获：官名，管理饮射之礼。 监市：市场管理官。 履：踩。 狶（xī）：大猪。 况：显明。
〔11〕必：拘限。 无乎逃物：谓道无处不在。
〔12〕指：通“旨”，意义。
〔13〕尝：试。 无何有之宫：指虚无的道境。
〔14〕调：调和。
〔15〕寥：虚寂。 已：同“矣”。
〔16〕彷徨：逍遥自在的样子。 冯闳（píng hóng）：虚旷。
〔17〕大知：指至道。 穷：边际。
〔18〕物物者：谓大道。
〔19〕不际：不见涯际，没有涯际。
〔20〕衰：当为“裒”字之误。下“衰”字同。裒，聚。
〔21〕彼：指道。

【译文】

东郭子问庄子说：“所谓道，在哪里呢？”庄子说：“无所不在。”东郭子说：“更具体地说，道到底存在于哪些地方呢？”庄子说：“在蝼蛄和蚂蚁之中。”东郭子说：“为什么处在这么卑下的地方呢？”庄子说：“在稊稗草里面。”东郭子说：“怎么更卑下了呢？”庄子说：“在砖瓦之中。”东郭子说：“为什么卑下得更厉害呢？”庄子说：“在屎尿之中。”东郭子默不作声。

庄子说：“先生所问的，本来就没有涉及道的本质。正获向监市询问如何检查大猪的肥瘦时，得到的回答是越向下踩越明白。你不必仅仅拘限于某物，道是无处不在的。至道是这样，即使改用大言来说明也不过如此。周、遍、咸三个词，名称虽然不同，它们的意义却是相同的。试着一起去游历虚无的道境，让我们一同沉默无言，就不会有所穷尽了！试着一起顺应无为吧！淡泊而宁静啊！寂寞而清虚啊！调和而安闲啊！至此我的心志就显得很虚寂了，无往不去却不知去哪里，去了回来又不知停在哪里，我已在其间来来往往，而不知道哪里是终点。逍遥于虚旷之间、大道之中，而不知有所穷极。支配物的道与万物混同而没有涯际，而各物是有边际的，就是物的界限；大道存在于万物之中，似乎显得有涯际，其实是没有涯际的。说起盈虚衰杀，道能使万物有盈虚的变化，而自身却没有盈虚之别；能使万物有隆降的变化，而自身却没有隆降之变；能使万物有始终，而自身却没有始终；能使万物有聚散，而自身却没有聚散。”

妸荷甘与神农同学于老龙吉〔1〕。神农隐几阖户昼瞑〔2〕，妸荷甘日中奓户而入〔3〕，曰：“老龙死矣！”神农拥杖而起〔4〕，嚗然放杖而笑〔5〕，曰：“天知予僻陋慢訑〔6〕，故弃予而死。已矣，夫子无所发予之狂言而死矣夫〔7〕！”

弇堈吊闻之〔8〕，曰：“夫体道者，天下之君子所系焉〔9〕。今于道，秋豪之端万分未得处一焉，而犹知藏其狂言而死，又况夫体道者乎〔10〕！视之无形，听之无声，于人之论者，谓之冥冥，所以论道而非道也。”

【注释】

〔1〕妸（ē）荷甘、神农、老龙吉：皆为作者虚构的人物。

〔2〕隐：依凭。　几：几子，用以倚凭身体。　阖户：关门。阖，合，闭。　瞑：睡觉。

〔3〕日中：中午。　奓（zhà）：推开。

〔4〕拥：执持。按：“拥杖”前有“隐几”二字，疑为衍文，今删去。

〔5〕嚗（bó）然：放杖发出的声音。

〔6〕天：对老师老龙吉的尊称。　僻陋：鄙陋。　慢訑（dàn）：驰纵。訑，同“诞”。

〔7〕夫子：指老龙吉。　发：启发。　狂言：至言。

〔8〕弇堈（nán gāng）吊：虚构的人物。

〔9〕系：归依。
〔10〕体道者：指体悟大道更全面的人。

【译文】

妸荷甘和神农一同在老龙吉那里求学。神农靠着几子，大白天关起门睡觉，中午妸荷甘推开门进来说："老龙吉死了！"神农扶着拐杖站起来，又嘭的一声放下拐杖，笑着说："先生知道我鄙陋放荡，所以弃我而死。完了，先生竟没有留下启发我的至言就死去了！"

弇堈吊听到后，说："体悟大道的人，是天下君子所归依的人。现在老龙吉对于道，尚未得到秋毫末端的万分之一，还能知道收藏起狂言而死去，何况是体悟大道更全面的人呢！大道看起来没有形状，听起来没有声音，在人面前称呼大道为'冥冥'，那么他所称呼的并不是道。"

于是泰清问乎无穷曰〔1〕："子知道乎？"无穷曰："吾不知。"

又问乎无为〔2〕，无为曰："吾知道。"曰："子之知道，亦有数乎〔3〕？"曰："有。"曰："其数若何？"无为曰："吾知道之可以贵，可以贱，可以约〔4〕，可以散，此吾所以知道之数也。"

泰清以之言也问乎无始曰〔5〕："若是，则无穷之弗知与无为之知，孰是而孰非乎？"无始曰："不知深矣，知之浅矣；弗知内矣，知之外矣。"于是泰清中而叹曰〔6〕："弗知乃知乎，知乃不知乎！孰知不知之知？"

无始曰："道不可闻，闻而非也；道不可见，见而非也；道不可言，言而非也。知形形之不形乎〔7〕！道不当名。"

无始曰:"有问道而应之者,不知道也;虽问道者,亦未闻道。道无问〔8〕,问无应。无问问之,是问穷也〔9〕;无应应之,是无内也。以无内待问穷〔10〕,若是者,外不观乎宇宙,内不知乎大初〔11〕,是以不过乎昆仑〔12〕,不游乎太虚〔13〕。"

【注释】

〔1〕泰清、无穷:皆为虚构的人物。

〔2〕无为:虚构的人物。

〔3〕数:名数。

〔4〕约:聚。

〔5〕之:此。　无始:虚构的人物。

〔6〕中:当为"卬"字之误。卬,通"仰",仰面。

〔7〕形形:谓孕育万物。前"形"字,作动词,孕育,创造。后"形"字,指有形体的万物。

〔8〕无问:谓无法相问,或不可相问。

〔9〕穷:空洞。

〔10〕待:回答。

〔11〕大初:大道的本原。

〔12〕昆仑:在宇宙之外,比喻高远的境界。

〔13〕太虚:又在昆仑之外,比喻虚寂的大道妙境。

【译文】

于是泰清问无穷说:"你了解道吗?"无穷说:"我不了解。"

泰清又问无为,无为说:"我了解道。"泰清说:"你所了解的道,也有名数吗?"无为说:"有。"泰清说:"它的名数是什么?"无为说:"我了解道可以在尊贵之处,可以在卑贱之处,可以集中,可以分散,这就是我所了解的道的名数。"

泰清拿这些话来问无始说:"像这样的话,那么无穷的不了解与无为的了解,谁对谁错呢?"无始说:"不了解道才意味着道是十分玄深的,了解道就说明道是肤浅的;不了解道才意味着处在大道之内，了解道就说明处在大道之外了。”于是泰清仰天叹息说：“不了解便是了解啊！了解便是不了解啊！谁能知晓不用名数表现的了解呢？”

无始说：“道是不能听到的，听到的便不是道；道是不能看见的，看见的便不是道；道是不能言说的，说出来的便不是道。要知道能孕育出万物的道，它本身是没有形体的啊！道是没有名数的。”

无始说：“别人问道而给予应答的人，并不了解道；那问道的人，也是没有听说过道。道无法相问，问了也不须应答。无法问而去问道，这是空洞而无意义的询问；不须应答而去答，这是心中没有真道的表现。以无真道之心去回答那空洞的询问，像这样的人，对外不能观察宇宙的广大，对内不能了解大道的本原，因此便不可能超越昆仑之地，不能遨游于太虚之境。”

光曜问乎无有曰〔1〕：“夫子有乎〔2〕，其无有乎〔3〕？”光曜不得问，而孰视其状貌〔4〕，窅然空然〔5〕，终日视之而不见，听之而不闻，搏之而不得也〔6〕。

光曜曰：“至矣，其孰能至此乎！予能有无矣，而未能无无也；及为无有矣〔7〕，何以至此哉！”

【注释】

〔1〕光曜（yào）、无有：皆为虚构的人物。

〔2〕夫子：指无有。

〔3〕其：还是。

〔4〕不得问：谓提问没有得到回答。 孰视：仔细察看。孰，通“熟”。

〔5〕窅（yǎo）然、空然：皆虚无的样子。

〔6〕搏：触摸。

〔7〕无有：当为“无无”之误。

【译文】

光曜问无有说：“先生是有呢？还是无有呢？”光曜得不到回答，便仔细察看他的形状外貌，一副深远虚无的样子，整天看也看不见，听也听不到，摸也摸不着。

光曜说："真是最高境界了，谁能达到这样的境界呢！我能达到有无的地步，却不能达到无无的境界；等做到无无，又怎么能达到这样的境界呢！"

大马之捶钩者〔1〕，年八十矣，而不失豪芒〔2〕。大马曰："子巧与〔3〕，有道与？"

曰："臣有守也〔4〕。臣之年二十而好捶钩，于物无视也，非钩无察也。是用之者，假不用者也以长得其用〔5〕，而况乎无不用者乎！物孰不资焉〔6〕！"

【注释】

〔1〕大马：官名，即大司马。　捶钩者：为大司马锻制兵器的工匠。捶，锻打。钩，兵器。

〔2〕失：差失。　豪芒：比喻微小的差错。

〔3〕巧：技巧高妙。　与：通"欤"，疑问语气词。

〔4〕守：借为"道"。

〔5〕假：凭借。

〔6〕孰：谁，哪个。　资：取资，依凭。

【译文】

为大司马锻制兵器的工匠，已经八十岁了，干起活来却没有丝毫的差失。大司马说："你是凭借技术呢，还是由于有道呢？"

回答说："我有道。我在二十岁时就喜欢锻制兵器，只专注于兵器而不旁视，对于别的东西就不去察看。我的锻打技术，是凭借着精神的凝聚不用才得以发挥作用的，何况我又领悟了以无用为无不用的大道呢！天下万物谁不资取于这大道啊！"

冉求问于仲尼曰〔1〕："未有天地可知邪？"仲尼曰："可。古犹今也。"冉求失问而退〔2〕。明日复见，曰："昔者吾问：'未有天地可知乎？'夫子曰：'可。古犹今也。'昔日吾昭然，今日吾昧然[3]，敢问何谓也？"仲尼曰："昔之昭然也，神者先受之[4]；今之昧然也，且又为不神者求邪[5]！无古无今，无始无终。未有子孙而有子孙，可乎？"冉求未对。仲尼曰："已矣，未应矣[6]！不以生生死，不以死死生[7]。死生有待邪？皆有所一体[8]。有先天地生者，物邪？物物者非物[9]，物出不得先物也，犹其有物也[10]。犹其有物也，无已[11]。圣人之爱人也终无已者，亦乃取于是者也[12]。"

【注释】

〔1〕冉求：孔子弟子，姓冉，名求，字子有。

〔2〕失问：即失去复问之意，不想再问。

〔3〕昭然：明了，明白。　昧然：昏昧，不明白。

〔4〕神者先受之：以虚灵的心神先去领会。受，领会。

〔5〕又为不神者求：谓后来因涉思虑之迹，所以心神又变得迷惑起来。

〔6〕未：当为"末"字之误。末，勿，不要。

〔7〕不以生生死，不以死死生：谓不要因为活着，就想让死的活过来，也不要因为已死，就想让活着的死去。

〔8〕一体：即造化之自然。

〔9〕物物者：指道。

〔10〕犹：通"由"。　其：指道。

〔11〕已：停止。

〔12〕是：指大道。

【译文】

冉求问孔子说："天地没有产生之前的情形可以知道吗？"孔子说："可以。古今都一样。"冉求没有再问，便告退了。第二天又见孔子，说："昨天我问：'天地没有产生之前的情形可以知道吗？'

先生说：‘可以。古今都一样。’昨天我还明白，今天我又糊涂了，请问这是为什么呢？”孔子说：“昨天你明白，是因为你以虚灵的心神先去领会；今天你糊涂，是因为你的心神又被思虑变得迷惑起来。没有古就没有今，没有开始也就没有终结。没有子孙之前便有了子孙，可以吗？”冉求无以回答。孔子说：“算了，别回答了！不要因为活着就想让死的活过来，不要因为已死就想让活着的死去。死生有所依赖吗？它们都是依赖于自然之道而已。有先于天地就存在的东西，难道是物吗？道并不是物，万物的出生不得先于道，由于道的化育才有了天地万物。道化育出万物，于是物就生生不止。圣人无心爱物而其爱无穷，这是取法于大道的。”

颜渊问乎仲尼曰：“回尝闻诸夫子曰：‘无有所将〔1〕，无有所迎。’回敢问其游〔2〕。”

仲尼曰：“古之人外化而内不化，今之人内化而外不化〔3〕。与物化者，一不化者也〔4〕。安化安不化？安与之相靡〔5〕？必与之莫多〔6〕。狶韦氏之囿〔7〕，黄帝之圃，有虞氏之宫，汤、武之室。君子之人，若儒、墨者师，故以是非相鳌也〔8〕，而况今之人乎！圣人处物不伤物。不伤物者，物亦不能伤也。唯无所伤者，为能与人相将迎〔9〕。山林与，皋壤与〔10〕，使我欣欣然而乐与！乐未毕也〔11〕，哀又继之。哀乐之来，吾不能御，其去弗能止。悲夫，世人直为物逆旅耳〔12〕！夫知遇而不知所不遇，能能而不能所不能〔13〕。无知无能者，固人之所不免也。夫务免乎人之所不免者，岂不亦悲哉！至言去言，至为去为。齐知之所知，则浅矣〔14〕。”

【注释】

〔1〕将：送。

〔2〕游：道理。

〔3〕外化而内不化：谓外能与物推移，内能保住自然天性。　内化而外不化：内不能保住自然天性，外又与物抵牾。

〔4〕一不化：内在之自然天性不化。

〔5〕安：岂，有“岂所谓”的意思。　之：指万物。　相靡：相磨。

〔6〕多：求多，求胜。

〔7〕狶（shǐ）韦氏：传说中的远古帝王。　囿、圃、宫、室：皆指帝王游居之所。由囿至室的递次狭窄，比喻人们的精神境界日趋狭隘卑下。

〔8〕齏（jī）：诋毁，攻击。

〔9〕人：当为“之”字之误。之，指物。

〔10〕与：通“欤”，叹词。　皋壤：平原。

〔11〕毕：毕结，结束。

〔12〕直：特，只。　物：指哀乐的来去。　逆旅：旅舍。

〔13〕按：“能能”前原有“知”字，疑为衍文，今删去。

〔14〕浅：浅陋，拙劣。

【译文】

颜渊问孔子说：“我曾听先生说：‘不要有所送，不要有所迎。’请问这其中的道理。”

孔子说：“古代的人，对外能与万物一同推移，而内心能保全自然天性；现在的人，内心不能保全天性，而对外又与万物相抵牾。对外与万物相推移的人，其内在的天性是始终不变的。何所谓化，何所谓不化？这种人怎么会跟万物相抵牾呢？一定无心求胜于物。狶韦氏的苑囿，黄帝的园圃，有虞氏的宫殿，汤、武的宫室，可见人们的精神境界日趋狭隘卑下。身为君子，像儒家、墨家中的师辈，尚且以是非相诋毁，更何况现在的人呢！圣人与外物相处而不伤害外物。不伤害外物的人，外物也不能伤害他。只有无所伤害的人，才能与外物相送相迎。山林啊，平原啊，都使我十分快乐！快乐没有结束，悲哀又继之而来。悲哀与快乐的到来，我不能抗拒，它们要离去我也不能阻止。可悲啊，世俗之人只不过是哀乐随意寄住的旅舍罢了！人们只能知道他所能遇到的事物，而不能知道他所不能遇到的事物；只能做他所能做的事，而不能做他所不能做的事。有所不知，有所不能，这本来就是不可避免的，而世人却要去追求性分以外的知识，去做性分以外的事情，岂不是很可悲的吗？最好的言论是无言，最大的作为是无为。要以自己的所知去齐同天下之人，使之无所不知，这种做法就太浅陋了。”

【评析】

张岱年先生在《中国哲学大纲》里写道：“中国哲学只重生活上的实证，或内心之神秘的冥证，而不注重逻辑的论证。”的确，中国古代哲学本质上更像是一种诗意哲学，而非科学化的哲学。这种“重了悟而不重论证”的思想特质深入骨髓，在宗教上化作“可至而不可学”的妙悟佛法，在文学上化作“可遇而不可求”的情感因子，在艺术上化作“可意会而不可言传”的无弦之趣，而在庄子笔下则成为“无处不在”的“道”。

郭象曰：“人生而遇此道，则天性全而精神定。”《庄子》全书，对“道”谈得最集中最透彻，观点最为清晰成熟的要数这篇《知北游》，明代陆西星就认为《知北游》：“所论道妙，迥出思议之表，读《南华》者，《知北游》最为肯綮。”（《南华真经副墨》）世界的起源和本根何在一直是困扰庄子的大问题，“日夜相代乎前而莫知其所萌。已乎，已乎！旦暮得此，其所由以生乎！”（《齐物论》）他眼中所见，耳中所闻，心中所思，皆不能确切解答这一困扰。这玄虚莫测的“道”究竟是什么，究竟何时才能一睹真容呢？一切的有限都不能概括无形的大道，没有面貌就是它的面貌，没有名字就是它的名字，没有真理就是它所蕴含的真理。世间万物，唯有大道离我们最远，也离我们最近，因为人生的有限使我们永不能企及大道，但同时大道却又显现在世界的每一处，无论所遇者贵贱深浅。

现代科技的发达使我们足不出户也可以遍览天下，甚至可以通过卫星的“眼睛”将视线延伸到宇宙深处，生命起源的科学理论（尽管论说纷纭）也不再是一个秘密。但当年庄子所极力探求的“道”至今为止在人们心中也仍是玄之又玄，神妙莫测。“道”不是一个可观的景象，不是一类可定的标准，“夫道，窅然难言哉！”它无法用某种概念任意加以描述。历史上无数人孜孜以求地去与它亲近，但结果不是盲人摸象式的以偏概全，在一己的学科里坐井观天，就是索性缘木求鱼，堕入崇拜自造偶像的深谷。“道隐于小成，言隐于荣华”（《齐物论》），人们容易为一些即时即地的卓越成就或精妙言论所折服，聚首其中，故步自封，丢失损伤了天赋的直觉与灵感，错过体悟大道的机缘。“天地固有常矣，日月固有明矣，星辰固有列矣，禽兽固有群矣，树木固有立矣”（《天道》），庄子却没有因为这些景象习以为常而将它们忽视，他更重视它们的表象底下所蕴藏的“道”的本质。天地造化无私，覆载万物，“无有所将，无有所迎”，我们的身躯是“天地之委形”，诞生是“天地之委和”，性命是“天地之委顺”，就连子孙也只是“天地之委蜕”。人生一切，皆非我有，明白了这一点，还有什么不能解脱的呢？再多的形迹弥留，也不过是乐往哀来，气之暂聚，回想《逍遥游》篇的“小知不及大知，小年不及大年”，我们不由看到自己的无知。《知北游》篇中的齧缺问道于被衣，中途却昏昏昧昧自顾自地“睡寐”了，他是“真其实知”，领悟了大道的混沌无心；而我们的“无知”远不是体道悟虚的无思无为返朴归真，那仅仅是在旷日持久的迷失中不自觉流露出的茫然。

杂　篇

庚桑楚

【题解】

杂篇，顾名思义，为杂纂之篇章，不同于内篇、外篇，其并无统一主旨一线贯穿。本篇作为杂篇第一篇，既有寓言，也有议论，但各章文字都围绕着养生之道展开，可与内篇《养生主》互为参看。首章通过庚桑楚、南荣趎和老聃三个不同的人物形象来阐发养生之道。作者认为，庚桑楚虽能做到“拥肿之与居，鞅掌之为使”，三年而使畏垒自穰，但却不能真正做到“藏身深眇”，浑然无迹，而使畏垒之民无以归美于己。南荣趎终日困扰于智与不智、仁与不仁、义与不义之间，却转而欲求护养身性之法，这就更加不值得效法了。老聃则与之不同，主张处无为，任自然，立乎不测，游于无有，把一切利害得失都付之两忘，这才是真正的养生之道。后文数段，则进一步阐发了这一宗旨。

老聃之役有庚桑楚者[1]，偏得老聃之道[2]，以北居畏垒之山[3]。其臣之画然知者去之[4]，其妾之挈然仁者远之[5]；拥肿之与居，鞅掌之为使[6]。居三年，畏垒大壤[7]。畏垒之民相与言曰：“庚桑子之始来，吾洒然异之[8]。今吾日计之而不足，岁计之而有馀。庶几其圣人乎[9]！子胡不相与尸而祝之，社而稷之乎[10]？”

庚桑子闻之，南面而不释然[11]。弟子异之。庚桑子曰：“弟子何异于予？夫春气发而百草生，正得秋而万宝成[12]。夫春与秋，岂无得而然哉？天道已行矣。吾闻至人，尸居环堵之室[13]，而百姓猖狂不知所如往[14]。今以畏垒之细民[15]，而窃窃焉欲俎豆予于贤人之间[16]，我其杓之人邪[17]？吾是以不释于老聃之言。”

弟子曰：“不然。夫寻常之沟，巨鱼无所还其体[18]，而鲵鳅为之制[19]；步仞之丘陵[20]，巨兽无所隐其躯，而孽狐为之祥[21]。且夫尊贤授能，先善与利，自古尧、舜以然，而况畏垒之民乎！夫子亦听矣[22]！”庚桑子曰：“小子来！夫函车之兽，介而离山[23]，则不免于罔罟之患[24]；吞舟之鱼，砀而失水，则蚁能苦之[25]。故鸟兽不厌高，鱼鳖不厌深。夫全其形生之人[26]，藏其身也，不厌深眇而已矣[27]。且夫二子者[28]，又何足以称扬哉！是其于辩也[29]，将妄凿垣墙而殖蓬蒿也[30]；简发而栉[31]，数米而炊[32]，窃窃乎又何足以济世哉[33]！举贤则民相轧，任知则民相盗[34]。之数物者，不足以厚民[35]。民之于利甚勤[36]，子有杀父，臣有杀君，正昼为盗，日中穴阫[37]。吾语女：大乱之本，必生于尧、舜之间，其末存乎千世之后[38]。千世之后，其必有人与人相食者也。”

南荣趎蹴然正坐曰[39]：“若趎之年者已长矣，将恶乎托业以及此言邪[40]？”庚桑子曰：“全汝形，抱汝生，无使汝思虑营营[41]。若此三年，则可以及此言矣。”南荣趎曰：“目之与形，吾不知其异也。而盲者不能自见；耳之与形，吾不知其异也，而聋者不能自闻；心之与形，吾不知其异也，而狂者不能自得[42]。形之与形亦辟矣，而物或间之邪[43]，欲相求而不能相得？今谓趎曰：

'全汝形，抱汝生，勿使汝思虑营营。'趎勉闻道，达耳矣！"庚桑子曰："辞尽矣。曰：奔蜂不能化藿蠋，越鸡不能伏鹄卵[44]，鲁鸡固能矣[45]。鸡之与鸡，其德非不同也[46]，有能与不能者，其才固有巨小也。今吾才小，不足以化子。子胡不南见老子！"

南荣趎赢粮[47]，七日七夜至老子之所。老子曰："子自楚之所来乎[48]？"南荣趎曰："唯[49]。"老子曰："子何与人偕来之众也[50]？"南荣趎惧然顾其后[51]。老子曰："子不知吾所谓乎？"南荣趎俯而惭，仰而叹，曰："今者吾忘吾答，因失吾问。"老子曰："何谓也？"南荣趎曰："不知乎？人谓我朱愚[52]。知乎？反愁我躯。不仁则害人，仁则反愁我身；不义则伤彼[53]，义则反愁我己。我安逃此而可？此三言者，趎之所患也，愿因楚而问之[54]。"老子曰："向吾见若眉睫之间，吾因以得汝矣，今汝又言而信之[55]。若规规然若丧父母，揭竿而求诸海也[56]。女亡人哉，惘惘乎[57]！汝欲反汝情性而无由入[58]，可怜哉！"

南荣趎请入就舍，召其所好，去其所恶，十日自愁[59]，复见老子。老子曰："汝自洒濯[60]，熟哉郁郁乎[61]！然而其中津津乎犹有恶也[62]。夫外韄者不可繁而捉[63]，将内揵[64]；内韄者不可缪而捉，将外揵[65]。外内韄者，道德不能持[66]，而况放道而行者乎[67]！"南荣趎曰："里人有病，里人问之，病者能言其病，然其病病者犹未病也[68]。若趎之闻大道，譬犹饮药以加病也。趎愿闻卫生之经而已矣[69]。"老子曰："卫生之经，能抱一乎？能勿失乎？能无卜筮而知吉凶乎？能止乎？能已乎？能舍诸人而求诸己乎[70]？能翛然乎？能侗然乎[71]？能儿子乎[72]？儿子终日嗥而嗌不嗄[73]，和之至也；终日握而手不挽[74]，共其德也；终日视而目不瞚[75]，偏不在外也。行不知所之，居不知所为，与物委蛇而同其波[76]。是卫生之经已。”南荣趎曰：“然则是至人之德已乎？”曰：“非也。是乃所谓冰解冻释者，能乎？夫至人者，相与交食乎地而交乐乎天[77]，不以人物利害相撄，不相与为怪[78]，不相与为谋，不相与为事，翛然而往，侗然而来，是谓卫生之经已。”曰：“然则是至乎？”曰：“未也。吾固告汝曰：‘能儿子乎？’儿子动不知所为，行不知所之，身若槁木之枝而心若死灰。若是者，祸亦不至，福亦不来。祸福无有，恶有人灾也[79]！”

【注释】

〔1〕役：弟子。古时候弟子事师，要供其驱使，不惮艰危，故称“役”。 庚桑楚：姓庚桑，名楚，老聃弟子。也作“亢仓子”。

〔2〕偏得：独得。

〔3〕畏垒之山：虚构的山名。

〔4〕臣：泛指左右服役之人。与下文的“妾”字义同。 画然：明察秋毫的样子。 知：通“智”。

〔5〕挈（qì）然：标举的样子。

〔6〕拥肿：呆笨无知的样子。 鞅掌：愚朴不仁的样子。

〔7〕壤：通“穰”，岁丰。

〔8〕洒然：惊异的样子。 异之：对庚桑楚弃知任愚的做法感到惊异。

〔9〕庶几：差不多。

〔10〕胡：何，为什么。 尸：本指庙中神像，这里指设神位。 祝：

祝祷。 社而稷之：给他建立社稷拜祭。

〔11〕释然：怡悦的样子。释，通“怿”。

〔12〕正得秋：当为“正秋得”之误。 宝：当为“实”字之误。

〔13〕尸居：像尸体那样静居。 环堵之室：方丈陋室。堵，一丈。

〔14〕猖狂：率真任性。 如：往，到。

〔15〕细民：犹言“小民”，即普通百姓。

〔16〕窃窃：私议的样子。 俎、豆：皆祭祀时所用的器具。这里作动词，意谓奉祀、尊崇。

〔17〕其：岂。 杓（dí）：标准，榜样。

〔18〕寻常：八尺为寻，倍寻为常。 还：通“旋”，回。

〔19〕鲵、鳅：皆小鱼。 制：通“折”，折转回旋。

〔20〕步：六尺为步。

〔21〕隐：隐藏。 孽（niè）：通“孽”，妖。 祥：怪，妖孽。

〔22〕听：谓听任畏垒百姓的尊崇。

〔23〕函：通“含”，吞。 介：独。

〔24〕罔罟（wǎng gǔ）：均是捕鱼猎兽之网。罔，通“网”。

〔25〕砀（dàng）：被荡出，流荡。 苦：制服，折磨。

〔26〕生：通“性”。

〔27〕眇：远。

〔28〕夫：那，彼。 二子：指尧、舜。

〔29〕辩：通“辨”，谓区别贤、能、善、利等。

〔30〕垣：墙。 殖：种植。 蓬蒿：两种野草。

〔31〕简：选择。 栉：梳理。

〔32〕数：计点。 炊：烧火做饭。

〔33〕窃窃：计较的样子。

〔34〕举：举荐，举用。 轧：倾轧。 知：通“智”，智计，智巧。

〔35〕之：此。 数物：指贤、能、善、利。 厚：淳厚，此处用作动词，使人变淳厚。

〔36〕勤：殷切企望。

〔37〕正昼：大白天。 穴阫（péi）：挖穿墙壁。穴，挖穿。阫，墙。

〔38〕语：告诉。 女：通“汝”，你。 末：末流，流弊。

〔39〕南荣趎（chú）：姓南荣，名趎，庚桑楚弟子。 蹴（zú）然：恭敬的样子。

〔40〕恶：何，怎样。 托业：从事，学习。 及此言：谓达到上述所说的“藏身深眇”的境界。

〔41〕全：保全。　抱：保，保全。　生：通“性”。　营营：逐物不止的样子。

〔42〕狂者：癫狂的人。

〔43〕辟：同“譬”，相通。　间：间隔，堵塞。

〔44〕奔蜂：小蜂。一曰土蜂。　化：孵化。　藿蠋（huò zhú）：豆藿中的大青虫。　越鸡：小鸡。　伏：通“孵”。　鹄：天鹅。　卵：鸟蛋。

〔45〕鲁鸡：大鸡。

〔46〕德：性分，属性。

〔47〕羸：担。

〔48〕楚：指庚桑楚。

〔49〕唯：应答声，犹“是”。

〔50〕子何与人偕来之众也：您为何跟那么多人一同来呢。

〔51〕惧然：惊恐的样子。　顾：回头看。

〔52〕朱愚：谓愚痴。

〔53〕彼：他人。

〔54〕因楚：通过庚桑楚的介绍。因，凭借。

〔55〕向：刚才。　若：你。　信：证实。

〔56〕若：你。　规规然：失神的样子。　揭竿：高举着作为表识的竿子。揭，举。

〔57〕女：通“汝”。　惘惘：若有所失的样子。

〔58〕反：通“返”，返回。　无由：没有办法，没有途径。

〔59〕自愁：因未能明道而自感愁苦。

〔60〕洒濯（zhuó）：谓清洗内心。

〔61〕熟：通“孰”，何。　郁郁：闷闷不乐的样子。

〔62〕津津乎：外渗的样子。

〔63〕外韄（hù）：外为物所束缚。韄，束缚。　繁：当为“缴”字之误。缴，缠。　捉：扰乱。

〔64〕内揵（jiàn）：内闭其心，以防外物侵入。揵，闭。

〔65〕内韄：内为物欲所束缚。　缪：束缚。　外揵：谓闭其耳目，以绝心思外驰。

〔66〕持：自持。

〔67〕放：通“仿”。

〔68〕病病：患病。前一“病”字，作动词。

〔69〕卫生：护养身性。　经：常道，原则。

〔70〕自“能抱一乎”至“能舍诸人而求诸己乎”：此数句亦见于《管

子·心术下》。

〔71〕翛（xiāo）然：往来无拘束的样子。　侗（tóng）然：懵然无知的样子。

〔72〕儿子：婴儿。

〔73〕嗥（háo）：哭叫。　嗌（yì）：咽喉。　嗄（shà）：嘶哑。

〔74〕掜（yì）：手筋急促。

〔75〕瞚（shùn）：通“瞬”，眨眼。

〔76〕之：到，往。　委蛇：随顺的样子。

〔77〕交：通“邀”，求取。

〔78〕撄（yīng）：扰乱。　为怪：故意与世俗相异。怪，异。

〔79〕恶：何，哪里。

【译文】

老聃的弟子中有个叫庚桑楚的，独得老聃学说的真谛，居住在北方的畏垒山上。他辞退炫耀用智的仆役，疏远标榜仁义的侍妾；只让呆笨、不仁的留下作伴、供使。这样过了三年，畏垒获得大丰收。畏垒的百姓互相议论说：“庚桑子刚来的时候，我们对他弃知任愚的做法感到惊异。现在，我们对收入按日计算感到不足，可是按年计算却还有富馀。他大概是圣人吧！我们为何不为他设神位而加以祝祷，并为他建立宗庙呢？”

庚桑子听了，面向南方，心里很不高兴。他的弟子对此感到奇怪。庚桑子说：“你们为什么对我感到奇怪？春天阳气上升，百草就生长起来，到了秋天，万物就都结实收获。春天和秋天，难道无故就能如此吗？那是天道自然运行的结果啊！我听说得道之人，像尸体那样静居在方丈陋室之内，百姓率真任性而不知要到哪里去。现在畏垒的百姓却私下议论，想把我作为贤人来尊崇，难道我是人们学习的榜样吗？我因为有愧于老聃的教诲而感到不快乐。”

弟子说：“不是这样。在小水沟中，大鱼不能旋转身体，而小鱼却能曲折回旋；在矮小的丘陵上，巨兽无法隐蔽自己，而野狐却能兴妖作怪。况且尊奉贤人，授权给能人，把利禄先给善人，自古代的尧、舜就是这样，更何况畏垒的百姓呢！先生就听任他们的尊崇吧！”庚桑子说：“年轻人，过来！能够吞掉马车的野兽，如果独自离开山林，就难免罗网之祸；能够吞吃小舟的大鱼，如果被流荡出水，那蚂蚁就能侵害它。所以鸟兽不厌山高，鱼鳖不厌水深。保全形体和本性的人，为藏匿自身，也是不会厌恶深远的。至于尧、舜二人，又哪里值得称道呢！他们区别贤能善利，就好像胡乱毁坏垣墙而种植蓬蒿草那样愚蠢；选择头发来梳理，计点米粒来做饭，如此计较又怎么能够救世呢！推举贤人就会使百姓互相倾轧，任用智能就会使百姓相行窃诈。这些方法都不足以使百姓淳厚。百姓殷切企望营利，于是就会发生子杀父，臣杀君，大白天行盗，晌午挖穿墙壁的事。我告诉你：天下大乱的根源，必定生于尧、舜的时代，它的流弊将会留存千世之后。千世之后，一定有人与人相残的事了。"

南荣趎恭敬地端坐着，对庚桑子说："像我这样的人年纪已经很大了，将怎样学习才能达到您所说的境界呢？"庚桑子说："保全你的形体，保持你的天性，不要让自己思虑劳累。这样经过三年，你就可以达到这种境界了。"南荣趎说："盲人的眼睛与常人的眼睛，在外形上看不出有何不同，而盲人却看不见东西；聋子的耳朵与常人的耳朵，在外形上看不出有何不同，而聋子却听不到声音；狂人的心与常人的心，在外形上看不出有何不同，而狂人却不能自适。我的形体与别人的形体并没有什么不同，但想要知道至道之言却不能，想来恐怕有什么东西堵塞着吧？现在您对我说：'保全你的形体，保持你的天性，不要让自己思虑劳累。'我努力求道，仅仅达到耳朵而已！"庚桑子说："我的话已经说完了。小蜂不能孵化出豆叶中的大青虫，小鸡不能孵化天鹅蛋，但大鸡却能做到。鸡与鸡相比，性分并无不同，但有能与不能之分，因为才能本来就有大小之别。现在我的才能小，不能教育你懂得大道。你为什么不到南边去拜见老子呢！"

南荣趎担着粮食，走了七天七夜才到了老子的住所。老子说："你是从庚桑楚那里来的吗？"南荣趎说："是的。"老子说："你为什么跟那么多的人一同来呢？"南荣趎以为真有众人跟随，就惊恐地回头去看。老子说："你不知道我说的是什么意思吗？"南荣趎羞愧地低下头，又仰头叹息说："现在我忘了我应该怎样回答，因而也忘记了我要问的问题。"老子说："你说的是什么意思呢？"南荣趎说："要是不运用心智吧，人们就会说我愚昧。运用才智吧，反而会给我的身体带来危害。不行仁就会伤害他人，行仁就会危害自身；不行义就会嫁祸他人，行义就会危害自己。我怎样才能避免这种处境呢？这三种情况，正是我所忧虑的，我希望通过庚桑楚的介绍而向您请教。”老子说：“刚才我看你眉宇之间的表情，就知道你心中挟有‘三言’，你现在讲的这番话又证实了我的推测。你那失神的样子如丧父母，就像高举着标识到茫茫的大海中去寻找一样。你是个丧失情性的人，多么迷惘啊！你想返归自己的情性而不知道如何做，真是可怜啊！”

南荣趎请求入居老子的学舍，他恢复虚静的道心，除去浮滑的人心，十天以后仍未能明道而自感愁苦，于是又去拜见老子。老子说：“你自己清洗内心，为何还闷闷不乐呢？可见心中仍有污秽的东西外渗出来。外为物所束缚而不堪束缚与扰乱的，就应该内闭其心来防止侵入；内为物欲所束缚而不堪束缚与扰乱的，就应该闭其耳目来杜绝心思外驰。外内都受束缚，即使有道德的人也难以自持，何况是刚刚学道的人呢！”南荣趎说：“闾里中有人生病了，同闾里的人去问他生了什么病，病人能自说病根，那么他虽患着病，却好像没有病。我听了大道，就好像吃了药反而加重了病情一样。我只想听听护养身性的道理罢了。”老子说：“护身养性的原则，能使人保全纯一的天性吗？能不丧失本性吗？能不用占卜就先知道吉凶祸福吗？能使人止于本分吗？能让人知足吗？能不去效法别人而只是自求吗？能往来无拘束吗？能懵然无知吗？能像婴儿那样天真无邪吗？婴儿整日放声哭叫而喉咙没有沙哑，这是纯任和顺之声自然发出的缘故；婴儿整日握着手而手不会拳曲，这是合于本性的缘故；婴儿整日看着而不眨眼，这是目光没有偏滞在外物上的缘故。行走不知到何处去，停下来不知要做什么，随顺万物而与之同流。这就是护身养性的原则。”南荣趎说：“那么这就是至人的思想境界吗？”老子说：“不是。这只是像冰融冻化那样消除了胸中的凝滞，能够称得上至人的境界吗？所谓至人，是与大家一起求食于地、求乐于天，不会因为外界人、物的利害扰乱自己，不故意与世俗相异，不会图谋什么，不去做什么事，无拘无束地前往，又懵然无知地回来，这就是所说的护养身性的原则了。”南荣趎说：“那么这就达到最高境界了吗？”老子说：“没有达到。我曾告诉你说：‘能像婴儿那样天真无邪吗？’婴儿行动时不知要做什么，走起路来不知要到哪里去，形体像枯树枝而内心如死灰。像这个样子，祸也不会到，福也不会来。没有祸福，哪里还会有人为的灾害呢！”

宇泰定者[1]，发乎天光。发乎天光者，人见其人。人有修者[2]，乃今有恒[3]。有恒者，人舍之[4]，天助之。人之所舍，谓之天民[5]；天之所助，谓之天子[6]。

学者，学其所不能学也；行者，行其所不能行也；辩者，辩其所不能辩也。知止乎其所不能知，至矣；若有不即是者，天钧败之[7]。

备物以将形[8]，藏不虞以生心[9]，敬中以达彼[10]，若是而万恶至者[11]，皆天也，而非人也，不足以滑成[12]，不可内于灵台[13]。灵台者，有持而不知其所持[14]，而不可持者也[15]。

不见其诚己而发，每发而不当，业入而不舍[16]，每更为失[17]。为不善乎显明之中者，人得而诛之[18]；为不善乎幽间之中者[19]，鬼得而诛之。明乎人，明乎鬼者，然后能独行。

券内者[20]，行乎无名[21]；券外者，志乎期费[22]。行乎无名者，唯庸有光[23]；志乎期费者，唯贾人也[24]，人见其跂[25]，犹之魁然[26]。与物穷者[27]，物入焉[28]；与物且者[29]，其身之不能容，焉能容人！不能容人者无亲，无亲者尽人[30]。兵莫憯于志，镆铘为下[31]；寇莫大于阴阳[32]，无所逃于天地之间。非阴阳贼之[33]，心则使之也。

【注释】

〔1〕宇：心宇，心胸。
〔2〕修：修养真性。
〔3〕恒：久，常。
〔4〕舍：归附。
〔5〕天民：德性合乎天道的人。
〔6〕天子：为天所佑助的人。
〔7〕天钧：天然的陶钧，即造化。
〔8〕将：养。　形：形体。
〔9〕虞：思虑。　生：养。
〔10〕中：指内心。　彼：指外物。
〔11〕是：此，这样。　恶：灾祸。
〔12〕滑成：扰乱胸中的浑成之德。滑，扰乱。
〔13〕内：通“纳”，入。　灵台：心。
〔14〕有持：有所自主。
〔15〕不可持：谓没有定在。
〔16〕业：世事。　舍：舍弃。
〔17〕更：更加。
〔18〕诛：谴责处罚。
〔19〕幽间：阴暗隐蔽处。
〔20〕券：务。
〔21〕行：行事。　名：名迹。
〔22〕期费：敛财。费，财用。
〔23〕唯：虽。　庸：平常，平庸。
〔24〕贾（gǔ）人：设肆售货的商人。这里指唯利是图者。
〔25〕跂（qǐ）：通“企”，抬起脚跟，用脚尖站着。
〔26〕魁然：魁伟的样子。
〔27〕穷：谓终始。
〔28〕入：归附。
〔29〕且：借为“阻”，抵牾。
〔30〕尽人：尽是他人。
〔31〕兵：兵器。　憯（cǎn）：毒。　镆铘：古代良剑名。
〔32〕寇：敌。引申为“伤害”。
〔33〕贼：伤害。

【译文】

心境安泰静定的人，就会发出自然的光辉。能发出自然光辉的人，就会显出自己的真实面貌来。修真道的人，就能永远发出自然光辉。能永远发出自然光辉的人，人们就会归附他，上天也会佑助他。人们归附的，称之为德性合乎天道的人；上天佑助的，称之为为天所佑助的人。

学习的人，想学习他不能学到的东西；实行的人，想实行他不能做到的事情；辩论的人，想辩他不能辩论的问题。人的智能到不能再知道的程度就停止下来，这就达到了最高的境界；假如有不这样做的，造化就会挫败他。

准备适当的物质来奉养形体，退藏于不思虑的境地来修养真心，敬修内心来感化外物，如果这样做还遭遇各种灾祸，这都是天意，并非人为所致，它不足以扰乱胸中浑成之德，也不能侵入内心。心灵有所自主而又不知持守什么，而且不可有意地持守。

自己没有产生真实的感情而妄发，所流露出的感情往往都不适当，世事入扰于心而不能舍弃，对天性的损害会更为严重。在显明之处公开作恶，人们就会处罚他；在阴暗隐蔽处干坏事，就会受到鬼的制裁。在显明之中和阴暗之处都光明正大，无愧于心，才能够独自行走而不畏惧。

务内之人尚实去华，做事不显露名迹；务外之人骄矜，志在敛财。做事不显露名迹的人，虽然平常却有光辉；志在敛财的人，只是唯利是图者，人们见他抬起脚跟挺立着，好像显得很魁伟。凡是与物相终始的，那么物自来归附；凡是与物相抵牾的，自身尚且不能容纳，哪里还能容纳别人呢！不能容纳他人的人，也就无人亲近，无人亲近的人，则周围尽是他人。兵器没有比意志的妄发更锋利的，即使像镆铘这样的良剑也在其次；伤害没有比阴阳二气的侵入更严重的，在天地之间是无所逃避的。并不是阴阳有意来伤害人，而是由人心自招的罢了。

道通其分也〔1〕，其成也，毁也。所恶乎分者〔2〕，其分也以备〔3〕；所以恶乎备者，其有以备。故出而不反，见其鬼；出而得，是谓得死。灭而有实[4]，鬼之一也。以有形者象无形者而定矣[5]。

出无本，入无窍[6]。有实而无乎处，有长而无乎本剽[7]。有所出而无窍者有实。有实而无乎处者，宇也[8]；有长而无本剽者，宙也[9]。有乎生，有乎死，有乎出，有乎入，入出而无见其形[10]，是谓天门[11]。天门者，无有也，万物出乎无有。有不能以有为有，必出乎无有，而无有一无有。圣人藏乎是[12]。

【注释】

〔1〕通：贯通。　分：分离。

〔2〕恶：厌恶。

〔3〕备：求全，即要求事物无分离变化。

〔4〕灭：指真性之灭。　有实：谓徒有形骸。

〔5〕象：取则，效法。

〔6〕本：根本，谓来源。　窍：孔窍，谓门户。

〔7〕处：处所。　剽：通“标”，树木的末梢，这里指尽头。

〔8〕宇：谓上下四方。

〔9〕宙：谓古往今来。

〔10〕入出：当为“出入”之误。

〔11〕天门：造物之门户。

〔12〕是：指一切皆无的境界。

【译文】

道体的成、毁无常分，它始终不离本宗。因此事物的成，也就意味着它的毁。厌恶事物分离的人，看到朴散的事物总喜欢求全；厌恶全备的人，因为已经全备而仍求备不已。所以这种人心神外驰而不返，必将沦入危殆之境；心神外驰便以为有所得，这就叫作得其死道。真性已灭而徒具形骸的人，属于鬼的一类。如果能让有形的形体去效法无形的大道，那么心中的纷扰就绝灭了。

道体流行不定好像没有本根，来去无踪好像不必经由门户。大道真实可信而不居于固定的场所，道体绵绵日长而不见其首尾。大道流行不定好像没有本根，但它却源流很长；来去无踪好像不必经由门户，但它却真实可信。真实可信而不居于固定的场所，这便是存在于无穷的上下四方之内；道体绵绵日长而不见其首尾，这便是流行于无尽的时间之中。万物的变化有生、有死、有出、有入，出入生死的变化却没有显现任何形迹，这就叫作造物的门户。所谓造物的门户，就是无有，万物都是从无有产生。有不能从有产生出来，必定由无有中产生，而无有即一切皆无。圣人就藏身于这种一切皆无的境界中。

古之人，其知有所至矣。恶乎至？有以为未始有物者，至矣，尽矣，弗可以加矣。其次以为有物矣〔1〕，将以生为丧也，以死为反也，是以分已〔2〕。其次曰始无有，既而有生，生俄而死；以无有为首，以生为体，以死为尻；孰知有无死生之一守者，吾与之为友〔3〕。是三者虽异，公族也〔4〕。昭景也〔5〕，著戴也〔6〕；甲氏也〔7〕，著封也〔8〕；非一也。

有生，黬也〔9〕，披然曰移是〔10〕。尝言移是，非所言也〔11〕。虽然，不可知者也。腊者之有膍胲，可散而不可散也〔12〕；观室者周于寝庙〔13〕，又适其偃焉〔14〕。为是举移是〔15〕。

请常言移是：是以生为本，以知为师，因以乘是非〔16〕。果有名实，因以己为质〔17〕，使人以为己节〔18〕，因以死偿节。若然者，以用为知〔19〕，以不用为愚；以彻为名〔20〕，以穷为辱〔21〕。移是，今之人也，是蜩与学鸠同于同也。

【注释】

〔1〕自“古之人”至“其次以为有物矣”：此数句已见于《齐物论》篇，唯“弗”作“不”。

〔2〕反：通“返”。　是：此。　以：通“已”。　分：对生与死有所区分。　已：通“矣”。

〔3〕自“以无有为首”至“吾与之为友”：此数句已见于《大宗师》篇。一守，一体，《大宗师》篇作“一体”。

〔4〕三者：指以上三种人。　公族也：犹如公族也，比喻同出一源。

〔5〕昭景：昭氏、景氏，皆为楚国王族的姓氏。

〔6〕著：著称，显赫。　戴：职任。

〔7〕甲氏：楚国王族的姓氏。甲，为“屈”的假借字。

〔8〕封：封邑。

〔9〕黬（jiān）：指锅底的烟灰。

〔10〕披然：离散的样子。　移是：谓由此而移彼。

〔11〕尝：尝试。　非所言也：不是言语所能表达的。

〔12〕腊：祭名。　膍（pí）：牛百叶，即牛胃。　胲（gāi）：牛蹄。　可散：谓终究要撤去。　不可散：谓暂时还不能撤去。

〔13〕周：遍览。　寝庙：凡庙，前曰庙，后曰寝，合称寝庙。

〔14〕适：往。　偃：厕所。

〔15〕举：举例，设喻。

〔16〕知：通“智”。　乘是非：谓滋生是非。

〔17〕质：主。

〔18〕节：节操。

〔19〕知：通“智”。

〔20〕彻：显达。

〔21〕穷：困厄。

【译文】

古时候的人，他们的智能已经达到了最高的境界。怎样才算是达到了最高的境界呢？他们认为宇宙开始时，不曾有任何东西存在，可谓认识得极其深刻，极其透彻，无以复加了。次一等的人虽然认识到有物的存在，把生看成失，把死看成返归，这已经是有所分别了。再次一等的人认为世上最初无物，后来产生了生命，顷刻之间生命又复归于死灭；把无当作头，把生当作身体，把死当作尾骨；谁能认识到死生存亡是一体的，我们就和他交朋友。这三种人虽然旨趣各异，但却犹如公族之同出一源，皆以大道为宗。昭氏、景氏以有职任而著称，甲氏以有封邑而著称，他们的姓氏不同一。

生命忽然而生，犹如锅底结出一块烟灰，顷刻之间离散而死，就又会移此生命到他处。想谈谈"移是"的具体情形，但却不是言语所能表达的。虽然如此，但所不可言的仅指它的精妙之处；至于它的粗迹，是可以通过列举相似的事物而约略言之的。腊祭时必须具备牛胃和牛蹄，它们终究要撤去而暂时还不能撤去；又如观看宫室的人总要遍览于前庙后寝，久了又要到厕所去。为了说明"移是"的大致情形，就举了这些实例。

让我谈谈"移是"的情形：它是以生命为根本，以智能为指导，因而滋生出是非。果真有名与实的区别，因而把自己作为判断是非的标准，让人以自己为节操的榜样，以至于用死来偿节。像这样，就是以用于世为聪明，以不用于世为愚蠢；以显达为荣耀，以困厄为耻辱。如此转移的正是现在的人，犹如蜩与学鸠一样，同样是无知的。

蹍市人之足〔1〕，则辞以放骜〔2〕，兄则以妪〔3〕，大亲则已矣〔4〕。故曰，至礼有不人〔5〕，至义不物〔6〕，至知不谋〔7〕，至仁无亲〔8〕，至信辟金〔9〕。

【注释】

〔1〕蹍（niǎn）：误踩。

〔2〕辞：道歉。　放骜：放肆傲慢。骜，通"傲"。

〔3〕妪（yǔ）：妪煦，抚慰。

〔4〕大亲：指父母。　已：算了。

〔5〕不人：不分人我。

〔6〕不物：不分物我。

〔7〕知：通"智"。

〔8〕无亲：无所偏爱。

〔9〕辟：除去。

【译文】

误踩了街市上人的脚，就会通过以放肆自责来向对方致歉；误踩了哥哥的脚，就只要稍加抚慰即可；误踩了父母的脚，连抚慰都用不着。所以说，最高的礼不分人我，最高的义不分物我，最高的智能无须图谋，最高的仁爱就是无所偏爱，最高的诚信就是可以除去金玉不用。

彻志之勃〔1〕，解心之谬〔2〕，去德之累，达道之塞〔3〕。贵、富、显〔4〕、严〔5〕、名、利六者，勃志也；容〔6〕、动〔7〕、色〔8〕、理〔9〕、气、意六者，缪心也；恶、欲、喜、怒、哀、乐六者，累德也；去〔10〕、就〔11〕、取、与〔12〕、知〔13〕、能六者，塞道也。此四六者不荡胸中则正〔14〕，正则静，静则明，明则虚，虚则无为而无不为也。道者，德之钦也〔15〕；生者，德之光也；性者，生之质也〔16〕。性之动〔17〕，谓之为；为之伪，谓之失〔18〕。知者，接也〔19〕；知者，谟也〔20〕；知者之所不知，犹睨也〔21〕。动以不得已之谓德，动无非我之谓治〔22〕，名相反而实相顺也。

【注释】

〔1〕彻：通“撤”，撤除。　勃：当为“悖”字之误。悖，乱。

〔2〕谬：当为“缪”字之误。缪，系缚。

〔3〕达：疏通。　塞：阻塞，障碍。

〔4〕显：高显。

〔5〕严：尊严。

〔6〕容：仪容。

〔7〕动：举动。

〔8〕色：颜色。

〔9〕理：辞理。

〔10〕去：舍弃。

〔11〕就：趋近。

〔12〕与：给予。

〔13〕知：通“智”，智巧。

〔14〕四六：指悖志、缪心、累德、塞道四个方面中的六者。　荡：荡乱。　正：平正。

〔15〕钦：尊敬。

〔16〕质：本质，根本。

〔17〕动：谓率性而动。

〔18〕失：谓失其本真。

〔19〕接：谓接触外物。

〔20〕谟（mó）：谋划，思维。

〔21〕知者之所不知，犹睨（nì）也：谓有智慧的人认识能力也是有限的，犹如眼睛斜视不能看到所有的景物一样。知，通“智”。睨，斜视。

〔22〕动以不得已：谓物来感召而后应之，非自己有心而动。　治：不乱。

【译文】

撤除意志的悖乱，解脱心灵的束缚，抛弃道德的牵累，疏通大道的障碍。尊贵、富有、高显、尊严、名誉、利禄六者，是悖乱意志的；仪容、举动、颜色、辞理、义气、情意六者，是束缚心灵的；憎恶、欲求、欣喜、愤怒、悲哀、快乐六者，是牵累道德的；舍弃、趋近、获取、给予、智虑、技能六者，是阻塞大道的。这四个方面中的六者不在胸中荡乱，就可使心神平正，平正就安静，安静就明彻，明彻就虚通，虚通就恬淡无为而无所不为。大道，是为德所尊崇的；生命，是德借以发出光辉的地方；天性，是生命的本质所在。率性而动，叫作有所作为；有所作为而偏离天性，叫作失其本真。感性的知，是指与外界的接触；理性的知，是指内心的思维；人的认识能力也是极有限的，犹如眼睛斜视不能看到所有的景物一样。物来感召而后应称之为德，举动皆合于自然真性称之为治，德与治二者名称虽异，但实质是相同的。

羿工乎中微而拙乎使人无己誉[1]，圣人工乎天而拙乎人[2]。夫工乎天而俍乎人者[3]，唯全人能之[4]。唯虫能虫，唯虫能天[5]。全人恶天[6]？恶人之天？而况吾天乎人乎！

【注释】

〔1〕羿：相传为尧时的射箭能手。　工：擅长。　中：射中。　微：微小的目标。　使人无己誉：使人不称誉自己。

〔2〕天：自然。

〔3〕俍（liáng）：善于，擅长。

〔4〕全人：指得道之人。

〔5〕唯虫能虫，唯虫能天：谓只有虫能够安于它的简单本能，独全于它的自然天性。

〔6〕恶：何，哪里。

【译文】

羿擅长于射中微小的目标，但却不能使人们不称誉自己；圣人善于效法自然天道，但还不能做到自晦形迹。既能顺乎天道，又能使人忘掉自己，只有得道之人才能做到。只有虫能够自安于它的简单本能，独全于它的自然天性。得道之人哪里知道有自然之天？哪里知道有人为之天？何况以己意去分出什么自然和人为呢！

一雀适羿[1]，羿必得之，威也[2]；以天下为之笼，则雀无所逃。是故汤以胞人笼伊尹[3]，秦穆公以五羊之皮笼百里奚[4]。是故非以其所好笼之而可得者，无有也。

【注释】

〔1〕适：经过，飞过。

〔2〕威：威力，指善射箭的能力。

〔3〕胞人：厨师。胞，通"庖"。　笼：笼络。　伊尹：汤时的名相，原系有莘氏之媵臣，善烹调，于是商汤任其治庖，后又举任为相。

〔4〕百里奚：姓孟，字百里奚，春秋时虞国人，他喜欢用五色羊皮做皮衣。秦穆公便用五张羊皮笼络他，任其为相。

【译文】

有一只鸟雀飞过羿，羿必然会获取它，这靠的是善射的威力；把天下作为笼子，那么鸟雀是无法逃脱的。所以，商汤用庖厨之职便笼络了伊尹，秦穆公用五张羊皮就笼络了百里奚。因此，不用其喜好而能笼络人心，那是没有的事。

介者拸画，外非誉也〔1〕；胥靡登高而不惧〔2〕，遗死生也〔3〕。夫复謵不馈而忘人〔4〕，忘人，因以为天人矣。故敬之而不喜，侮之而不怒者，唯同乎天和者为然〔5〕。出怒不怒，则怒出于不怒矣；出为无为，则为出于无为矣。欲静则平气，欲神则顺心〔6〕，有为也欲当〔7〕，则缘于不得已〔8〕。不得已之类，圣人之道。

【注释】

〔1〕介者：被砍去一只脚的人。　拸（chǐ）画：摒弃饰容之具。拸，摒弃。画，饰容之具。　外非誉：把毁誉置之度外。非，诽谤，指责。

〔2〕胥靡：刑徒。

〔3〕遗：忘。

〔4〕夫：句首发语词，无义。　复：反复。　謵（xí）：受威吓。馈（kuì）：赠送。这里指报复。

〔5〕天和：天地间的冲和之气。

〔6〕神：谓精神舒畅而灵通。

〔7〕当：允当，得当。

〔8〕缘：顺。

【译文】

被砍去一只脚的人摒弃饰容之具，因为他已把毁誉置之度外；刑徒之人登高而不惧怕，因为他们已忘掉了生死。屡遭侮辱恐吓而无心报复，这便是忘记了人道；忘记了人道，便成了顺从天道的人。所以尊敬他而不欢喜，侮辱他而不发怒，只有同天地间的冲和之气吻合的人才能做到。发出怒气而出于无心，那么这种怒气是属于无心之怒了；有所作为而出于无心，那么这种作为是出于无为了。要想精神宁静，就必须内气平和；要想精神舒畅，就必须心气和顺；要想有所作为且使之得当，就应该出于不得已。一切都是迫不得已而为之，便是圣人之道了。

【评析】

《庚桑楚》是《庄子》杂篇的第一篇。内篇到外篇是一变，外篇到杂篇又是一变。这变化体现在几个方面。首先，杂篇有的文章结构更加松散，所以称它们为“杂”篇是有道理的，王夫之在《庄子解》中说：“杂云者，博引而泛记之谓。”寓言故事更加自由地散布在文章各段，甚至于在不少篇尾都会有一些零散的小段文字，它们彼此没有什么联系，被人们称为“杂俎”。其次，杂篇的作者也比外篇更加复杂，这意味着其中的学术思想渊源比内、外篇来得杂多。虽然多数学者认为出自庄子后学之手，但也有认为出自庄周本人之手的。成玄英则认为：“内篇明于理本，外篇语其事迹，杂篇杂明于理事。”也就是说内篇讲的大都是义理，比较抽象，议论也较多；外篇多讲述寓言故事，从中让人体会；杂篇则结合两者，故事中寓义理，义理外应合寓言故事，比较随意。但是无论内篇、外篇、杂篇有何区别，其内在的共通性也是不可忽视的。

《庚桑楚》篇的主旨就与内篇《养生主》篇有相通之处，并作了进一步阐发。庚桑楚是老聃的弟子之一。这一段通过畏垒之民的评价、庚桑楚与弟子的问答揭开本篇的重点所在：“夫全其形生之人，藏其身也，不厌深眇而已矣。”庚桑楚在畏垒之地，与天地相生相息，使万物随性而生，随性而化，百姓为表示感谢想尊奉他作圣人。庚桑楚却认为至高的境界应该像大道一样，无为而无不为，万物受之却一无所知，运化起来了无痕迹。像自己这样被人察觉而又传颂的，不免会招来祸害。所以要保全自己的“形”即生命，“生”即真性，必须学会“藏”。其实这里的所谓“藏”，也就是要把自己装点成“无用”的样子，以免遭《人间世》篇中的“斧斤”之祸。

到了此处，可以说内篇中“无用之用”的思想更加合理了，并非让自己一无是处，也不是消极地为避祸而荒废才能，准确地说应该是用一种更大的智慧在保全自己的基础上，泽被万物。《老子》十七章云：“太上，下知有之；其次，亲而誉之；其次，畏之；其次，侮之。信不足，焉有不信焉。悠兮，其贵言。功成事遂，百姓皆谓我自然。”《老子》说得很明白，君民关系有很多种不同的境界，庚桑楚不过是达到了次一级的“亲之誉之”的境界。而最高的就是要达到“百姓日用而不知”的状态，要让百姓以为所有的成就都是他们自己自然而然获得的，而并非是有圣王明君替他们治理好天下，将幸福美好的生活赐予他们。可以看到，内篇的养生主体是在下的个人，本篇则是在上的管理者，与《老子》更接近，而与《庄子》亦即内篇稍显疏远。

徐无鬼

【题解】

本篇内容比较驳杂，但着重论述了“性命之情”的相关问题。作者开篇即借徐无鬼与魏武侯的故事，说明人由于沉溺嗜欲好恶，伤害了自然本性，甚至将之完全遗忘。而一听至理真言，便如聆亲人謦欬，精神为之一振。相反，《诗》《书》《礼》《乐》皆先王陈迹，只能令人生厌。由此说来，仁义并非人之本性，君王以仁义治天下，名曰爱民，实则害民，因此，不如顺应自然，以无为为之，就像牧马童子所说，“去其害马者”，天下方能大治。

徐无鬼因女商见魏武侯〔1〕，武侯劳之曰〔2〕：“先生病矣〔3〕，苦于山林之劳〔4〕，故乃肯见于寡人〔5〕。”

徐无鬼曰：“我则劳于君，君有何劳于我！君将盈耆欲〔6〕，长好恶〔7〕，则性命之情病矣〔8〕；君将黜耆欲，掔好恶〔9〕，则耳目病矣。我将劳君，君有何劳于我！”武侯超然不对〔10〕。

少焉〔11〕，徐无鬼曰：“尝语君吾相狗也〔12〕。下之质〔13〕，执饱而止，是狸德也〔14〕；中之质，若视日；上之质，若亡其一〔15〕。吾相狗，又不若吾相马也。吾相马，直者中绳，曲者中钩，方者中矩，圆者中规，是国马也〔16〕，而未若天下马也〔17〕。天下马有成材〔18〕，若恤若失〔19〕，若丧其一。若是者，超轶绝尘，不知其所[20]。”武侯大悦而笑。

徐无鬼出，女商曰：“先生独何以说吾君乎[21]？吾所以说吾君者，横说之则以《诗》《书》《礼》《乐》，从说之则以《金板》《六弢》[22]，奉事而大有功者不可为数[23]，而吾君未尝启齿[24]。今先生何以说吾君，使吾君说若此乎[25]？”

徐无鬼曰：“吾直告之吾相狗马耳[26]。”女商曰：“若是乎？”曰：“子不闻夫越之流人乎[27]？去国数日，见其所知而喜[28]；去国旬月[29]，见所尝见于国中者喜；及期年也[30]，见似人者而喜矣[31]。不亦去人滋久[32]，思人滋深乎？夫逃虚空者[33]，藜藋柱乎鼪鼬之径[34]，踉位其空[35]，闻人足音跫然而喜矣[36]，又况乎昆弟亲戚之謦欬其侧者乎[37]！久矣夫，莫以真人之言謦欬吾君之侧乎[38]！”

【注释】

〔1〕徐无鬼：姓徐，名无鬼，缗山人，魏国隐士。　因：靠，即通过引见。　女商：姓女，名商，魏君的宠臣。　魏武侯：名击，魏文侯的儿子。

〔2〕劳：慰劳。

〔3〕病：困乏。

〔4〕劳：劳苦，劳累。

〔5〕故：今，现在。　寡人：古代王侯的自称。

〔6〕盈：满足。　耆：通“嗜”，嗜好。

〔7〕长：滋长。　好恶：指好恶之情。

〔8〕病：伤害，损害。

〔9〕黜：去掉。　掔（qiān）：引却，即抛弃。

〔10〕超然：犹“怅然”，若有所失的样子。

〔11〕少焉：过了一会儿。

〔12〕尝：试。　语：告诉。　相（xiàng）：通过观察外貌裁定其品质优劣。

〔13〕质：材质。

〔14〕狸：野猫。　德：材性。

〔15〕亡：通“忘”。　一：指身体。

〔16〕国马：即国中的良马。

〔17〕天下马：即天下的良马。

〔18〕成材：天然生成的材质。

〔19〕若恤（xù）若失：闷然无所思虑的样子。

〔20〕超轶（zhé）：谓超越群马。轶，原意为车辙，这里代指群马。绝尘：形容奔驰极速，蹈尘无迹。　不知其所：不知其所往。

〔21〕说：通“悦”。

〔22〕从：通“纵”。《金板》：书名，内容不详。《六弢》：书名，即《六韬》，为太公所作兵法。

〔23〕奉事而大有功：谓把《诗》《书》《礼》《乐》和《金板》《六韬》用于经邦定乱上，会有很大功效。

〔24〕未尝：未曾。　启齿：谓开口而笑。

〔25〕说：通“悦”。

〔26〕直：但，只。

〔27〕夫：彼，那。　越：越国。　流人：谓流亡之人。

〔28〕去：离开。　所知：知交。

〔29〕旬月：十天或一个月。

〔30〕期（jī）年：一周年。

〔31〕似人者：谓似国中之人。

〔32〕滋：愈。

〔33〕夫：彼，那。　虚空：指空旷无人的荒野。

〔34〕藜藋（lí diào）：泛指杂草。　柱：塞。　鼪鼬（shēng yòu）：黄鼠狼。　径：小路。

〔35〕踉：当为“良”字之误。良，长久。　位：处。

〔36〕跫（qióng）然：欢喜的样子。

〔37〕昆弟：兄弟。　謦欬（qǐng kài）：咳嗽，这里引申为言笑。侧：身旁。

〔38〕莫：没有人。　真人：指得道之人。

【译文】

徐无鬼通过女商的介绍去拜见魏武侯，武侯慰劳他说:“先生太困乏了，山林的生活过于劳苦，现在才肯来见我。”

徐无鬼说:“我却应当慰劳你，你有什么来慰劳我的呢！你如果要满足嗜好和欲望，滋长好恶之情，那生命的自然真性就会受到伤害；你如果要去掉嗜好和欲望，抛弃好恶之情，那耳目等器官就会感到不适。我应当慰劳你，你有什么来慰劳我的呢！”武侯听了后怅然若失，不能应答。

过了一会儿，徐无鬼说:“我试着告诉你，我会相狗。下等品质的狗，吃饱后就不愿再搏执，这与野猫的本性相同；中等品质的狗，意气高远，好像昂首望日的样子；上等品质的狗，好像忘掉了自己。我相狗的本领，还不如我相马高明。我相马的时候，看到马进退旋转，直的地方与绳墨相符合，弯曲的地方与钩相符合，方的地方与矩相符合，圆的地方与规相符合，这就是国中的良马，然而还赶不上天下的良马。天下的良马有天然生成的材质，闷然无所思虑，好像忘记了自身的存在。像这样，奔驰极速，超越群马，蹈尘无迹，不知跑向何处。”武侯听了，非常高兴地笑了。

徐无鬼出来之后，女商说:“先生用什么办法让我的国君高兴的呢？我使我的国君高兴的办法，横说就用《诗》《书》《礼》《乐》，纵说就用《金板》《六弢》，把这些施行到经邦定乱上，就可以收到数不清的功效，然而国君却未曾开口笑过。现在先生是用什么劝说国君，使他这样高兴呢？”

徐无鬼说:“我只是告诉他我相狗相马的事罢了。”女商说:“真是这样吗？”徐无鬼说:“你没听说流亡到越国的人吗？离开国土仅有几天，看到了知交就高兴；离开国土十天一个月，看到仅在国中见过面的人就高兴；等到离开国土一年的时候，看到似国中之人就会高兴。这不就是离开故人愈久，思念故人愈深吗？那逃到空旷无人的荒野地方的人，杂草堵塞了黄鼠狼来往的路径，长久地居处在空旷无人之地，听到人的脚步声就高兴起来，更何况是兄弟亲戚在他的身旁谈笑呢！没有人用真人的言论在国君身边谈笑，这已经很久了！”

徐无鬼见武侯，武侯曰："先生居山林，食芧栗[1]，厌葱韭[2]，以宾寡人久矣夫[3]。今老邪，其欲干酒肉之味邪[4]，其寡人亦有社稷之福邪？"

徐无鬼曰："无鬼生于贫贱，未尝敢饮食君之酒肉，将来劳君也。"君曰："何哉，奚劳寡人？"曰："劳君之神与形。"武侯曰："何谓邪？"徐无鬼曰："天地之养也一，登高不可以为长[5]，居下不可以为短[6]。君独为万乘之主，以苦一国之民，以养耳目鼻口，夫神者不自许也[7]。夫神者，好和而恶奸[8]。夫奸，病也[9]，故劳之。唯君所病之，何也？"

武侯曰："欲见先生久矣。吾欲爱民而为义偃兵[10]，其可乎？"徐无鬼曰："不可。爱民，害民之始也；为义偃兵，造兵之本也[11]。君自此为之[12]，则殆不成[13]。凡成美，恶器也[14]。君虽为仁义，几且伪哉[15]！形固造形[16]，成固有伐[17]，变固外战[18]。君亦必无盛鹤列于丽谯之间[19]，无徒骥于锱坛之宫[20]，无藏逆于得[21]，无以巧胜人[22]，无以谋胜人，无以战胜人。夫杀人之士民，兼人之土地[23]，以养吾私与吾神者，其战不知孰善[24]？胜之恶乎在？君若勿已矣[25]，修胸中之诚，以应天地之情而勿撄[26]。夫民死已脱矣[27]，君将恶乎用夫偃兵哉！"

【注释】

〔1〕芧（xù）：橡子。　栗：栗子，亦称板栗。

〔2〕厌：饱食。

〔3〕宾：通"摈"，弃。

〔4〕其：还是。　干：求。
〔5〕登高：比喻显贵，即高位。
〔6〕居下：比喻卑贱，即下位。
〔7〕不自许：不安。
〔8〕和：谓虚静、恬淡、寂寞、无为。　奸：指酒肉声色的滑乱。
〔9〕病：指心神之病。
〔10〕偃兵：息兵。
〔11〕本：根本。
〔12〕此：指爱民、偃兵。
〔13〕殆：恐怕。
〔14〕器：谓形迹。
〔15〕几：近乎。　且：将。
〔16〕形固造形：有形迹的仁义，必然会产生出有形迹的虚伪。固，必，必然。
〔17〕成：成功。　伐：失败。
〔18〕变固外战：机心妄动于内，战祸必生于外。变，指内心的妄动。
〔19〕无：通“毋”，不要。　盛：众多，盛大。　鹤列：阵名，谓陈兵如鹤之列。　丽谯（qiáo）：高楼名。
〔20〕徒骥：步骑兵。　锱（zī）坛：宫名。
〔21〕藏逆于得：谓标榜仁德于外，包藏逆心于内。得，通“德”。
〔22〕巧：谓机巧之心。
〔23〕兼：兼并。
〔24〕孰善：有何好处。
〔25〕勿已矣：不能已于爱民，即不能消除爱民之心。已，止，指消除爱民之心。
〔26〕应：顺应，符合。　天地之情：谓天地自然无为之道。　撄：扰乱。
〔27〕民死已脱：谓百姓自可脱离死亡。

【译文】

徐无鬼拜见武侯，武侯说：“先生居住在山林里，吃着橡子和栗子，饱食葱和韭菜，摈弃我已经很久了。是因为现在你老了呢，还是想尝尝酒肉的滋味呢，还是我的国家有福了呢？”

徐无鬼说：“我出身贫贱，从来不敢期望享用国君的酒肉，我是来慰劳你的。”武侯说:“这从何说起啊!怎么慰劳我呢?”徐无鬼说:“慰劳你的精神和形体。”武侯说:“这是什么意思呢?”徐无鬼说:“凡天地养生之理是相通的,不能因为身居高位而纵欲,也不能因为身处下层而废食。你是天下的君主,却劳苦一国的百姓,来颐养自己的耳目鼻口,那么心神就不能怡然自得。心神喜好虚静、恬淡、寂寞、无为之德而厌恶酒肉声色的滑乱。酒肉声色的滑乱是一种心神之病,所以我来慰劳你。只有你患这种病,为什么呢?”

武侯说:“我想见先生很久了。我想爱护人民,为了仁义而停止战争,这样可以吗?”徐无鬼说:“不可以。想爱护人民,就是残害人民的开始;为了仁义而停止战争,便是造成战争的根源。你若从这方面着手治国,恐怕是不能成功的。凡是有心成就美名,便是落入形迹。你虽是要推行仁义,却将接近于作伪呀!有形迹的仁义必然要产生出有形迹的虚伪,成功必然招致失败,机心妄动必然生出战祸。你一定不要大张旗鼓地陈兵于楼观之间,不要集合步骑兵在锱坛宫地,不要在心中包藏逆心,不要用智巧战胜别人,不要用谋略胜过别人,不要用战争打败别人。杀害别国的士兵民众,兼并别国的土地,用来奉养自己的身体和心神,这种战争不知有什么好处,胜利又在哪里呢?你如果不能消除爱民之心,那就不如修养内心的诚意,来顺应天地自然无为之道,不用仁义去干扰百姓。这样百姓自可脱离于死亡,你哪里还用得着去停止用兵呢!”

黄帝将见大隗乎具茨之山〔1〕,方明为御〔2〕,昌寓骖乘〔3〕,张若、謵朋前马〔4〕,昆阍、滑稽后车〔5〕。至于襄城之野〔6〕,七圣皆迷,无所问途〔7〕。

适遇牧马童子〔8〕,问途焉,曰:“若知具茨之山乎〔9〕?”曰:“然。”“若知大隗之所存乎〔10〕?”曰:“然。”

黄帝曰:“异哉小童!非徒知具茨之山〔11〕,又知大隗之所存。请问为天下〔12〕。”小童曰:“夫为天下者,亦若此而已矣,又奚事焉〔13〕!予少而自游于六合之内,予适有瞀病〔14〕,有长者教予曰〔15〕:‘若乘日之车而游于襄城之野[16]。'今予病少痊，予又且复游于六合之外[17]。夫为天下亦若此而已。予又奚事焉！"

黄帝曰："夫为天下者，则诚非吾子之事[18]。虽然，请问为天下。"小童辞[19]。

黄帝又问，小童曰："夫为天下者，亦奚以异乎牧马者哉！亦去其害马者而已矣[20]！"黄帝再拜稽首，称天师而退[21]。

【注释】

〔1〕大隗（wěi）：虚构的人名。　具茨：山名，在今河南新密。一说，虚构的山名。

〔2〕方明：虚构的人名，意谓明白。　御：驾车。

〔3〕昌寓：虚构的人名，意谓盛美。寓，通"宇"。　骖乘：坐在车右陪乘。

〔4〕张若：虚构的人名，意谓张大。　謵（xí）朋：虚构的人名，意谓所习很广。　前马：在马前作向导。

〔5〕昆阍（hūn）：虚构的人名，意谓守混同。　滑稽：虚构的人名，意谓言辞雄辩不穷。　后车：在车后当随从。

〔6〕襄城：在今河南襄城县。　野：郊野。

〔7〕七圣：指方明等六人加黄帝。　无所问途：没有地方可以问路。

〔8〕适：恰巧。

〔9〕若：你，指童子。

〔10〕存：在。

〔11〕非徒：不仅。徒，但。

〔12〕为：治理。

〔13〕奚事：何必多事。

〔14〕六合之内：指尘世。　瞀（mào）病：目眩之症。

〔15〕长者：指悟道者。

〔16〕乘日之车而游：谓任天而游。

〔17〕少：稍微。　痊：病愈。　六合之外：指一种没有俗尘喧扰的至虚之境。

〔18〕诚：诚然，固然。　吾子：相亲之辞，指童子。

〔19〕辞：拒绝回答。

〔20〕害马者：指伤害马的自然本性的人为方法。如《马蹄》篇指出的“烧之、剔之、刻之、雒之”等。

〔21〕稽（qǐ）首：叩头。　天师：合乎天道之师。

【译文】

黄帝将要到具茨山去拜见大隗，方明驾车，昌寓陪乘，张若、謵朋在马前做向导，昆阍、滑稽在车后随从。到了襄城的郊野，七人都迷失了方向，没有地方可以问路。

恰巧遇到一个牧马的孩子，便向他问路，说：“你知道具茨山吗？”回答说：“知道。”又问：“你知道大隗住在什么地方吗？”回答说：“知道。”

黄帝说：“这孩子真与众不同啊！不但知道具茨山，还知道大隗的住处。请问怎样才能治理天下。”小孩说：“治理天下，也就像这样罢了，又何必多事呢！我小的时候自己遨游于尘世，当时我生了目眩病，有一位悟道者教导我说：‘你可以在襄城的郊野任天而游。’现在我的病好一些了，我又要到没有俗尘喧扰的至虚之境去游玩。治理天下也就像这样罢了，我又何必多事呢！”

黄帝说：“治理天下，确实不是你做的事。虽然如此，还是请教你怎样治理天下。”小孩拒绝回答。

黄帝再次请教，小孩说：“治理天下，与牧马又有什么不同呢！也不过是除去那些伤害马的自然本性的人为方法罢了！”黄帝听了一再叩头，称小孩为天师而退去。

知士无思虑之变则不乐〔1〕，辩士无谈说之序则不乐〔2〕，察士无凌谇之事则不乐，皆囿于物者也〔3〕。招世之士兴朝〔4〕，中民之士荣官〔5〕，筋力之士矜难〔6〕，勇敢之士奋患〔7〕，兵革之士乐战〔8〕，枯槁之士宿名〔9〕，法律之士广治〔10〕，礼教之士敬容〔11〕，仁义之士贵际〔12〕。农夫无草莱之事则不比〔13〕，商贾无市井之事则不比〔14〕，庶人有旦暮之业则劝[15]，百工有器械之巧则壮[16]。钱财不积则贪者忧，权势不尤则夸者悲[17]。势物之徒乐变，遭时有所用[18]，不能无为也。此皆顺比于岁，不物于易者也[19]。驰其形性[20]，潜之万物[21]，终身不反[22]，悲夫！

【注释】

〔1〕知士：智谋之士。知，通“智”。　思虑之变：思考问题的灵活多变。

〔2〕序：条理。

〔3〕察士：苛察之士。　凌：凌辱。　谇（suì）：责骂。　囿：拘限。

〔4〕招世之士：招摇自见之人。　兴朝：以得志于朝廷为乐。

〔5〕中民之士：才质中等的人。　荣官：以官爵为荣耀。

〔6〕筋力之士：犹言“大力士”。　矜难：以战胜艰难自夸。

〔7〕奋患：奋勇除患。

〔8〕兵革之士：久于沙场的战士。

〔9〕枯槁之士：即隐士。　宿名：留恋高名。宿，守。

〔10〕法律之士：指“法家者流”。　广治：广泛推行法治。

〔11〕礼教之士：泛指“儒家者流”。下“仁义之士”与此同。　敬容：敬修容仪。

〔12〕贵际：注重交际。

〔13〕草莱之事：即耕种的事。　比：和乐。

〔14〕市井之事：谓做买卖。

〔15〕旦暮之业：日常活儿。　劝：勉力。

〔16〕百工：各种手工业工人。　壮：自夸。

〔17〕尤：出众。

〔18〕势物之徒：附势贪物的人。　乐变：喜欢变诈。　遭时有所用：谓希冀遭逢时机，使机诈得以施展。

〔19〕此：指招世之士等十六种人。　顺比：顺从。　岁：时。　不物于易：犹言“不易于物”，即不拘限于外物。

〔20〕形性：指身心。

〔21〕潜：陷没。

〔22〕反：通“返”，返回本性。

【译文】

智谋之士没有思考问题的灵活多变就不高兴，善辩之士没有论说的条理性就不高兴，苛察之人没有凌辱责骂事情就不高兴，这都是受了外物拘限的结果。招摇自见之人以得志于朝廷为乐，才质中等之人以官爵为荣耀，大力士以战胜艰难自夸，勇敢之士喜欢奋不顾身地排除祸患，久于沙场的战士以征战为乐，隐士喜好留恋高名，法家者流希望广泛推行法治，儒家者流注重敬修容仪，仁义之士注重交际。农夫没有耕种的事就不和乐，商人没有做买卖的事也不和乐，老百姓有日常活就会很勉力，手工业工人有操作器械的技能就会自夸。钱财积累不多，贪财的人就会忧虑；权势不出众，自夸的人就要悲伤。附势贪物的人喜欢变诈，希望逢到时机而使机诈得以施展，不能无为而处。这十六种人都是顺时投机，为一物所囿而不能相通。驰骛其形性，使之陷没于外物之中，终身执迷不悟，真是可悲啊！

庄子曰：“射者非前期而中〔1〕，谓之善射，天下皆羿也，可乎？”惠子曰：“可。”庄子曰：“天下非有公是也，而各是其所是〔2〕，天下皆尧也，可乎？”惠子曰：“可。”

庄子曰：“然则儒、墨、杨、秉四〔3〕，与夫子为五〔4〕，果孰是邪？或者若鲁遽者邪〔5〕？其弟子曰：‘我得夫子之道矣〔6〕，吾能冬爨鼎而夏造冰矣〔7〕。’鲁遽曰：‘是直以阳召阳〔8〕，以阴召阴，非吾所谓道也。吾示子乎吾道。’于是为之调瑟〔9〕，废一于堂〔10〕，废一于室，鼓宫宫动，鼓角角动〔11〕，音律同矣〔12〕。夫或改调一弦，于五音无当也〔13〕；鼓之，二十五弦皆动，未始异于声而音之君已〔14〕。且若是者邪？”

惠子曰："今夫儒、墨、杨、秉，且方与我以辩，相拂以辞，相镇以声[15]，而未始吾非也，则奚若矣[16]？"

庄子曰："齐人蹢子于宋者[17]，其命阍也不以完[18]，其求钘钟也以束缚[19]，其求唐子也而未始出域[20]，有遗类矣[21]！夫楚人寄而蹢阍者[22]，夜半于无人之时而与舟人斗，未始离于岑而足以造于怨也[23]。"

【注释】

〔1〕前期：预定目标。　中：射中。

〔2〕公是：即公理。　是其所是：将自己认为正确的视为公理。

〔3〕杨：杨朱。　秉：公孙龙的字。

〔4〕夫子：指惠施。

〔5〕鲁遽：姓鲁，名遽，周初人。

〔6〕夫子：指鲁遽。

〔7〕爨（cuàn）：烧。

〔8〕是：此。　直：只是。　召：招引。

〔9〕调瑟：调整琴瑟的音调。

〔10〕废：置。

〔11〕鼓：拨弦。　宫：古代的五音之一。　角：古代的五音之一。

〔12〕音律同矣：谓二瑟互为感应，发出相同的音调。

〔13〕无当：不和谐。

〔14〕未始：未尝。　音之君：即众音之主。

〔15〕拂：抵拒，对抗。　辞：言辞。　镇：压服。　声：声音。

〔16〕未始吾非：未曾使我认错，即辩论不过我。　奚若：何若，何如，怎么样。谓鲁遽怎么能跟我相比呢？

〔17〕蹢（zhí）：使踯躅。

〔18〕阍（hūn）：守门人。　完：指完全之人。

〔19〕钘（xíng）、钟：皆为乐器。钘，似小钟而长颈。　束缚：谓包裹。

〔20〕唐：失。　域：乡域。

〔21〕遗类：遗忘其族类。

〔22〕寄：寄居。

〔23〕离：通“丽”，附丽。 岑：岸。

【译文】

庄子说：“射箭的人不事先预定目标而射中他物，就称他为射箭能手，那么天下射箭的人都可以成为羿了，可以这样说吗？”惠子说：“可以。”庄子说：“天下没有公理，而各自都认为自己的看法正确，那么天下人都可以成为尧了，可以这样说吗？”惠子说：“可以。”

庄子说：“那么儒墨杨秉四家，加上你共是五家，究竟谁是正确的呢？或者就像鲁遽那样吧？他的弟子说：‘我学到先生的道术了，我能在冬天烧鼎而在夏天造冰。’鲁遽说：‘这只是用阳招引阳，用阴招引阴罢了，并不是我所说的道术。我给你看看我的道术。’于是就调整琴瑟的音调，放一只瑟在堂中，放一只瑟在室内，拨动一只瑟的宫音，另一只瑟就应之以宫音；拨动一只瑟的角音，另一只瑟就应之以角音；两只瑟所发出的音调完全相同。如果改变一根弦的音调，就使两只瑟的五音不和谐；在此时拨动起来，那二十五根弦都会跟着响动，这并不是声调上有什么不同，只是以改动的那一根弦作为主音罢了。你们也都像鲁遽这样自以为是吗？”

惠子说：“现在儒、墨、杨、秉四家，正在和我辩论，以言辞相抵拒，用严厉的声色相压服，而四子终究不能折服我，这说明我是对的，那么我怎么能像鲁遽呢？”

庄子说：“齐国有个人使儿子在宋国踯躅驻留，他让儿子守门，认为做此事不需要用形体完全之人；但他得到钘钟以后，却把它们用心包裹起来；他想要寻找流亡在外的儿子，却未尝肯走出村子的范围；这种爱子不如爱物的做法，未免是把自己的族类遗忘掉了。楚国有个病足而为人守门之人，他附寄舟上而求舟人载他返乡里，却在半夜无人的时候与舟人打斗，殊不知此时尚未靠岸，而与其打斗只能是造怨而已。”

庄子送葬，过惠子之墓，顾谓从者曰〔1〕：“郢人垩慢其鼻端〔2〕，若蝇翼，使匠石斫之〔3〕。匠石运斤成风，听而斫之[4]，尽垩而鼻不伤，郢人立不失容[5]。宋元君闻之[6]，召匠石曰：'尝试为寡人为之[7]。'匠石曰：'臣则尝能斫之[8]。虽然，臣之质死久矣[9]。'自夫子之死也[10]，吾无以为质矣，吾无与言之矣。"

【注释】

〔1〕顾：回头。

〔2〕郢：楚国都城，在今湖北江陵西北。　垩（è）：白土。　慢：通"漫"，涂。

〔3〕匠石：名叫石的木工。　斫（zhuó）：砍削。

〔4〕运斤成风：挥动斧头，呼呼生风。　听：任凭。

〔5〕尽垩：把泥点全部削净。　失容：失色。

〔6〕宋元君：即宋元公，名佐，宋平公之子。

〔7〕为之：谓施展用斧头削净鼻尖泥点的绝技。

〔8〕尝：曾经。

〔9〕质：指施技的对象。

〔10〕夫子：指惠施。

【译文】

庄子去送葬，途中经过惠子的坟墓，回头对随从的人说："有一个郢国人，一小滴泥溅到他的鼻尖上，像苍蝇的翅膀那样薄而小，就让匠石把它砍削掉。匠石挥动斧头，风声呼呼作响，任凭斤斧去砍削，把泥点全部削净而鼻子没有丝毫损伤，郢人凝然站立，神色不变。宋元君听说这件事，就把匠石找来说：'请你也试着为我砍削鼻尖上的泥点。'匠石说：'我以前是能够这样削的。虽然如此，但能让我施技的对象已经死掉很久了。'自从惠施死后，我没有辩论的对象了，我也就没有人可以辩论了。"

管仲有病，桓公问之曰："仲父之病病矣，可不谓云[1]！至于大病，则寡人恶乎属国而可[2]？"管仲曰：

“公谁欲与[3]？”公曰：“鲍叔牙[4]。”曰：“不可。其为人絜廉[5]，善士也。其于不己若者不比之[6]，又一闻人之过，终身不忘。使之治国，上且钩乎君，下且逆乎民[7]。其得罪于君也，将弗久矣。”

公曰：“然则孰可？”对曰：“勿已，则隰朋可[8]。其为人也，上忘而下畔[9]，愧不若黄帝而哀不己若者[10]。以德分人谓之圣，以财分人谓之贤。以贤临人[11]，未有得人者也；以贤下人[12]，未有不得人者也。其于国有不闻也，其于家有不见也。勿已，则隰朋可。”

【注释】

〔1〕病病：指病危。前“病”为名词，疾病；后“病”为动词，严重，病危。　可不谓云：谓不必忌讳不言了。在病人面前本该忌讳言病。谓，当为“讳”字之误。讳，忌讳。

〔2〕大病：谓病重不起，是病逝的委婉说法。　恶：何。　属国：指托付国政。

〔3〕谁欲与：即“欲与谁”，想交给谁。

〔4〕鲍叔牙：姓鲍，字叔牙，齐大夫，为管仲至交。

〔5〕絜廉：廉洁。絜，通“洁”。

〔6〕不己若：即“不若己”。　比：亲近。

〔7〕钩：违逆。

〔8〕勿已：不得已。　隰（xí）朋：姓隰，名朋，齐国贤人。

〔9〕畔：通“叛”，叛离。按：“畔”上原当有“不”字。

〔10〕哀：哀怜，同情。　不己若者：即“不若己者”，德行不及自己的人。

〔11〕临人：谓凌驾众人之上。

〔12〕下人：谓甘居人下。

【译文】

管仲生病了，齐桓公去问他说：“仲父的病已经很重了，现在不能再忌讳不说了！一旦病危，那我把国家政事托付给谁才好呢？”管仲说：“你想托付给谁呢？”桓公说：“鲍叔牙。”管仲说：“不可以。鲍叔牙是个洁廉的好人。他对于洁廉不如自己的就不去亲近，并且一听到别人的过错，就终身不会忘记。如果让他来治理国政，对上就要违逆君主，对下就要违反民意。他得罪君主，将不会太久了！”

桓公说：“那么谁可以呢？”回答说：“如果迫不得已的话，那么隰朋可以。他的为人能使在上的人忘掉自己，在下的人不叛离自己，他自愧德行不及黄帝而同情德行不如自己的人。施德于人称为圣人，施财于人称为贤人。以贤人自居而临驾众人之上，就不能取得人们的拥护；以贤人的身份甘居人下，就没有不得到人们拥护的。他对于国事有所不闻，对于家事有所不见。如果迫不得已的话，只有隰朋可以。”

吴王浮于江〔1〕，登乎狙之山〔2〕，众狙见之，恂然弃而走〔3〕，逃于深蓁〔4〕。有一狙焉，委蛇攫搔〔5〕，见巧乎王〔6〕。王射之，敏给搏捷矢〔7〕。王命相者趋射之〔8〕，狙执死〔9〕。

王顾谓其友颜不疑曰〔10〕：“之狙也〔11〕，伐其巧〔12〕，恃其便〔13〕，以敖予〔14〕，以至此殛也〔15〕。戒之哉！嗟乎，无以汝色骄人哉〔16〕！”颜不疑归，而师董梧〔17〕，以助其色〔18〕，去乐辞显〔19〕，三年而国人称之。

【注释】

〔1〕浮：渡。

〔2〕狙（jū）：猕猴。

〔3〕恂（shùn）然：惊惧的样子。　走：逃跑。

〔4〕深蓁（zhēn）：荆棘茂密处。

〔5〕委蛇（yí）：从容的样子。　攫搔：腾跳。搔，即今“搔”字。

〔6〕见：显示。

〔7〕敏给：敏捷。　搏：接。　捷矢：快速飞来的箭。
〔8〕相者：协助吴王打猎的人。　趋：急进。
〔9〕执：拿，握。
〔10〕顾：回头。　颜不疑：姓颜，字不疑，吴王的朋友。
〔11〕之：此。
〔12〕伐：矜夸。
〔13〕恃：依靠，凭借。　便：便捷。
〔14〕敖：通“傲”。
〔15〕殛（jí）：死，殒身。
〔16〕色：骄色，即骄人之色。
〔17〕师：拜某人为师。　董梧：姓董，名梧，吴国的贤人。
〔18〕助其色：谓去其骄矜之心。助，一本作“锄”，除去。
〔19〕去乐辞显：谓内去淫欲，外辞荣华。乐，声乐。辞，拒绝。显，显贵。

【译文】

吴王渡过长江，登上了猕猴聚居的山头，众猴看见吴王一行人，便惊恐地四散奔窜，逃到荆棘茂密之处。只有一只猴子，从容地欢腾跳跃着，在吴王面前显示它的灵巧。吴王射去一箭，它敏捷地接过快速飞来的箭矢。吴王命令左右射手快速放箭，猴子接不胜接，便执箭而死。

吴王回头对他的朋友颜不疑说：“这只猴子，矜夸它的灵巧，恃仗它的便捷，傲慢地对待我，才会这样死去。要引以为戒啊！唉，不要在别人面前表现出骄人的样子啊！”颜不疑回去以后，拜董梧为师，除去骄矜之心，内去淫欲，外辞荣华，修德三年而国人都称赞他。

南伯子綦隐几而坐〔1〕，仰天而嘘〔2〕。颜成子入见曰〔3〕：“夫子，物之尤也〔4〕。形固可使若槁骸〔5〕，心固可使若死灰乎？”

曰：“吾尝居山穴之中矣。当是时也，田禾一睹我[6]，而齐国之众三贺之。我必先之，彼故知之；我必卖之，彼故鬻之[7]。若我而不有之，彼恶得而知之？若我而不卖之，彼恶得而鬻之？嗟乎！我悲人之自丧者[8]，吾又悲夫悲人者[9]，吾又悲夫悲人之悲者[10]，其后而日远矣。”

【注释】

〔1〕南伯子綦：即南郭子綦。详见《齐物论》篇注。　隐几：倚靠在几上。

〔2〕嘘：慢慢地吐气。

〔3〕颜成子：南伯子綦的弟子。《齐物论》篇、《寓言》篇并作“颜成子游”。

〔4〕尤：谓出类拔萃。

〔5〕固：固然。　槁骸：枯骨。

〔6〕田禾：齐王姓名，即齐太公和。

〔7〕鬻（yù）：卖。

〔8〕自丧：因自炫名声而丧失真性。

〔9〕悲人：指能悲人之自丧而不能自觉其身的人。

〔10〕悲人之悲者：指自己。

【译文】

南伯子綦倚靠几子坐着，仰头朝天慢慢地吐着气。颜成子进来看到了这种情形，说：“先生，真是出类拔萃的人啊！人的形体固然可以使它像枯木一样毫无生机，人的心灵也可以使它像死灰一般不起一念吗？”

南伯子綦说：“我曾经在山洞里隐居过。那时候，齐君田禾一来看我，齐国的民众就再三祝贺齐君能得贤士。我必然是先有名声显示于世，所以国君才能得而知之；我必然是有意出卖名声，所以国君才能以见我之事炫耀于人。如果我没有名声，国君怎么能知道我呢？如果我不出卖名声，国君怎么能以见我之事炫耀于人呢？唉！我悲叹那些因自炫名声而丧失真性的人，我又悲叹那些能悲人之自丧而不能自觉其身的人，我又进而悲叹那些对别人的悲伤表示悲伤的人，所以，此后我便远离了悲哀之迹，而达到了形槁心灰的境界。”

仲尼之楚，楚王觞之〔1〕。孙叔敖执爵而立〔2〕，市南宜僚受酒而祭〔3〕，曰：“古之人乎，于此言已〔4〕！”

曰：“丘也闻不言之言矣，未之尝言，于此乎言之。市南宜僚弄丸而两家之难解〔5〕，孙叔敖甘寝秉羽而郢人投兵〔6〕。丘愿有喙三尺〔7〕！”

彼之谓不道之道，此之谓不言之辩〔8〕。故德总乎道之所一〔9〕，而言休乎知之所不知〔10〕，至矣。道之所一者，德不能同也。知之所不能知者，辩不能举也。名若儒、墨而凶矣〔11〕。故海不辞东流〔12〕，大之至也。圣人并包天地，泽及天下，而不知其谁氏。是故生无爵，死无谥，实不聚〔13〕，名不立，此之谓大人。狗不以善吠为良，人不以善言为贤，而况为大乎〔14〕！夫为大不足以为大，而况为德乎〔15〕！夫大备矣莫若天地，然奚求焉而大备矣〔16〕？知大备者，无求，无失，无弃，不以物易己也。反己而不穷〔17〕，循古而不摩〔18〕，大人之诚〔19〕。

【注释】

〔1〕之：到，往。 觞：酒器的总名。此处用作动词，谓以酒款待人。

〔2〕孙叔敖：蔿贾之子，亦称蔿敖，春秋时楚国人。曾为楚庄王相，此时孔子尚未出生，可见此则故事纯属寓言。 执：拿着。 爵：酒器。

〔3〕市南宜僚：姓熊，名宜僚，楚国勇士。因居住市南，故称。

〔4〕古之人乎，于此言已：古代的人啊，在这样的场合一定要说话吧。市南宜僚如此说是为诱使孔子说话。

〔5〕两家之难：指楚白公胜与大夫子西两家之间的战事。两家皆派

使者去请市南宜僚助战，宜僚则高枕安卧，以两手弄丸不止，承之以剑不动。使者各还，俱论宜僚“两手弄丸不止”之意，认为这在暗示两家如用兵不止就必会灭亡。最后两家各自解兵而归，不复用兵。

〔6〕甘寝：安寝恬卧。　秉：执。　羽：舞具，为舞者所执。　投兵：投弃兵戈，即息兵。

〔7〕丘愿有喙（huì）三尺：我愿有三尺长嘴。谓我既然无此长嘴，就无须多说了。喙，嘴。

〔8〕彼：指市南宜僚弄丸和孙叔敖甘寝之事。　此：指孔子不言之事。

〔9〕总：归根。

〔10〕休：停止，泯灭。

〔11〕而：犹“则”。　凶：谓招致凶祸。

〔12〕辞：拒纳。　东流：指东流入海的水。

〔13〕谥：谥号。　实：货财。

〔14〕为大：谓有心求大。

〔15〕为大不足以为大：谓有心求大则不足以成为大。　为德：谓有心修德。

〔16〕大备：指天地无心求大而大自备的道理。

〔17〕反：通“返”，归。

〔18〕循古：顺乎古道而行。　摩：揣摩。

〔19〕诚：指自然德性。

【译文】

孔子到楚国去，楚王以酒款待他。孙叔敖拿着酒器在一旁站立，市南宜僚举酒洒地而祭祷，说：“古代的人啊，在这样的场合您必定要说话吧！”

孔子说：“我曾听过无言之言，但未曾告诉过人，在这里我不妨说说它。市南宜僚从容弄丸，而两家兵难自解；孙叔敖安寝恬卧，执扇而舞，敌国不敢侵犯，楚人也就弃戈息兵了。我希望有三尺长嘴！”

市南宜僚弄丸和孙叔敖甘寝的做法，便是不烦论说而道存；孔子不言的做法，便是不烦言说而胜似雄辩。所以，各人所得到的德都统属在浑全纯一的大道之中，言论泯灭于思虑所不能知道的境域，这就是大道的极致。道所具有的浑全性质，是德所不能有的。

思虑所不能知道的境域，是不能用言语加以辩举的。像儒、墨那样以强辩名世，结果只能招致凶祸。所以大海不拒纳东来的水流，因而能极为博大。圣人功德包罗天地，恩泽布施天下，而天下人却不知道他是谁。所以生时没有爵位，死后没有谥号，不积聚货财，不立身扬名，这样的人便是大德之人。狗不因为善于叫唤就是好的，人不因为会说教便是贤人，何况是有心求大呢！有心求大则不足以成为大，何况是有心修德呢！论说大没有能与天地相比的了，但是天地哪里是因求取才伟大完备的呢！知道天地无心求大而大自备道理的人，无所求取，无所丧失，无所舍弃，不因外物改变自己的本性。返归自然本性就不会有穷尽，顺乎古道而不费心揣摩，这就是大德之人的自然德性。

子綦有八子，陈诸前〔1〕，召九方歅曰〔2〕："为我相吾子，孰为祥〔3〕。"九方歅曰："梱也为祥〔4〕。"子綦瞿然喜曰〔5〕："奚若？"曰："梱也将与国君同食以终其身。"子綦索然出涕曰〔6〕："吾子何为以至于是极也〔7〕！"

九方歅曰："夫与国君同食，泽及三族〔8〕，而况父母乎！今夫子闻之而泣，是御福也〔9〕。子则祥矣，父则不祥。"

子綦曰："歅，汝何足以识之！而梱祥邪，尽于酒肉〔10〕。入于鼻口矣，而何足以知其所自来？吾未尝为牧而牂生于奥〔11〕，未尝好田而鹑生于宎〔12〕，若勿怪〔13〕，何邪？吾所与吾子游者，游于天地。吾与之邀乐于天〔14〕，吾与之邀食于地；吾不与之为事，不与之为谋，不与之为怪；吾与之乘天地之诚而不以物与之相撄〔15〕，吾与之一委蛇而不与之为事所宜〔16〕。今也然有世俗之偿焉〔17〕！凡有怪征者〔18〕，必有怪行，殆乎〔19〕，非我与吾子之罪，几天与之也[20]！吾是以泣也。”

无几何而使梱之于燕，盗得之于道[21]，全而鬻之则难，不若刖之则易[22]，于是乎刖而鬻之于齐，适当渠公之街[23]，然身食肉而终。

【注释】

〔1〕子綦：即南郭子綦。　陈：列队。

〔2〕九方歅（yīn）：人名，伯乐的弟子，善于相面。

〔3〕吾子：我的儿子。　孰：谁。　祥：福分。

〔4〕梱（kǔn）：子綦之子。

〔5〕瞿然：惊喜的样子。

〔6〕索然：涕下的样子。

〔7〕极：绝境。

〔8〕三族：谓父族、母族、妻族。

〔9〕御：拒不接受。

〔10〕而梱祥邪，尽于酒肉：你所谓梱有福分者，不过局限于酒肉之间罢了。而，通“尔”，你。

〔11〕未尝：未曾。　牂（zāng）：母羊。　奥：室内西南隅。

〔12〕田：通“畋”，畋猎。　宎（yǎo）：室内东南隅。

〔13〕若：你。

〔14〕之：指子綦之子。　邀：求取。

〔15〕乘：顺。　撄：扰乱。

〔16〕委蛇：随顺的样子。　为事所宜：选择合适的事情来做。

〔17〕然：乃，却。　世俗之偿：谓得酒肉之福。

〔18〕怪征：不祥征兆。指表露于脸面的非分之福。

〔19〕殆：危险。

〔20〕几：岂。

〔21〕无几何：没过多久。　之：到，往。　盗得之于道：谓梱在途中为盗贼虏获。

〔22〕全：形体完好。　鬻：卖。　难：难于卖掉。　刖：断去一足。

〔23〕适：正好。　当：在。

【译文】

子綦有八个儿子，叫他们列队在面前，把九方歅请来说："给我的这些儿子相面，看看谁有福分？"九方歅说："梱最有福分。"子綦惊喜地说："有怎样的福分呢？"九方歅回答说："梱将会和国君一同饮食，以至到终身。"子綦悲伤地流下眼泪说："我的儿子怎么会走到这种绝境呢！"

九方歅说："能够和国君一同饮食，三族都要受到恩泽，何况是父母呢！现在先生听到此事却哭泣，这是拒不接受幸福。儿子有福了，父亲却是没有福分。"

子綦曰："歅啊，你怎么能知道呢！你所说的梱有福分，不过局限于酒肉之间罢了。酒肉固然可以入于口鼻，可是你哪里知道它的来由呢！我从来不曾放牧，而母羊却出现在室内西南角；从来不曾畋猎，而鹌鹑却出现在室内东南角，你不感到奇怪，为什么呢？我与我的儿子去遨游，只是游于天地之间。我和他们从天那里获得快乐，我和他们从地那里求取食物；我不和他们去做事，不和他们一起谋划，不和他们标新立异；我和他们顺应天地之道，而不受外物的干扰；我和他们都随顺自然，而不是选择合适的事情去做。现在却得到世俗的酒肉之福！凡是有不祥的征兆，必然会有怪异的行为，危险啊！这不是我和儿子的罪过，是天降的灾祸啊！所以我才哭泣的。"

过了不久，梱被派去燕国，在途中被盗贼所掳获，强盗觉得形体完好就难于卖掉，不如砍断了脚容易卖，于是便砍断他的脚后卖到齐国，正好替渠公看守临街之门，因此便一辈子吃肉而过完终生。

齧缺遇许由〔1〕，曰："子将奚之〔2〕？"曰："将逃尧〔3〕。"曰："奚谓邪？"曰："夫尧畜畜然仁〔4〕，吾恐其为天下笑。后世其人与人相食与〔5〕！夫民不难聚也〔6〕，爱之则亲，利之则至，誉之则劝〔7〕，致其所恶则散〔8〕。爱利出乎仁义，捐仁义者寡〔9〕，利仁义者众。夫仁义之行，唯且无诚，且假乎禽贪者器〔10〕。是以一人之断制利天下〔11〕，譬之犹一覕也〔12〕。夫尧知贤人之利天下也，而不知其贼天下也〔13〕，夫唯外乎贤者知之矣〔14〕。”

【注释】

〔1〕啮（niè）缺：虚构的人物。见《齐物论》篇注。　许由：尧时贤人。见《逍遥游》篇注。

〔2〕奚之：去哪里。奚，何。之，到，往。

〔3〕逃尧：谓怕尧将帝位禅让给自己，故逃避他。

〔4〕畜畜然：行仁的样子。

〔5〕其：将。

〔6〕聚：招揽。

〔7〕誉：称誉。　劝：勤勉。

〔8〕致：给。　散：离去。

〔9〕捐：舍弃。

〔10〕假：借。　禽贪：贪婪。　器：工具。

〔11〕断：决断。　制：裁制。

〔12〕覕（piē）：同“瞥”，暂见的样子。

〔13〕贼：害。

〔14〕外乎贤者：指无心于仁义的人。外，犹捐弃。

【译文】

啮缺遇见许由，说：“你要到哪里去？”许由说：“我要逃避尧。”啮缺说：“为什么呢？”许由说：“尧孜孜不倦地推行仁义，我恐怕他被天下人所讥笑。后世将出现人吃人的现象啊！民众并不难招揽，爱护他们就亲近你，使他们受益就会到来，称誉他们就会勤勉，强加给他们所厌恶的东西就会离开。凡爱人利人之名都出于仁义，所以不以仁义为利的人很少，而借仁义以获其利的人却很多。仁义的行为，不仅本身没有诚意，而且还被贪婪者借为作恶的工具。这是以一个人的决断来造福于天下，就好像局限于一瞥那样要不得。尧只知道贤人会造福于天下，却不知道贤人会祸害天下，只有无心于仁义的人才能明白这个道理。”

有暖姝者[1]，有濡需者[2]，有卷娄者[3]。

所谓暖姝者，学一先生之言，则暖暖姝姝而私自说也[4]，自以为足矣，而未知未始有物也[5]，是以谓暖姝者也。

濡需者，豕虱是也，择疏鬣长毛[6]，自以为广宫大囿[7]，奎蹄曲隈[8]，乳间股脚，自以为安室利处[9]，不知屠者之一旦鼓臂布草操烟火[10]，而己与豕俱焦也。此以域进[11]，此以域退，此其所谓濡需者也。

卷娄者，舜也。羊肉不慕蚁[12]，蚁慕羊肉，羊肉膻也[13]。舜有膻行[14]，百姓悦之，故三徙成都，至邓之虚而十有万家[15]。尧闻舜之贤，举之童土之地[16]，曰冀得其来之泽[17]。舜举乎童土之地，年齿长矣，聪明衰矣，而不得休归，所谓卷娄者也。

是以神人恶众至，众至则不比[18]，不比则不利也。故无所甚亲[19]，无所甚疏，抱德炀和以顺天下[20]，此谓真人。于蚁弃知，于鱼得计，于羊弃意[21]。以目视目，以耳听耳，以心复心[22]。若然者，其平也绳，其变也循[23]。古之真人，以天待之，不以人入天[24]。古之真人，得之也生[25]，失之也死；得之也死，失之也生。

【注释】

〔1〕暖姝（shū）：谓浅见自喜。

〔2〕濡需：谓偷安一时。

〔3〕卷娄：形容形体卷曲，精神疲倦。

〔4〕说：通“悦”。

〔5〕未始有物：指大道，未有万物之前大道就已经存在，故云。

〔6〕豕：猪。　疏鬣（liè）：疏长的鬣毛。　长毛：此二字原缺，今

据陈碧虚《庄子阙误》所引张君房本补。

〔7〕囿：苑囿。

〔8〕奎：两股之间。　曲隈（wēi）：深曲隐蔽之处。

〔9〕利处：有利的寄住之所。

〔10〕鼓：举。　布草：铺开柴草。　操：持。

〔11〕此以域进：即“以此域进”。域，指猪身。

〔12〕慕：爱慕。

〔13〕膻（shān）：膻气。

〔14〕膻行：发出膻腥的行为，指推行仁义。

〔15〕三徙成都：谓一徙历山而成聚，二徙雷泽而成邑，三徙河滨而成都。徙，迁徙。　邓：古地名。　虚：通“墟”。　有：通“又”。

〔16〕举：选拔。　童土：不长草木之地。

〔17〕冀：希冀，希望。　其：指舜。　泽：恩泽，好处。

〔18〕众至：谓以膻行招致民众。　比：和。

〔19〕甚：过分。

〔20〕抱德：守住自然德性。　炀（yáng）和：养和，即培养天和之气。

〔21〕于蚁弃知，于鱼得计，于羊弃意：使蚂蚁抛弃爱好膻味的心智，像鱼那样在江湖中悠游自得，使羊去掉散发膻气的意识。比喻真人弃智泯意，悠然自得于大道之境。

〔22〕复：领悟。

〔23〕循：顺，即随顺自然。

〔24〕以天待之：以自然之道对待人事。之，当为“人”字之误。以人入天：以人事干预自然之道。

〔25〕之：指自然。

【译文】

有种人浅见自喜，有种人偷安一时，有种人形体卷曲，精神疲倦。

浅见自喜的人，学到一位先生的学说，便沾沾自得而暗自高兴，自以为满足了，却不知道未有万物之前就已有大道存在，所以说是浅见自喜的人。

偷安一时的人，就像猪身上的虱子，选择稀疏毛长之处，就自认为是宽广的宫室和苑囿；腿蹄隐蔽之处，乳间股间的地方，自认为是安全的居室和有利的处所，却不知屠夫一旦挥动臂膀，铺开柴草，点起烟火，自己和猪便被一起烧焦了。在此环境中进，也在此环境中退，这就是偷安一时的人。

形体卷曲，精神疲倦的人，就是舜。羊肉不喜爱蚂蚁，蚂蚁却喜爱羊肉，因为羊肉有膻气。舜有散发膻腥的行为，百姓才会喜爱他，所以他经过三次迁徙而使住地成为都城，迁到邓这个地方便有十馀万家了。尧听说舜贤能，就把他从荒芜的地方选拔出来，说是希望他能给百姓带来恩泽。舜从荒芜的地方被选拔出来，年龄大了，聪明才智衰退了，也不能退休回家，这就是形体卷曲而精神疲倦的人。

所以神人厌恶众人的归附，民众聚集到一起就会不和睦，不和睦而强求和睦就必然不利。所以没有过分亲近的人，也没有过分疏远的人，守住自然德性和天和之气来顺遂天下，这就叫作真人。使蚂蚁抛弃爱好膻味的心智，像鱼那样在江湖中悠游自得，使羊去掉散发膻气的意识。用眼睛只看目所能及的事物，用耳朵只听耳所能闻的声音，用心灵只领悟心所能领悟到的知识。如果能这样，他的心灵就能平直如绳，他的变化就能随顺自然。古时候的真人，以自然之道对待人事，不以人事干预自然之道。古时候的真人，得到自然之道就生，失去自然之道就死；得到自然之道就死，失去自然之道就生。

药也，其实堇也[1]，桔梗也[2]，鸡廱也[3]，豕零也[4]，是时为帝者也[5]，何可胜言！

句践也以甲楯三千栖于会稽[6]，唯种也能知亡之所以存[7]，唯种也不知其身之所以愁。故曰：鸱目有所适[8]，鹤胫有所节，解之也悲[9]。

故曰：风之过河也有损焉，日之过河也有损焉[10]。请只风与日相与守河，而河以为未始其撄也[11]，恃源而往者也。故水之守土也审[12]，影之守人也审，物之守物也审。

故目之于明也殆[13]，耳之于聪也殆，心之于殉也殆[14]。凡能其于府也殆[15]，殆之成也不给改[16]。祸之长也兹萃[17]，其反也缘功[18]，其果也待久[19]。而人以为己宝，不亦悲乎！故有亡国戮民无已，不知问是也[20]。

故足之于地也践[21]，虽践，恃其所不蹍[22]，而后善博也[23]；人之于知也少，虽少，恃其所不知，而后知天之所谓也[24]。知大一[25]，知大阴[26]，知大目[27]，知大均[28]，知大方[29]，知大信[30]，知大定[31]，至矣。大一通之，大阴解之，大目视之，大均缘之[32]，大方体之，大信稽之[33]，大定持之。

尽有天，循有照[34]，冥有枢，始有彼[35]。则其解之也似不解之者，其知之也似不知之者，不知而后知之；其问之也，不可以有崖，而不可以无崖。颉滑有实[36]，古今不代，而不可以亏[37]，则可不谓有大扬搉乎[38]！阖不亦问是已[39]，奚惑然为！以不惑解惑，复于不惑，是尚大不惑[40]。

【注释】

〔1〕实：指药草。　堇（jǐn）：药草名，即乌头，治风冷痹。

〔2〕桔梗：多年生草木，其根入药，可宣肺、祛痰、排脓。

〔3〕鸡廱（yōng）：药草名，即鸡头，与藕子合为散，服之可以延年。

〔4〕豕零：药草名，即猪苓，可以治渴。

〔5〕是：指上几种药草。　时为帝：谓随时都可能成为主药。比喻贵贱祸福，随时变易。帝，主，指主药。

〔6〕句（gōu）践：即勾践，越国的国君。　甲楯：盔甲与盾牌，这里指披甲持盾的兵士。楯，通“盾”。　会稽：即会稽山，在今浙江绍兴东南。

〔7〕种：即越大夫文种，为勾践重要谋臣。

〔8〕鸱（chī）：即猫头鹰。　适：谓仅适宜于夜间视物。

〔9〕节：适，谓仅能适宜于长。　解：断，截。

〔10〕风之过河也有损焉，日之过河也有损焉：谓风吹日晒，就会使河水有所损耗。此处风、日比喻世累，河水比喻文种，谓文种不能遗世任真，故有此患。

〔11〕只：语助词。　未始：未曾。　撄：扰乱，指损耗。

〔12〕审：安定。

〔13〕目之于明：谓眼睛一味追求明察。　殆：危险。

〔14〕殉：逐物。

〔15〕能：智能。　府：灵府，胸中。

〔16〕不给：犹“不及”。

〔17〕长：增长。　兹：通“滋”。　萃：聚。

〔18〕反：通“返”，返回。谓返回本性。　缘：由。

〔19〕果：谓收到效果。

〔20〕是：指根源。

〔21〕践：踏。

〔22〕恃：依靠。　蹍（niǎn）：踩。

〔23〕博：广远。

〔24〕天之所谓：谓大道流衍变化，派生万物的种种情况。

〔25〕大一：指天地产生之前的混沌之象，即道。

〔26〕大阴：谓大一之后，阴阳絪缊，但未有动静相感之性。

〔27〕大目：谓大阴之后，已分出阴阳五行等名目。

〔28〕大均：谓大目之后，天地开始化育万物，平等而无偏私。

〔29〕大方：谓大均之后，万物充满天地之间。

〔30〕大信：谓万物有体有形，皆可一一稽考。信，实，实体。

〔31〕大定：谓使万物各定其位。

〔32〕缘：顺。

〔33〕体：体用。　稽：稽考。

〔34〕尽有天：谓人事尽而天理见。　循有照：谓顺理而自明。

〔35〕冥有枢：谓冥默之中自有枢要。枢，枢要。　始有彼：谓大一混沌之时，已有产生彼此的因素存在。

〔36〕颉（xié）：谓升降上下。　滑：谓流动旋转。

〔37〕亏：亏损。

〔38〕扬搉（què）：概略。

〔39〕阖：何。　是：指道的大致情形。

〔40〕尚：庶几，大概。

【译文】

譬如药物，不过就是乌头、桔梗、鸡头、猪苓等等，这几种药草随时都有可能成为主药，此等情况怎么可以说尽呢！

越王勾践率领三千兵士退守于会稽山上，只有大夫文种知道通过屈膝求和，可以使越国得以复存；也只有文种不知道功成不退，必然招致杀身之祸。所以说，猫头鹰的眼睛仅适宜于夜间视物，鹤的腿虽长却有所适宜，如果断去一截就会感到悲哀。

所以说，风从河上吹过，河水就要损耗；太阳从河上晒过，河水也要损耗。试请风与日常守河上，而河水未尝觉得有所损耗，这是因为河水依靠着源远流长的缘故。所以河水依偎着泥土才能安而不竭，影子依靠于人才能安定，事物依赖于造物者才能固定。

所以，眼睛一味求明就会有危险，耳朵过于追求聪敏就会有危险，心神总是逐物就会有危险。凡是从胸中流出智能的就会危险，危险一旦形成就来不及悔改。祸乱的增长是越来越多，要复归本性就必须认真悟道，这也需要经过长时间才能收到效果。世人把聪明与智能当作自己的宝贝，不是很可悲吗！所以会不断出现国家灭亡和人民被杀戮的事情，这是不知探究祸患根由的缘故。

所以，脚踩踏在地上，虽仅取容足而已，却要依靠未曾容足之地，而后才能达到广远；人所知道的知识是很少的，虽知之甚少，却要依靠所不知的，而后才能知道大道流衍变化的种种情况。知道大一，知道大阴，知道大目，知道大均，知道大方，知道大信，知道大定，就可以称为真知了。大一可以贯通，大阴可以化解，大目可以观照，大均可以随顺，大方可以体用，大信可以稽考，大定可以守持。

人事尽而天理见，顺理而自明，冥默之中自有枢要，混沌之时已有产生彼此的因素存在。对大道变化的认识，解似不解，知似不知，不知而后方能真知；要深究大道，它没有形迹边际，但又充满于天地之间。大道浑浩流转无法系执而确有实理，古今没有更代改变，谁也不能亏损它，那么这些可不就是大道的概略吗！为什么不究问这些概略呢？为何迷惑到这种地步呢！以不惑之理去解瞑眩之惑，从而回复其本性之不惑，这大概就能彻底不迷惑了。

【评析】

杂篇以“杂”闻名，不过所谓“杂”者，其重要性未必不如内篇、外篇。文章立义和为人处世是一样的道理，规矩法度只为凡夫俗子所立，天降之才与方外之人“幕天席地，纵意所如”（刘伶《酒德颂》），并不拘泥此间。比起某些堆砌成章枯燥无味的“工整”，有时倒不如求一片繁花似锦、纤金碎玉的“杂”。譬如这篇《徐无鬼》，虽“杂”而无章，仍不失动人之处，刘凤苞所谓：“逐段逐层，各有精义，自成一则妙文，如海上群山，参差错立，一丘一壑，皆具奇观，殊形异态，结构天然，正不必强为联属也。”（《南华雪心编》）我们阅读时倒不如也卸下曾经习以为常的一切寻求义理本根的念想，“恣纵而不傥，不以觭见之也”（《天下》），以“无拘”的心态应对“无法”的文章，免去历来的“求全之毁”，反而更能体味到其中瑰丽动人之处。

真正的智者并不会摆出一副冷冰冰的说教面孔，更多时候他们愿意以一种和光同尘的姿态出现在人间，不求高人一等，不逞一时之快，将哲思化人最普通的生活常理中，使世人在不知不觉间开悟。女商绞尽脑汁，把《诗》《书》《礼》《乐》《金板》《六弢》统统搬来对武侯横说竖说，还不如徐无鬼因其所好捧出一段“相狗相马”之论，看似无稽，却句句击中武侯内心。武侯长久地沉迷于世俗享乐，此刻听闻徐无鬼之言“大悦而笑”，并不是关于“狗马”的评判有多么精彩，而是身居王位、“去天日远”的他忽然在徐无鬼的言谈中感受到近乎空谷足音一般可贵的真意。这种“相悦以解”的方式在《说剑》等其馀篇目中也曾多次奏效，全凭了庄子“不敖倪于万物，不谴是非，以与世俗处”的精神与胸怀才能有如此构思，若换作他人，不知又该流露多少浅显的讥讽责骂了。

朋友之交在传统中被视为五伦之一，为人所重，中国历史上有几则关于朋友的佳话，一是伯牙、子期，高山流水遇知音，一是管仲、鲍叔牙，“生我者父母，知我者鲍子”，庄子和惠子的友谊也是千古传诵的。陶渊明有诗云：“路边两高坟，伯牙与庄周。”以伯牙、庄周之死，感叹世无知音。《庄子》一书中，描写了庄子与惠子二人诸多故事，惠子是名家代表人物，最喜辩论，庄子便常常与之展开辩论，虽然庄子不能认同惠子的观点，但仍视之为可以与自己在同一层次对话的知音。本篇记载庄子经过惠子之墓，表达了对惠子的惺惺相惜之意：“自夫子之死也，吾无以为质矣，吾无与言之矣。”一些学者研究发现，庄子的部分观点是受惠子影响而产生的，甚至有人认为《庄子》一书就是受惠子启发而作。这也证明庄子、惠子二人的情谊非同寻常，且主要建立在思想的交流甚至交锋上。

则 阳

【题解】

世人将自然本性抛之脑后，鲁莽灭裂之，干求妄进，追名逐利，其自然本性也鲁莽灭裂回报世人，使之精神萎顿，形体不保。然而一闻真言，一见真性，也如回到旧国旧都，心情舒畅。因此，大家应当以得道者为榜样，认真体悟大道，返归本性，顺从自然，澡雪精神，荡涤心灵，洗尽物欲，消除仁心。在现实世界中则应藏光敛耀，晦影逃名，在山泽则安于渔猎，在田野则乐于农桑，与物同游而不为物所役，与世陆沉而不为俗所拘，并进而做到生死两忘，是非双遣，对自然运化之道，万物生灭之理，都一概不去妄议。这样，方能无往而不自得。

则阳游于楚，夷节言之于王〔1〕，王未之见〔2〕，夷节归。彭阳见王果曰〔3〕："夫子何不谭我于王〔4〕？"王果曰："我不若公阅休〔5〕。"彭阳曰："公阅休奚为者邪？"曰："冬则擉鳖于江〔6〕，夏则休乎山樊〔7〕。有过而问者，曰：'此予宅也〔8〕。'夫夷节已不能，而况我乎！吾又不若夷节。夫夷节之为人也，无德而有知〔9〕，不自许，以之神其交〔10〕，固颠冥乎富贵之地〔11〕，非相助以德，相助消也〔12〕。夫冻者假衣于春〔13〕，暍者反冬乎冷风〔14〕。夫楚王之为人也，形尊而严〔15〕；其于罪也，无赦如虎〔16〕；非夫佞人正德〔17〕，其孰能桡焉〔18〕！故圣人，其穷也使家人忘其贫，其达也使王公忘爵禄而化卑[19]；其于物也与之为娱矣，其于人也乐物之通而保己焉[20]。故或不言而饮人以和[21]，与人并立而使人化父子之宜。彼其乎归居[22]，而一闲其所施。其于人心者，若是其远也。故曰待公阅休。”

【注释】

〔1〕则阳：姓彭，名阳，字则阳，鲁国人。以下皆称彭阳。　夷节：姓夷，名节，楚国大臣。　言：引荐。　王：即楚文王。

〔2〕王未之见：即“王未见之”。

〔3〕王果：人名，楚国贤人。

〔4〕谭：通“谈”，称说，推荐。

〔5〕公阅休：人名，楚国隐士。

〔6〕擉（chuō）：刺。

〔7〕山樊：山间林圃。

〔8〕此：指山樊。　宅：住舍。

〔9〕无德而有知：谓没有虚淡退让的德性，而有干求妄进的智术。知，通“智”，智术。

〔10〕不自许：不能以气骨自重。　神：神奇，神化。

〔11〕固：久。　颠冥：迷惑，沉迷。

〔12〕消：谓损消德性。

〔13〕冻者：受冻的人。　假：借助。

〔14〕暍（yē）：中暑。　反：思求。　反冬乎冷风：当为“反冷风乎冬”之误。

〔15〕形尊而严：形貌显得尊贵而严厉。

〔16〕罪：犯罪之人。　赦：赦免，宽恕。　如虎：像猛虎那样凶狠。

〔17〕夫：彼，那。　佞人：指有才辩的人。

〔18〕孰：谁。　桡（náo）：通“挠”，屈服。

〔19〕化卑：化为卑谦。

〔20〕物：指人事。　保己：谓保持自己的本性。

〔21〕饮人以和：给人以和顺之气。和，谓和顺之气。

〔22〕彼：指公阅休。　其乎：语助词。　归居：隐居。

【译文】

则阳出游到楚国，楚臣夷节把他引荐给楚文王，楚文王却没有接见他，夷节便回去了。彭阳拜见王果时说：“先生为什么不向楚王推荐我呢？”王果说：“我不如公阅休。”彭阳说：“公阅休是怎样的人呢？”王果说：“他冬天在江里刺鳖，夏天在山间林圃中休息。有过客问他，他说：‘这是我的住舍。’夷节尚且不能把你引荐给楚王，何况是我呢！我又不如夷节。夷节的为人，没有虚淡退让的德性而有干求妄进的智术，不能以气骨自重，凭着智术来神化他的交际，长久地沉迷于富贵的境域，非但不能在德行方面对别人有所帮助，反而对别人的德性有所损消。受冻的人思盼春天的衣服，中暑的人思求冬天的冷风。楚王的为人，形貌显得尊贵而严厉；他对于犯罪之人，不加宽恕，像猛虎那样凶狠；如果不是有才辩者和正德之士，谁能使他屈服呢！所以，圣人在穷困的时候，能使家人忘记贫困；在显达的时候，能使王公大人忘记高官厚禄而化为卑谦；对于万物，能够和它们和谐相处；对于人，能够快乐地沟通人事，而又不违反自己的本性。所以，虽然有时候不曾言语，却能以和顺之气来化人；与他人共处，就能化为父子之亲。圣人虽有这种化人之德，却隐居而不用。这与常人之心相比，二者相去甚远。所以说还得等待公阅休。”

圣人达绸缪，周尽一体矣〔1〕，而不知其然，性也〔2〕。复命摇作〔3〕，而以天为师〔4〕，人则从而命之也〔5〕。忧乎知，而所行恒无几时，其有止也若之何！

生而美者，人与之鉴〔6〕，不告则不知其美于人也。若知之，若不知之，若闻之，若不闻之，其可喜也终无已〔7〕，人之好之亦无已，性也。圣人之爱人也，人与之名，不告则不知其爱人也。若知之，若不知之，若闻之，若不闻之，其爱人也终无已，人之安之亦无已，性也。

旧国旧都，望之畅然〔8〕。虽使丘陵草木之缗〔9〕，人之者十九[10]，犹之畅然，况见见闻闻者也，以十仞之台县众间者也[11]！

冉相氏得其环中以随成[12]，与物无终无始，无几无时[13]。日与物化者，一不化者也，阖尝舍之[14]！夫师天而不得师天[15]，与物皆殉，其以为事也若之何[16]？夫圣人未始有天，未始有人，未始有始[17]，未始有物，与世偕行而不替[18]，所行之备而不洫[19]，其合之也若之何[20]？汤得其司御、门尹登恒为之傅之[21]，从师而不囿[22]，得其随成。为之司其名，之名嬴法[23]，得其两见。仲尼之尽虑，为之傅之。容成氏曰[24]："除日无岁，无内无外。"

【注释】

〔1〕达：解脱。　绸缪（móu）：结缚，纠缠。　周尽一体：洞达万物而与之混为一体。

〔2〕性：自然本性。

〔3〕复命：即静。　摇作：即动。

〔4〕天：指自然。

〔5〕命：命名。

〔6〕鉴：照。

〔7〕已：停止。

〔8〕旧国旧都：比喻自然本性。　畅然：舒畅，畅快。

〔9〕缗（mín）：葱茏茂盛。

〔10〕入之者十九：谓旧国旧都被草木覆盖了十分之九。入，指遮蔽部分。

〔11〕县：通"悬"。

〔12〕冉相氏：三皇以前的无为帝王。　环中：谓虚静无物之处。

〔13〕几：时期。

〔14〕阖尝舍之：何曾舍离"日与物化，一不化者也"这一原则。阖，何。

〔15〕夫：句首发语词，无义。　师天而不得师天：谓有心效法自然，则得不到效法自然的效果。师天，效法自然。

〔16〕其：指有心师天的人。

〔17〕始：指万物的起始。

〔18〕替：间断。

〔19〕所行之备而不洫：所行完美周备而不沉溺于物。洫，陷溺。

〔20〕其：指圣人。　合之：谓冥合大道。

〔21〕汤：商汤。　司御、门尹：官名。　登恒：人名，一说为有道之人。　傅之：做他的师傅，教导他。

〔22〕从：顺从。　囿：局限，限制。

〔23〕司：主管。　之：此。　嬴法：多馀的法。嬴，为"赢"之借字，谓多馀。

〔24〕容成氏：传说是黄帝时制作历法的人。

【译文】

圣人能解脱纠缠，洞达万物而与之混为一体，但却不知道为什么会这样，这是出于他的自然本性。他静处和行动，都以自然为宗，人们从而称他为圣人。世人忧虑智能不足，终日驰骛追逐而无停息之时，有什么办法才能达到圣人的境界呢！

天生美貌的人，别人常给他鉴别美丑，如果别人不相告，他就不会知道自己美貌过人。好像是知道，又好像是不知道，好像听说过，又好像没听说过，这样他的美丽就会常驻不衰，也才会使别人永远喜欢他，这是出于自然本性。圣人对别人仁爱，人们称他作圣人，如果人们不告诉他，他就不知道自己对别人仁爱。好像是知道，又好像是不知道，好像听说过，又好像没听说过，这样他就会对别人永远仁爱，也才会使别人永远感到安适，这是出于自然本性。

对自己的祖国和故乡，看到了心里就畅快。即使丘陵上葱茏茂盛的草木，把祖国和故乡的面貌掩蔽了十分之九，心里仍然觉得畅快，何况是在祖国和故乡之中亲见亲闻了呢！这就犹如十仞高台悬于众人之间啊！

冉相氏得真空之理，随顺万物以成其道，与万物无始无终，无时无刻地运转变化。时时与万物一同推移变化的人，其内在的天性是凝一不变的，何尝背离这个原则呢！如果有心效法自然，便不能得到效法自然的结果，便与追逐外物者无异，像这样用有心效法自然来处事，最终会怎样呢？圣人不曾知道有自然，不曾知道有人事，不曾知道有万物的起始，不曾知道有外物，与世道同行而不间断，所行完美周备而不沉溺于物，他冥合大道又会怎样呢？商汤得到担任过司御、门尹官职的登恒做他的师傅，却不局限于师傅的教诲，因而得到了随顺自然之道。如果只是担当许多有为之名，就会产生出多馀的法，因而仅能得到名与法两端。孔子也是尽其思虑，为他人做师傅。容成氏说："除去日便没有岁，没有内便没有外。"

魏莹与田侯牟约，田侯牟背之〔1〕。魏莹怒，将使人刺之。

犀首闻而耻之曰〔2〕："君为万乘之君也，而以匹夫从仇〔3〕！衍请受甲二十万〔4〕，为君攻之，虏其人民，系其牛马，使其君内热发于背，然后拔其国〔5〕。忌也出走，然后抶其背〔6〕，折其脊。"

季子闻而耻之曰〔7〕："筑十仞之城，城者既十仞矣〔8〕，则又坏之，此胥靡之所苦也〔9〕。今兵不起七年矣，此王之基也〔10〕。衍，乱人〔11〕，不可听也。"

华子闻而丑之曰〔12〕："善言伐齐者，乱人也；善言勿伐者，亦乱人也；谓伐之与不伐乱人也者，又乱人也。"君曰〔13〕："然则若何？"曰："君求其道而已矣。"

惠子闻之而见戴晋人〔14〕。戴晋人曰："有所谓蜗者〔15〕，君知之乎？"曰："然。""有国于蜗之左角者曰触氏，有国于蜗之右角者曰蛮氏〔16〕，时相与争地而战，伏尸数万〔17〕，逐北旬有五日而后反〔18〕。"

君曰："噫！其虚言与？"曰："臣请为君实之〔19〕。君以意在四方上下有穷乎[20]？”君曰：“无穷。”曰：“知游心于无穷[21]，而反在通达之国，若存若亡乎[22]？”君曰：“然。”曰：“通达之中有魏，于魏中有梁[23]，于梁中有王，王与蛮氏有辩乎[24]？”君曰：“无辩。”客出而君惝然若有亡也[25]。

惠子见，君曰：“客，大人也[26]，圣人不足以当之[27]。”惠子曰：“夫吹管也[28]，犹有嗃也[29]；吹剑首者[30]，吷而已矣[31]。尧、舜，人之所誉也；道尧、舜于戴晋人之前[32]，譬犹一吷也。”

【注释】

〔1〕魏莹：即魏惠王，名莹。　田侯牟：旧说多以为是齐威王，因其为田成子的后代，故称田侯。但齐威王名因齐，不名牟，故后人颇多疑议。　约：订立盟约。　背：违背盟约。

〔2〕犀首：魏官名。这里指担任此官的公孙衍。

〔3〕以匹夫从仇：谓以一般百姓所使用的方式报仇。从仇，报仇。

〔4〕受甲：率领兵士。

〔5〕内热发于背：内心焦灼而引起后背长出毒疮。　拔：攻破。

〔6〕忌：指齐将田忌。　抶（chì）：鞭打。

〔7〕季子：魏国贤臣。

〔8〕城者既十仞矣：“十”，当为“七”字之误。

〔9〕胥靡：服劳役的犯人。

〔10〕王：称王，建立王业。　基：基础。

〔11〕乱人：肇乱之人。

〔12〕华子：魏国贤臣。　丑：为之感到羞愧。

〔13〕君：指魏君莹。

〔14〕戴晋人：魏国的得道者。

〔15〕蜗：蜗牛。

〔16〕触氏：虚构的国名。　蛮氏：虚构的国名。

〔17〕伏尸：倒伏在地上的尸体。

〔18〕逐北：追赶败兵。北，败北，指败北之人。　旬有五日：十五

天。 反：通“返”。

〔19〕实：证实。

〔20〕在：察明。

〔21〕无穷：谓无限广大的境域，即大道。

〔22〕反在：谓反察，即转过头来看一眼。 通达之国：即四海之内。若存若亡：谓人迹所及的九州，比之于无穷无尽的大道，渺小得跟不存在似的。

〔23〕梁：魏国都城大梁，在今河南开封。

〔24〕辩：通“辨”，区别。

〔25〕客：指戴晋人。 惝（tǎng）然：若有所失的样子。 亡：失。按：此句后原有“客出”二字，疑为衍文，今删去。

〔26〕大人：谓大德之人。

〔27〕圣人：指下文的“尧、舜”，是拘于法度者的形象。

〔28〕管：管状乐器。

〔29〕嗃（xiāo）：指宏亮的管乐声。

〔30〕剑首：剑鼻，即剑环头的小孔。

〔31〕吷（xuè）：吹剑鼻时所发出的细小声音。

〔32〕道：称说。

【译文】

魏莹与田侯牟订下盟约，田侯牟违背了盟约。魏莹大怒，要派人去刺杀田侯牟。

犀首公孙衍听到这种做法后认为可耻，对魏惠王说：“您是大国的君主，竟然用一般老百姓所使用的手段来报仇！我请求率领二十万兵士，为您攻打齐国，俘虏齐国的人民，夺取齐国的牛马，使齐国的国君内心焦灼而引发脊背长出毒疮，然后攻破齐国。齐将田忌要是逃走，就用鞭子打他的背，折断他的脊梁骨。”

季子听到公孙衍的话后认为可耻，对魏惠王说：“建筑十仞高的城墙，已经建成七仞了，却又去毁坏它，这是服劳役的犯人感到痛心的事。现在已经七年不用兵打仗了，这是建立王业的基础。公孙衍是个好战乱的人，不可听从他的主张。”

华子听到季子的话后认为鄙陋，对魏惠王说：“劝说伐齐的人，是好作乱之人；劝说不攻伐的人，也是好作乱之人；说伐与不伐都是乱人的人，他自己又是好作乱之人。”魏惠王说：“那么应当怎么办呢？”华子说：“您追求大道就可以了。”

惠子听到这些情况后，就引荐戴晋人去拜见魏惠王。戴晋人说：“有一种名叫蜗牛的虫，您知道吗？”魏惠王说：“知道。”戴晋人说：“在蜗牛的左角上有个国家，名叫触氏；在蜗牛的右角上也有个国家，名叫蛮氏。这两个国家经常为争夺土地而作战，倒伏在地上的尸体就有好几万，追逐败兵要经过十五天才能回来。”

魏惠王说：“唉，这是虚构的话吧？”戴晋人说：“我请求为您证实它。您认为四方和上下有穷尽吗？”魏惠王说：“没有穷尽。”戴晋人说：“您知道精神遨游于无限广大的境域，而转过头来再看四海九州，就好像渺小得不存在似的吗？”魏惠王说：“是这样。”戴晋人说：“四海之内有个魏国，在魏国中有个都邑大梁，在都邑大梁中有您这位君王，这样，君王与蛮氏有区别吗？”魏惠王说：“没有区别。”戴晋人离开后，魏惠王心神恍惚，若有所失。

惠子来拜见，魏惠王说：“戴晋人是一位大德之人，尧、舜也赶不上他。”惠子说：“吹起竹管，还能发出宏亮的管乐声；吹起剑鼻，只是有细小的声音罢了。尧、舜，是人们所称誉的；在戴晋人面前称说尧、舜，就如同是细小的声音而已。”

孔子之楚，舍于蚁丘之浆〔1〕。其邻有夫妻臣妾登极者〔2〕，子路曰：“是稯稯何为者邪〔3〕？”仲尼曰：“是圣人仆也〔4〕。是自埋于民，自藏于畔〔5〕。其声销〔6〕，其志无穷，其口虽言，其心未尝言，方且与世违，而心不屑与之俱〔7〕。是陆沉者也，是其市南宜僚邪〔8〕？”

子路请往召之。孔子曰：“已矣！彼知丘之著于己也，知丘之适楚也〔9〕，以丘为必使楚王之召己也，彼且以丘为佞人也〔10〕。夫若然者，其于佞人也，羞闻其言〔11〕，而况亲见其身乎！而何以为存〔12〕？”子路往视之，其室虚矣。

【注释】

〔1〕之：到，往。 舍：住宿。 蚁丘：山丘名。 浆：指卖浆之家。

〔2〕夫妻：宅之主人，即市南宜僚与他的妻子。 臣妾：宅之仆人或仆婢。 登极：谓登上屋顶观察孔子为人。

〔3〕是：此，这。 稯稯（zǒng）：纷纷登屋的样子。

〔4〕仆：徒。

〔5〕埋：隐匿。 藏：隐。 畔：陇亩。

〔6〕声：声名。 销：寂灭。

〔7〕方且与世违：即将避世。违，离开，指避世。 与之俱：即与之同流合污。

〔8〕陆沉：谓不离市朝而自隐，如在陆而沉于水。 市南宜僚：姓熊，名宜僚，楚国人。因居住市南，故称。

〔9〕著：明，了解。 己：指市南宜僚。 适：到。

〔10〕佞人：谄佞之人。

〔11〕其：指市南宜僚。 其言：指佞人之言。

〔12〕而：通“尔”，你。 存：存问。

【译文】

孔子到楚国去，住在蚁丘山下的一个卖浆之家。他邻居的夫妻仆婢都登上屋顶观察孔子为人，子路说：“这些人纷纷登上屋顶是干什么的呢？”孔子说：“这是圣人一类人。他把自己藏身于民间，隐居在陇亩之中。他的声名寂灭无闻，他的心志游于无穷，他的嘴虽说过话，但他的心却不曾说过话，将要避世，而内心不屑与世俗同流合污。这是不离市朝而自隐的人，他该是市南宜僚吧？”

子路请求去把他召来。孔子说：“算了吧！他知道我了解他，知道我到楚国，以为我必定要让楚王召见他，他正把我看作谄佞之人。如果是这样，他对于谄佞之人，连听到他的话都感到羞耻，何况是亲自见面呢！你怎么去存问他呢？”子路前去看他，他的住处已经空无一人了。

长梧封人问子牢曰〔1〕：“君为政焉勿卤莽〔2〕，治民焉勿灭裂〔3〕。昔予为禾〔4〕，耕而卤莽之，则其实亦卤莽而报予[5]；芸而灭裂之[6]，其实亦灭裂而报予。予来年变齐[7]，深其耕而熟耰之[8]，其禾蘩以滋[9]，予终年厌飧[10]。”

庄子闻之曰：“今人之治其形，理其心，多有似封人之所谓，遁其天[11]，离其性，灭其情，亡其神，以众为[12]。故卤莽其性者，欲恶之孽[13]，为性萑苇[14]；蒹葭始萌[15]，以扶吾形[16]，寻擢吾性[17]；并溃漏发，不择所出[18]，漂疽疥痈[19]，内热溲膏是也[20]。”

【注释】

〔1〕长梧封人：即长梧子。长梧，地名。封人，守封疆的人。　问：犹“谓”。　子牢：姓琴，孔子弟子，为宋国卿士。

〔2〕为政：处理政事。　卤莽：粗疏。

〔3〕灭裂：草率。

〔4〕昔：从前。　为禾：栽种庄稼。

〔5〕其实：指庄稼的收成。　报：回报。

〔6〕芸：通“耘”，除草。

〔7〕变齐：更变方法。齐，通“剂”。

〔8〕熟：仔细。　耰（yōu）：除草。

〔9〕蘩：也作“繁”，繁茂。　滋：颗粒饱满。

〔10〕厌飧（sūn）：饱食。

〔11〕遁：失。

〔12〕众为：指上文卤莽、灭裂的行为。

〔13〕欲：指喜好之情。　孽：害。

〔14〕萑（huán）苇：芦苇。

〔15〕蒹葭（jiān jiā）：初生的芦苇。　萌：萌生。

〔16〕扶：助。

〔17〕寻：长时间之后。　擢（zhuó）：拔除。

〔18〕并：一齐。　溃：溃烂。　发：发作。　不择所出：谓百病并发。

〔19〕漂疽：巨疮。漂，当为“瘭”字之误。　疥痈：小疮。

〔20〕内热：即消渴症。　溲膏：即溺精。

【译文】

长梧封人对子牢说:“你处理政事不要粗疏，治理人民不要草率。以前我栽种庄稼的时候，耕种粗疏，庄稼的收成也马马虎虎地报答我；除草草率，庄稼的收成也简单草率地报答我。第二年我变更了方法，深耕细作，庄稼便长得十分繁茂且颗粒饱满，我这一年都能饱餐。”

庄子听到后说:“现在人们对待自己的身体，修养自己的心神，很多都像封人所说的那样，失去天性，背离本真，灭绝性情，丧失心神，都是由粗疏、草率的行为招致的。所以粗疏地对待本性，好恶之情对本性的伤害，正如芦苇对庄稼的危害一样；蒹葭初生，开始时扶苗同长，渐渐地就会过盛而害苗；待累积的伤害一齐溃烂发作，百病皆出，巨疮痈疽、内热溺精等病就是如此。”

柏矩学于老聃[1]，曰:“请之天下游[2]。”老聃曰:“已矣！天下犹是也[3]。”又请之，老聃曰:“汝将何始?”曰:“始于齐。”

至齐，见辜人焉[4]，推而强之[5]，解朝服而幕之[6]，号天而哭之曰:“子乎子乎！天下有大菑[7]，子独先离之[8]！”曰:“莫为盗[9]，莫为杀人？荣辱立，然后睹所病[10]；货财聚，然后睹所争。今立人之所病，聚人之所争，穷困人之身使无休时[11]，欲无至此，得乎！古之君人者，以得为在民，以失为在己；以正为在民，以枉为在己；故一形有失其形者[12]，退而自责。今则不然，匿为物而愚不识[13]，大为难而罪不敢[14]，重为任而罚不胜[15]，远其途而诛不至[16]。民知力竭，则以伪继之。日出多伪，士民安取不伪！夫力不足则伪，知不足则欺，财不足则盗。盗窃之行，于谁责而可乎?”

【注释】

〔1〕柏矩：姓柏，名矩，怀道之士，老子的学生。

〔2〕之：往。

〔3〕已矣：算了吧。　是：此。

〔4〕辜人：暴露于街头的罪人之尸。

〔5〕推而强之：谓将尸体摆正。

〔6〕朝服：官吏所穿的衣服。　幕：覆，盖。

〔7〕菑：通“灾”。

〔8〕离：通“罹”，遭。

〔9〕莫为：乃诘问之词。

〔10〕病：祸害。

〔11〕穷困：困扰。

〔12〕一形：谓一个人。　失：亏损。

〔13〕愚：当为“过”字之误。过，责备。

〔14〕罪：归罪。

〔15〕胜：胜任。

〔16〕诛：杀。

【译文】

柏矩在老聃门下求学，说:“请允许我到天下各地游历。”老聃说:“算了吧！天下都是一个样的。”柏矩再次提出请求，老聃说:“你要从哪里开始？”柏矩说:“从齐国开始。”

到了齐国，看见一具暴露于街头的罪人之尸，他就将尸体摆正，然后脱下朝服盖在尸体上面，仰天号哭着说:“你呀！你呀！天下有大灾大难，却让你先遭上了！”柏矩又说:“你遭受这种灾祸，是因为盗窃呢，还是因为杀人呢？统治者不能忘荣辱，然后老百姓就以不荣为祸害；统治者喜好积聚货财，然后老百姓就纷纷为货财而争斗。今天的君主立于荣辱之上，处于货财之中，以名利困扰百姓而使之永远不得安宁，要想不身遭刑戮，做得到吗？古时候的君主，把功绩归于百姓，把过错归于自己；把正确归于百姓，把过失归于自己；所以只要有一个人亏损了形性，不但不责亏损者，反而引咎自责。现在却不是这样，故意隐藏物性而责备百姓不知物性，增加困难的程度而加罪于不敢去做的人，加重任务而处罚不胜任的人，延长路程而诛杀不能到达的人。人民智能和力量都用尽了，就用虚假来应付。统治者天天弄虚作假，士民百姓怎么能不虚伪呢！能力不足便要作伪，智能不足便要欺骗，财用不足便要盗窃。盗窃行为的发生，究竟应该责备谁呢？”

蘧伯玉行年六十而六十化〔1〕，未尝不始于是之而卒诎之以非也〔2〕，未知今之所谓是之非五十九非也！万物有乎生而莫见其根〔3〕，有乎出而莫见其门〔4〕。人皆尊其知之所知〔5〕，而莫知恃其知之所不知而后知，可不谓大疑乎〔6〕！已乎已乎！且无所逃〔7〕。此所谓然与然乎〔8〕！

【注释】

〔1〕蘧伯玉：姓蘧，名瑗，字伯玉，卫国贤大夫。　行年：经历过的年岁。　化：谓认识随着年龄的变化而变化。

〔2〕未尝：未曾。　是之：认为正确。　卒：最后。　诎之以非：谓斥之为错误。诎，贬斥。

〔3〕根：根本，指道。

〔4〕门：门径，也指道。

〔5〕知之所知：前一“知”通“智”，后一“知”意谓知道。

〔6〕大疑：大惑。

〔7〕且无所逃：谓摆脱不了大惑。

〔8〕然与然：二“然”皆谓“这样”。

【译文】

蘧伯玉年岁六十，而六十年中不断改变着自己的认识，没有不是开始认为正确而后来斥为错误的，他不知道现在所肯定的不就是五十九岁时所否定的吗！万物都是生长出来的，然而却看不到产生它们的根本；都有出生的地方，然而却看不到它们的门径。人们都重视自己智能所能知道的知识，却不知道依靠智能所不能知道而后知道的道理，这难道不是最大的疑惑吗！算了吧！算了吧！世人无法逃避这种错误。这一点是必然无疑的！

仲尼问于大史大弢[1]、伯常骞[2]、狶韦曰[3]："夫卫灵公饮酒湛乐[4]，不听国家之政[5]；田猎毕弋[6]，不应诸侯之际[7]；其所以为灵公者何邪？"

大弢曰："是因是也[8]。"伯常骞曰："夫灵公有妻三人，同滥而浴[9]。史鳅奉御而进所[10]，搏币而扶翼[11]。其慢若彼之甚也[12]，见贤人若此其肃也[13]，是其所以为灵公也。"狶韦曰："夫灵公也死，卜葬于故墓不吉[14]，卜葬于沙丘而吉[15]。掘之数仞，得石椁焉[16]，洗而视之，有铭焉[17]，曰：'不冯其子，灵公夺而里之[18]。'夫灵公之为灵也久矣，之二人何足以识之[19]！"

【注释】

〔1〕大（tài）史：史官。大，通"太"。　大弢：史官姓名，具体不详。

〔2〕伯常骞：史官姓名，即周朝史官柏常骞。

〔3〕狶（shǐ）韦：史官姓名，具体不详。

〔4〕湛乐：沉湎于逸乐。湛，通"耽"。

〔5〕听：管理，处理。

〔6〕毕：用长柄网捕取禽兽。　弋（yì）：用绳系箭而射。

〔7〕应：参加。　际：指盟会之事。

〔8〕前"是"：这，此。　后"是"：指无德政。

〔9〕滥：通"鉴"，浴盆。

〔10〕史鳅：姓史，名鳅，字子鱼，卫灵公的大臣，以仁孝著称。奉御：承奉御物，即手捧御用衣物。　所：指灵公与妻妾同浴之所。

〔11〕搏币：接取币帛。　扶翼：扶助。

〔12〕慢：淫乱。　彼：指与妻妾同浴。

〔13〕贤人：指史鳅。　肃：敬。

〔14〕卜：占卜。　故墓：也作“大墓”，指生前预筑的墓穴。
〔15〕沙丘：地名。
〔16〕掘：挖。　石椁：石制套棺。椁，棺材外的套棺。
〔17〕铭：铭文。
〔18〕冯：通“凭”。　其子：指原死者的子孙。　里：居。
〔19〕之：此。　二子：指大弢和伯常骞。

【译文】

孔子问大史大弢、伯常骞、狶韦三个人说：“卫灵公沉湎于饮酒逸乐，不处理国家的政事；经常猎兽捕禽，不参加诸侯的盟会；他死后却得到可美可恶的灵公谥号，这是为什么呢？”

大弢说：“这是因为他荒淫无道的缘故。”伯常骞说：“灵公有三个妻子，他和三个妻子同在一个浴盆里洗澡。史鳅手捧着御用衣物来到灵公那里，灵公叫人接过史鳅所捧的衣物，并恭敬地扶着他行走。灵公生活淫乱是那样的严重，但见到贤人却这般肃敬，这就是他被称为灵公的原因。”狶韦说：“灵公死后，经过占卜，认为葬在生前预筑的墓穴不吉利，认为葬在沙丘就会吉利。挖掘坟墓到数仞深时，得到了一个石制的套棺，洗干净来看，上面有铭文说：‘原葬子孙不能保祖坟，将被后世灵公夺去居住。’灵公的谥号在很久以前就定下来了，大弢和伯常骞这两个人怎能了解天然之理呢！”

少知问于大公调曰〔1〕：“何谓丘里之言〔2〕？”大公调曰：“丘里者，合十姓百名而以为风俗也，合异以为同，散同以为异。今指马之百体而不得马，而马系于前者〔3〕，立其百体而谓之马也。是故丘山积卑而为高，江河合水而为大，大人合并而为公〔4〕。是以自外入者，有主而不执〔5〕；由中出者，有正而不距〔6〕。四时殊气，天不赐〔7〕，故岁成；五官殊职〔8〕，君不私，故国治；文武〔9〕，大人不赐，故德备；万物殊理，道不私，故无名。无名故无为，无为而无不为。时有终始〔10〕，世有变化[11]。祸福淳淳至[12]，有所拂者而有所宜[13]；自殉殊面[14]，有所正者有所差。比于太泽[15]，百材皆度[16]；观于大山，木石同坛[17]。此之谓丘里之言。”

少知曰：“然则谓之道，足乎？”大公调曰：“不然。今计物之数，不止于万，而期曰万物者[18]，以数之多者号而读之也[19]。是故天地者，形之大者也；阴阳者，气之大者也；道者为之公。因其大以号而读之，则可也。已有之矣，乃将得比哉？则若以斯辩[20]，譬犹狗马，其不及远矣[21]！”

少知曰：“四方之内，六合之里，万物之所生恶起[22]？”大公调曰：“阴阳相照，相盖相治[23]；四时相代，相生相杀。欲恶去就，于是桥起[24]；雌雄片合[25]，于是庸有[26]。安危相易，祸福相生，缓急相摩，聚散以成[27]。此名实之可纪[28]，精微之可志也[29]。随序之相理。桥运之相使，穷则反[30]，终则始，此物之所有[31]。言之所尽，知之所至，极物而已。睹道之人，不随其所废[32]，不原其所起[33]，此议之所止。”

少知曰：“季真之莫为[34]，接子之或使[35]，二家之议，孰正于其情，孰偏于其理？”大公调曰：“鸡鸣狗吠，是人之所知；虽有大知[36]，不能以言读其所自化[37]，又不能以意其所将为[38]。斯而析之[39]，精至于无伦[40]，大至于不可围，或之使，莫之为，未免于物而终以为过。或使则实，莫为则虚。有名有实，是物之居；无名无实，在物之虚。可言可意，言而愈疏[41]。未生不可忌，已死不可徂[42]。死生非远也，理不可睹。或之使，莫之为，疑之所假〔43〕。吾观之本〔44〕，其往无穷；吾求之末〔45〕，其来无止；无穷无止，言之无也，与物同理；或使莫为，言之本也，与物终始。道不可有，有不可无。道之为名，所假而行。或使莫为，在物一曲〔46〕，夫胡为于大方〔47〕？言而足〔48〕，则终日言而尽道；言而不足〔49〕，则终日言而尽物。道物之极，言默不足以载〔50〕；非言非默，议有所极。”

【注释】

〔1〕少知、大公调：皆为虚构的人物。

〔2〕丘里之言：可以通行于乡里的共同舆论。丘里，乡里。

〔3〕系：拴。

〔4〕合并而为公：谓合万物之异以为同。

〔5〕主：指主见。　执：偏执。

〔6〕正：指正。　距：拒绝。

〔7〕殊：不同。　气：气候。　赐：偏私。

〔8〕五官：指司徒、司马、司空、司士、司寇。

〔9〕文武：其下当补“殊能”二字，文意方通。

〔10〕时：四季。

〔11〕世：世事。

〔12〕淳：谓变化无常。

〔13〕拂：违逆。　宜：适宜。

〔14〕自殉殊面：谓各自朝着不同方向驰逐。殉，逐。面，方向。

〔15〕比：譬如。　太泽：即大泽。

〔16〕百材皆度：谓各种树木一同生长在大泽之中。度，居。

〔17〕坛：基盘。

〔18〕期：限。

〔19〕号：称。　读：犹“语”。

〔20〕辩：通“辨”，区别。

〔21〕不及：不同。

〔22〕六合：天地四方。　恶（wū）：何。

〔23〕相照：相应。　相盖：相害。盖，通“害”。　相治：相济。
〔24〕就：靠近。　桥起：谓突然而起。
〔25〕雌雄：即夫妇。
〔26〕庸有：谓常有子孙。庸，常。
〔27〕以：犹“相”。
〔28〕纪：识记。
〔29〕志：记载。
〔30〕穷：极。　反：通“返”。
〔31〕所有：所共有的现象。
〔32〕随：探究。　其：指万物。
〔33〕原：追溯。
〔34〕季真：齐国贤人，稷下学者。　莫为：无为。
〔35〕接子：齐国贤人，稷下学者。　或使：有为。
〔36〕大知：指大智之人。知，通“智”，智慧。
〔37〕言：语言。　读：说明。
〔38〕意：心意。
〔39〕斯：剖分。
〔40〕精至于无伦：谓小到极点，没有任何事物可以与之相比。伦，类，辈，比。
〔41〕言而愈疏：越是用言语讨论分辨，就离道越远。疏，疏远。
〔42〕忌：禁。　徂：当为“阻”字之误。
〔43〕假：借。
〔44〕之：指物理。　本：起始。
〔45〕末：终结。
〔46〕一曲：一偏。
〔47〕大方：大道。
〔48〕足：谓圆通周遍。
〔49〕不足：偏滞。
〔50〕载：表达。

【译文】

少知问大公调说：“什么是丘里之言？”大公调说：“所谓丘里，就是聚合许多不同姓名的人家而形成一种风俗的群体，聚合相异的东西可以成为同一，分散同一又可以成为相异的东西。现在仅指向马体的各个部分便不能称作马，而拴于眼前的马之所以可称作马，是因为它合并了各个部分而成为一个整体的缘故。所以，丘山积累了许多低矮的土石而变得高大，江河汇聚了众多的水流而变得广阔，得道之人合并了万物之异而总归于大同。因此，人家的话自外进入我心，我虽自有主意，却不固执成见；我的话自内发出而进入人世，人家虽有所批评，我却不曾拒绝。四时的气候不同，天不曾偏赐某一季节，所以四季运行有序而没有造成差错；五官的职责不同，君主不曾偏私某一官职，所以国家才能得到治理；文武的才能不同，大德之人不曾偏赐某一方，所以人们的德性完备；万物的发展规律不同，大道不曾偏私某一物，所以万物不可名状。无所名状就无所作为，无所作为也就无所不为。四季有循环终始，世事有发展变化。祸福的变化无常，有所乖逆却可以变为有所适宜；各自朝着不同的方向驰逐，取向正确却可以出现偏差。譬如大泽，百树同长于大泽之中；再看看大山，木石同以大山为落脚的地方。这就是丘里之言。”

少知说：“那么把丘里之言称为道，可以吗？”大公调说：“不可以。现在计算物的数量，不止于万，但却限定地称为万物，这只是用最大的数目来称呼它。所以天地是形体中最大的，阴阳是精气中最大的；道是天地阴阳的总结。因为它广大无边而粗略地称之为大道，这是可以的。已经有了大道之名，难道还能用丘里之言来比喻它吗？如果把大道与丘里之言相区别，这二者正像马与狗那样，其间相差太远了！”

少知说：“四方之内，六合之中，万物是从哪里产生出来的？”大公调说：“阴阳相互交感，相互侵害，相互扶持；四时相互更替，春夏生长，秋冬肃杀。爱憎退进的表现，于是突然而起；雌雄两片相合而成配偶，于是常有子孙。安危相互更替，祸福相互转化，缓急相互摩擦，聚散相互依存。这些都是有名称和形迹可以识记的，有精微可以记载的。随时序变化而条理相通，突然兴起而相互消长，物极则返，周而复始，这是万物所共有的现象。言论所能表达清楚的，智能所能体察到的，不过限于事物的极限罢了。悟道之人，不探究万物如何消逝，不追溯万物如何起始，这就是议论终止的地方。”

少知说:“季真说大道无为，接子说大道有为，这两家的议论，究竟谁合乎实际，谁偏离于情理？”大公调说:“鸡鸣狗叫，这是人们都知道的；即使是大智之人，也不能用语言来说明鸡鸣狗叫的原因，也不能用心意来推测这样做的动机。按照这个道理来分析，精微至极的事物小到没有其他事物可与之相比，粗大至极的事物大到没有外围，称说它们有为或主张它们无为，都未免拘于形迹而终不合大道。有为的说法太过于实，无为的主张太流于虚。有名称有实体，便是事物名相的所在；无名称无实体，便落入事物之外的空虚。如果这个道理可以言说可以意会，那越言说离大道就越远。未生的不能禁止，已死的无法阻挡。死生之事常在眼前，但它的道理无法言读意测。有为，无为，都是疑惑者所作的假设之论。我观察物理的起始，它的过去没有穷尽；我探求物理的终结，它的未来没有止境；没有穷尽没有止境，泯于无言，才能合于物理；有为无为，是两家言论的根本，却只能与物相终始。道体既不表现为实有，又不表现为虚空。道这个名称，不过是勉强假借罢了。有为无为，只是偏于物的一个方面，怎能达到大道境界呢！言论如果能圆通周遍，那终日言谈都符合于大道；言论如果不能圆通周遍，那终日言谈都不离于物象。道的精微，物的至理，都是无法用言论和沉默来表达的；只有超乎言默之表，才不失为议论的极致。”

【评析】

庄子论道，其要义便在于“化”。一部《庄子》，时时谈“化”，又处处开出“化境”。《逍遥游》篇开头就撰出鲲鹏之化，《齐物论》篇则以庄周与蝴蝶之化结尾。

本篇开头的寓言则体现了道家的化人之道。鲁人则阳欲通过夷节干谒楚王，而楚王不见，于是则阳又去问高士王果，王果详论隐士公阅休其人，冬天在江河里捉鳖，夏天在山林中休憩，逍遥自在，以化去则阳的亟亟干谒之心。道作为万物本原，无声无息地行使着它化育万物的职责。而能够领悟大道的人也是效法这种“化”，不动声色，已让昏病不知所措的则阳如沐春风、醍醐灌顶，这便是“化”的力量。柏矩到了齐国，看到罪人被暴尸街头，便嚎啕痛哭，哭的是君主不懂得“化人”之道，只知立荣辱、聚财货、横征暴敛、争斗无休，使民滋生善恶是非之心，而作乱多伪。

“化人”的前提在于“观化”，便是要懂得虚静无为，把世事看成微尘一点、鼻息一吹。蚁丘的市南宜僚一家，大隐隐于市，虽做着和俗人一样的事情，说着和俗人一样的语言，但心志却宁静如水，毫不涣散。在滚滚红尘的颠簸中仍保持着明澈的本心，这才是令人敬佩的，连圣人孔夫子也不好意思打搅他们。这种宛若陶潜所说的“问君何能尔，心远地自偏”的境界远要比那些栖身山林，却不忘功名轩冕的欺世盗名之辈高尚可敬得多。而善于“观化”也便能“自化”，从而体悟到自然的醇美，抛弃成心的羁绊，融化是非的枷锁。“蘧伯玉行年六十而六十化”，便是人的内心本性熨帖自然，与时俱化。只有消除成心成见，看破一切是非标准，剔除人为观念，才可看到真自然，而一切的是非争夺，顽固成见，在万物一齐的大道的观照下，都是没有意义的。

《庄子》一书，多处讨论大小的问题。《逍遥游》篇中，借大鹏与蜩鸠的对比，引出了小大之辩。《秋水》篇更是通过河伯与海若的对话，将小大相对的道理分析得细致入微。本篇在戴晋人讲述的触蛮之战的比喻中，也涉及大小之辩，并且同样精彩夺目！凡人总是贵大贱小，于是不顾一切拼命追求所谓大者，然而一旦将大小相对的道理讲给他听，使其明白与更大者相比，原先所谓大者不过是小而又小者，那么得到它便也不会激动狂喜，失去它便也不会悲伤懊恼，能够用一种顺其自然的心态去对待。更进一步者，则会如河伯一样追问最大者，从而追求之。最大者自然是无所不在的大道，体道悟道，顺化逍遥。如此看来，小大之辩竟是由凡即圣的一个重要关节点。

外　物

【题解】

此篇以开头“外物不可必”一语为全文总纲。作者指出，世界流变不居，外物并没有确定性，为善未必致福，为恶未必蒙祸，圣智也未必可恃，有时反而会因为美好的品质而招致灾祸，如龙逢、比干以正直招致诛戮之祸，伍员、苌弘以忠诚蒙受流死之辱，孝己、曾参以孝顺而不免于悲忧之累。因此，圣人一是要善恶两忘，闭其所誉，二是转向内在，返回本性，纯任自然，“若婴儿之无知而有良能”（宣颖语），终于使祸福不能及，荣辱不能加，哀乐不能入，悠游自得，妙不可言。

外物不可必〔1〕，故龙逢诛〔2〕，比干戮〔3〕，箕子狂〔4〕，恶来死〔5〕，桀、纣亡〔6〕。人主莫不欲其臣之忠，而忠未必信，故伍员流于江〔7〕，苌弘死于蜀〔8〕，藏其血三年而化为碧。人亲莫不欲其子之孝，而孝未必爱，故孝己忧而曾参悲〔9〕。木与木相摩则然〔10〕，金与火相守则流〔11〕。阴阳错行，则天地大絯〔12〕，于是乎有雷有霆，水中有火〔13〕，乃焚大槐。有甚忧两陷而无所逃〔14〕，螴蜳不得成〔15〕，心若县于天地之间〔16〕，慰暋沉屯〔17〕，利害相摩，生火甚多，众人焚和〔18〕，月固不胜火〔19〕，于是乎有僓然而道尽〔20〕。

【注释】

〔1〕必：期必，定准。

〔2〕龙逢：夏桀贤臣，姓关字龙逢，因多次直谏而被斩首。 诛：诛杀。

〔3〕比干：商纣庶叔，因忠谏被剖心。 戮：杀戮。

〔4〕箕子：商纣庶叔，因忠谏不从而佯狂，但终不免于杀戮。

〔5〕恶来：商纣佞臣，最终与纣王一同被杀。

〔6〕亡：谓因推行暴政而亡。

〔7〕伍员：即伍子胥，其事见《胠箧》篇、《至乐》篇注。

〔8〕苌弘：周灵王（或说周敬王）贤臣，因遭受谗言而被放逐。归蜀后，自恨怀忠招祸，乃刳肠而死。蜀人感其精诚，遂以匮盛其血，三年而化为碧玉。

〔9〕爱：指讨得父母的欢心。 孝己：殷高宗之子，遭后母虐待，忧苦而死。 曾参：孔子弟子，字子舆。他为父亲在瓜地除草，误断瓜根，其父大杖责打以致他几乎死去。

〔10〕摩：摩擦。 然：通“燃”。

〔11〕相守：相接触。 流：熔化。

〔12〕错行：错乱。 大絯：大受惊动。絯，通“骇”。

〔13〕火：指闪电。

〔14〕两陷：指利害两端。

〔15〕螴蜳（chén dūn）：恐惧。

〔16〕县：通“悬”。

〔17〕慰暋：谓郁闷。慰，郁。暋，当为“瞀”字之误，意谓闷。 沉屯：谓深忧。沉，深。屯，难。

〔18〕生火甚多：谓利害交战于胸中而引起焦火内炽。 众人：指世俗之人。 焚和：焚尽中和之气。

〔19〕月：比喻清纯的本性。 火：比喻利欲之火。

〔20〕僓（tuí）然：崩坏。 道尽：谓生理丧尽。

【译文】

凡是身外的事物，其利害都是没有定准的。所以善者如龙逢被斩首，比干被剖心，箕子被迫装疯，恶者如恶来被杀死，桀、纣因推行暴政而亡。君主没有不希望臣子效忠的，然而效忠未必能取得信任，所以伍员的尸体被投入江中流走，苌弘死于蜀地，他的血被蜀人收藏起来，三年后化为碧玉。父母没有不希望子女孝顺的，然而孝顺未必能得到父母的喜爱，所以孝己忧苦而曾参悲伤。木与木相摩擦就会燃烧，金属与火相接触就会熔化。阴阳错乱，天地就会大受惊动，于是便发生雷霆，雷雨中夹有闪电，能把大槐树焚烧掉。人们常常为无法避免陷入利害两端而感到十分忧虑，胸中恐惧而情绪不得安定，心像悬于天地之间，郁闷深忧，利害交战，内心炽热而燥火旺生，世俗之人便如此焚尽了中和之气，虚静的自然本性经受不起利害之火的熏灼，于是便精神崩坏而生理丧尽。

庄周家贫，故往贷粟于监河侯〔1〕。监河侯曰："诺。我将得邑金〔2〕，将贷子三百金〔3〕，可乎？"

庄周忿然作色曰〔4〕："周昨来，有中道而呼者。周顾视车辙中，有鲋鱼焉〔5〕。周问之曰：'鲋鱼来〔6〕！子何为者邪？'对曰：'我，东海之波臣也〔7〕。君岂有斗升之水而活我哉？'周曰：'诺。我且南游吴越之王，激西江之水而迎子〔8〕，可乎？'鲋鱼忿然作色曰：'吾失我常与〔9〕，我无所处。吾得斗升之水然活耳〔10〕，君乃言此，曾不如早索我于枯鱼之肆〔11〕！'"

【注释】

〔1〕贷：借入。　监河侯：监河工之官。

〔2〕诺：答应之词，好的，可以。　邑金：指年终向采邑内百姓所征收的赋税。

〔3〕贷：借出。　三百金：指可折算为三百金的粮食数量。金，古时计算货币的单位。

〔4〕忿然作色：生气地改变脸色。

〔5〕鲋（fù）鱼：即鲫鱼。

〔6〕来：语助词。

〔7〕波臣：即水族中的臣子。

〔8〕且：将。　游：游说。　激：引发。　西江：指长江流经四川的部分。

〔9〕常与：常相共处，指水。

〔10〕然：犹“则”。

〔11〕曾：竟，还。　索：寻找。　枯鱼：干鱼。　肆：市场。

【译文】

庄周家中贫穷，所以就去向监河侯借粮。监河侯说：“行。我到年终可以得到百姓交来的税粮，那时就借给你可折算为三百金的粮食，可以吗？”

庄周脸色一沉，生气地说：“我昨天来的时候，在半路上听见有人叫我。我回头一看车辙里，有一条鲫鱼。我问它说：‘鲫鱼啊，你在这里干什么呢？’它回答道：‘我是东海水族中的臣子。你能用一斗或一升的水来救活我吗？’我说：‘行。我将要去南方游说吴越两国的君王，请他们引发西江之水来迎接你，可以吗？’鲫鱼生气地变了脸色说：‘我失去了常相共处的水，没有存身之处。我只要得到一斗或一升的水就可活命，现在你竟这么说，倒不如早点到干鱼市场去寻找我呢！’”

任公子为大钩巨缁[1]，五十犗以为饵[2]，蹲乎会稽[3]，投竿东海，旦旦而钓，期年不得鱼[4]。已而大鱼食之，牵巨钩，錎没而下[5]，骛扬而奋鬐[6]，白波若山，海水震荡，声侔鬼神[7]，惮赫千里[8]。任公子得若鱼[9]，离而腊之[10]，自制河以东[11]，苍梧已北[12]，莫不厌若鱼者[13]。已而后世辁才讽说之徒[14]，皆惊而相告也。夫揭竿累[15]，趣灌渎[16]，守鲵鲋[17]，其于得大鱼难矣。饰小说以干县令[18]，其于大达亦远矣[19]。是以未尝闻任氏之风俗[20]，其不可与经于世亦远矣[21]。

【注释】

〔1〕任公子：任国的公子。任国在今山东济宁南五十里，亡于战国时。 为：做。 巨缁（zī）：粗大的黑绳。

〔2〕犗（jiè）：犍牛，即阉割过的牛。因其肥，故作钓饵。

〔3〕会稽：山名，在今浙江省绍兴。

〔4〕旦旦：天天。 期年：一整年。

〔5〕錎没：沉没。錎，通“陷”。

〔6〕骛（wù）扬：乱驰。 奋：伸张。 鬐（qí）：通“鳍”。

〔7〕侔（móu）：齐等，等同。

〔8〕惮赫：惊恐。

〔9〕若鱼：此鱼。

〔10〕离：剖开。 腊（xī）：晾干。

〔11〕制河：即浙江。

〔12〕苍梧：即苍梧山，又名九嶷山，在湖南宁远县内，相传为虞舜葬所。 已：通“以”。

〔13〕厌：饱食。

〔14〕辁（quán）才：浅见之士。 讽说：道听途说。或谓诵说往事。

〔15〕夫：句首发语词，无义。 揭：举。 累：细绳。

〔16〕趣：通“趋”，奔向。 灌渎（dú）：灌溉之渎，即灌溉用的小沟渠。

〔17〕鲵（ní）：生活在溪沟中的一种小鱼。 鲋：即鲋鱼。

〔18〕小说：谓浅陋的言辞。 干：求。 县令：即悬令，谓高美的声誉。县，通“悬”。

〔19〕大达：大通于至道，或谓通达之大道。

〔20〕风俗：风度。

〔21〕经于世：谓治世之道。

【译文】

任国的公子做了个巨大的钓钩和粗大的黑钓绳，用五十头牛作为钓饵，蹲在会稽山上，把鱼竿投向东海，日复一日地钓着，一年都没有钓到一条鱼。后来有一条大鱼吞食了鱼饵，牵动巨大的钓钩沉入海底，伸张鱼鳍，上下乱驰，掀起的白色波浪像山那样高，海水猛烈震荡，发出鬼神般的巨声，使千里之内听到的人都感到恐惧。任国公子钓到这条鱼后，把它剖开晾干，浙江以东，苍梧山以北的人，都饱食了这条鱼。后世那些才识浅陋又好评论讲说的人，都觉得惊奇而奔走相告。要是举着小竿细绳，奔向灌溉用的小沟渠，守候着小鱼，这样想钓到大鱼就很难了。粉饰浅陋的言辞来求取高美的声誉，这对于通达大道而言，相差太远了。因此未曾了解任氏不期求近效的风度的人，也不能与其谈治世之道，因为相差得太远了。

儒以《诗》《礼》发冢，大儒胪传曰〔1〕：“东方作矣，事之何若〔2〕？”小儒曰：“未解裙襦〔3〕，口中有珠。”“《诗》固有之曰：‘青青之麦，生于陵陂。生不布施，死何含珠为〔4〕！’接其鬓〔5〕，压其顪〔6〕，儒以金椎控其颐〔7〕，徐别其颊〔8〕，无伤口中珠。”

【注释】

〔1〕儒：儒生。　发冢（zhǒng）：盗发墓冢。冢，坟墓。　胪（lú）传：传话。胪，上传话告诉下叫“胪”。

〔2〕东方作矣：谓太阳就要出来了。　事：指发冢之事的进展情况。

〔3〕解：剥下。　裙：下裳。　襦（rú）：短衣。

〔4〕“青青”四句：不见于今本《诗经》，或为逸诗，或为作者自赋之辞。　陂（bēi）：山坡。

〔5〕接：揪。

〔6〕压：按。　顪（huì）：颔下须。

〔7〕儒：当为“而”字之误。　金椎：铁椎。　控：敲。　颐：下巴。

〔8〕徐：慢慢地。　别：分开。　颊：两腮。

【译文】

儒生引用《诗》《礼》词句去盗发坟墓，大儒生向下传话说：“太阳将要出来了，事情进展得怎么样了？”下面掘墓的小儒生说：“下裳和短衣还没有解开，死尸口中还有宝珠。”大儒生说：“《诗经》中就有这样的诗句：‘绿油油的麦苗，生长在山坡墓田上。活着不施舍财物，死后含着珠子干什么！’你揪住死人的鬓发，按住他的胡须，用铁椎敲他的下巴，慢慢地分开两腮，可不要损坏了口中的宝珠。”

老莱子之弟子出薪〔1〕，遇仲尼，反以告〔2〕，曰："有人于彼，修上而趋下〔3〕，末偻而后耳〔4〕，视若营四海〔5〕，不知其谁氏之子。"老莱子曰："是丘也。召而来！"

仲尼至。曰："丘！去汝躬矜与汝容知〔6〕，斯为君子矣〔7〕。"仲尼揖而退，蹙然改容而问曰〔8〕："业可得进乎？"老莱子曰："夫不忍一世之伤而骜万世之患〔9〕，抑固窭邪〔10〕，亡其略弗及邪〔11〕？惠以欢为骜〔12〕，终身之丑，中民之行进焉耳〔13〕。相引以名，相结以隐〔14〕。与其誉尧而非桀，不如两忘而闭其所誉〔15〕。反无非伤也，动无非邪也〔16〕。圣人踌躇以兴事，以每成功〔17〕。奈何哉，其载焉终矜尔〔18〕！"

【注释】

〔1〕老莱子：楚国贤人，与孔子同时，常隐居蒙山。楚王召他为相，他与妻出逃，隐遁江南。 出薪：当于"出"后增补"取"字，文意乃通。

〔2〕反：通"返"，返回。

〔3〕彼：那里。 修：修长。 趋：通"促"，短。

〔4〕末偻：背微曲。末，脊。 后耳：耳朵贴近脑后。

〔5〕视若谋四海：谓目光之中，像有营谋天下的神色。视，目光。营，经营，营谋。

〔6〕躬矜：矜持之行。 容知：智能之貌。知，通"智"。

〔7〕斯：乃，就。

〔8〕揖：作揖。 蹙（cù）然：局促不安的样子。

〔9〕不忍一世之伤而骜（ào）万世之患：谓仲尼只知忧虑一世，不顾

贻害万世。骜，谓傲然而不顾。

〔10〕窭（jù）：陋。或谓心胸狭小。

〔11〕亡其：还是。　略：智略。

〔12〕惠以欢为骜：以布施于人而得其欢心为骄傲。惠，布施恩惠。

〔13〕中民：中等人，平庸之人。

〔14〕引：招引。　结：结交。　隐：私。

〔15〕闭其所誉：谓忘掉赞誉。以上两句可与《大宗师》篇“与其誉尧而非桀，不如两忘而化其道”参看。

〔16〕反无非伤也：背逆物性，无不自遭损伤。反，违背。　动：妄动。　邪：邪僻。

〔17〕踌躇：徘徊不进的样子。　以每成功：其功每成。

〔18〕载：行为。　矜：骄矜。

【译文】

老莱子的弟子出外打柴，遇见孔子，回来告诉老莱子说：“那里有个人，上身长下身短，脊背微曲，耳朵贴近脑后，目光中像有营谋天下的神色，不知道他是什么人。”老莱子说：“这是孔丘。把他叫来！”

孔子来了。老莱子说：“丘，去掉你矜持的行为和聪明的容貌，就可以成为君子了。”孔子恭敬地作揖而后退，他改变面容，局促不安地问道：“我的德业能修进吗？”老莱子说：“你只知道忧虑一世却不知道会贻害万世，这是因为固陋呢，还是因为智略有所不及呢？以施惠于人而得其欢心为骄傲，其实是终身的丑行，这不过是平庸之人的所作所为罢了。他们以声名互相招引，以私恩互相要结。与其赞美尧而毁谤桀，不如忘却这两方面而闭塞毁誉之心。背逆物性就会自遭伤损，一味妄动就会流于邪僻。圣人迫不得已而后行事，因而每每成功。为什么你的行为总不免于骄矜呢？”

宋元君夜半而梦人被发窥阿门〔1〕，曰：“予自宰路之渊〔2〕，予为清江使河伯之所〔3〕，渔者余且得予〔4〕。”

元君觉，使人占之，曰：“此神龟也。”君曰：“渔者有余且乎？”左右曰：“有。”君曰：“令余且会朝〔5〕。”

明日，余且朝。君曰："渔何得？"对曰："且之网得白龟焉，其圆五尺[6]。"君曰："献若之龟[7]。"

龟至，君再欲杀之[8]，再欲活之。心疑[9]，卜之，曰："杀龟以卜，吉。"乃刳龟，七十二钻而无遗策[10]。

仲尼曰："神龟能见梦于元君[11]，而不能避余且之网；知能七十二钻而无遗策[12]，不能避刳肠之患。如是，则知有所困，神有所不及也。虽有至知，万人谋之[13]。鱼不畏网而畏鹈鹕[14]。去小知而大知明，去善而自善矣[15]。婴儿生无石师而能言[16]，与能言者处也。"

【注释】

〔1〕宋元君：即宋元公，名佐，平公之子。　被发：披散着头发。被，通"披"。　阿门：旁门。

〔2〕自：来自。　宰路：渊名。

〔3〕清江：疑即长江。　使：出使。　河伯：黄河之神，姓冯，名夷，一名冰夷。

〔4〕渔者：渔夫。　余且：渔夫名，姓余名且。

〔5〕会朝：赴朝。

〔6〕且：即余且。　圆：直径。

〔7〕献：献上，献出。　若：你。

〔8〕再：反复多次。

〔9〕疑：迟疑不决。

〔10〕刳（kū）：剖开挖空。　钻：占卜。　遗策：谓失计。策，卜筮所用的蓍草。此处引申为计策。

〔11〕见：通"现"，谓托梦。

〔12〕知：通"智"。

〔13〕虽有至知，万人谋之：谓即使有最高的智慧，仍不如与万人共同谋划。

〔14〕鹈鹕（tí hú）：水鸟，捕食鱼类。

〔15〕去善：去掉自以为善的心理。

〔16〕石师：又作"硕师"，即硕大之师。

【译文】

宋元君半夜里梦见有一个披散头发的人到旁门窥视，并对他说："我来自宰路那个深水，这次作为清江的使者到河伯那里去，却被渔夫余且捕获。"

元君醒来，叫人占梦，回答说："这是只神龟在托梦。"元君说："渔夫中有叫余且的吗？"左右侍臣说："有。"元君说："召令余且来朝见我。"

第二天，余且来朝见。元君说："你打渔时捕到什么？"回答说："我用网捕到只白龟，直径有五尺。"元君说："你把那只龟献来。"

龟被送来了，元君多次想杀掉它，又多次想养活它。心里迟疑不决，便让人占卜测问，卜词说："杀掉龟用来占卜，大吉。"于是就把龟剖开挖空，用来占卜了七十二卦而没有不灵验的。

孔子说："神龟能托梦给宋元君，却不能避开余且的渔网；它能聪明到占卜七十二卦而无不灵验，却不能避免杀身剖腹的祸患。如此看来，智者也有困惑的时候，神灵也有考虑不到之处。即使有最高的智慧，仍不如与万人共同来谋划。鱼不知道惧怕渔网，却知道怕鹈鹕。抛弃小聪明才能显出大智慧，去掉自以为善的心理才能自然有善。婴儿生来没有硕师教他便能说话，这是因为与能说话的人在一起。"

惠子谓庄子曰："子言无用。"庄子曰："知无用而始可与言用矣[1]。天地非不广且大也，人之所用容足耳[2]。然则厕足而堑之[3]，致黄泉[4]，人尚有用乎？"惠子曰："无用。"庄子曰："然则无用之为用也亦明矣。"

【注释】

〔1〕始：方才。

〔2〕天：当为"夫"字之误。　容：容纳。

〔3〕厕足：两脚旁边的地方。厕，通"侧"。　堑：掘。按：此"堑"字原作"垫"，今据陆德明《经典释文》改。

〔4〕致：至，到。

【译文】

惠子对庄子说："你的言论没有用处。"庄子说："知道无用者才可以和他谈有用的问题。大地并非不宽广和阔大，人所用的只是两脚踩着的那一块地罢了。但是如果把立足以外的地方挖成坑堑，一直掘到黄泉，那么人所立足的小块地方还有用吗？"惠子说："无用。"庄子说："那么无用之为大用的道理就很明白了。"

庄子曰："人有能游，且得不游乎〔1〕？人而不能游，且得游乎？夫流遁之志〔2〕，决绝之行〔3〕，噫，其非至知厚德之任与〔4〕！覆坠而不反，火驰而不顾〔5〕，虽相与为君臣〔6〕，时也，易世而无以相贱〔7〕。故曰至人不留行焉〔8〕。夫尊古而卑今，学者之流也〔9〕。且以狶韦氏之流观今之世〔10〕，夫孰能不波〔11〕？唯至人乃能游于世而不僻〔12〕，顺人而不失己。彼教不学，承意不彼〔13〕。目彻为明〔14〕，耳彻为聪，鼻彻为颤〔15〕，口彻为甘〔16〕，心彻为知〔17〕，知彻为德〔18〕。凡道不欲壅〔19〕，壅则哽〔20〕，哽而不止则跈〔21〕，跈则众害生。物之有知者恃息〔22〕，其不殷〔23〕，非天之罪。天之穿之〔24〕，日夜无降〔25〕，人则顾塞其窦〔26〕。胞有重阆〔27〕，心有天游。室无空虚，则妇姑勃谿〔28〕；心无天游，则六凿相攘〔29〕。大林丘山之善于人也，亦神者不胜。德溢乎名〔30〕，名溢乎暴〔31〕；谋稽乎誸〔32〕，知出乎争〔33〕；柴生乎守官〔34〕，事果乎众宜〔35〕。春雨日时〔36〕，草木怒生〔37〕，铫鎒于是乎始修〔38〕，草木之到植者过半而不知其然〔39〕。静然可以补病，眦搣可以休老〔40〕，宁可以止遽〔41〕。虽然，若是劳者之务也，佚者之所未尝过而问焉〔42〕。圣人之所以駴天下[43]，神人未尝过而问焉；贤人所以駴世，圣人未尝过而问焉；君子所以駴国，贤人未尝过而问焉；小人所以合时[44]，君子未尝过而问焉。演门有亲死者，以善毁爵为官师[45]，其党人毁而死者半[46]。尧与许由天下，许由逃之；汤与务光[47]，务光怒之；纪他闻之[48]，帅弟子而踆于窾水，诸侯吊之[49]；三年，申徒狄因以踣河[50]。荃者所以在鱼[51]，得鱼而忘荃；蹄者所以在兔[52]，得兔而忘蹄；言者所以在意，得意而忘言。吾安得夫忘言之人而与之言哉[53]！"

【注释】

〔1〕人有能游，且得不游乎：谓人若能优游自适，那么何往而不自得呢。前"游"，谓悠游自适。后"游"，谓游于物。

〔2〕夫：句首发语词，无义。　流遁：流荡纵逸。

〔3〕决绝：决然谢绝人间。

〔4〕噫：叹词。　知：通"智"，智慧。　任：作为。

〔5〕覆坠而不反：指流遁者濒临覆灭也不知自返本性。反，通"返"。火驰：火速。　顾：回头。

〔6〕君臣：比喻贵贱。

〔7〕时也：谓这只是一时的。　易世：世代更易。

〔8〕不留行：谓不留滞于流遁、决绝之迹。

〔9〕流：偏见。

〔10〕狶（shǐ）韦氏：传说中的远古帝王。　观：观看，衡量。

〔11〕夫：句首发语词，无义。　孰：谁。　波：通"颇"，偏侧。

〔12〕僻：邪僻。

〔13〕彼教：指世俗之学。　承意不彼：顺承其意而不拒绝。

〔14〕彻：通。

〔15〕颤：当为"膻"之借字，意谓嗅觉灵敏。

〔16〕甘：谓味觉灵敏。

〔17〕知：真知。

〔18〕知：通"智"。　德：真德。

〔19〕壅：滞塞。

〔20〕哽：梗塞。

〔21〕跈（zhěn）：通“抮”，乖戾。

〔22〕恃：依靠。　息：气息。

〔23〕殷：盛。

〔24〕穿：穿通。

〔25〕降：止。

〔26〕人则顾塞其窦：世俗之人以嗜欲堵塞自己的天然孔窍。顾，乃，却。窦，孔窍。

〔27〕胞：胞膜。　重（chóng）：多。　阆（làng）：空旷。

〔28〕妇：儿媳。　姑：婆婆。　勃豀（xī）：争吵。

〔29〕凿：孔，窍。　攘：扰乱，侵夺。

〔30〕溢：荡失。

〔31〕暴：通“曝”，表露。

〔32〕稽：考，研求。　諴（xián）：急。

〔33〕知：通“智”。

〔34〕柴：柴栅。

〔35〕果：成功。

〔36〕日时：时至，即及时降落。

〔37〕怒生：猛长。怒，通“努”，奋力。

〔38〕铫（yáo）：大锄。　鎒（nòu）：一种锄草的农具。　修：修理，整修。

〔39〕到植：通“倒置”，即遭受戕害。

〔40〕眦（zì）：眼眶。　搣（miè）：按摩。　休：当为“沐”字之误。

〔41〕宁：宁静。　止：止息。　遽：急躁。

〔42〕佚：通“逸”。按：此句“佚”字前原有“非”字，疑为衍文，今删去。

〔43〕駴：通“骇”，惊。

〔44〕合时：苟合一时。

〔45〕演门：宋城门名。　善毁：善于以哀毁容。　爵：封爵，任命。官师：官员。

〔46〕党人：同乡里人。

〔47〕务光：夏时人，汤让天下给他，怒而不受，远离而去。

〔48〕纪他：殷时贤人，听说汤让位给务光，唯恐累及自己，就率弟子隐于窾水之旁。

〔49〕帅：率领。 踆（qūn）：通“逡”，退。 窾（kuǎn）水：水名。 吊：哀悼。

〔50〕申徒狄：殷时人，因慕纪他高名，遂自沉河而死。 踣（bó）：仆。

〔51〕荃（quán）：通“筌”，一种捕鱼的竹器。

〔52〕蹄：一种捕兔的工具。

〔53〕安：怎样。 夫：彼，那。

【译文】

庄子说：“人如果能悠游自适，那么何往而不自得呢？人如果不能悠游自适，那么何往而自得呢？流荡纵逸的心志，决然谢绝人间的行为，唉，这两者都不是真正聪明和有大德的人所作为的啊！流遁者濒临覆灭而不知自返本性，决绝者火速离世而不知回头，这两者虽然贵贱不同，但只是各因一时，世代经过一番更易，便不能再用原来的贵贱标准来衡量了。所以说至人不留滞于流遁、决绝之迹。尊尚古代而卑视当今，这是不明大道的读书人的偏见。用狶韦氏一类人的德行来衡量今世，谁能没有偏颇呢？只有至人才能与世俗混同而不流入邪僻，随顺众人而不丧失自己的本性。至人虽然不学世俗之教，但也稍承其意而不完全拒绝它。眼睛通彻叫明，耳朵通彻叫聪，鼻子通彻叫颤，口舌通彻叫甘，心灵通彻叫知，智力通彻叫德。凡为道是不求滞塞的，滞塞就会梗塞不顺，梗塞不止就会互相乖乱，乖乱就会产生各种祸害。有知觉的物类都依靠气息的流通，气息不盛，并不是天的过失。天生万物都授以孔窍，使之日夜不停地流通气息，世俗之人却以嗜欲堵塞自己的天然孔窍。胞膜中有重重空旷之处，心灵必有闲处才能与天共游。室内没有空旷之处，婆媳紧紧挤在一起，就难免要发生争吵之事；心灵不能与天共游，六孔便会互相扰攘。人一见茂林丘山就感到很舒畅，是因为心神经受不起六孔的扰乱。德因声名而荡失，声名因表露而荡失；面临急难而研求计谋，由于争斗而运用心智；栅栏的设立出于官司防守的需要，办事的成功在于合乎众人的需要。春雨及时降落，草木勃然生长，于是人们就开始整修农具，过半的草木遭受戕害，而人们却不知为什么这样。静默可以调补疾病，按摩眼眶可以消退老容，宁静可以止息心性的急躁。虽然如此，这些都不过是劳碌人所干的事，心境旷逸的人却未曾去过问。圣人做惊骇天下的事，神人却未曾去过问；贤人做惊动世人的事，圣人却未曾去过问；君子做惊骇国家的事，贤人却未曾去过问；小人做出苟合一时的事，君子却未曾去过问。宋国都城演门那里有个人父母死了，他因善于哀伤而消损了形貌，被宋君任命为官员，他的同乡人竟相效法，以致因居丧消损形体而死的就有一半人。尧想把天下让给许由，许由便逃走了；汤想把天下让给务光，务光因此发怒；纪他听说此事，恐怕连累自己，就率弟子隐于窾水之旁，诸侯认为他高洁就时常去吊慰；三年以后，申徒狄因倾慕纪他高名便投河而死。使用捕鱼的竹笼是为了捕鱼，捕到鱼就忘记了竹笼；使用捕兔的网具是为了捕兔，捕到兔就忘记了网具；使用语言是为了表达意思，明白了意思就忘记了语言。我哪里能寻找到遗忘语言的人而和他交谈呢！”

【评析】

清人林云铭十分欣赏《外物》一篇的构思文辞，以为“精凿奇创，读之惟恐其尽”，但他也指出：“贷粟、钓鱼、发冢三段，文词既浅，意义亦乖，疑为拟庄者撺掇其内。”（《庄子因》）这三个寓言故事乍看与上文似乎并无关联，相互之间也没有章法交通。一般认为庄周贷粟的故事讲述了庄子物质生活上的贫穷以及他对监河侯虚伪吝啬性格的揶揄，而任公子钓鱼的故事则类似于《逍遥游》篇中蜩鸠不知大鹏之志一样，点明“经世者志于大成而不期近效”（吕惠卿《庄子义》），是浅陋之士不能通达治世大道的象征。但王夫之并没有按表面意思去孤立地理解两者，他在《庄子通》中写道：“方涸而请西江之水，侈于物之大者也；揭竿而守鲵鲋，拘于物之小者也。”这便将前者与后者一并串起，共附于“外物”的主旨之下，申明“西江水救鲋鱼”一喻其实是说外物虽大而未见得是适性之主；相对而言，后一喻当然就是从一心揭竿的守鲵之徒难以钓到大鱼的现象来映衬出贪求外物之心的浅小。以此推论，依靠粉饰言行来博取美誉的琐屑猥鄙之流，也绝不可能通达至真至性的大道。任公子钓鱼的故事对后世有深远影响，相传李白就曾自称为“钓鳌客”，并自诩“以风浪逸其情，乾坤纵其志，以霓虹为丝，明月为钩，以天下无义丈夫为饵”（《侯鲭录》），更显现出一种诗人的飘逸襟怀。自唐至清，蒋防、范仲淹、萧敏道、吕世良、王性之等都曾以任公子钓鱼为题材咏诗作赋，可谓流传千古。

本篇不少段落的主旨在前面篇章中已经出现过，但是本篇并非简单地重复，而都能写出新意。如无用之用的思想，在《逍遥游》《人间世》《山木》等篇中均有涉及，本篇则借庄子和惠子敷衍一段寓言，让惠子诘问，庄子亲自辩解，与《逍遥游》篇相关段落比，简短明快，又气势逼人，庄子之机智风流洒落无馀。又如言、意之辨，《天道》篇已借轮扁斫轮的寓言道明二者的关系，言为糟粕，意不可传；《秋水》篇河伯、海若也进行了辨析，认为言粗意精。本篇则仅用两个比喻，衬托出言意的关系："荃者所以在鱼，得鱼而忘荃；蹄者所以在兔，得兔而忘蹄；言者所以在意，得意而忘言。"本篇的观点与《天道》篇有所不同，《天道》篇将言、意绝对割裂，不承认言能传意，本篇则认为语言是传达意义的工具，语言存在的目的就是要传达意义，一旦获得了背后的意义，语言就可以被弃置一旁了。言、意之辨在哲学和文艺学方面影响极大，魏晋玄学的一个主题就是言、意之辨，本篇所论就是玄学家的重要思想资源。

寓 言

【题解】

本篇甚短小，仅六段，但意旨并不合一。其中最重要的当属首段对本书文体特征的揭示，即对寓言、重言、卮言的标举，所以常被人们视为全书的凡例。“三言”虽各有定义及使用范围，但实际运用时却融为一体，不分彼此。所谓“寓言十九，重言十七，卮言日出”，只是作者在理论上的一个大略说法。对于作者论述“三言”的话，我们应该结合全书，从整体上加以把握。在这里，作者破天荒地提出了“藉外论之”的理论，表明他对于寓言“深于取象”（章学诚语）这一特征有着为前人所不曾有过的深刻理解，这与诗歌领域中总结出“比兴”理论是具有同等意义的。

寓言十九〔1〕，重言十七〔2〕，卮言日出〔3〕，和以天倪〔4〕。

寓言十九，藉外论之〔5〕。亲父不为其子媒〔6〕。亲父誉之，不若非其父者也。非吾罪也〔7〕，人之罪也。与己同则应，不与己同则反〔8〕；同于己为是之〔9〕，异于己为非之。

重言十七，所以已言也，是为耆艾〔10〕。年先矣，而无经纬本末以期年耆者〔11〕，是非先也。人而无以先人，无人道也〔12〕。人而无人道，是之谓陈人〔13〕。

卮言日出，和以天倪，因以曼衍〔14〕，所以穷年〔15〕。不言则齐〔16〕，齐与言不齐，言与齐不齐也，故曰无言。

言无言，终身言，未尝言[17]；终身不言，未尝不言。有自也而可[18]，有自也而不可；有自也而然，有自也而不然。恶乎然？然于然。恶乎不然？不然于不然。恶乎可？可于可。恶乎不可？不可于不可。物固有所然，物固有所可。无物不然，无物不可[19]。非卮言日出，和以天倪，孰得其久[20]！万物皆种也[21]，以不同形相禅[22]，始卒若环[23]，莫得其伦[24]，是谓天均[25]。天均者，天倪也。

【注释】

〔1〕寓言：寄托寓意的言论。寓，寄。　十九：十分之九。

〔2〕重（zhòng）言：谓先哲时贤或书中之言。　十七：十分之七。

〔3〕卮（zhī）言：指作者自己那些不着边际的议论。　日出：谓天天有所出现。

〔4〕和：合。　天倪：自然的分际。

〔5〕藉：通“借”，借助。

〔6〕媒：做媒。

〔7〕吾：指父亲。

〔8〕己：指世人。　应：应和。　反：反对。

〔9〕为：则。　是：肯定。

〔10〕已：止。　是：这。　耆艾：对老人的称呼。六十岁为耆，五十岁为艾。

〔11〕经纬本末：谓经纬天下的才德学识。　期：合。

〔12〕无人道：谓不能尽其为人之道。

〔13〕陈人：老朽之人。

〔14〕曼衍：流行不定，游衍自得。

〔15〕穷年：终其天年。以上三句，已见于《齐物论》篇。

〔16〕言：指主观成见的言论。　齐：齐一，齐同。

〔17〕按：此句原作“未尝不言”，其中“不”字为衍文，今删去。

〔18〕自：根由。

〔19〕固：本来。

〔20〕久：传之久远。
〔21〕万物皆种：谓万物都是由各自的种类变化而来的。种，种类。
〔22〕以不同形相禅：以不同的类型相传续。禅，传续，传接。
〔23〕卒：终。
〔24〕伦：头绪。
〔25〕天均：天然自运的陶钧。

【译文】

寓言在书中占十分之九，重言占十分之七，卮言天天有所出现，合于自然的分际。

寓言占十分之九，是假托别人而论说的。父亲不为自己的儿子做媒。因为父亲称赞自己的儿子，不如让别人来称赞可信。这并不是父亲的过错，而是世人好萌猜疑之心的过错。与自己的意见相同就应和，与自己的意见不同就反对；与自己意见相同的就肯定它，与自己意见不同的就否定它。

重言占十分之七，是用来止塞天下争辩之言的，这些都是耆艾的话。年龄大于别人，而他的知识不能与他的年龄相合，这就不能算作先于人。人如果没有才德学识先于人，那么就不能尽其为人之道。人如果没有为人之道，那就叫作老朽之人。

卮言天天有所出现，合于自然的分际，顺应流行不定的变化，这样就可以享尽天年。不发言论，则物理自然齐一，因为本来齐一的物理与主观言论是不能齐同的，主观言论与齐一的物理也是不能齐同的，所以说要说一些没有主观成见的话。如果讲的是不带主观成见的话，那么虽然终身说话，却好像没有说话；如果能悟透万物之理，即使终身没有说话，却未尝没有收到说话的功效。可以是有原因的，不可以也是有原因的；这样是有原因的，不这样也是有原因的。为何认为这样？人家认为这样，我就认为这样。为何认为不这样？人家认为不这样，我就认为不这样。为何认为可以，人家认为可以，我就认为可以。为何认为不可以，人家认为不可以，我就认为不可以。因为一切事物本来就有它这样的地方，本来就有它可以的地方。天下没有什么事物是不这样的，没有什么事物是不可以的。要不是卮言天天有所出现，合于自然的分际，怎么能够传之久远！万物都是由各自的种类变化而来的，它们以不同的类型相传续，终始像圆环一样，找不到头绪，这就是天然自运的陶钧。天然自运的陶钧，就是自然的分际。

庄子谓惠子曰："孔子行年六十而六十化〔1〕，始时所是，卒而非之，未知今之所谓是之非五十九非也〔2〕。"

惠子曰："孔子勤志服知也〔3〕？"庄子曰："孔子谢之矣〔4〕，而其未之尝言。孔子云：'夫受才乎大本，复灵以生〔5〕。鸣而当律〔6〕，言而当法。利义陈乎前，而好恶是非直服人之口而已矣〔7〕。使人乃以心服而不敢蘁立，定天下之定〔8〕。'已乎已乎！吾且不得及彼乎〔9〕！"

【注释】

〔1〕行年：经历过的年岁。 化：谓改善自己的品行。

〔2〕以上四句与《则阳》篇称蘧伯玉之辞相同。

〔3〕勤志服知：励志而用智。服，用。知，通"智"，智力。 也：即"邪"，表疑问。

〔4〕谢：弃绝。 之：指励志用智之迹。

〔5〕乎：于。 大本：指天。 复灵以生：谓恢复性灵，以全生理。

〔6〕当：中于。

〔7〕陈：陈放。 直：特。

〔8〕蘁（wù）立：逆立，即违逆之意。 定天下之定：确立天下的定则。

〔9〕彼：指孔子。

【译文】

庄子对惠子说："孔子年岁六十，而六十年中不断地改善自己的品行，起初肯定的东西，后来又否定它，他不知道现在所肯定的不就是五十九岁时所否定的吗！"

惠子说："孔子励志而用智吗？"庄子说："孔子弃绝励志用智

之迹，而他自己未曾说过。孔子说：'人的才质受之于自然，恢复灵性，以全生理。声音应当合于乐律，言语应当合于礼法。如果言必以利害、仁义为先，而且喜欢辨别出好坏是非，这就只能服人之口而已。如果能够使人从内心信服而不敢违逆，这就足以确立天下的定则。'算了算了，我还比不上孔子呢！"

曾子再仕而心再化〔1〕，曰："吾及亲仕〔2〕，三釜而心乐〔3〕；后仕，三千钟而不洎〔4〕，吾心悲。"

弟子问于仲尼曰："若参者，可谓无所县其罪乎〔5〕？"曰："既已县矣。夫无所县者，可以有哀乎？彼视三釜〔6〕、三千钟，如观雀蚊虻相过乎前也〔7〕。"

【注释】

〔1〕曾子：姓曾名参，孔子弟子。　化：谓心境变迁。

〔2〕及亲：当双亲在世时。　仕：做官。

〔3〕釜：古代以六斗四升为一釜。

〔4〕钟：古代以十釜为一钟，即六斛四斗。　不洎（jì）：指不及养亲。洎，及。

〔5〕无所县其罪：不为利禄系累。县，通"悬"，系，捆缚。

〔6〕彼：指一无系累的人，即至人。

〔7〕"雀"字：前当补"鸟"字，文意乃全。

【译文】

曾子第二次做官时，心境与上次不同了，他说："我当双亲在世时做官，俸禄虽只有三釜，可心里觉得很快乐；现在是双亲死后做官，俸禄虽有三千钟，但却来不及奉养他们了，我心里感到很悲伤。"

弟子问孔子说："像曾参这样的人，可以说是没有为利禄所系累吧？"孔子说："他的心还是有所系累。要是无所系累，哪会有这般悲哀呢？那些一无系累的人看三釜、三千钟的俸禄，就像是看到鸟雀蚊虻从眼前飞过一样毫不在意。"

颜成子游谓东郭子綦曰[1]："自吾闻子之言，一年而野[2]，二年而从[3]，三年而通[4]，四年而物[5]，五年而来[6]，六年而鬼入[7]，七年而天成[8]，八年而不知死、不知生，九年而大妙[9]。生有为，死也。劝公以其[10]，死也有自也[11]；而生阳也[12]，无自也。而果然乎[13]？恶乎其所适[14]？恶乎其所不适？天有历数[15]，地有人据[16]，吾恶乎求之？莫知其所终，若之何其无命也？莫知其所始，若之何其有命也？有以相应也，若之何其无鬼邪？无以相应也，若之何其有鬼邪？"

【注释】

〔1〕颜成子游：姓颜成，名偃，字子游，子綦弟子。已见《齐物论》篇注。　东郭子綦：当即南郭子綦。

〔2〕野：谓返朴还淳。

〔3〕从：谓舍己顺俗。

〔4〕通：谓人我为一，没有畛域。

〔5〕物：谓块然如物，没有知觉。

〔6〕来：谓大道来集。

〔7〕鬼入：谓鬼神冥附。

〔8〕天成：谓与天为一。

〔9〕大妙：达到大道灵妙玄通的境界。

〔10〕劝：助。　公：指公正的天道。　"其"字：下面当补一"私"字，文意乃通。谓用其私智来襄助公正的天道，即"以人助天"之意。

〔11〕自：由，原因。

〔12〕生阳：谓生命力活跃。

〔13〕而：通"尔"，你。

〔14〕恶：何，哪里。　适：到，往。

〔15〕历数：谓星辰日月之往来。或谓寒暑春秋。

〔16〕人据：谓方域版图。

【译文】

颜成子游对东郭子綦说:“自从我听了你讲的道，一年后就返朴还淳，二年后就舍己顺俗，三年后就人我为一而没有畛域，四年后就块然如物而没有知觉，五年后就大道来集，六年后就有鬼神来冥附，七年后就与天为一，八年后就不知死与生有什么不同，九年后就达到大道灵妙玄通的境界。人生而有为，便是走向死亡。企图用他的私智来辅助公正的大道，正是他死亡的原因；生命力活跃的人，是不曾用私智来辅助公正的大道的。你果真能做到这样吗？哪儿是你所要去的地方呢？哪儿是你所不去的地方呢？天有寒暑春秋，地有方域版图，我如何去探求这自然之道呢？天地运化莫测，生死循环不已，我们怎么能推定何时是生命的开始，何时是生命的结束呢？果真幽明相应，怎能断定没有鬼神呢？果真幽明不相应，又怎能断定有鬼神呢？”

众罔两问于景曰〔1〕:“若向也俯而今也仰〔2〕，向也括而今也被发〔3〕，向也坐而今也起，向也行而今也止，何也?”

景曰:“搜搜也〔4〕，奚稍问也〔5〕！予有而不知其所以。予，蜩甲也〔6〕？蛇蜕也〔7〕？似之而非也。火与日，吾屯也〔8〕；阴与夜，吾代也〔9〕。彼吾所以有待邪〔10〕？而况乎以有待者乎！彼来则我与之来，彼往则我与之往，彼强阳则我与之强阳〔11〕。强阳者，又何以有问乎！”

【注释】

〔1〕罔两：影外微阴，即影子的影子。　景：通“影”。

〔2〕若：你。　向：往昔。

〔3〕“括”字：下面当补一“撮”字，文意乃全。括撮，束拢头发。被：通“披”，披散。

〔4〕搜搜：谓区区。

〔5〕奚稍问：犹言“何消问”，即何须问。

〔6〕蜩甲：蝉壳。
〔7〕蛇蜕：蛇皮。
〔8〕火与日，吾屯也：谓得火光与阳光，则屯聚而显明。屯，聚。
〔9〕阴与夜，吾代也：谓遇到阴天与黑夜，则散灭而不见。代，散灭。
〔10〕彼：指有形之物。　待：依赖，凭借。
〔11〕强阳：谓徜徉，闲游。

【译文】

众多影子的影子问影子说："你过去低着头而现在仰着头，过去束拢头发而现在披散头发，过去坐着而现在又站起，过去行走而现在又停下，为什么呢？"

影子说："区区小事，何足询问！我有这些现象却不知道为什么这样。我像蝉壳吗？像蛇皮吗？只是似是而非。得到火光与阳光，我会屯聚而显明；遇着阴天和黑夜，我会散灭而不见。有形体的东西是我所要凭借的吗？何况有形之物也要依赖大道而后动呢！有形之物来，我就随之而来；有形之物去，我就随之而去；有形之物徜徉，我也随之徜徉。形影徜徉相随，又有什么可问的呢！"

阳子居南之沛〔1〕，老聃西游于秦，邀于郊〔2〕，至于梁而遇老子〔3〕。老子中道仰天而叹曰："始以汝为可教，今不可也。"

阳子居不答。至舍，进盥漱巾栉〔4〕，脱屦户外，膝行而前〔5〕，曰："向者弟子欲请夫子〔6〕，夫子行不闲，是以不敢。今闲矣，请问其过。"老子曰："而睢睢盱盱，而谁与居〔7〕？大白若辱〔8〕，盛德若不足。"阳子居蹴然变容曰〔9〕："敬闻命矣！"

其往也〔10〕，舍者迎将〔11〕，其家公执席〔12〕，妻执巾栉〔13〕，舍者避席〔14〕，炀者避灶〔15〕。其反也，舍者与之争席矣〔16〕。

【注释】

〔1〕阳子居：即杨朱，战国时魏国人。 之：到，往。 沛：即今江苏沛县。

〔2〕老聃：即老子。 邀：邀迎，迎候。 郊：郊野。

〔3〕梁：沛郊的地名。

〔4〕舍：馆舍，住处。 盥（guàn）：洗手器具。 漱：指漱口用具。 栉：梳子。

〔5〕屦（jù）：用麻葛制成的单底鞋。 膝行：跪着用膝盖走。

〔6〕向者：刚才。 请：请教，请问。 夫子：对老子的尊称。

〔7〕而：你。 睢睢（huī）盱盱（xū）：跋扈傲视的样子。 居：处。

〔8〕大白若辱，盛德若不足：谓一生清白的人应该觉得仍有污点，道德高尚的人应该仍以谦恭卑下自居。此二句见于《老子》四十一章。辱，黑。

〔9〕蹴（cù）然：惭愧不安的样子。

〔10〕其：指阳子居。

〔11〕舍者：指旅舍中的所有人，包括主人和客人等。 将：送。

〔12〕家公：指旅舍男主人。 执席：安排座席。

〔13〕妻：指旅舍女主人。

〔14〕舍者：指先居旅舍的客人。 避席：避开座席，表示恭敬。

〔15〕炀者：燃火者，即炊夫。

〔16〕反：通“返”。返回。 舍者：指旅舍客人。

【译文】

阳子居南下到沛地去，老聃西游到秦地，阳子居在沛郊迎候老子，到梁地才见到了老子。半途中老子仰天长叹说：“起初我认为你可以教导，现在看来不可以了。”

阳子居默然不应。到了旅舍中，阳子居恭敬地向老子奉上梳洗用品，把鞋脱在门外，然后膝行到老子面前说：“刚才我想请教先生，先生忙着赶路，所以没敢打搅。现在有空闲了，请告诉我不可教导的原因。”老子说：“你一副跋扈傲视的样子，谁愿跟你同处？一生清白的人应该觉得仍有污点，道德高尚的人应该仍以谦恭卑下自居。”阳子居听了，满面羞惭地说：“敬听先生的教诲了！”

阳子居刚到沛地的时候，旅舍中的所有人都来迎送他，旅舍男主人替他安排坐席，女主人为他拿毛巾和梳子，先到的客人避开坐席，炊夫离开灶火。等到他离沛返回时，旅舍的客人便和他争席而坐了。

【评析】

庄子在《寓言》篇中自叙其著述特点为:“寓言十九，重言十七，卮言日出，和以天倪。”《天下》篇中又总结说:“以天下为沉浊，不可与庄语，以卮言为曼衍，以重言为真，以寓言为广。独与天地精神往来，而不敖倪于万物，不谴是非，以与世俗处。其书虽瑰玮而连犿无伤也，其辞虽参差而諔诡可观。”所谓寓言就是假借形象思维寓理于事，表达己意；所谓重言，就是借重古人之言以申明作者自己的观点；所谓卮言，就是依文随势而出现的一些零星之言。其实，不管寓言、重言、卮言，作用无非都如陆德明《经典释文》中所说:“以人不信己，故托之于人，十言而九见信也。”都是一种不标示自己成见的表现形式，只将自己体验所得的道理，寄托在一个虚设的情境之中，或假借众人所信服的先知先哲的嘴巴说出来，或依循物理之本然而立说，至于道理的究竟，便留待读者去自由体悟。

“寓言”恐怕是《庄子》一书中最重要的表现手法了，《史记·老子韩非列传》说:“其著书十馀万言，大抵率寓言也。”《庄子》全书大小寓言共计二百多个，其短者或二十多字，其长者或千馀字；有些篇目全部由寓言排比而成，有些篇目干脆通篇就是一个寓言。但作者并未在形式上给予“寓言”一个严密的界说，而只说是“藉外论之”。因为大部分人都易于猜疑，必须借外人的誉扬，才能见信于人。这显然使真理蒙受委屈，但世俗如此，也无可奈何。庄子的寓言，正是在这种“天下沉浊，不可与庄语”情况下诞生的。于是，北冥之鱼可以化而为鸟抟摇而上，空髑髅可以与生人娓娓交谈，河伯和海若可以被他借来谈道，云将和鸿蒙可以在他笔下说法。这里也可以看出《庄子》寓言的特点。先秦其他诸子如孟子、韩非子等人亦可谓善用寓言，但孟子多采用民间传说故事来加强自己的论辩，韩非多利用历史传说与典故以佐证自己的说理，而《庄子》的寓言却大多“皆空语无事实”（司马迁语），纯属虚构。庄子可谓是中国古代第一个自觉地运用虚构手法的作家，也正是这些天马行空、看似虚妄的想象与虚构，使《庄子》一书在哲学的成分以外，带上了浓厚的文学色彩，陈寅恪先生曾说过，“无自由之思想，则无优美之文学”，正印证于此。

“重言”则是借重古代圣哲或当时名人的话，来止塞天下争辩之言的。但庄子并非为了推崇圣哲与名人，只是利用世人崇拜偶像的观念，来借偶像说话。因此，在创作“重言”时，他有时借重黄帝，有时借重老聃，有时借重孔子，当然，他们都得披着自己的外衣，说庄子的话。所以，虚构圣哲与名人的言论在庄子笔下也成了司空见惯的事，甚至他还会另造出许多“乌有先生”来，让他们谈道说法，互相辩论，或褒或贬，没有一定。例如孔子在《庄子》一书中，形象不定，人格不一。有时他把孔子抬得高高在上，几乎成了道家的代表；有时他又还原孔子本来面目，让他屡受老聃的教训；而有时又对孔子冷嘲热讽。“重言”的运用，使《庄子》一书带有了一种亦庄亦谐的色彩，并将庄子的思想表达得格外灵活，格外新奇，格外有力量。

“卮言”在《庄子》中游衍不定，庄子以“卮言”命名，是想表明他自己所说的话便如酒器里的酒，“卮满则倾，卮空则仰，空满任物，倾仰随人”（成玄英语），都是无心之言，所以称为“卮言”。正因为是无心之言，时倾时仰，因此“卮言”大多是些不着边际的议论，想到哪便说到哪。庄子处在春秋战国的乱世之中，百家争鸣，各执一端，尤其儒、墨二家，他们妄分是非、善恶、贵贱、高下，完全是由于自私用智，为成见所固蔽。所以庄子想要以“卮言”的形式，跳出是非争辩的圈子，避开自我成见的干扰，以期合于天然的端倪，顺应大道的运行，而代为立论。

让　王

【题解】

本篇意旨相对集中，主要阐述了“尊生”的思想。内容上主要可分为两类，一类如篇题所云“让王”，即辞让王位，一类则是安贫乐道，不慕荣利。作者也主要从这两方面论述“尊生”思想，自然性命重于天下，因此有道之人不愿为了天下而做有害于自然性命的事；功名利禄则会直接诱导人的欲望，堵塞人的本性，同时引发人与人的争斗，因此更为有道之人所不取。然而，本篇与其他篇的养生思想并不完全相同。在《大宗师》《骈拇》《外物》等篇中，务光、伯夷、叔齐被贬为残生伤性之徒，是着力鞭鞑的对象。在本篇中他们宁死不辱的精神却被高度赞许。

尧以天下让许由，许由不受。又让于子州支父〔1〕，子州支父曰：“以我为天子，犹之可也〔2〕。虽然，我适有幽忧之病〔3〕，方且治之，未暇治天下也。”夫天下至重也，而不以害其生，又况他物乎！唯无以天下为者，可以托天下也。

舜让天下于子州支伯〔4〕，子州支伯曰：“予适有幽忧之病，方且治之，未暇治天下也。”故天下大器也〔5〕，而不以易生〔6〕，此有道者之所以异乎俗者也。

舜以天下让善卷〔7〕，善卷曰：“余立于宇宙之中，冬日衣皮毛，夏日衣葛絺〔8〕；春耕种，形足以劳动；秋收敛，身足以休食；日出而作，日入而息，逍遥于天地之间而心意自得。吾何以天下为哉！悲夫，子之不知余也。”遂不受。于是去而入深山，莫知其处。

舜以天下让其友石户之农〔9〕，石户之农曰："捲捲乎后之为人〔10〕，葆力之士也〔11〕。”以舜之德为未至也，于是夫负妻戴〔12〕，携子以入于海，终身不反也〔13〕。

【注释】

〔1〕子州支父：姓子，名州，字支父，为怀道的隐者。

〔2〕犹：还。

〔3〕适：恰巧。　幽忧：指藏于心中的隐忧。

〔4〕子州支伯：即子州支父。

〔5〕大器：宝物。

〔6〕易：交易，交换。　生：生命。

〔7〕善卷：姓善，名卷，隐者。

〔8〕衣：穿着。　葛：指用葛纤维织成的布。　絺（chī）：精细的葛布。

〔9〕石户：地名。

〔10〕捲捲（quán）：捲，通“拳”。捲捲，用力的样子。　后：君，指舜。

〔11〕葆力：谓勤劳用力，不知养德。

〔12〕戴：用头顶着物品。

〔13〕反：通“返”，返回。

【译文】

尧要把天下让给许由，许由不接受。又让给子州支父，子州支父说："让我做天子，还是可以的。但是，我正患有隐忧的毛病，刚要治疗，没有工夫去治理天下。”天下的地位是最贵重的了，但不能用它来危害自己的生命，又何况是别的东西呢！只有不把治理天下当作一回事的人，才可以把天下托付给他。

舜要把天下让给子州支伯，子州支伯说："我正患有隐忧的毛病，刚要治疗，没有工夫去治理天下。”天下是个贵重的宝物，但不能用它来交换生命，这便是有道的人和世俗之人不同的地方。

舜要把天下让给善卷，善卷说：“我立足于宇宙之中，冬天穿皮毛，夏天穿细布；春天耕田种地，形体足以胜任这种劳动；秋天收获，身体可以充分休养安食；太阳出来就去劳作，太阳落山就休息，自由自在地生活于天地之间，心情悠然自得。我要天下有什么用呢！可悲啊，你是不了解我的。”便没有接受。于是离开舜而进入深山，没有人知道他的住处。

舜要把天下让给他的朋友石户的农民，石户的农民说：“你做国君是多么的辛劳，是个勤苦用力而不知养德的人啊！”认为舜的德行还没有达到最高的境界，于是丈夫背着行李，妻子顶着东西，携带子女隐居海岛之上，终身没有回来。

大王亶父居邠，狄人攻之〔1〕。事之以皮帛而不受〔2〕，事之以犬马而不受，事之以珠玉而不受，狄人之所求者土地也。大王亶父曰：“与人之兄居而杀其弟，与人之父居而杀其子，吾不忍也。子皆勉居矣〔3〕！为吾臣与为狄人臣，奚以异〔4〕！且吾闻之，不以所用养害所养〔5〕。”因杖策而去之〔6〕。民相连而从之，遂成国于岐山之下〔7〕。夫大王亶父，可谓能尊生矣〔8〕。能尊生者，虽贵富不以养伤身〔9〕，虽贫贱不以利累形。今世之人居高官尊爵者，皆重失之，见利轻亡其身〔10〕，岂不惑哉！

【注释】

〔1〕大王亶父：即古公亶父，是王季的父亲，周文王的祖父。　邠（bīn）：同“豳”，在今陕西旬邑西南。　狄人：亦称猃狁、獯鬻、熏育、荤允，秦汉时又称作匈奴，是分布在今陕西、甘肃北部及内蒙古西部的一个游牧民族。

〔2〕事之以皮帛：谓拿皮料、丝帛等物奉送给狄人，表示求和。　受：接受。

〔3〕子：指邠地人民。
〔4〕奚：何。　异：不同。
〔5〕所用养：指土地。　所养：指百姓。
〔6〕杖策：拄杖。　去：离开。
〔7〕相连而从之：接连不断地跟随他。　成国：建立国家。　岐山：在今陕西岐山东北。
〔8〕尊：尊重，珍爱。
〔9〕养：指用以养生之物。
〔10〕重：看重，重视。　之：指高官尊爵。　轻：轻易。

【译文】

大王亶父居住在邠地，狄人前来侵犯。拿皮料和丝织品奉送给狄人，他们不接受；拿狗和马奉送给狄人，他们也不接受；拿珍珠宝玉奉送给狄人，他们还是不接受；狄人所要的东西，是土地。大王亶父说："和人家的兄长住在一起而杀掉他的弟弟，和人家的父亲住在一起而杀掉他的儿子，我不忍心这样做。你们都好好地居住在这儿吧！做我的臣民和做狄人的臣民有什么不同呢！况且我听说过，不要为了用以养生的土地而危害所要养的百姓。"于是拄着杖离开了邠地。人民连续不断地跟随他，于是便在岐山下建成了新的国家。大王亶父，可以说是能珍重生命的人了。能珍重生命的人，虽处在富贵之中也不会用养生的东西伤害身体，虽处在贫贱之中也不会因为争利而拖累形体。现在世上身居高官爵位的人，都把这些看得很重而唯恐失去，见到利禄就轻易地牺牲自己的生命，不是太糊涂了吗！

越人三世弒其君〔1〕，王子搜患之〔2〕，逃乎丹穴〔3〕。而越国无君，求王子搜不得，从之丹穴〔4〕。王子搜不肯出，越人薰之以艾〔5〕。乘以王舆〔6〕。王子搜援绥登车〔7〕，仰天而呼曰："君乎，君乎！独不可以舍我乎〔8〕！"王子搜非恶为君也，恶为君之患也。若王子搜者，可谓不以国伤生矣，此固越人之所欲得为君也〔9〕。

【注释】

〔1〕越人三世弑其君：指越王翳被儿子杀掉；越人又杀掉他的儿子，立无余为国君；无余又被杀掉，立无颛为国君。弑，古代把臣杀君、子杀父称为弑。

〔2〕王子搜：即无颛。　患之：以之为患，即害怕此事。

〔3〕丹穴：洞穴名。

〔4〕从：追踪。

〔5〕艾：艾草。

〔6〕王舆：指国君所乘的车子。

〔7〕援：拉。　绥：登车时拉手所用的绳索。

〔8〕舍：舍弃，放下。

〔9〕固：正，就。

【译文】

越人有三代杀掉了自己的国君，王子搜对此非常害怕，便逃到丹穴洞中。越国没有了国君，寻王子搜而没有找到，就一直追踪到丹穴。王子搜不肯出来，越人便用艾草的烟火熏丹穴。让他坐国君所乘的车子。王子搜拉着登车时所用的绳子上了车，仰天呼叫说："王位呀，王位呀！难道不肯放过我吗！"王子搜并不是厌恶做国君，而是厌恶做国君所招来的祸患。像王子搜这样的人，可以说是不以国君的地位伤害生命了，这正是越人要他做国君的真正原因。

韩、魏相与争侵地。子华子见昭僖侯，昭僖侯有忧色〔1〕。子华子曰："今使天下书铭于君之前〔2〕，书之言曰〔3〕：'左手攫之则右手废〔4〕，右手攫之则左手废，然而攫之者必有天下。'君能攫之乎〔5〕？"昭僖侯曰："寡人不攫也。"

子华子曰："甚善！自是观之〔6〕，两臂重于天下也，身亦重于两臂。韩之轻于天下亦远矣，今之所争者，其轻于韩又远。君固愁身伤生以忧戚不得也[7]！”

僖侯曰：“善哉！教寡人者众矣，未尝得闻此言也[8]。”子华子可谓知轻重矣。

【注释】

〔1〕子华子：魏国人，思想接近道家。　昭僖侯：即韩昭侯。　有忧色：谓唯恐不能获胜，故有忧愁之色。

〔2〕书铭：谓写下契约。

〔3〕言：指铭词。

〔4〕攫：夺取。　废：斩去。

〔5〕能：愿。

〔6〕是：此，这。

〔7〕固：胡，为什么。

〔8〕未尝：未曾。

【译文】

韩国和魏国相互争夺土地。子华子拜见韩国的昭僖侯，昭僖侯面有忧愁之色。子华子说：“现在让天下人在您面前写下契约，契约上写道：‘左手来取这契约的就砍去右手，右手来取这契约的就砍去左手，然而取得契约的人就可以得到天下。’您愿意去取这契约吗？”昭僖侯说：“我不愿意。”

子华子说：“很好！这样看来，两臂比天下重要，身体又比两臂重要。韩国的重要性比天下轻多了，现在所要争夺的边境之地，比起整个韩国又轻得多。您为什么还要愁苦身体来伤害生命，唯恐得不到这点土地！”

昭僖侯说：“好啊！开导我的人很多，但从没有听到过这样的话。”子华子可以说是知道轻重的人了。

鲁君闻颜阖得道之人也[1]，使人以币先焉[2]。颜阖守陋闾[3]，苴布之衣，而自饭牛[4]。鲁君之使者至，颜阖自对之。使者曰：“此颜阖之家与[5]？”颜阖对曰：“此阖之家也。”使者致币，颜阖对曰：“恐听者谬而遗使者罪，不若审之[6]。”使者还，反审之[7]，复来求之，则不得已[8]。故若颜阖者，真恶富贵也。

故曰：道之真以治身，其绪馀以为国家，其土苴以治天下[9]。由此观之，帝王之功，圣人之馀事也，非所以完身养生也[10]。今世俗之君子，多危身弃生以殉物[11]，岂不悲哉！凡圣人之动作也，必察其所以之与其所以为[12]。今且有人于此，以随侯之珠弹千仞之雀[13]，世必笑之。是何也？则其所用者重而所要者轻也[14]。夫生者，岂特随侯之重哉[15]！

【注释】

〔1〕鲁君：鲁哀公，或谓鲁定公。　颜阖：姓颜，名阖，鲁国的隐者。
〔2〕以币先焉：先送币帛，以表心意。币，币帛，钱币。一说赠物。
〔3〕守：居住。　陋闾：陋巷。
〔4〕苴（jū）布：麻布。　饭牛：喂牛。
〔5〕与：通“欤”，疑问语气词。
〔6〕遗（wèi）：给予。　审：审查，检查。
〔7〕反：反复。
〔8〕已：通“矣”。
〔9〕绪馀：谓残馀。　为：治。　土苴：糟粕。
〔10〕完：保全。
〔11〕殉：追逐。
〔12〕所以之：谓目的。之，到、往。
〔13〕随侯之珠：指周时被汉中随侯得到的明珠。
〔14〕要：求。
〔15〕特：只是。　“随侯”：后面当补一“珠”字，文意乃全。

【译文】

鲁国国君听说颜阖是得道之人，便派人先送去币帛以表达心意。颜阖居住在陋巷，穿着麻布衣服亲自在喂牛。鲁君的使者到了，颜阖亲自接待他。使者说："这是颜阖的家吗？"颜阖回答说："这是颜阖的家。"使者送上币帛，颜阖说："恐怕听错了而给使者造成过错，不如回去再考查一下。"使者回去，反复查核，再来找他，却找不到了。所以像颜阖这样的人，才真是厌恶富贵的人。

所以说，道的精华用来修身，它的残馀用来治理国家，它的糟粕用来治理天下。由此可见，帝王的功业，不过是圣人的馀事，并不能用来全身养生。现在的世俗君子，多是危害身体、抛弃生命来追逐外物，难道不可悲吗！大凡圣人做事，一定先要弄清这样做的目的和这样做的原因。现在如果有这样一个人，用随侯的宝珠做弹丸去射那千仞高的麻雀，世人一定会嘲笑他。这是为什么呢？这是因为他所用的东西太贵重，而所要取得的东西太轻贱了。人的生命，又岂只是随侯的宝珠那么贵重呢！

子列子穷〔1〕，容貌有饥色。客有言之于郑子阳者曰〔2〕："列御寇，盖有道之士也，居君之国而穷，君无乃为不好士乎〔3〕？"郑子阳即令官遗之粟〔4〕。子列子见使者，再拜而辞。

使者去，子列子入，其妻望之而拊心曰〔5〕："妾闻为有道者之妻子，皆得佚乐〔6〕。今有饥色，君过而遗先生食〔7〕，先生不受，岂不命邪！"子列子笑谓之曰："君非自知我也，以人之言而遗我粟，至其罪我也〔8〕，又且以人之言，此吾所以不受也。"其卒，民果作难而杀子阳〔9〕。

【注释】

〔1〕子列子：即列御寇。

〔2〕子阳：人名，郑国的相国。

〔3〕无乃：岂不是。

〔4〕遗（wèi）：给予。

〔5〕望：埋怨。 拊（fǔ）心：搥胸。拊，拍。
〔6〕佚：通“逸”，安逸。
〔7〕君：指子阳。 过：谓自以为过，引为己过。 食：指粟。
〔8〕罪我：加罪于我。
〔9〕卒：后来。 作难：发难。

【译文】

列子生活穷困，面有饥色。有人告诉郑国的相国子阳说：“列御寇是个有道之士，住在您的国家里而受穷困，您岂不是不喜欢贤士吗？”子阳便派遣官吏给列子送去粮食。列子见到使者，一再拜谢而推辞不接受。

使者离开后，列子回到屋里，他的妻子埋怨地看他且拍着胸口说：“我听说做有道者的妻子，都能得到安逸和快乐。现在你面有饥色，郑国的相国认为自己有过失而送给你粮食，你却不接受，难道不是命该受穷吗！”列子笑着对妻子说：“郑国的相国并不是自己了解我，而是听了别人的话才送给我粮食的，等到他要加罪于我时，也将会是因为听信了别人的话，这就是我不接受粮食的原因。”后来，人民果然发难而杀死了子阳。

楚昭王失国，屠羊说走而从于昭王〔1〕。昭王反国〔2〕，将赏从者，及屠羊说〔3〕。屠羊说曰：“大王失国，说失屠羊；大王反国，说亦反屠羊。臣之爵禄已复矣，又何赏之有！”

王曰：“强之〔4〕。”屠羊说曰：“大王失国，非臣之罪，故不敢伏其诛〔5〕；大王反国，非臣之功，故不敢当其赏〔6〕。”

王曰：“见之。”屠羊说曰：“楚国之法，必有重赏大功而后得见。今臣之知不足以存国，而勇不足以死寇〔7〕。吴军入郢，说畏难而避寇，非故随大王也〔8〕。今大王欲废法毁约而见说[9]，此非臣之所以闻于天下也。”

王谓司马子綦曰[10]：“屠羊说居处卑贱而陈义甚高，子綦为我延之以三旌之位[11]。”

屠羊说曰：“夫三旌之位，吾知其贵于屠羊之肆也[12]；万钟之禄，吾知其富于屠羊之利也；然岂可以贪爵禄而使吾君有妄施之名乎[13]？说不敢当，愿复反吾屠羊之肆。”遂不受也。

【注释】

〔1〕楚昭王：名轸，平王的儿子。　失国：指吴伐楚，楚昭王逃到随、郑而失去了国土。　屠羊说（yuè）：名叫说的屠羊者。　走：逃跑。

〔2〕反：通“返”，返回，指恢复。

〔3〕及：轮到。

〔4〕强之：谓强迫屠羊说接受赏赐。

〔5〕伏其诛：谓接受惩罚。

〔6〕当其赏：承担赏赐。

〔7〕死寇：杀死敌寇。

〔8〕故：有心。

〔9〕约：与百姓共守法之约。或谓上下共守之条规。

〔10〕司马：官名。　子綦（qí）：人名。

〔11〕陈义：讲述的道理。　綦：当为“其”字之误。　延：延请。三旌：三公。因三公之车服各有旌别，故称。

〔12〕肆：市场。引申为在市场上从事的屠羊职业。

〔13〕妄施：行赏不当。

【译文】

楚昭王失掉了国家，屠羊说跟着昭王逃亡。昭王复国以后，要奖赏跟随的人，赏赐轮到了屠羊说。屠羊说说：“大王失掉国土，我就失去了屠羊的职业；大国复归国土，我也就恢复了屠羊的职业。我的爵禄已经恢复了，又有什么可奖赏的呢！”

昭王说：“强令他接受赏赐。”屠羊说说：“大王失掉国家，不是我的罪过，所以不愿接受惩罚；大王复归国土，也不是我的功劳，所以也不愿承当赏赐。”

昭王说：“我要召见他。”屠羊说说：“楚国的法令规定，必须有重赏大功的人才能得到接见。现在我的智能不足以保存国家，我的勇力不足以杀死敌寇。吴国的军队入侵郢都，我害怕危难而逃避敌寇，并不是有心跟随大王。现在大王要违背法令规约而接见我，这不是我所愿意传闻于天下的事。”

昭王对司马子綦说：“屠羊说地位卑贱而陈说的义理很高明，你替我延请他担任三公的职位。”

屠羊说说：“三公的职位，我知道它要比屠羊的职业尊贵；万钟的俸禄，我知道它要比屠羊所得的利润丰厚；但是我怎么可以贪图爵禄而使我的君主有行赏不当的名声呢？我不敢接受这高官厚禄，还是希望再恢复我屠羊的职业。”终于没有接受奖赏。

原宪居鲁〔1〕，环堵之室〔2〕，茨以生草〔3〕；蓬户不完〔4〕，桑以为枢〔5〕；而瓮牖二室〔6〕，褐以为塞〔7〕；上漏下湿，匡坐而弦〔8〕。

子贡乘大马〔9〕，中绀而表素，轩车不容巷〔10〕，往见原宪。原宪华冠縰履〔11〕，杖藜而应门〔12〕。子贡曰：“嘻！先生何病？”原宪应之曰：“宪闻之，无财谓之贫，学而不能行谓之病〔13〕。今宪，贫也，非病也。”子贡逡巡而有愧色〔14〕。

原宪笑曰：“夫希世而行〔15〕，比周而友〔16〕，学以为人，教以为己，仁义之慝〔17〕，舆马之饰，宪不忍为也。”

【注释】

〔1〕原宪：字子思，亦称原思，孔子弟子。他清静守节，安贫乐道。

〔2〕环堵之室：面积为一平方丈的居室。堵，一丈。

〔3〕茨：谓以草盖屋。　生草：青草。

〔4〕蓬户：用蓬草编成的门。　完：完整。

〔5〕桑：桑条。　枢：门轴。

〔6〕瓮牖（yǒu）：用破瓮做窗户，形容窗户简陋。牖，窗户。

〔7〕褐以为塞：用粗布短衣堵塞窗口。褐，粗布短衣。

〔8〕匡坐：正坐。　“弦”字：后面当补一“歌”字，文意乃通。

〔9〕大马：指高头大马所拉的车子。

〔10〕绀（gàn）：深青带红的颜色。　表：外表，指外衣。　素：白色。　不容巷：不容于巷，谓车子高大，巷小不能容纳通行。

〔11〕华冠：用桦树皮做的帽子。　縰（xǐ）履：没有后跟的鞋子。

〔12〕杖：拄。　藜（lí）：指藜草茎所做的杖。　应门：谓亲自开门应接。

〔13〕“学”字：后面当补一“道”字，文意乃通。

〔14〕逡巡：退却的样子。

〔15〕希世而行：为得到俗世赞誉而行事。希，希望。

〔16〕比周：谓周旋亲比。

〔17〕慝（tè）：恶。

【译文】

原宪住在鲁国，他的居室面积只有一平方丈，屋顶是用青草覆盖的；用蓬草编成的门不完整，用桑条来做门的转轴；用破瓮做二室的窗户，用粗布短衣堵塞窗口；屋顶漏雨地上潮湿，他却端坐在那里弹琴唱歌。

子贡乘坐着高头大马拉的车子，穿着青红色的里衣和素白色的外衣，小巷容不下他高大的车子，就这样去见原宪。原宪戴着桦树皮做的帽子，穿着没有后跟的鞋，拄着藜草茎做的手杖来开门迎客。子贡说：“哎呀！先生为何这样困顿？”原宪回答说：“我听说，没有钱财叫作贫穷，学了道而不能实行叫作困顿。现在我是贫穷，而不是困顿。”子贡听了向后退却，脸上现出羞愧的颜色。

原宪笑着说：“希望得到世誉而行事，周旋亲比来结交朋友，为了炫耀于人而求学，为了求得己利而施教，依托仁义去做奸恶之事，装饰车马来炫耀自己，我是不忍心这样做的。”

曾子居卫〔1〕，缊袍无表〔2〕，颜色肿哙〔3〕，手足胼胝[4]。三日不举火[5]，十年不制衣，正冠而缨绝[6]，捉衿而肘见[7]，纳屦而踵决[8]。曳縰而歌《商颂》[9]，声满天地，若出金石。天子不得臣，诸侯不得友。故养志者忘形，养形者忘利，致道者忘心矣。

【注释】

〔1〕曾子：即曾参，字子舆，孔子弟子。

〔2〕缊（yùn）袍：以乱麻为絮的袍子。缊，乱麻。 无表：谓袍子的表层破烂不堪。

〔3〕肿哙（kuài）：浮肿。

〔4〕胼胝（pián zhī）：指因劳作而磨出的老茧。

〔5〕举火：生火做饭。

〔6〕正：整理。 缨：系于颔下的冠带。 绝：断。

〔7〕捉：拉。

〔8〕纳屦：穿鞋。 踵决：鞋跟破裂。

〔9〕曳縰：拖着破败的鞋子。曳，拖。 商颂：是《诗经》的部分诗篇，共五篇。

【译文】

曾子住在卫国，穿着用乱麻絮做成的袍子，袍子的表层已经破烂不堪，他的面色浮肿，手脚磨出了茧子。三天也不能生火做上一顿饭，十年也不能裁制一件新衣，整一整帽子，帽带就弄断了，拉一下衣襟，就露出了胳膊肘，穿一下鞋，鞋后跟就破裂了。他拖着破败的鞋子吟唱着《商颂》，声音充满于天地之间，好像钟磬之音那样清越优美。天子不能使他为臣子，诸侯不能和他交朋友。所以修养意志的人忘掉了形体，保养形体的人忘掉了利禄，求道的人连心神也忘掉了。

孔子谓颜回曰："回，来！家贫居卑，胡不仕乎[1]？"颜回对曰："不愿仕。回有郭外之田五十亩，足以给飦粥[2]；郭内之田十亩，足以为丝麻；鼓琴足以自娱，所学夫子之道者足以自乐也。回不愿仕。”

孔子愀然变容曰[3]：“善哉，回之意！丘闻之：‘知足者不以利自累也，审自得者失之而不惧[4]，行修于内者无位而不怍[5]。’丘诵之久矣，今于回而后见之，是丘之得也。”

【注释】

〔1〕居卑：谓处于卑微的地位。　胡：何，为什么。　仕：做官。

〔2〕郭：城郭。　给：供给。　飦（zhān）粥：厚粥。

〔3〕愀（qiǎo）然：容色变动的样子。

〔4〕审：明辨。

〔5〕行修于内：修养内德。　位：禄位。　怍（zuò）：惭愧。

【译文】

孔子对颜回说：“颜回，你过来！你家境贫苦，地位卑微，为什么不做官呢？”颜回回答说：“不愿意做官。我在城郭门外有五十亩田，足够供我吃厚粥的；在城郭门内有十亩田，足够让我穿上丝麻做的衣服；弹琴足以使我高兴，学习先生所传授的道理，足以使我感到快乐。我不愿意做官。”

孔子变容改色，说：“好啊，你的意愿！我听说：‘知足的人，不会因为逐利而使自己受累；明辨于分内与分外界限的人，不会因为失去身外之物而感到忧惧；修养内德的人，不会因为没有禄位而感到惭愧。’这些话我诵读了很久了，现在在颜回身上才看到它，这是我的收获啊！”

中山公子牟谓瞻子曰[1]：“身在江海之上，心居乎魏阙之下[2]，奈何？”瞻子曰：“重生。重生则利轻[3]。”

中山公子牟曰：“虽知之，未能自胜也[4]。”瞻子曰："不能自胜则从[5]，神无恶乎[6]？不能自胜而强不从者，此之谓重伤[7]。重伤之人，无寿类矣[8]。"

魏牟，万乘之公子也，其隐岩穴也，难为于布衣之士；虽未至乎道，可谓有其意矣！

【注释】

〔1〕中山公子牟：即魏公子，名牟，因其封于中山，故又称中山公子牟。　瞻子：即瞻何，属于先秦道家学派。

〔2〕魏阙：宫门外高大的观楼，代指朝廷。魏，通"巍"，高大。

〔3〕重生：谓解决的办法在于重视生存之道，即把保全自然性命看作最重要的事。　利轻：当为"轻利"之误。

〔4〕胜：克制。

〔5〕从：顺从，放任。

〔6〕神：精神。　恶：嫌恶。

〔7〕强：强制。　重（chóng）伤：再次受伤。

〔8〕无寿类：不能与长寿者为同类，即不能长寿之意。

【译文】

魏牟对瞻子说："身体虽然隐居在江海之上，可内心却眷恋着朝廷的富贵，这该怎么办呢？"瞻子说："应当重视存生之道。一旦重视存生之道，就会把荣利看得很轻。"

魏牟说："虽然知道，但却不能克制自己的情欲。"瞻子曰："既然不能克制情欲，那就姑且放任它，这样，精神还能再产生嫌恶吗？不能克制情欲，而又强制着不放任它，这叫作再次受伤。再次受伤的人，就不能成为长寿的一类人了。"

魏牟，是万乘大国的公子，他隐居在山岩洞穴之中，困难要比平民百姓的大；虽然还没有达到道的境界，但可以说是有向道的心意了！

孔子穷于陈、蔡之间[1]，七日不火食，藜羹不糁[2]，颜色甚惫[3]，而弦歌于室。颜回择菜[4]，子路、子贡相与言曰："夫子再逐于鲁，削迹于卫，伐树于宋，穷于商、周，围于陈、蔡，杀夫子者无罪，藉夫子者无禁〔5〕。弦歌鼓琴，未尝绝音，君子之无耻也若此乎〔6〕！"

颜回无以应，入告孔子。孔子推琴喟然而叹曰〔7〕："由与赐，细人也〔8〕。召而来，吾语之〔9〕。"

子路、子贡入。子路曰："如此者，可谓穷矣！"孔子曰："是何言也！君子通于道之谓通，穷于道之谓穷。今丘抱仁义之道以遭乱世之患，其何穷之为〔10〕！故内省而不穷于道〔11〕，临难而不失其德，天寒既至〔12〕，霜雪既降，吾是以知松柏之茂也〔13〕。陈、蔡之隘〔14〕，于丘其幸乎〔15〕！"

孔子削然反琴而弦歌〔16〕，子路扢然执干而舞〔17〕。子贡曰："吾不知天之高也，地之下也。"

古之得道者，穷亦乐，通亦乐，所乐非穷通也。道德于此，则穷通为寒暑风雨之序矣。故许由娱于颍阳〔18〕，而共伯得乎共首〔19〕。

【注释】

〔1〕穷于陈、蔡：已见《天运》篇注。

〔2〕火食：生火做饭。　藜：藜藿，嫩叶可食。　糁（sǎn）：米粒。

〔3〕惫：疲乏。

〔4〕择菜：到户外采摘藜菜。

〔5〕藉：凌辱。　无禁：无人出来禁止。

〔6〕无耻：谓不以穷厄为羞耻。

〔7〕推：推开。　喟然：叹息的样子。

〔8〕由：即子路，名由。　赐：即子贡，名赐。　细人：见识短浅的小人。

〔9〕语：告诉。

〔10〕遭：遭遇。 为：通“谓”。

〔11〕内省（xǐng）：反省内心。

〔12〕天：当为“大”字之误。

〔13〕松柏之茂：比喻君子品德的高尚。

〔14〕隘：通“厄”。

〔15〕幸：谓困厄益显君子之德，故称。

〔16〕削然：取琴的声音。 反琴：再取琴而弹。或谓复鼓琴。反，通“返”。

〔17〕扢（xì）然：奋舞的样子。 执干，原文作“干执”，据文意改。干，盾。

〔18〕娱：安。 颍阳：地名，在今襄阳。

〔19〕共伯：即共伯和，西周末年的贤人。周厉王被放逐，诸侯立他为天子，在位一十四年，宣王立时他退回共首山（今河内共县西）。

【译文】

孔子被围困于陈、蔡两国之间，七天不能生火做饭，藜菜汤内不加米粒，面色疲惫不堪，然而仍在室内弹琴歌唱。颜回到户外采摘藜菜，听到子路和子贡互相议论说：“先生两次被鲁国驱逐，在卫国没有存身之处，在宋国受到了伐树的惊吓，在商、周遭到了困窘，被围困在陈国和蔡国之间，想杀害先生的人没有罪过，凌辱先生的人无人出来禁止。可先生却弹琴唱歌，乐声未曾断绝，君子也像这样不以困厄为羞耻吗？”

颜回没有和他们说话，便进入室内告诉孔子。孔子放下琴，感慨地叹息说：“由和赐是见识短浅的小人。把他们叫进来，我告诉他们。”

子路和子贡走进室内。子路说：“像我们现在的处境，可以说是穷困了！”孔子说：“这是什么话！君子能够通达道理叫作通，不通达道理才可以叫作穷。现在我坚守仁义的道理而遭到乱世的祸患，怎么可以说是穷困呢！所以反省内心而无愧于大道，面临危难而不失掉德行，严寒到来，霜雪降落，我这才知道松树和柏树的茂盛。在陈、蔡之间遇到困厄而显出我的德行，该是值得庆幸的啊！”

孔子又取过琴来继续弹唱，子路手拿盾牌兴奋地跳起舞来。子贡说：“我不知道天有多高，地有多深。”

古时得道的人，穷困也快乐，通达也快乐，他们的快乐并不在于穷困或通达。道德的修养一旦达到这个境界，那就会把穷通的变化，看成像寒暑风雨的循序变化一样自然。所以许由快乐地生活在颍阳之地，而共伯悠然自得地生活在共首山上。

舜以天下让其友北人无择〔1〕，北人无择曰："异哉后之为人也〔2〕，居于畎亩之中而游尧之门〔3〕！不若是而已，又欲以其辱行漫我〔4〕。吾羞见之。"因自投清泠之渊〔5〕。

【注释】

〔1〕北人无择：北方之人，名叫无择。

〔2〕异：奇怪。　后：君主，指舜。

〔3〕畎（quǎn）亩：田地。

〔4〕辱行：丑陋行为。　漫：玷污。

〔5〕清泠之渊：渊名，在南阳西崿山下。

【译文】

舜把天下让给他的朋友北人无择，北人无择说："君主的为人很奇怪啊！他本来是在田地里从事耕种，可后来却接受尧的禅让而成为天子。不仅如此而已，还要用他的丑行来玷污我。见到他我感到很羞耻。"因而投到清泠之渊中自杀了。

汤将伐桀，因卞随而谋〔1〕，卞随曰："非吾事也。"汤曰："孰可？"曰："吾不知也。"

汤又因瞀光而谋〔2〕，瞀光曰："非吾事也。"汤曰："孰可？"曰："吾不知也。"汤曰："伊尹何如？"曰："强力忍垢，吾不知其他也〔3〕。"

汤遂与伊尹谋伐桀，克之〔4〕，以让卞随。卞随辞曰[5]："后之伐桀也谋乎我，必以我为贼也[6]；胜桀而让我，必我为贪也[7]。吾生乎乱世，而无道之人再来漫我[8]，吾不忍数闻也[9]。"乃自投稠水而死[10]。

汤又让瞀光曰："知者谋之[11]，武者遂之[12]，仁者居之，古之道也。吾子胡不立乎[13]？"瞀光辞曰："废上，非义也；杀民，非仁也；人犯其难，我享其利[14]，非廉也。吾闻之曰：'非其义者，不受其禄；无道之世，不践其土[15]。'况尊我乎！吾不忍久见也[16]。"乃负石而自沉于庐水[17]。

【注释】

〔1〕伐：讨伐。　因：就。　卞随：姓卞，名随，怀道之人。

〔2〕瞀（mào）光：即务光，夏人。

〔3〕强力：勉强努力。　忍垢：忍受世俗污辱之事。　其他：指伊尹别的长处。

〔4〕克：战胜。

〔5〕辞：拒绝，推辞。

〔6〕后：君主，指汤。　贼：残忍之人。

〔7〕"必"字：后面当补一"以"字，文意乃全。

〔8〕无道之人：指汤。　再：两次。　漫：污辱。按：此句后原有"以其辱行"四字，疑为衍文，今删去。

〔9〕数：多次。

〔10〕稠水：水名，在颍川。

〔11〕知：通"智"。　谋之：指谋划夺取天下之事。

〔12〕武者：勇武之人。　遂：完成。

〔13〕吾子：相亲之辞，犹"您"。　胡：何。　立：谓即天子之位。

〔14〕人犯其难：谓别人在战场上冒险拼死。　享：受。

〔15〕践：踩。

〔16〕尊我：谓尊崇我为天子。　久见：长期看到这种情况。

〔17〕负：背着。　沉：沉没。　庐水：在辽宁西界，一说在北平郡界。

【译文】

商汤要讨伐夏桀，就这件事跟卞随商量，卞随说："这不是我的事情。"汤说："可以跟谁商量呢？"回答说："我不知道。"

汤又就此事跟瞀光商量，瞀光说："这不是我的事情。"汤说："可以跟谁商量呢？"回答说："我不知道。"汤说："跟伊尹商量怎么样呢？"回答说："他既能勉强努力，又能忍受污辱，我不知道他还有另外的长处了。"

汤于是和伊尹商量如何讨伐夏桀，结果战胜了夏桀，便要把天下让给卞随。卞随辞谢说："你在伐桀的时候跟我商量，一定是把我看作残忍之人了；战胜了夏桀，又要把天下让给我，一定是把我看作贪婪之人了。我生活在乱世，而无道的人两次污辱我，我不能忍受屡次听到这样的话。"于是投进稠水自杀了。

汤又把天下让给瞀光，说："有智能的人谋划夺取天下之事，勇武的人完成夺取天下的任务，仁爱的人居于天子之位，这是自古以来的道理。先生为什么不即天子之位呢？"瞀光辞谢说："放逐自己的君主，是不义；在战争中使人民遭殃，是不仁；别人在战场上冒险拼死，我却坐享其成，是不廉。我听说：'对不合乎义的人，不能接受他的爵禄；对无道的社会，不能脚踩它的土地。'何况是尊崇我为天子呢！长期看到这种情况我就不能忍受。"于是背着石头沉没到庐水中自杀了。

昔周之兴，有士二人处于孤竹〔1〕，曰伯夷、叔齐。二人相谓曰："吾闻西方有人，似有道者，试往观焉。"至于岐阳〔2〕，武王闻之，使叔旦往见之〔3〕，与盟曰："加富二等，就官一列〔4〕。"血牲而埋之〔5〕。

二人相视而笑曰："嘻，异哉！此非吾所谓道也。昔者神农之有天下也，时祀尽敬而不祈喜〔6〕；其于人也，忠信尽治而无求焉。乐与政为政，乐与治为治，不以人之坏自成也〔7〕，不以人之卑自高也，不以遭时自利也〔8〕。今周见殷之乱而遽为政，上谋而行货〔9〕，阻兵而保威〔10〕，割牲而盟以为信，扬行以说众〔11〕，杀伐以要利〔12〕，是推乱以易暴也。吾闻古之士，遭治世不避其任，遇乱世不为苟存〔13〕。今天下闇〔14〕，周德衰，其并乎周以涂吾身也〔15〕，不如避之以絜吾行〔16〕。”二子北至于首阳之山〔17〕，遂饿而死焉。若伯夷、叔齐者，其于富贵也，苟可得已〔18〕，则必不赖〔19〕。高节戾行〔20〕，独乐其志，不事于世，此二士之节也。

【注释】

〔1〕昔：从前。　兴：兴起，建立。　孤竹：诸侯国，在今河北卢龙南。

〔2〕岐阳：岐山之阳。

〔3〕叔旦：即周公，名旦，武王之弟，故称叔旦。

〔4〕富：俸禄。　等：等级。　就：授。　一列：首列，即第一等。

〔5〕血牲而埋之：以牲畜之血涂抹盟书，然后埋于盟坛之下。

〔6〕时祀：按时祭祀。　祈：祈求。　喜：福。

〔7〕坏：败落。

〔8〕自高：显示自己的高贵。　以遭时自利：谓趁着他人落难时谋取自己的利益。

〔9〕遽：急，速。　行货：谓用爵禄招诱天下之士。按：此句“而”下原有“下”字，疑为衍文，今删去。

〔10〕阻兵而保威：依恃兵力来炫耀威势。阻，依凭。

〔11〕扬行：显扬自己的德行。　说：通“悦”。

〔12〕要：求取。

〔13〕苟存：苟且求生。

〔14〕闇：通“暗”，谓政治黑暗。

〔15〕其：岂。　并乎周：与周并存。　涂：玷污。

〔16〕絜：通“洁”。

〔17〕首阳之山：在今山西永济南。

〔18〕苟：苟且。　已：通“矣”。

〔19〕则：却。　赖：取。

〔20〕戾：孤高。

【译文】

过去周朝兴起的时候，有两个贤士住在孤竹国，名叫伯夷、叔齐。二人商量说："听说西方有个人，像是得道的人，我们且去看看。"他们来到岐山之阳，武王听说后，便派叔旦前去接见，并和他们订下盟约，说："给你们增加二级俸禄，授予一等官爵。"然后用牲畜的血涂抹盟书而埋于盟坛之下。

二人相视而笑，说："咦，奇怪啊！这不是我们所说的道。过去神农氏治理天下，按时祭祀竭尽诚敬而不求福；他对待民众，是忠信尽力为他们服务而没有什么私求。他人乐于此政就推行此政，他人乐于治理就加以治理，不趁着他人的败落来求得自己的成功，不借着他人的卑下来显示自己的高贵，不借着他人的遭乱来谋取自己的利益。现在周人看到殷商的动乱而急修善政来收买人心，在上崇尚谋略，对下又以爵禄招诱士人，依仗兵力来炫耀威势，杀牲畜订立盟约来取得信用，显扬自己的德行来取悦众人，用攻伐来求取利益，这样做是用祸乱来代替暴政。我们听说古代的贤士，逢着太平盛世而不逃避自己的责任，遭遇动乱年代也不苟且求生。现在天下政治黑暗，周室的德行衰败，难道要与周室并存而玷污我们自己吗！不如避开它而保持品行的高洁。"二人往北来到首阳山，便饿死在那里。像伯夷、叔齐这样的人，他们对于富贵，可以苟且得到，但却不去获取。具有高尚的气节和孤高的行为，以坚定自己的意志为乐，不在当世劳累奔逐，这就是二位贤士的节操。

【评析】

《让王》篇为庄子后学所作，其思想与《庄子》内篇的思想已有了一些出入。例如《让王》篇中对"随、光、夷、齐之伦宁死不辱"的"清风高节"大为赞许，在这些人眼中，不事王侯高尚其事的精神、节操似乎是最重要的，肉体生命倒在其次，而权位富贵则与前两者对立，是最要不得的，他人以权位富贵相辱，则绝食蹈水，以死明志，态度极其激烈。然而在《大宗师》篇中，务光等人却被视为残生伤性之徒，是庄子所着力鞭挞的对象。可见，庄子后学的"贵生"与庄子本人的"贵生"，在内涵上已有了些许差别。同时，《让王》篇中庄子后学对于"贵生"的发挥显然没有庄子本人纯粹，庄子的"贵生"以"出世"为手段，而《让王》篇中的"贵生"在"出世"上显然作了很大的让步。例如越人三世弑君，因此王子搜坚决不临君位，但是他“非恶为君也，恶为君之患也”，可见只要没有“为君之患”，“为君”也未为不可，只是王子搜将生命看得比“为君”重要得多；而这种不将“为君”作为首要之事的人，能够贵生而顺应自然，因此能够治理好天下，所以文中说“此固越人之所欲得为君也”。总之，《让王》篇虽然对庄子本人的思想作了一些调整与发展，但总的来说，它还是秉持了庄子“贵生”的主张。虽然这种理想主义色彩浓厚的主张在现实生活中往往成为一种空想，但他奉劝人们轻视利禄、安贫乐道，努力凸显个体生命的价值，却是值得今人深思的。

在本篇中，孔门师徒也是较为引人注目的一个群体，他们本是儒家中人，也被视作重生之人，接近道家中人。前面也曾提到，庄子与儒家的渊源，在本篇中也可略窥一二。在儒家典籍的记载中，原宪、曾子、颜回等人也都是安贫乐道的形象，本篇不过稍微增饰罢了。如《论语》中就说颜回“一箪食，一瓢饮，人也不堪其忧，回也不改其乐”，本篇中颜回回答孔子自己不愿出仕的原因道：“回有郭外之田五十亩，足以给飦粥；郭内之田十亩，足以为丝麻；鼓琴足以自娱；所学夫子之道者足以自乐也。回不愿仕。”《论语》是孔子对颜回的总结与评价，本篇则是颜回自道，其中并无矛盾，可能只是记载的版本不同而已。紧接其后，孔子则进一步发挥道：“知足者不以利自累也，审自得者失之而不惧，行修于内者无位而不怍。”将之置于儒家典籍中似也并无过分之处。再如原宪，《韩诗外传》与《孔子家语》中的记载，与本篇中的段落如出一辙，只在文字上略有不同，基本可以断定三处文字来源是相同的，也就是说，对原宪的这种解读是儒、道二家共同承认的，于此也可见二家相通之处。

盗 跖

【题解】

此篇由三段辩难的文字组成，旨在破除人们的是非观念。第一段，通过叙述至圣孔子被盗跖斥为“盗丘”的故事，说明圣人与盗贼尚且不可区别，要想衡量是非就更难了。第二段，通过虚构子张以名为是，满苟得以利为是，最后二人都不免于非的故事，说明是非是无法执定的。第三段，通过描写无足以富贵为是，知和以贫贱为是的故事，说明分是分非本来就没有客观标准，只是出于世人的成心罢了。在这三段中，最著名的也是最具争议性的无疑是第一段，司马迁以此篇为例说明庄子诋訾孔子，苏东坡认为庄子对孔子是“阳挤而阴助之”，因而认为本篇是伪作，至今聚讼不已。

孔子与柳下季为友〔1〕，柳下季之弟，名曰盗跖〔2〕。盗跖从卒九千人〔3〕，横行天下，侵暴诸侯，穴室枢户〔4〕，驱人牛马，取人妇女，贪得忘亲，不顾父母兄弟，不祭先祖。所过之邑，大国守城，小国入保〔5〕，万民苦之。

孔子谓柳下季曰：“夫为人父者，必能诏其子〔6〕；为人兄者，必能教其弟。若父不能诏其子，兄不能教其弟，则无贵父子兄弟之亲矣。今先生，世之才士也，弟为盗跖，为天下害，而弗能教也，丘窃为先生羞之。丘请为先生往说之。”

柳下季曰：“先生言为人父者必能诏其子，为人兄者必能教其弟，若子不听父之诏，弟不受兄之教，虽今先生之辩，将奈之何哉！且跖之为人也，心如涌泉[7]，意如飘风[8]，强足以距敌[9]，辩足以饰非，顺其心则喜，逆其心则怒，易辱人以言。先生必无往。”

孔子不听，颜回为驭，子贡为右[10]，往见盗跖。盗跖乃方休卒徒大山之阳，脍人肝而餔之[11]。孔子下车而前，见谒者曰[12]：“鲁人孔丘，闻将军高义[13]，敬再拜谒者。”

谒者入通[14]，盗跖闻之大怒，目如明星，发上指冠，曰：“此夫鲁国之巧伪人孔丘非邪？为我告之：‘尔作言造语，妄称文武[15]，冠枝木之冠，带死牛之胁[16]，多辞缪说[17]，不耕而食，不织而衣，摇唇鼓舌，擅生是非，以迷天下之主，使天下学士不反其本，妄作孝弟[18]，而儌倖于封侯富贵者也。子之罪大极重[19]，疾走归！不然，我将以子肝益昼餔之膳[20]！’”

孔子复通曰：“丘得幸于季，愿望履幕下[21]。”谒者复通，盗跖曰：“使来前！”孔子趋而进，避席反走[22]，再拜盗跖。盗跖大怒，两展其足，案剑瞋目[23]，声如乳虎[24]，曰：“丘来前！若所言[25]，顺吾意则生，逆吾心则死。”

孔子曰：“丘闻之，凡天下有三德：生而长大[26]，美好无双，少长贵贱见而皆说之[27]，此上德也；知维天地[28]，能辩诸物[29]，此中德也；勇悍果敢，聚众率兵，此下德也。凡人有此一德者，足以南面称孤矣。今将军兼此三者，身长八尺二寸，面目有光，唇如激丹[30]，齿如齐贝[31]，音中黄钟，而名曰盗跖，丘窃为将军耻不取焉。将军有意听臣，臣请南使吴、越[32]，北使齐、鲁，东使宋、卫，西使晋、楚，使为将军造大城数百里，立数十万户之邑，尊将军为诸侯，与天下更始[33]，罢兵休卒，收养昆弟，共祭先祖[34]。此圣人才士之行，而天下之愿也。”

盗跖大怒曰："丘来前！夫可规以利而可谏以言者，皆愚陋恒民之谓耳[35]。今长大美好，人见而悦之者，此吾父母之遗德也[36]。丘虽不吾誉，吾独不自知邪？且吾闻之，好面誉人者，亦好背而毁之[37]。今丘告我以大城众民，是欲规我以利而恒民畜我也，安可久长也！城之大者，莫大乎天下矣。尧、舜有天下，子孙无置锥之地；汤、武立为天子，而后世绝灭，非以其利大故邪？且吾闻之，古者禽兽多而人少，于是民皆巢居以避之。昼拾橡栗，暮栖木上，故命之曰有巢氏之民。古者民不知衣服，夏多积薪，冬则炀之[38]，故命之曰知生之民。神农之世，卧则居居，起则于于[39]，民知其母，不知其父，与麋鹿共处，耕而食，织而衣，无有相害之心，此至德之隆也。然而黄帝不能致德，与蚩尤战于涿鹿之野[40]，流血百里。尧、舜作[41]，立群臣，汤放其主[42]，武王杀纣。自是之后，以强陵弱，以众暴寡[43]。汤、武以来，皆乱人之徒也。今子修文武之道，掌天下之辩，以教后世，缝衣浅带，矫言伪行[44]，以迷惑天下之主，而欲求富贵焉。盗莫大于子，天下何故不谓子为盗丘，而乃谓我为盗跖？子以甘辞说子路而使从之，使子路去其危冠[45]，解其长剑，而受教于子，天下皆曰孔丘能止暴禁非。其卒之也，子路欲杀卫君而事不成[46]，身菹于卫东门之上[47]，是子教之不至也。子自谓才士圣人邪？则再逐于鲁，削迹于卫[48]，穷于齐，围于陈、蔡，不容身于天下。子教子路菹此患，上无以为身，下无以为人[49]，子之道岂足贵邪？世之所高[50]，莫若黄帝，黄帝尚不能全德，而战涿鹿之野，流血百里。尧不慈[51]，舜不孝[52]，禹偏枯[53]，汤放其主，武王伐纣，文王拘羑里[54]。此六子者[55]，世之所高也。孰论之[56]，皆以利惑其真而强反其情性[57]，其行乃甚可羞也。世之所谓贤士，伯夷、叔齐[58]。伯夷、叔齐辞孤竹之君，而饿死于首阳之山，骨肉不葬。鲍焦饰行非世[59]，抱木而死。申徒狄谏而不听[60]，负石自投于河，为鱼鳖所食。介子推至忠也，自割其股以食文公。文公后背之，子推怒而去，抱木而燔死[61]。尾生与女子期于梁下[62]，女子不来，水至不去，抱梁柱而死。此六子者，无异于磔犬流豕[63]、操瓢而乞者，皆离名轻死[64]，不念本养寿命者也[65]。世之所谓忠臣者，莫若王子比干、伍子胥。子胥沉江，比干剖心。此二子者，世谓忠臣也，然卒为天下笑。自上观之[66]，至于子胥、比干，皆不足贵也。丘之所以说我者，若告我以鬼事，则我不能知也；若告我以人事者，不过此矣，皆吾所闻知也。今吾告子以人之情：目欲视色，耳欲听声，口欲察味，志气欲盈[67]。人上寿百岁，中寿八十，下寿六十，除病瘦死丧忧患[68]，其中开口而笑者，一月之中不过四五日而已矣。天与地无穷，人死者有时。操有时之具[69]，而托于无穷之间，忽然无异骐骥之驰过隙也。不能说其志意[70]，养其寿命者，皆非通道者也。丘之所言，皆吾之所弃也。亟去走归[71]，无复言之！子之道狂狂汲汲[72]，诈巧虚伪事也，非可以全真也[73]，奚足论哉！”

孔子再拜趋走，出门上车，执辔三失[74]，目芒然无见，色若死灰，据轼低头[75]，不能出气。

归到鲁东门外，适遇柳下季[76]。柳下季曰："今者阙然数日不见[77]，车马有行色，得微往见跖邪[78]？”孔子仰天而叹曰："然。”柳下季曰："跖得无逆汝意若前乎？”孔子曰："然。丘所谓无病而自灸也[79]，疾走料虎头[80]，编虎须，几不免虎口哉！”

【注释】

〔1〕柳下季：姓展，名获，字季禽，春秋时鲁国人。因居柳下，谥号惠，故又称柳下惠。柳下季比孔子早生百馀年，故所谓二人为友，只是虚构的寓言而已。

〔2〕盗跖（zhí）：古时起义军领袖，被诬称为大盗，故称盗跖。跖为柳下季之弟，也只是虚构的寓言而已。

〔3〕从卒：跟从盗跖之人。

〔4〕侵暴：侵犯，侵扰。　穴室枢户：穿破屋墙，抠破门户，指小偷小摸。穴，作动词，穿洞。枢，当为"抠”字之误。抠，挖。

〔5〕保：通"堡”，小城。

〔6〕夫：句首发语词，无义。　诏：教诲。

〔7〕心如涌泉：形容心血横流，不可遏抑。

〔8〕意如飘风：形容意气骄荡，不可测定。

〔9〕距：通"拒”，抗拒。

〔10〕驭：驾驭，驾车。　右：指骖右，即在车右边陪乘的人。

〔11〕大山：即泰山。大，通"太”。　脍（kuài）：细切。　餔

(bū)：食。

〔12〕谒者：古时掌管传达的人。

〔13〕高义：高尚合于正义。

〔14〕通：通报。

〔15〕文武：指周文王、周武王之道。

〔16〕枝木之冠：指冠多华饰，如木之枝叶。　带死牛之胁：取牛皮做成大革带。牛胁，牛皮。

〔17〕缪：通“谬”。

〔18〕不反其本：谓不能返归自然本性。反，通“返”。　弟：通“悌”，指尊敬兄长。

〔19〕极：通“殛”，诛。

〔20〕益：增加。　昼餔：午餐。　膳：饭食。

〔21〕得幸于季：有幸与柳下季亲近为友。季，指柳下季。　愿望履幕下：谓不敢正面视跖仪容，只望一登帐下便满足。履，登。

〔22〕反走：退行数步，表示敬意。

〔23〕两展其足：谓两脚伸直岔开而坐，是轻慢的行为。　案：通“按”，手抚。　瞋目：圆睁双目。

〔24〕乳虎：哺乳的老虎。

〔25〕若：你。

〔26〕长大：魁梧。

〔27〕说：通“悦”，喜欢。

〔28〕维：包罗。

〔29〕能：才能。　辩：通“辨”，辨识。

〔30〕激丹：鲜红明亮的丹砂。

〔31〕齐贝：列贝。

〔32〕臣：孔子自称。　使：出使。

〔33〕更始：除旧布新。

〔34〕昆弟：兄弟。　共：通“供”，供祭。

〔35〕规：劝。　恒民：常人。恒，常。

〔36〕遗德：遗传下来的美德。

〔37〕面誉：当面称誉。　背而毁之：背后毁谤他。

〔38〕炀(yáng)：烧。

〔39〕居居：安静的样子。　于于：自得的样子。

〔40〕致德：谓不能达到这种至德的境界。　涿鹿：即今河北涿鹿。

〔41〕作：指登天子位。

〔42〕放其主：指汤把夏桀流放到南巢之事。放，流放。

〔43〕陵：通“凌”，欺凌。　暴：侵暴，欺凌。

〔44〕缝衣：指宽而长大的衣服。　浅带：宽大的腰带。　矫：虚假。

〔45〕甘辞：美好的言辞。　危冠：高冠。史称子路好勇，戴着高高的帽子，佩着长剑。

〔46〕卒：最终。　卫君：指卫庄公蒯聩。

〔47〕菹（zū）：剁成肉酱。据《左传》哀公十五年、《史记·仲尼弟子列传》载，卫太子蒯聩强迫孔悝一同作乱，子路欲杀蒯聩而救家主孔悝，不成，遂遭菹身之祸。

〔48〕削迹：绝迹。

〔49〕“子教”三句：当移至“身菹于卫东门之上”句之后，文理才通顺。

〔50〕高：推崇。

〔51〕尧不慈：指尧杀长子丹朱之事。

〔52〕舜不孝：指舜放逐其父瞽叟之事。

〔53〕偏枯：即半身不遂。

〔54〕羑（yǒu）里：狱名，在今河南汤阴北。

〔55〕六子：当改为“七子”，指黄帝、尧、舜、禹、汤、文、武七人。

〔56〕孰：通“熟”，详细。

〔57〕反：违反。

〔58〕伯夷、叔齐：皆孤竹君之子，因彼此让位，逃离国境。后来周武王伐纣，二人叩马相谏，武王不从，遂隐于首阳山，不食周粟而死。

〔59〕鲍焦：周朝隐士，他愤世嫉俗，廉洁自守，不食周粟，抱木而枯。　非世：非刺当世。

〔60〕申徒狄：姓申徒，名狄，殷商时人，因进谏不被采纳，遂负石投河而死。

〔61〕燔（fán）：烧。

〔62〕尾生：人名，或作尾生高、微生高，鲁国人。　期：约会。　梁：桥。

〔63〕磔（zhé）犬：肢体被分裂的狗。　流豕：漂流于江河的死猪。

〔64〕离名：遭受好名之害。离，通“罹”，遭受。　轻：轻视。

〔65〕念本：顾念生命根本。

〔66〕上：指上述黄帝等十三人。

〔67〕察：辨察。　盈：充盈。

〔68〕瘦：当为“瘐”字之误。瘐，病。

〔69〕操：执，持。　具：指形骸。
〔70〕说：通“悦”，愉悦。
〔71〕亟（jí）：急。
〔72〕狂狂：失性的样子。　汲汲：不足的样子。
〔73〕全真：保全自然本性。
〔74〕执辔三失：手上的缰绳多次掉落。形容孔子惊惧失神的情态。
〔75〕据：依凭。　轼：车前供人依凭的横木。
〔76〕适：恰巧。
〔77〕阙：缺，不在。
〔78〕得微：同“得无”，岂不是。
〔79〕自灸：指引艾叶自灼。
〔80〕料：通“撩”，拨弄。

【译文】

孔子和柳下季是朋友，柳下季的弟弟，名字叫作盗跖。盗跖的部下有九千人，他们肆无忌惮地横行于天下，凶暴地侵犯诸侯，穿破室墙，抠破门户，赶走人家的牛马，掳劫人家的妇女，贪求利益而忘记了亲友，不关心父母兄弟，不祭祀祖先。所经过的地方，大国严守城防，小国退入城堡，人民饱受痛苦。

孔子对柳下季说：“做父亲的，必然能够教育他的儿子；做兄长的，必然能够教导他的弟弟。如果父亲不能教育他的儿子，兄长不能教导他的弟弟，那么父子兄弟的亲情也就没有什么可贵的了。现在先生是当世的贤能之人，弟弟却是盗跖，是天下的祸害，而先生却不能教导他，我孔丘暗地里为先生感到羞愧。我愿意替先生去说服他。”

柳下季说：“先生说做父亲的必然能够教育他的儿子，做兄长的必然能够教导他的弟弟，如果儿子不听父亲的教育，弟弟不受兄长的教导，即使像先生这样能言善辩，又能把他怎么样呢！况且跖的为人，心思像涌泉一样源源不绝，意气像飘风一样捉摸不定，强悍足以抗拒敌人，辩才足以掩饰错误，顺从他的心意就高兴，违背他的心意就发怒，轻易地用言语来侮辱别人。先生一定不要去。”

孔子不听，让颜回驾着车子，子贡坐在车的右边，前去见盗跖。盗跖正在泰山的南面休整部下，把人肝切细了炒着吃。孔子下车向前走，见了传达的人说：“鲁国人孔丘，听说将军有崇高的正义感，恭敬地来拜见。”

传达的人进去通报，盗跖听了以后大怒，眼睛瞪得像星星那样明亮，头发冲冠，说：“这不就是鲁国的善于弄虚作假的孔丘吗？替我告诉他：‘你制造舆论，随意称说周文王、周武王的道德，头上戴着华饰繁多的帽子，系着牛皮做的腰带，满口繁词谬说，不耕种粮食却吃得很好，不织造衣服却穿得很好，议论游说，无端地制造是非，来迷惑天下的国君，使天下的学士不能返归自然本性，虚伪地称说孝悌，来侥幸地求得封侯而成为富贵之人。你的罪恶极大应当加重惩处，赶快滚回去！不然，我就要把你的肝挖出来增加午餐的膳食！’”

孔子又请通报说：“我孔丘有幸亲近柳下季，希望能够一登将军的帐下。”传达的人再进去通报，盗跖说：“叫他到这里来！”孔子快步走进帐幕，让开坐席，退行数步，又一次拜谢盗跖。盗跖非常生气，两脚伸直岔开而坐，手按宝剑，睁圆双眼，声音犹如母虎，说：“孔丘过来！你所说的话，顺从我的心意就叫你活，违反我的心意就要你死。”

孔子说：“我听说，大凡天下的人有三种美德：生就的身材魁梧，容貌漂亮，无人可比，不管是年少年长、地位高地位低的看见他都很喜欢，这是上等的品德；智能能够包罗天地，才能可以辨识各种事物，这是中等的品德；勇武果断，能聚集并率领士兵，这是次等的品德。凡是具有了其中一种美德的人，就足以南面称王了。现在将军兼有这三种美德，身高八尺二寸，面目炯炯有神，嘴唇像丹砂那样鲜红明亮，牙齿像列贝那样整齐，声音像黄钟那样洪亮，而名字却叫作盗跖，我暗地里为将军羞耻，认为不应当有此恶名。如果将军有意听从我的意见，我愿意向南出使吴国和越国，向北出使齐国和鲁国，向东出使宋国和卫国，向西出使晋国和楚国，让各国为将军建造数百里的大城，建立数十万户的封邑，尊奉将军为诸侯，给天下除旧布新，放下武器使士兵休息，收养兄弟，供祭先祖。这才是圣人贤士应该做的，也是天下人的心愿。”

盗跖非常生气地说：“孔丘过来！凡是可以用利禄规劝，可以用语言谏正的人，都是愚昧浅陋的常人。现在我身材高大，面目美好，人见了就喜欢，这是我父母遗传的美德。孔丘虽然不夸奖我，我自己难道不明白吗？况且我听说，喜欢当面夸奖别人的人，也喜欢背后毁谤别人。现在孔丘你应允为我造大城、聚众民，是想用利益规劝我，像常人一样对待我，怎么能够长久呢！最大的城，也不能大得过天下。尧、舜统治天下，而子孙却没有立锥的地方；汤、武立为天子，而后代灭绝；这不是因为他们贪求大利的缘故吗？况且我听说，古时候禽兽多而人民少，于是人民都在树上筑巢而居，来躲避禽兽的伤害。白天拾取橡树、栗树的果实，夜晚住在树上，所以把他们叫作有巢氏之民。古时候，人民不知道穿衣服，夏天多积柴草，冬天就用来烧火取暖，所以把他们叫作知道生存之民。神农的时代，卧居时安安静静，行动时优闲自得，人民只知道有母亲，不知道有父亲，和麋鹿一起生活，耕田而食，织布而衣，没有相互损害之心，这是道德鼎盛的时代。然而黄帝不能达到这种道德境界，与蚩尤在涿鹿的郊野作战，血流百馀里。尧、舜做天子后，设立百官，商汤流放了他的国君，武王杀死了殷纣。从此以后，依仗强大欺凌弱小，依仗势众侵害寡少。汤、武以后，都是叛逆作乱之徒。现在你研习文王和武王的治国之道，掌管天下的言论，用来教育后代，穿着宽大的衣服，束着宽大的腰带，假言伪行，用来迷惑天下的君主，以求取富贵。盗贼之中没有比你再大的了，天下的人为什么不把你叫作盗丘，而把我叫作盗跖呢？你用甜言蜜语说服子路而让他服从你，让子路除去高冠，解下长剑，而接受你的教诲，天下的人都说孔丘能够消除暴力，禁止错误。可是最后，子路想要杀卫君而没有成功，身体在卫国的东门之上被剁成肉酱，你使子路遭受到剁成肉酱的祸患，上无法保身，下无法做人，这就是你教育的不成功了。你自以为是才士圣人吗？然而两次从鲁国被赶出来，禁止居留卫国，在齐国走投无路，在陈国和蔡国之间被围困，在天下没有容身之处，你宣扬的道有什么可贵呢？世人所推崇的，莫过于黄帝。黄帝尚且不能保持高尚的自然德性，而在涿鹿的郊野作战，血流百馀里。尧不慈爱，舜不孝敬，禹半身不遂，汤流放他的国君，武王讨伐商纣，文王被关押在羑里。这六个人，都是世人所推崇的。详细地评论，他们都是因追求功利而迷惑了真性，强力违反了自然的情性，他们的行为是非常可耻的。世上所说的贤士，有伯夷、叔齐。伯夷和叔齐辞去了孤竹国的君位，而饿死在首阳山上，尸骨得不到埋葬。鲍焦矫饰行为，非刺当世，抱在树木上死了。申徒狄进谏而不被采纳，便背着石头自投于河，尸体被鱼鳖吃掉了。介子推是最忠心的，他割下自己大腿上的肉给文公吃。文公后来背弃他，子推愤怒而去，抱着树木而烧死。尾生和女子在桥下约会，女子没有来，洪水来了不离去，抱着桥柱而被淹死。这六个人，和肢体被分裂的狗、漂流于江河的死猪、拿着瓢的乞丐没有什么不同，都是遭受好名之害而轻视死生，不顾念生命根本、颐养寿命的人。世上所谓的忠臣，没有超过王子比干和伍子胥的。子胥被杀而尸沉江中，比干被挖心而死。这两个人都是所谓忠臣，然而最终被天下人讥笑。从上面这些人来看，直至子胥、比干，都是没有什么可推崇的。孔丘你用来劝说我的，如果告诉我关于鬼神之事，那我不知道；如果告诉我关于人的事，那就不过这些了，都是我曾听说的。现在我告诉你关于人的常情：眼睛想要看到颜色，耳朵想要听到声音，嘴巴想要品尝味道，志气想要充沛。人长寿的是百岁，中寿的是八十岁，短寿的是六十岁，除去疾病、死亡、忧患以外，其中开口而笑的时间，一个月之中不过四五天罢了。天和地是无穷无尽的，人的生死时间是有限的。以有时限的形体，而寄托于无穷之境，速度很快就像骐骥奔驰过隙一样。不能愉悦其意志，颐养其寿命的人，都不是通达大道的。孔丘你所说的话，都是我要抛弃的。快点走开，不要再说了！你的道理都是失性损德、虚伪巧诈的东西，并不能保全天真的自然本性，哪里值得一谈呢？”

孔子一再拜谢盗跖，就快步而行，走出门，急忙上车，马缰绳多次掉落到地上，眼睛茫然什么也看不见，面色有如死灰，扶着车前的横木，低着头，不能喘气。

回到鲁东门外，恰好遇到柳下季。柳下季说：“最近好多天没有见到你，车马有外出刚归的样子，你是不是去见跖了呢？”孔子仰天叹息地说：“是的。”柳下季说：“跖是不是像我先前说的那样违背你的心意呢？”孔子说：“是的。我就是没有病而引艾叶自灼，跑去撩拨虎头，编理虎须，差点被老虎吃掉啊！”

子张问于满苟得曰[1]："盍不为行[2]？无行则不信，不信则不任[3]，不任则不利。故观之名，计之利，而义真是也[4]。若弃名利，反之于心，则夫士之为行，不可一日不为乎！"

满苟得曰："无耻者富，多信者显[5]。夫名利之大者，几在无耻而信。故观之名，计之利，而信真是也。若弃名利，反之于心，则夫士之为行，抱其天乎[6]！"

子张曰："昔者桀纣贵为天子，富有天下。今谓臧聚曰'汝行如桀纣'[7]，则有怍色[8]，有不服之心者，小人所贱也。仲尼、墨翟，穷为匹夫，今谓宰相曰'子行如仲尼、墨翟'，则变容易色，称不足者，士诚贵也。故势为天子，未必贵也；穷为匹夫，未必贱也。贵贱之分，在行之美恶。"

满苟得曰："小盗者拘[9]，大盗者为诸侯，诸侯之门，义士存焉。昔者桓公小白杀兄入嫂[10]，而管仲为臣；田成子常杀君窃国[11]，而孔子受币。论则贱之，行则下之，则是言行之情悖战于胸中也，不亦拂乎[12]！故《书》曰：'孰恶孰美，成者为首[13]，不成者为尾[14]。'"

子张曰："子不为行，即将疏戚无伦，贵贱无义[15]，长幼无序，五纪六位[16]，将何以为别乎？"

满苟得曰："尧杀长子，舜流母弟[17]，疏戚有伦乎？汤放桀，武王杀纣，贵贱有义乎？王季为适，周公杀兄[18]，长幼有序乎？儒者伪辞[19]，墨子兼爱，五纪六位，将有别乎？且子正为名，我正为利。名利之实，不顺于理，不监于道[20]。吾日与子讼于无约[21]，曰：

‘小人殉财，君子殉名，其所以变其情，易其性，则异矣；乃至于弃其所为而殉其所不为，则一也。’故曰，无为小人，反殉而天〔22〕；无为君子，从天之理。若枉若直，相而天极〔23〕；面观四方，与时消息〔24〕。若是若非，执而圆机〔25〕；独成而意，与道徘徊。无转而行，无成而义〔26〕，将失而所为〔27〕；无赴而富〔28〕，无殉而成，将弃而天〔29〕。比干剖心，子胥抉眼〔30〕，忠之祸也；直躬证父〔31〕，尾生溺死，信之患也；鲍子立干，申子自理〔32〕，廉之害也；孔子不见母〔33〕，匡子不见父〔34〕，义之失也。此上世之所传，下世之所语，以为士者正其言〔35〕，必其行，故服其殃〔36〕，离其患也〔37〕。”

【注释】

〔1〕子张：姓颛孙，名师，字子张，孔子弟子。　满苟得：虚构的人物。

〔2〕盍：何。　为行：培养德行。

〔3〕不信：没有信用，不能取信于人。　不任：不能被人任用。

〔4〕义真是也：为德行修养是必需的。

〔5〕显：显耀。

〔6〕抱：守。　天：天真本性。

〔7〕臧：奴仆。　聚：通“驺（zōu）”，养马的人。

〔8〕怍（zuò）色：惭愧的表情。

〔9〕拘：被拘禁。

〔10〕桓公：指齐桓公，名小白，杀掉他的哥哥子纠，纳嫂为妻。

〔11〕田成子：即田常，又称陈恒，他杀死齐简公而自专国政。

〔12〕悖：悖乱。　拂：谓言行相悖。

〔13〕孰：谁。　为首：居上。

〔14〕为尾：处下。

〔15〕即将：将会。　戚：亲。　伦：次，理。　义：仪则。

〔16〕五纪：即五伦，指君臣、父子、夫妇、兄弟、朋友。　六位：

即六纪，指诸父、兄弟、族人、诸舅、师长、朋友。

〔17〕舜流母弟：指舜把他的弟弟象流放到有庳一事。

〔18〕王季：文王之父，周太王庶子，因其兄太伯、仲雍让位，故被立为嫡子。因为古代世袭制，王位传给嫡长子。 适：通“嫡”，嫡长子。 兄：指管叔和蔡叔。

〔19〕伪辞：伪造名位等级之辞。

〔20〕监：明。

〔21〕日：昔日，往日。 讼：争辩。 无约：虚构的人物。意谓不为名利所约束。

〔22〕殉：循，顺从。 而：通“尔”，你。

〔23〕相：视。 天极：天然的准则。

〔24〕消息：消亡与生长。

〔25〕圆机：环中，即循环变化的中枢。

〔26〕转：通“专”，执守。 成：成就。 义：指仁义。

〔27〕所为：指真性。

〔28〕赴：奔赴，追求。

〔29〕弃：丧失。

〔30〕子胥抉眼：谓伍子胥在死前，告诉他的舍人说：“抉吾眼县（悬）吴东门之上，以观越寇之入灭吴也。”（《史记·伍子胥列传》）抉眼，挖掉眼睛。

〔31〕直躬：人名。他曾去官府告发他父亲偷羊的罪行。 证：告发。

〔32〕鲍子：即鲍焦。 立干：谓抱木而枯死。 申子：即申徒狄。 自理：自投于河而死。理，当为“埋”字之误，意谓沉。按：“自理”前原有“不”字，疑为衍文，今删去。

〔33〕孔子不见母：谓孔子滞耽圣迹，游历各国去应聘，以致其母死而未能相见。

〔34〕匡子：名章，齐国人，因谏其父，被父所逐，故终身不见父。

〔35〕正：端正。

〔36〕服：遭。

〔37〕离：通“罹”，遭。

【译文】

子张问满苟得说：“为什么不培养德行？没有好的德行就不能取信于人，不能取信于人就不能被人任用，不被任用就不能获利。所以从名誉去观察，从利禄去考虑，仁义果真重要。如果抛弃名利，反求于心，那么士大夫的德行，也不可一日不修养呀！”

满苟得说：“无耻的人就富有，多诚信的人就显达。那些大名大利，几乎都是以无耻的行径而骗取信任所取得的。所以从名誉去观察，从利禄去考虑，而骗取信任果真重要。如果抛弃名利，反求于心，那么士大夫的德行，还是持守其天真本性吧！”

子张说：“从前桀和纣尊贵到做了天子，富足到据有天下。现在对奴仆和役夫说‘你的行为像桀纣那样’，他们就会面有愧色，就会产生不服气的心理，因为连小人都瞧不起桀纣的品行。仲尼和墨翟，穷困到只是平民百姓，现在对宰相说‘你的行为像仲尼、墨翟’，他们就会改变表情，谦虚地说还比不上，这说明士确实高贵。所以势大为天子，不一定就尊贵；穷困为平民，不一定就卑贱。高贵和卑贱的区别，在于德行的美丑。”

满苟得说：“小的盗贼被拘捕，大的盗贼却成为诸侯，只要在诸侯那里，就有了仁义。从前齐桓公小白杀掉哥哥而纳嫂子为妻，管仲却做了他的臣下；田常杀死齐简公而窃取了国家政权，孔子却接受他赏赐的币帛。在言论上表示鄙视，在行动上却甘愿屈从，这就是言行不同在心中冲突交战，难道不是言行矛盾吗！所以《书》上说：‘谁好谁坏，成功了便成为首领，失败了便位居人下。’”

子张说：“你不修养德行，将会使亲疏没有伦理，贵贱没有仪则，长幼没有次序，五伦六纪之间，拿什么区别呢？”

满苟得说：“尧杀掉长子，舜流放他的弟弟，亲疏有伦理吗？商汤放逐夏桀，武王杀掉商纣，贵贱有仪则吗？王季被立为嫡长子，周公杀掉兄长，长幼有次序吗？儒家伪造名位等级之辞，墨家主张亲疏混同，五伦六纪之间有区别吗？况且你正在争名，我正在逐利。名与利的实情，不合乎天理，不明于大道。我过去和你在无约面前争辩，他说：‘小人为财富而死，君子为名誉而亡，他们改变真情，损害本性的原因是不同的；但在抛弃所应当做的，追求所不应当做的方面却是相同的。’所以说，不要像小人那样，要回过头来循从你的自然天性；不要像君子那样，要遵循自然的规律。无论曲直，要以你的自然天性为准则；观照四方，顺应四时而变化。或是或非，都执守你循环变化的中枢；独自顺遂你的意愿，与大道同游。不要拘泥你的行为，不要成就你的仁义，否则就会失掉你的真性；不要去追求那非你本性所固有的富贵，不要为了追求你的成功而殉身，否则就会丧失你的自然本性。比干被剖心，伍子胥被挖眼，这是愚忠造成的祸害；直躬告发他父亲偷羊的罪行，尾生与情人约会被水淹死，这是守信造成的灾难；鲍焦抱树而枯死，申徒狄自投河而死，这是清廉造成的毒害；孔子不能见到母亲，匡子没有见到父亲，这是仁义造成的过失。这些都是上世的传闻，为当代人所谈论，以此来端正士大夫的言论，并严格要求他们的行为，所以他们遭到了祸害和灾难。”

无足问于知和曰〔1〕：“人卒未有不兴名就利者〔2〕。彼富，则人归之，归则下之〔3〕，下则贵之。夫见下贵者〔4〕，所以长生、安体、乐意之道也。今子独无意焉，知不足邪，意知而力不能行邪〔5〕，故推正不忘邪〔6〕？”

知和曰：“今夫此人以为与己同时而生〔7〕，同乡而处者，以为夫绝俗过世之士焉〔8〕；是专无主正〔9〕，所以览古今之时，是非之分也，与俗化世。去至重，弃至尊〔10〕，以为其所为也；此其所以论长生、安体、乐意之道，不亦远乎！惨怛之疾，恬愉之安〔11〕，不监于体〔12〕；怵惕之恐〔13〕，欣欢之喜，不监于心；知为为而不知所以为，是以贵为天子，富有天下，而不免于患也。”

无足曰：“夫富之于人，无所不利，穷美究埶，至人之所不得逮〔14〕，贤人之所不能及，侠人之勇力而以为威强〔15〕，秉人之知谋以为明察〔16〕，因人之德以为贤良，非享国而严若君父〔17〕。且夫声色、滋味、权势之于人，心不待学而乐之〔18〕，体不待象而安之〔19〕。夫欲恶避就，固不待师，此人之性也。天下虽非我，孰能辞之！”

知和曰："知者之为，故动以百姓，不违其度，是以足而不争，无以为，故不求。不足，故求之[20]，争四处而不自以为贪；有馀，故辞之，弃天下而不自以为廉。廉贪之实，非以迫外也，反监之度[21]。势为天子，而不以贵骄人；富有天下，而不以财戏人[22]。计其患，虑其反[23]，以为害于性，故辞而不受也，非以要名誉也[24]。尧、舜为帝而雍[25]，非仁天下也，不以美害生也[26]；善卷、许由得帝而不受[27]，非虚辞让也[28]，不以事害己[29]。此皆就其利，辞其害，而天下称贤焉，则可以有之，彼非以兴名誉也。"

无足曰："必持其名，苦体绝甘[30]，约养以持生[31]，则亦久病长阨而不死者也[32]。"

知和曰："平为福[33]，有馀为害者[34]，物莫不然，而财其甚者也。今富人，耳营钟鼓管籥之声[35]，口嗛于刍豢醪醴之味[36]，以感其意[37]，遗忘其业，可谓乱矣[38]；侅溺于冯气[39]，若负重行而上也[40]，可谓苦矣；贪财而取慰，贪权而取竭[41]，静居则溺[42]，体泽则冯[43]，可谓疾矣[44]；为欲富就利，故满若堵耳而不知避[45]，且冯而不舍[46]，可谓辱矣；财积而无用，服膺而不舍[47]，满心戚醮[48]，求益而不止，可谓忧矣；内则疑劫请之贼[49]，外则畏寇盗之害，内周楼疏[50]，外不敢独行，可谓畏矣。此六者[51]，天下之至害也，皆遗忘而不知察。及其患至，求尽性竭财[52]，单以反一日之无故而不可得也[53]。故观之名则不见，求之利则不得，缭意体而争此[54]，不亦惑乎！"

【注释】

〔1〕无足、知和：皆为虚构的人物。

〔2〕人卒：人们。　兴名：谓希望建立名誉。　就：趋。

〔3〕归：归附。　下：屈从。

〔4〕见：被。

〔5〕知：通“智”，智慧。　意：通“抑”，还是。

〔6〕故：通“固”，本来。

〔7〕此人：指贪鄙的人。

〔8〕绝、过：超越。

〔9〕专：专愚。　无主正：谓胸中没有主见。

〔10〕至重：即生命。　至尊：即自然本性。

〔11〕惨怛（dá）：悲痛。　恬愉：快乐。

〔12〕监：察照，引申为显现。

〔13〕怵惕：惊惧。

〔14〕穷：尽。　究：竟。　埶：通“势”。　逮：及。

〔15〕侠：当为“挟”字之误。挟，挟持。

〔16〕秉：持。　知：通“智”。

〔17〕君父：君主。

〔18〕不待：不用。

〔19〕象：效仿。　安：适应。

〔20〕之：指身外之物，即声色、滋味、权势等。

〔21〕监：照，检查。　度：指禀性气度。

〔22〕戏：戏弄。

〔23〕反：谓富贵至极则必反。

〔24〕要：钓取。

〔25〕雍：当为“推”字之误。意谓推让帝位。

〔26〕美：指富贵。　生：性，指自然本性。

〔27〕善卷、许由：相传皆为尧、舜时的隐士。

〔28〕虚：假心假意。

〔29〕事：世事，指治理天下。

〔30〕甘：美味。

〔31〕约养：简约给养。

〔32〕阨：通“厄”，困穷。

〔33〕平：谓适如性分。

〔34〕有馀：谓超出性分。

〔35〕营：聒，谓多声乱耳。　管籥（yuè）：箫笛一类的管乐器。

〔36〕嗛（qiè）：快意。　刍豢（chú huàn）：牲畜。食草者称刍，食谷者称豢。　醪（láo）：醇酒。　醴：甜酒。

〔37〕感：诱发。

〔38〕乱：谓心志昏乱。

〔39〕侅（gāi）溺：陷溺。　冯气：盛气。冯，满。

〔40〕"上"字：后面当补一"阪"字，文意乃通。阪，山坡。

〔41〕取慰：招致怨谤。慰，怨。　取竭：导致精疲力竭。

〔42〕溺：指沉溺于嗜欲。

〔43〕冯：满胀，即血气盛滞于胸中。

〔44〕疾：病。

〔45〕满若堵：谓积财高于墙。堵，墙。　不知避：谓不知足。

〔46〕冯：凭，恃。　不舍：不止。

〔47〕服膺：谓念念不忘。

〔48〕戚醮：烦恼。

〔49〕劫请：劫取。

〔50〕周：周密。　楼疏：泛指防盗设施。楼，指户牖之间有孔眼的墙。疏，指穿孔如交绮的窗。

〔51〕六者：指乱、苦、疾、辱、忧、畏。

〔52〕尽性：复归本性。　竭财：抛尽钱财。

〔53〕单：仅。　反：通"返"。　无故：指无事而平安的生活。

〔54〕缭意：内心念念不忘。　"体"字：前面当补一"绝"字。绝体，牺牲形体。

【译文】

无足问知和说："人们没有不希望建立名誉和取得利禄的。他富有人们就归附他，归附他就会屈从他，屈从他就会尊崇他。受到人们的尊崇，正是长寿、安乐、快意之道。现在难道你就没有这种追求名利的心愿吗？是你的智能不足呢？还是虽知道而能力达不到呢？还是你本来就追求正理而鄙视富贵呢？"

知和说："现在有这么一种人，他跟富贵的人生于同时，处于同乡，便以为自己是绝俗超世之人；可见这种人专愚而没有主见，行为也不履正道，又不能观察古今的区别和是非的界限，只不过与世俗的末流同化罢了。舍弃贵重的生命，抛弃最尊贵的自然本性，去追求他想要得到的富贵；他们这样来论说长寿、安乐、快意之道，不是相距太远了吗？悲痛的疾苦，欢愉的安乐，在形体中得不到显现；惊慌的恐惧，欣欢的喜悦，也在内心得不到显现；只知道按照自己的欲望去做，而不知道为什么这样做，所以，即使尊贵到做了天子，富有到据有天下，也仍然不能免除祸患。”

无足说:“财富对于人来说，没有不利的，能使人尽得完美并拥有权势，至德之人也不能企及，贤哲之人也不能达到，挟持别人的勇力作为自己的威势和强大力量，用别人的智谋来显示自己的明察，凭借别人的道德来显示自己的贤良，虽然并不享有国家却威严得像个君主。况且声色、滋味、权势对于人来说，不去用心学习而自然喜欢，身体不用效法而自然适应。喜欢、嫌恶、回避、追求，本来就不需要老师教诲，这就是人的自然本性。天下人虽然都非议我，但谁又能拒绝这些呢！”

知和说:“有智能的人做事，按照百姓的意愿来行动，不敢违背他们自然形成的原则，因此内心充实而不会跟人争夺，无所作为，因而就没有贪求之心。内德不足，因而就有贪求外物之心，四处争夺而并不自认为贪婪；内德充实而有馀，因而就能辞却外物，舍弃天下也不自认为清廉。清廉和贪婪的实质，并不取决于外物的迫使，而要反过来检查自己的禀性气度。权势高到做了天子，却不因为自己高贵而傲视别人；财富多到据有天下，却不拿财物来戏弄别人。估量富贵造成的危害，考虑富贵至极而必反的道理，就认为它有害于自然本性，所以就拒绝而不接受，并不是要用它来钓取名声和荣誉。尧、舜做天子时推让帝位，并不是要仁爱天下，而是不想让富贵危害自然本性；善卷、许由能够得到帝位却不接受，并不是假心假意地辞让，而是不想因为治理天下而危害自己的生命。他们都是趋近利益，避开祸害的人，而天下人却称他们为贤人，那天下的贤名就可以自然而然地归到他们身上，但他们并不是有心要去建立自己的名誉。”

无足说:“假如一定要固守名声，苦其形体，弃绝美味，简约给养而维持生命，这就无异于长久病困而不死的人了。”

知和说:“适如性分就是幸福，超出性分便成祸害，事物没有不是这样，而财物有馀就为害更严重了。现在的富人，耳朵听着钟鼓箫笛一类的乐器的声音，嘴里品尝着肉食美酒的滋味，从而诱发他的意趣，遗忘他的正当事业，可以说是心志昏乱了；沉溺于自负盛气，好像背着沉重的东西而行走在山坡上，可以说是太辛苦了；贪求财物而招致怨谤，贪图权势而导致精力疲竭，闲居无事就会沉溺于淫欲，身体肥胖光润就会血气滞塞不通，可以说是生病了；为了贪图富贵而追求财利，所积财物堆得像墙那样高还不知足，并且以此自夸而不舍弃，可以说是耻辱了；积聚财物而不舍得使用，一心积聚而不停止，唯恐失去钱财而满腹忧戚，却仍想增加更多的财物，可以说是忧患了；在家中忧虑有盗贼前来窃走钱财，在外面惧怕寇盗行抢财物，在院内修起周密的防盗设施，出门不敢独自行走，可以说是畏惧了。这六者，是天下最大的祸害，人们都遗忘了而不知明察。等到祸患一旦临头，想要尽去钱财，过上一日贫素的生活，都无法做到。所以想看名声却看不到，想求利也得不到，心中念念不忘而不惜牺牲形体去争夺名利，不是太糊涂了吗！”

【评析】

《盗跖》一篇，虽是哲学辩难之作，却使人毫无晦涩之感。尤其是前半篇所写的孔子游说盗跖的故事，更像一部血肉丰满的传奇小说，读来饶有兴味。林云铭认为它“径似小说家闲话”(《庄子因》)，刘凤苞认为它“只是小说派头”(《南华雪心编》)，胡文英认为“此种形容，便开唐人小说派矣”(《庄子独见》)。的确，尽管作者并无意于写作小说，但故事本身却呈现出了小说作品的基本特征。其中最主要的，就是作者在客观上比较成功地塑造了一个社会叛逆者、起义领袖、草莽英雄盗跖的艺术形象。

为了给予这位英雄人物以天下最高的道德标准，使他成为集天下的圣、勇、义、智、仁于一身的艺术化身，作者在创作过程中所采取的是传奇小说的艺术方式，即为了强调对客观对象的超越常态的摹写，更多地倾向于理想地表现人物，就以奔腾狂放的艺术想象，对生活原型进行了大胆的改造，把生活中众多的英雄人物所具有的奇特和崇高美经过提炼，集中到一个人身上，从而创作出比生活原型更完美、更奇特的超人式的英雄形象。如在人物的设计上，作品出人意表地把被时人称为“圣之和也”的柳下季（即柳下惠）和统治阶级最仇视的所谓“杀人放火”的盗跖这两位时代不同、性格完全相反、阶级地位十分悬殊的人物写成亲兄弟的关系，又“谬为牵合”相去百年之外的孔丘与柳下季为好友，并且让最大的学术权威、道德模范的圣人孔丘出场游说，让“最无道”的盗跖在理论上彻底战胜他。作品这种在情节上的大起大落，多设巧合，变幻莫测，使人产生强烈的惊奇感，是服从于显示盗跖这一英雄形象雄伟、刚健、粗犷、豪放之美需要的。对这一英雄人物的神勇（如“横行天下，侵暴诸侯”）、威力（如“所过之邑，大国守城，小国入保”）、智慧（如“知维天地”）、心意（如“心如涌泉，意如飘风”）、才辩（如“辩足以饰非”）等等的描绘，均被夸张、渲染、放大到了常人难以达到的地步。对他的外貌描写也具有很大的夸张性，如“目如明星”“发上指冠”“唇如激丹”等等，皆不在于其外在的逼真，而务求于内在精神实质的把握和主观精神情趣的寄托。总之，这一作品为《水浒》一类传奇小说的问世开了先河，主人公盗跖这一雄伟高大的英雄形象具有浓郁的传奇色彩。因此，所谓《水浒》得“《盗跖》愤俗之情”（天都外臣《水浒传序》）、“宋江为盗跖之后身”（陈忱《水浒后传原序》）等等说法，都很有道理。

说　剑

【题解】

本篇从头至尾只是一个故事，以一个故事为一篇，在全书中也较为独特。但由于本篇是写战国中后期赵文王的事，晚于庄子，且赵文王太子为太子丹，并非太子悝，因此本篇显然不是庄子的手笔。而本篇庄子论三剑，以为天子之剑，既顺乎自然，又掺合人为，体现了人君天人并用的基本原则；诸侯之剑，以人治为主；庶人之剑，纯任人为，则更加等而下之。庄子以此劝说赵文王以天人并用的原则治理国家，而不要沉迷于斗剑取乐的人为小道。因此，唐宋以来，不少学者怀疑此篇为战国纵横家之伪作。

昔赵文王喜剑，剑士夹门而客三千馀人〔1〕，日夜相击于前，死伤者岁百馀人，好之不厌。如是三年，国衰，诸侯谋之〔2〕。

太子悝患之，募左右曰〔3〕:“孰能说王之意〔4〕，止剑士者，赐之千金。”左右曰:“庄子当能。”

太子乃使人以千金奉庄子〔5〕。庄子弗受，与使者俱往见太子，曰:“太子何以教周，赐周千金?”太子曰:“闻夫子明圣，谨奉千金以币从者〔6〕。夫子弗受，悝尚何敢言!”

庄子曰:“闻太子所欲用周者，欲绝王之喜好也〔7〕。使臣上说大王，而逆王意〔8〕，下不当太子〔9〕，则身刑而死，周尚安所事金乎[10]？使臣上说大王，下当太子，赵国何求而不得也！”太子曰："然。吾王所见，唯剑士也。”庄子曰："诺。周善为剑[11]。”

太子曰："然吾王所见剑士，皆蓬头突鬓[12]，垂冠，曼胡之缨[13]，短后之衣[14]，瞋目而语难，王乃说之[15]。今夫子必儒服而见王，事必大逆[16]。”庄子曰："请治剑服[17]。”

治剑服三日，乃见太子。太子乃与见王，王脱白刃待之[18]。庄子入殿门不趋[19]，见王不拜。王曰："子欲何以教寡人，使太子先？”曰："臣闻大王喜剑，故以剑见王。”王曰："子之剑何能禁制[20]？”曰："臣之剑，十步一人，千里不留行[21]。”王大悦之，曰："天下无敌矣！”

庄子曰："夫为剑者[22]，示之以虚，开之以利[23]，后之以发，先之以至。愿得试之。”王曰："夫子休就舍，待命令设戏请夫子[24]。”

王乃校剑士七日[25]，死伤者六十馀人，得五六人，使奉剑于殿下[26]，乃召庄子。王曰："今日试使士敦剑[27]。”庄子曰："望之久矣。”王曰："夫子所御杖[28]，长短何如？”曰："臣之所奉皆可[29]。然臣有三剑，唯王所用，请先言而后试。”王曰："愿闻三剑。”曰："有天子剑，有诸侯剑，有庶人剑。”

王曰："天子之剑何如？”曰："天子之剑，以燕谿石城为锋[30]，齐岱为锷[31]，晋魏为脊[32]，周宋为镡[33]，韩魏为夹[34]，包以四夷[35]，裹以四时[36]，绕以渤海，带以常山[37]，制以五行，论以刑德[38]，开以阴阳，持以春夏，行以秋冬。此剑，直之无前[39]，举之无上，案之无下[40]，运之无旁，上决浮云，下绝地纪[41]。此剑一用，匡诸侯[42]，天下服矣。此天子之剑也。”

文王芒然自失[43]，曰：“诸侯之剑何如？”曰：“诸侯之剑，以知勇士为锋，以清廉士为锷，以贤良士为脊，以忠圣士为镡，以豪桀士为夹[44]。此剑，直之亦无前，举之亦无上，案之亦无下，运之亦无旁；上法圆天，以顺三光[45]；下法方地[46]，以顺四时；中和民意，以安四乡[47]。此剑一用，如雷霆之震也，四封之内，无不宾服而听从君命者矣[48]。此诸侯之剑也。”

王曰：“庶人之剑何如？”曰：“庶人之剑，蓬头突鬓，垂冠，曼胡之缨，短后之衣，瞋目而语难；相击于前，上斩颈领[49]，下决肝肺。此庶人之剑，无异于斗鸡，一旦命已绝矣，无所用于国事。今大王有天子之位而好庶人之剑，臣窃为大王薄之[50]。”

王乃牵而上殿。宰人上食，王三环之[51]。庄子曰：“大王安坐定气，剑事已毕奏矣[52]。”于是文王不出宫三月，剑士皆服毙其处也[53]。

【注释】

〔1〕昔：从前。　赵文王：即赵惠文王，名何，赵武灵王之子。　夹门：聚于门下。

〔2〕谋之：图谋攻打赵国。

〔3〕太子悝（kuī）：赵惠文王二十二年（前227），立公子丹为太子，并无太子悝之事。可见这纯是虚构的故事。　患之：为之忧愁。　募：招募。

〔4〕说：说服。

〔5〕奉：奉送，给予。

〔6〕谨：恭敬。　币从者：犒劳随从。

〔7〕绝：断绝。

〔8〕逆：触犯。

〔9〕当：合乎。

〔10〕刑：遭受刑罚。　事：使用。

〔11〕为：治。

〔12〕蓬头：头发松乱。　突鬓：鬓毛从两旁突起。

〔13〕垂冠：谓帽子低倾。　曼胡之缨：粗实而没有文理的冠缨。曼胡，粗实。

〔14〕短后之衣：后幅较短的上衣，便于跳跃。

〔15〕瞋目：双目怒瞪。　语难：谓欲斗之时，愤气积胸，致使语声艰涩。　说：通“悦”。

〔16〕大逆：违背，不顺。

〔17〕治：制作。　剑服：剑士的服装。

〔18〕脱白刃：拔出利剑。

〔19〕趋：小步快走，表示恭敬。“不趋”与下句“不拜”，同样表示不礼貌。

〔20〕禁制：禁止制服。

〔21〕十步一人：谓十步之内便可杀死一人。　不留行：谓所向披靡，无人可挡。

〔22〕为：使用。

〔23〕示之以虚，开之以利：谓先故意露出破绽，让对手看到有利可图的地方，引诱他出手。

〔24〕休：休息。　就舍：到馆舍。　戏：试剑。

〔25〕校剑士：谓通过考校武艺选拔剑士。校，考校。

〔26〕奉：通“捧”，持。

〔27〕敦剑：击剑。

〔28〕御：用。　杖：指剑。

〔29〕奉：通“捧”，用。

〔30〕燕谿：地名，在燕国。　石城：山名，在塞外。　锋：剑端。

〔31〕齐岱：齐国泰山。岱，岱宗，即泰山。　锷（è）：剑刃。

〔32〕魏：当为“卫”字之误。　脊：剑背。

〔33〕镡（tán）：剑鼻，又称剑口、剑环。

〔34〕夹：通“铗”，剑把。
〔35〕四夷：四方边远地区。
〔36〕四时：春夏秋冬四季。
〔37〕常山：即北岳恒山，在今河北曲阳西北与山西接壤处，汉代因避汉文帝刘恒之讳而改为“常山”。
〔38〕论：论断。　刑德：谓刑罚、德化之理。
〔39〕直：向前直伸。　无前：谓前无所当。
〔40〕案：通“按”，按低。
〔41〕决：劈断。　绝：斩断。　地纪：地维，即大地的根基。
〔42〕匡：匡正。
〔43〕芒然：即茫然。
〔44〕桀：通“杰”。
〔45〕法：效法。　三光：指日、月、星。
〔46〕方地：大地。因为古代有天圆地方之说。
〔47〕四乡：四方。
〔48〕四封：四境。　宾服：归顺，服从。
〔49〕领：颈，脖子。
〔50〕薄之：感到不值。薄，轻视。
〔51〕宰人：膳夫。　上食：进上饭菜。　环：环绕。
〔52〕毕奏：陈奏完毕。
〔53〕服毙：自杀。服，通“伏”。

【译文】

从前赵文王喜欢剑术，聚于门下的剑客有三千多人，他们日夜不息地在赵文王面前击剑相斗，死伤的一年有一百多人，而赵文王仍是喜欢剑术而不满足。这样过了三年，国势衰落，诸侯便图谋攻取赵国。

太子悝对此感到忧虑，召募左右的人说：“谁能说服大王，使其停止剑士击剑的活动，便赏赐他千金。”左右的人说：“庄子应当能做到。”

太子于是派人将千金恭敬地奉送给庄子。庄子不接受，和使者一起前往拜见太子，说：“太子有什么要教导我的，为什么赐给我千金呢？”太子说：“听说先生是一位明达圣贤之人，所以恭敬地奉送千金来犒赏你的随从。先生不接受，我还敢说什么呢！”

庄子说:“听说太子之所以用我,是要断绝赵王对剑术的喜好。假使我对上劝说赵王,而触犯了大王的心意,对下又不符合太子的意愿,那就会身遭刑戮而死,我哪里还用得着千金呢?假使我对上说服了大王,对下又完成了太子交给我的任务,那么我向赵国要什么而得不到呢?”太子说:“是这样。我们大王所接见的,只有剑士。”庄子说:“好吧。我就善于使剑。”

太子说:“但是我们大王所接见的剑士,都是头发松乱,鬓毛突起,帽子低倾,结着粗实的帽缨,穿着后幅较短的上衣,瞪着双眼,语声艰涩,看到这样的人大王才高兴。现在先生要是穿着儒服去见大王,事情必然办不好。”庄子说:“请给我制作剑士的服装。”

三天后剑士的服装制成了,庄子便去谒见太子。太子便和庄子一起去拜见赵文王,赵文王拔出利剑等待着庄子。庄子进入殿门不依礼节趋行,见到赵文王也不下拜。赵文王说:“先生想用何术教导我,为什么先让太子向我推荐呢?”庄子说:“我听说大王喜欢剑术,所以我以剑术拜见大王。”赵文王说:“你的剑怎样遏阻和制服对手?”庄子说:“我的剑,在十步之内便可杀死一人,直行千里也无人能够阻挡。”赵文王非常高兴,说:“天下无敌了!”

庄子说:“运用剑术的方法,先故意露出破绽,让对手看到有利可图的地方,引诱他出手,然后再发动攻击,并要先击中对手。希望能够试一下我的剑术。”赵文王说:“先生先到馆舍里休息,等把击剑比赛安排好后,再请先生。”

于是赵文王用七天的时间通过考校武艺来选拔剑士,死伤的有六十多人,选出了五六个人,让他们持剑在殿下等候,然后召请庄子。赵文王说:“今天请先生与剑士比剑。”庄子说:“盼望很久了。”赵文王说:“先生所用的剑,长短怎么样?”庄子说:“我所用的剑长短皆可。然而我有三种剑,任凭大王选用,请让我先说明后再比试。”赵文王说:“愿意听先生说说这三种剑。”庄子说:“一种是天子剑,一种是诸侯剑,一种是庶人剑。”

赵文王说:“天子之剑怎么样?”庄子说:“天子之剑,把燕谿和石城当作剑锋,把齐国和泰山当作剑刃,把晋国和卫国当作剑背,把周地和宋国当作剑环,把韩国和魏国当作剑把,把四境和四时当作剑鞘,把渤海和常山当作带穗,根据五行生克之道来运剑,用刑罚和德化之理来论断，开合符合阴阳变化，持守和行动都随顺春夏秋冬自然之道。这种剑，向前伸直而无所阻挡，向上高举没有什么能遮拦，向下刺去没有什么能承受，四方挥动没有物体能靠近，向上能劈开浮云，向下能斩断大地的根基。这种剑一旦使用，就可以匡正诸侯，使天下顺服了。这就是天子之剑。”

赵文王一脸茫然，若有所失地说：“诸侯之剑怎么样？”庄子说：“诸侯之剑，以智勇的人作剑锋，以清廉的人作剑刃，以贤良的人作剑背，以忠圣的人作剑环，以英雄豪杰作剑把。这种剑，向前伸直也无所阻挡，向上高举也没有什么能遮拦，向下刺去也没有什么能承受，四方挥动也没有物体能靠近；向上效法圆形的天空，来顺应日、月、星辰；向下取法方形的大地，来顺应春夏秋冬四时；居中则顺和民意，来安定四方。这种剑一旦使用，就好像雷霆的震动，四境之内，无不顺服而听从君主的命令了。这就是诸侯之剑。”

赵文王说：“庶人之剑怎么样？”庄子说：“庶人之剑，头发松乱，鬓毛突起，帽子低倾，结着粗实的帽缨，穿着后幅较短的上衣，瞪着双眼，语声艰涩；在人们面前相互击斗，向上可以斩断脖颈，向下可以砍开肝肺。这是庶人之剑，跟斗鸡没有什么不同，顷刻间性命就断绝了，对于国事也没有什么用处。现在大王拥有天子的尊位却喜好庶人之剑，我私下里为大王鄙视这种做法。”

赵文王于是引着庄子走到殿上。主管膳食的人送上饭菜，赵文王绕着饭菜走了三圈。庄子说：“大王安静地坐下来，平定心气，关于剑术的事情我已经呈奏完毕了。”于是赵文王三个月没出宫门见剑士，剑士都在自己的居处自杀了。

【评析】

《说剑》篇可以说是《庄子》中最好懂的篇目之一。它没有宏篇大论，也没有艰深言辞，不似《逍遥游》《大宗师》等篇洋洋洒洒、浑无涯际，倒更像是一篇有头有尾，情节曲折，结构精巧的小说作品。“楚王好细腰，宫中多饿死。”赵文王由于沉迷于剑术而不把国家大事放在心上，让数千剑士，日夜相击，以此为乐，岁死百人而无动于衷。于是庄子入见，以毒攻毒，以剑抑剑，终使文王茫然屈服，剑士服毙其处，举国解除了斗剑的危害。庄子之所以能对症下药，无往不利，在于巧妙借用了一种“工具”使赵文王恍然大悟，这种“工具”便是隐语。

《史记·滑稽列传》记载:“齐威王之时喜隐，好为淫乐长夜之饮，沉湎不治，委政卿大夫。百官荒乱，诸侯并侵，国且危亡，在于旦暮，左右莫敢谏。淳于髡说之以隐曰:‘国中有大鸟，止王之庭，三年不蜚又不鸣，不知此鸟何也？’王曰:‘此鸟不飞则已，一飞冲天；不鸣则已，一鸣惊人。’于是乃朝诸县令长七十二人，赏一人，诛一人，奋兵而出。诸侯振惊，皆还齐侵地。”这里齐威王所好的“隐”，实际是猜谜，也是隐语的一种。这则故事与庄子“说剑”有颇多相似之处，都是劝诫君王放弃个人癖好而顾全天下，而且淳于髡也是先投其喜好，借着隐语的幌子，将本意寓诸其中，让齐威王自己领悟。然而较之《史记》中淳于髡用大鸟点醒齐威王，庄子说剑的隐语就复杂细密得多了，又要在庶人之剑上凭空杜撰出天子之剑与诸侯之剑，又要将天下形胜和各种贤才嵌入其中，其构思之精巧、气魄之宏大让人叹为观止!

首先庄子明了像赵文王这样的君王，如果正面直接进谏，劝其舍剑癖而君临天下的话，结果可能就像关龙逢、比干之忠心反遭夏桀和殷纣王的杀戮，因而庄子避其锋芒而选择用隐语。然而用隐语的最大问题就在于火候：如果考虑不周密，隐语过于外露，将会被文王窥出意图使之半途而废；而如果运用得太过隐讳，那又极有可能让听者丈二和尚摸不着头脑，同样起不到诱导的作用。于是庄子为我们提供了天衣无缝的步骤：首先，庄子“请制剑服”，投其所好，以论剑为名见赵文王，以此消除赵文王的疑心，赢得他的信任；然后，庄子紧紧抓住剑和治天下的可比性——剑的根本用处就在于取胜，赵文王迷恋的也正是这一点，然而在世间，最大的取胜莫过于君临天下，庄子正是抓住了“剑术”与“为王”的内在联系，以赵文王喜庶民之小剑而误天子之大剑而一针见血，一剑点醒赵王。

渔 父

【题解】

宋末黄震说:“庄子以不羁之材,肆跌宕之说,创为不必有之人,设为不必有之物,造为天下所必无之事,用以眇末宇宙,戏薄圣贤,走弄百出,茫无定踪,固千万世诙谐小说之祖也。”(《黄氏日抄》)本文就是一篇“戏薄圣贤”的“诙谐小说”。通过孔子与渔父的问答对话,和对二人仪容神态的描写,刻画了一个拘谨委琐的孔子形象及另一个悠然自得的渔父形象,批判了儒家的仁义观念和礼乐制度,高扬了道家法天贵真的思想。这与本书其他篇章所表现出来的“全真”“葆真”“反真”的思想观点相一致。

孔子游乎缁帷之林〔1〕,休坐乎杏坛之上〔2〕。弟子读书,孔子弦歌鼓琴。奏曲未半,有渔父者,下船而来,须眉交白〔3〕,被发揄袂〔4〕,行原以上〔5〕,距陆而止〔6〕,左手据膝〔7〕,右手持颐以听〔8〕。曲终,而招子贡、子路,二人俱对。

客指孔子曰:“彼何为者也?”子路对曰:“鲁之君子也。”客问其族〔9〕。子路对曰:“族孔氏。”客曰:“孔氏者何治也〔10〕?”子路未应,子贡对曰:“孔氏者,性服忠信,身行仁义〔11〕,饰礼乐〔12〕,选人伦,上以忠于世主,下以化于齐民〔13〕,将以利天下。此孔氏之所治也。”又问曰:“有土之君与〔14〕?”子贡曰:“非也。”“侯王之佐与[15]？”子贡曰：“非也。”客乃笑而还行[16]，言曰：“仁则仁矣，恐不免其身[17]；苦心劳形以危其真[18]。呜呼，远哉其分于道也[19]！”

子贡还，报孔子。孔子推琴而起曰[20]：“其圣人与[21]！”乃下求之。至于泽畔，方将杖挐而引其船[22]，顾见孔子[23]，还乡而立[24]。孔子反走[25]，再拜而进。

客曰：“子将何求？”孔子曰：“曩者先生有绪言而去[26]，丘不肖，未知所谓，窃待于下风[27]，幸闻咳唾之音[28]，以卒相丘也[29]。”

客曰：“嘻！甚矣子之好学也！”孔子再拜而起曰：“丘少而修学[30]，以至于今，六十九岁矣，无所得闻至教，敢不虚心！”

客曰：“同类相从，同声相应，固天之理也。吾请释吾之所有而经子之所以[31]。子之所以者，人事也。天子、诸侯、大夫、庶人，此四者自正[32]，治之美也，四者离位而乱莫大焉。官治其职，人忧其事，乃无所陵[33]。故田荒室露[34]，衣食不足，征赋不属[35]，妻妾不和，长少无序[36]，庶人之忧也；能不胜任，官事不治，行不清白，群下荒怠，功美不有[37]，爵禄不持[38]，大夫之忧也；廷无忠臣，国家昏乱，工技不巧[39]，贡职不美，春秋后伦[40]，不顺天子，诸侯之忧也；阴阳不和，寒暑不时，以伤庶物[41]，诸侯暴乱，擅相攘伐[42]，以残民人，礼乐不节[43]，财用穷匮，人伦不饬[44]，百姓淫乱，天子有司之忧也。今子既上无君侯有司之势，而下无大臣职事之官，而擅饰礼乐，选人伦，以化齐民，不泰多事乎[45]！且人有八疵[46]，事有四患，不可不察也。非其事而事之，谓之摠[47]；莫之顾而进之[48]，谓之佞；希意道言[49]，谓之谄；不择是非而言，谓之谀；好言人之恶，谓之谗；析交离亲[50]，谓之贼；称誉诈伪以败恶人，谓之慝[51]；不择善否[52]，两容颊适，偷拔其所欲[53]，谓之险。此八疵者，外以乱人，内以伤身，君子不友，明君不臣。所谓四患者：好经大事[54]，变更易常，以挂功名[55]，谓之叨[56]；专知擅事[57]，侵人自用[58]，谓之贪；见过不更[59]，闻谏愈甚[60]，谓之很[61]；人同于己则可，不同于己，虽善不善，谓之矜[62]。此四患也。能去八疵，无行四患，而始可教已。"

孔子愀然而叹[63]，再拜而起曰："丘再逐于鲁，削迹于卫，伐树于宋，围于陈、蔡。丘不知所失，而离此四谤者何也[64]？"

客凄然变容曰[65]："甚矣，子之难悟也！人有畏影恶迹而去之走者，举足愈数而迹愈多[66]，走愈疾而影不离身，自以为尚迟[67]，疾走不休，绝力而死[68]。不知处阴以休影，处静以息迹，愚亦甚矣！子审仁义之间，察同异之际[69]，观动静之变，适受与之度[70]，理好恶之情[71]，和喜怒之节[72]，而几于不免矣[73]。谨修而身，慎守其真，还以物与人，则无所累矣。今不修之身而求之人[74]，不亦外乎[75]！"

孔子愀然曰："请问何谓真？"

客曰："真者，精诚之至也。不精不诚，不能动人。故强哭者，虽悲不哀；强怒者，虽严不威；强亲者，虽笑不和。真悲无声而哀，真怒未发而威，真亲未笑而和。真在内者，神动于外，是所以贵真也。其用于人理也[76]，事亲则慈孝，事君则忠贞，饮酒则欢乐，处丧则悲哀。忠贞以功为主，饮酒以乐为主，处丧以哀为主，事亲以适为主[77]。功成之美，无一其迹矣。事亲以适，不论所以矣[78]；饮酒以乐，不选其具矣[79]；处丧以哀，无问其礼矣[80]。礼者，世俗之所为也；真者，所以受于天也[81]，自然不可易也。故圣人法天贵真，不拘于俗。愚者反此。不能法天而恤于人[82]，不知贵真，禄禄而受变于俗[83]，故不足。惜哉，子之蚤湛于人伪而晚闻大道也[84]！”

孔子又再拜而起曰：“今者丘得遇也，若天幸然[85]。先生不羞而比之服役，而身教之[86]。敢问舍所在，请因受业而卒学大道[87]。”

客曰：“吾闻之，可与往者与之，至于妙道；不可与往者，不知其道，慎勿与之，身乃无咎[88]。子勉之！吾去子矣，吾去子矣！”乃刺船而去[89]，延缘苇间[90]。

颜渊还车[91]，子路授绥[92]，孔子不顾，待水波定，不闻拏音而后敢乘。

子路旁车而问曰[93]：“由得为役久矣[94]，未尝见夫子遇人如此其威也[95]。万乘之主，千乘之君，见夫子未尝不分庭伉礼[96]，夫子犹有倨敖之容[97]。今渔父杖拏逆立，而夫子曲要磬折[98]，言拜而应，得无太甚乎[99]？门人皆怪夫子矣，渔人何以得此乎？”

孔子伏轼而叹曰[100]：“甚矣，由之难化也！湛于礼义有间矣[101]，而朴鄙之心至今未去。进，吾语汝！夫遇长不敬，失礼也；见贤不尊，不仁也。彼非至人，不能下人[102]，下人不精[103]，不得其真，故长伤身[104]。惜哉！不仁之于人也，祸莫大焉，而由独擅之[105]。且道者，万物之所由也[106]，庶物失之者死，得之者生，为事逆之则败，顺之则成。故道之所在，圣人尊之。今渔父之于道，可谓有矣，吾敢不敬乎！"

【注释】

〔1〕缁帷之林：林名，树林繁茂，遮天蔽日如帷幕，故名。缁，黑色。帷，帷幕。

〔2〕杏坛：泽中高处曰坛，因多杏树，故谓杏坛。

〔3〕交：俱，全。

〔4〕被：通"披"，披散。　揄：挥。　袂（mèi）：衣袖。

〔5〕行原：沿着高平的岸边行走。

〔6〕距：至。　陆：高地。

〔7〕据：按。

〔8〕持：托着。　颐：下巴。

〔9〕族：姓氏。

〔10〕治：从事。

〔11〕性：本性。　服：信服。　行：践履，实行。

〔12〕饰：修饰。

〔13〕齐民：平民。

〔14〕土：土地，指国家。　君：君主。

〔15〕佐：辅臣。

〔16〕还：转身。

〔17〕不免其身：谓不能保全自身。

〔18〕真：天然的本性。

〔19〕分：离。　道：大道。

〔20〕推琴：谓放下琴。

〔21〕其：指渔父。

〔22〕杖：撑。　挐（ráo）：通“桡”，船篙。　引：撑开。
〔23〕顾：回过头。
〔24〕还乡：转过身来。乡，通“向”。
〔25〕反走：往后退走，表示虔敬。
〔26〕曩（nǎng）者：刚才。　绪言：微而不尽之言。
〔27〕下风：风向的下方。比喻卑下的地位。
〔28〕幸：希望。　咳唾之音：指尊者之言。
〔29〕卒：终。　相：助。
〔30〕修学：立志求学。
〔31〕释：推。　经：分析。　所以：所为，作为。
〔32〕自正：谓各守职分。
〔33〕陵：通“凌”，凌乱。
〔34〕室露：房屋破漏。露，败。
〔35〕征赋不属：谓赋税不能按时交纳。属，连。
〔36〕无序：没有尊卑之别。
〔37〕功美：功劳和美誉。
〔38〕持：保持。
〔39〕巧：精巧。
〔40〕贡职：贡赋，贡品。　春秋后伦：谓春秋朝拜天子排在同类诸侯之后。
〔41〕庶物：万物。庶，众。
〔42〕攘伐：互相攻杀。
〔43〕不节：不合节度。
〔44〕穷匮：匮乏。　饬：整饬，整顿。
〔45〕泰：通“太”。
〔46〕疵：缺点，毛病。
〔47〕摠：通“总”，滥。意谓管事太多。
〔48〕莫之顾而进之：没人理睬却强进忠言。
〔49〕希意道言：谓通过揣度人意，而说出迎合他人的话。希意，揣度人意。
〔50〕析：离间。　交：朋友。
〔51〕恶：当为“德”字之误。　慝（tè）：邪恶。
〔52〕否（pǐ）：恶。
〔53〕两容颊适：谓善恶两容，颜貌调适。容，容受。颊，颜貌。偷拔其所欲：暗中引出别人心中的欲念。

〔54〕经：理，经营。
〔55〕挂：谋取。
〔56〕叨（tāo）：贪婪。
〔57〕专知：专用私智。知，通“智”。　擅事：擅自行事。
〔58〕侵人：侵凌别人。　自用：刚愎自用。
〔59〕过：过错。　更：改正。
〔60〕谏：劝谏，规劝。
〔61〕很：执拗不听从。
〔62〕虽善不善：即使好也不以为好。　矜：自以为贤能。
〔63〕愀（qiǎo）然：既惊又愧的样子。
〔64〕离：通“罹”，遭受。　谤：辱。
〔65〕凄然：悲凉的样子。　变容：变了脸色。
〔66〕走：跑。　数：速。
〔67〕尚：还。　迟：缓慢。
〔68〕休：止。　绝力：力竭。
〔69〕际：分际，界限。
〔70〕适：调适。　受与：接受和给予。　度：尺度，度数。
〔71〕理：调理，控制。
〔72〕和：调和。　节：节度，分寸。
〔73〕而：通“尔”，你。　不免：谓不免于祸患。
〔74〕求：苛求。
〔75〕外：务外。
〔76〕人理：人伦。
〔77〕适：安适。
〔78〕所以：用哪种方法。以，用。
〔79〕具：指饮酒的杯具。
〔80〕礼：礼节。
〔81〕天：自然。
〔82〕恤：忧，担心。
〔83〕禄禄：随从的样子。
〔84〕蚤：通“早”。　湛（dān）：熏染。
〔85〕幸：宠幸。
〔86〕比：列。　服役：指供先生役使的门人。　身教：亲自教导。
〔87〕舍：住处。　因：借此。　卒学：学完。
〔88〕咎：祸患。

〔89〕刺船：撑船。

〔90〕延缘：沿岸。

〔91〕还：通“旋”，调转。

〔92〕授绥：把登车时拉的绳索交给孔子。

〔93〕旁：通“傍”，靠。

〔94〕由：子路自称。　为役：做弟子。

〔95〕遇：对待。　威：敬畏。

〔96〕未尝：未曾。　伉礼：以彼此平等的礼节相待。

〔97〕敖：通“傲”。

〔98〕杖拏（ráo）：执篙。　逆立：对面而立。逆，迎。　要：通“腰”。　磬折：弯腰如磬，表示恭敬。

〔99〕言拜而应：谓听了渔父的话后，必定先拜谢然后回答。　得无：难道不是。

〔100〕轼：车前供人凭依的横木。

〔101〕有间：很久。

〔102〕彼：指渔父。　下人：使人谦下。

〔103〕精：精诚。

〔104〕长：常常。

〔105〕独：偏偏。　擅：具有。

〔106〕所由：得以产生的根源。由，产生。

【译文】

孔子到缁帷林中游玩，坐在杏坛上休息。弟子们读书，孔子弹琴吟唱。弹琴奏曲还不到一半，有个渔父下船走来，他胡须和眉毛皆白，披散头发，挥着衣袖，沿着高平的岸边而上，走到高地便停了下来，左手按着膝盖，右手托着下巴，听孔子弹琴吟唱。曲子奏完后，他便用手招呼子贡和子路过来，二人一起回答了他的问话。

渔父指着孔子说：“他是做什么的？”子路回答说：“鲁国的君子。”渔父又问孔子的姓氏。子路回答说：“姓孔。”渔父说：“孔氏从事什么行业呢？”子路没有应声，子贡回答说：“孔氏这个人，本性信守忠信，亲身实行仁义，修饰礼乐，择定人伦关系，对上忠于国君，对下教化平民，要为天下人谋福利。这就是孔氏所从事的事业。”渔父又问道：“他是有土地的君主吗？”子贡说：“不是。”渔父说:“他是君主的辅臣吗?”子贡说:“不是。”渔父便笑着转身往回走，边走边说:“孔氏的仁也算是仁了，恐怕不能保全自己;内心愁苦而形体劳累，便要危害他的本性了。唉，他离大道太遥远了!”

子贡回来，把渔父的话告诉孔子。孔子放下琴站起来说:“这渔父是位圣人吧!”于是走下杏坛去找寻渔父。走到水边，见渔父正在持篙撑船，回头看到孔子，便转过身来站着。孔子往后退走，拜了又拜，向前靠近。

渔父说:“你有什么事相求呢?”孔子说:“刚才先生的话没说完就离开了，我不聪明，不能明白其中的道理，就私下在此等候，希望能听到先生的教诲，以便最终能对我有所帮助。”

渔父说:“唉!你真是非常好学啊!”孔子拜了又拜，然后站起来说:“我从小就立志求学，直到现在，已经六十九岁了，还没听到过至理，怎敢不虚心呢!”

渔父说:“同类相依从，同声相应和，这本来是自然的常理。请让我用我所悟得的道理来分析你的行为。你所做的是人事。天子、诸侯、大夫、百姓，这四种人如果各守职分，那就是治理社会的理想境界;如果离开职守，祸乱就再大不过了。官吏各守其职，人民各虑其事，就不会凌乱了。所以田地荒芜，房屋破漏，衣食不足，赋税不能按时交纳，妻妾不和睦，长幼没有次序，这些是百姓所忧虑的;才能不能胜任职守，本职事务不能妥善处理，行为不清廉，下属荒忽怠惰，对国家和人民没有功劳美誉，不能保持爵禄，这些是大夫所忧虑的;朝廷没有忠臣，国家昏乱，工艺技术不精巧，进贡的物品不美好，春秋朝拜天子时礼无伦次，不顺服天子，这些是诸侯所忧虑的;阴阳之气不调和，寒暑不按时令到来，万物遭受伤害，诸侯暴乱，擅自相互攻杀，残害人民，礼乐不合节度，财用缺乏，人伦关系得不到整顿，百姓淫乱，这些是天子和主管官吏所忧虑的。现在你上无君主诸侯和主管官吏的权势，下无大臣掌管事务的官职，却擅自修饰礼乐，择定人伦关系，用来教化平民，不是太多事了吗!况且人有八种毛病，事有四种祸患，不可不明察。并非自己分内的事而去做，叫作管事太多;人家不理睬而去强进忠言，叫作巧佞;通过揣度别人的心意而说出一些迎合的话，叫作谄媚;

不分是非而言说，叫作阿谀；喜欢说别人的坏话，叫作谗言；离间亲友，叫作陷害；称赞诈伪的人来败坏有道德的人，叫作邪恶；不分善人和恶人，善恶都予容纳且和颜悦色地对待，暗中引出别人心中的欲念，叫作阴险。这八种毛病，对外会惑乱别人，对内会伤害自身，君子不和他交朋友，圣明的君主不用他做大臣。所谓的四种祸患：喜欢经营大事，改变常规，用来谋取功名，叫作贪多；专用私智，独擅行事，侵凌别人，刚愎自用，叫作贪婪；有错不改，听到规劝反而变本加厉，叫作执拗；别人赞同自己就肯定，如果不赞同自己，即使是好也不以为好，叫作自以为贤能。这就是四种祸患。能够除去八种毛病，不存在四种祸患的人，才是可以教育的。”

孔子听完，既惊又愧地叹息，拜了又拜后起身说：“我两次被鲁国驱逐，在卫国没有存身之处，在宋国受到了伐树的惊吓，被围困在陈、蔡两国之间。我不知道自己犯了什么过错，却遭到了这四次羞辱，为什么呢？”

渔父悲伤地改变脸色说：“你真是太难觉悟了！有人害怕自己的身影、厌恶自己的足迹，总想避开它而快跑，迈步子越快而足迹越多，跑得越快而身影越不离身，他自认为还是跑得太慢，便快跑不停，最后用尽气力而死。他不知道去阴暗的地方影子自然会消失，处于静止的状态就不会有足迹，实在太愚蠢了！你审察仁义的区分，察明事物异同的界限，观察动静的变化，使接受和给与都适合于度数，控制好恶的感情，调和喜怒的节度，你几乎不能免于祸患了。你要谨慎地修养自身，慎重地保持真性，把身外之物还给别人，就没有牵累了。现在你不修养自身反而苛求他人，不也是追求外物吗！”

孔子悲凄地说：“请问什么叫作真？”

渔父说：“所谓真，是精纯诚实的最高境界。不精纯不诚实，就不能动人。所以勉强哭泣的人，虽然表面上悲痛却并不哀伤；勉强发怒的人，虽然表面上严厉却并不威严；勉强亲热的人，虽然满面笑容却并不和善。真正的悲痛没有声音却很哀伤，真正的发怒没有发作却很威严，真正的亲热没有笑容却很和善。真诚蕴含在内，精神就会表露于外，这便是以真为可贵的原因。把真用在人伦关系上，侍养双亲就会孝顺，侍奉君主就会忠贞，饮酒时就会快乐，居丧时就会悲哀。忠贞以建功为主，饮酒以快乐为主，居丧以悲哀为主，侍养双亲以安适为主。建立美好的功业，是不求任何形迹的。侍养双亲旨在安适，就不必考虑用哪种方法；饮酒意在快乐，就不必选择用何种饮酒的杯具；居丧是要悲哀，就不必讲究用哪种礼节。礼节，是世俗之人设置出来的；纯真，是禀受于天然的，它出于自然而不可改变。所以圣人取法自然，贵重纯真，不受世俗的约束。愚蠢的人与此相反。他们不能取法自然，却担心不能与世人相合，不知道贵重纯真，而是随从世俗变化，所以总不知满足。可惜啊！你早就被虚伪的世俗熏染，而听到大道太晚了！”

孔子拜了又拜后起身说：“今天我能遇到先生，好像天赐的良机。先生如果不以教诲我为羞耻，就请把我列于你的门人之中，亲自教诲我。请问先生住在哪里，让我前去受业而最终学到大道。”

渔父说：“我听说，与能够迷途知返的人一同前往，可以使他获得妙道；不能迷途知返的人，不会懂得大道，慎勿与其一同前往，自身才能免于祸患。你努力吧！我要离开你了，我要离开你了！”于是撑船离开，沿着岸边而后划入芦苇间的水道。

颜渊调转好车头，子路把登车时拉的绳索交给孔子，孔子看也不看，只是等着水波平定，听不见桨声而后才敢乘上马车。

子路靠着车子问道：“我侍奉先生很久了，从未见过先生对人如此敬畏。天子、诸侯，见到先生没有不以平等的礼节相待的，而先生还有傲慢的表情。如今这个渔父拿着桨对面而立，先生却像石磬一样弯腰曲背，听了渔父的话必先拜而后回答，难道不是太过分了吗？弟子们都要抱怨先生了，一个渔父怎么能受到这样的敬重呢？”

孔子靠着车前的横木叹息地说：“仲由太难教化了！你沉溺在礼义中已经很久了，然而粗疏鄙陋的心态至今还没有去掉。过来，我告诉你！遇到长者不恭敬，是失礼；见到贤人不尊重，是不仁。渔父如果不是道德完美的人，是不能使人谦下的，对人谦下不精诚，就不能得到本真，所以也就常常伤害自身。可惜啊！一个人要是不仁，祸患就再大不过了，然而你却偏偏有这种毛病。况且大道，是万物得以产生的根源，万物失去它便会死亡，得到它便能生存，做事违背它就要失败，顺从它就能成功。所以大道所在之处，圣人就尊崇它。现在渔父对于大道，可以说是得到了，我怎敢不敬重呢！”

【评析】

苏轼在《庄子祠堂记》中曾说此篇是“若真诋孔子者”，因此，将之与《让王》《盗跖》《说剑》三篇一起列入了所谓“伪作”中。苏轼一直觉得《庄子》虽然与儒家大唱反调，其实暗地里还是襄助孔子的。看来，本篇把孔子讥讽嘲弄得过分了些，连苏轼都不能为其周旋了。我们在外篇中说过，《庄子》中诋斥孔子、嘲笑孔子的地方不少，有些地方也相当尖刻露骨。但本篇和这些地方不同，它不是直接地嘲讽或呵斥，而是用了一种小说式的手法把孔子揶揄了一番。但它与后世小说又有所不同，它并不是靠情节推动故事发展，而是主要依靠对话，而且其主旨就蕴含在这些对话中。

其实，本篇大段论说的仍是庄子“法天贵真”的思想。首先，渔父认为人应该珍视自己而不要为了仁义道德损害自己的本性。不过，这里更有针对性，比如他未见孔子之时就感叹道：“仁则仁矣，恐不免其身；苦心劳形以危其真。呜呼，远哉其分于道也！”针对孔子不是国君，也不辅佐国君的状态，为他不值。但是，这里又稍不同于内篇，“仁则仁矣”是内篇中不可能说出的话，“仁”是道德的淫僻，标榜“仁”是错，自身对“仁”的实行更是对人真性的束缚和背叛。渔父的态度显然比内篇中要宽容了许多。其次，人应该追求“真”，这种“真”不是用什么礼节规范的，而是发乎内心的。用礼节去规范，不但不能让人真心诚意，反而生出许多“假”来。成全了外在，却远离了“功”“乐”“哀”和“适”的本质。所以，渔父说：“真悲无声而哀，真怒未发而威，真亲未笑而和。……故圣人法天贵真，不拘于俗。”这个道理还是很容易理解的。其实，许多礼节的产生最初都是有其原因的，硬把它们固定成了形式，人们往往会淡忘其中的真意。比如“葬亲”，《孟子》中说远古的时代，双亲死了，人们并不加以安葬，只是扔在深山老林中。可是，偶尔路过亲人尸体的地方，看见自己的亲人被野兽啃食或者腐烂的情景，心中实在难以接受，只得侧过脸去不看，赶快回家拿来工具把他掩埋了。久而久之，就有了土葬亲人的做法。可是，到了后来的文明社会，安葬越来越繁琐奢华，即便是小家小口为了挣一个“孝顺”的名声，也花去家产买昂贵的木棺安葬亲人。这与上古的真实用意相去已远，而其目的也不单纯是不忍了。这就是渔父教导孔子的原因，内在实在要比形式重要得多啊，而这内在就是人最可贵的“真”。

明代谭元春在《南华真经评点》中说：“孔子逢渔父，正如渔父入花源人家，似仙非仙，使人神痴；渔父听曲而来，刺船而去，延缘苇间，幽风在目；孔子待水波定，不闻拏音而后敢升车，契结霞外矣。”看来，孔子逢渔父在后世眼中实是一桩异事，有无上的风雅和奥妙在其中，这恐怕又要出乎庄子后学的意料之外了。

列御寇

【题解】

虽然《盗跖》《让王》《说剑》《渔父》四篇并不能视为伪作，但风格确实与杂篇其他篇章不同，四篇之后，本篇又恢复了杂篇的风格，内容零散，旨意不一，寓言与议论参差交错。王夫之说："此篇之旨，大率以内解为主，以葆光不外炫为实，以去明而养神为要。"实际也只是一些章节具有这样的思想倾向。如文中批评列御寇光仪外发、郑人缓居功自炫，赞扬正考父虚己敛光、庄子却聘葆真等等。如果将总结学术的《天下》篇姑置不论，本篇篇末记载庄子将死，实有收束全书的意味。

列御寇之齐〔1〕，中道而反，遇伯昏瞀人〔2〕。伯昏瞀人曰："奚方而反〔3〕？"曰："吾惊焉〔4〕。"曰："恶乎惊？"曰："吾尝食于十浆〔5〕，而五浆先馈〔6〕。"伯昏瞀人曰："若是，则汝何为惊已〔7〕？"

曰："夫内诚不解，形谍成光〔8〕，以外镇人心〔9〕，使人轻乎贵老，而整其所患〔10〕。夫浆人特为食羹之货〔11〕，多馀之赢〔12〕，其为利也薄，其为权也轻，而犹若是，而况于万乘之主乎！身劳于国而知尽于事〔13〕，彼将任我以事而效我以功〔14〕，吾是以惊。"伯昏瞀人曰："善哉观乎〔15〕！女处已〔16〕，人将保女矣〔17〕！"

无几何而往，则户外之屦满矣〔18〕。伯昏瞀人北面而立，敦杖蹙之乎颐，立有间[19]，不言而出。宾者以告列子[20]，列子提屦，跣而走[21]，暨乎门[22]，曰："先生既来，曾不发药乎[23]？"曰："已矣，吾固告汝曰人将保汝，果保汝矣。非汝能使人保汝，而汝不能使人无保汝也，而焉用之感豫出异也[24]！必且有感，摇而本才[25]，又无谓也[26]。与汝游者，又莫汝告也。彼所小言[27]，尽人毒也。莫觉莫悟，何相孰也[28]！巧者劳而知者忧，无能者无所求[29]，饱食而敖游[30]，汎若不系之舟[31]，虚而敖游者也。"

【注释】

〔1〕列御寇：即列子，郑国人。　之：到，往。

〔2〕中道：中途。　反：通"返"，返回。　伯昏瞀（mào）人：作者虚构的人物。即《德充符》篇、《田子方》篇中的"伯昏无人"。

〔3〕奚方：犹"何故"，为什么。

〔4〕惊：惊异。

〔5〕十浆：十家卖浆的店铺。

〔6〕馈：赠送。

〔7〕已：通"矣"。

〔8〕夫：句首发语词，无义。　内诚不解，形谍成光：谓真诚积于中，而外泄为光仪，即还未达到"光矣而不耀"的境界。谍，通"渫（xiè）"，泄。

〔9〕镇：压服。

〔10〕螯（jī）：招致。

〔11〕特：仅是。　货：买卖。

〔12〕赢：赢利，赚钱。

〔13〕劳：操劳。　知：通"智"。

〔14〕彼：指万乘之主。

〔15〕观：观察。

〔16〕女：通"汝"。　已：通"矣"。

〔17〕保：归附。

〔18〕无几何：没过多久。 屦（jù）：用麻葛制成的单底鞋。

〔19〕敦：拄，支撑。 蹙（cù）：皱。 颐：下巴。 有间：一会儿。

〔20〕宾者：替主人接引宾客的人。

〔21〕跣（xiǎn）：赤脚。 走：跑。

〔22〕暨：及。

〔23〕曾：竟，还。 发药：比喻教诲之言。

〔24〕而焉用之感豫出异也：你何必显出与众不同，而使人如此欢愉呢。而，你。豫，愉快。

〔25〕摇：摇动。 而：你。 本才：本性。

〔26〕无谓：无益。

〔27〕彼：指同游者。 小言：指细巧而不入大道的言论。

〔28〕孰：通“熟”，熟悉。

〔29〕知：通“智”。 无能者：指悟道圣人。

〔30〕敖：嬉游。

〔31〕汎：通“泛”，漂浮不定的样子。

【译文】

列御寇到齐国去，中途就返回来，遇到了伯昏瞀人。伯昏瞀人说:“为什么中途返回呢？”列御寇说:“我感到惊异。”伯昏瞀人说:“为什么感到惊异？”列御寇说:“我曾到十家卖浆的店铺里饮浆，其中就有五家先赠送给我。”伯昏瞀人说:“像这样的事，你为什么要惊异呢？”

列御寇说:“真诚积聚于胸中，就会外泄为光仪，用来对外压服人心，使人们对自己的敬重超过了老人，从而招致祸患。那些卖浆的人只是做点羹汤的买卖罢了，赢利并不多，他们获得的利润很少，所拥有的权势很小，但仍然如此尊敬我，何况是万乘的君主呢！君主为国事操劳，为事业竭尽心智，他会把重任交给我而要我建功效力，因此我感到惊异。”伯昏瞀人说:“你真会观察问题啊！你且安居吧，人们将会归附你了！”

时隔不久，伯昏瞀人去见列御寇，看到门外前来拜访者的鞋子已经摆满了。伯昏瞀人向北站着，用手杖拄着下巴而使皮肉皱起，站了一会儿，没有说话就走出去了。接引宾客的人把这件事告诉给列子，列子提着鞋，赤着脚跑出来，到了门口，说:“先生既然来了，为什么还不发药石之言以针砭我呢？”伯昏瞀人说：“算了吧，我本来就告诉过你，人们要来归附你，现在果然归附你了。不是你能使人归附你，而是你不能使人不归附你，你何必显出与众不同的迹象，而使人如此欢愉呢！你以表异感动他人，他人亦必以欢愉摇撼你的本性，这又没有什么益处。与你交游的人，又不能把这番道理告诉你。他们的那些细巧之言，尽是毒害人的。没有人能够觉悟，大家是多么亲昵相爱啊！有技巧的人不免辛劳，有智谋的人常要忧虑，只有悟道的圣人无所希求，吃饱了饭随处遨游，像无缚系的船一样漂浮不定，这就是内心虚静而随处遨游的啊！”

郑人缓也〔1〕，呻吟裘氏之地〔2〕。只三年而缓为儒〔3〕，河润九里，泽及三族〔4〕，使其弟墨〔5〕。儒、墨相与辩，其父助翟〔6〕，十年而缓自杀。其父梦之〔7〕，曰：“使而子为墨者〔8〕，予也〔9〕。阖胡尝视其良〔10〕？既为秋、柏之实矣〔11〕！”

夫造物者之报人也〔12〕，不报其人而报其人之天〔13〕。彼故使彼〔14〕。夫人以己为有以异于人，以贱其亲〔15〕，齐人之井饮者相捽也〔16〕。故曰今之世皆缓也。自是，有德者以不知也，而况有道者乎！古者谓之遁天之刑〔17〕。圣人安其所安〔18〕，不安其所不安〔19〕；众人安其所不安，不安其所安。

【注释】

〔1〕缓：人名。

〔2〕呻吟：吟咏。　裘氏：地名，在今河南开封附近。

〔3〕为儒：成就儒名。

〔4〕河润九里：河水浩大，润及九里。此句是下句的陪衬。　三族：指父族、母族、妻族。

〔5〕墨：学墨家的学说。

〔6〕翟：缓之弟弟的名字。

〔7〕之：代指缓。

〔8〕而：你，指父。　子：指翟。

〔9〕予：我，指缓。

〔10〕阖：何不。　良：或作“埌”，坟墓。

〔11〕秋、柏：皆为树名。秋，借作“楸”。

〔12〕夫：句首发语词，无义。　报：成就。

〔13〕天：天性。

〔14〕彼故使彼：谓翟的天性本来就是那样的，因此就使他发展成那样。意即翟能成为墨者，是造物者按照他的天性进一步造就他的结果，并不是缓的功劳。

〔15〕夫人：指缓。　贱：怨斥。

〔16〕井饮：喝泉水。　捽（zuó）：揪打。

〔17〕遁天之刑：逃避自然天理所得到的刑罚。

〔18〕所安：谓自然之理。

〔19〕所不安：谓人为。

【译文】

郑国有个名叫缓的人，在裘氏这个地方吟咏读书。只用了三年时间，缓便成就了儒名，河水浩大而润及九里，一人成儒而泽及三族，又让他的弟弟学习墨学。不久，兄弟二人就用儒、墨学说相互辩论，他的父亲帮助弟弟翟，十年后缓因辩论失败自杀了。缓给他的父亲托梦说：“让翟成为一名墨者的，是我啊。你何不去看看我的坟墓？墓上的楸、柏树已经长大能结果子了！”

造物者成就人，不是成就他的人为而是成就他的天性。翟的本性本来就是那样的，因此就使他发展成为那样。缓认为自己独能使弟弟成为墨者，从而托梦怨斥父亲，就像齐人认为自己有造泉之功，而揪打喝泉水的人一样，不知道泉水是天然形成的。所以说，现在的世人都像缓一样贪天之功而以己为是。自以为有德，但真正有德者却不知道自己有德，何况是有道的人呢！古人称这种做法是逃避自然天理所得到的刑罚。圣人安于自然之理，不安于人为自是；一般人却安于人为自是，不安于自然之理。

庄子曰："知道易[1]，勿言难。知而不言，所以之天也[2]；知而言之，所以之人也[3]。古之人，天而不人。"

朱泙漫学屠龙于支离益[4]，单千金之家[5]，三年技成而无所用其巧。

圣人以必不必，故无兵[6]；众人以不必必之，故多兵。顺于兵，故行有求[7]。兵，恃之则亡[8]。

小夫之知[9]，不离苞苴、竿牍[10]，敝精神乎蹇浅[11]，而欲兼济道物，太一形虚[12]。若是者，迷惑于宇宙，形累不知太初[13]。彼至人者，归精神乎无始[14]，而甘冥乎无何有之乡[15]。水流乎无形，发泄乎太清[16]。悲哉乎，汝为知在毫毛而不知大宁[17]！

【注释】

〔1〕知：了解。

〔2〕之天：合乎自然无为的天道。

〔3〕之人：合乎有为的人道。

〔4〕朱泙（pēng）漫：姓朱泙，名漫。　屠龙：谓屠龙之术。　支离益：姓支离，名益。

〔5〕单：通"殚"，尽。

〔6〕以必不必：把必然可行的事，视作不必去做的事。　无兵：不起交争。兵，争。

〔7〕顺：顺从。　行：行为。　求：贪求。

〔8〕恃：依恃。

〔9〕小夫：指匹夫。或谓狭小之人。　知：通"智"。

〔10〕苞苴（bāo jū）：草类，古人常用来包物，这里指相馈赠的礼物。　竿牍：竹简，古代书籍，这里指以书中疑难问题请教别人。

〔11〕敝：耗费。　蹇浅：指短浅琐碎的事。蹇，跛，引申为短。

〔12〕太一：谓提摄调和。　形虚：指有形之物与虚无之道。

〔13〕形累：形躯为苞苴、竿牍等有形之物所累。　太初：指未有天地之前的混芒境界。

〔14〕无始：即太初。

〔15〕甘冥：谓安寝。冥，通“瞑”，睡。

〔16〕水流乎无形，发泄乎太清：比喻至人的精神四达并流，不拘形迹，又皎洁无尘，渊源有自。太清，指虚静玄深的大道。

〔17〕汝：指上文的“小夫”。 为知：用心。知，通“智”。 毫毛：指卑陋细碎之事。 大宁：极端宁静的境界。

【译文】

庄子说：“了解道是容易的，了解道而不说出来是困难的。了解道而不讲说，就是合乎自然无为的天道；了解道而说出来，就是合乎有为的人道。古时候的至人，能够合于天道而不是人道。”

朱泙漫向支离益学习屠宰龙的技术，用尽了千金的家产，花了三年的时间，技术学成了却无处使用这种技巧。

圣人把必然可行的事视为不必去做的事，所以不起交争；一般人把必不可行的事视为必须去做的事，所以常有纷争。顺从交争之心，那就必有贪求的行为。依靠交争之心，就必然自取灭亡。

平常人的心智，离不开以礼物相馈赠，以竹简相问讯，把精神耗费到短浅琐碎的小事上，却想着兼通大道和万物，调和有形之物与虚无之道。像这样的人，会为宇宙间的有形之物所迷惑，形体劳累而不知道未有天地之前的混芒境界。那种至圣之人，把精神归属于未有天地之前的混芒境界，而安处于虚寂无有的地方。水四处并流而不拘形迹，出于自然而随时变化。可悲啊！你只用心于琐碎小事，却不知道那种极端宁静的境界。

宋人有曹商者〔1〕，为宋王使秦〔2〕。其往也，得车数乘。王说之，益车百乘〔3〕。反于宋〔4〕，见庄子曰：“夫处穷闾阨巷〔5〕，困窘织屦，槁项黄馘者〔6〕，商之所短也〔7〕；一悟万乘之主而从车百乘者〔8〕，商之所长也。”

庄子曰：“秦王有病召医，破痈溃痤者得车一乘〔9〕，舐痔者得车五乘，所治愈下〔10〕，得车愈多。子岂治其痔邪，何得车之多也？子行矣！”

【注释】

〔1〕曹商：姓曹，名商，宋国人。

〔2〕宋王：指宋偃王。　使：出使。

〔3〕王：指秦王。　说：通“悦”。　益：增加。

〔4〕反：通“返”，返回。

〔5〕夫：句首发语词，无义。　穷闾：偏僻的里巷。　阨：通“隘”，狭窄。

〔6〕困窘：贫困。　屦：草鞋。　槁项：干枯的脖子。　黄馘（xù）：脸面黄瘦。馘，脸。

〔7〕短：短处。

〔8〕悟：使省悟。　从车百乘：使百乘车随从自己。

〔9〕破：使之破。　痈（yōng）：脓疮。　痤（cuó）：一种毒疮。

〔10〕下：卑下。

【译文】

宋国有个名叫曹商的人，为宋偃王出使秦国。他去的时候，宋王赏给他几辆车子。到秦国以后，秦王很喜欢他，又加赏给他一百辆车子。返回宋国，见到庄子说：“住在偏僻狭窄的里巷，生活贫困，要靠织鞋糊口，饿得脸面黄瘦，这是我的短处；一旦使秦王醒悟，使随从的车子有一百辆之多，这是我的长处。”

庄子说：“秦王有病召请医生，能破除脓疮的可得到一辆车子，能舔痔疮的可得到五辆车子，所医治的越卑下，得到的车子也就越多。你难道是为秦王舔痔疮了吗？不然为什么得到这么多的车子呢？你走吧！”

鲁哀公问乎颜阖曰〔1〕：“吾以仲尼为贞干〔2〕，国其有瘳乎〔3〕？”

曰：“殆哉圾乎〔4〕！仲尼方且饰羽而画〔5〕，从事华辞，以支为旨〔6〕，忍性以视民而不知不信〔7〕，受乎心，宰乎神，夫何足以上民[8]！彼宜女与[9]？予颐与[10]？误而可矣。今使民离实学伪，非所以视民也[11]。为后世虑，不若休之[12]。难治也。施于人而不忘，非天布也，商贾不齿[13]。虽以事齿之[14]，神者弗齿。为外刑者，金与木也[15]；为内刑者，动与过也[16]。宵人之离外刑者[17]，金木讯之[18]；离内刑者，阴阳食之[19]。夫免乎外内之刑者，唯真人能之。”

【注释】

〔1〕颜阖：姓颜，名阖，鲁国贤人。

〔2〕贞干：筑墙时两头和两侧所用的木柱和木板，这里指国家重臣。贞，通“桢”，筑墙时用于两端。干，筑墙时用于两侧。

〔3〕瘳（chōu）：病愈。

〔4〕殆：危险。 圾：通“岌”，危险。

〔5〕方且：方将。 饰羽而画：先修饰羽毛，再画上画。比喻孔子务求华伪，而失其本真。羽，羽毛。

〔6〕华辞：华丽的言辞。 支：支辞，比喻荒谬之言。 旨：正旨，比喻真理。

〔7〕忍性：矫饰情性。 视民：炫示于人民。视：通“示”。

〔8〕宰：主宰。 上民：成为人民的统治者。

〔9〕彼：指仲尼。 女：通“汝”，指鲁哀公。

〔10〕颐：养。

〔11〕视：通“示”，教示。

〔12〕休之：不举用他。

〔13〕天布：天然的布施。 不齿：鄙视。

〔14〕齿：提及。

〔15〕刑：刑罚。 金：指刀锯斧钺之类。 木：指棰楚桎梏之类。

〔16〕动：谓深心计较。 过：谓忧愁后悔。

〔17〕宵人：小人。 离：通“罹”，遭受。

〔18〕讯：审问。

〔19〕食：残食。

【译文】

鲁哀公问颜阖说："我如果让仲尼做国家重臣，国家可以治吗？"

颜阖说："危险啊！仲尼正要修饰羽毛再画上画，使用华而不实的言辞，把荒谬之言当作正旨，矫饰自然情性用来炫示于人民，而不知自己没有信实的品行，他不依自然天道，而以自己的心神为主宰，怎么能够成为人民的统治者呢！他果真适宜于你吗？让他养育人民吗？如果是出于误用，也就无话可说了。现在让人民抛弃朴实而学习虚伪，这是不可以教示人民的。为后世百代考虑，不如不举用他。他不足以治理好国家。布施政教而不忘其功，这不是天然的布施，连做买卖的商人都鄙夷这种行为。虽然有时因事偶尔提及他，但心底里却鄙视他。用来惩罚外形的，是金属刑具和木制刑具；用来惩罚内心的，是深心计较和忧愁后悔。小人遭受外形惩罚时，是用金属和木制刑具加以审问；遭受内心惩罚时，是受到凝结于内心的阴阳二气的逐渐伤害。能够免除外形和内心惩罚的，只有真人才能做到。"

孔子曰："凡人心险于山川〔1〕，难于知天。天犹有春秋冬夏旦暮之期，人者厚貌深情〔2〕。故有貌愿而益〔3〕，有长若不肖〔4〕，有顺懁而达〔5〕，有坚而缦〔6〕，有缓而釬〔7〕。故其就义若渴者〔8〕，其去义若热〔9〕。故君子远使之而观其忠，近使之而观其敬，烦使之而观其能，卒然问焉而观其知〔10〕，急与之期而观其信，委之以财而观其仁，告之以危而观其节，醉之以酒而观其侧〔11〕，杂之以处而观其色。九征至，不肖人得矣〔12〕。"

【注释】

〔1〕险：险恶。

〔2〕厚貌：外貌淳厚，说明善于伪装。　深情：情感藏得很深，说明隐藏的情感难以窥测。

〔3〕愿：谨慎老实。　益：通"溢"，骄溢自满。

〔4〕不肖：不似。
〔5〕慢（xuān）：急。　达：通达。
〔6〕坚：坚强。　缦：软弱，绵弱。
〔7〕缓：舒缓。　釬（hàn）：通“悍”，躁急。
〔8〕就义：追求仁义。
〔9〕去：抛弃。
〔10〕烦：烦难。　卒：通“猝”，突然。　知：通“智”。
〔11〕节：节操，操守。　侧：当为“则”字之误。则，仪则。
〔12〕征：检验。　不肖：谓内外不符，表里不一。

【译文】

孔子说：“人心比山川还要险恶，要了解它比了解天理还要难。自然界还有春夏秋冬和早晚时间的限定，人却外貌淳厚，情感藏得很深。所以有的人貌似谨厚而内心骄溢，有的人貌似长者而内心却不像，有的人貌似急狂而内心通达事理，有的人貌似坚刚而内心绵弱，有的人貌似舒缓而内心悍急。所以有的人追求仁义仿佛口渴思水般迫切，他抛弃仁义也像逃避火烧般急速。所以君子待人，就要让他到远处做事来观察他是否忠诚，让他到近处做事来观察他是否恭敬，给他烦杂的任务来观察他的才能，突然向他提出问题来观察他的智慧，给他一个紧急的期约来观察他的信用，把钱财委托给他来观察他的仁德，告诉他处境危险来观察他的操守，使他喝醉酒来观察他的仪则，让他混杂相处来观察他的色态。做到这九种征验，那些内外不符的人就可以被发觉了。”

正考父一命而伛〔1〕，再命而偻〔2〕，三命而俯，循墙而走〔3〕，孰敢不轨〔4〕！如而夫者〔5〕，一命而吕钜〔6〕，再命而于车上儛〔7〕，三命而名诸父〔8〕，孰协唐、许〔9〕！

【注释】

〔1〕正考父：孔子七世祖，宋国的上卿，曾连事戴、武、宣三公。一命：指任命为士。　伛（yǔ）：曲背，表示恭敬。

〔2〕再命：指任命为大夫。　偻：弯腰，表示更加恭敬。

〔3〕三命：指任命为卿。　俯：身体伏近地面，表示极度恭敬。　循墙而走：顺着墙根走，极言其谦谨。

〔4〕孰：谁。　轨：法。

〔5〕而夫：凡夫。或谓鄙夫。

〔6〕吕钜：自高自大的样子。钜，大。

〔7〕儛：通“舞”。

〔8〕名：直呼其名。　诸父：伯父、叔父。

〔9〕协：比，同。　唐：唐尧。　许：许由。

【译文】

正考父第一次被任命为士的时候，谦虚地曲着背；第二次被任命为大夫的时候，恭敬地弯下腰；第三次被任命为卿时，身体伏近了地面，顺着墙根行走。像他这样的谦恭，谁还敢不遵守法度呢！假如一般的俗人，第一次被任命为士的时候，就会自高自大；第二次被任命为大夫的时候，就会在车上忘形地舞蹈；第三次被任命为卿时，就会直呼伯父和叔父的名字。像这些俗人，谁能比得上唐尧、许由呢！

贼莫大乎德有心而心有睫〔1〕，及其有睫也而内视〔2〕，内视而败矣。凶德有五〔3〕，中德为首〔4〕。何谓中德？中德也者，有以自好也而吡其所不为者也〔5〕。

穷有八极〔6〕，达有三必〔7〕，形有六府〔8〕。美、髯、长、大、壮、丽、勇、敢，八者俱过人也，因以是穷〔9〕。缘循、偃佒〔10〕、困畏不若人〔11〕，三者俱通达。知、慧外通〔12〕，勇、动多怨〔13〕，仁、义多责〔14〕。达生之情者傀〔15〕，达于知者肖〔16〕；达大命者随〔17〕，达小命者遭〔18〕。

【注释】

〔1〕贼：害。　睫：当为“眼”字之误。下“睫”字同。

〔2〕内视：谓以有眼之心思虑。

〔3〕凶德：谓耳、目、鼻、口、心五者之欲。

〔4〕中德：指心。

〔5〕吡（pǐ）：非议。

〔6〕穷：困厄。　八极：指美、髯、长、大、壮、丽、勇、敢八端。

〔7〕达：通达、顺利。　三必：指缘循、偃佒、困畏三者。

〔8〕形：通“刑”，危害。　六府：指智、慧、勇、动、仁、义六者。

〔9〕因以是穷：谓八者过人，必然自恃骄溢，因而招致困厄。

〔10〕缘循：一切循顺自然。　偃佒（yǎng）：谓俯仰随人而不得罪于人。佒，同“仰”。

〔11〕困畏：困于畏歉，怯懦。　若：比。

〔12〕知：通“智”。　外通：通于外物。

〔13〕怨：招致怨恨。

〔14〕“仁、义多责”句：后面当补“六者所以相刑也”句，文意乃全。刑，危害。责，招致责难。

〔15〕傀（guī）：广大。

〔16〕肖：小。

〔17〕大命：指万事万物的命数。　随：谓随顺自然的运化。

〔18〕小命：指部分事物的命数。　遭：谓安于自己的遭遇。

【译文】

最有害的莫过于有心为德，而心上长有眼睛，用有眼之心去思虑，就会败坏真性。凶德有耳、目、鼻、口、心五者，而内心私欲是最主要的。什么是内心私欲呢？所谓内心私欲，就是自以为是，而非议自己所不喜欢的。

困厄由八端所致，通达由三者所致，有六者是危害聚集之所。美貌、多髯、身长、高大、强壮、艳丽、勇猛、果敢，这八个方面都超过别人，就要因此招致困厄。循顺自然、俯仰随人、怯懦而不如别人，具备这三者的人必然通达。智能通于外物会伤身，勇猛妄动会多招怨恨，实行仁义会多受责难，这六者便是危害产生之源。通达生命之情的人心胸广大，通达智能的人心地渺小；通达万事万物命数的人随顺自然的运化，通达部分事物命数的人安于自己的遭遇。

人有见宋王者[1]，锡车十乘[2]，以其十乘骄稚庄子[3]。庄子曰："河上有家贫，恃纬萧而食者[4]，其子没于渊[5]，得千金之珠。其父谓其子曰：'取石来锻之[6]！夫千金之珠，必在九重之渊而骊龙颔下[7]。子能得珠者，必遭其睡也[8]。使骊龙而寤，子尚奚微之有哉[9]！'今宋国之深，非直九重之渊也[10]；宋王之猛，非直骊龙也。子能得车者，必遭其睡也。使宋王而寤，子为齑粉夫[11]！"

【注释】

〔1〕宋王：宋襄王。

〔2〕锡：通"赐"。

〔3〕稚：骄。

〔4〕恃：依靠。　纬：编织。　萧：芦苇。

〔5〕没：潜。

〔6〕锻：锤烂。

〔7〕夫：句首发语词，无义。　九重：形容极深。　骊龙：黑龙。颔（hàn）：下巴。

〔8〕遭：逢。

〔9〕寤：睡醒。　奚：何。　微：一点点残馀。

〔10〕直：特，只是。

〔11〕齑（jī）粉：切成细末的菜，比喻粉身碎骨。

【译文】

有个人去拜见宋王，宋王赏赐给他十辆车子，他便用这十辆车子向庄子夸耀。庄子说："河边有个家境贫困而靠编织芦苇来糊口的人，他的儿子潜入深渊，得到一颗价值千金的珍珠。父亲对他的儿子说：'拿石头来把它锤烂！价值千金的珍珠，一定在九重深渊中的黑龙的下巴下面。你能得到这颗珍珠，必定是碰到黑龙睡觉的时候了。假使黑龙醒来，你就要被残食无馀了！'现在宋国形势的险深，不止于九重的深渊；宋王的凶猛，不止于黑龙。你能得到车子，必定是碰到宋王头脑不清醒的时候了。假使宋王头脑清醒过来，你就要粉身碎骨了！”

或聘于庄子〔1〕，庄子应其使曰："子见夫牺牛乎〔2〕？衣以文绣，食以刍叔〔3〕，及其牵而入于大庙〔4〕，虽欲为孤犊，其可得乎！”

【注释】

〔1〕或：有人。　聘：征聘。

〔2〕夫：彼，那。　牺牛：用来祭祀的牛。

〔3〕衣以文绣：给它披着带花纹的织绣。　食：喂。　刍：细草。叔：通“菽”，大豆。

〔4〕大庙：太庙，帝王的祖庙。

【译文】

有人去征聘庄子做官，庄子回答使者说：“你见过用来祭祀的牛吗？披着刺有花纹的织绣，喂着细草和大豆，等到把它牵入太庙的时候，即便还想做一只没有母亲的小牛，又怎能办到呢！”

庄子将死，弟子欲厚葬之。庄子曰："吾以天地为棺椁，以日月为连璧〔1〕，星辰为珠玑，万物为齎送〔2〕。吾葬具岂不备邪〔3〕！何以加此〔4〕！”弟子曰："吾恐乌鸢之食夫子也。”庄子曰："在上为乌鸢食，在下为蝼蚁食，夺彼与此〔5〕，何其偏也〔6〕！”

以不平平，其平也不平；以不征征〔7〕，其征也不征。明者唯为之使〔8〕，神者征之〔9〕。夫明之不胜神也久矣，而愚者恃其所见，入于人〔10〕，其功外也，不亦悲乎！

【注释】

〔1〕椁：棺材外的套棺。　连璧：两块并连起来的玉璧。

〔2〕珠玑（jī）：珍珠。圆的叫珠，不圆的叫玑。　齎（zī）送：持物以送葬，这里指送葬品。

〔3〕备：齐备。

〔4〕加：好于，超过。

〔5〕彼：指乌鸢。　与此：给予蝼蚁。

〔6〕偏：偏心。

〔7〕征：征验。

〔8〕明者：自以为明达的人。

〔9〕神者：指自然天性。

〔10〕恃其所见：依凭私见。　入于人：溺于人事。

【译文】

庄子快要死的时候，弟子们打算为他厚葬。庄子说："我把天地当作棺椁，把日月当作双璧，把星辰当作珍珠，把万物当作送葬品。我的丧葬用品难道还不齐备吗？还有什么比这更好的呢！"弟子们说："我们恐怕乌鸦和老鹰会吃掉先生的遗体。"庄子说："遗体放在地上要被乌鸦和老鹰吃掉，埋在地下要被蝼蛄和蚂蚁吃掉，你们把我从那边夺过来交给这边，为什么这样偏心呢！"

用偏心夺彼与此以示公平，其实这种公平才是不公平；用不足以能够征验的东西来征验，结果其征验还是没有征验。自以为明达的人只能为外物所役使，唯任自然天性的人无往而不应验。自以为明达不如唯任自然天性，这是本来如此的，然而愚昧的人却依凭私见，溺于人事，他的功劳都炫耀于外，不是太可悲了吗！

【评析】

《庄子》内篇多以义名篇，外、杂篇多以人、以物、以事名篇。本篇即以人名为篇名，列御寇即列子。关于《列子》与《庄子》的成书先后、作者以及文章真伪，历来众说纷纭。两书中有不少篇章重复或相似，例如本篇首段"列御寇之齐"以及《寓言》篇末段"阳子居南之沛"，也都出现在《列子·黄帝》中，文辞相差无几，难辨孰先孰后。在《列子》中，这两段相为联属，因此有人指出苏轼认为本篇与《寓言》篇本为一篇的观点，实际是受《列子》的启发。宋末褚伯秀以“南华乐道前贤之善举”及“列文甚略，庄子特详”为由，推断《列子》在前而《庄子》在后，并赞许庄文较之列文“时见出蓝之青，精彩倍越”，谓两者相辅相成，“庄子得列文而愈富，列文赖庄子而愈彰”（见《南华真经义海纂微》）。可备一说。

与此同时，历代学者对《列御寇》一文的优劣高下亦颇多争议。明陈深称其“微言尽露，殆启千金之关键，发其秘宝”，并进而推论《庄子》三十三篇成文愈晚，所思愈细，“即令柱下并生，难以傲视矣”（见《庄子品节》）。嘉许颇深。刘凤苞却以为此篇：“虽多精要之语，亦只是碎玉零金，与全部精神血脉不相贯注。若非《天下》一篇作为后劲，则筋脉懈弛，实不足以归结一部《南华》。”（《南华雪心编》）将它看作《庄子》中“有句无篇”的一段“杂著”。值得注意的是，本篇人物对话间夹杂着一定的细节描写以及具有情节转折的语句，虽然不如《盗跖》篇那样具备错综复杂的人际关系以及充满传奇色彩的人物刻画与情节起伏，但随着先秦文学的逐步发展，也隐约显现出后世“小说”的雏形。

《庄子》中的列子形象常常与大道咫尺天涯。内篇《逍遥游》中就曾有一段“列子御风而行”的文字：列子虽然远离俗世功名，可以清虚飘渺地自在飞游，却仍然离不开所御之风，有所凭借而未达善境。庄子以此阐明“无所待”才能“游于无穷”。《应帝王》篇列子学道多年，却“既其文未既其实”，轻易就被神巫迷惑，经过壶子的又一番教导，才重新开始学道。本篇则秉承全书一贯作风，开章即以列御寇为主角，却是虚写，再引出一位冷眼旁观的伯昏瞀人，才见得真意。“巧者劳而知者忧”，贤能之士，难免扬才露己，即使列子为人谦逊，也无法掩饰自己的才德高于他人。此刻门前造访者纷至沓来，身旁众人似乎狎昵交游，亲善友好，但他们的附和之语就像酒精一样，初时令人沉醉不已，慢慢就会深入五脏六腑，长此以往终将使人中毒而不自晓。若不是列子略有所悟，仍知叩问伯昏瞀人药石之言，恐怕总有一天要在一己之见的回音里迷失本性。悟道的圣人取消所有的对立差别，不盲从他人，不固执己见，“饱食而遨游，汎若不系之舟，虚而遨游”，同样也是为了点明只有“无所求”才能得到真正的心灵安宁。

天　下

【题解】

本篇可谓是中国最早的学术史论文，对先秦时期几个主要学派都进行了简要的介绍并进行了批评。本文持一种学术退化观，认为学问可分为道术和方术两种，道术是古代天人、神人、至人、圣人对大道进行全面体认的学问，它包涵了宇宙间的一切真理，而方术则是道术之一端，是后世百家曲士仅执一察之见以评判天地、究析万物的结果。接着，作者对“天下之治方术者”作了学派的分类，并对各派学说的历史起源和自身价值进行了评论。但本文并未像孟子辟杨墨那样一味痛斥，而是客观地分析，有褒有贬，极为难得。本篇作为中国学术史论著的开山之作，对后世的影响是积极的，如司马谈《论六家要指》、刘歆《七略》都对其有所继承。

天下之治方术者多矣〔1〕，皆以其有为不可加矣〔2〕。古之所谓道术者，果恶乎在〔3〕？曰：“无乎不在。”曰：“神何由降〔4〕？明何由出〔5〕？”“圣有所生，王有所成，皆原于一〔6〕。”

不离于宗〔7〕，谓之天人；不离于精〔8〕，谓之神人；不离于真〔9〕，谓之至人。以天为宗，以德为本，以道为门，兆于变化〔10〕，谓之圣人；以仁为恩，以义为理，以礼为行，以乐为和，薰然慈仁〔11〕，谓之君子；以法为分，以名为表〔12〕，以参为验〔13〕，以稽为决〔14〕，其数一二三四是也，百官以此相齿〔15〕；以事为常〔16〕，以衣食为主，蕃息畜藏[17]，老弱孤寡为意，皆有以养，民之理也。

古之人其备乎[18]！配神明，醇天地[19]，育万物，和天下，泽及百姓，明于本数[20]，系于末度[21]，六通四辟[22]，小大精粗，其运无乎不在。其明而在数度者[23]，旧法、世传之史尚多有之；其在于《诗》《书》《礼》《乐》者，邹鲁之士，搢绅先生多能明之。《诗》以道志[24]，《书》以道事，《礼》以道行，《乐》以道和，《易》以道阴阳，《春秋》以道名分。其数散于天下而设于中国者[25]，百家之学时或称而道之。

天下大乱，贤圣不明，道德不一，天下多得一察焉以自好[26]。譬如耳目鼻口，皆有所明，不能相通。犹百家众技也，皆有所长，时有所用。虽然，不该不遍[27]，一曲之士也[28]。判天地之美[29]，析万物之理[30]，察古人之全[31]，寡能备于天地之美，称神明之容[32]。是故内圣外王之道，闇而不明[33]，郁而不发[34]，天下之人各为其所欲焉以自为方[35]。悲夫，百家往而不反，必不合矣[36]！后世之学者，不幸不见天地之纯[37]，古人之大体[38]，道术将为天下裂。

【注释】

〔1〕治：研究。　方术：囿于一方之术。

〔2〕其有：即自己所治的一曲之学。　不可加：谓登峰造极，不可增益了。

〔3〕道术：指超然百家之上，能够反映大道全貌的学问。　恶（wū）：何。

〔4〕神：神圣。

〔5〕明：明王。

〔6〕一：指生成宇宙万物的大道。

〔7〕宗：道之宗本。

〔8〕精：道之精微。

〔9〕真：道之真实。

〔10〕门：出入之门径。　兆于变化：谓能预知机兆，随物变化。兆，征兆。

〔11〕薰然：温和的样子。

〔12〕表：表率。

〔13〕参：比较。

〔14〕稽：考稽，考察。　决：决断。

〔15〕齿：序列。

〔16〕事：谓耕作之事。

〔17〕蕃息：谓繁殖鸡、狗等牲畜。　畜藏：谓充实仓、廪、府、库之积。畜，通“蓄”。

〔18〕备：无不兼备。

〔19〕醇：通“准”，依照，取法。

〔20〕本数：大道的根本。

〔21〕末度：礼法度数。

〔22〕辟：透彻。

〔23〕数度：礼乐法度。

〔24〕道：表达，讲述。

〔25〕数：谓道术之数。　设：设置，施行。

〔26〕多：当为“各”字之误。　一察：一孔之见。

〔27〕该：通“赅”，兼备，详备。　遍：周遍。

〔28〕一曲：偏于一隅，比喻一孔之见。

〔29〕判：分裂。

〔30〕析：离析。

〔31〕察：通“杀”，离散。

〔32〕寡：少。　称：配。　神明之容：大道包容之象。

〔33〕内圣外王：谓得道者，内足以滋身养性成为圣人；若不得已出而经世，也足以成为明王。得道者以适己为本，故曰内；以治世为末，故曰外。　闇：通“暗”。

〔34〕郁：闭结。　发：发扬。

〔35〕方：方术。

〔36〕反：通“返”，返回。　不合：谓不能与古代的道术相合。
〔37〕纯：纯真之美。
〔38〕大体：全貌。

【译文】

天下研究方术的人很多，都认为自己所治的学问已达到了登峰造极，无以复加的地步了。古代以来所说的道术，究竟在哪里呢？回答说：“无处不在。”再问：“那么神圣缘何降生？明王为何出现？”回答说：“神圣之所以降生，明王之所以出现，都根源于大道。”

不脱离道之宗本的人，称为天人；不脱离道之精微的人，称为神人；不脱离道之真实的人，称为至人。以自然为宗主，以道德为根本，以大道为出入的门径，能预知机兆而随物变化的人，称为圣人；用仁爱做恩泽，用正义调理事物，用礼文节制行动，用音乐调和性情，表现温和仁慈的人，称为君子；用法度来判别，用名号为表率，用比较来验证，用考稽来决断，如同数一二三四那样条理分明，百官依照这些来序列职位；以耕作为常务，以衣食为首位，繁殖牲畜，充实仓廪，把老弱孤寡放在心上，使他们都能得到抚养，这就是人民生存的道理。

古代圣人的道德无不兼备！与自然化为一体，取法天地，哺育万物，调和天下，恩泽施布百姓，明白大道的根本和礼法度数，东西南北上下无所不通，大小粗细的道术运行无所不在。那些古代道术表现于礼法度数方面的，在世代流传的法规和史书上还保存着很多；存在于《诗》《书》《礼》《乐》中的，邹鲁之地的学者和官吏大多能够明晓。《诗》表达了情志，《书》表达了政事，《礼》表达了行为规范，《乐》表达了情性的调和，《易》表达了阴阳的变化，《春秋》表达了不同的名分。古代道术散布于天下并在国内实行，各家的学者常常在称扬和讲述。

天下大乱，贤能与圣明的标准不明确，道德不能统一，天下的人得到一孔之见就自夸自耀。譬如耳朵、眼睛、鼻子、嘴巴，都有各自的用处，却不能相互通用。犹如百家的各种技艺，各有专长，适时方有所用。虽然如此，却不能兼备，不能周遍，只是偏执于一孔之见的曲士。他们割裂了天地的纯美，离析了万物的常理，离散了古人的完美道德，很少能具备天地的纯美，不配称大道包容之象。因此得道者，内足以滋身养性而成为圣人，出而经世也足以成为明王，暗淡而不显现，闭结而不发扬，天下的人各做其所好而自为方术。可悲啊，百家学派走入极端而不知返回正道，必定不能与古代的道术相合了！后世的学者，不幸看不到天地的纯美、古人的道德全貌，道术将被天下人割裂。

不侈于后世，不靡于万物〔1〕，不晖于数度〔2〕，以绳墨自矫，而备世之急〔3〕。古之道术有在于是者，墨翟、禽滑釐闻其风而说之〔4〕。为之大过〔5〕，已之大循〔6〕。作为非乐，命之曰节用，生不歌，死无服。墨子氾爱兼利而非斗〔7〕，其道不怒。又好学而博，不异，不与先王同，毁古之礼乐。黄帝有《咸池》，尧有《大章》〔8〕，舜有《大韶》，禹有《大夏》〔9〕，汤有《大濩》，文王有《辟雍》之乐〔10〕，武王、周公作《武》〔11〕。古之丧礼，贵贱有仪〔12〕，上下有等，天子棺椁七重〔13〕，诸侯五重，大夫三重，士再重〔14〕。今墨子独生不歌，死不服，桐棺三寸而无椁，以为法式〔15〕。以此教人，恐不爱人；以此自行，固不爱己。未败墨子道〔16〕，虽然，歌而非歌，哭而非哭，乐而非乐，是果类乎？其生也勤，其死也薄〔17〕，其道大觳〔18〕；使人忧，使人悲，其行难为也〔19〕，恐其不可以为圣人之道，反天下之心，天下不堪〔20〕。墨子虽独能任〔21〕，奈天下何！离于天下，其去王也远矣〔22〕！

墨子称道曰："昔禹之湮洪水〔23〕，决江河而通四夷九州也〔24〕，名山三百〔25〕，支川三千，小者无数。禹亲自操橐耜而九杂天下之川〔26〕。腓无胈〔27〕，胫无毛，沐甚雨[28]，栉疾风[29]，置万国[30]。禹大圣也，而形劳天下也如此。”使后世之墨者，多以裘褐为衣[31]，以跂蹻为服[32]，日夜不休，以自苦为极[33]，曰：“不能如此，非禹之道也，不足谓墨。”

相里勤之弟子[34]，五侯之徒[35]，南方之墨者苦获、已齿[36]、邓陵子之属[37]，俱诵《墨经》，而倍谲不同[38]，相谓别墨；以坚白同异之辩相訾[39]，以觭偶不仵之辞相应[40]，以巨子为圣人[41]，皆愿为之尸，冀得为其后世[42]，至今不决。

墨翟、禽滑釐之意则是，其行则非也。将使后世之墨者，必自苦以腓无胈、胫无毛相进而已矣[43]。乱之上也，治之下也。虽然，墨子真天下之好也，将求之不得也，虽枯槁不舍也，才士也夫[44]！

【注释】

〔1〕侈：奢侈。　靡：浪费。

〔2〕晖：炫耀。

〔3〕绳墨：木工度直之线，比喻俭约的原则。　自矫：自我矫厉，自我匡正。　备：防备。

〔4〕墨翟：姓墨名翟，宋国人，墨家创始人。　禽滑釐：墨子的弟子。　说：通“悦”，喜悦。

〔5〕大：通“太”。

〔6〕已：抑遏。　循：甚，过分。

〔7〕氾：通“泛”。　非：以之为非，反对。

〔8〕咸池：周代“六舞”之一，相传为黄帝所作，唐尧增修。　大章：唐尧乐名。

〔9〕大韶：虞舜乐名，简称《韶》。　大夏：相传为夏禹时代乐舞。

〔10〕大濩（huò）：又称《韶濩》或《濩》，相传为商代纪念商汤伐桀功勋的乐舞。　辟雍：即《诗经·大雅·灵台》“于论鼓钟，于乐《辟

雍》”之“《辟雍》”，为周文王时乐名。

〔11〕武：周代“六舞”之一，亦称《大武》。

〔12〕仪：准则，法度。

〔13〕椁（guǒ）：棺外的套棺。　重：层。

〔14〕再：两。

〔15〕法式：法度，制度。

〔16〕败：攻伐，抨击。

〔17〕勤：劳苦。　薄：薄葬。

〔18〕觳（què）：刻薄。

〔19〕难为：难于去做。

〔20〕反：违背。　不堪：谓不堪忍受墨子之道。

〔21〕任：实行，做到。

〔22〕去：离开。　王：王道。

〔23〕昔：从前。　湮：堵塞。

〔24〕决：开通，疏导。　四夷：指四方边远地区。

〔25〕山：当为“川”字之误。

〔26〕操：执，持。　橐（tuó）：盛土器。　耜（sì）：挖土工具。九杂：汇聚。

〔27〕腓（féi）：小腿肚。　胈（bá）：白肉。

〔28〕甚雨：淫雨。

〔29〕栉（zhì）：梳理。

〔30〕置：安置。

〔31〕裘褐：粗衣。

〔32〕跂（jī）：通“屐”，木制的鞋子。　蹻（jué）：通“屩”，麻制的鞋子。

〔33〕极：最高准则。

〔34〕相里勤：墨派后学，姓相里，名勤。

〔35〕五侯：又一墨派后学，姓五，名侯。　徒：辈，类。

〔36〕苦获、已齿：两位学墨者。

〔37〕邓陵子：即邓陵氏。

〔38〕倍谲（jué）：谓解释不同，相互背异。

〔39〕訾（zǐ）：诋毁。

〔40〕觭（jī）：通“奇”，单数。　仵（wǔ）：合。　应：对答。

〔41〕巨子：墨子各派的首领。

〔42〕尸：主。　冀：希望。

〔43〕相进：相竞。

〔44〕不舍：不止。　才士：才美而未得道者之称。

【译文】

不以奢侈教示后代，不浪费万物，不炫耀礼文法度，用俭约自我匡正，来防备世人的急难。古代的道术有这方面的内容，墨翟、禽滑釐听到这种风教就喜而从之。墨家做得太过分，对人的自然欲望节制得也太过分。提倡非乐，让人们节用，活着不歌唱奏乐，死了也不用衣冠厚葬。墨子主张兼爱、互利，反对战争，他的学说是不诉诸怨怒的。他又喜欢博学多闻，提倡尚同，与先王的礼法不同，主张毁弃古代的礼乐制度。黄帝有《咸池》乐舞，尧有《大章》乐舞，舜有《大韶》乐舞，禹有《大夏》乐舞，汤有《大濩》乐舞，文王有《辟雍》乐舞，武王、周公创作了《武》乐舞。古代的丧礼，贵贱有不同的礼仪，上下有等级的差别，天子的棺椁有七层，诸侯的有五层，大夫的有三层，士的有两层。现在墨子独自主张活着不歌唱奏乐，死了也不用衣冠厚葬，只用三寸厚的桐棺而且没有外椁，把这些作为通行天下的法式。用这些来教示人，恐怕不能算是爱人；将这些由自己实行，实在是不爱护自己。这些评论并不是有意抨击墨子的学说，即使这样，想歌唱时却反对歌唱，想哭泣时却反对哭泣，想奏乐时却反对奏乐，这样做果真合乎人情吗？活着要勤劳，死了要薄葬，他的学说太刻薄了；使人忧虑，让人悲伤，实行起来是很难做到的。恐怕他的学说不能成为圣人之道，违背了天下人的心愿，人们不堪忍受。墨子虽然能独自实行其学说，但他能把天下人怎么样呢？背离天下人的思想感情，离开王道也就很远了！

墨子称道说：“从前禹堵塞洪水，疏导长江、黄河而沟通了四夷九州，著名的大河有三百条，支流有三千条，小河沟不计其数。禹亲自操着盛土和挖土的工具汇聚了天下的河流。累得他腿肚子没有肉，小腿上汗毛磨尽，淫雨冲洗着身体，狂风梳理着头发，终于安置了万国。禹是个大圣人，却为了天下之人使形体劳累到这般地步。”他让后世的墨者多用粗布做衣服，脚穿木屐和麻鞋，日夜劳作不停，把使自己辛劳刻苦当作最高准则，说：“不能这样做，就不符合禹的道，就称不上墨者。”

相里勤的弟子，五侯的门徒，南方的墨者如苦获、已齿、邓陵子一派，都诵读《墨经》，但是解释不同，相互指责对方不是正统的墨家；他们用坚白同异之类的辩论相互诋毁，用奇偶不合的言辞来互相应答，把本派的巨子当作圣人，都愿意尊奉他为首领，希望他能把正统墨学传给后世，至今仍争论不休。

墨翟、禽滑釐的用意是好的，可是他们的做法太苛刻了。这将使后世的墨者一定要让自己劳苦，累得腿肚子没有肉、小腿上汗毛磨尽，以此来相互竞争罢了。这是乱天下之罪多，治天下之功少。虽然如此，墨子却真是天下的美士，在世上是不可多得的，即使累得形容枯槁也不放弃自己的主张，真是个有才能的人啊！

不累于俗，不饰于物〔1〕，不苟于人，不忮于众〔2〕，愿天下之安宁，以活民命，人我之养，毕足而止，以此白心〔3〕。古之道术有在于是者，宋钘、尹文闻其风而悦之〔4〕。作为华山之冠以自表〔5〕，接万物以别宥为始〔6〕。语心之容，命之曰心之行。以聏合驩〔7〕，以调海内，请欲置之以为主。见侮不辱〔8〕，救民之斗，禁攻寝兵〔9〕，救世之战。以此周行天下〔10〕，上说下教，虽天下不取，强聒而不舍者也〔11〕，故曰上下见厌而强见也。

虽然，其为人太多，其自为太少，曰：“请欲固置五升之饭足矣〔12〕。”先生恐不得饱，弟子虽饥，不忘天下。日夜不休，曰：“我必得活哉！”图傲乎救世之士哉〔13〕！曰：“君子不为苛察，不以身假物。”以为无益于天下者，明之不如已也〔14〕。以禁攻寝兵为外，以情欲寡浅为内，其小大精粗，其行适至是而止。

【注释】

〔1〕累：系累。　饰：矫饰。

〔2〕苟：当为“苛”字之误。　忮（zhì）：逆。

〔3〕白心：表白自己的心迹。

〔4〕宋钘（jiān）：即宋荣子，宋国人。　尹文：姓尹名文，齐国人，有《尹文子》。

〔5〕华山之冠：状类华山的帽子。华山上下均平，表示己心均平之意。

〔6〕别宥：去除偏见。宥，指各人知识上的隔蔽。

〔7〕聏（ér）：柔和。　驩：通“欢”。

〔8〕见：被。　不辱：不感到耻辱。

〔9〕寝：息。

〔10〕周行：遍行。

〔11〕聒（guō）：喧嚷。

〔12〕固：借为“姑”，姑且。

〔13〕图傲：挥斥高大的样子。

〔14〕已：止。

【译文】

不为世俗所系累，不用外物来矫饰自己，不苛求他人，不违逆众人的心意，希望天下安宁来保全人民的生命，他人和自己的奉养，只要求填饱肚子就够了，用这些来表白自己的心迹。古代的道术有这方面的内容，宋钘、尹文听到这种风教就喜而从之。他们模仿华山的形状制作帽子来表达自己的意向，应接万物以抛弃偏见为先。表现人内心的潜在意识，称之为心的行动。以柔和的态度合欢于人，使海内得以协调一致，请求大家把合欢之心作为主导思想。受到欺侮时不感到侮辱，能够解救人民间的争斗，禁止攻伐、停止战事，能够解救世间的战争。他们怀抱这种主张周游天下，对上游说君主，对下教示人民，虽然天下人不愿接受这些主张，他们仍强劝不已，所以说他们的学说虽被天下的人所厌弃，但仍要勉强表见于世。

虽然如此，他们为别人求益得太多，为自己谋虑得太少，他们说：“请姑且给我准备五升饭就够了。”他们的先生恐怕都吃不饱，弟子也常在饥饿之中，却仍然不忘为天下人谋虑。日夜辛劳不息，说:“我哪里是为了求得苟且偷生呢！”多么高大的救世之主啊！说:“君子对别人不苛求明察，不用外物来矫饰自己。”认为对天下人没有益处的事，明白它不如停止不做。把禁攻息兵作为外在活动，把节制情欲作为内在修养，他们的所作所为，无论是大的方面还是细微的方面，都不过如此而已。

公而不当〔1〕，易而无私〔2〕，决然无主，趣物而不两〔3〕，不顾于虑，不谋于知，于物无择〔4〕，与之俱往。古之道术有在于是者，彭蒙〔5〕、田骈〔6〕、慎到闻其风而悦之〔7〕。齐万物以为首，曰:“天能覆之而不能载之，地能载之而不能覆之，大道能包之而不能辩之。”知万物皆有所可，有所不可，故曰:“选则不遍，教则不至，道则无遗者矣。”

是故慎到弃知去己，而缘不得已。泠汰于物〔8〕，以为道理，曰:“知不知，将薄知而后邻伤之者也〔9〕。”謑髁无任〔10〕，而笑天下之尚贤也；纵脱无行〔11〕，而非天下之大圣〔12〕。椎拍輐断〔13〕，与物宛转；舍是与非〔14〕，苟可以免〔15〕。不师知虑〔16〕，不知前后，魏然而已矣〔17〕。推而后行，曳而后往〔18〕，若飘风之还〔19〕，若羽之旋，若磨石之隧〔20〕，全而无非，动静无过，未尝有罪。是何故？夫无知之物，无建己之患，无用知之累〔21〕，动静不离于理，是以终身无誉。故曰:“至于若无知之物而已，无用贤圣，夫块不失道〔22〕。”豪桀相与笑之曰〔23〕:“慎到之道，非生人之行，而至死人之理，适得怪焉。”

田骈亦然，学于彭蒙，得不教焉〔24〕。彭蒙之师曰："古之道人，至于莫之是、莫之非而已矣。其风窢然〔25〕，恶可而言？"常反人，不见观〔26〕，而不免于魭断〔27〕。其所谓道非道，而所言之韪〔28〕，不免于非。彭蒙、田骈、慎到不知道〔29〕。虽然，概乎皆尝有闻者也〔30〕。

【注释】

〔1〕当：崔譔本作"党"。

〔2〕易：平易。

〔3〕决然：缺然，空虚的样子。　不两：谓与物为一。

〔4〕知：通"智"。　于物无择：谓对万物无所选择，即不作任何是非善恶的判断。

〔5〕彭蒙：姓彭名蒙，与田骈、慎到同时。

〔6〕田骈：姓田名骈，亦作陈骈，齐国人，有《田子》。

〔7〕慎到：姓慎名到，赵国人，有《慎子》。

〔8〕泠（líng）汰：任其自然。

〔9〕薄：迫近。　邻伤：磷伤，毁伤。

〔10〕謑髁（xǐ kē）：圆转懈惰。

〔11〕纵脱：放纵洒脱，不拘礼法。　无行：不修品行。

〔12〕非：非难。

〔13〕椎拍輐（wàn）断：随物宛转变化的意思。椎，击。輐，圆。

〔14〕舍：舍弃。

〔15〕苟：姑且。　免：免于牵累。

〔16〕师：运用。　知：通"智"，智能。

〔17〕魏然：寂然独立的样子。魏，通"巍"。

〔18〕曳（yè）：拖。

〔19〕飘风：回旋之风。　还：通"旋"，回旋。

〔20〕磨（mò）石：磨盘。　隧：回。

〔21〕建己：自为表著。　用知：任用私智。知，通"智"。

〔22〕块：土块。

〔23〕豪桀：指当世贤圣。桀，通"杰"。

〔24〕不教：不教之教。

〔25〕风：风教。　窢（xù）：借为"侐"，寂静。

〔26〕反人：违反人意。　见：被。　观：当为"欢"字之误。

〔27〕鲩（wǎn）断：与上文“輐断”同，谓虽断而甚圆，不见决裂之迹，有随物宛转之意。

〔28〕韪（wěi）：是。

〔29〕道：大道。

〔30〕概：概略，大概。　尝：曾经。

【译文】

公正而不结党，平允而不偏私，空虚而无主见，随物变化而不生己见，不用思虑，不求智谋，对于万物不作主观好恶的选择，随着万物一起发展变化。古代的道术有这方面的内容，彭蒙、田骈、慎到听到这种风教就喜而从之。他们以齐同万物为第一要务，说：“天能覆盖万物而不能承载万物，地能承载万物而不能覆盖万物，大道能包容万物而不能辨别万物。”知道万物都有肯定的一面，也都有否定的一面，所以说：“有所选择就不能做到周遍，施以教诲就不能做到全面，顺从大道就不会有所遗漏了。”

所以慎到摒弃智能，忘却自我偏见，迫于不得已而后动。听任事物的自然发展，把这个作为大道的规律，他说：“人们要知道其所不知道的事，就必将被知道所奴役而遭受伤害。”随物顺情，不任职事，而讥笑天下的尚贤之举；放纵洒脱，不修品行，而非难天下的大圣人。随物宛转，与万物推移变化；舍弃是非，姑且可以免于牵累。不运用智能和谋虑，不瞻前顾后，寂然独立罢了。推动才行走，拖着才前进，好像飘风一样回旋，好像落羽一样飞翔，好像磨石一样转动，保全自身而不受责难，动静适度而没有过失，从没有过什么罪责。这是什么原因呢？那些没有知觉的事物，没有自为表著的忧患，没有好用心智的牵累，动与静都不离开自然的道理，所以终身不会招致毁誉。所以说：“做到像没有知觉的事物那样罢了，用不着什么圣贤，那土块也不会背离道。”当世的贤圣相互讥笑他说：“慎到的学说，不是活人能够做到的，而是讲死人的道理，当然被人看作怪异了。”

田骈也是这样，他向彭蒙学习，受到了不教之教。彭蒙的老师说：“古代的得道之人，只是达到了既不肯定什么，也不否定什么的境界罢了。这种风教寂静，怎么可以用语言表达呢？”这种学说常常违反人意，不为天下人所称赏，但仍不免于要求大家随物宛转。他们所谓的道并不是真正的大道，所肯定的东西不免于有错误。彭蒙、田骈、慎到不通晓大道。虽然如此，但他们还是曾经听闻过大道的概略的。

以本为精〔1〕，以物为粗，以有积为不足，澹然独与神明居〔2〕。古之道术有在于是者，关尹〔3〕、老聃闻其风而悦之〔4〕。建之以常无有，主之以太一〔5〕；以濡弱谦下为表〔6〕，以空虚不毁万物为实。

关尹曰："在己无居〔7〕，形物自著〔8〕；其动若水，其静若镜，其应若响；芴乎若亡〔9〕，寂乎若清〔10〕；同焉者和，得焉者失；未尝先人，而常随人。"

老聃曰："知其雄，守其雌，为天下谿〔11〕；知其白，守其辱〔12〕，为天下谷。"人皆取先，己独取后，曰"受天下之垢"；人皆取实，己独取虚，无藏也故有馀〔13〕，岿然而有馀〔14〕；其行身也〔15〕，徐而不费〔16〕，无为也而笑巧；人皆求福，己独曲全〔17〕，曰"苟免于咎"〔18〕；以深为根，以约为纪〔19〕，曰"坚则毁矣，锐则挫矣〔20〕"。常宽容于物，不削于人〔21〕，可谓至极。关尹、老聃乎，古之博大真人哉〔22〕！

【注释】

〔1〕本：大道。　精：精微。

〔2〕澹然：恬淡的样子。　与神明居：与自然化为一体。神明，自然。

〔3〕关尹：有三种说法。其一，名喜，关尹为其官职名称。其二，关尹，即关令尹喜，姓尹名喜，关令为官职名称。其三，"喜"字非其名。

〔4〕老聃：即老子，姓李，名耳，字聃，楚国苦县厉乡曲仁里人。

〔5〕太一：即道。

〔6〕濡：柔，即“儒”之借字。　表：外表。

〔7〕无居：没有私见。

〔8〕著：显露。

〔9〕芴（hū）：通“惚”，恍惚。　亡：通“无”。

〔10〕清：清虚。

〔11〕谿：通“溪”。与下文“谷”字同义，皆指有容乃大而众望所归。

〔12〕辱：即黑。

〔13〕无藏：没有积蓄。

〔14〕岿然：充足的样子。

〔15〕行身：立身行事。

〔16〕徐：安舒。　费：耗费精神。

〔17〕曲全：委曲以自全。

〔18〕咎：祸患。

〔19〕深：深玄。　约：俭约。

〔20〕锐：尖锐。　挫：挫折。

〔21〕削：刻削，侵削。

〔22〕真人：得真道之人。

【译文】

认为大道是极其精微的，万物是粗杂的，有积蓄是不足的，恬淡无为，独与自然融为一体。古代的道术有这方面的内容，关尹、老聃听到这种风教就喜而从之。他们的学说建立在“常无”与“常有”的基础之上，以太一为主体；把柔弱谦下作为外表形式，把空虚而不毁弃万物作为内在实德。

关尹说：“自己不滞留在主观成见之上，有形的万物就会自然显露出来；行动时像流水一样清澈自然，静止时像镜子一样空明虚灵，反应时像回音一样应声而作，随声而灭；恍惚之中好像无物存在，静寂得好像清虚无有；与万物大同则和谐，欲多得者必有厚失；从来不争先，而常常跟在别人后面。”

老聃说：“知道事物的雄强，而持守雌柔，成为汇聚众流的溪谷；知道事物的明亮，而持守暗昧，成为容纳万物的山谷。”别人都争先，自己独自居后，说“宁愿承受天下的垢辱”；别人都求取实在的东西，自己独自守着虚无，没有积蓄，所以感到有富馀，充足的样子好像很富馀；立身行事，舒缓从容而不耗费精神，自己无所作为，而讥笑天下的智巧之人；别人都追求福利，自己独自委曲以求全，说“暂且可以免于祸患”；以深玄为根本，以俭约为纲纪，说“刚强就容易毁坏，锐利就容易挫折”。对万物常常是宽容的，对别人不加以侵削，可以说已经达到登峰造极的地步了。关尹、老聃，真是古代博大容物而得真道的人啊！

芴漠无形〔1〕，变化无常，死与生与〔2〕，天地并与，神明往与！芒乎何之，忽乎何适〔3〕，万物毕罗，莫足以归。古之道术有在于是者，庄周闻其风而悦之。以谬悠之说，荒唐之言〔4〕，无端崖之辞〔5〕，时恣纵而不傥〔6〕，不以觭见之也〔7〕。以天下为沉浊〔8〕，不可与庄语〔9〕，以卮言为曼衍〔10〕，以重言为真〔11〕，以寓言为广〔12〕。独与天地精神往来〔13〕，而不敖倪于万物〔14〕，不谴是非〔15〕，以与世俗处。其书虽瑰玮而连犿无伤也〔16〕，其辞虽参差而諔诡可观〔17〕。彼其充实，不可以已〔18〕，上与造物者游，而下与外死生、无终始者为友〔19〕。其于本也，宏大而辟〔20〕，深闳而肆〔21〕；其于宗也〔22〕，可谓稠适而上遂矣〔23〕。虽然，其应于化而解于物也，其理不竭，其来不蜕〔24〕，芒乎昧乎，未之尽者。

【注释】

〔1〕芴：元嘉本作“寂”。

〔2〕与：通“欤”，句末语气词，表疑问。

〔3〕芒乎：与下文的“忽乎”同义，皆指恍恍惚惚。　之、适：到，往。

〔4〕谬悠：虚远。　荒唐：虚诞。

〔5〕端崖：边际。

〔6〕恣纵：放浪，放任。 不傥：无所偏傥。
〔7〕觭（jī）：同“奇”，一端。 见：通“现”，显现。
〔8〕天下：指天下之人。 沉浊：谓沉迷不悟。
〔9〕庄语：用端庄而诚实的言语来谈论。
〔10〕卮（zhī）言：指不着边际的议论。 曼衍：流行不定的意思。
〔11〕重言：谓先哲时贤或书中之言。
〔12〕寓言：指寄托寓意之言。寓，寄。
〔13〕精神：即自然。
〔14〕敖倪：即“傲睨”，傲视。
〔15〕谴：责问。
〔16〕瑰玮：奇特宏壮。 连犿（fān）：宛转的样子。
〔17〕参差：谓其辞旨神奇多变。 諔（chù）诡：奇异。
〔18〕已：止，尽。
〔19〕外死生、无终始者：指超脱死生、不分首尾的得道之人。
〔20〕本：大道的根本。 辟：透辟。
〔21〕深闳（hóng）：深广。 肆：放纵。
〔22〕宗：大道的本原。
〔23〕稠适：亦作“调适”，条达之意。 遂：直达。
〔24〕竭：穷尽。 蜕：蜕离。

【译文】

寂寞虚静而不落形迹，变化而没有常规，死呀生呀，与天地同体并存，与自然一起变化运动！茫茫然不知到哪里去，恍恍惚惚不知去向何方，包罗万物，而不知道归向。古代的道术有这方面的内容，庄周听到这种风教就喜而从之。他用虚远的论说，虚诞的话语，不着边际的言辞，常常放任发挥而不偏执，不以一端之见来显明自己的学说。认为天下的人沉迷不悟，不能用端庄而诚实的言辞来谈论，而应该用无首无尾的话来推衍事物的情理，引证先哲时贤或书中的话来使人信以为真，用寄托寓意的话来广泛地阐发事理。独自与天地自然交往，而不傲视万物，不去责问孰是孰非，和世俗相处。他的书虽然写得奇特壮伟，但却宛转随顺而无伤于物，他的言辞虽然神奇多变，但却奇异可观。他的书内容富赡，不可穷尽，上与天地同游，下与超脱死生、不分首尾的得道之人交友。他对于大道的根本的阐述，宏大而透辟，深广而放纵；他对于大道的本原的阐述，可以说是条达而上，直至于宗。虽然如此，他能顺应大道的变化以解除物累，他的玄虚妙理是没有穷境的，他的学说始终不离大道的本宗，芒昧恍惚，不能穷尽他的妙理。

惠施多方[1]，其书五车，其道舛驳[2]，其言也不中[3]。历物之意曰[4]："至大无外，谓之大一；至小无内，谓之小一[5]。无厚，不可积也，其大千里[6]。天与地卑，山与泽平[7]。日方中方睨，物方生方死[8]。大同而与小同异，此之谓小同异；万物毕同毕异，此之谓大同异[9]。南方无穷而有穷[10]。今日适越而昔来[11]。连环可解也[12]。我知天下之中央，燕之北、越之南是也[13]。泛爱万物，天地一体也[14]。"

惠施以此为大，观于天下而晓辩者[15]，天下之辩者相与乐之[16]。卵有毛[17]；鸡三足[18]；郢有天下[19]；犬可以为羊[20]；马有卵[21]；丁子有尾[22]；火不热[23]；山出口[24]；轮不蹍地[25]；目不见[26]；指不至，至不绝[27]；龟长于蛇[28]；矩不方，规不可以为圆[29]；凿不围枘[30]；飞鸟之景，未尝动也[31]；镞矢之疾，而有不行不止之时[32]；狗非犬[33]；黄马骊牛三[34]；白狗黑[35]；孤驹未尝有母[36]；一尺之捶，日取其半，万世不竭[37]。辩者以此与惠施相应[38]，终身无穷。

桓团、公孙龙辩者之徒[39]，饰人之心，易人之意[40]，能胜人之口，不能服人之心，辩者之囿也[41]。惠施日以其知与之辩[42]，特与天下之辩者为怪，此其柢也[43]。

然惠施之口谈，自以为最贤[44]，曰："天地其壮乎〔45〕！”施存雄而无术。南方有倚人焉曰黄缭〔46〕，问天地所以不坠不陷，风雨雷霆之故。惠施不辞而应〔47〕，不虑而对，遍为万物说〔48〕。说而不休，多而无已，犹以为寡，益之以怪〔49〕。以反人为实〔50〕，而欲以胜人为名，是以与众不适也〔51〕。弱于德，强于物，其途隩矣〔52〕。由天地之道观惠施之能，其犹一蚊一虻之劳者也。其于物也何庸〔53〕！夫充一尚可，曰愈贵道，几矣〔54〕！惠施不能以此自宁〔55〕，散于万物而不厌，卒以善辩为名。惜乎！惠施之才，骀荡而不得，逐万物而不反〔56〕，是穷响以声〔57〕，形与影竞走也，悲夫！

【注释】

〔1〕多方：有多种方术。

〔2〕舛（chuǎn）驳：驳杂不纯。

〔3〕不中：不合大道。

〔4〕历：分析、量度。　意：理。

〔5〕“至大”四句：谓无穷大、无穷小。说明空间的无穷性。

〔6〕“无厚”三句：无厚，指几何学中的平面。平面没有体积，但有面积，所以说“其大千里”。说明平面的无限延伸。

〔7〕“天与”两句：谓空间高低的差别都是相对的，从这方面来说，天与地是一样高，山与水是一样平的。　卑：低下。

〔8〕“日方”两句：从时间的无穷性的观点来说，事物无时无刻不在变化。所以说才见日中，已是日斜；万物刚出生，便已走向死亡。　睨（nì），倾斜。

〔9〕“大同”四句：小同异指的是事物的属和种之间的同一性和差异性。属的共同性是大同，种的共同性是小同，他们的差异叫作小同异。而大同异指的是事物的范畴和个体的差异，也就是事物的统一性和多样性。

〔10〕“南方”句：当时的人认为东有大海，北有大山，西有沙漠，是可以穷尽的，而南方如楚、越等国不断向南伸展，却是无穷的。但也有一些人已发现了南方同样有大海阻隔的事实，因此南方又是有穷尽的。这是

因为他们缺乏必要的地理知识。

〔11〕“今日”句：这是一个时间上的今昔相对性的命题。今天所谓的昔，正是昨天所谓的今；今天所谓的今，明天就成为昔。所以从今天的角度说，是“今日适越”，而从明天的角度来看，就成为“昔来”了。

〔12〕“连环”句：有两种理解。其一，以不解为解。其二，以自然毁坏为解。即从连环既成之后到毁坏之时，都处在“解”的过程中，故说“可解”。

〔13〕“我知”两句：谓宇宙的无限与方位的相对，所以“燕之北”“越之南”都可以是天下的中央。

〔14〕“泛爱”两句：谓己身与天地万物为一体，所以要泛爱万物。即主张合万物之异，取消一切事物间的差别、对立，这种思想与墨家偏重于社会生活内容的“兼爱”思想，是有本质区别的。

〔15〕观：显示。　晓辩者：使辩者知晓。

〔16〕乐之：谓乐于跟惠施辩论。

〔17〕卵有毛：卵中含有产生羽毛的因素。这一命题猜测到了卵能生毛的可能性，但把可能性混同于现实性却是错误的。

〔18〕鸡三足：指鸡有二足，加上“鸡足”这个名即成三足。这是一个混同实与名的命题。

〔19〕郢有天下：从空间概念方面来看，这一命题属于诡辩论，因为郢为楚国的首都，仅仅是天下的一部分。但如果楚王“泛爱万物”，能让天下的人来归附，就能包容天下。所以在政治方面，它具有一定的真理性。

〔20〕犬可以为羊：任何事物的名称都是约定俗成的，如果把“犬”叫作“羊”，也并无不可。

〔21〕马有卵：马虽然是胎生，但“胎”“卵”的名称是人们叫出来的，所以称马为卵生，也是可以的。

〔22〕丁子有尾：丁子即蛤蟆，蛤蟆是由蝌蚪变化而来的，蝌蚪有尾，所以说丁子有尾。

〔23〕火不热：有三种理解。其一，火本来是不热的。其二，热只是人的主观感觉。其三，传热需要一定的时间和条件。

〔24〕山出口：谓山本无名，山名出自人口。另有一说，认为指山有要隘处。

〔25〕轮不蹍地：轮在运行过程中，与地面接触的始终只是一点，而不是轮的全体，故说“不蹍地”。

〔26〕目不见：只有眼睛是看不到物的，还需要有光和感光的能力。

〔27〕“指不至”两句：谓伸直手指而指，所指长度无穷。另有一说，认为人们对于事物的本体的认识是无穷的。

〔28〕龟长于蛇：在一般情况下，蛇比龟长，但数百年的大龟，则往往比刚出生的小蛇要长。此命题说明长短大小的相对性，但把特殊现象作为一般规律来看待，却是错误的。

〔29〕“矩不方”两句：谓即使用矩、规画方、圆，也是不能画出绝对的方、圆的。

〔30〕凿不围枘（ruì）：谓卯眼与榫头二者接合的地方，总会留下缝隙，是不能完全相合的。凿，孔，即卯眼。枘，孔中之木，即榫头。

〔31〕“飞鸟”两句：谓飞鸟是动的，但分割成无穷次出现的鸟影也有静止的瞬间。此命题在一定程度上反映了同一运动在时间一瞬中的相对关系。景，通“影”。

〔32〕“镞矢”两句：此命题说明了动静是对立统一的。镞，箭头。

〔33〕狗非犬：大的叫犬，小的叫狗，所以说狗非犬。此命题割裂了一般与个别的关系。

〔34〕黄马骊牛三：这与“鸡三足”类似。一匹黄马，一头骊牛，再加上“黄马骊牛”这个概念共为三。

〔35〕白狗黑：这与“犬可以为羊”类似。名称在于约定俗成，如果称“白”为“黑”，那么“白狗”自然可以成为“黑狗”。

〔36〕“孤驹”句：孤驹就是无母的小马，所以孤驹未尝有母。这是一个混淆了不同的时间模态的命题，应该说“孤驹尝有母，但今无母”。

〔37〕“一尺”三句：谓有限的物质，可以被无限地分割。此命题具有非常科学的辩证法思想。捶，木棍。

〔38〕相应：相互辩论。

〔39〕桓团：姓桓名团，赵人，辩士。　公孙龙：姓公孙，名龙，字子秉，赵人，先秦名家的代表人物，提出了“坚白同异”之论。

〔40〕饰：蒙蔽。　易：改变。

〔41〕囿：局限。

〔42〕按：此句“与”字下原有“人”字，疑为衍文，今删去。

〔43〕特：独。　为怪：做怪异之论。　柢（dǐ）：大略。

〔44〕谈：辩。　贤：高明。

〔45〕壮：伟大。

〔46〕倚：本或作“畸”，奇异。　黄缭：楚人，善辩。

〔47〕不辞：不谦让。

〔48〕遍为万物说：广泛陈说万物起灭的原因。

〔49〕益：增加。　怪：奇谈怪论。
〔50〕反人：违反人的性情。
〔51〕适：和适。
〔52〕隩（yù）：水涯深曲处。比喻狭隘而偏曲。
〔53〕庸：用。
〔54〕几：殆，危险。
〔55〕此：指玄道。
〔56〕骀（dài）荡：放荡。　反：通"返"。
〔57〕穷：止灭。　响：回响。

【译文】

惠施有多种方术，他所藏之书有五车之多，他的学说驳杂不纯，他的言论不合大道。他揣究了万物之理，说："极大而无外围，叫作大一；极小而无内核，叫作小一。没有厚度的东西，是不能堆积起来的，然而它的面积却可以大到千里。天与地是一样的低，山与水是一样的平。太阳刚刚正中，便已向西倾斜；万物刚刚出生，便已走向死亡。大同和小同有差异，叫作小同异；所有事物都完全相同，也完全相异，叫作大同异。南方的地方是无限的，但又是有限的。今天动身去越国，可是昨天便已经到达了。封闭的连环是可以解开的。我知道天下的中央位置，可以是在燕国的北面，也可以是在越国的南面。普遍地爱万物，因为天地万物是一个整体。"

惠施把这些当作伟大的真理，向天下人显示而让那些善辩的人知晓，天下的辩士都乐于跟他辩论以下问题：卵中有羽毛；鸡有三只足；楚国的都城郢包容天下；犬可以叫作羊；马是有卵的；蛤蟆有尾巴；火是不热的；山是有口的；车轮是不蹍地面的；眼睛是不能自见的；伸长手指而指的长度不是人所能到达的，所能到达的也绝不是尽头；龟比蛇长；矩不能画出绝对的方，规不能画出绝对的圆；卯眼与榫头是不能完全相合的；飞鸟的影子不曾移动过；疾飞之箭在每一瞬间既是静止又是运动的；狗并非是犬；黄马、骊牛加起来有三个；白狗是黑的；孤驹不曾有母亲；一尺长的木棍，每天截取它的一半，一万年都不能取尽。辩士用这些论题跟惠施辩论，终身都是辩论不完的。

桓团、公孙龙都是辩士，他们蒙蔽人的心智，改变人的看法，能在口头上胜过人，却不能从心底里折服人，这是辩士的局限。惠施每天运用他的智能和辩士争辩，独与天下的辩士共为怪异的言论，这就是他们的大概情况。

然而惠施的口辩，自以为是最高明的，他说："天地是多么伟大啊！"惠施虽存雄心，却无道术。南方有个奇异的人，名字叫黄缭，他问天地之所以不坠落、不塌陷以及风雨雷霆形成的原因。惠施不说句谦让的话就接应，不加考虑就对答，广泛陈说万物起灭的原因。说个不停，话多得没有穷尽，还认为说得太少，又把许多奇谈怪论加进去。他把违反人情的事情当作是实在的东西，想要通过辩赢他人来博得高名，因此与众人不和适。轻视内德的修养，追求对外物的究析，他所走的道路是狭隘而偏曲的。从天地自然的大道来看惠施的才能，就好像一只蚊子、一只牛虻那样徒自劳倦。这对于万物有什么用！充当一家之言，尚且可以；若用来说明珍贵的大道，就危险了！惠施不能安于大道，他把心思分散在追逐万物上而不厌倦，最终只得到了一个善辩的名声。可惜啊！惠施的才能，放荡而不能得道，追逐万物而不能返归本真，这就和用声音来止灭回响，让形体和影子竞走一样，是多么可悲啊！

【评析】

本篇是一篇系统、全面地评论先秦各家学说的学术史论文，是对当时各家各派学说的理论总结和批评。其中自然包括庄子学派，本篇不仅阐释了庄子的思想，还特别揭示了《庄子》的写作手法，与《寓言》篇前后呼应，对于后人更好地理解《庄子》一书，起到了很好的指导作用。顾实说："不读《天下》篇，无以明庄子著书之本旨，亦无以明周末人学术之概要也。"(《庄子天下篇讲疏》) 本篇作者当为战国末年的庄周后学。

作者首先指出天下最完美的学说，是对宇宙人生本原进行全面体认并能包容一切的学说，即古代的"道术"，而天人、神人、至人、圣人，正是施行这种"道术"的人，他们具备"内圣外王"的理想人格。后世的君子、邹鲁之士、搢绅先生之类则不同，他们虽然"皆有所长"，但只是一曲之士，皆执一孔之见，因此天地的纯真之美与古人的体道精神，隐而不显，"道术"也分裂成为各种各样的"方术"。接着，作者对各派学说的历史起源和自身价值进行了评估。其中除对关尹、老聃与庄周这一派基本上持褒而无贬的态度外，对其他各派较为客观公正地进行了评述，做到了既有肯定又有批判，这对我国后代学术批评产生了广泛而有益的影响。

文章先总后分，在对古今学术作一概述后，对各家各派单独进行叙述和批判。值得注意的是，从墨子学派到庄子学派，每段的结构没有不同，都以叙述本派思想源头开始，连用语都一致为某某“闻其风而悦之”，但最后论述以惠施为主的名家学派却没采用这种结构，而是直接做出判词，然后大量罗列惠施的辩题。对此，一些学者试图作出解释，他们认为，论述惠施的这部分原本不属于《天下》篇。我们知道，《庄子》全书原有五十二篇，郭象将之删削整理，成了今天我们看到的三十三篇本。但在一些文献中我们尚能寻到《庄子》原本的蛛丝马迹，如《北齐书·杜弼传》谓杜弼耽好玄理，曾注《庄子·惠施》篇，说明《庄子》原有《惠施》篇。据此，现在不少研究者认为本篇论述惠施的部分就属于《惠施》篇，这也就是现存这一段与《天下》篇论述其他学派结构不同的原因。然而无论这一段原本属于哪一篇，其重要性是远超其他段落的，因为惠施虽然是名家学派的一个代表人物，他的著作却没有保存下来，至今我们只能通过《天下》篇的这段记载来窥探惠施的学术思想。因此，这一段就文献的保存价值来说，对研究中国先秦学术尤其名家思想贡献巨大。

中国古代名著全本译注丛书

周易译注
尚书译注
诗经译注
周礼译注
仪礼译注
礼记译注
大戴礼记译注
左传译注
春秋公羊传译注
春秋穀梁传译注
论语译注
孟子译注
孝经译注
尔雅译注
考工记译注

国语译注
战国策译注
三国志译注
贞观政要译注
吕氏春秋译注
商君书译注
晏子春秋译注
入蜀记译注·吴船录译注

孔子家语译注
孔丛子译注
荀子译注
中说译注
老子译注
庄子译注
列子译注
孙子译注
鬼谷子译注
六韬·三略译注
管子译注
韩非子译注
墨子译注
尸子译注
淮南子译注
说苑译注
近思录译注
传习录译注
齐民要术译注
金匮要略译注
食疗本草译注
救荒本草译注
饮膳正要译注
洗冤集录译注
周髀算经译注
九章算术译注
茶经译注（外三种）修订本

酒经译注
天工开物译注
人物志译注
颜氏家训译注
山海经译注
穆天子传译注·燕丹子译注
博物志译注
搜神记全译
世说新语译注
梦溪笔谈译注
历代名画记译注

楚辞译注
文选译注
六朝文絜译注
玉台新咏译注
唐贤三昧集译注
唐诗三百首译注
花间集译注
绝妙好词译注
宋词三百首译注
古文观止译注
文心雕龙译注
文赋诗品译注
人间词话译注
唐宋传奇集全译
聊斋志异全译
子不语全译
闲情偶寄译注
阅微草堂笔记全译
陶庵梦忆译注
西湖梦寻译注
板桥杂记译注
浮生六记译注